REDHOUSE

İNGİLİZCE - TÜRKÇE

Redhouse
Resimli
İlköğretim
Sözlüğü

Tophanelioğlu Cad., No. 6, Arduman İş Merkezi, B Blok, D. 1, 34662, Altunizade,
Üsküdar, İstanbul adresinde bulunan SEV Matbaacılık ve Yayıncılık Eğitim Ticaret A.Ş.
tarafından yayımlanmıştır.

İngilizce-Türkçe Redhouse Resimli İlköğretim Sözlüğü

© 2011 SEV Matbaacılık ve Yayıncılık Eğitim Ticaret A.Ş.

ISBN 978-605-4119-07-3

Birinci Baskı, Kasım 2011

Editör: Serap Bezmez
Kapak ve İç Tasarım: Çağla Turgul
Grafik Uygulama: Hüseyin Vatan
Clip Art: Art Explosion 750,000 Images

| DOĞADAN ALDIĞIMIZI DOĞAYA VERİYORUZ | Redhouse sözlüklerinden elde edilen gelirlerle Türkiye'deki ağaçlandırma projelerine destek verilmektedir. |

Maltepe Mah., Litros Yolu Sok., Fatih San. Sit., No. 12/70-71, Topkapı-Zeytinburnu,
İstanbul adresinde bulunan Matbaa Çözümleri Sanayi ve Dış Ticaret Ltd. Şti.
tarafından basılmıştır.

İNGİLİZCE - TÜRKÇE

Redhouse
Resimli
İlköğretim
Sözlüğü

Açıklamalar

→→→ *İngilizce-Türkçe Redhouse Resimli İlköğretim Sözlüğü* Amerikan İngilizcesi temel alınarak hazırlanmıştır. İngiliz İngilizcesine özgü sözcükler ve sözcük biçimleri İng. kısaltmasıyla işaretlenmiştir.

> **eggplant** egg.plant • eg´plänt
> /isim/ çoğul eggplants • patlıcan
> ➤ İng. **aubergine**

> **aubergine** au.ber.gine • o´bırjin
> /isim/ çoğul aubergines • bkz. **eggplant**

> **splendor** splen.dor • splen´dır
> /isim/ ihtişam, görkem
> ➤ İng. **splendour**

> **splendour** splen.dour • splen´dır
> /isim/ bkz. **splendor**

→→→ Maddebaşı sözcükten sonra sözcüğün hecelenişi gösterilmiştir. Heceler noktalarla ayrılmıştır.

> **ecology** e.col.o.gy • îkal´ıci
> /isim/ çevrebilim, ekoloji

→→→ Maddebaşı sözcüğün sesletiminde kullanılan karakterler Sesletim Kılavuzu'nda örneklerle açıklanmıştır. (bkz. sayfa xiv)

> **adverb** ad.verb • äd´vırb ◄
> /isim/ çoğul adverbs • zarf, belirteç

> **architect** ar.chi.tect • ar´kitekt ◄
> /isim/ çoğul architects • mimar

> **textbook** text.book • tekst´bûk ◄
> /isim/ çoğul textbooks • ders kitabı

> [1]**trust** trust • trʌst ◄
> /isim/ güven, itimat

→→→ Sözbölükleri iki eğik çizgi (/) arasında verilmiştir. İsimlerin çoğul biçimleri, fiillerin çekim biçimleri, sıfatların ve zarfların üstünlük ve enüstünlük dereceleri gösterilmiştir.

pomegranate pome.gran.ate • pam´gränît
/isim/ çoğul pomegranates • nar

²**e-mail** e-mail • i´meyl
/fiil/ e-mails, e-mailing, e-mailed •
e-posta ile göndermek

high high • hay
/sıfat/ higher, highest • yüksek:
high fence yüksek çit high price yüksek fiyat
high jump yüksek atlama
high school lise

²**well** well • wel
/zarf/ better, best • iyi; yolunda: Everything went well at school. Okulda her şey yolunda gitti.
as well de, da, dahi: She likes to sing as well. Şarkı söylemeyi de sever.
Well done! Aferin!

→→→ Maddebaşı sözcüklerin yaygın olan karşılıkları verilmiştir. Sözcüklerin farklı anlamları için ayrı bir numara kullanılmıştır. Eşanlamlı tanımlar virgülle ayrılmış, yakın anlamlı karşılık veya tanımlar ise noktalı virgülle ayrılmıştır.

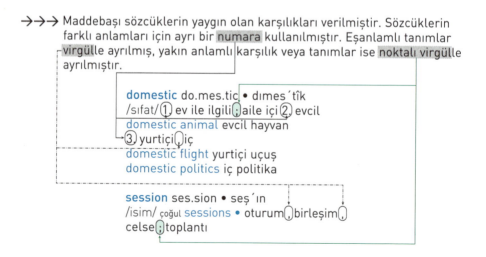

domestic do.mes.tic • dımes´tîk
/sıfat/ ① ev ile ilgili ; aile içi ② evcil
domestic animal evcil hayvan
③ yurtiçi ; iç
domestic flight yurtiçi uçuş
domestic politics iç politika

session ses.sion • seş´ın
/isim/ çoğul sessions • oturum ; birleşim ;
celse ; toplantı

viii

→→→ Örneklerden önce iki nokta imi (:) kullanılmıştır. İngilizce örneklerin Türkçe karşılıkları yeşil renklidir.

energy en.er.gy • en´ırci
/isim/ çoğul energies • enerji: alternative energy alternatif enerji energy policy enerji politikası energy resources enerji kaynakları solar energy güneş enerjisi thermal energy termal enerji

examination ex.am.i.na.tion • îgzämıney´şın
/isim/ çoğul examinations • 1. sınav: entrance examination giriş sınavı examination paper sınav kâğıdı fail an examination sınavdan kalmak oral examination sözlü sınav pass an examination sınavı geçmek take an examination sınava girmek written examination yazılı sınav
2. muayene

fruit fruit • frut
/isim/ çoğul fruits • meyve: fruit juice meyve suyu fruit salad meyve salatası

→→→ Alt maddelerin Türkçe karşılıkları siyah karakterlerle yazılmıştır.

computer com.put.er • kımpyu´tır
/isim/ çoğul computers • bilgisayar
➤ computer center bilgisayar merkezi
➤ computer engineering bilgisayar mühendisliği
➤ computer game bilgisayar oyunu
➤ computer graphics bilgisayar grafiği
➤ computer network bilgisayar ağı
➤ computer operator bilgisayar operatörü
➤ computer program bilgisayar programı
➤ computer programmer bilgisayar programcısı
➤ computer science bilgisayar bilimi
➤ computer system bilgisayar sistemi

²log log • lôg
/fiil/ logs, logging, logged • kaydetmek, not etmek
➤ log in (bilgisayar) oturum açmak
➤ log in/on (to) (bilgisayar) (-e) girmek
➤ log off (bilgisayar) -i sonlandırmak
➤ log out (bilgisayar) oturum kapamak

→→→ Maddebaşı sözcükten önce belirli tanımlık (the) kullanılması gereken durumlarda belirli tanımlık tanımdan önce yazılmıştır.

2Atlantic At.lan.tic • ätlän´tîk
/isim/ (the) Atlas Okyanusu

Internet In.ter.net • în´tırnet
/isim/ (the) İnternet

Olympics O.lym.pics • olîm´pîks
/isim/ (the) olimpiyat oyunları, olimpiyatlar

World Wide Web World Wide Web •
wırld´ wayd´ web (the) (bilgisayar) genelağ

→→→ Bazı fiillerle birlikte kullanılan edatlar tanımlardan önce gösterilmiştir. Hem edatsız, hem de edatla birlikte kullanılabilen bir fiile ait edat ayraçlar arasında yazılmıştır. Fiille birlikte kullanılması gereken edatlar ise ayraçsız olarak gösterilmiştir.

agree a.gree • ıgri´
/fiil/ agrees, agreeing, agreed •
1. (to) (-e) razı olmak, (-i) kabul etmek: He agreed to all my conditions. Tüm şartlarımı kabul etti. 2. (with) (ile) hemfikir olmak: I agree with you completely. Sizinle tamamen aynı fikirdeyim.

2circle cir.cle • sır´kıl
/fiil/ circles, circling, circled •
1. (around) etrafında dönmek
2. daire içine almak

listen lis.ten • lîs´ın
/fiil/ listens, listening, listened •
1. dinlemek: She was not listening. Dinlemiyordu.
2. (to) -i dinlemek: Müjgân likes listening to music. Müjgân müzik dinlemeyi seviyor.

→→→ Sözcüklerin ve alt maddelerin kullanım alanları ayraçlar arasında gri renkte yazılmıştır.

cone cone • kon
/isim/ çoğul **cones** • 1.(geometri)koni
2. külah: ice-cream cone dondurma külahı
3.(botanik)kozalak

Mercury Mer.cu.ry • mır´kyıri
/isim/(gökbilim)Merkür

monitor mon.i.tor • man´ıtır
/isim/ çoğul **monitors** • 1.(bilgisayar, TV)monitör
2. sınıf başkanı

¹plural plu.ral • plûr´ıl
/sıfat/(dilbilgisi)çoğul: plural noun çoğul isim

scenery scen.er.y • si´nıri
/isim/ 1. doğal manzara 2.(tiyatro)dekor

subtraction sub.trac.tion • sıbträk´şın
/isim/(matematik)çıkarma

→→→ Yazılışı aynı olan farklı sözcük türleri numaralandırılarak sıralanmıştır.

①desert des.ert • dez´ırt
/isim/ çoğul **deserts** • çöl:
the Arabian Desert Arabistan Çölü

②desert de.sert • dîzırt´
/fiil/ **deserts, deserting, deserted** •
terk etmek, bırakmak

①slice slice • slays
/isim/ çoğul **slices** • dilim: a slice of bread bir dilim ekmek

②slice slice • slays
/fiil/ **slices, slicing, sliced** • dilimlemek, dilim dilim kesmek

→→→ Maddebaşı sözcükle ilgili çeşitli sözcük, söz öbeği, terim v.b. ayrıca kümelendirilmiştir. Bazı maddelerle ilgili ek bilgiler verilmiştir.

foot foot • fût
/isim/ çoğul feet • ayak
on foot yaya olarak

ankle → ayak bileği
big toe → ayak başparmağı
heel → topuk
sole → taban
toe → ayak parmağı
toenail → ayak tırnağı

year year • yîr
/isim/ çoğul years • yıl, sene:
It's been a long year. Uzun bir sene oldu.

calendar year → takvim yılı
leap year → artıkyıl
light year → ışık yılı
solar year → güneş yılı

→→→ Sözcükler arasındaki eğik çizgi (/) 'veya' anlamında kullanılmıştır.

ah ah • a
/ünlem/ Ah! (Özlem(/)beğenme(/)pişmanlık(/)öfke(/)sevgi belirtir.)

at at • ät
/edat/ 1. -de, -da (Bir yeri(/)zamanı belirtmek için kullanılır.): at a late hour geç saatte at five o'clock saat beşte at home evde at my office büromda
2. -e, -a: Look at him. Ona bak.

flora flo.ra • flor´ı
/isim/ çoğul floras(/)florae • flora, bitey (bir bölgedeki bitki türlerinin tümü): aquatic flora su florası desert flora çöl bitkileri

²**former** for.mer • fôr´mır
/isim/ (the) ilk, ilk söylenen (şey(/)kişi(/)grup)

→→→ Bazı maddelerin bitiminde maddeyle ilgili resim yer almaktadır.

→→→ *İngilizce-Türkçe Redhouse Resimli İlköğretim Sözlüğü*'nün hazırlanışında *Webster's Third New International Dictionary, Büyük Türkçe Sözlük* (Türk Dil Kurumu), *Türkçe Sözlük* (Dil Derneği) ve *İngilizce-Türkçe Türkçe-İngilizce Redhouse Büyük Elsözlüğü*'ne başvurulmuştur. Türkçe sözcüklerin yazılışında genellikle Dil Derneği'nin yayımladığı *Yazım Kılavuzu*'ndaki öneriler göz önüne alınmıştır.

Kısaltmalar

ABD	Amerikan İngilizcesi	İng.	İngiliz İngilizcesi
bkz.	bakınız	TV	televizyon
		v.b.	ve benzeri, ve benzerleri

Sesletim Kılavuzu

Maddebaşı sözcüklerin sesletiminde kullanılan karakterler aşağıda örneklerle birlikte gösterilmiştir.

1. Türkçede bulunan sesleri simgeleyen ve Türkçedeki benzerleri gibi seslendirilen karakterler:

b, c, ç, d, f, g, h, j, k, l, m, n, p, r, s, ş, t, v, y, z

2. Türkçede bulunmayan sesleri simgeleyen karakterler:

A. Ünsüzleri simgeleyen karakterler:

ng.	(rîng)	ring
ngg	(fîng´gır)	finger
ngk	(îngk)	ink
th	(thîn)	thin
dh	(dhı)	the
w	(wi)	we
hw	(hway)	why

B. Ünlüleri simgeleyen karakterler:

a	(kar)	car
ä	(kät)	cat
e	(met)	met
ı	(ıbʌv´)	above
i	(hil)	heal
î	(îz)	is
ô	(dôg)	dog
o	(so)	so
û	(gûd)	good
u	(du)	do
ʌ	(ʌp)	up
ıl	(kʌp´ıl)	couple
ım	(prîz´ım)	prism
ın	(ri´zın)	reason
ır	(bırn)	burn

3. Vurgulu hecelerden sonra (´) işareti kullanılmıştır.

xiv

a a • ı, ey
/belirsiz tanımlık/ (Ünsüzle başlayan sözcüklerden önce kullanılır.) bir, herhangi bir: a sunny day güneşli bir gün twice a year bir yılda iki kez

abaci ab.a.ci • äb´ısay
/isim/ bkz. abacus

abacus ab.a.cus • äb´ıkıs
/isim/ çoğul abacuses/abaci •
sayıboncuğu, abaküs

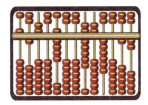

abandon a.ban.don • ıbän´dın
/fiil/ abandons, abandoning, abandoned • bırakmak, terk etmek: They abandoned the village because of drought. Kuraklık nedeniyle köyü terk ettiler. abandon ship gemiyi terk etmek

abbreviate ab.bre.vi.ate • ıbri´viyeyt
/fiil/ abbreviates, abbreviating, abbreviated • kısaltmak: The parts of speech given in this dictionary are not abbreviated. Bu sözlükte gösterilen sözbölükleri kısaltılmamıştır.

abbreviation ab.bre.vi.a.tion •
ıbriviyey´şın /isim/ çoğul abbreviations • kısaltma

ABC's ABC's • eybisiz´
/isim/ alfabe, abece

abdomen ab.do.men • äb´dımın
/isim/ çoğul abdomens • karın

abduct→→→ 2

abduct ab.duct • äbdʌktˊ
/fiil/ abducts, abducting, abducted • (birini) kaçırmak: The child was abducted from his grandma's house. Çocuk büyükannesinin evinden kaçırıldı.

ability a.bil.i.ty • ıbîlˊıti
/isim/ çoğul abilities • yetenek, kabiliyet: Ayşe is a pianist of extraordinary ability. Ayşe, olağanüstü yeteneği olan bir piyanisttir.
natural ability doğal yetenek

able a.ble • eyˊbıl
/sıfat/ abler, ablest • yetenekli, kabiliyetli
be able to -ebilmek: be able to go gidebilmek I don't think I'll be able to call you tomorrow. Yarın sana telefon edebileceğimi sanmıyorum.

abnormal ab.nor.mal • äbnôrˊmıl
/sıfat/ anormal: abnormal behavior anormal davranış

abnormality ab.nor.mal.i.ty • äbnôrmälˊıti /isim/ çoğul abnormalities • anormallik

aboard a.board • ıbordˊ
/zarf, edat/ (gemi, uçak, tren, otobüs v.b.) içinde; içine: He was aboard the plane. O uçaktaydı.
go aboard binmek: We went aboard the ship. Gemiye bindik.

abolish a.bol.ish • ıbalˊîş
/fiil/ abolishes, abolishing, abolished • kaldırmak, yürürlükten kaldırmak, son vermek: He thinks hunting for sport should be abolished. Avcılık sporunun kaldırılması gerektiğini düşünüyor.

¹**about** a.bout • ıbautˊ
/edat/ 1. hakkında, ile ilgili: Don't talk about it! Onun hakkında konuşmayın! 2. ortalıkta, etrafta: There was no one about. Ortalıkta kimse yoktu.
How about ...? (What about ...?) (Teklif amacıyla kullanılır.) -e ne dersin(iz)?: How about a walk? Yürüyüşe çıkmaya ne dersin?

²**about** a.bout • ıbautˊ
/zarf/ yaklaşık, aşağı yukarı, kadar: about fifty people yaklaşık elli kişi about six o'clock saat altı sularında

¹**above** a.bove • ıbʌvˊ
/edat/ 1. (somut olarak) yukarısında; yukarısına: above the trees ağaçların yukarısında 2. (soyut olarak) üstünde, üzerinde: above average ortalamanın üzerinde
above all her şeyden önce, her şeyden önemlisi

²**above** a.bove • ıbʌvˊ
/zarf/ yukarıda; yukarıya: He looked at the plane above. Yukarıya, uçağa baktı. "As I stated above ..." "Yukarıda belirttiğim gibi ..."

abroad a.broad • ıbrôdˊ
/zarf/ yurtdışında; yurtdışına
go abroad yurtdışına gitmek: He went abroad to study underwater photography. Sualtı fotoğrafçılığı okumak için yurtdışına gitti.

abrupt a.brupt • ıbrʌptˊ
/sıfat/ ani, birdenbire oluveren, apansız,

3 →→→acceptable

ansız: abrupt climate changes ani iklim değişiklikleri

abruptly a.brupt.ly • ıbrʌpt´li
/zarf/ aniden, birdenbire, birden: The movie ended abruptly. Film aniden sona erdi.

absence ab.sence • äb´sıns
/isim/ yokluk, bulunmama: We felt her absence deeply. Onun yokluğunu derinden hissettik.

absent ab.sent • äb´sınt
/sıfat/ 1. (from) yok; hazır bulunmayan; mevcut olmayan: She was absent from school yesterday. Dün okulda yoktu. 2. dalgın, dikkatsiz: an absent look dalgın bir bakış

absolute ab.so.lute • äb´sılut
/sıfat/ 1. tam, eksiksiz: absolute confidence tam güven 2. mutlak, sınırsız: absolute power sınırsız güç 3. kesin: absolute proof kesin kanıt

absolutely ab.so.lute.ly • äb´sılutli
/zarf/ kesinlikle, tamamen: You're absolutely right! Kesinlikle haklısın!

absorb ab.sorb • ıbsôrb´, ıbzôrb´, äbsôrb´, äbzôrb´ /fiil/ absorbs, absorbing, absorbed • içine çekmek, soğurmak, emmek, absorbe etmek: The sponge absorbed all of the spilt ink. Sünger, dökülen mürekkebin tamamını emdi.

abstract ab.stract • äb´sträkt
/sıfat/ soyut: an abstract painting soyut bir resim

absurd ab.surd • ıbsırd´
/sıfat/ saçma, abes, absürd: an absurd

suggestion saçma bir öneri

abundance a.bun.dance • ıbʌn´dıns
/isim/ bolluk, çokluk; bereket

abundant a.bun.dant • ıbʌn´dınt
/sıfat/ bol, çok; bereketli: Trout are abundant in that stream. O derede alabalık bol.

academic ac.a.dem.ic • äkıdem´îk
/sıfat/ 1. akademik: an academic study akademik bir çalışma academic year öğretim yılı 2. teorik, kuramsal

academy a.cad.e.my • ıkäd´ımi
/isim/ çoğul academies • akademi, yüksekokul

accelerate ac.cel.er.ate • äksel´ıreyt
/fiil/ accelerates, accelerating, accelerated • hızlandırmak; hızlanmak: New machines accelerated the production process. Yeni makineler üretim sürecini hızlandırdı.

accent ac.cent • äk´sent
/isim/ çoğul accents • 1. şive, ağız: She speaks with southern accent. Güney şivesiyle konuşur. 2. vurgu, aksan: The word 'pencil' has its accent on the first syllable. 'Pencil' sözcüğünde vurgu ilk hecededir.

accept ac.cept • äksept´
/fiil/ accepts, accepting, accepted • 1. kabul etmek; kabullenmek: accept a proposal bir öneriyi kabul etmek accept the situation durumu kabullenmek 2. (sunulan bir şeyi) almak: accept an award bir ödül almak

acceptable ac.cept.a.ble • äksep´tıbıl

/sıfat/ kabul edilir, makbul: an acceptable solution kabul edilir bir çözüm

access ac.cess • äk´ses
/isim/ 1. giriş, geçit: The access to the bridge is blocked. Köprüye giriş kapalı. 2. erişme, erişim: Do you have access to those files? O dosyalara erişimin var mı?

accessible ac.ces.si.ble • äkses´ıbıl
/sıfat/ ulaşılabilir; kolaylıkla ulaşılabilen: The campground is accessible only by boat. Kamp yerine yalnızca tekneyle ulaşılabilir.

accident ac.ci.dent • äk´sıdınt
/isim/ çoğul accidents • 1. kaza (kötü olay) have an accident kaza geçirmek: Have you ever had an accident? Hiç kaza geçirdin mi? 2. rastlantı, tesadüf by accident kazara, yanlışlıkla; tesadüfen: We met him by accident. Biz onunla tesadüfen karşılaştık.

accidentally ac.ci.den.tal.ly • äksıden´tıli /zarf/ kazara, yanlışlıkla; tesadüfen: I accidentally pressed the wrong button. Kazara yanlış düğmeye bastım.

accommodate ac.com.mo.date • ıkam´ıdeyt /fiil/ accommodates, accommodating, accommodated • barındırmak; -in –e yetecek kadar yeri olmak, almak: This dormitory can accommodate twenty students at most. Bu yatakhane en fazla yirmi öğrenci barındırabilir.

accommodation ac.com.mo.da.tion • ıkamıdey´şın /isim/ çoğul accommodations • kalacak yer

accompany ac.com.pa.ny • ıkʌm´pıni /fiil/ accompanies, accompanying, accompanied • 1. eşlik etmek, refakat etmek; birlikte gitmek 2. (müzik) eşlik etmek: He accompanied the soprano on the piano. Sopranoya piyanoda eşlik etti.

accomplish ac.com.plish • ıkam´plîş /fiil/ accomplishes, accomplishing, accomplished • başarmak, becermek, üstesinden gelmek: I knew you could accomplish everything you wanted. İstediğin her şeyi başarabileceğini biliyordum.

according to ac.cord.ing to • ıkôr´dîng tu /edat/ -e göre: According to her, summer is better than winter. Ona göre yaz, kıştan daha iyidir. according to records kayıtlara göre

accordion ac.cor.di.on • ıkôr´diyın /isim/ çoğul accordions • akordeon accordion door akordeon kapı

account ac.count • ıkaunt´ /isim/ çoğul accounts • hesap account book hesap defteri on account krediyle, veresiye

accumulate ac.cu.mu.late • ıkyum´yıleyt /fiil/ accumulates, accumulating, accumulated • toplamak, yığmak; toplanmak, yığılmak, birikmek: Snow accumulated on the roofs. Kar çatılarda birikti.

accurate ac.cu.rate • äk´yırıt
/sıfat/ doğru, tam, kesin: accurate figures doğru rakamlar an accurate diagnosis doğru bir tanı an accurate measurement hatasız bir ölçüm

accuse ac.cuse • ıkyuz´
/fiil/ accuses, accusing, accused • suçlamak: They are accused of software piracy. Yazılım korsanlığıyla suçlanıyorlar.

accustom ac.cus.tom • ıkʌs´tım
/fiil/ accustoms, accustoming, accustomed • alıştırmak

ace ace • eys
/isim/ çoğul aces • as, birli

¹ache ache • eyk
/isim/ çoğul aches • ağrı, sızı, acı: He has an ache in his chest. Göğsünde bir ağrı var.

backache → sırt ağrısı
headache → baş ağrısı
stomachache → mide ağrısı
toothache → diş ağrısı

²ache ache • eyk
/fiil/ aches, aching, ached • ağrımak, sızlamak, acımak: My head was aching. Başım ağrıyordu.

achieve a.chieve • ıçiv´
/fiil/ achieves, achieving, achieved • başarmak, yapmak; elde etmek, ulaşmak: I achieved my goal despite difficulties. Zorluklara rağmen amacıma ulaştım.

achievement a.chieve.ment •
ıçiv´mınt /isim/ çoğul achievements • başarı; elde etme, kazanma: We are proud of his achievements. Onun başarılarından gurur duyuyoruz.

acid ac.id • äs´îd
/isim/ çoğul acids • asit
acid rain asit yağmuru: Acid rain kills crops. Asit yağmuru, ekinleri öldürür.

acknowledge ac.knowl.edge •
äknal´îc /fiil/ acknowledges, acknowledging, acknowledged • (bir gerçeği) kabul etmek

acquaintance ac.quaint.ance •
ıkweyn´tıns /isim/ çoğul acquaintances • tanıdık, tanış

acrobat ac.ro.bat • äk´rıbät
/isim/ çoğul acrobats • akrobat, cambaz

acrobatics ac.ro.bat.ics • äkrıbät´îks
/isim/ akrobasi, cambazlık
perform acrobatics akrobasi yapmak

¹across a.cross • ıkrôs´
/edat/ 1. bir tarafından öbür tarafına, karşıdan karşıya, boydan boya: There is a bridge across the river. Nehrin üzerinde bir köprü var. 2. karşısında; karşısına; ötesinde: He lives across the street. O, caddenin karşısında yaşıyor. The post office is across the road. Postane yolun karşısında.

across→→→   6

²across a.cross • ıkrôs´
/zarf/ karşıdan karşıya, çaprazlama:
He can swim across the pool. Havuzu
boydan boya yüzebilir.

¹act act • äkt
/isim/ çoğul acts • 1. hareket, eylem:
a careless act dikkatsiz bir hareket
caught in the act suçüstü yakalanmış:
The thief was caught in the act. Hırsız
suçüstü yakalandı. 2. (tiyatro) bölüm,
perde: the first act of the play oyunun
ilk perdesi

²act act • äkt
/fiil/ acts, acting, acted • 1. davranmak,
hareket etmek: You should act like an
adult. Bir yetişkin gibi hareket etmelisin.
2. (tiyatro, sinema, TV) oynamak: He
is acting Hamlet. Hamlet'i oynuyor.

action ac.tion • äk´şın
/isim/ çoğul actions • hareket, eylem
go into action harekete geçmek
out of action işlemez halde

active ac.tive • äk´tîv
/sıfat/ 1. etkin, hareketli, aktif: an active
life hareketli bir yaşam an active volcano
aktif bir yanardağ 2. (dilbilgisi) etken
the active voice (dilbilgisi) etken çatı

activity ac.tiv.i.ty • äktîv´ıti
/isim/ çoğul activities • etkinlik, faaliyet,
aktivite: cultural activities kültürel
etkinlikler social activity sosyal etkinlik
sports activities spor etkinlikleri

actor ac.tor • äk´tır
/isim/ çoğul actors • aktör, oyuncu (erkek)

actress ac.tress • äk´trîs
/isim/ çoğul actresses • aktris, oyuncu
(kadın)

actual ac.tu.al • äk´çuwıl
/sıfat/ gerçek, doğru

actually ac.tu.al.ly • äk´çuwıli
/zarf/ gerçekten, aslında: No one
actually saw the monster. Kimse
canavarı gerçekten görmedi.

A.D. A.D. • ey di´
/kısaltma/ Anno Domini M.S. (milattan
sonra), İ.S. (İsa'dan sonra)

ad ad • äd
/isim/ çoğul ads • ilan, reklam: ad
agency reklam ajansı

adapt a.dapt • ıdäpt´
/fiil/ adapts, adapting, adapted •
1. uyarlamak, adapte etmek 2. alışmak,
ayak uydurmak: Kerem can adapt to
changing circumstances. Kerem
değişen koşullara ayak uydurabilir.

adaptation ad.ap.ta.tion • ädıptey´şın
/isim/ 1. çoğul adaptations • uyarlama,
adaptasyon: This play is an adaptation
of a famous novel. Bu oyun ünlü bir
romanın uyarlaması. 2. alışma, intibak

add add • äd
/fiil/ adds, adding, added • 1. eklemek,
katmak: She added milk and sugar to
the mixture. Karışıma süt ve şeker
ekledi. 2. toplamak: Add those two
figures. O iki rakamı toplayın.
add up toplamak: Let's add up the
cost of all these goods. Bu eşyaların
fiyatlarını toplayalım.
adding machine hesap makinesi

addict ad.dict • äd´îkt
/isim/ çoğul addicts • bağımlı, müptela;
tiryaki

addition ad.di.tion • ädîş´ın
/isim/ çoğul additions • 1. ek
in addition to ayrıca, fazladan, ek olarak
2. ekleme; toplama (işlemi)

additive ad.di.tive • äd´ıtîv
/isim/ çoğul additives • katkı, katkı
maddesi: food additives gıda katkıları

address ad.dress • ıdres´, ä´dres
/isim/ çoğul addresses • adres: mailing
address (postal address) posta adresi

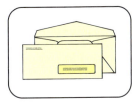

adequate ad.e.quate • äd´ıkwît
/sıfat/ yeterli, kâfi: The library offers
adequate resources on this subject.
Kütüphane bu konuda yeterli kaynak
sunuyor.

¹adhesive ad.he.sive • ädhi´sîv
/sıfat/ yapışkan, yapıştırıcı
adhesive tape (yapıştırıcı) bant

²adhesive ad.he.sive • ädhi´sîv
/isim/ çoğul adhesives • yapıştırıcı,
yapışkan: Glue is an adhesive. Zamk
bir yapıştırıcıdır.

adjective ad.jec.tive • äc´îktîv

/isim/ çoğul adjectives • sıfat: The word
'happy' is an adjective. 'Mutlu' sözcüğü
bir sıfattır.

adjust ad.just • ıcʌst´
/fiil/ adjusts, adjusting, adjusted •
1. ayarlamak, ayar etmek: Adjust the
clock now. Saati şimdi ayarla.
2. to -e alışmak, -e uyum sağlamak:
Our eyes adjusted to the darkness.
Gözlerimiz karanlığa alıştı.
adjustable spanner bkz. monkey wrench

administer ad.min.is.ter • ädmîn´îstır
/fiil/ administers, administering,
administered • yönetmek, idare etmek

administration ad.min.is.tra.tion •
ädmînîstrey´şın /isim/ çoğul adminis-
trations • yönetim, idare: school
administration okul yönetimi

administrator ad.min.is.tra.tor •
ädmîn´îstreytır /isim/ çoğul
administrators • yönetici, idareci

admiration ad.mi.ra.tion •
ädmırey´şın /isim/ takdir, beğenme

admire ad.mire • ädmayr´
/fiil/ admires, admiring, admired •
beğenmek; hayran olmak, hayran
kalmak: I admired him for his
courage. Cesareti nedeniyle ona
hayran oldum.

admission ad.mis.sion • ädmîş´ın
/isim/ içeri alma; kabul; giriş: No
admission. Giriş yasak.

admit ad.mit • ädmît´
/fiil/ admits, admitting, admitted •
içeri almak; kabul etmek: The depart-
ment admits 20 students each year.

adolescence→→→ 8

Bölüme her yıl 20 öğrenci alınıyor.

adolescence ad.o.les.cence • ädıles´ıns /isim/ ergenlik, ergenlik çağı

¹adolescent ad.o.les.cent • ädıles´ınt /sıfat/ ergen, ergenlik çağında olan (genç)

²adolescent ad.o.les.cent • ädıles´ınt /isim/ çoğul adolescents • ergen, ergenlik çağında olan genç: This book is recommended for adolescents. Bu kitap ergenlere tavsiye ediliyor.

adopt a.dopt • ıdapt´ /fiil/ adopts, adopting, adopted • 1. evlat edinmek: They adopted a baby. Bir bebek evlat edindiler. adopted child evlatlık, manevi evlat 2. benimsemek, edinmek: adopt a new idea yeni bir fikri benimsemek

adorable a.dor.a.ble • ıdôr´ıbıl /sıfat/ tapınılacak, çok güzel ve sevimli: Kittens are adorable. Kedi yavruları çok sevimlidir.

adore a.dore • ıdôr´ /fiil/ adores, adoring, adored • tapınmak, tapmak, çılgınca sevmek

¹adult a.dult • ıdʌlt´ /sıfat/ yetişkin, erişkin adult education yetişkin eğitimi

²adult a.dult • ıdʌlt´ /isim/ çoğul adults • yetişkin, erişkin: Some adults behave like children. Bazı yetişkinler çocuk gibi davranırlar.

¹advance ad.vance • ädväns´ /fiil/ advances, advancing, advanced • 1. ilerletmek; ilerlemek: Rebels advanced toward the palace. İsyancılar saraya doğru ilerlediler. 2. avans vermek: Can you advance me some money? Biraz avans verebilir misin?

²advance ad.vance • ädväns´ /isim/ çoğul advances • 1. ilerleme, ileri gitme: We have to stop the enemy's advance. Düşmanın ilerlemesini durdurmalıyız. in advance önde, ileride 2. ilerleme, gelişme: new advances in technology teknolojide yeni gelişmeler 3. avans: He wanted an advance on next month's salary. Gelecek ayki maaşından avans istedi.

advantage ad.van.tage • ädvän´tîc /isim/ çoğul advantages • 1. üstünlük, avantaj: His height gave him an advantage over his opponent. Boyu, rakibine karşı ona avantaj sağladı. 2. yarar, fayda: Is there any advantage in changing your job? İşini değiştirmenin bir yararı var mı?

advantageous ad.van.ta.geous • ädvıntey´cıs /sıfat/ avantajlı, yararlı, faydalı

adventure ad.ven.ture • ädven´çır /isim/ çoğul adventures • macera, serüven: Do you like adventure films? Macera filmlerini sever misiniz?

adverb ad.verb • äd´vırb /isim/ çoğul adverbs • zarf, belirteç

adverse ad.verse • ädvırs´ /sıfat/ kötü, elverişsiz: Adverse weather conditions made the journey impossible. Elverişsiz hava koşulları yolculuğu imkânsız kıldı.

advertise ad.ver.tise • äd´vırtayz
/fiil/ advertises, advertising, advertised •
tanıtmak, reklamını yapmak: They
advertised a new brand of toothpaste.
Yeni bir diş macunu markasını
tanıttılar.

advertisement ad.ver.tise.ment •
ädvırtayz´mınt /isim/ çoğul advertise-
ments • ilan, reklam

advice ad.vice • ıdvays´
/isim/ öğüt, nasihat, tavsiye: He followed
the doctor's advice. Doktorun tavsiye-
sine uydu.

advise ad.vise • ıdvayz´
/fiil/ advises, advising, advised •
öğütlemek, tavsiye etmek: He advised
me to read that book. O kitabı okumamı
tavsiye etti.

Aegean Ae.ge.an • îci´yın
/sıfat/ Ege
the Aegean Sea Ege Denizi

aerial aer.i.al • er´iyıl
/isim/ çoğul aerials • anten: They have
an aerial on the roof. Çatılarında bir
anten var.

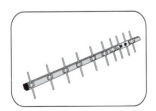

aerobics aer.o.bics • ero´bîks
/isim/ aerobik

aeroplane aer.o.plane • er´ıpleyn
/isim/ çoğul aeroplanes • bkz. airplane

aesthetic aes.thet.ic • esthet´îk
/sıfat/ estetik, güzelduyusal

aesthetics aes.thet.ics • esthet´îks
/isim/ estetik, güzelduyu

affair af.fair • ıfer´
/isim/ çoğul affairs • sorun, mesele:
It's not my affair. Benim sorunum değil.
current affairs güncel olaylar

affect af.fect • ıfekt´
/fiil/ affects, affecting, affected •
1. etkilemek: The rain will affect our
journey. Yağmur yolculuğumuzu
etkileyecek. 2. dokunmak, duygulan-
dırmak: This song affected me deeply.
Bu şarkı bana çok dokundu.

affection af.fec.tion • ıfek´şın
/isim/ muhabbet, şefkat, sevgi: Her
mother shows her great affection no
matter what. Annesi ne olursa olsun
ona büyük sevgi gösteriyor.

affirmative af.firm.a.tive • ıfır´mıtîv
/sıfat/ olumlu: an affirmative answer
olumlu bir yanıt

affluent af.flu.ent • äf´luwınt
/sıfat/ zengin, gönençli: affluent
societies zengin toplumlar

afford af.ford • ıfôrd´
/fiil/ affords, affording, afforded •
1. parası yetmek; gücü yetmek: I can't
afford to rent this flat. Bu daireyi
kiralamaya param yetmez. 2. (bir şeyi)
zarar görmeden yapabilmek: You
can't afford to make him angry. Onu
kızdırabilecek durumda değilsin sen.
3. -e dayanmak, -i kaldırmak: The city
can't afford another earthquake.
Şehir bir depremi daha kaldıramaz.

¹Afghan Af.ghan • äf´gän, äf´gın
/sıfat/ 1. Afgan 2. Afganlı

²Afghan Af.ghan • äf´gän, äf´gın
/isim/ çoğul Afghans • Afganlı, Afgan

Afghanistan Af.ghan.i.stan • äfgän´ıstän
/isim/ Afganistan

afraid a.fraid • ıfreyd´
/sıfat/ korkmuş
be afraid of -den korkmak: She is
afraid of mice. Fareden korkar.
I'm afraid, ... Korkarım ki ...; Üzgünüm
ki ...: I'm afraid I can't go to the concert
with you. Korkarım ki seninle konsere
gelemeyeceğim.

Africa Af.ri.ca • äf´rîkı
/isim/ Afrika

¹African Af.ri.can • äf´rîkın
/sıfat/ 1. Afrika'ya özgü 2. Afrikalı

²African Af.ri.can • äf´rîkın
/isim/ çoğul Africans • Afrikalı

after af.ter • äf´tır
/edat/ sonra, ardından: Oya went home
after school. Oya okuldan sonra eve
gitti. at a quarter after three üçü
çeyrek geçe
after all yine de, buna rağmen,
bununla birlikte

afternoon af.ter.noon • äftırnun´
/isim/ çoğul afternoons • öğleden sonra:
She spent the afternoon in the library.
Öğleden sonrayı kütüphanede geçirdi.

afterwards af.ter.wards • äf´tırwırdz
/zarf/ sonra, sonradan: We had a nice
dinner and afterwards I took her to
the movies. Güzel bir yemek yedik ve
sonra onu sinemaya götürdüm.

again a.gain • ıgen´
/zarf/ tekrar, yine, bir daha: Let's try
again. Tekrar deneyelim.
again and again tekrar tekrar, sık sık,
defalarca

against a.gainst • ıgenst´
/edat/ 1. karşı: against the current
akıntıya karşı 2. aleyhinde, karşı:
a protest against nuclear energy
nükleer enerjiye karşı bir protesto

age age • eyc
/isim/ çoğul ages • 1. yaş: What is your
brother's age? Kardeşinin yaşı kaç?
age group yaş grubu
age limit yaş sınırı
mental age akıl yaşı, zekâ yaşı
of age yaşı tutan
under age yaşı tutmayan: Aydın is
under age for this film. Bu film için
Aydın'ın yaşı tutmuyor.
2. çağ, devir, dönem
prehistoric ages tarihöncesi çağlar
the Ice Age buzul devri
the Space Age uzay çağı
the Stone Age taş devri

agency a.gen.cy • ey´cınsi
/isim/ çoğul agencies • acente; ajans:
advertising agency reklam ajansı
news agency haber ajansı travel agency
seyahat acentesi
through the agency of aracılığıyla,
vasıtasıyla

agenda a.gen.da • ıcen´dı
/isim/ çoğul agendas • gündem: The
president sets the agenda for each
meeting. Her toplantının gündemini
başkan belirler.

agent a.gent • ey´cınt
/isim/ çoğul **agents** • 1. acente, temsilci
2. ajan

aggression ag.gres.sion • ıgreş´ın
/isim/ saldırganlık

aggressive ag.gres.sive • ıgre´sîv
/sıfat/ saldırgan, agresif: an aggressive
dog saldırgan bir köpek

agile ag.ile • äc´ıl
/sıfat/ çevik

ago a.go • ıgo´
/zarf/ önce, evvel: She was here an
hour ago. Bir saat önce buradaydı.
He left the camp two days ago.
Kamptan iki gün önce ayrıldı.
a long time ago uzun zaman önce

agony ag.o.ny • äg´ıni
/isim/ çoğul **agonies** • ıstırap: We suffered
great agonies during the war years.
Savaş yıllarında büyük ıstıraplar çektik.

agree a.gree • ıgri´
/fiil/ agrees, agreeing, agreed •
1. (to) (-e) razı olmak, (-i) kabul etmek:
He agreed to all my conditions. Tüm
şartlarımı kabul etti. 2. (with) (ile) hem-
fikir olmak: I agree with you completely.
Sizinle tamamen aynı fikirdeyim.

agreement a.gree.ment • ıgri´mınt
/isim/ çoğul **agreements** • anlaşma,
sözleşme
be in agreement hemfikir olmak: I'm
not in agreement with Evin. Evin'le
aynı fikirde değilim.

agricultural ag.ri.cul.tur.al •
ägrıkʌl´çırıl /sıfat/ tarımsal, zirai:
agricultural laborer tarım işçisi

agricultural products tarım ürünleri

agriculture ag.ri.cul.ture • äg´rıkʌlçır
/isim/ tarım, ziraat
ecological agriculture ekolojik tarım
organic agriculture organik tarım

ah ah • a
/ünlem/ Ah! (Özlem/beğenme/
pişmanlık/öfke/sevgi belirtir.)

ahead a.head • ıhed´
/zarf/ ileri, ileride, önde: The road
ahead is foggy. Yolun ilerisi sisli.
ahead of önünde

¹aid aid • eyd
/isim/ yardım: emergency aid acil
yardım humanitarian aid insani yardım
first aid ilkyardım
first aid kit ilkyardım seti
in aid of yararına, -e yardım için: They
gave a concert in aid of poor people.
Fakir halk yararına konser verdiler.

²aid aid • eyd
/fiil/ aids, aiding, aided • yardım
etmek: This dictionary will aid your
language learning. Bu sözlük dil
öğreniminize yardım edecektir.

AIDS AIDS • eydz
/kısaltma/ acquired immune deficiency
syndrome /isim/ AIDS

¹aim aim • eym

aim→→→

/isim/ çoğul aims • amaç, erek, hedef: What's your aim? Amacın nedir? take aim nişan almak: The soldier took aim and fired. Asker nişan aldı ve ateş etti.

²aim aim • eym
/fiil/ aims, aiming, aimed •
1. ... niyetinde olmak: We aim to arrive there at night. Oraya geceleyin ulaşmak niyetindeyiz. 2. at -i hedefle-mek, -i amaçlamak 3. at -e nişan almak; (silahı) -e doğrultmak: He aimed the gun at the target. Silahı hedefe doğrulttu.

aimless aim.less • eym´lıs
/sıfat/ amaçsız, gayesiz

¹air air • er
/isim/ hava: I need some fresh air. Biraz temiz havaya ihtiyacım var.
air bag hava yastığı
air conditioner klima, iklimleme aygıtı
air force hava kuvvetleri
air hostess hava hostesi
air pollution hava kirliliği
air pressure hava basıncı
air traffic hava trafiği
be on the air (radyo, TV) yayımda olmak: He was on the air last night. Dün gece yayımdaydı.
by air uçakla

²air air • er
/fiil/ airs, airing, aired • havalandırmak: Let's air out all the rooms. Tüm odaları havalandıralım.

air-conditioned air-con.di.tioned • erkındî´şınd /sıfat/ klimalı

aircraft air.craft • er´kräft
/isim/ çoğul aircraft • hava taşıtı, uçak
aircraft carrier uçak gemisi

aircrew air.crew • er´kru
/isim/ uçak mürettebatı

airline air.line • er´layn
/isim/ çoğul airlines • havayolu, havayolu şirketi: international airlines uluslar-arası havayolları

airmail air.mail • er´meyl
/isim/ uçak postası: She sent the package by airmail. Paketi uçak postasıyla gönderdi.

airman air.man • er´mın
/isim/ çoğul airmen • havacı; hava kuvvet-lerine bağlı subay, astsubay veya er

airmen air.men • er´mîn
/isim/ bkz. airman

airplane air.plane • er´pleyn
/isim/ çoğul airplanes • uçak
İng. aeroplane

airport air.port • er´pôrt
/isim/ çoğul airports • havalimanı, havaalanı

airtight air.tight • er´tayt
/sıfat/ hava geçirmez

airway air.way • er´wey
/isim/ çoğul airways • havayolu

aisle aisle • ayl
/isim/ çoğul aisles • sıralar arası yol, geçenek: Everybody was dancing in

the aisles. Herkes sıraların arasında dans ediyordu.
aisle seat (uçak, tren, otobüs v.b.'nde) koridor tarafındaki koltuk

¹alarm a.larm • ılarm´
/isim/ 1. çoğul alarms • alarm, tehlike işareti
alarm clock çalar saat
smoke alarm duman alarmı
2. korku, panik, telaş: There is no reason for alarm. Telaşa gerek yok.

²alarm a.larm • ılarm´
/fiil/ alarms, alarming, alarmed •
1. tehlikeyi haber vermek, alarm vermek 2. korkutmak, endişelendirmek, telaşlandırmak: Alarmed by the noise, everybody ran away. Gürültünün verdiği korkuyla herkes kaçıştı.

Albania Al.ba.ni.a • älbey´niyı
/isim/ Arnavutluk

¹Albanian Al.ba.ni.an • älbey´niyın
/sıfat/ 1. Arnavut 2. Arnavutça

²Albanian Al.ba.ni.an • älbey´niyın
/isim/ 1. çoğul Albanians • Arnavut
2. Arnavutça

album al.bum • äl´bım
/isim/ çoğul albums • albüm:
We pasted the photos in the album. Fotoğrafları albüme yapıştırdık.
You have to listen to her new album. Onun yeni albümünü dinlemelisiniz.
photo album fotoğraf albümü
stamp album pul albümü

alcohol al.co.hol • äl´kıhôl
/isim/ alkol; alkollü içki: Alcohol causes many health problems. Alkol, birçok sağlık sorununa neden olur.

alcohol-free al.co.hol-free • äl´kıhôl.fri
/sıfat/ alkolsüz

¹alcoholic al.co.hol.ic • älkıhô´lîk
/sıfat/ 1. alkollü 2. alkolik

²alcoholic al.co.hol.ic • älkıhô´lîk
/isim/ çoğul alcoholics • alkolik

¹alert a.lert • ılırt´
/sıfat/ uyanık, tetikte olan, dikkatli:
He is an alert guard. O dikkatli bir koruma görevlisidir.
be alert to danger tehlikeye karşı tetikte olmak: Students should be alert to danger. Öğrenciler tehlikeye karşı uyanık olmalıdırlar.

²alert a.lert • ılırt´
/isim/ çoğul alerts • alarm, uyarı:
They heard an air raid alert in the morning. Sabahleyin bir hava saldırısı alarmı duydular.

algebra al.ge.bra • äl´cıbrı
/isim/ cebir

Algeria Al.ge.ri.a • älcîr´iyı
/isim/ Cezayir

¹Algerian Al.ge.ri.an • älcîr´iyın
/sıfat/ 1. Cezayir'e özgü 2. Cezayirli

²Algerian Al.ge.ri.an • älcîr´iyın
/isim/ çoğul Algerians • Cezayirli

alien al.ien • ey´liyın
/isim/ çoğul aliens • yabancı, ecnebi

align a.lign • ılayn´
/fiil/ aligns, aligning, aligned • 1. hizalamak, aynı hizaya getirmek 2. sıraya koymak

alike a.like • ılayk´
/sıfat/ birbirine benzer: Not all twins are alike. Tüm ikizler birbirine benzemez.

alive a.live • ılayv´
/sıfat/ sağ, canlı, hayatta, diri: My great grandmother is still alive. Büyük ninem hâlâ sağ.

¹all all • ôl
/sıfat/ bütün, tüm: He worked all day. Bütün gün çalıştı. Can all birds fly? Tüm kuşlar uçabilir mi?

²all all • ôl
/zarf/ tamamıyla: He was all alone. Yapayalnızdı.
all but neredeyse
all over tamamen: The puppy was wet all over. Köpek yavrusu tamamen ıslaktı.
All right. Peki.
All right! Aferin!
all the better daha iyi
all the same yine de
be all right 1. iyi olmak: Are you all right? İyi misin? 2. uygun olmak: Is it all right if she comes too? O da gelse olur mu?

³all all • ôl
/zamir/ hepsi: All the books are sold. Kitapların hepsi satıldı. All of them attended the meeting. Hepsi toplantıya katıldı.
all in all sonuçta
at all hiç de: It is not difficult at all. Hiç de zor değil.
for all ... -e rağmen
Not at all! Bir şey değil! (Thank you! sözüne karşılık)

allergic al.ler.gic • ılır´cîk
/sıfat/ alerjik: Some people are allergic to eggs. Bazı insanların yumurtaya alerjisi var.

allergy al.ler.gy • äl´ırci
/isim/ çoğul allergies • alerji
have an allergy to -e alerjisi olmak: She has an allergy to pollen. Onun çiçektozuna alerjisi var.

alley al.ley • äl´i
/isim/ çoğul alleys • dar sokak, ara yol: There is an alley behind the museum. Müzenin arkasında bir ara yol var.

alliance al.li.ance • ılay´ıns
/isim/ çoğul alliances • ittifak, anlaşma

alligator al.li.ga.tor • äl´ıgeytır
/isim/ çoğul alligators • amerikatimsahı

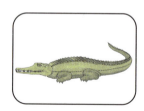

allow al.low • ılau´
/fiil/ allows, allowing, allowed • izin vermek: His father doesn't allow him to stay out late. Babası dışarıda geç saate kadar kalmasına izin vermiyor.
allow for -i hesaba katmak: We have to allow for the possibility of miracles. Mucize olasılığını hesaba katmalıyız.

▬ ▬ ▬ ▬ ▬ ▬ ▬ ▬
Allow, let ve **permit** eşanlamlı sözcüklerdir:
Allow him to go. → İzin ver, gitsin.
Let him go. → Bırak gitsin.
Permit him to go. → Gitmesine izin ver.
▬ ▬ ▬ ▬ ▬ ▬ ▬ ▬

allowance al.low.ance • ılau´wıns
/isim/ harçlık

ally al.ly • äl´ay
/isim/ çoğul allies • müttefik: Germany and the Ottoman Empire were allies in the First World War. Almanya'yla Osmanlı İmparatorluğu, Birinci Dünya Savaşı'nda müttefikti.

almond al.mond • am´ınd
/isim/ çoğul almonds • badem

almond-eyed al.mond-eyed • am´ındayd
/sıfat/ badem gözlü

almost al.most • ôlmost´
/zarf/ 1. hemen hemen, neredeyse: The picture is almost finished. Resim neredeyse bitti. 2. az kaldı, az kalsın, az daha, neredeyse: He almost fell. Az kaldı düşecekti.

¹alone a.lone • ılon´
/sıfat/ yalnız; kimsesiz: He was alone at home. Evde yalnızdı.

²alone a.lone • ılon´
/zarf/ yalnız, yalnız başına, tek başına
leave/let (someone) alone (birini) kendi haline bırakmak: Leave me alone. Beni yalnız bırakın.

¹along a.long • ılông´
/edat/ boyunca: along the river nehir boyunca He likes walking along the street. Cadde boyunca yürüyüş yapmayı sever.

²along a.long • ılông´
/zarf/ (with) ile beraber: He came along with us. Bizimle birlikte geldi.

aloud a.loud • ılaud´
/zarf/ yüksek sesle: You shouldn't speak aloud in the library. Kütüphanede yüksek sesle konuşmamalısınız.

alphabet al.pha.bet • äl´fıbet
/isim/ çoğul alphabets • alfabe, abece: There are 26 letters in the English alphabet. İngiliz alfabesinde 26 harf vardır.

alphabetic al.pha.bet.ic • älfıbet´îk
/sıfat/ bkz. alphabetical

alphabetical al.pha.bet.i.cal • älfıbet´îkıl /sıfat/ alfabetik
alphabetical order alfabetik sıra

already al.read.y • ôlred´i
/zarf/ 1. (Türkçede genellikle çevirisiz kalır.) şimdiden, halen: Is it six o'clock already? Saat altı oldu mu? 2. önce, daha önce: I've already seen that film. O filmi daha önce görmüştüm.

also al.so • ôl´so
/zarf/ bir de, de, da, dahi: It was cold and it was also wet. Hava soğuktu ve bir de yağmurluydu.

alter→→→ 16

alter al.ter • ôl´tır
/fiil/ alters, altering, altered •
değiştirmek; değişmek: These glasses
altered his appearance. Bu gözlük
onun görünüşünü değiştirdi.

alternative al.ter.na.tive • ôltır´nıtîv
/isim/ çoğul alternatives • seçenek, şık,
alternatif: We had two alternatives. İki
seçeneğimiz vardı.

although al.though • ôl.dho´
/bağlaç/ -diği halde, ise de, olmakla
beraber, -e rağmen: Although he's
old, he's a good dancer. Yaşlı olmasına
rağmen iyi bir dansçıdır.

altitude al.ti.tude • äl´tıtud
/isim/ çoğul altitudes • yükseklik; yükselti

altogether al.to.geth.er • ôltıgedh´ır
/zarf/ tamamıyla, bütünüyle: It's a
different concept altogether.
O tamamıyla farklı bir kavram.

always al.ways • ôl´weyz
/zarf/ daima, her zaman: The sun
always sets in the west. Güneş her
zaman batıdan batar.
as always her zamanki gibi, her
zaman olduğu gibi: As always, Alper
came in first in the race. Her zamanki
gibi Alper koşuda birinci geldi.

A.M., a.m. a.m. • ey em´
/kısaltma/ ante meridiem öğleden
önce (saat 24.00-12.00 arası): 2:30 A.M.
saat 2.30

am am • äm
/fiil/ (be fiilinin şimdiki zaman birinci
tekil kişi biçimi) -im: I am a sculptor.
Ben heykeltıraşım.

amateur am.a.teur • äm´ıçûr
/isim/ çoğul amateurs • amatör: The
team is made up of amateurs. Takım
amatörlerden oluşuyor.

amaze a.maze • ımeyz´
/fiil/ amazes, amazing, amazed •
hayrete düşürmek, şaşkına çevirmek

amazing a.maz.ing • ımey´zîng
/sıfat/ şaşırtıcı, müthiş: He told me an
amazing story. Bana müthiş bir öykü
anlattı.

ambassador am.bas.sa.dor •
ämbäs´ıdır /isim/ çoğul ambassadors •
büyükelçi: The Japanese ambassador
visited our city last year. Geçen yıl
Japonya büyükelçisi şehrimizi ziyaret
etti.

ambiguity am.bi.gu.i.ty • ämbîgyu´wıti
/isim/ çoğul ambiguities • birden fazla
anlama gelme; belirsizlik: His speech
was full of ambiguities. Konuşması
belirsizliklerle doluydu.

ambiguous am.big.u.ous •
ämbîg´yuwıs /sıfat/ birden fazla anla-
ma gelebilen; ne olduğu belirsiz: She
asked an ambiguous question. Birden
fazla anlama gelebilecek bir soru sordu.

ambition am.bi.tion • ämbîş´ın
/isim/ çoğul ambitions • bir şeyi
başarma/elde etme tutkusu; (uzun
zamandır güdülen) büyük amaç

ambitious am.bi.tious • ämbîş´ıs
/sıfat/ bir şeyi başarma/elde etme
tutkusuyla yanıp tutuşan veya dolu,
hırslı: My cousin is more ambitious
than me. Kuzenim benden daha hırslı.

ambulance am.bu.lance • äm´bıyılıns
/isim/ çoğul ambulances • cankurtaran,
ambülans: Let's call an ambulance.
Bir ambülans çağıralım.

America A.mer.i.ca • ımer´ıkı
/isim/ Amerika
Central America Orta Amerika
North America Kuzey Amerika
South America Güney Amerika
the United States of America bkz.
united

¹American A.mer.i.can • ımer´ıkın
/sıfat/ 1. Amerikan, Amerika'ya özgü
2. Amerikalı, Amerikan

²American A.mer.i.can • ımer´ıkın
/isim/ çoğul Americans • Amerikalı

among a.mong • ımʌng´
/edat/ arasına, arasında, içinde: He
saw a deer among the trees.
Ağaçların arasında bir geyik gördü.

amount a.mount • ımaunt´
/isim/ çoğul amounts • 1. miktar: He
earned a large amount of money to
school. Okula büyük miktarda para
kazandırdı. 2. tutar, toplam: What's
the amount of your debt? Toplam borcun nedir?

amuse a.muse • ımyuz´
/fiil/ amuses, amusing, amused •
eğlendirmek; oyalamak; güldürmek:

The clown amused the children.
Palyaço, çocukları eğlendirdi.

amusement a.muse.ment • ımyuz´mınt
/isim/ çoğul amusements • eğlence
amusement park, İng. funfair lunapark

an an • ın, än
/belirsiz tanımlık/ (Ünlü ile başlayan
sözcüklerden önce kullanılır.) bir,
herhangi bir: She added an egg to the
mixture. Karışıma bir yumurta ekledi.

analyse an.a.lyse • än´ılayz
/fiil/ analyses, analysing, analysed •
bkz. analyze

analysis a.nal.y.sis • ınäl´ısîs
/isim/ çoğul analyses • tahlil, çözümleme, analiz: chemical analysis
kimyasal analiz

analyze an.a.lyze • än´ılayz
/fiil/ analyzes, analyzing, analyzed •
tahlil etmek, çözümlemek, analiz etmek
İng. analyse

Anatolia An.a.to.li.a • änıto´liyı
/isim/ Anadolu: Anatolia forms the Asian
part of Turkey. Anadolu, Türkiye'nin
Asya'daki kısmını oluşturur.

¹Anatolian An.a.to.li.an • änıto´liyın
/sıfat/ 1. Anadolu'ya özgü 2. Anadolulu

²Anatolian An.a.to.li.an • änıto´liyın
/isim/ çoğul Anatolians • Anadolulu

anatomy a.nat.o.my • ınät´ımi
/isim/ 1. anatomi, gövdebilim
2. anatomi, gövde yapısı

ancestor an.ces.tor • än´sestır
/isim/ çoğul ancestors • ata, cet: Our

ancestors also lived in this village.
Atalarımız da bu köyde yaşamıştı.

anchor an.chor • äng´kır
/isim/ çoğul anchors • demir, çapa, lenger
cast anchor (drop anchor) demir
atmak, demirlemek

ancient an.cient • eyn´şınt
/sıfat/ çok eski, antik: ancient civilizations eski uygarlıklar

and and • änd
/bağlaç/ ve; ile: animals and plants
hayvanlar ve bitkiler He bought bread,
cheese, and tomatoes. Ekmek, peynir
ve domates aldı. He looked around and
ran away. Etrafına baktı ve kaçıp gitti.

anecdote an.ec.dote • än´îkdot
/isim/ çoğul anecdotes • anekdot,
öykücük, fıkra

angel an.gel • eyn´cıl
/isim/ çoğul angels • melek: Ayşe is
like an angel. Ayşe melek gibidir.

anger an.ger • äng´gır
/isim/ öfke, hiddet: He couldn't overcome his anger. Öfkesini yenemedi.
in anger öfkeyle

angle an.gle • äng´gıl
/isim/ çoğul angles • açı: Right angle is
an angle of 90 degrees. Dik açı 90
derecedir. an angle of 30° 30°'lik bir açı

acute angle dar açı
obtuse angle geniş açı
plane angle doğru açı
right angle dik açı

Angola An.go.la • äng.go´lı
/isim/ Angola

[1]**Angolan** An.go.lan • äng.go´lın
/sıfat/ 1. Angola'ya özgü 2. Angolalı

[2]**Angolan** An.go.lan • äng.go´lın
/isim/ çoğul Angolans • Angolalı

angry an.gry • äng´gri
/sıfat/ angrier, angriest • öfkeli, hiddetli,
kızgın; gücenik: His insolence makes
me angry. Küstahlığı beni kızdırıyor.
be angry about -e sinir olmak
be angry at -e kızgın olmak
be angry with someone birine
gücenmiş olmak: My father was
angry with me. Babam bana gücendi.

animal an.i.mal • än´ımıl
/isim/ çoğul animals • hayvan
animal rights hayvan hakları
domestic animal evcil hayvan
farm animals çiftlik hayvanları
the animal kingdom hayvanlar âlemi
wild animals yabani hayvanlar

ankle an.kle • äng´kıl
/isim/ çoğul ankles • ayak bileği
sprained ankle burkulmuş ayak
twist one's ankle ayak bileğini burkmak

anniversary an.ni.ver.sa.ry • änıvır´sıri /isim/ çoğul **anniversaries** • yıldönümü: the tenth anniversary of his graduation mezuniyetinin onuncu yıldönümü

announce an.nounce • ınauns´ /fiil/ announces, announcing, announced • bildirmek, ilan etmek, duyurmak: He announced the winners of the competition. Yarışmanın galiplerini ilan etti.

announcement an.nounce.ment • ınauns´mınt /isim/ çoğul **announcements** • bildiri, ilan: You should check the bulletin board for announcements. İlanlar için panoyu takip etmelisin.

annoy an.noy • ınoy´ /fiil/ annoys, annoying, annoyed • sıkıntı vermek, sinirlendirmek, canını sıkmak: His constant snoring annoys me. Onun sürekli horlaması beni rahatsız ediyor.

annual an.nu.al • än´yuwıl /sıfat/ yıllık: We want to learn our annual income. Yıllık gelirimizi öğrenmek istiyoruz.
annual report yıllık rapor

anonymous a.non.y.mous • ınan´ımıs /sıfat/ isimsiz, anonim, imzasız: We do not take anonymous letters into consideration. İmzasız mektupları dikkate almıyoruz.

anorak an.o.rak • än´ıräk /isim/ çoğul **anoraks** • Ing. anorak

another an.oth.er • ınʌdh´ır /sıfat/ 1. başka, başka bir: another time başka sefer Try it again another day. Başka bir gün tekrar dene. 2. bir (şey) daha: Give me another piece of cake, please. Lütfen bana bir dilim kek daha ver. 3. bir, ikinci bir: Would you like another chance? Bir şans daha

ister misin?

¹answer an.swer • än´sır /isim/ çoğul **answers** • cevap, yanıt, karşılık: I would like to learn your answer. Yanıtınızı öğrenmek isterim. **give an answer** bir yanıt vermek: Please give me an answer. Lütfen bana bir yanıt ver.

²answer an.swer • än´sır /fiil/ answers, answering, answered • yanıtlamak, cevaplamak, karşılık vermek: Answer these questions. Bu soruları yanıtlayın.
answering machine telesekreter

ant ant • änt /isim/ çoğul **ants** • karınca
ants' nest karınca yuvası

¹Antarctic Ant.arc.tic • äntark´tîk, äntar´tîk /sıfat/ Antarktik
the Antarctic Circle Güney Kutbu Dairesi

²Antarctic Ant.arc.tic • äntark´tîk, äntar´tîk /isim/ (the) Antarktika

Antarctica ant.arc.ti.ca • äntark´tîkı /isim/ Antarktika

antenna an.ten.na • änten´ı /isim/ 1. çoğul **antennae** • (hayvanlarda) duyarga 2. çoğul **antennas** • anten
dish antenna çanak anten

antennae an.ten.nae • änten´i /isim/ bkz. **antenna**

anthem → → →

20

anthem an.them • än´thım
/isim/ çoğul **anthems** • ilahi
national anthem ulusal marş, milli marş

¹antibiotic an.ti.bi.ot.ic • äntîbayat´îk
/isim/ çoğul **antibiotics** • antibiyotik

²antibiotic an.ti.bi.ot.ic • äntîbayat´îk
/sıfat/ antibiyotik: antibiotic drugs
antibiyotik ilaçlar

antonym an.to.nym • än´tınîm
/isim/ çoğul **antonyms** • karşıtanlamlı
sözcük: Find the antonyms of these
words, please. Lütfen bu sözcüklerin
karşıtanlamlılarını bulun.

anxiety anx.i.e.ty • ängzay´ıti
/isim/ çoğul **anxieties** • endişe, kaygı,
tasa: His parents felt great anxiety
when he was late. Geç kalınca anne
babası büyük endişe duydu.

anxious anx.ious • ängk´şıs
/sıfat/ endişeli, kaygılı, tasalı
be anxious about -i merak etmek:
Hülya was anxious about her exams.
Hülya, sınavları için kaygılanıyordu.

any an.y • en´i
/sıfat/ 1. hiç: Do you have any pencils?
Hiç kalemin var mı?
any more 1. artık: Arda doesn't live
there any more. Arda artık orada
yaşamıyor. 2. daha fazla: She doesn't
want to eat any more. Daha fazla
yemek yemek istemiyor.
2. herhangi bir: Any car will take you
there. Herhangi bir araba sizi oraya
götürür.
at any rate her neyse, neyse
at any time her an

anybody an.y.bod.y • en´ibʌdi

/zamir/ kimse, herhangi bir kimse:
Is there anybody at home? Evde
kimse var mı?

anyhow an.y.how • en´ihau
/zarf/ bkz. **anyway**

anyone an.y.one • en´iwʌn
/zamir/ bkz. **anybody**

anyplace an.y.place • en´ipleys
/zarf/ bkz. **anywhere**

anything an.y.thing • en´ithîng
/zamir/ bir şey; herhangi bir şey;
hiçbir şey: Do you want anything? Bir
şey ister misin? I don't want anything.
Hiçbir şey istemiyorum.

anyway an.y.way • en´iwey
/zarf/ 1. zaten: You can take it, I don't
use it anyway. Onu alabilirsin, ben
zaten kullanmıyorum. 2. neyse, her
neyse: I don't know if it was lost or
stolen; anyway, it's gone. Çalındı mı,
kayıp mı bilmiyorum, her neyse yok
oldu. 3. yine de: It was raining but
they went swimming anyway. Yağmur
yağıyordu ama yine de yüzmeye gittiler.

anywhere an.y.where • en´ihwer
/zarf/ bir yer; herhangi bir yer:
I couldn't find the key anywhere.
Anahtarı hiçbir yerde bulamadım.
Sit anywhere. Bir yere otur.

apart a.part • ıpart´
/zarf/ ayrı, bir tarafa; bir tarafta: He
decided to live apart. Ayrı yaşamaya
karar verdi.
apart from sayılmazsa, bir yana:
Apart from some spelling mistakes,
it's a good book. Bazı yazım yanlışlarını
saymazsak, iyi bir kitap.
take apart sökmek, parçalara ayırmak

21 →→→appetite

apartment a.part.ment • ıpart´mınt
/isim/ çoğul apartments • apartman
dairesi: They moved into a new apartment. Yeni bir daireye taşındılar.
apartment house apartman
İng. flat

ape ape • eyp
/isim/ çoğul apes • (kısa kuyruklu ya da kuyruksuz) maymun

apologise a.pol.o.gise • ıpal´ıcayz
/fiil/ apologises, apologising, apologised • bkz. apologize

apologize a.pol.o.gize • ıpal´ıcayz
/fiil/ apologizes, apologizing, apologized • özür dilemek: I apologized to him for my rude behavior. Kaba davranışım için ondan özür diledim.
İng. apologise

apology a.pol.o.gy • ıpal´ıci
/isim/ çoğul apologies • özür

apostrophe a.pos.tro.phe • ıpas´trıfi
/isim/ çoğul apostrophes • (dilbilgisi) kesme işareti: Put an apostrophe before the possessive suffix. İyelik ekinden önce bir kesme işareti koy.

▬ ▬ ▬ ▬ ▬ ▬ ▬ ▬
Kesme işareti İngilizcede farklı amaçlarla kullanılır:
• eksik (yazılmamış) harf(ler)in yerine: she's → she is
can't → cannot
• eksik (yazılmamış) rakam(lar)ın yerine: '99 → 1999
• iyelik ekini göstermek için: the child's book → çocuğun kitabı
• harflerin çoğul halini göstermek için: There are two t's in the word 'kitten'. → 'Kitten' sözcüğünde iki tane t vardır.
▬ ▬ ▬ ▬ ▬ ▬ ▬ ▬

apparatus ap.pa.ra.tus • äpırät´ıs
/isim/ çoğul apparatus/apparatuses •
1. aygıt, cihaz, alet: respiratory apparatus solunum cihazı 2. aygıtlar, makineler, donanım: dental apparatus dişçilik donanımı

apparent ap.par.ent • ıper´ınt
/sıfat/ 1. açık, belli 2. görünürdeki, göze çarpan

apparently ap.par.ent.ly • ıper´ıntli
/zarf/ görünüşe göre, görünüşe bakılırsa: Apparently, the student did not do his homework. Görünüşe bakılırsa öğrenci ödevini yapmamış.

¹appeal ap.peal • ıpil´
/isim/ çekicilik, cazibe

²appeal ap.peal • ıpil´
/fiil/ appeals, appealing, appealed •
to -e başvurmak

appear ap.pear • ıpîr´
/fiil/ appears, appearing, appeared •
1. gözükmek, görünmek: This appears to be a difficult problem. Bu zor bir sorun gibi görünüyor. 2. ortaya çıkmak, belirmek: A new singer appeared on the horizon. Ufukta yeni bir şarkıcı belirdi.
appear in (oyunda, filmde) oynamak
appear on (TV/radyo programına) çıkmak

appearance ap.pear.ance • ıpîr´ıns
/isim/ çoğul appearances • görünüş, görünüm: outward appearance dış görünüş

appetite ap.pe.tite • äp´ıtayt
/isim/ çoğul appetites • iştah: Because of illness, he lost his appetite. Hastalık nedeniyle iştahı kesildi.

applaud ap.plaud • ıplôd´
/fiil/ applauds, applauding, applauded •
alkışlamak: Everyone applauded my
speech. Herkes yaptığım konuşmayı
alkışladı.

applause ap.plause • ıplôz´
/isim/ alkış

apple ap.ple • äp´ıl
/isim/ çoğul apples • elma
apple pie elmalı turta

applicant ap.pli.cant • äp´lîkınt
/isim/ çoğul applicants • aday, başvuran
kimse: There were ten applicants for
the job. İş için on aday vardı.

application ap.pli.ca.tion • äplîkey´şın
/isim/ çoğul applications • 1. başvuru
application form başvuru formu
2. uygulama: medical applications of
herbs şifalı bitkilerin tıbbi uygulamaları

apply ap.ply • ıplay´
/fiil/ applies, applying, applied •
1. to/for -e başvurmak 2. uygulamak:
As we apply heat, the temperature of
the liquid will rise. Isı uygulayınca,
sıvının sıcaklığı artacaktır.

appoint ap.point • ıpoynt´
/fiil/ appoints, appointing, appointed •
(to) (-e) atamak, tayin etmek: He was
appointed general director. Genel
müdür olarak atandı.

appointment ap.point.ment •
ıpoynt´mınt /isim/ çoğul appointments •
1. atama, tayin 2. randevu: I have an
appointment at two o'clock. Saat ikide
bir randevum var.

appreciate ap.pre.ci.ate • ıpri´şiyeyt
/fiil/ appreciates, appreciating, appre-
ciated • beğenmek; takdir etmek,
değerini bilmek: We should learn to
appreciate what we have. Sahip
olduklarımızın değerini bilmeyi
öğrenmeliyiz.

appreciation ap.pre.ci.a.tion • ıprişi-
yey´şın /isim/ takdir, teşekkür, şükran
appreciation letter teşekkür mektubu

apprentice ap.pren.tice • ıpren´tîs
/isim/ çoğul apprentices • çırak, stajyer

¹approach ap.proach • ıproç´
/fiil/ approaches, approaching,
approached • yaklaşmak, yanaşmak:
Summer is approaching. Yaz yaklaşıyor.

²approach ap.proach • ıproç´
/isim/ çoğul approaches • yaklaşım:
a new approach yeni bir yaklaşım
We need to change our approach to
this problem. Bu soruna yaklaşımımızı
değiştirmemiz gerek.

appropriate ap.pro.pri.ate • ıpro´priyît
/sıfat/ uygun, yerinde: This movie is

→→→architect

not appropriate for children. Bu film çocuklar için uygun değil.

approval ap.prov.al • ıpru´vıl /isim/ onaylama, tasvip: We need the parents' approval. Velilerin onayını almamız gerek.

approve ap.prove • ıpruv´ /fiil/ approves, approving, approved • 1. uygun bulmak, onaylamak, tasvip etmek: His parents don't approve of his leaving school. Anne babası onun okuldan ayrılmasını onaylamıyor. 2. onaylamak, kabul etmek: The budget is approved. Bütçe onaylandı.

approximate ap.prox.i.mate • ıprak´sımıt /sıfat/ yaklaşık, takribi: approximate values yaklaşık değerler

approximately ap.prox.i.mate.ly • ıprak´sımıtli /zarf/ aşağı yukarı, yaklaşık olarak: The journey will take approximately ten hours. Yolculuk yaklaşık on saat sürecek.

apricot a.pri.cot • äp´rîkat /isim/ çoğul apricots • kayısı

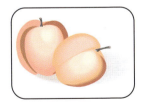

April A.pril • ey´prıl /isim/ nisan
April fool bir nisan şakası, nisanbalığı

apron a.pron • ey´prın /isim/ çoğul aprons • önlük (giysi)

aquarium a.quar.i.um • ıkwer´iyım /isim/ çoğul aquariums • akvaryum

Arab A.rab • er´ıb /isim/ çoğul Arabs • 1. Arap 2. Arap atı

Arabia A.ra.bi.a • ırey´biyı /isim/ Arabistan

[1]Arabian A.ra.bi.an • ırey´biyın /sıfat/ Arap

[2]Arabian A.ra.bi.an • ırey´biyın /isim/ çoğul Arabians • 1. Arap 2. Arap atı

[1]Arabic Ar.a.bic • er´ıbîk /isim/ Arapça

[2]Arabic Ar.a.bic • er´ıbîk /sıfat/ 1. Arap 2. Arapça

arch arch • arç /isim/ çoğul arches • kemer, tak
arch bridge kemerli köprü

archaeologist ar.chae.ol.o.gist • arkiyal´ıcîst /isim/ çoğul archaeologists • arkeolog

archaeology ar.chae.ol.o.gy • arkiyal´ıci /isim/ arkeoloji

archery arch.er.y • ar´çıri /isim/ okçuluk

architect ar.chi.tect • ar´kıtekt

architecture→→→ 24

/isim/ çoğul architects • mimar

architecture ar.chi.tec.ture •
ar´kıtekçır /isim/ mimarlık, mimari:
Sinan is one of the greatest figures of
Ottoman architecture. Mimar Sinan,
Osmanlı mimarisinin en büyük isim-
lerinden biridir.

archives ar.chives • ar´kayvz
/isim/ arşiv

¹Arctic Arc.tic • ark´tîk, ar´tîk
/sıfat/ Arktik
the Arctic Circle Kuzey Kutbu Dairesi
the Arctic Ocean Kuzey Buz Denizi

²Arctic Arc.tic • ark´tîk, ar´tîk
/isim/ (the) Arktik bölge

are are • ar
/fiil/ (be fiilinin şimdiki zaman ikinci
tekil kişi ve çoğul biçimi) -iz, -sin,
-siniz, -dirler: They are musicians.
Onlar müzisyendir. We are students. Biz
öğrenciyiz. You are right. Haklısın(ız).
Are you ... or ...? ... misiniz, ... misiniz?:
Are you a teacher or a student?
Öğretmen misiniz, öğrenci misiniz?
Are you from ...? -li misiniz?: Are you
from Amasya? Amasyalı mısınız?
aren't → are not

area ar.e.a • er´iyı
/isim/ çoğul areas • 1. alan, saha; bölge:
mountainous areas dağlık bölgeler
2. yüzölçümü, alan: the area of a circle
dairenin alanı

aren't aren't • arnt
/kısaltma/ are not • bkz. are

Argentina Ar.gen.ti.na • arcınti´nı
/isim/ Arjantin

¹Argentine Ar.gen.tine • arcıntin´,

arcıntayn´ /sıfat/ 1. Arjantin'e özgü
2. Arjantinli

²Argentine Ar.gen.tine • arcıntin´,
arcıntayn´ /isim/ çoğul Argentines •
Arjantinli

¹Argentinean Ar.gen.tin.e.an •
arcıntîn´iyın /sıfat/ bkz. ¹Argentine

²Argentinean Ar.gen.tin.e.an •
arcıntîn´iyın /isim/ çoğul Argentineans •
bkz. ²Argentine

argue ar.gue • ar´gyu
/fiil/ argues, arguing, argued •
tartışmak, münakaşa etmek:
Don't argue with your teacher.
Öğretmeninizle tartışmayın.
argue that -i savunmak, -i iddia
etmek: It's hard to argue that he is
innocent. Onun suçsuz olduğunu
savunmak güç.

argument ar.gu.ment • ar´gyımınt
/isim/ çoğul arguments • 1. tartışma,
münakaşa: They accepted the idea
without argument. Fikri tartışmasız
kabul ettiler. 2. sav, iddia: The argu-
ment of the book is very interesting.
Kitabın savı çok ilginç.

arise a.rise • ırayz´
/fiil/ arises, arising, arose, arisen •
1. oluşmak, ortaya çıkmak, meydana
gelmek: New problems had arisen.
Yeni sorunlar çıkmıştı. 2. (from) (-den)
yükselmek: A puff of smoke arose
from the chimney. Bacadan bir
duman kümesi yükseldi.

arisen a.ris.en • ırîz´ın
/fiil/ bkz. arise

arithmetic a.rith.me.tic • ırîth´mıtîk

/isim/ aritmetik

arm arm • arm
/isim/ çoğul arms • 1. kol
arm in arm kol kola
2. dal, kol: arm of a tree bir ağacın dalı 3. dal, kol, bölüm

armband arm.band • arm´bänd
/isim/ çoğul armbands • pazıbent

armchair arm.chair • arm´çer
/isim/ çoğul armchairs • koltuk

armed armed • armd
/sıfat/ silahlı
armed forces silahlı kuvvetler

Armenia Ar.me.ni.a • armi´niyı
/isim/ Ermenistan

¹Armenian Ar.me.ni.an • armi´niyın
/sıfat/ 1. Ermeni 2. Ermenice

²Armenian Ar.me.ni.an • armi´niyın
/isim/ 1. çoğul Armenians • Ermeni
2. Ermenice

armor ar.mor • ar´mır
/isim/ çoğul armors • zırh
İng. **armour**

armored ar.mored • ar´mırd
/sıfat/ zırhlı: armored vehicle zırhlı araç
İng. **armoured**

armour ar.mour • ar´mır
/isim/ çoğul armours • bkz. **armor**

armoured ar.moured • ar´mırd
/sıfat/ bkz. **armored**

army ar.my • ar´mi
/isim/ çoğul armies • kara ordusu, ordu

aroma a.ro.ma • ıro´mı
/isim/ çoğul aromas • hoş koku, aroma

aromatic ar.o.mat.ic • erımät´îk
/sıfat/ hoş kokulu, aromalı, aromatik

arose a.rose • ıroz´
/fiil/ bkz. **arise**

¹around a.round • ıraund´
/zarf/ 1. etrafına: He looked around. Etrafına baktı. 2. aşağı yukarı, yaklaşık: He left home around nine o'clock. Evden saat dokuz sularında çıktı.

²around a.round • ıraund´
/edat/ etrafında, çevresinde: The Earth revolves around the sun. Dünya güneşin çevresinde döner.

arrange ar.range • ıreync´
/fiil/ arranges, arranging, arranged •
1. yerleştirmek 2. düzenlemek

arrangement ar.range.ment •
ıreync´mınt /isim/ çoğul arrangements •
1. düzenleme: the art of flower arrangement çiçek düzenleme sanatı
2. düzen, tertip

arrest ar.rest • ırest´
/fiil/ arrests, arresting, arrested •
tutuklamak: The police arrested the suspect yesterday. Polis, sanığı dün tutukladı.

arrival ar.ri.val • ıray´vıl
/isim/ çoğul **arrivals** • varış, geliş: We met him on his arrival at the airport. Gelişinde onu havaalanında karşıladık.

arrive ar.rive • ırayv´
/fiil/ **arrives, arriving, arrived** • varmak, gelmek: When will we arrive home? Eve ne zaman varacağız?

arrow ar.row • er´o
/isim/ çoğul **arrows** • ok

art art • art
/isim/ çoğul **arts** • sanat: art history sanat tarihi fine arts güzel sanatlar

━━━━━━━━━━━━━━━━━━━
art critic → sanat eleştirmeni
art exhibition → sanat sergisi
art gallery → sanat galerisi
graphic arts → grafik sanatlar
plastic arts → plastik sanatlar
work of art → sanat eseri
━━━━━━━━━━━━━━━━━━━

artery ar.ter.y • ar´tıri
/isim/ çoğul **arteries** • 1. (anatomi) atardamar, arter 2. arter, anayol

artichoke ar.ti.choke • ar´tıçok
/isim/ çoğul **artichokes** • enginar

article ar.ti.cle • ar´tîkıl
/isim/ çoğul **articles** • 1. makale, yazı: an article on (about) sports bir spor yazısı Have you ever read his articles? Onun makalelerini hiç okudun mu? 2. (dilbilgisi) tanımlık (a, an, the)

━━━━━━━━━━━━━━━━━━━
İngilizce dilbilgisinde iki tür tanımlık (article) vardır:
belirli tanımlık (definite article) (the)
Where's the book? → Kitap nerede? (Belirli bir kitap kastediliyor.)
belirsiz tanımlık (indefinite article) (a, an)
There's a cat in the yard. → Bahçede (bir) kedi var. (Herhangi bir kediden söz ediliyor.)
━━━━━━━━━━━━━━━━━━━

artificial ar.ti.fi.cial • artıfîş´ıl
/sıfat/ yapay, yapma, suni, sahte: artificial flowers yapay çiçekler artificial light yapay ışık artificial respiration yapay solunum

artist art.ist • ar´tîst
/isim/ çoğul **artists** • sanatçı, sanatkâr: contemporary Turkish artists çağdaş Türk sanatçıları

━━━━━━━━━━━━━━━━━━━
İngilizcede **artist** sözcüğü, daha çok ressamlar için kullanılır.
━━━━━━━━━━━━━━━━━━━

¹**as** as • äz
/bağlaç/ 1. -irken; -dikçe: I saw him as he was going out the door. Onu kapıdan çıkarken gördüm. 2. -diği için; -diğine göre: As he was not here, we didn't go to the movies. O burada olmayınca sinemaya gitmedik. 3. (Karşılaştırmalarda kullanılır.): He's not as smart as you. Senin kadar zeki değil. 4. gibi, -diği gibi: Do as she does. Onun yaptığı gibi yap. **as for** ise: As for me, I'm not going. Bense gitmiyorum.
as if (as though) sanki, -miş gibi, -cesine: He looks as if he's working hard. Çok çalışıyormuş gibi görünüyor.
as it were sanki, güya, gibi

27 →→→assignment

as to (as regards) -e gelince

²as as • äz
/edat/ ... olarak: I'm telling you this as
a friend. Sana bunu bir arkadaş olarak
söylüyorum.

³as as • äz
/zarf/ aynı derecede, o kadar: Ayşe
swims fast, but Ali swims just as fast.
Ayşe hızlı yüzer, ama Ali de o kadar
hızlı yüzer.
as far as kadarıyla, -e göre: as far as
I'm concerned bana göre
as long as 1. -diği sürece 2. şartıyla
as soon as -er -mez: I'll call you as
soon as I reach Istanbul. İstanbul'a
varır varmaz sana telefon edeceğim.

ash ash • äş
/isim/ çoğul ashes • kül

ashamed a.shamed • ışeymd´
/sıfat/ utanmış, sıkılmış
be ashamed utanmak: He should be
ashamed of himself for telling lies.
Yalan söylediği için kendinden utanmalı.

ashtray ash.tray • äş´trey
/isim/ çoğul ashtrays • kül tablası, küllük

Asia A.sia • ey´jı
/isim/ Asya

¹Asian A.sian • ey´jın
/sıfat/ 1. Asya'ya özgü 2. Asyalı

²Asian A.sian • ey´jın
/isim/ çoğul Asians • Asyalı

ask ask • äsk
/fiil/ asks, asking, asked • sormak:
I asked him an easy question. Ona
basit bir soru sordum. "Where's my
book?" he asked. "Kitabım nerede?"

diye sordu.
ask a favor of -e ricada bulunmak
ask for istemek: The student asked
his teacher for help. Öğrenci, öğret-
meninden yardım istedi.

asleep a.sleep • ıslip´
/sıfat/ uykuda: They were all asleep
when the phone rang. Telefon
çaldığında uykudaydılar.
fall asleep uykuya dalmak

aspirin as.pi.rin • äs´pırîn
/isim/ çoğul aspirins • aspirin

assemble as.sem.ble • ısem´bıl
/fiil/ assembles, assembling, assembled •
1. toplamak; toplanmak 2. monte etmek

assembly as.sem.bly • ısem´bli
/isim/ çoğul assemblies • toplantı;
meclis; kongre
the Grand National Assembly of
Turkey Türkiye Büyük Millet Meclisi

assess as.sess • ıses´
/fiil/ assesses, assessing, assessed •
değer biçmek, kıymet takdir etmek: He
assessed their house at two million liras.
Evlerine iki milyon lira değer biçti.

assign as.sign • ısayn´
/fiil/ assigns, assigning, assigned •
1. ödev vermek, görev vermek: The
teacher assigned us to write a story.
Öğretmen bize öykü yazma ödevi
verdi. 2. atamak, tayin etmek: They
assigned him to a new job. Onu yeni
bir işe atadılar.

assignment as.sign.ment • ısayn´mınt
/isim/ çoğul assignments • 1. ödev, görev:
The students' new assignment was
very difficult. Öğrencilerin yeni ödevi
çok zordu. 2. atama, tayin

assist→→→

assist as.sist • ısîst´
/fiil/ assists, assisting, assisted •
yardım etmek: He assisted the police in their inquiry. Polise soruşturmalarında yardım etti.

assistance as.sis.tance • ısîs´tıns
/isim/ yardım: The child started to walk without assistance. Çocuk yardımsız yürümeye başladı.

assistant as.sis.tant • ısîs´tınt
/isim/ çoğul assistants • yardımcı

association as.so.ci.a.tion • ısosiyey´şın
/isim/ çoğul associations • dernek; birlik; kurum

assume as.sume • ısum´
/fiil/ assumes, assuming, assumed •
farz etmek, varsaymak: He assumed that he also was invited. Kendisinin de davet edilmiş olduğunu farz etti.

assumption as.sump.tion • ısʌmp´şın
/isim/ çoğul assumptions • varsayım; sanı, zan

astonish a.ston.ish • ıstan´îş
/fiil/ astonishes, astonishing, astonished • şaşırtmak, şaşkına çevirmek: The magician's show astonished the children. Sihirbazın gösterisi çocukları şaşkına çevirdi.

astrology as.trol.o.gy • ıstral´ıci
/isim/ yıldız falcılığı, astroloji

astronaut as.tro.naut • äs´trınôt
/isim/ çoğul astronauts • astronot

astronomer as.tron.o.mer • ıstran´ımır
/isim/ çoğul astronomers • astronom, gökbilimci

astronomy as.tron.o.my • ıstran´ımi
/isim/ astronomi, gökbilim

at at • ät
/edat/ 1. -de, -da (Bir yeri/zamanı belirtmek için kullanılır.): at a late hour geç saatte at five o'clock saat beşte at home evde at my office büromda 2. -e, -a: Look at him. Ona bak.

ate ate • eyt
/fiil/ bkz. **eat**

athlete ath.lete • äth´lit
/isim/ çoğul athletes • (atletizmle uğraşan) sporcu, atlet

athletics ath.let.ics • äthlet´îks
/isim/ atletizm

¹Atlantic At.lan.tic • ätlän´tîk
/sıfat/ Atlantik
the Atlantic Ocean Atlas Okyanusu

²Atlantic At.lan.tic • ätlän´tîk
/isim/ (the) Atlas Okyanusu

atlas at.las • ät´lıs
/isim/ çoğul atlases • atlas (harita kitabı)

atmosphere at.mo.sphere • ät´mısfîr
/isim/ çoğul atmospheres • atmosfer: We are polluting the earth's atmosphere. Bizler yeryüzü atmosferini kirletiyoruz.

atom at.om • ät´ım
/isim/ çoğul atoms • atom

29 →→→August

atomic a.tom.ic • ıtam´îk
/sıfat/ atomik
atomic energy atom enerjisi, nükleer enerji

attach at.tach • ıtäç´
/fiil/ attaches, attaching, attached •
takmak, iliştirmek: He attached a label
to the package. Pakete bir etiket iliştirdi.

¹attack at.tack • ıtäk´
/fiil/ attacks, attacking, attacked •
saldırmak, hücum etmek: The army
started to attack. Ordu hücuma kalktı.

²attack at.tack • ıtäk´
/isim/ çoğul attacks • 1. saldırı, hücum
2. nöbet, kriz

¹attempt at.tempt • ıtempt´
/fiil/ attempts, attempting, attempted •
denemek, girişimde bulunmak: He
attempted to climb that mountain.
O dağa tırmanmayı denedi.

²attempt at.tempt • ıtempt´
/isim/ çoğul attempts • deneme, girişim:
He made no attempt to escape.
Kaçmak için girişimde bulunmadı.

attend at.tend • ıtend´
/fiil/ attends, attending, attended •
hazır bulunmak, (toplantı, ders v.b.'ne)
katılmak: Do you have to attend
classes on the weekends? Hafta sonu
derslerine katılman gerekiyor mu?
attend school okula devam etmek

attendance at.ten.dance • ıten´dıns
/isim/ çoğul attendances • 1. hazır
bulunma, devam: Prompt and regular
attendance at the school site is
required. Okula zamanında ve düzenli
devam edilmesi gerekir. 2. katılım:

Attendance at the workshop has risen
this year. Atölyeye katılım bu yıl arttı.
3. hazır bulunanlar, katılımcılar

attention at.ten.tion • ıten´şın
/isim/ dikkat, ilgi
Attention! Dikkat!
pay attention dikkat etmek

attic at.tic • ät´îk
/isim/ çoğul attics • tavan arası: The
attic is overrun with mice. Tavan
arasında fareler kaynıyor.

attitude at.ti.tude • ät´ıtud
/isim/ çoğul attitudes • tutum, davranış,
tavır: a positive attitude olumlu bir tavır

attract at.tract • ıträkt´
/fiil/ attracts, attracting, attracted •
çekmek; cezbetmek
attract attention dikkat çekmek

attraction at.trac.tion • ıträk´şın
/isim/ cazibe, alımlılık

attractive at.trac.tive • ıträk´tîv
/sıfat/ çekici, cazip, alımlı: an attractive
personality çekici bir kişilik

aubergine au.ber.gine • o´bırjin
/isim/ çoğul aubergines • bkz. **eggplant**

auction auc.tion • ôk´şın
/isim/ çoğul auctions • açık artırma,
mezat, müzayede

audience au.di.ence • ô´diyıns
/isim/ çoğul audiences • dinleyiciler;
izleyiciler, seyirciler: The audience
applauded the singer. İzleyiciler
şarkıcıyı alkışladılar.

August Au.gust • ô´gıst

/isim/ ağustos

aunt aunt • änt
/isim/ çoğul aunts •1. teyze: Aunt Emine is my mother's elder sister. Emine Teyze annemin ablasıdır. 2. hala: Aunt Elmas is my father's sister. Elmas Hala babamın kızkardeşidir. 3. yenge: Aunt Nazan is my uncle's wife. Nazan Yenge amcamın karısıdır.

Australia Aus.tral.ia • ôstreyl´yı
/isim/ Avustralya

¹Australian Aus.tral.ian • ôstreyl´yın
/sıfat/ 1. Avustralya'ya özgü 2. Avustralyalı

²Australian Aus.tral.ian • ôstreyl´yın
/isim/ çoğul Australians • Avustralyalı

Austria Aus.tri.a • ôs´triyı
/isim/ Avusturya

¹Austrian Aus.tri.an • ôs´triyın
/sıfat/ 1. Avusturya'ya özgü 2. Avusturyalı

²Austrian Aus.tri.an • ôs´triyın
/isim/ çoğul Austrians • Avusturyalı

author au.thor • ô´thır
/isim/ çoğul authors • yazar: Ömer Seyfettin is the author of Kaşağı. Ömer Seyfettin Kaşağı'nın yazarıdır.

authority au.thor.i.ty • ıthôr´ıti
/isim/ çoğul authorities • yetki, otorite

autobiography au.to.bi.og.ra.phy • ôtıbayag´rıfi /isim/ çoğul autobiographies • otobiyografi, özyaşamöyküsü

automatic au.to.mat.ic • ôtımät´îk
/sıfat/ otomatik

automobile au.to.mo.bile • ôtımo´bil
/isim/ çoğul automobiles • otomobil

autumn au.tumn • ô´tım
/isim/ çoğul autumns • sonbahar, güz: Autumn begins in September. Sonbahar eylülde başlar.

auxiliary aux.il.ia.ry • ôgzîl´yıri, ôgzîl´ıri /sıfat/ yedek; yardımcı
auxiliary verb yardımcı fiil

available a.vail.a.ble • ıvey´lıbıl
/sıfat/ elde edilebilir, mevcut, var, hazır: Is there a taxi available? Boşta bir taksi var mı?

avenue av.e.nue • äv´ınyu
/isim/ çoğul avenues • cadde, bulvar: His office is on the Bağdat Avenue. Bürosu Bağdat Caddesi'ndedir.

¹average av.er.age • äv´rîc
/isim/ çoğul averages • ortalama: The average of 2 and 12 is 7. 2 ve 12'nin ortalaması 7'dir.

²average av.er.age • äv´rîc
/sıfat/ ortalama: Our average speed was 70 km an hour. Ortalama hızımız saatte 70 km idi.
average annual rainfall yıllık ortalama yağış

aviation a.vi.a.tion • eyviyey´şın
/isim/ havacılık

avoid a.void • ıvoyd´
/fiil/ avoids, avoiding, avoided • -den
kaçınmak; -den sakınmak; -i önlemek
avoid danger tehlikeden sakınmak
avoid someone birinden uzak durmak

await a.wait • ıweyt´
/fiil/ awaits, awaiting, awaited • bek-
lemek, gözlemek, hazır olmak: She
was still awaiting an answer. Hâlâ bir
yanıt bekliyordu.

¹awake a.wake • ıweyk´
/sıfat/ uyanık, uyanmış: He was still not
fully awake. Henüz tamamen uyanmamıştı.
be awake to -in farkında olmak

²awake a.wake • ıweyk´
/fiil/ awakes, awaking, awoke,
awaked/awoken • uyanmak; uyandırmak

awakening a.wak.en.ing • ıweyk´nîng,
ıwey´kınîng /isim/ uyanış

¹award a.ward • ıwôrd´
/isim/ çoğul awards • ödül, mükâfat:
He will give an award to whoever finds
his dog. Köpeğini bulana ödül verecek.

²award a.ward • ıwôrd´
/fiil/ awards, awarding, awarded •
ödüllendirmek

aware a.ware • ıwer´
/sıfat/ farkında, haberdar
be aware of -in farkında olmak: He is
not aware of the danger. Tehlikenin
farkında değil.

away a.way • ıwey´
/zarf/ (Bir yerden uzaklaşmayı veya
belli bir uzaklıkta bulunmayı gösterir.)
1. buradan: Go away! Git buradan!
Take it away! Onu buradan götür!

2. bir yere, bir tarafa, bir yana: Put
that away! Onu bir yere kaldır!
turn one's eyes away gözlerini kaçırmak

awful aw.ful • ô´fıl
/sıfat/ korkunç, müthiş; berbat:
an awful experience kötü bir deneyim
an awful risk büyük bir risk an awful
war berbat bir savaş Suddenly we
heard an awful noise. Birden müthiş
bir gürültü duyduk.

awfully aw.ful.ly • ô´fıli
/zarf/ çok, son derece

awkward awk.ward • ôk´wırd
/sıfat/ beceriksiz, sakar, hantal: She
was awkward as she was learning
ballet. Bale öğrenirken hantaldı.

awoke a.woke • ıwok´
/fiil/ bkz. ²awake

awoken a.wok.en • ıwo´kın
/fiil/ bkz. ²awake

ax ax • äks
/isim/ çoğul axes • balta
İng. **axe**

axe axe • äks
/isim/ çoğul axes • bkz. ax

axis ax.is • äk´sîs
/isim/ çoğul axes • eksen

Azerbaijan Az.er.bai.jan • azırbay´can
/isim/ Azerbaycan

¹Azerbaijani Az.er.bai.ja.ni • azırbayca´ni
/sıfat/ 1. Azeri 2. Azerice

²Azerbaijani Az.er.bai.ja.ni • azırbayca´ni
/isim/ 1. çoğul Azerbaijanis • Azeri
2. Azerice

baby ba.by • bey´bi
/isim/ çoğul **babies** • bebek, çocuk: İrem's baby has not yet begun to walk. İrem'in bebeği henüz yürümeye başlamadı.
baby bottle biberon
baby carriage, Ing. **pram** çocuk arabası
baby tooth süt dişi

babyhood ba.by.hood • bey´bihûd
/isim/ bebeklik devresi

baby-sat ba.by-sat • bey´bisät
/fiil/ bkz. **baby-sit**

baby-sit ba.by-sit • bey´bisît
/fiil/ baby-sits, baby-sitting, baby-sat • ana babaları evde olmadığı zaman çocuğa bakmak: Berke baby-sits his sister when his mother is away. Berke, annesi yokken kızkardeşine bakıyor.

baby-sitter ba.by-sit.ter • bey´bisîtır
/isim/ çoğul baby-sitters • çocuk bakıcısı

bachelor bach.e.lor • bäç´ılır
/isim/ çoğul bachelors • bekâr erkek, bekâr

¹**back** back • bäk
/isim/ çoğul backs • 1. arka: She was sitting in the back of the car. Arabanın arkasında oturuyordu. 2. sırt
back to back sırt sırta

²**back** back • bäk
/zarf/ arkaya, geriye, geriye doğru: He went back to the office. Büroya geri döndü.
back and forth ileri geri

³**back** back • bäk
/sıfat/ 1. arka, arkadaki: back door

arka kapı back garden arka bahçe
2. eski, evvelki: back issue eski sayı

⁴back back • bäk
/fiil/ backs, backing, backed • 1. desteklemek, arka olmak 2. geri geri gitmek; geri geri sürmek
back up (bilgisayar) yedeklemek

backache back.ache • bäk´eyk
/isim/ çoğul backaches • sırt ağrısı

backbone back.bone • bäk´bon
/isim/ çoğul backbones • omurga, belkemiği: Insects do not have backbones. Böceklerin omurgası yoktur.

backgammon back.gam.mon • bäk´gämın /isim/ tavla

background back.ground • bäk´graund
/isim/ çoğul backgrounds • 1. arka plan, fon, zemin 2. (geçmişteki) görgü, çevre, öğrenim: This student is coming from a different background. Bu öğrenci, farklı bir çevreden geliyor.

backpack back.pack • bäk´päk
/isim/ çoğul backpacks • sırt çantası
İng. rucksack

backward back.ward • bäk´wırd
/zarf/ bkz. backwards

backwards back.wards • bäk´wırdz
/zarf/ geriye doğru, tersine, geri geri: She took a step backwards. Geriye doğru bir adım attı.
backwards and forwards ileri geri

backyard back.yard • bäk´yard´
/isim/ çoğul backyards • arka bahçe

bacteria bac.te.ri.a • bäktîr´iyı
/isim/ (çoğul) bakteriler

bad bad • bäd
/sıfat/ worse, worst • 1. kötü, fena: The news was very bad. Haber çok kötüydü.
bad luck kötü şans
feel bad iyi hissetmemek, üzülmek
Not bad! Fena değil!
2. bozuk: bad milk bozuk süt bad meat bozulmuş/kokmuş et
go bad (yiyecek) bozulmak

badge badge • bäc
/isim/ çoğul badges • rozet; nişan

badly bad.ly • bäd´li
/zarf/ 1. fena halde, fena şekilde: My brother did badly in the French exam. Kardeşimin Fransızca sınavı kötü geçti. 2. çok, ciddi şekilde: The buildings were badly shaken. Binalar ciddi şekilde sallandı.

bad-tempered bad-tem.pered • bäd´tempırd /sıfat/ aksi, huysuz, ters: It is very hard to get along with bad-tempered people. Aksi insanlarla geçinmek çok zor.

baffle baf.fle • bäf´ıl
/fiil/ baffles, baffling, baffled • şaşırtmak
be baffled şaşırmak

bag bag • bäg
/isim/ çoğul bags • torba; çanta
in the bag çantada keklik

backpack → sırt çantası
briefcase → evrak çantası
handbag → el çantası
sack → torba, çuval
suitcase → bavul, valiz

baggage→→→

baggage bag.gage • bäg´îc
/isim/ çoğul **baggages** • bagaj, yolcu eşyası

bake bake • beyk
/fiil/ **bakes, baking, baked** • fırında pişirmek: **bake bread** ekmek pişirmek

baked baked • beykt
/sıfat/ fırında pişmiş, fırınlanmış: **baked potato** kumpir

baker bak.er • bey´kır
/isim/ çoğul **bakers** • fırıncı, ekmekçi **baker's dozen** 13

bakery bak.er.y • bey´kıri
/isim/ çoğul **bakeries** • fırın, ekmekçi dükkânı; pastane

baklava bak.la.va • ba´klıva, baklıva´
/isim/ çoğul **baklavas** • baklava

¹**balance** bal.ance • bäl´ıns
/isim/ çoğul **balances** • 1. terazi 2. denge **the balance of nature** doğanın dengesi

²**balance** bal.ance • bäl´ıns
/fiil/ **balances, balancing, balanced** • 1. dengelemek 2. dengeli olmak

balanced bal.anced • bäl´ınst
/sıfat/ dengeli

balcony bal.co.ny • bäl´kıni
/isim/ çoğul **balconies** • balkon

bald bald • bôld
/sıfat/ dazlak, kel, saçsız

¹**ball** ball • bôl
/isim/ çoğul **balls** • 1. top: **golf ball** golf topu **play ball** top oynamak: Children are playing ball in the yard. Çocuklar bahçede top oynuyor.
2. küre 3. yumak: a ball of yarn iplik yumağı

²**ball** ball • bôl
/isim/ çoğul **balls** • balo

ballet bal.let • bäl´ey
/isim/ çoğul **ballets** • bale

balloon bal.loon • bılun´
/isim/ çoğul **balloons** • balon

ballot bal.lot • bäl´ıt
/isim/ çoğul **ballots** • oy pusulası **ballot box** oy sandığı

ball-point ball-point • bôl´poynt
/isim/ çoğul **ball-points** • tükenmez, tükenmez kalem
ball-point pen bkz. **ball-point**

ballroom ball.room • bôl´rum
/isim/ çoğul **ballrooms** • balo salonu, dans salonu

bamboo bam.boo • bämbu´
/isim/ çoğul **bamboos** • bambu

¹**ban** ban • bän
/fiil/ **bans, banning, banned** • yasaklamak, menetmek: This book was banned last year. Bu kitap geçen yıl yasaklandı.

²**ban** ban • bän
/isim/ çoğul **bans** • yasak

banana ba.nan.a • bınän´ı
/isim/ çoğul **bananas** • muz

¹band band • bänd
/isim/ çoğul **bands** • bant, şerit, kurdele

²band band • bänd
/isim/ çoğul **bands** • bando, grup

bandage band.age • bän´dîc
/isim/ çoğul **bandages** • sargı, bandaj

Bangladesh Ban.gla.desh • bäng.glıdeş´
/isim/ Bangladeş

¹Bangladeshi Ban.gla.desh.i • bäng.glıde´şi /sıfat/ 1. Bangladeş'e özgü 2. Bangladeşli

²Bangladeshi Ban.gla.desh.i • bäng.glıde´şi /isim/ çoğul **Bangladeshis** • Bangladeşli

bank bank • bängk
/isim/ çoğul **banks** • banka
bank account banka hesabı
bank card banka kartı

bankbook bank.book • bängk´bûk
/isim/ çoğul **bankbooks** • banka cüzdanı, hesap cüzdanı

banknote bank.note • bängk´not
/isim/ çoğul **banknotes** • kâğıt para, banknot

bankrupt bank.rupt • bängk´rʌpt
/sıfat/ iflas etmiş, batık

go bankrupt iflas etmek, batmak

bar bar • bar
/isim/ çoğul **bars** • 1. çubuk, sırık
2. çizgi, çubuk
bar code barkod
3. (dikdörtgen biçiminde) kalıp: a bar of soap (bir) kalıp sabun 4. bar (içki içilen yer)

barbecue bar.be.cue • bar´bıkyu
/isim/ çoğul **barbecues** • ızgara; barbekü

barbed barbed • barbd
/sıfat/ dikenli, kancalı
barbed wire dikenli tel

barber bar.ber • bar´bır
/isim/ çoğul **barbers** • berber

barbershop bar.ber.shop • bar´bırşap
/isim/ çoğul **barbershops** • berber dükkânı, berber

bare bare • ber
/sıfat/ **barer, barest** • çıplak: bare feet çıplak ayaklar bare walls çıplak duvarlar

barefoot bare.foot • ber´fût
/zarf/ yalınayak: I love to walk barefoot on the beach. Kumsalda yalınayak yürümeye bayılıyorum.

¹bargain bar.gain • bar´gın
/isim/ çoğul **bargains** • 1. iş anlaşması
2. kelepir: I bought a secondhand car; it was a real bargain. İkinci el bir araba aldım; tam bir kelepirdi.

²bargain bar.gain • bar´gın
/fiil/ **bargains, bargaining, bargained** • pazarlık etmek: Do not forget to bargain when you are shopping at the Grand Bazaar. Kapalı Çarşı'da alışveriş

yaparken pazarlık etmeyi unutmayın.

¹bark bark • bark
/fiil/ barks, barking, barked • havlamak

²bark bark • bark
/isim/ çoğul barks • ağaç kabuğu

barley bar.ley • bar´li
/isim/ arpa

barn barn • barn
/isim/ çoğul barns • ahır, çiftlik ambarı

barometer ba.rom.e.ter • bıram´ıtır
/isim/ çoğul barometers • barometre, basınçölçer

barrel bar.rel • ber´ıl
/isim/ çoğul barrels • fıçı: These barrels are filled with water. Bu fıçılar suyla dolu.

barricade bar.ri.cade • berıkeyd´
/isim/ çoğul barricades • barikat

barrier bar.ri.er • ber´iyır
/isim/ çoğul barriers • (çit, duvar, korkuluk gibi) engel; bariyer

¹base base • beys
/isim/ çoğul bases • 1. temel, taban, kaide 2. (askeri) üs

²base base • beys
/sıfat/ baser, basest • alçak, adi

baseball base.ball • beys´bôl
/isim/ beysbol

basement base.ment • beys´mınt
/isim/ çoğul basements • bodrum katı, bodrum

basic ba.sic • bey´sîk
/sıfat/ esas, temel: basic principles of science bilimin temel ilkeleri

basin ba.sin • bey´sın
/isim/ çoğul basins • 1. leğen: You can use this basin for doing the dishes. Bulaşıkları yıkamak için bu leğeni kullanabilirsin. 2. havuz 3. havza

basis ba.sis • bey´sîs
/isim/ çoğul bases • 1. temel 2. kaynak 3. ana ilke

basket bas.ket • bäs´kît
/isim/ çoğul baskets • 1. sepet, küfe 2. (spor) basket, sayı

basketball bas.ket.ball • bäs´kîtbôl
/isim/ basketbol

¹bat bat • bät
/isim/ çoğul bats • (spor) sopa, oyun sopası: baseball bat beysbol sopası

²bat bat • bät
/isim/ çoğul bats • yarasa

¹bath bath • bäth
/isim/ çoğul baths • banyo, yıkanma
bath mat banyo paspası
bath towel banyo havlusu
have a bath (take a bath) banyo yapmak, yıkanmak

²bath bath • bäth
/fiil/ baths, bathing, bathed • bkz. **bathe**

bathe bathe • beydh
/fiil/ bathes, bathing, bathed •
yıkamak; banyo yapmak, yıkanmak
bathing suit mayo
İng. ²bath

bathrobe bath.robe • bäth´rob
/isim/ çoğul bathrobes • bornoz

bathroom bath.room • bäth´rum
/isim/ çoğul bathrooms • (evin bölümü)
1. banyo 2. tuvalet, İng. toilet

bathtub bath.tub • bäth´tʌb
/isim/ çoğul bathtubs • banyo küveti

battery bat.ter.y • bät´ıri, bä´tri
/isim/ çoğul batteries • pil; akümülatör

battery-operated bat.ter.y-op.er.at.ed •
bät´ıri.apıreytıd /sıfat/ pilli, pille çalışan:
battery-operated radio pilli radyo

¹battle bat.tle • bät´ıl
/isim/ çoğul battles • 1. meydan savaşı
battle cry savaş narası
2. mücadele, büyük uğraş
half the battle işin yarısı; işin zor tarafı

²battle bat.tle • bät´ıl
/fiil/ battles, battling, battled •
1. savaşmak, dövüşmek: The two armies battled during the day. İki ordu gün boyu savaştılar. 2. mücadele etmek, çok uğraşmak: It is difficult to battle against prejudices. Önyargılarla mücadele etmek güçtür.

battlefield bat.tle.field • bät´ılfild
/isim/ çoğul battlefields • savaş alanı

battleship bat.tle.ship • bät´ılşîp
/isim/ çoğul battleships • savaş gemisi, zırhlı

bay bay • bey
/isim/ çoğul bays • koy, küçük körfez
bay window cumba

bazaar ba.zaar • bızar´
/isim/ çoğul bazaars • pazar, çarşı
the Grand Bazaar Kapalı Çarşı

B.C. B.C. • bi si´
/kısaltma/ before Christ M.Ö. (milattan önce), İ.Ö. (İsa'dan önce): in 300 B.C. M.Ö. 300'de

be be • bi
/fiil, yardımcı fiil/ am, is, are; being; was, were; been • 1. /fiil/ olmak, bulunmak: Be quiet, please. Sessiz olun lütfen. Have you ever been in Bursa? Hiç Bursa'da bulundun mu?
2. /yardımcı fiil/ -dir, -dır: Cengiz is a journalist. Cengiz bir gazetecidir.

beach beach • biç
/isim/ çoğul beaches • kumsal, plaj

beacon bea.con • bi´kın
/isim/ çoğul beacons • işaret ışığı; fener; çakar

bead bead • bid
/isim/ çoğul beads • boncuk

beak beak • bik
/isim/ çoğul beaks • gaga

beam beam • bim
/isim/ çoğul **beams** • 1. direk 2. ışın

bean bean • bin
/isim/ çoğul **beans** • fasulye

¹bear bear • ber
/isim/ çoğul **bears** • ayı
brown bear bozayı
polar bear kutupayısı
the Big Bear (gökbilim) Büyükayı
the Little Bear (gökbilim) Küçükayı

²bear bear • ber
/fiil/ **bears, bearing, bore, borne** •
taşımak, kaldırmak, dayanmak: She can't bear any more noise. Daha fazla gürültüye dayanamaz.

beard beard • bîrd
/isim/ çoğul **beards** • sakal

bearded beard.ed • bîr´dıd
/sıfat/ sakallı

beat beat • bit
/fiil/ **beats, beating, beat, beaten** •
1. dövmek, vurmak, çarpmak
beat the air boşa uğraşmak, havanda su dövmek
2. (davul) çalmak 3. (yumurta) çırpmak
4. yenmek, kazanmak 5. (kalp) atmak, çarpmak: His heart was beating fast. Kalbi hızla çarpıyordu.

beaten beat.en • bit´ın
/fiil/ bkz. **beat**

beautiful beau.ti.ful • byu´tıfıl
/sıfat/ (çok) güzel: What a beautiful morning. Ne güzel bir sabah.

beauty beau.ty • byu´ti
/isim/ güzellik: The young woman is well aware of her beauty. Genç kadın güzelliğinin son derece farkında.

became be.came • bîkeym´
/fiil/ bkz. **become**

because be.cause • bîkʌz´, bîkôz´
/bağlaç/ çünkü, nedeniyle, -diği için:
We didn't meet him because he was late. Geç kaldığı için onunla buluşamadık.
because of -den dolayı, için

become be.come • bîkʌm´
/fiil/ **becomes, becoming, became, become** • olmak: They became close friends. Yakın arkadaş oldular.

bed bed • bed
/isim/ çoğul **beds** • yatak
bed and board tam pansiyon
go to bed yatmak

bedroom bed.room • bed´rum
/isim/ çoğul **bedrooms** • yatak odası

bedspread bed.spread • bed´spred
/isim/ çoğul **bedspreads** • yatak örtüsü

bee bee • bi
/isim/ çoğul **bees** • arı, balarısı

39 →→→Belarussian

busy as a bee çok meşgul
queen bee anaarı

beef beef • bif
/isim/ sığır eti

beefsteak beef.steak • bif´steyk
/isim/ çoğul beefsteaks • biftek

been been • bîn
/fiil/ bkz. be

beer beer • bir
/isim/ çoğul beers • bira

¹**before** be.fore • bîfôr´
/zarf/ önce, evvel: We've seen him
before. Onu daha önce görmüştük.

²**before** be.fore • bîfôr´
/edat/ 1. -den önce: Call me before
evening. Beni akşamdan önce ara.
2. önünde: He was standing before
the door. Kapının önünde duruyordu.

³**before** be.fore • bîfôr´
/bağlaç/ -den önce: Try to understand
before you decide. Karar vermeden
önce anlamaya çalış.

beg beg • beg
/fiil/ begs, begging, begged • 1. dilen-
mek: beg alms sadaka istemek
2. yalvarmak: I beg you to go. Yal-
varırım git.
beg for help yardım istemek

began be.gan • bîgän´
/fiil/ bkz. begin

beggar beg.gar • beg´ır
/isim/ çoğul beggars • dilenci

begin be.gin • bîgîn´
/fiil/ begins, beginning, began, begun •
başlamak: We have to begin work.
Çalışmaya başlamalıyız.

beginning be.gin.ning • bîgîn´îng
/isim/ çoğul beginnings • başlangıç

begun be.gun • bîgʌn´
/fiil/ bkz. begin

behave be.have • bîheyv´
/fiil/ behaves, behaving, behaved •
davranmak, hareket etmek: Animals
don't behave like men. Hayvanlar,
insanlar gibi davranmazlar. behave
badly kötü (yanlış) davranmak behave
well iyi davranmak
Behave yourself! Terbiyeni takın!

behavior be.hav.ior • bîheyv´yır
/isim/ davranış tarzı; davranış
İng. behaviour

behaviour be.hav.iour • bîheyv´yır
/isim/ bkz. behavior

behind be.hind • bîhaynd´
/edat/ arkasında, ardında, gerisinde:
There was a path behind our house.
Evimizin arkasında bir patika vardı.

being be.ing • bi´yîng
/isim/ 1. oluş, varoluş 2. çoğul beings •
varlık

Belarus Be.la.rus • bel´ırûs
/isim/ Belarus

¹**Belarussian** Be.la.rus.sian • belırʌş´ın
/sıfat/ 1. Belaruslu 2. Belarusça

²**Belarussian** Be.la.rus.sian • belırʌş´ın
/isim/ 1. çoğul Belarussians • Belaruslu
2. Belarusça

belch→→→ 40

belch belch • belç
/fiil/ belches, belching, belched •
geğirmek

¹Belgian Bel.gian • bel´cın
/sıfat/ 1. Belçika'ya özgü 2. Belçikalı

²Belgian Bel.gian • bel´cın
/isim/ çoğul Belgians • Belçikalı

Belgium Bel.gium • bel´cım
/isim/ Belçika

belief be.lief • bîlif´
/isim/ çoğul beliefs • inanç

believe be.lieve • bîliv´
/fiil/ believes, believing, believed •
inanmak: Do you believe this news?
Bu habere inanıyor musun?
believe in 1. -e inanmak 2. -e güvenmek

Belize Be.lize • bıliz´
/isim/ Belize

¹Belizean Be.li.ze.an • bılı´ziyın
/sıfat/ 1. Belize'ye özgü 2. Belizeli

²Belizean Be.li.ze.an • bılı´ziyın
/isim/ çoğul Belizeans • Belizeli

bell bell • bel
/isim/ çoğul bells • çan; zil: a bicycle
bell bisiklet zili

bellboy bell.boy • bel´boy
/isim/ çoğul bellboys • (otellerde) oda
hizmetlisi çocuk

belly bel.ly • bel´i
/isim/ çoğul bellies • karın

belong be.long • bîlông´
/fiil/ belongs, belonging, belonged •

to 1. (birine) ait olmak, (birinin) malı
olmak: This book belongs to me. Bu
kitap benim. 2. -in üyesi olmak

belongings be.long.ings • bîlông´îngz
/isim/ (kişisel) eşyalar: The passenger
forgot her belongings at the airport.
Yolcu eşyalarını havaalanında unuttu.

¹below be.low • bîlo´
/zarf/ aşağıda; aşağıdan; aşağıya: the
river flowing below aşağıda akan
ırmak two floors below iki kat aşağıda

²below be.low • bîlo´
/edat/ -den aşağı, aşağısında, altında:
five degrees below zero sıfırın altında
beş derece

belt belt • belt
/isim/ çoğul belts • 1. kemer, kayış
2. bölge, kuşak: the wheat belt
buğday kuşağı

bench bench • bençi
/isim/ çoğul benches • sıra, bank

¹bend bend • bend
/fiil/ bends, bending, bent • eğmek,
bükmek, kıvırmak

²bend bend • bend
/isim/ çoğul bends • kıvrım; dirsek;
viraj: a sharp bend keskin bir viraj

¹beneath be.neath • bînith´

41 →→→**better**

/zarf/ aşağıdan; aşağıda; aşağıya: The sea beneath was blue. Aşağıdaki deniz maviydi.

²beneath be.neath • bînith´
/edat/ altında: beneath the tree ağacın altında

¹benefit ben.e.fit • ben´ıfît
/isim/ çoğul benefits • yarar, fayda: The trip was of great benefit to the children. Gezi çocuklar için çok yararlı oldu.

²benefit ben.e.fit • ben´ıfît
/fiil/ benefits, benefiting, benefited • -e yararlı olmak, -e yararı dokunmak: This change will benefit you. Bu değişiklik sana yararlı olacak.
benefit from -den yararlanmak: Berk benefited from the teacher's advice. Berk, öğretmenin öğütlerinden yararlandı.

Benin Be.nin • benin´
/isim/ Benin

¹Beninese Be.nin.ese • benîniz´
/sıfat/ 1. Benin'e özgü 2. Beninli

²Beninese Be.nin.ese • benîniz´
/isim/ çoğul Beninese • Beninli

bent bent • bent
/fiil/ bkz. **¹bend**

berry ber.ry • ber´i
/isim/ çoğul berries • etli ve zarlı kabuksuz meyvelerin ortak adı

━━ ━━ ━━ ━━ ━━ ━━ ━━ ━━
blackberry → böğürtlen
mulberry → dut
raspberry → ahududu
strawberry → çilek
━━ ━━ ━━ ━━ ━━ ━━ ━━

beside be.side • bîsayd´
/edat/ yanına; yanında: She sat beside me. Yanıma oturdu.

besides be.sides • bîsaydz´
/edat/ yanı sıra, -den başka: Besides visiting the historical places we went shopping. Tarihi yerleri gezmenin yanı sıra alışveriş yaptık.

¹best best • best
/sıfat/ (**good**'un enüstünlük derecesi) en iyi, en hoş, en uygun: The best athlete won the prize. Ödülü en iyi atlet kazandı.
best seller çoksatar

²best best • best
/zarf/ (**well**'in enüstünlük derecesi) en iyi şekilde

³best best • best
/isim/ en iyisi
at best olsa olsa, taş çatlasa
do one's best elinden geleni yapmak: I did my best. Elimden geleni yaptım.

bet bet • bet
/fiil/ bets, betting, bet/betted • bahse tutuşmak, bahse girmek: I bet he's there. Bahse varım oradadır.

betray be.tray • bîtrey´
/fiil/ betrays, betraying, betrayed • ihanet etmek; ele vermek

¹better bet.ter • bet´ır
/sıfat/ (**good**'un üstünlük derecesi) daha iyi, daha güzel: I need a better type of car. Daha iyi bir arabaya ihtiyacım var.

²better bet.ter • bet´ır
/zarf/ (**well**'in üstünlük derecesi) daha iyi bir şekilde: Seda sings better than

the others. Seda, diğerlerinden daha iyi şarkı söylüyor.

between be.tween • bîtwin´ /edat/ (genellikle iki şey) arasında, arasına: The Aegean Sea is between Turkey and Greece. Ege Denizi, Türkiye ile Yunanistan arasındadır.

beware be.ware • bîwer´ /fiil/ (Emir kipinde veya mastar olarak kullanılır.) sakınmak, çok dikkat etmek, gözünü açmak
Beware of the dog. Dikkat, köpek var.

beyond be.yond • bîyand´ /edat/ ötesinde, ötesi, -den öte: The village is beyond the river. Köy, nehrin ötesindedir.

Bhutan Bhu.tan • butan´, butän´ /isim/ Butan

¹Bhutanese Bhu.tan.ese • butınız´ /sıfat/ 1. Butan'a özgü 2. Butanlı

²Bhutanese Bhu.tan.ese • butınız´ /isim/ çoğul Bhutanese • Butanlı

biannual bi.an.nu.al • bayän´yuwıl /sıfat/ yılda iki kez olan

bias bi.as • bay´ıs /isim/ 1. verev 2. eğilim 3. önyargı

bib bib • bîb /isim/ çoğul bibs • mama önlüğü

Bible Bi.ble • bay´bıl /isim/ Kitabı Mukaddes, Kutsal Kitap, Eski ve Yeni Ahit

bibliography bib.li.og.ra.phy • bîbli-yag´rıfi /isim/ çoğul bibliographies •

kaynakça, bibliyografya

bicycle bi.cy.cle • bay´sîkıl /isim/ çoğul bicycles • bisiklet

big big • bîg /sıfat/ bigger, biggest • 1. büyük, iri, kocaman: a big box büyük bir kutu a big house büyük bir ev 2. önemli: a big decision önemli bir karar

bike bike • bayk /isim/ çoğul bikes • bkz. **bicycle**

bikini bi.ki.ni • bîki´ni /isim/ çoğul bikinis • bikini

bilingual bi.lin.gual • baylîng´gwıl /sıfat/ iki dilli: bilingual dictionary iki dilli sözlük

¹bill bill • bîl /isim/ çoğul bills • fatura, hesap
bill of fare yemek listesi, menü

²bill bill • bîl /isim/ çoğul bills • gaga

billboard bill.board • bîl´bôrd /isim/ çoğul billboards • reklam panosu

billion bil.lion • bîl´yın /isim/ çoğul billions • 1. ABD milyar 2. İng. milyon

→→→black

bin bin • bîn
/isim/ çoğul bins • (kömür, tahıl v.b. için) kap, sandık, yer: coal bin kömürlük

bind bind • baynd
/fiil/ binds, binding, bound • bağlamak; sarmak

binoculars bin.oc.u.lars • baynak´yılırz /isim/ (çoğul) (iki gözle bakılabilen) dürbün

biography bi.og.ra.phy • bayag´rıfi
/isim/ çoğul biographies • biyografi, yaşamöyküsü

biological bi.o.log.i.cal • bayılac´îkıl
/sıfat/ biyolojik, yaşambilimsel

biology bi.ol.o.gy • bayal´ıci
/isim/ biyoloji, yaşambilim

bird bird • bırd
/isim/ çoğul birds • kuş
bird flu kuş gribi
bird of passage göçmen kuş
bird of prey yırtıcı kuş

━━ ━━ ━━ ━━ ━━
gull → martı
nightingale → bülbül
parrot → papağan
sparrow → serçe
stork → leylek
swallow → kırlangıç
━━ ━━ ━━ ━━ ━━

birth birth • bırth
/isim/ çoğul births • doğum, doğma
give birth to (çocuk/yavru) doğurmak

birthday birth.day • bırth´dey
/isim/ çoğul birthdays • doğum günü, yaş günü: birthday party doğum günü partisi

biscuit bis.cuit • bîs´kît
/isim/ çoğul biscuits • Ing. bisküvi

¹bit bit • bît
/isim/ çoğul bits • parça, lokma, kırıntı: She had a bit of cake. Bir parça kek aldı.
a bit biraz
a little bit birazcık, bir parça
bit by bit azar azar

²bit bit • bît
/fiil/ bkz. bite

bite bite • bayt
/fiil/ bites, biting, bit, bitten • ısırmak: Does that dog bite? Bu köpek ısırır mı? Don't bite your nails. Tırnaklarını yeme.

bitten bit.ten • bît´ın
/fiil/ bkz. bite

bitter bit.ter • bît´ır
/sıfat/ acı, keskin; sert, şiddetli: a bitter cold sert bir soğuk a bitter taste keskin bir tat a bitter wind şiddetli bir rüzgâr

¹black black • bläk

black→→→

/sıfat/ blacker, blackest • siyah, kara:
black eyes siyah gözler
black box (havacılık) kara kutu
the Black Sea Karadeniz

²**black** black • bläk
/isim/ siyah, kara

blackberry black.ber.ry • bläk´beri
/isim/ çoğul blackberries • böğürtlen

blackboard black.board • bläk´bôrd
/isim/ çoğul blackboards • karatahta

blame blame • bleym
/fiil/ blames, blaming, blamed • suçu (birinin) üstüne atmak: Everyone blamed him for the stolen goods. Çalınan mallar için herkes onu suçluyordu.

¹**blank** blank • blängk
/sıfat/ boş, yazısız

²**blank** blank • blängk
/isim/ çoğul blanks • boşluk, boş yer: Fill in the blanks. Boşlukları doldurun.

blanket blan.ket • bläng´kît
/isim/ çoğul blankets • battaniye: She put a new blanket on the bed. Yatağa yeni bir battaniye serdi.

bleach bleach • bliç
/isim/ çamaşır suyu: Esma uses bleach when washing white clothes. Esma beyaz çamaşırları yıkarken çamaşır suyu kullanır.

bled bled • bled
/fiil/ bkz. **bleed**

bleed bleed • blid
/fiil/ bleeds, bleeding, bled • kanamak: His knee was bleeding. Dizi kanıyordu.

blend blend • blend
/fiil/ blends, blending, blended • karıştırmak, harmanlamak

blender blend.er • blen´dır
/isim/ çoğul blenders • karıştırıcı, blender

blew blew • blu
/fiil/ bkz. **blow**

blind blind • blaynd
/sıfat/ kör, âmâ
blind alley çıkmaz sokak
blind faith katı inanç
blind fate kör talih

blink blink • blîngk
/fiil/ blinks, blinking, blinked • göz kırpmak

blizzard bliz.zard • blîz´ırd
/isim/ çoğul blizzards • tipi, kar fırtınası

¹**block** block • blak
/isim/ çoğul blocks • 1. blok, kalıp:
a block of marble mermer blok
2. İng. büyük bina
block of flats apartman
office block iş hanı

²**block** block • blak
/fiil/ blocks, blocking, blocked • tıkamak, kesmek, kapamak; bloke etmek

blond blond • bland
/sıfat/ blonder, blondest • 1. (erkek için) sarışın 2. (saç için) sarı: blond hair sarı saç

blonde blonde • bland
/sıfat/ blonder, blondest • 1. (bayan için) sarışın 2. (saç için) sarı

blood blood • blʌd
/isim/ kan: He lost a lot of blood in the accident. Kazada çok kan kaybetti.
blood bank kan bankası
blood group (blood type) kan grubu
blood pressure tansiyon
blood vessel kan damarı

bloom bloom • blum
/fiil/ blooms, blooming, bloomed • çiçek açmak

¹blossom blos.som • blas´ım
/isim/ çoğul blossoms • (meyve ağaçlarında açan) çiçek, bahar

²blossom blos.som • blas´ım
/fiil/ blossoms, blossoming, blossomed •
1. çiçek açmak, çiçeklenmek: The apple trees blossomed early this year. Elma ağaçları bu yıl erken çiçek açtı.
2. gelişmek, canlanmak

blouse blouse • blaus
/isim/ çoğul blouses • bluz, gömlek

blow blow • blo
/fiil/ blows, blowing, blew, blown •
1. esmek: The wind blew all night. Rüzgâr gece boyunca esti. 2. üflemek
blow out (üfleyip) söndürmek
blow up 1. şişirmek 2. havaya uçurmak, patlatmak; patlamak

blown blown • blon
/fiil/ bkz. **blow**

¹blue blue • blu
/sıfat/ bluer, bluest • mavi
the Blue Mosque Sultanahmet Camii

²blue blue • blu
/isim/ çoğul blues • mavi

blunt blunt • blʌnt
/sıfat/ blunter, bluntest • 1. kör, keskin olmayan: a blunt knife kör bir bıçak 2. sözünü sakınmayan

¹board board • bôrd
/isim/ çoğul boards • 1. kereste, tahta
2. tahta, pano
bulletin board ilan tahtası
3. (satranç v.b. için) oyun tahtası
4. yönetim kurulu

²board board • bôrd
/fiil/ boards, boarding, boarded •
1. (vapura/trene/otobüse/uçağa) binmek
2. pansiyoner olmak 3. (okulda) yatılı olmak
boarding school yatılı okul

boarder board.er • bôr´dır
/isim/ çoğul boarders • 1. pansiyoner
2. yatılı öğrenci

boast boast • bost
/fiil/ boasts, boasting, boasted • övünmek

boat boat • bot
/isim/ çoğul boats • (gemi, vapur, sandal, yat gibi) tekne

body→→→ 46

body bod.y • bad´i
/isim/ çoğul bodies • beden, vücut
body language beden dili

bodyguard bod.y.guard • bad´igard
/isim/ çoğul bodyguards • koruma,
koruma görevlisi

boil boil • boy´ıl
/fiil/ boils, boiling, boiled • 1. kaynamak;
kaynatmak 2. haşlanmak; haşlamak:
boiled egg haşlanmış yumurta
boil over (kaynarken) taşmak
boiling point kaynama noktası

boiler boil.er • boy´lır
/isim/ çoğul boilers • kazan, buhar kazanı

bold bold • bold
/sıfat/ bolder, boldest • 1. cesur, gözü
pek, yürekli 2. siyah, kalın, koyu
(basım harfi)

Bolivia Bo.liv.ia • bolîv´iyı
/isim/ Bolivya

¹Bolivian Bo.liv.i.an • bolîv´iyın
/sıfat/ 1. Bolivya'ya özgü 2. Bolivyalı

²Bolivian Bo.liv.i.an • bolîv´iyın
/isim/ çoğul Bolivians • Bolivyalı

¹bomb bomb • bam
/isim/ çoğul bombs • bomba: atomic
bomb atom bombası

²bomb bomb • bam
/fiil/ bombs, bombing, bombed •
bombalamak

bond bond • band
/isim/ çoğul bonds • 1. bağ: family
bonds aile bağları 2. ilişki 3. bono,
senet, tahvil

bone bone • bon
/isim/ çoğul bones • kemik

backbone → omurga, belkemiği
cheekbone → elmacıkkemiği
collarbone → köprücükkemiği

bonfire bon.fire • ban´fayr
/isim/ çoğul bonfires • şenlik ateşi,
açık havada yakılan ateş: We jumped
over the bonfire. Şenlik ateşinin
üzerinden atladık.

book book • bûk
/isim/ çoğul books • kitap: I'm reading
a book about volcanoes. Yanardağlar
hakkında bir kitap okuyorum.

cookbook → yemek kitabı
guidebook → rehber, rehber kitabı
storybook → hikâye kitabı
textbook → ders kitabı
workbook → alıştırma kitabı

bookcase book.case • bûk´keys
/isim/ çoğul bookcases • kitaplık

booklet book.let • bûk´lît
/isim/ çoğul booklets • broşür, kitapçık

bookmark book.mark • bûk´mark
/isim/ çoğul bookmarks • sayfa ayracı

bookseller book.sell.er • bûk´selır
/isim/ çoğul booksellers • kitapçı

bookshelf book.shelf • bûk´şelf
/isim/ çoğul bookshelves • kitap rafı:
I picked a book from the bookshelf.
Kitap rafından bir kitap seçtim.

bookshop book.shop • bûk´şap
/isim/ çoğul bookshops • bkz. **bookstore**

bookstore book.store • bûk´stôr
/isim/ çoğul bookstores • kitabevi
İng. **bookshop**

boot boot • but
/isim/ çoğul boots • çizme; bot

booth booth • buth, budh
/isim/ çoğul booths • (fuarda, sergide) stand
telephone booth telefon kulübesi
ticket booth bilet gişesi

border bor.der • bôr´dır
/isim/ çoğul borders • 1. sınır, hudut
2. kenar 3. kenar süsü

¹**bore** bore • bor
/fiil/ bores, boring, bored • delmek, oymak
bore a hole in -de delik açmak

²**bore** bore • bor
/fiil/ bores, boring, bored • canını sıkmak, başını ağrıtmak

³**bore** bore • bor
/fiil/ bkz. ²**bear**

bored bored • bord
/sıfat/ canı sıkılmış
get bored canı sıkılmak

boring bor.ing • bor´îng
/sıfat/ can sıkıcı: a boring story sıkıcı bir öykü

born born • bôrn
/sıfat/ doğmuş
to be born doğmak: Arzu was born in Artvin. Arzu, Artvin'de doğdu.

borne borne • bôrn
/fiil/ bkz. ²**bear**

borrow bor.row • bar´o
/fiil/ borrows, borrowing, borrowed • borç almak, ödünç almak: May I borrow your pencil? Kalemini ödünç alabilir miyim?

Bosnia and Herzegovina Bos.ni.a and Her.ze.go.vi.na • baz´niyı änd hırtsıgovi´nı
/isim/ Bosna-Hersek

¹**Bosnian** Bos.ni.an • baz´niyın
/sıfat/ 1. Boşnak; Bosna'ya özgü
2. Boşnak; Bosnalı 3. Boşnakça

²**Bosnian** Bos.ni.an • baz´niyın
/isim/ 1. çoğul Bosnians • Boşnak; Bosnalı 2. Boşnakça

Bosphorus Bos.pho.rus • bas´fırıs
/isim/ (the) bkz. **Bosporus**

Bosporus Bos.po.rus • bas´pırıs
/isim/ (the) İstanbul Boğazı, Boğaz

boss boss • bôs
/isim/ çoğul bosses • patron, işveren

both both • both
/zamir/ her ikisi; ikisi de: both of them her ikisi de both of us ikimiz de
both ... and ... hem ..., hem ...: both she and I hem o, hem ben

bother→→→

bother both.er • badh´ır
/fiil/ bothers, bothering, bothered • canını sıkmak, rahatsız etmek: Noise bothers him. Gürültü onu rahatsız eder. Don't bother! Zahmet etmeyin!

Botswana Bot.swa.na • batswa´nı
/isim/ Botsvana

¹Botswanan Bot.swa.nan • batswa´nın
/sıfat/ 1. Botsvana'ya özgü 2. Botsvanalı

²Botswanan Bot.swa.nan • batswa´nın
/isim/ çoğul Botswanans • Botsvanalı

bottle bot.tle • bat´ıl
/isim/ çoğul bottles • şişe: a bottle of olive oil bir şişe zeytinyağı
bottle opener açacak, şişe açacağı

bottom bot.tom • bat´ım
/isim/ çoğul bottoms • dip, alt: The boat sank to the bottom of the sea. Tekne denizin dibine battı. the bottom of a page sayfanın sonu

bought bought • bôt
/fiil/ bkz. buy

bounce bounce • bauns
/fiil/ bounces, bouncing, bounced • sıçramak, sekmek, zıplamak; zıplatmak, sektirmek: This rubber ball bounces very high. Bu lastik top çok yükseğe zıplıyor.

bound bound • baund
/fiil/ bkz. bind

boundary bound.a.ry • baun´dıri
/isim/ çoğul boundaries • sınır, hudut: geographical boundaries coğrafi sınırlar national boundaries ulusal sınırlar

bow bow • bo

/isim/ çoğul bows • yay, ok yayı
bow tie papyon, papyon kravat

bowel bow.el • bau´wıl
/isim/ çoğul bowels • bağırsak

bowl bowl • bol
/isim/ çoğul bowls • tas, kâse: Would you like a bowl of soup? Bir tas çorba alır mısınız?

bowling bowl.ing • bo´lîng
/isim/ bowling (ağır bir topla oynanan bir oyun)

¹box box • baks
/isim/ çoğul boxes • kutu, sandık:
cardboard box karton kutu

²box box • baks
/fiil/ boxes, boxing, boxed • boks yapmak

boxer box.er • bak´sır
/isim/ çoğul boxers • boksör

boxing box.ing • bak´sîng
/isim/ boks
boxing glove boks eldiveni

boy boy • boy
/isim/ çoğul boys • erkek çocuk; delikanlı

boyfriend boy.friend • boy´frend
/isim/ çoğul boyfriends • erkek arkadaş

bra bra • bra
/isim/ çoğul bras • sutyen

49 →→→breast

bracelet brace.let • breys´lît
/isim/ çoğul bracelets • bilezik: She made a little bracelet for her daughter. Kızı için küçük bir bilezik yaptı.

bracket brack.et • bräk´ît
/isim/ çoğul brackets • 1. köşeli parantez, köşeli ayraç 2. İng. parantez, ayraç

braid braid • breyd
/fiil/ braids, braiding, braided • (saç) örmek: Mine's mother braids Mine's hair every morning. Annesi her sabah Mine'nin saçını örer.

brain brain • breyn
/isim/ çoğul brains • beyin

brainstorm brain.storm • breyn´stôrm
/isim/ beyin fırtınası, aniden gelen parlak fikir

¹brake brake • breyk
/isim/ çoğul brakes • fren: I checked my bicycle's brakes. Bisikletimin frenlerini kontrol ettim.
brake pedal fren pedalı

²brake brake • breyk
/fiil/ brakes, braking, braked • fren yapmak

branch branch • bränç
/isim/ çoğul branches • 1. (ağaca ait) dal: The cat hid among the branches. Kedi dalların arasına saklandı.
2. (nehre ait) kol: Gökırmak is a branch of Kızılırmak. Gökırmak, Kızılırmak'ın bir koludur. 3. şube; bölüm, kısım; dal, kol, branş

brand brand • bränd
/isim/ çoğul brands • (bir ürüne ait) özel ad, marka
brand name marka adı, marka

brand-new brand-new • bränd´nu
/sıfat/ yepyeni, gıcır gıcır: a brand-new piano yepyeni bir piyano

brave brave • breyv
/sıfat/ braver, bravest • cesur, cesaretli: a brave decision cesur bir karar a brave soldier cesur bir asker

Brazil Bra.zil • brızîl´
/isim/ Brezilya

¹Brazilian Bra.zil.ian • brızîl´yın
/sıfat/ 1. Brezilya'ya özgü 2. Brezilyalı

²Brazilian Bra.zil.ian • brızîl´yın
/isim/ çoğul Brazilians • Brezilyalı

bread bread • bred
/isim/ ekmek
bread box, İng. bread bin ekmek kutusu a loaf of bread bir somun ekmek

¹break break • breyk
/fiil/ breaks, breaking, broke, broken • kırmak, parçalamak; kırılmak, parçalanmak: Burak broke the glass vase. Burak, cam vazoyu kırdı.
break a promise sözünden dönmek break a record rekor kırmak break down bozulmak break the law suç işlemek

²break break • breyk
/isim/ çoğul breaks • 1. kırık, çatlak 2. mola, teneffüs
take a break mola vermek

breakfast break.fast • brek´fıst
/isim/ çoğul breakfasts • kahvaltı, sabah kahvaltısı: Did you have your breakfast? Kahvaltınızı ettiniz mi?

breast breast • brest

/isim/ çoğul breasts • göğüs, meme
breast cancer göğüs kanseri

breath breath • breth
/isim/ çoğul breaths • nefes, soluk: He took a deep breath and started to run. Derin bir nefes aldı ve koşmaya başladı. catch one's breath soluk almak, soluklanmak, dinlenmek
out of breath nefes nefese, soluk soluğa, soluğu kesilmiş

breathe breathe • bridh
/fiil/ breathes, breathing, breathed • nefes almak, soluk almak: We breathe more slowly when we are asleep. Uyurken daha yavaş nefes alırız.
breathe in nefes almak
breathe out nefes vermek

breathless breath.less • breth´lîs
/sıfat/ nefes nefese, soluk soluğa, soluğu kesilmiş: The child was breathless from running. Çocuğun koşmaktan soluğu kesilmişti.

bred bred • bred
/fiil/ bkz. **breed**

breed breed • brid
/fiil/ breeds, breeding, bred • 1. üremek 2. yetiştirmek: My grandfather breeds chickens on his farm. Büyükbabam çiftliğinde tavuk yetiştiriyor.

breeze breeze • briz
/isim/ çoğul breezes • hafif rüzgâr, esinti, meltem

¹**bribe** bribe • brayb
/isim/ çoğul bribes • rüşvet: The referee was accused of taking a bribe. Hakem rüşvet almakla suçlanıyordu.

²**bribe** bribe • brayb
/fiil/ bribes, bribing, bribed • rüşvet vermek

brick brick • brîk
/isim/ çoğul bricks • (genellikle boşluksuz) tuğla

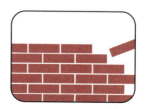

bride bride • brayd
/isim/ çoğul brides • gelin

bridge bridge • brîc
/isim/ çoğul bridges • köprü: There was a bridge over the stream. Nehrin üzerinde bir köprü vardı.

brief brief • brif
/sıfat/ briefer, briefest • kısa: a brief answer kısa bir yanıt a brief description kısa bir betimleme a brief silence kısa bir sessizlik a brief visit kısa bir ziyaret
in brief özetle, kısaca

briefcase brief.case • brif´keys
/isim/ çoğul briefcases • evrak çantası

bright bright • brayt
/sıfat/ brighter, brightest • 1. parlak, parlayan: a bright star parlak bir yıldız bright red parlak kırmızı 2. akıllı, zeki

brilliant bril.liant • brîl´yınt
/sıfat/ 1. parlak, göz alıcı: brilliant jewels göz alıcı mücevherler 2. dâhice, parlak: a brilliant idea parlak bir fikir

bring bring • brîng
/fiil/ brings, bringing, brought • getirmek: Bring the salad to the table, please. Lütfen salatayı sofraya getir.
bring about neden olmak
bring up children çocuk yetiştirmek

Britain Brit.ain • brît´ın
/isim/ Britanya

¹British Brit.ish • brît´îş
/sıfat/ 1. Britanya'ya özgü 2. Britanyalı, İngiliz

²British Brit.ish • brît´îş
/isim/ (the) Britanyalılar

brittle brittle • brît´ıl
/sıfat/ brittler, brittlest • kırılgan

broad broad • brôd
/sıfat/ broader, broadest • geniş: My father has broad shoulders. Babam geniş omuzlara sahiptir.

broadcast broad.cast • brôd´käst
/fiil/ broadcasts, broadcasting, broadcast • (radyo/televizyon aracılığıyla) yayımlamak

brochure bro.chure • broşûr´
/isim/ çoğul brochures • broşür, kitapçık: a travel brochure seyahat broşürü

broke broke • brok
/fiil/ bkz. ¹break

¹broken bro.ken • bro´kın
/fiil/ bkz. ¹break

²broken bro.ken • bro´kın
/sıfat/ 1. kırık, kırılmış: a broken arm kırık bir kol 2. bozuk, bozulmuş: a broken watch bozuk bir kol saati

bronze bronze • branz
/isim/ bronz, tunç
the Bronze Age tunç devri

broom broom • brum
/isim/ çoğul brooms • saplı süpürge

brother broth.er • brʌdh´ır
/isim/ çoğul brothers • erkek kardeş
elder brother ağabey
younger brother (erkek) kardeş

brother-in-law broth.er-in-law • brʌdh´ırînlô /isim/ çoğul brothers-in-law • enişte; kayınbirader; bacanak

brought brought • brôt
/fiil/ bkz. bring

¹brown brown • braun
/sıfat/ browner, brownest • kahverengi: brown eyes kahverengi gözler

²brown brown • braun
/isim/ çoğul browns • kahverengi

brunch brunch • brʌnç
/isim/ çoğul brunches • öğleye doğru yenen ve kahvaltı ile öğle yemeği yerine geçen yemek, kuşluk yemeği

¹brush brush • brʌş
/isim/ çoğul brushes • fırça

hairbrush → saç fırçası
paintbrush → boya fırçası
toothbrush → diş fırçası

²brush brush • brʌş
/fiil/ brushes, brushing, brushed • fırçalamak: Zeynep brushes her teeth three times a day. Zeynep, dişlerini

günde üç kez fırçalar.

brutal bru.tal • brut´ıl
/sıfat/ 1. vahşi, yabani 2. merhametsiz

brutally bru.tal.ly • bru´tıli
/zarf/ vahşice: The warriors attack their enemies brutally in the film. Filmde, savaşçılar düşmanlarına vahşice saldırıyor.

¹bubble bub.ble • bʌb´ıl
/isim/ çoğul bubbles • kabarcık

²bubble bub.ble • bʌb´ıl
/fiil/ bubbles, bubbling, bubbled • kaynamak, fokurdamak

bucket buck.et • bʌk´ît
/isim/ çoğul buckets • kova: Children built a huge sandcastle using a bucket. Çocuklar kovayla büyük bir kumdan kale yaptılar.

buckle buck.le • bʌk´ıl
/isim/ çoğul buckles • toka

bud bud • bʌd
/isim/ çoğul buds • tomurcuk; gonca

Buddhism Bud.dhism • bu´dîzım
/isim/ Budizm

¹Buddhist Bud.dhist • bu´dîst
/isim/ çoğul Buddhists • Budist

²Buddhist Bud.dhist • bu´dîst
/sıfat/ Budist

budget budg.et • bʌc´ît
/isim/ çoğul budgets • bütçe
budget deficit bütçe açığı

bug bug • bʌg
/isim/ çoğul bugs • böcek

buggy bug.gy • bʌg´i
/isim/ çoğul buggies • fayton; brıçka

build build • bîld
/fiil/ builds, building, built • 1. (yapı) yapmak, inşa etmek: build a house ev inşa etmek 2. kurmak, yaratmak: build a new future yeni bir gelecek kurmak
build up geliştirmek

builder build.er • bîl´dır
/isim/ çoğul builders • inşaatçı, müteahhit

building build.ing • bîl´dîng
/isim/ 1. çoğul buildings • yapı, bina: a historic building tarihi bir bina 2. yapım, inşa, inşaat

built built • bîlt
/fiil/ bkz. build

bulb bulb • bʌlb
/isim/ çoğul bulbs • 1. çiçek soğanı: Tulip bulbs are planted in September. Lale soğanları eylülde ekilir. 2. elektrik ampulü

Bulgaria Bul.gar.i.a • bılger´iyı
/isim/ Bulgaristan

¹Bulgarian Bul.gar.i.an • bılger´iyın
/sıfat/ 1. Bulgar 2. Bulgarca

²Bulgarian Bul.gar.i.an • bılger´iyın
/isim/ 1. çoğul Bulgarians • Bulgar

53 →→→Burundi

2. Bulgarca

bull bull • bûl
/isim/ çoğul **bulls** • boğa

bulldozer bull.doz.er • bûl´dozır
/isim/ çoğul **bulldozers** • buldozer,
dozer, yoldüzer

bullet bul.let • bûl´ît
/isim/ çoğul **bullets** • kurşun, mermi

bulletin bul.le.tin • bûl´ıtın
/isim/ çoğul **bulletins** • bildiri, belleten,
bülten: Do you check the bulletins
regularly? Bildirileri düzenli olarak
takip ediyor musunuz?

bullfight bull.fight • bûl´fayt
/isim/ çoğul **bullfights** • boğa güreşi

¹bump bump • bʌmp
/fiil/ bumps, bumping, bumped •
(against/into) -e vurmak, -e çarpmak,
-e toslamak, -e bindirmek

²bump bump • bʌmp
/isim/ çoğul **bumps** • 1. vuruş, çarpma
2. şiş, yumru 3. tümsek

bumper bump.er • bʌm´pır
/isim/ çoğul **bumpers** • (otomobil) tampon

bunch bunch • bʌnç
/isim/ çoğul **bunches** • salkım, demet,
deste, hevenk: a bunch of grapes bir
salkım üzüm a bunch of flowers bir
demet çiçek a bunch of papers bir
deste kâğıt a bunch of bananas bir
hevenk muz

bundle bun.dle • bʌn´dıl
/isim/ çoğul **bundles** • 1. bohça
2. bağlam, deste 3. paket: software

bundle yazılım paketi

bungalow bun.ga.low • bʌng´gılo
/isim/ çoğul **bungalows** • bungalov

bunk bunk • bʌngk
/isim/ çoğul **bunks** • ranza
bunk bed ranza yatak

burden bur.den • bır´dın
/isim/ çoğul **burdens** • yük, ağırlık

bureaucracy bu.reauc.ra.cy • byûrak´rısı
/isim/ çoğul **bureaucracies** • bürokrasi

bureaucrat bu.reau.crat • byûr´ıkrät
/isim/ çoğul **bureaucrats** • bürokrat

burglar bur.glar • bır´glır
/isim/ çoğul **burglars** • (ev/bina soyan)
hırsız: The burglar got into the house
through the window. Hırsız eve
pencereden girdi.

Burkina Faso Bur.ki.na Fa.so •
bûrki´nı fa´so • /isim/ Burkina Faso

burn burn • bırn
/fiil/ burns, burning, burned/burnt •
yanmak; yakmak: The building burned
to the ground. Bina tamamen yandı.

burnt burnt • bırnt
/fiil/ bkz. **burn**

burst burst • bırst
/fiil/ bursts, bursting, burst • patlamak,
yarılmak: Suddenly the balloon burst.
Balon aniden patladı.
burst into tears gözyaşlarına boğulmak
burst out laughing kahkahayı koyu-
vermek

Burundi Bu.run.di • bûrun´di

Burundian→→→ 54

/isim/ Burundi

¹Burundian Bu.run.di.an • bûrun´diyın
/sıfat/ 1. Burundi'ye özgü 2. Burundili

²Burundian Bu.run.di.an • bûrun´diyın
/isim/ çoğul Burundians • Burundili

bury bur.y • ber´i
/fiil/ buries, burying, buried • gömmek,
defnetmek: The dog buried a bone
under the tree. Köpek ağacın altına
bir kemik gömdü.

bus bus • bʌs
/isim/ çoğul buses/busses • otobüs
bus driver otobüs şoförü
bus station otobüs terminali
bus stop otobüs durağı

bush bush • bûş
/isim/ çoğul bushes • çalı, çalılık

business busi.ness • bîz´nîs
/isim/ çoğul businesses • 1. iş, meslek,
görev: business hours mesai saatleri
business trip iş seyahati 2. ticaret:
business center iş merkezi, ticaret merkezi
None of your business. Sizi ilgilendirmez.

businessman busi.ness.man •
bîz´nîsmän /isim/ çoğul businessmen •
işadamı

businessmen busi.ness.men •
bîz´nîsmen /isim/ bkz. businessman

businesswoman busi.ness.wom.an •
bîz´nîswûmın /isim/ çoğul business-
women • iş kadını

businesswomen busi.ness.wom.en •
bîz´nîswîmîn /isim/ bkz. businesswoman

busy bus.y • bîz´i
/sıfat/ busier, busiest • 1. meşgul:
a busy man meşgul bir adam busy with
his work işiyle meşgul 2. işlek,
hareketli: a busy life hareketli bir
yaşam a busy street işlek bir cadde

but but • bʌt
/bağlaç/ ama, fakat, ancak: My father
went but I did not go. Babam gitti ama
ben gitmedim.
all but ... ... dışında hepsi

butcher butch.er • bûç´ır
/isim/ çoğul butchers • kasap
the butcher's kasap dükkânı

¹butter but.ter • bʌt´ır
/isim/ tereyağı

²butter but.ter • bʌt´ır
/fiil/ butters, buttering, buttered •
-e tereyağı sürmek
butter up (konuşma dili) -e yağ çekmek,
-i yağlamak

butterfly but.ter.fly • bʌt´ır.flay
/isim/ çoğul butterflies • kelebek

¹button but.ton • bʌt´ın
/isim/ çoğul buttons • düğme
push button tuş

²button but.ton • bʌt´ın
/fiil/ buttons, buttoning, buttoned •
(up) iliklemek, düğmelemek

buttonhole but.ton.hole • bʌt´ınhol

55 →→→Byzantium

/isim/ çoğul buttonholes • ilik, düğme iliği

buy buy • bay
/fiil/ buys, buying, bought • almak,
satın almak: Where did you buy this
watch? Bu saati nereden satın aldın?

buyer buy.er • bay´ır
/isim/ çoğul buyers • alıcı, müşteri

¹buzz buzz • bʌz
/isim/ çoğul buzzes • vızıltı: We heard
the angry buzz of a bee. Bir arının
öfkeli vızıltısını duyduk.

²buzz buzz • bʌz
/fiil/ buzzes, buzzing, buzzed •
vızıldamak

by by • bay
/edat/ 1. ile, vasıtasıyla, yoluyla: He
goes to school by bus. Okula otobüsle
gider. 2. yanında, yakınında: There is
a beautiful house by the lake. Göl
kıyısında güzel bir ev var. 3. -den,
tarafından: Read the poem by Orhan
Veli. Orhan Veli'nin şiirini okuyun.

4. -e kadar: I'll be there by five o'clock.
Saat beşe kadar orada olurum.

bye bye • bay
/ünlem/ Hoşça kalın!, Allahaısmarladık!:
Bye for now. Şimdilik hoşça kalın.

bye-bye bye-bye • bay´bay
/ünlem/ bkz. bye

by-product by-prod.uct • bay´pradıkt
/isim/ çoğul by-products • yan ürün

byte byte • bayt
/isim/ çoğul bytes • (bilgisayar) bayt

¹Byzantine Byz.an.tine • bîz´ıntin
/sıfat/ 1. Bizans'a özgü 2. Bizanslı
the Byzantine Empire Bizans İmpara-
torluğu

²Byzantine Byz.an.tine • bîz´ıntin
/isim/ çoğul Byzantines • Bizanslı

Byzantium By.zan.ti.um • bîzän´şiyım
/isim/ Bizans

Cc

cab cab • käb
/isim/ çoğul **cabs** • taksi: Shall we go by cab? Taksiyle mi gideceğiz?

cabbage cab.bage • käb´îc
/isim/ çoğul **cabbages** • lahana

cabin cab.in • käb´în
/isim/ çoğul **cabins** • 1. kulübe: log cabin ahşap kulübe 2. kamara, kabin: the pilot's cabin pilot kabini

cabinet cab.i.net • käb´ınît
/isim/ çoğul **cabinets** • 1. (camlı ve raflı) dolap: I placed the books in the cabinet. Kitapları dolaba yerleştirdim. 2. bakanlar kurulu, kabine

cable ca.ble • key´bıl
/isim/ çoğul **cables** • 1. kablo
cable car teleferik
cable television kablolu televizyon
2. telgraf

cacao ca.cao • kıkey´o, kıka´o
/isim/ kakao ağacı, hintbademi

cacti cac.ti • käk´tay
/isim/ bkz. **cactus**

cactus cac.tus • käk´tıs
/isim/ çoğul **cactuses/cactus/cacti** • kaktüs

café ca.fé • käfey´, kıfey´
/isim/ çoğul **cafés** • küçük lokanta, kafe

cafeteria caf.e.te.ria • käfıtîr´iyı

57 →→→calves

/isim/ çoğul cafeterias • kafeterya:
Let's have a sandwich at the cafeteria.
Haydi kafeteryada birer sandviç yiyelim.

cage cage • keyc
/isim/ çoğul cages • kafes: bird cage
kuş kafesi Did you see the lion in the
cage? Kafesteki aslanı gördün mü?

cake cake • keyk
/isim/ çoğul cakes • kek, pasta: birth-
day cake yaş günü pastası chocolate
cake çikolatalı pasta

calculate cal.cu.late • käl´kyıleyt
/fiil/ calculates, calculating, calculated •
hesaplamak: Cem calculated the cost of
the book. Cem, kitabın maliyetini hesapladı.

calculation cal.cu.la.tion • kälkyıley´şın
/isim/ çoğul calculations • hesap,
hesaplama

calculator cal.cu.la.tor • käl´kyıleytır
/isim/ çoğul calculators • hesap makinesi

calendar cal.en.dar • käl´ındır
/isim/ çoğul calendars • takvim: desk
calendar masa takvimi
calendar year takvim yılı

calf calf • käf, kaf
/isim/ çoğul calves • dana, buzağı: Our
cow gave birth to a calf. İneğimiz bir
buzağı doğurdu.

caliphate ca.liph.ate • key´lîfeyt, käl´îfeyt
/isim/ çoğul caliphates • halifelik, hilafet:
Atatürk abolished the caliphate on
March 3, 1924. Atatürk 3 Mart 1924'te
halifeliği kaldırdı.

¹call call • kôl
/isim/ çoğul calls • 1. bağırma, bağırış:
Did you hear a call? Bir bağırış
duydunuz mu? 2. telefon konuşması

collect call → ödemeli konuşma
local call → şehir içi konuşma
long-distance call → şehirlerarası
konuşma; milletlerarası konuşma

²call call • kôl
/fiil/ calls, calling, called • 1. seslen-
mek, çağırmak
call out seslenmek: He called out for
help. "İmdat!" diye bağırdı.
2. uğramak: Let's call on Alev. Alev'e
uğrayalım. 3. telefon etmek: When did
you call her? Ona ne zaman telefon
ettiniz? 4. ad vermek, adlandırmak:
They called their baby Begüm.
Bebeklerine Begüm adını verdiler.
5. demek, diye hitap etmek: They call
her Minnoş. Ona Minnoş derler.
call for -i istemek; -i gerektirmek

¹calm calm • kam
/sıfat/ calmer, calmest • sakin, durgun,
dingin: He can keep calm in an emer-
gency. Tehlike anında sakin olabiliyor.

²calm calm • kam
/fiil/ calms, calming, calmed •
1. yatıştırmak, sakinleştirmek; yatışmak,
sakinleşmek: This tea will calm your
nerves. Bu çay sinirlerinizi yatıştırır.
2. (fırtına) dinmek; (deniz) sakinleşmek
calm down yatışmak, sakinleşmek;
yatıştırmak, sakinleştirmek: Please
calm down! Lütfen sakin olun!

calmly calm.ly • kam´li
/zarf/ sakince, soğukkanlılıkla: He
tried to answer her questions calmly.
Onun sorularına soğukkanlılıkla
cevap vermeye çalıştı.

calves calves • kävz
/isim/ bkz. **calf**

Cambodia→→→ 58

Cambodia Cam.bo.di.a • kämbo´diyı
/isim/ Kamboçya

¹Cambodian Cam.bo.di.an • kämbo´diyın
/sıfat/ 1. Kamboçya'ya özgü 2. Kamboçyalı
3. Kamboçca

²Cambodian Cam.bo.di.an • kämbo´diyın
/isim/ 1. çoğul Cambodians • Kamboçyalı
2. Kamboçca

came came • keym
/fiil/ bkz. come

camel cam.el • käm´ıl
/isim/ çoğul camels • deve

camera cam.er.a • käm´ırı, käm´rı
/isim/ çoğul cameras • fotoğraf makinesi, kamera
video camera video kamera

cameraman cam.er.a.man • käm´ırımän
/isim/ çoğul cameramen • kameraman

cameramen cam.er.a.men • käm´ırımen
/isim/ bkz. cameraman

Cameroon Cam.er.oon • kämırun´
/isim/ Kamerun

¹Cameroonian Cam.er.oo.ni.an •
kämıru´niyın /sıfat/ 1. Kamerun'a özgü
2. Kamerunlu

²Cameroonian Cam.er.oo.ni.an •
kämıru´niyın /isim/ çoğul Cameroonians •

Kamerunlu

¹camp camp • kämp
/isim/ çoğul camps • kamp: summer camp yaz kampı
camp chair portatif sandalye

²camp camp • kämp
/fiil/ camps, camping, camped • kamp yapmak

campaign cam.paign • kämpeyn´
/isim/ çoğul campaigns • 1. sefer, seferberlik 2. kampanya

camping camp.ing • käm´pîng
/isim/ kamp yapma, kamp

campus cam.pus • käm´pıs
/isim/ kampus

¹can can • kän, kın
/yardımcı fiil/ could • 1. -ebil-, yapmak: Can you drive a car? Araba sürebilir misin? Can you tell me the time? Bana saati söyleyebilir misiniz? Cem can talk to her. Cem, onunla konuşabilir. 2. izni olmak: Can I go? Gidebilir miyim? can't → cannot → can not

━━━ ━━━ ━━━ ━━━ ━━━ ━━━

Can fiilinin gelecek zamanı yoktur, yerine will be able to kullanılır:
I think he will be able to do it. → Sanırım onu yapabilecek.

━━━ ━━━ ━━━ ━━━ ━━━ ━━━

²can can • kän
/isim/ çoğul cans • teneke kutu, teneke; konserve kutusu
can opener konserve açacağı
İng. tin

Canada Can.a.da • kän´ıdı
/isim/ Kanada

→→→capital

¹Canadian Ca.na.di.an • kıney´diyın
/sıfat/ 1. Kanada'ya özgü 2. Kanadalı

²Canadian Ca.na.di.an • kıney´diyın
/isim/ çoğul Canadians • Kanadalı

canal ca.nal • kınäl´
/isim/ çoğul canals • kanal: the Suez Canal Süveyş Kanalı

canary ca.nar.y • kıner´i
/isim/ çoğul canaries • kanarya

cancel can.cel • kän´sıl
/fiil/ cancels, canceling/İng. cancelling, canceled/İng. cancelled • iptal etmek: cancel an agreement bir anlaşmayı iptal etmek

cancer can.cer • kän´sır
/isim/ kanser

candidate can.di.date • kän´dîdeyt, kän´dîdît /isim/ çoğul candidates • aday: The committee will name the candidates. Kurul adayları belirleyecek.

candle can.dle • kän´dıl
/isim/ çoğul candles • mum: She blew out the candles. Mumları üfleyerek söndürdü.

candy can.dy • kän´di
/isim/ çoğul candies • şeker, şekerleme İng. sweet
candy apple elma şekeri
candy store şekerci dükkânı

cane cane • keyn
/isim/ çoğul canes • baston, değnek

cannot can.not • kän´at
/kısaltma/ can not • bkz. ¹can

can't can't • känt
/kısaltma/ can not • bkz. ¹can

canteen can.teen • käntin´
/isim/ çoğul canteens • 1. kantin, büfe 2. matara

canyon can.yon • kän´yın
/isim/ çoğul canyons • kanyon, derin vadi

cap cap • käp
/isim/ çoğul caps • kasket, kep

capability ca.pa.bil.i.ty • keypıbîl´ıti
/isim/ çoğul capabilities • yetenek, kabiliyet

capable ca.pa.ble • key´pıbıl
/sıfat/ yetenekli, ehliyetli: He is capable of taking care of himself. Kendine bakabilecek durumda.

capacity ca.pac.i.ty • kıpäs´ıti
/isim/ çoğul capacities • 1. hacim, oylum 2. yetenek: This task is beyond my capacity. Bu görev, benim yeteneğimi aşıyor.

¹capital cap.i.tal • käp´ıtıl
/sıfat/ büyük (harf)
capital letter büyük harf: He wrote his name in capital letters. İsmini büyük harflerle yazdı.

²capital cap.i.tal • käp´ıtıl
/isim/ 1. çoğul capitals • başkent: Ankara is the capital of Turkey. Ankara Türkiye'nin başkentidir.

capsule→→→ 60

2. çoğul capitals • büyük harf: capitals
and small letters büyük harfler ve
küçük harfler 3. sermaye, kapital

capsule cap.sule • käp´sıl, käp´syûl
/isim/ çoğul capsules • kapsül: space
capsule uzay kapsülü

captain cap.tain • käp´tın
/isim/ çoğul captains • 1. (gemide) kap-
tan 2. (sivil uçakta) kaptan pilot

capture cap.ture • käp´çır
/fiil/ captures, capturing, captured •
zapt etmek, ele geçirmek: This castle
was captured by knights. Bu kale
şövalyeler tarafından ele geçirilmişti.

car car • kar
/isim/ çoğul cars • otomobil, araba: We
went to Ankara by car. Ankara'ya
arabayla gittik.
car park otopark
car wash oto yıkama yeri

carbon car.bon • kar´bın
/isim/ karbon
carbon dioxide karbondioksit
carbon monoxide karbonmonoksit

card card • kard
/isim/ çoğul cards • 1. kart, oyun
kâğıdı: Please deal the cards. Lütfen
kartları dağıtın.
card game kâğıt oyunu
2. kart, posta kartı, kartpostal
birthday card yaş günü kartı
identity card kimlik kartı

cardboard card.board • kard´bôrd
/isim/ çoğul cardboards • mukavva,
karton

cardigan car.di.gan • kar´dîgın

/isim/ çoğul cardigans • hırka, ceket:
This cardigan was on sale. Bu ceket
indirimdeydi.

¹care care • ker
/isim/ 1. dikkat, özen, bakım: İdil is
under the care of a doctor now. İdil
şimdi doktor gözetiminde.
2. çoğul cares • dert, kaygı, tasa

²care care • ker
/fiil/ cares, caring, cared • umurunda
olmak, umursamak: Dursun didn't
care when he lost the match. Dursun,
maçı kaybettiğine aldırmadı.
take care of -e bakmak: She's taking
care of her daughter. Kızına bakıyor.
Take care! Kendine iyi bak!

career ca.reer • kırîr´
/isim/ çoğul careers • kariyer

carefree care.free • ker´fri
/sıfat/ tasasız, kaygısız, dertsiz

careful care.ful • ker´fıl
/sıfat/ dikkatli; özenli
be careful dikkat etmek: Be careful
while crossing the busy street. İşlek
caddeyi geçerken dikkat edin.

carefully care.ful.ly • ker´fıli
/zarf/ dikkatle; özenle: Listen carefully!
Dikkatle dinleyin!

careless care.less • ker´lîs
/sıfat/ dikkatsiz; kayıtsız: a careless
driver dikkatsiz bir sürücü

caretaker care.tak.er • ker´teykır
/isim/ çoğul caretakers • bir yerin
hizmet işleriyle görevli kimse, bina
yöneticisi

cargo car.go • kar´go
/isim/ çoğul cargoes/cargos • kargo, yük

caricature car.i.ca.ture • ker´îkıçûr
/isim/ çoğul caricatures • karikatür

caricaturist car.i.ca.tur.ist • ker´îkıçûrîst
/isim/ çoğul caricaturists • karikatürcü, karikatürist

caries car.ies • ker´iz
/isim/ (dişte/kemikte) çürüme, çürük

carnation car.na.tion • karney´şın
/isim/ çoğul carnations • karanfil, karanfil çiçeği

carnival car.ni.val • kar´nıvıl
/isim/ çoğul carnivals • karnaval

carnivorous car.niv.o.rous • karnîv´ırıs /sıfat/ etobur, etçil: Foxes are carnivorous animals. Tilkiler etobur hayvanlardır.

carpenter car.pen.ter • kar´pıntır
/isim/ çoğul carpenters • marangoz

carpet car.pet • kar´pît
/isim/ çoğul carpets • halı: Hale laid the carpet on the floor. Hale, halıyı yere serdi.

carriage car.riage • ker´îc
/isim/ çoğul carriages • 1. at arabası 2. İng. yolcu vagonu 3. alışveriş arabası

carrot car.rot • ker´ıt
/isim/ çoğul carrots • havuç

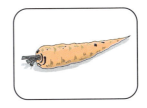

carry car.ry • ker´i
/fiil/ carries, carrying, carried • taşımak, götürmek: The train was carrying wheat. Tren buğday taşıyordu.
carry out yerine getirmek; uygulamak: carry out a plan bir planı uygulamak

cart cart • kart
/isim/ çoğul carts • 1. atlı yük arabası get the cart before the horse bir işi tersinden yapmak
2. el arabası, İng. **trolley**

carton car.ton • kar´tın
/isim/ çoğul cartons • karton kutu, mukavva kutu: a carton of milk bir kutu süt

cartoon car.toon • kartun´
/isim/ çoğul cartoons • 1. çizgi film 2. karikatür

carve carve • karv
/fiil/ carves, carving, carved • oymak

¹case case • keys
/isim/ çoğul cases • durum, hal
in any case ne olursa olsun; zaten: You don't have to drive me to the city center tomorrow; I will be there in

case→→→ 62

any case. Beni yarın arabayla şehir merkezine götürmene gerek yok, ben zaten orada olacağım.
in case of ... ... halinde: in case of emergency acil bir durumda
in that case o takdirde

²case case • keys
/isim/ çoğul cases • kutu; sandık; kılıf: violin case keman kutusu

cash cash • käş
/isim/ para, nakit para, peşin para: I have no cash with me. Üzerimde nakit yok.
in cash nakit olarak

cashier cash.ier • käşîr´
/isim/ çoğul cashiers • veznedar, kasiyer

cassette cas.sette • kıset´
/isim/ çoğul cassettes • kaset
cassette player (cassette recorder) kasetçalar, teyp

¹cast cast • käst
/fiil/ casts, casting, cast • 1. atmak, fırlatmak, savurmak: cast a fishing line olta atmak 2. (bakış v.b.'ni) çevirmek, yöneltmek 3. (oy) vermek: cast a vote oy vermek

²cast cast • käst
/isim/ (bir tiyatro oyununda veya filmde) oynayanlar

castle cas.tle • käs´ıl
/isim/ çoğul castles • 1. kale, şato
build castles in the air gerçekleşmeyecek hayaller kurmak
2. (satranç) kale

casual ca.su.al • käj´uwıl
/sıfat/ 1. resmi olmayan, rahat (giysi)
casual clothes günlük giysiler

2. plansız, rasgele: casual remark düşünmeden söylenmiş söz
casual visit plansız ziyaret

casualty ca.su.al.ty • käj´uwılti
/isim/ çoğul casualties • 1. kazazede: The casualties were taken to the nearest hospital. Yaralılar en yakın hastaneye götürüldü. 2. şehit, ölü, yaralı

cat cat • kät
/isim/ çoğul cats • kedi

catalog cat.a.log • kät´ılôg
/isim/ çoğul catalogs • katalog
İng. catalogue

catalogue cat.a.logue • kät´ılôg
/isim/ çoğul catalogues • bkz. catalog

catch catch • käç
/fiil/ catches, catching, caught •
1. yakalamak, tutmak: The policeman caught the thief. Polis hırsızı yakaladı.
2. (trene, vapura, uçağa) yetişmek: You have to run if you want to catch the train. Trene yetişmek istiyorsan koşmalısın.

category cat.e.go.ry • kät´ıgôri
/isim/ çoğul categories • kategori, bölüm, sınıf: You cannot put nouns and adjectives under the same category. İsim ve sıfatları aynı kategoriye koyamazsınız.

caterpillar cat.er.pil.lar • kät´ırpîlır
/isim/ çoğul caterpillars • tırtıl, kurt

cathedral ca.the.dral • kıthi´drıl
/isim/ çoğul cathedrals • katedral

cattle cat.tle • kät´ıl
/isim/ (çoğul) sığırlar

caught caught • kôt
/fiil/ bkz. catch

cauliflower cau.li.flow.er •
kô´lıflawır, kal´îflawır
/isim/ çoğul cauliflowers • karnabahar

¹cause cause • kôz
/fiil/ causes, causing, caused • neden olmak, yol açmak: cause an accident kazaya neden olmak

²cause cause • kôz
/isim/ çoğul causes • neden, sebep: The cause of the fire is not clear. Yangının nedeni belli değil. Tuba often complains without cause. Tuba, çoğunlukla nedensiz sızlanır.

caution cau.tion • kô´şın
/isim/ tedbir, ihtiyat
Caution! Wet Floor. Dikkat! Islak zemin.

cautious cau.tious • kô´şıs
/sıfat/ ihtiyatlı, tedbirli, dikkatli: You have to be cautious while doing chemistry experiments. Kimya deneyi yaparken dikkatli olmalısınız.

cave cave • keyv
/isim/ çoğul caves • mağara: Bears hibernate in caves. Ayılar mağaralarda kış uykusuna yatarlar.

CD CD • si di´
/kısaltma/ compact disk CD (kompakt disk)

CD player CD çalar

ceiling ceil.ing • si´lîng
/isim/ çoğul ceilings • tavan
ceiling fan tavan vantilatörü
ceiling price tavan fiyat

celebrate cel.e.brate • sel´ıbreyt
/fiil/ celebrates, celebrating, celebrated • kutlamak: We celebrated his birthday. Onun yaş gününü kutladık.

celebration cel.e.bra.tion • selıbrey´şın
/isim/ çoğul celebrations • kutlama

celebrity ce.leb.ri.ty • sıleb´rıti
/isim/ çoğul celebrities • ünlü, meşhur: This magazine gives the latest news about celebrities. Bu dergi ünlüler hakkındaki son haberleri veriyor.

celery cel.er.y • sel´ıri, sel´ri
/isim/ kereviz, sap kerevizi

cell cell • sel
/isim/ çoğul cells • 1. hücre, göze: animal cell hayvan hücresi 2. hücre: prison cell hapishane hücresi 3. pil
cell phone cep telefonu

cellar cel.lar • sel´ır
/isim/ çoğul cellars • bodrum, mahzen

cello cel.lo • çel´o
/isim/ çoğul cellos • viyolonsel, çello

cellular cel.lu.lar • sel´yılır
/sıfat/ hücresel
cellular phone, İng. mobile phone cep telefonu

cement ce.ment • sîment´
/isim/ çimento

cemetery→→→ 64

cemetery cem.e.ter.y • sem´ıteri
/isim/ çoğul **cemeteries** • mezarlık,
kabristan: There is only one cemetery
in this town. Bu kasabada sadece bir
mezarlık var.

¹censor cen.sor • sen´sır
/isim/ çoğul **censors** • sansürcü,
sıkıdenetimci

²censor cen.sor • sen´sır
/fiil/ **censors, censoring, censored** •
sansürlemek, sansürden geçirmek

censorship cen.sor.ship • sen´sırşîp
/isim/ sansür, sıkıdenetim

census cen.sus • sen´sıs
/isim/ çoğul **censuses** • sayım, nüfus
sayımı

cent cent • sent
/isim/ çoğul **cents** • sent (Amerikan
dolarının yüzde biri)

center cen.ter • sen´tır
/isim/ çoğul **centers** • merkez, orta:
center of a circle bir dairenin merkezi
city center şehir merkezi
medical center tıp merkezi
İng. **centre**

centigrade cen.ti.grade • sen´tıgreyd
/sıfat, isim/ santigrat: 20 degrees
centigrade 20 derece santigrat

centimeter cen.ti.me.ter • sen´tımitır
/isim/ çoğul **centimeters** • santimetre
İng. **centimetre**

centimetre cen.ti.me.tre • sen´tımitır
/isim/ çoğul **centimetres** • bkz. **centimeter**

central cen.tral • sen´tril

/sıfat/ 1. merkezi, orta 2. ana, belli başlı:
The central theme in his books is lone-
liness. Kitaplarındaki ana tema yalnızlık.
central heating kalorifer, merkezi ısıtma
the Central African Republic Orta Afrika
Cumhuriyeti

centre cen.tre • sen´tır
/isim/ çoğul **centres** • bkz. **center**

century cen.tu.ry • sen´çıri
/isim/ çoğul **centuries** • yüzyıl, asır:
architecture of the15th century
15. yüzyıl mimarisi

cereal ce.re.al • sîr´ıyıl
/isim/ çoğul **cereals** • tahıl

barley → arpa
corn, İng. maize → mısır
oat → yulaf
rice → pirinç
rye → çavdar
wheat → buğday

ceremony cer.e.mo.ny • ser´ımoni
/isim/ çoğul **ceremonies** • tören, merasim:
wedding ceremony düğün töreni

certain cer.tain • sır´tın
/sıfat/ kesin, kati, kuşkusuz: It's certain
that he will arrive late. Geç kalacağı kesin.

certainly cer.tain.ly • sır´tınli
/zarf/ kesinlikle, kuşkusuz, elbette:
This is certainly not my book. Bu
kesinlikle benim kitabım değil.

certificate cer.tif.i.cate • sırtîf´ıkît
/isim/ çoğul **certificates** • belge, sertifika
birth certificate nüfus kâğıdı

Chad Chad • çäd
/isim/ Çad

¹Chadian Chad.i.an • çäd´ıyın
/sıfat/ 1. Çad'a özgü 2. Çadlı

²Chadian Chad.i.an • çäd´ıyın
/isim/ çoğul Chadians • Çadlı

chain chain • çeyn
/isim/ çoğul chains • zincir
chain of stores mağazalar zinciri
chain reaction zincirleme tepki

chair chair • çer
/isim/ çoğul chairs • iskemle, sandalye:
Have a chair. Bir sandalye çekin. (Oturun.)

chalk chalk • çôk
/isim/ çoğul chalks • tebeşir: a piece of
chalk (bir) tebeşir colored chalk
renkli tebeşir It was a beautiful chalk
drawing. Tebeşirle çizilmiş harika bir
resimdi.

¹challenge chal.lenge • çäl´ınc
/isim/ çoğul challenges • meydan
okuma

²challenge chal.lenge • çäl´ınc
/fiil/ challenges, challenging, challenged •
meydan okumak

chameleon cha.me.le.on • kımi´liyın,
kımil´yın /isim/ çoğul chameleons •
bukalemun

champion cham.pi.on • çäm´piyın
/isim/ çoğul champions • şampiyon:
the world chess champion dünya
satranç şampiyonu

championship cham.pi.on.ship •
çäm´piyınşîp /isim/ çoğul championships •
şampiyona; şampiyonluk

chance chance • çäns
/isim/ çoğul chances • 1. şans, talih:
Leave nothing to chance. Hiçbir şeyi
şansa bırakma.
by chance tesadüfen
take a chance riske girmek
trust to chance şansa güvenmek
2. fırsat, imkân; olasılık: Give her a
chance to explain. Ona açıklaması için
bir fırsat ver.

¹change change • çeync
/isim/ çoğul changes • 1. değişme,
değişim; dönüşme, dönüşüm 2. bozuk
para; para üstü
change purse bozuk para çantası

²change change • çenyc
/fiil/ changes, changing, changed •
1. değişmek; değiştirmek: She changed
the subject. Konuyu değiştirdi.
change clothes üstünü değiştirmek
change hands el değiştirmek
change one's mind kararını değiştirmek
2. (para, döviz, altın) bozdurmak

changeable change.a.ble • çeyn´cıbıl
/sıfat/ değişken, kararsız, istikrarsız

channel chan.nel • çän´ıl
/isim/ çoğul channels • 1. (radyo, TV)
kanal 2. kanal, su yolu

chant chant • çänt
/isim/ çoğul chants • şarkı, ezgi: Enis

enjoys listening to medieval chants.
Enis, ortaçağ şarkıları dinlemekten
hoşlanır.

chaos cha.os • key´as
/isim/ 1. kaos 2. karışıklık, kargaşa

chapter chap.ter • çäp´tır
/isim/ çoğul chapters • (kitapta) bölüm,
kısım: the last chapter of the book
kitabın son bölümü

character char.ac.ter • ker´îktır
/isim/ çoğul characters • 1. karakter,
özyapı: The twins had very different
characters. İkizler çok farklı karakterlere
sahiplerdi. 2. (roman, oyun v.b.'nde)
kişi, karakter 3. karakter, harf

charcoal char.coal • çar´kol
/isim/ mangal kömürü

¹charge charge • çarc
/isim/ çoğul charges • (hizmet karşılığı
ödenen) ücret
free of charge bedava

²charge charge • çarc
/fiil/ charges, charging, charged •
1. (bir masrafı birinin hesabına)
geçirmek: Charge it to my account.
Hesabıma yaz. 2. suçlamak, itham
etmek 3. (at) saldırmak, hücum
etmek: The lion charged at the man.
Aslan, adama saldırdı. 4. şarj etmek

charity char.i.ty • çer´ıti
/isim/ hayırseverlik, yardımseverlik:
After retirement, she dedicated her-
self to charity work. Emeklilikten
sonra kendini hayır işlerine adadı.

charm charm • çarm
/isim/ cazibe, çekicilik

charming charm.ing • çarm´îng
/sıfat/ çekici, hoş, sevimli, cana yakın:
a charming lady hoş bir kadın

chart chart • çart
/isim/ çoğul charts • grafik, çizelge, tablo
bar chart çubuk grafik
color chart renk tablosu
pie chart dilimli grafik
sales chart satış grafiği

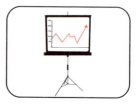

chase chase • çeys
/fiil/ chases, chasing, chased •
kovalamak, izlemek, peşine düşmek:
The dog chased the rabbit. Köpek
tavşanın peşine düştü.

¹chat chat • çät
/fiil/ chats, chatting, chatted • sohbet
etmek, çene çalmak: I don't have time
to chat with you now. Şimdi seninle
sohbet edecek zamanım yok.

²chat chat • çät
/isim/ çoğul chats • sohbet, hoşbeş:
I had a nice chat with him yesterday.
Onunla dün hoş bir sohbet yaptım.

cheap cheap • çip
/sıfat/ cheaper, cheapest • ucuz:
a cheap printer ucuz bir yazıcı

cheat cheat • çit
/fiil/ cheats, cheating, cheated •
1. aldatmak, dolandırmak 2. kopya
çekmek: Don't try to cheat! Kopyaya
kalkışmayın!

¹**check** check • çek
/isim/ çoğul checks • 1. kontrol, gözden geçirme 2. çek, İng. cheque
bank check banka çeki
3. fiş: baggage check bagaj fişi
4. kontrol işareti; onay işareti, İng. tick
check mark kontrol işareti; onay işareti (✓)
5. kareli desen

²**check** check • çek
/fiil/ checks, checking, checked • 1. kontrol etmek, gözden geçirmek: Did you check your pockets for the keys? Anahtarlar için ceplerini kontrol ettin mi?
2. (off) -e kontrol işareti (onay işareti) koymak
check with (birine) danışmak

checkbook check.book • çek´bûk
/isim/ çoğul checkbooks • çek defteri

checked checked • çekt
/sıfat/ kareli (giysi, kumaş v.b.):
checked shirt kareli gömlek

cheek cheek • çik
/isim/ çoğul cheeks • yanak, avurt

¹**cheer** cheer • çîr
/isim/ 1. çoğul cheers • (sözlü) tezahürat
2. neşe, keyif

²**cheer** cheer • çîr
/fiil/ cheers, cheering, cheered • 1. (sözle) tezahürat yapmak 2. neşelendirmek
cheer up neşelenmek

cheerful cheer.ful • çîr´fıl
/sıfat/ şen, neşeli

cheese cheese • çiz
/isim/ çoğul cheeses • peynir: cheese sandwich peynirli sandviç a lump of cheese bir kalıp peynir

cheeseburger cheese.burg.er • çiz´bırgır /isim/ çoğul cheeseburgers • çizburger

cheesecake cheese.cake • çiz´keyk
/isim/ çoğul cheesecakes • peynirli kek

cheetah chee.tah • çi´tı
/isim/ çoğul cheetahs • çita

chef chef • şef
/isim/ çoğul chefs • aşçıbaşı, şef, aşçı

chemical chem.i.cal • kem´îkıl
/sıfat/ kimyasal
chemical engineer kimya mühendisi
chemical reaction kimyasal tepkime
chemical weapon kimyasal silah

chemist chem.ist • kem´îst
/isim/ çoğul chemists • 1. kimyager
2. bkz. pharmacist

chemistry chem.is.try • kem´îstri
/isim/ kimya: organic chemistry organik kimya

chemist's chem.ist's • kem´îsts
/isim/ bkz. pharmacy (2.)

cheque cheque • çek
/isim/ çoğul cheques • bkz. ¹check (2.)

cherry cher.ry • çer´i
/isim/ çoğul cherries • kiraz
sour cherry vişne

chess chess • çes
/isim/ satranç

bishop → fil
castle → kale
check → şah çekmek
checkmate, mate → mat
chessboard → satranç tahtası
king → şah
knight → at
pawn → piyon
queen → vezir
stalemate → yenişememe

chest chest • çest
/isim/ çoğul chests • 1. göğüs 2. kutu, sandık: medicine chest ilaç dolabı chest of drawers şifonyer

chestnut chest.nut • çes´nʌt, ces´nıt
/isim/ çoğul chestnuts • kestane: roast chestnuts kestane kebap

chew chew • çu
/fiil/ chews, chewing, chewed • çiğnemek chewing gum çiklet, sakız

chick chick • çîk
/isim/ çoğul chicks • civciv: a hen with her chicks civcivleriyle bir tavuk

chicken chick.en • çîk´ın
/isim/ 1. çoğul chickens • piliç: chicken feed tavuk yemi 2. piliç, tavuk eti: chicken soup tavuk çorbası

chickpea chick.pea • çîk´pi
/isim/ çoğul chickpeas • nohut
roasted chickpea leblebi

¹**chief** chief • çif
/isim/ çoğul chiefs • amir, şef, reis

the chief of police polis şefi

²**chief** chief • çif
/sıfat/ 1. baş (en yüksek rütbede olan)
2. ana, belli başlı, en önemli

child child • çayld
/isim/ çoğul children • çocuk
child's play kolay iş, çocuk oyuncağı

childhood child.hood • çayld´hûd
/isim/ çocukluk dönemi, çocukluk:
childhood memories çocukluk anıları

childish child.ish • çayl´dîş
/sıfat/ 1. çocuksu, çocuğumsu
2. çocukça: a childish remark çocukça bir söz

children chil.dren • çîl´drın
/isim/ bkz. child
Children's Day (23 Nisan) Çocuk Bayramı

Chile Chil.e • çîl´i
/isim/ Şili

¹**Chilean** Chil.e.an • çîl´iyın
/sıfat/ 1. Şili'ye özgü 2. Şilili

²**Chilean** Chil.e.an • çîl´iyın
/isim/ çoğul Chileans • Şilili

chimney chim.ney • çîm´ni
/isim/ çoğul chimneys • baca: factory chimney fabrika bacası

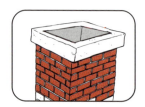

chimpanzee chim.pan.zee • çîmpänzi´
/isim/ çoğul **chimpanzees** • şempanze

chin chin • çîn
/isim/ çoğul **chins** • çene

China Chi.na • çay´nı
/isim/ Çin
the People's Republic of China Çin
Halk Cumhuriyeti
the Republic of China Çin Cumhuriyeti

china chi.na • çay´nı
/isim/ porselen, seramik, çini

¹Chinese Chi.nese • çayniz´
/sıfat/ 1. Çin'e özgü 2. Çince 3. Çinli

²Chinese Chi.nese • çayniz´
/isim/ 1. çoğul Chinese • Çinli 2. Çince

chip chip • çîp
/isim/ çoğul **chips** • 1. yonga, çentik
2. (bilgisayar) çip, yonga

chips chips • çîps
/isim/ 1. cips 2. İng. kızarmış patates

chocolate choc.o.late • çôk´lît, çôk´ılît
/isim/ çoğul **chocolates** • çikolata:
a bar of chocolate bir paket çikolata

choice choice • çoys
/isim/ çoğul **choices** • 1. seçme, seçim
make a choice seçim yapmak
2. seçenek, şık: You have no other
choice. Başka seçeneğin yok.

choke choke • çok
/fiil/ chokes, choking, choked •
boğmak, nefesini kesmek; tıkamak;
tıkanmak: We will be choked here if
we don't open the windows at once.
Hemen pencereleri açmazsak burada
boğulacağız.

choose choose • çuz
/fiil/ chooses, choosing, chose, chosen •
seçmek: Choose your words carefully
as you speak. Konuşurken sözcüklerinizi
özenle seçin.

chop chop • çap
/fiil/ chops, chopping, chopped •
(balta, bıçak v.b. ile) kesmek, kıymak,
doğramak: Chop these carrots for the
salad. Şu havuçları salata için doğra.

chose chose • çoz
/fiil/ bkz. **choose**

chosen cho.sen • ço´zın
/fiil/ bkz. **choose**

¹Christian Chris.tian • krîs´çın
/sıfat/ Hıristiyan

²Christian Chris.tian • krîs´çın
/isim/ çoğul Christians • Hıristiyan

Christianity Chris.ti.an.i.ty •
krîsçiyän´ıti /isim/ Hıristiyanlık

Christmas Christ.mas • krîs´mıs
/isim/ Noel
Christmas tree Noel ağacı

church church • çırç
/isim/ çoğul **churches** • kilise: Yorgo
goes to church on Sundays. Yorgo,
pazar günleri kiliseye gider.

cigarette cig.a.rette • sîgıret´
/isim/ çoğul **cigarettes** • sigara:
Smoking cigarettes may cause cancer.
Sigara içmek kansere yol açabilir.

cinema cin.e.ma • sîn´ımı

/isim/ çoğul cinemas • bkz. movie house (movie theater)

cinnamon cin.na.mon • sîn´ımın
/isim/ tarçın

¹circle cir.cle • sır´kıl
/isim/ çoğul circles • 1. çember, daire, halka 2. çevre, muhit: circle of friends arkadaş çevresi

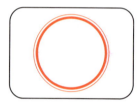

circumference → daire çevresi
diameter → çap
radius → yarıçap
semicircle → yarım daire

²circle cir.cle • sır´kıl
/fiil/ circles, circling, circled •
1. (around) etrafında dönmek 2. daire içine almak

circular cir.cu.lar • sır´kyılır
/sıfat/ dairesel, yuvarlak: Apply the medicine to the skin in circular movements. İlacı cilde dairesel hareketlerle sürünüz.

circumstance cir.cum.stance • sır´kımstäns /isim/ çoğul circumstances • durum, hal, koşul, şart: Ekin is very good at adapting to the changing circumstances. Ekin, değişen koşullara ayak uydurmada çok başarılı.

circus cir.cus • sır´kıs
/isim/ çoğul circuses • sirk: The children went to the circus. Çocuklar sirke gittiler.

acrobat → akrobat
clown → palyaço
juggler → jonglör
magician → sihirbaz
tightrope walker → ip cambazı

cistern cis.tern • sîs´tırn
/isim/ çoğul cisterns • sarnıç, su deposu
the Basilica Cistern Yerebatan Sarnıcı

citizen cit.i.zen • sît´ızın
/isim/ çoğul citizens • vatandaş, yurttaş: a Swiss citizen İsviçre vatandaşı

citizenship cit.i.zen.ship • sît´ızınşîp
/isim/ vatandaşlık, yurttaşlık

citrus cit.rus • sît´rıs
/isim/ turunçgillerden bir meyve
citrus fruit bkz. citrus

city cit.y • sît´i
/isim/ çoğul cities • şehir, kent: İstanbul is the most crowded city of Turkey. İstanbul Türkiye'nin en kalabalık şehridir.
city hall belediye binası

civil civ.il • sîv´ıl
/sıfat/ vatandaşlarla ilgili, sivil
civil defense sivil savunma
civil engineer inşaat mühendisi
civil rights vatandaşlık hakları
civil war iç savaş

civilian ci.vil.ian • sıvîl´yın
/isim/ çoğul civilians • sivil: Many civilians lost their lives during the war. Savaş

sırasında pek çok sivil hayatını kaybetti.

civilisation civ.i.li.sa.tion • sîvılızey´şın, sîvılayzey´şın /isim/ çoğul **civilisations** • bkz. **civilization**

civilization civ.i.li.za.tion • sîvılızey´şın, sîvılayzey´şın /isim/ çoğul **civilizations** • uygarlık, medeniyet: the ancient civiliza-tion of China eski Çin uygarlığı İng. **civilisation**

claim claim • kleym /fiil/ claims, claiming, claimed • iddia etmek: He claims to be the best player of the team. Takımın en iyi oyuncusu olduğunu iddia ediyor.

clap clap • kläp /fiil/ claps, clapping, clapped • el çırpmak, alkışlamak: He clapped his hands with excitement. Heyecanla ellerini çırptı.

class class • kläs /isim/ çoğul classes • 1. sınıf: They are in the same class at school. Okulda aynı sınıftalar. 2. ders, kurs: She teaches the ten o'clock math class. Saat ondaki matematik dersini veriyor. 3. tür, çeşit, grup first class birinci mevki social class sosyal sınıf

classic clas.sic • kläs´îk /sıfat/ klasik: a classic car klasik bir araba

classical clas.si.cal • kläs´îkıl /sıfat/ klasik: a classical literary piece klasik bir edebi eser

classification clas.si.fi.ca.tion • kläsîfîkey´şın /isim/ çoğul classifications •

sınıflama, sınıflandırma: the classifi-cation of the documents belgelerin sınıflandırılması

classify clas.si.fy • kläs´ıfay /fiil/ classifies, classifying, classified • sınıflandırmak

classmate class.mate • kläs´meyt /isim/ çoğul classmates • sınıf arkadaşı

classroom class.room • kläs´rum /isim/ çoğul classrooms • sınıf, derslik

claw claw • klô /isim/ çoğul claws • pençe, tırnak

¹clean clean • klin /sıfat/ cleaner, cleanest • temiz, pak: She always puts on clean dresses. Her zaman temiz elbiseler giyer.

²clean clean • klin /fiil/ cleans, cleaning, cleaned • temizle-mek, arıtmak: Clean the blackboard, please. Lütfen tahtayı temizleyin.

¹clear clear • klîr /sıfat/ clearer, clearest • 1. berrak, duru; saydam: clear water berrak su 2. bulutsuz, açık (gök): a clear sky açık bir gökyüzü 3. net, anlaşılır: a clear explanation net bir açıklama

²clear clear • klîr /fiil/ clears, clearing, cleared • 1. (bir şeyi) (bir yerden) kaldırmak, uzaklaştırmak veya yok etmek: It's Feza's turn to clear the table. Sofrayı kaldırma sırası Feza'da. The police cleared the area. Polis çevreyi boşalttı. He's clearing the steps of snow. Merdivenlerdeki karları temizliyor. 2. (gökyüzü) açılmak; (hava) açmak, açılmak: The sky cleared after the storm. Gökyüzü, fırtınadan sonra açıldı. 3. (sis) açılmak, dağılmak: The fog will clear away by midday. Sis öğlene kadar dağılır.

clerk clerk • klırk
/isim/ çoğul clerks • 1. tezgâhtar: Veli is working as a clerk in that store. Veli o mağazada tezgâhtar olarak çalışıyor. 2. sekreter

clever clev.er • klev´ır
/sıfat/ zeki; akıllı: a clever student zeki bir öğrenci

click click • klîk
/isim/ çoğul clicks • çıt, çıtırtı, tıkırtı

client cli.ent • klay´ınt
/isim/ çoğul clients • 1. müvekkil 2. müşteri

cliff cliff • klîf
/isim/ çoğul cliffs • uçurum, sarp kayalık

climate cli.mate • klay´mît
/isim/ çoğul climates • iklim, hava

---

continental climate → kıtasal iklim
dry climate → kurak iklim
polar climate → kutup iklimi
temperate climate → ılıman iklim
tropical climate → tropikal iklim

---

climb climb • klaym
/fiil/ climbs, climbing, climbed • tırmanmak: climb a mountain dağa tırmanmak

clinic clin.ic • klîn´îk
/isim/ çoğul clinics • klinik

¹clip clip • klîp
/fiil/ clips, clipping, clipped • 1. kırpmak 2. uçlarını kesmek

²clip clip • klîp
/isim/ çoğul clips • ataş, klips, mandal, maşa: You can organize your papers using these clips. Kâğıtlarını bu ataşları kullanarak düzenleyebilirsin.

cloak cloak • klok
/isim/ çoğul cloaks • pelerin

cloakroom cloak.room • klok´rum
/isim/ çoğul cloakrooms • vestiyer

clock clock • klak
/isim/ çoğul clocks • saat (duvar saati, masa saati): Did you see the clock on the wall? Duvardaki saati gördün mü?

clockwise clock.wise • klak´wayz
/sıfat, zarf/ saat yelkovanı yönünde: Rotate the paper clockwise. Kâğıdı saat yönünde döndürün.

¹close close • klos
/sıfat/ closer, closest • 1. yakın: The school is close to the library. Okul kütüphaneye yakındır.
a close contest başabaş bir yarışma
close friends samimi arkadaşlar
close relatives yakın akrabalar
2. sıkı, dar: a close sweater dar bir kazak

²**close** close • kloz
/fiil/ closes, closing, closed • **kapatmak, kapamak:** Close the door quietly. Kapıyı yavaşça kapatın.

closed closed • klozd
/sıfat/ **kapalı**
closed economy kapalı ekonomi

closet clos.et • klaz´ît
/isim/ çoğul closets • **yüklük, gömme dolap**

cloth cloth • klôth
/isim/ 1. **kumaş** 2. çoğul cloths • **bez**

clothes clothes • kloz, klodhz
/isim/ (çoğul) **giysiler, elbiseler:** She put on her clothes. Elbiselerini giydi.

cloud cloud • klaud
/isim/ çoğul clouds • **bulut**

cloudy cloud.y • klau´di
/sıfat/ cloudier, cloudiest • **bulutlu**
partly cloudy parçalı bulutlu

clove clove • klov
/isim/ çoğul cloves • 1. (sarımsakta) **diş:** a clove of garlic bir diş sarımsak 2. (baharat) **karanfil**

clown clown • klaun
/isim/ çoğul clowns • **palyaço:** All the kids laughed at the clown. Tüm çocuklar palyaçoya güldü.

club club • klʌb
/isim/ çoğul clubs • **kulüp, dernek:** golf club golf kulübü

clue clue • klu
/isim/ çoğul clues • **ipucu:** There is no clue about the accident. Kaza hakkında hiç ipucu yok.

clumsy clum.sy • klʌm´zi
/sıfat/ clumsier, clumsiest • **hantal, beceriksiz, sakar**

cluster clus.ter • klʌs´tır
/isim/ çoğul clusters • **küme, grup**

coach coach • koç
/isim/ çoğul coaches • 1. (spor) **antrenör, çalıştırıcı** 2. İng. (uzun yol için) **otobüs, yolcu otobüsü:** a coach tour of Spain İspanya'da bir otobüs turu

coal coal • kol
/isim/ çoğul coals • **kömür:** coal mine kömür ocağı

coarse coarse • kôrs
/sıfat/ coarser, coarsest • 1. **kaba, iri taneli** 2. **kaba saba; görgüsüz:** He was criticized for his coarse behavior. Kaba saba davranışları yüzünden eleştirildi.

coast coast • kost
/isim/ çoğul coasts • **sahil, deniz kıyısı:** the south coast of Turkey Türkiye'nin güney kıyısı

coat coat • kot
/isim/ çoğul coats • **palto, manto**

cock cock • kak
/isim/ çoğul cocks • **horoz**

cockroach→→→ 74

cockroach cock.roach • kak´roç
/isim/ çoğul **cockroaches** • hamamböceği

cocoa co.coa • ko´ko
/isim/ 1. kakao 2. kakao rengi 3. sütlü kakao

coconut co.co.nut • ko´kınʌt, ko´kınıt
/isim/ çoğul **coconuts** • (büyük) hindistancevizi
coconut palm hindistancevizi ağacı

code code • kod
/isim/ çoğul **codes** • şifre; kod: He broke the code. Şifreyi çözdü.

coffee cof.fee • kôf´i, kaf´i
/isim/ 1. kahve 2. çoğul **coffees** • (bir fincan) kahve: Two coffees, please. İki kahve lütfen.
coffee bean kahve çekirdeği
coffee cup kahve fincanı
coffee table sehpa

coffin cof.fin • kôf´în
/isim/ çoğul **coffins** • tabut

coin coin • koyn
/isim/ çoğul **coins** • madeni para:
a handful of coins avuç dolusu bozuk para 2 TL in coin 2 TL'lik bozuk para

coincidence co.in.ci.dence • kowîn´sîdıns
/isim/ çoğul **coincidences** • rastlantı, tesadüf: Life is full of coincidences. Hayat tesadüflerle dolu.

coke coke • kok
/isim/ çoğul **cokes** • kolalı içecek

¹cold cold • kold
/sıfat/ **colder, coldest** • soğuk
as cold as ice buz gibi soğuk
cold drink soğuk içecek

cold war soğuk savaş
feel cold üşümek

²cold cold • kold
/isim/ çoğul **colds** • nezle, soğuk algınlığı
catch a cold nezle olmak, soğuk almak

cold-blooded cold-blood.ed • kold´blʌd´îd /sıfat/ 1. duygusuz, acımasız, merhametsiz 2. (biyoloji) soğukkanlı: Lizards are cold-blooded animals. Kertenkeleler soğukkanlı hayvanlardır.

collaboration col.lab.o.ra.tion • kıläbırey´şın /isim/ birlikte çalışma, işbirliği

collapse col.lapse • kıläps´
/fiil/ **collapses, collapsing, collapsed** • çökmek, yıkılmak

collar col.lar • kal´ır
/isim/ çoğul **collars** • 1. yaka: What's his collar size? Onun yaka numarası kaç?
2. tasma: dog collar köpek tasması

colleague col.league • kal´ig
/isim/ çoğul **colleagues** • meslektaş, iş arkadaşı: I get along well with my colleagues. İş arkadaşlarımla iyi anlaşıyorum.

collect col.lect • kılekt´
/fiil/ **collects, collecting, collected** • toplamak, biriktirmek: Kerem collects postcards. Kerem, kartpostal topluyor.

collection col.lec.tion • kılek´şın
/isim/ çoğul **collections** • koleksiyon:
stamp collection pul koleksiyonu

college col.lege • kal´îc
/isim/ çoğul **colleges** • yüksekokul,

fakülte: college of fine arts güzel sanatlar yüksekokulu

collide col.lide • kılayd´
/fiil/ collides, colliding, collided • çarpışmak; çarpmak

cologne co.logne • kılon´
/isim/ kolonya

Colombia Co.lom.bi.a • kılʌm´biyı
/isim/ Kolombiya

¹Colombian Co.lom.bi.an • kılʌm´biyın
/sıfat/ 1. Kolombiya'ya özgü 2. Kolombiyalı

²Colombian Co.lom.bi.an • kılʌm´biyın
/isim/ çoğul Colombians • Kolombiyalı

colon co.lon • ko´lın
/isim/ çoğul colons • iki nokta üst üste

¹color col.or • kʌl´ır
/isim/ çoğul colors • renk, boya: bright color parlak renk
Ing. ¹colour

²color col.or • kʌl´ır
/sıfat/ renkli: color TV renkli televizyon
Ing. ²colour

³color col.or • kʌl´ır
/fiil/ colors, coloring, colored • boyamak, renklendirmek: The child colored the drawing. Çocuk resmi boyadı.
Ing. ³colour

colored col.ored • kʌl´ırd
/sıfat/ renkli: colored paper renkli kâğıt
Ing. coloured

colorful col.or.ful • kʌl´ırfıl
/sıfat/ renkli, canlı: a colorful hat renkli bir şapka

Ing. colourful

¹colour col.our • kʌl´ır
/isim/ çoğul colours •
bkz. ¹color

²colour col.our • kʌl´ır
/sıfat/ bkz. ²color

³colour col.our • kʌl´ır
/fiil/ colours, colouring, coloured •
bkz. ³color

coloured col.oured • kʌl´ırd
/sıfat/ bkz. colored

colourful col.our.ful • kʌl´ırfıl
/sıfat/ bkz. colorful

column col.umn • kal´ım
/isim/ çoğul columns • 1. sütun, kolon, direk: Columns were supporting the building. Kolonlar binayı destekliyordu. 2. (sayfada) sütun, kolon

¹comb comb • kom
/isim/ çoğul combs • tarak

²comb comb • kom
/fiil/ combs, combing, combed • taramak

combat com.bat • kam´bät
/isim/ çoğul combats • savaş, çarpışma

combination com.bi.na.tion • kambıney´şın /isim/ çoğul combinations •

combine→→→ 76

1. birleşme, birleşim: His success came from a combination of luck and effort. Başarısı, şansla emeğin birleşmesinden geldi. 2. (kilitte) şifre

combine com.bine • kımbayn´
/fiil/ combines, combining, combined • birleşmek; birleştirmek

come come • kʌm
/fiil/ comes, coming, came, come • gelmek: He hasn't come yet. Henüz gelmedi.
come across -e rastlamak, ile karşılaşmak
come back geri gelmek
Come in. Girin. (Buyrun.)
Come on! Haydi! (Yok canım!)

comedian co.me.di.an • kımi´diyın
/isim/ çoğul comedians • komedyen

comedy com.e.dy • kam´ıdi
/isim/ çoğul comedies • komedi

comfort com.fort • kʌm´fırt
/isim/ rahatlık, ferahlık, konfor

comfortable com.fort.a.ble • kʌm´fırtıbıl, kʌmf´tıbıl /sıfat/ rahat, konforlu:
a comfortable chair rahat bir iskemle These boots are very comfortable. Bu çizmeler çok rahat.

comics com.ics • kam´îks
/isim/ bant-karikatür

comma com.ma • kam´ı
/isim/ çoğul commas • virgül

¹command com.mand • kımänd´
/isim/ çoğul commands • emir, komut

²command com.mand • kımänd´
/fiil/ commands, commanding,

commanded • emretmek

commander com.mand.er • kımän´dır
/isim/ çoğul commanders • kumandan, komutan

comment com.ment • kam´ent
/isim/ çoğul comments • 1. yorum:
Write your comment on the poem. Şiir hakkındaki yorumunu yaz.
No comment! Yorum yok!
2. eleştiri

commerce com.merce • kam´ırs
/isim/ ticaret, alım satım

commercial com.mer.cial • kımır´şıl
/sıfat/ ticari: a commercial success ticari bir başarı

commission com.mis.sion • kımîş´ın
/isim/ çoğul commissions • 1. görev, vazife, iş 2. kurul, komisyon

commit com.mit • kımît´
/fiil/ commits, committing, committed • 1. işlemek, yapmak: commit a crime bir suç işlemek 2. emanet etmek, teslim etmek

committee com.mit.tee • kımît´i
/isim/ çoğul committees • kurul, komite, heyet, komisyon: The committee announced the winners. Kurul kazananları açıkladı.

common com.mon • kam´ın
/sıfat/ 1. ortak, genel: Hale and Haluk have many common interests. Hale'yle Haluk'un birçok ortak ilgi alanı var.
common objectives ortak amaçlar
2. genel, yaygın: common usage genel kullanım

communicate com.mu.ni.cate • kımyu´nıkeyt /fiil/ communicates, communicating, communicated • (with) (ile) haberleşmek, iletişim kurmak: They couldn't communicate with each other for years. Yıllarca birbirleriyle haberleşemediler.

communication com.mu.ni.ca.tion • kımyunıkey´şın /isim/ iletişim, haberleşme

community com.mu.ni.ty • kımyu´nıti /isim/ çoğul communities • toplum; topluluk

compact com.pact • kımpäkt´, kam´päkt /sıfat/ 1. yoğun, sıkı, sık 2. kısa, özlü
compact disk kompakt disk
compact disk player kompakt disk çalar

companion com.pan.ion • kımpän´yın /isim/ çoğul companions • arkadaş, yoldaş: He was my companion when I traveled to Peru. Peru'ya seyahate gittiğimde bana yoldaşlık etmişti.

company com.pa.ny • kʌm´pıni /isim/ çoğul companies • şirket, ortaklık: İlker works for an insurance company. İlker bir sigorta şirketinde çalışıyor.

comparative com.par.a.tive • kımper´ıtîv /sıfat/ 1. karşılaştırmalı: comparative history karşılaştırmalı tarih 2. (sıfatta, zarfta) üstünlük derecesini gösteren

compare com.pare • kımper´ /fiil/ compares, comparing, compared • (with) (ile) karşılaştırmak: Let's compare the price of fuel oil with the price of natural gas. Yağyakıt fiyatını, doğalgaz fiyatıyla karşılaştıralım.

comparison com.par.i.son • kımper´ısın /isim/ çoğul comparisons • karşılaştırma
in comparison with -e oranla

compass com.pass • kʌm´pıs /isim/ çoğul compasses • 1. pusula
compass needle pusula iğnesi
2. pergel

compasses com.pass.es • kʌm´pısız /isim/ bkz. compass (2.)
pair of compasses pergel

compensate com.pen.sate • kam´pınseyt /fiil/ compensates, compensating, compensated • tazmin etmek, bedelini ödemek: The travel company will compensate for the accident. Seyahat şirketi kaza için tazminat ödeyecek.

compensation com.pen.sa.tion • kampınsey´şın /isim/ tazminat parası, tazminat

compete com.pete • kımpit´ /fiil/ competes, competing, competed • 1. with ile rekabet etmek, ile boy ölçüşmek: I cannot compete with Ayşe on academic matters. Akademik konularda Ayşe'yle boy ölçüşemem. 2. for için yarışmak: The children competed for the big prize. Çocuklar, büyük ödül için yarıştı.

competition com.pe.ti.tion • kampıtîş´ın

complain→→→ 78

/isim/ 1. çoğul competitions • yarışma: Elif entered a dance competition. Elif bir dans yarışmasına katıldı. 2. rekabet

complain com.plain • kımpleyn´ /fiil/ complains, complaining, complained • yakınmak, şikâyet etmek: Alev always complains. Alev, daima yakınır.

complaint com.plaint • kımpleynt´ /isim/ çoğul complaints • şikâyet, yakınma

¹complete com.plete • kımplit´ /sıfat/ tam, tamam, eksiksiz: complete set tam takım

²complete com.plete • kımplit´ /fiil/ completes, completing, completed • tamamlamak: He hasn't completed his doctoral dissertation yet. Doktora tezini henüz tamamlamadı.

completely com.plete.ly • kımplit´lî /zarf/ tamamen, bütünüyle: completely independent tamamen bağımsız completely innocent tamamen suçsuz

complex com.plex • kımpleks´, kam´pleks /sıfat/ karmaşık, kompleks

complexity com.plex.i.ty • kımplek´sıti, kamplek´sıti /isim/ karmaşıklık

complicate com.pli.cate • kam´plıkeyt /fiil/ complicates, complicating, complicated • karmaşıklaştırmak, zorlaştırmak, güçleştirmek

complicated com.pli.cat.ed • kam´plıkeytıd /sıfat/ karmaşık; çetrefil, çapraşık, anlaşılması güç, çözülmesi güç: a complicated system karmaşık bir sistem

compliment com.pli.ment • kam´plımınt /isim/ çoğul compliments • iltifat, kompliman

compose com.pose • kımpoz´ /fiil/ composes, composing, composed • bestelemek, beste yapmak

composer com.pos.er • kımpo´zır /isim/ çoğul composers • besteci, bestekâr: Cemal Reşit Rey is a prominent Turkish composer. Cemal Reşit Rey ünlü bir Türk bestecidir.

composition com.po.si.tion • kampızîş´ın /isim/ çoğul compositions • 1. (yazılı ödev olarak) kompozisyon: Write a composition about your life. Yaşamın hakkında bir kompozisyon yaz. 2. beste

compound com.pound • kam´paund /sıfat/ bileşik, birleşik: compound word bileşik sözcük

comprehend com.pre.hend • kamprîhend´ /fiil/ comprehends, comprehending, comprehended • kavramak, anlamak

comprehension com.pre.hen.sion • kamprîhen´şın /isim/ kavrayış, anlayış: reading comprehension okuduğunu anlama

comprehensive com.pre.hen.sive • kamprîhen´sîv /sıfat/ kapsamlı, etraflı, geniş: a comprehensive dictionary kapsamlı bir sözlük a comprehensive report kapsamlı bir rapor

computer com.put.er • kımpyu´tır /isim/ çoğul computers • bilgisayar computer center bilgisayar merkezi computer engineering bilgisayar mühendisliği

computer game bilgisayar oyunu
computer graphics bilgisayar grafiği
computer network bilgisayar ağı
computer operator bilgisayar operatörü
computer program bilgisayar programı
computer programmer bilgisayar programcısı
computer science bilgisayar bilimi
computer system bilgisayar sistemi

concentrate con.cen.trate • kan´sıntreyt /fiil/ concentrates, concentrating, concentrated • düşünceyi/dikkati/gücü bir noktada toplamak, konsantre olmak: You should concentrate on your work. İşine konsantre olmalısın.

concentration con.cen.tra.tion • kansıntrey´şın /isim/ dikkati bir noktada toplama, konsantrasyon

concept con.cept • kan´sept /isim/ çoğul concepts • kavram, mefhum: the concept of justice adalet kavramı

¹concern con.cern • kınsırn´ /isim/ çoğul concerns • 1. (birini) ilgilendiren şey 2. endişe, kaygı

²concern con.cern • kınsırn´ /fiil/ concerns, concerning, concerned • 1. ile ilgili olmak; -i ilgilendirmek; -i etkilemek: The article concerns the future. Makale gelecekle ilgili. 2. -i kaygılandırmak

concerned con.cerned • kınsırnd´ /sıfat/ 1. ilgili, alakalı 2. endişeli, düşünceli be concerned about kaygılanmak, endişelenmek, endişe duymak, merak etmek: They are concerned about Hikmet's health. Hikmet'in sağlığı konusunda endişeleniyorlar.

concert con.cert • kan´sırt /isim/ çoğul concerts • konser, dinleti: concert hall konser salonu give a concert konser vermek: He gave an excellent piano concert. Müthiş bir piyano konseri verdi.

conclude con.clude • kınklud´ /fiil/ concludes, concluding, concluded • bitirmek, son vermek; bitmek, sona ermek: He concluded his talk with a proverb. Konuşmasını bir atasözüyle bitirdi.

conclusion con.clu.sion • kınklu´jın /isim/ çoğul conclusions • son; sonuç

concrete con.crete • kan´krit /sıfat/ somut: concrete evidence somut kanıt

condition con.di.tion • kındîş´ın /isim/ 1. çoğul conditions • koşul, şart: conditions of the agreement anlaşma şartları 2. hal, durum: be in good condition iyi durumda olmak

conduct con.duct • kındʌkt´ /fiil/ conducts, conducting, conducted • yürütmek, yönetmek, idare etmek: Kaya is going to conduct the meeting. Toplantıyı Kaya yönetecek.

conductor con.duc.tor • kındʌk´tır /isim/ çoğul conductors • 1. orkestra şefi; koro şefi 2. kondüktör; biletçi

cone cone • kon /isim/ çoğul cones • 1. (geometri) koni

conference→→→

2. külah: ice-cream cone dondurma külahı 3. (botanik) kozalak

conference con.fer.ence • kan´fırıns, kan´frıns /isim/ çoğul conferences • toplantı, konferans: an international conference uluslararası bir konferans

confess con.fess • kınfes´ /fiil/ confesses, confessing, confessed • itiraf etmek: She confessed her guilt. Suçunu itiraf etti.

confession con.fes.sion • kınfeş´ın /isim/ çoğul confessions • itiraf

confidence con.fi.dence • kan´fıdıns /isim/ güven, itimat: I have confidence in him. Ona güvenirim.

confident con.fi.dent • kan´fıdınt /sıfat/ emin, inanan: Kenan is confident in himself. Kenan kendinden emin.

confirm con.firm • kınfırm´ /fiil/ confirms, confirming, confirmed • doğrulamak, onaylamak: Their report confirmed our ideas. Raporları bizim fikirlerimizi doğruladı.

conflict con.flict • kan´flîkt /isim/ çoğul conflicts • anlaşmazlık, ihtilaf

confuse con.fuse • kınfyuz´ /fiil/ confuses, confusing, confused • 1. şaşırtmak, kafasını karıştırmak: Those questions confused him. O sorular kafasını karıştırdı. 2. (with) (bir şeyi/birini) (başka şeyle/biriyle) karıştırmak: They always confuse her with her sister. Onu hep kızkardeşiyle karıştırıyorlar.

confusing con.fus.ing • kınfyu´zîng

/sıfat/ kafa karıştırıcı: This book is very confusing. Bu kitap çok kafa karıştırıcı.

confusion con.fu.sion • kınfyu´jın /isim/ kafa karışıklığı, şaşkınlık

Congo Con.go • kang´go /isim/ (the) Kongo the Democratic Republic of the Congo Kongo Demokratik Cumhuriyeti the Republic of the Congo Kongo Cumhuriyeti

¹**Congolese** Con.go.lese • kang.goliz´ /sıfat/ 1. Kongo'ya özgü 2. Kongolu

²**Congolese** Con.go.lese • kang.goliz´ /isim/ çoğul Congolese • Kongolu

congratulate con.grat.u.late • kıngräç´ûleyt /fiil/ congratulates, congratulating, congratulated • kutlamak, tebrik etmek: They congratulated him for his new job. Onu, yeni işi için tebrik ettiler.

congratulation con.grat.u.la.tion • kıngräçûley´şın /isim/ tebrik, kutlama Congratulations! Tebrikler!

congress con.gress • kang´grıs /isim/ çoğul congresses • kongre: international congress uluslararası kongre medical congress tıp kongresi

conjunction con.junc.tion •

80

81 →→→constitution

kıncʌngkˊşın /isim/ çoğul conjunctions • (dilbilgisi) bağlaç

connect con.nect • kınektˊ /fiil/ connects, connecting, connected • bağlamak, birleştirmek; bağlanmak, birleşmek: The railway connected these cities to each other. Demiryolu bu şehirleri birbirine bağladı.

connection con.nec.tion • kınekˊşın /isim/ çoğul connections • bağlantı

conquer con.quer • kangˊkır /fiil/ conquers, conquering, conquered • fethetmek, ele geçirmek: The Ottomans conquered Istanbul in 1453. Osmanlılar İstanbul'u 1453'te fethettiler.

conscience con.science • kanˊşıns /isim/ vicdan

conscious con.scious • kanˊşıs /sıfat/ bilinci yerinde, şuuru yerinde

¹consent con.sent • kınsentˊ /isim/ rıza: Their parents finally gave their consent. Anne babaları nihayet rıza gösterdi.

²consent con.sent • kınsentˊ /fiil/ consents, consenting, consented • (to) (-e) razı olmak, (-e) rıza göstermek

consequence con.se.quence • kanˊsıkwens /isim/ çoğul consequences • sonuç: As a consequence ... Sonuç olarak ...

consequently con.se.quent.ly • kanˊsıkwentli /zarf/ sonuç olarak, dolayısıyla, bu nedenle

conservative con.ser.va.tive •

kınsırˊvıtîv /sıfat/ tutucu, muhafazakâr

consider con.sid.er • kınsîdˊır /fiil/ considers, considering, considered • üzerinde düşünmek; düşünmek

considerate con.sid.er.ate • kınsîdˊırît /sıfat/ düşünceli, saygılı, hürmetkâr: a very considerate host çok düşünceli bir ev sahibi

consist con.sist • kınsîstˊ /fiil/ consists, consisting, consisted • of -den meydana gelmek, -den oluşmak, -den ibaret olmak: The jury consists of five members. Jüri beş üyeden oluşuyor.

consistency con.sis.ten.cy • kınsîsˊtınsi /isim/ tutarlık, tutarlılık

consistent con.sis.tent • kınsîsˊtınt /sıfat/ tutarlı: His ideas are not very consistent. Fikirleri pek tutarlı değil.

consonant con.so.nant • kanˊsınınt /isim/ çoğul consonants • (dilbilgisi) ünsüz, sessiz

constant con.stant • kanˊstınt /sıfat/ değişmez, sabit

constantly con.stant.ly • kanˊstınt.li /zarf/ sürekli, daima: The weather changes constantly. Hava sürekli değişiyor.

constellation con.stel.la.tion • kanstıleyˊşın /isim/ çoğul constellations • takımyıldız

constitution con.sti.tu.tion • kanstituˊşın /isim/ çoğul constitutions • anayasa:

construct→→→

Have you read the constitution? Anayasayı okudunuz mu?

construct con.struct • kınstrʌkt´ /fiil/ constructs, constructing, constructed • yapmak, inşa etmek, bina etmek, kurmak

consul con.sul • kan´sıl /isim/ çoğul consuls • konsolos
consul general başkonsolos

consulate con.sul.ate • kan´sılît /isim/ çoğul consulates • konsolosluk

consult con.sult • kınsʌlt´ /fiil/ consults, consulting, consulted • danışmak, başvurmak: consult a dictionary bir sözlüğe başvurmak consult a lawyer bir avukata danışmak consult a map bir haritadan yararlanmak

consume con.sume • kınsum´ /fiil/ consumes, consuming, consumed • tüketmek

consumer con.sum.er • kınsu´mır /isim/ çoğul consumers • tüketici: Consumers are not really aware of their rights. Tüketiciler haklarından pek haberdar değil.

consumption con.sump.tion • kınsʌmp´şın /isim/ tüketim

¹**contact** con.tact • kan´täkt /isim/ bağlantı, ilişki: She lost contact with her best friend. En iyi arkadaşıyla bağlantıyı kaybetti.

²**contact** con.tact • kan´täkt /fiil/ contacts, contacting, contacted • temas etmek; temasa geçmek: Contact me by telephone. Benimle telefonla temasa geçin.

contagious con.ta.gious • kıntey´cıs /sıfat/ bulaşıcı

contagious diseases / bulaşıcı hastalıklar
chicken pox → suçiçeği
measles → kızamık
mumps → kabakulak
rubella → kızamıkçık
scarlet fever → kızıl

contain con.tain • kınteyn´ /fiil/ contains, containing, contained • kapsamak, içermek: What does that chest contain? O sandıkta ne var?

contaminate con.tam.i.nate • kıntäm´ıneyt /fiil/ contaminates, contaminating, contaminated • (mikrop, zehir v.b. ile) kirletmek; bulaştırmak: Poisonous waste from factories in this area contaminate the river. Bu bölgedeki fabrikalardan gelen zehirli atıklar ırmağı kirletiyor.

contemporary con.tem.po.rar.y • kıntem´pıreri /sıfat/ çağdaş: Mevlana was contemporary with Yunus Emre. Mevlana, Yunus Emre'nin çağdaşıydı.

content con.tent • kan´tent /isim/ çoğul contents • içerik

contest con.test • kan´test
/isim/ çoğul contests • yarışma: beauty contest güzellik yarışması

contestant con.test.ant • kıntes´tınt
/isim/ çoğul contestants • yarışmacı

continent con.ti.nent • kan´tınınt
/isim/ çoğul continents • kıta, anakara: There are seven continents in the world. Dünya üzerinde yedi kıta vardır.

▬ ▬ ▬ ▬ ▬ ▬
Africa → Afrika
Antarctica → Antarktika
Asia → Asya
Australia → Avustralya
Europe → Avrupa
North America → Kuzey Amerika
South America → Güney Amerika
▬ ▬ ▬ ▬ ▬ ▬

continue con.tin.ue • kıntîn´yu
/fiil/ continues, continuing, continued • sürmek, devam etmek: Ali continued his studies despite hardships. Ali, zorluklara rağmen okumaya devam etti.

continuous con.tin.u.ous • kıntîn´yuwıs
/sıfat/ sürekli, devamlı, aralıksız

contract con.tract • kan´träkt
/isim/ çoğul contracts • sözleşme, mukavele, kontrat: sign a contract sözleşme imzalamak

contribute con.trib.ute • kıntrîb´yut
/fiil/ contributes, contributing, contributed • (to) (-e) katkıda bulunmak, (-de) -in payı olmak: We all contributed to her learning how to read. Okumayı öğrenmesinde hepimizin payı var.

contribution con.tri.bu.tion • kantrıbyu´şın /isim/ çoğul contributions • yardım, katkı

¹control con.trol • kıntrol´
/isim/ kontrol: Lale has no control over her emotions. Lale, duygularını kontrol edemiyor.
out of control denetim dışı

²control con.trol • kıntrol´
/fiil/ controls, controlling, controlled • kontrol etmek, denetlemek; düzenlemek

conversation con.ver.sa.tion • kanvırsey´şın /isim/ çoğul conversations • konuşma, sohbet: She had a long conversation with her friend. Arkadaşıyla uzun uzun sohbet etti.

convince con.vince • kınvîns´
/fiil/ convinces, convincing, convinced • ikna etmek, inandırmak: The waitress convinced Işık to try this dish. Garson Işık'ı bu yemeği denemeye ikna etti.

convoy con.voy • kan´voy
/isim/ çoğul convoys • konvoy

¹cook cook • kûk
/isim/ çoğul cooks • aşçı, ahçı: He works as a cook in a hotel. Bir otelde aşçı olarak çalışıyor.

²cook cook • kûk
/fiil/ cooks, cooking, cooked • (yemek) pişirmek; pişmek: He cooked spaghetti for us. Bizim için spagetti pişirdi.

cookbook→→→

cookbook cook.book • kûk´bûk
/isim/ çoğul **cookbooks** • yemek kitabı

cooker cook.er • kûk´ır
/isim/ çoğul **cookers** • bkz. **stove** (2.)

cookery cook.er.y • kûk´ıri
/isim/ yemek pişirme sanatı; aşçılık

cookie cook.ie • kûk´i
/isim/ çoğul **cookies** • kurabiye, (tatlı) çörek, (tatlı) kuru pasta; (tatlı) bisküvi: I baked cookies for you. Sana kurabiye yaptım.

cooky cook.y • kûk´i
/isim/ çoğul **cookies** • bkz. **cookie**

¹cool cool • kul
/sıfat/ **cooler, coolest** • serin: a cool wind serin bir rüzgâr

²cool cool • kul
/fiil/ **cools, cooling, cooled** • serinletmek; soğutmak; serinlemek; soğumak

cooperate co.op.er.ate • kowap´ıreyt
/fiil/ **cooperates, cooperating, cooperated** • birlikte çalışmak, işbirliği yapmak: We have to cooperate if we want to finish this assignment on time. Bu görevi vaktinde bitirmek istiyorsak işbirliği yapmalıyız.

cooperation co.op.er.a.tion • kowapırey´şın /isim/ birlikte çalışma, işbirliği

copper cop.per • kap´ır
/isim/ bakır: copper pipe bakır boru

¹copy cop.y • kap´i
/isim/ çoğul **copies** • 1. kopya: This is a copy of the original document. Bu, orijinal belgenin bir kopyası. 2. adet, tane; (yazılı eserler için) nüsha: I ordered

two copies of that book. O kitaptan iki adet sipariş ettim.

²copy cop.y • kap´i
/fiil/ **copies, copying, copied** • kopya etmek

copyright cop.y.right • kap´irayt
/isim/ telif hakkı

cord cord • kôrd
/isim/ çoğul **cords** • ip, sicim, kaytan, şerit; kordon

core core • kor
/isim/ çoğul **cores** • 1. (etli meyvelerde) göbek, iç: apple core elma göbeği 2. nüve, öz, esas; merkez

cork cork • kôrk
/isim/ çoğul **corks** • mantar, tıpa, tapa

corkscrew cork.screw • kôrk´skru
/isim/ çoğul **corkscrews** • tirbuşon, tapa burgusu: How will you open this bottle without a corkscrew? Bu şişeyi tirbuşonsuz nasıl açacaksın?

corn corn • kôrn
/isim/ 1. mısır
corn bread mısır ekmeği
corn on the cob bir koçan mısır
2. İng. buğday; tahıl

corner cor.ner • kôr´nır
/isim/ çoğul **corners** • köşe: the four corners of a square bir karenin dört köşesi

corpse corpse • kôrps
/isim/ çoğul **corpses** • ceset, ölü

¹correct cor.rect • kırekt´
/fiil/ **corrects, correcting, corrected** •

düzeltmek, doğrultmak: correct the spelling mistakes yazım yanlışlarını düzeltmek

²correct cor.rect • kırekt´
/sıfat/ doğru, yanlışsız; yerinde: Try to choose the correct answer. Doğru yanıtı seçmeye çalış.

correspond cor.re.spond • kôrıspand´
/fiil/ corresponds, corresponding, corresponded • 1. to/with -e uymak, -e tekabül etmek: The first item on column A corresponds to the second item on column B. A sütunundaki ilk madde, B sütunundaki ikinci maddeye tekabül ediyor. 2. birbirine uymak

correspondence cor.re.spon.dence • kôrıspan´dıns /isim/ 1. çoğul correspondences • benzerlik; benzer taraf: In Turkish, there is a close correspondence between sounds and letters. Türkçede sesler ve harfler arasında yakın bir benzerlik vardır. 2. mektuplaşma

correspondent cor.re.spon.dent • kôrıspan´dınt /isim/ çoğul correspondents • muhabir: sports correspondent spor muhabiri

corridor cor.ri.dor • kôr´ıdır
/isim/ çoğul corridors • koridor, geçit

¹cost cost • kôst
/isim/ çoğul costs • masraf; fiyat; maliyet, değer
cost of living hayat pahalılığı
cost price maliyet fiyatı

²cost cost • kôst
/fiil/ costs, costing, costed • (-e) mal olmak: It costs us 100 TL a month. Bize ayda 100 TL'ye mal oluyor.

Costa Rica Cos.ta Ri.ca • kastı ri´kı
/isim/ Kosta Rika

¹Costa Rican Cos.ta Ri.can • kastı ri´kın
/sıfat/ 1. Kosta Rika'ya özgü 2. Kosta Rikalı

²Costa Rican Cos.ta Ri.can • kastı ri´kın
/isim/ çoğul Costa Ricans • Kosta Rikalı

costume cos.tume • kas´tum, kas´tyum
/isim/ çoğul costumes • kıyafet, elbise, giysi: dance costume dans kıyafeti historical costume tarihi giysi national costume milli giysi

cosy co.sy • ko´zi
/sıfat/ cosier, cosiest • bkz. cozy

cottage cot.tage • kat´îc
/isim/ çoğul cottages • kulübe, küçük ev holiday cottage İng. (küçük) tatil evi

cotton cot.ton • kat´ın
/isim/ 1. pamuk 2. pamuk ipliği 3. pamuklu kumaş
cotton candy ketenhelva, pamuk helva

¹cough cough • kôf, kaf
/isim/ çoğul coughs • öksürük: He has a bad cough. Kötü öksürüyor.
cough syrup öksürük şurubu

²cough cough • kôf, kaf
/fiil/ coughs, coughing, coughed •

could→→→ 86

öksürmek: She coughed all night. Bütün gece öksürdü.

could could • kûd
/yardımcı fiil/ bkz. **¹can**
couldn't → could not

couldn't could.n't • kûd´ınt
/kısaltma/ could not • bkz. **could**

council coun.cil • kaun´sıl
/isim/ çoğul councils • kurul, komisyon, konsey

count count • kaunt
/fiil/ counts, counting, counted • saymak:
count money para saymak
count down geriye doğru saymak

countable count.a.ble • kaun´tıbıl
/sıfat/ sayılabilir (nesne): Only countable nouns have plural forms in English. İngilizcede sadece sayılabilen isimlerin çoğul hali vardır.

counter coun.ter • kaun´tır
/isim/ çoğul counters • tezgâh: You can pick up your coffee from the counter. Kahveni tezgâhtan alabilirsin.

country coun.try • kʌn´tri
/isim/ çoğul countries • ülke, memleket, yurt, vatan: the Mediterranean countries Akdeniz ülkeleri

countryside coun.try.side • kʌn´trisayd
/isim/ kırsal yerler/bölgeler

couple cou.ple • kʌp´ıl
/isim/ 1. (of) çift: the last couple of months son birkaç ay
a couple of birkaç: a couple of days birkaç gün
2. çoğul couples • çift: a young couple

genç bir çift

courage cour.age • kır´îc
/isim/ cesaret
lose courage cesaretini kaybetmek
show courage cesaret göstermek

courageous cou.ra.geous • kırey´cıs
/sıfat/ cesur, yürekli

courgette cour.gette • kûrjet´
/isim/ çoğul courgettes • bkz. **zucchini**

course course • kôrs
/isim/ 1. çoğul courses • kurs (dersler dizisi)
follow a course kursa katılmak
give a course kurs vermek
take a course kurs almak
2. yön, rota, yol
3. gelişme, gidiş, akış
of course şüphesiz, elbette
4. yemek: the main course baş yemek

court court • kôrt
/isim/ çoğul courts • 1. kort: tennis court tenis kortu 2. mahkeme
criminal court ağır ceza mahkemesi
law court bkz. **courthouse**
military court askeri mahkeme

courthouse court.house • kôrt´haus
/isim/ çoğul courthouses • adliye, mahkeme binası, adalet sarayı
İng. law court

cousin cous.in • kʌz´ın
/isim/ çoğul cousins • 1. kuzen: My aunt's son Sonay is my cousin. Teyzemin oğlu Sonay, benim kuzenim. 2. kuzin: My uncle's daughter Doğa is my cousin. Amcamın kızı Doğa, benim kuzinim.

¹cover cov.er • kʌv´ır
/fiil/ covers, covering, covered •

1. örtmek: He covered his face with his hands. Yüzünü elleriyle kapadı.
2. kaplamak: Trees covered the side of the mountain. Ağaçlar dağın yamacını kaplamıştı.

²cover cov.er • kʌv´ır
/isim/ çoğul covers • 1. kapak: He put the cover on the pot. Tencerenin kapağını kapattı. 2. örtü: She wants a new cover on her bed. Yatağına yeni bir örtü istiyor.

cow cow • kau
/isim/ çoğul cows • inek: a herd of cows bir inek sürüsü

coward cow.ard • kau´wırd
/isim/ çoğul cowards • korkak, ödlek: His friends mocked him for being a coward. Arkadaşları korkak olduğu için onunla alay ediyordu.

cowardice cow.ard.ice • kau´wırdîs
/isim/ korkaklık, ödleklik

cowboy cow.boy • kau´boy
/isim/ çoğul cowboys • kovboy, sığırtmaç
cowboy hat kovboy şapkası
cowboy movie, İng. cowboy film kovboy filmi

cozy co.zy • ko´zi
/sıfat/ cozier, coziest • rahat ve sıcak
İng. cosy

crab crab • kräb
/isim/ çoğul crabs • yengeç

¹crack crack • kräk
/isim/ çoğul cracks • 1. çatlak, yarık: We saw a huge crack in the earth after the earthquake. Depremden sonra yerkabuğunda büyük bir çatlak gördük. 2. çatırtı, şaklama
crack of thunder gök gürültüsü

²crack crack • kräk
/fiil/ cracks, cracking, cracked • 1. çatlamak, yarılmak: The mirror cracked. Ayna çatladı. 2. (şifreyi) çözmek: crack a code bir şifreyi çözmek

cracker crack.er • kräk´ır
/isim/ çoğul crackers • kraker, bisküvi

cradle cra.dle • krey´dıl
/isim/ çoğul cradles • beşik: They bought the cradle before the baby was born. Beşiği, bebek doğmadan aldılar.

craft craft • kräft
/isim/ çoğul crafts • zanaat, el sanatı

craftsman crafts.man • kräfts´mın
/isim/ çoğul craftsmen • zanaatçı, zanaatkâr: a master craftsman usta bir zanaatçı

craftsmen crafts.men • kräfts´mîn
/isim/ bkz. craftsman

¹crash crash • kräş
/isim/ çoğul crashes • şangırtı, büyük gürültü: Everybody heard the crash of the dishes. Herkes tabakların şangır-

crash→→→

tısını duydu.

²**crash** crash • kräş
/fiil/ crashes, crashing, crashed •
gürültüyle çarpmak, parçalamak: The car crashed into the wall. Araba duvara çarptı.

crate crate • kreyt
/isim/ çoğul crates • sandık, kasa

crater cra.ter • krey´tır
/isim/ çoğul craters • krater: crater lake krater gölü

crawl crawl • krôl
/fiil/ crawls, crawling, crawled •
(yerde) sürünmek; emeklemek: The baby is crawling around. Bebek emekliyor.

crayon cray.on • krey´ın, krey´an
/isim/ çoğul crayons • mum boya, pastel: a crayon drawing pastel bir resim

crazy cra.zy • krey´zi
/sıfat/ crazier, craziest • deli, kaçık, çılgın: work like crazy deli gibi çalışmak, çok çalışmak
be crazy about -e düşkün olmak, -e deli olmak: She is crazy about cats. Kedilere deli oluyor.

cream cream • krim
/isim/ 1. kaymak, krema
cream cheese krem peynir
2. çoğul creams • krem, cilt kremi
cold cream cilt kremi
moisturizing cream nemlendirici krem

¹**crease** crease • kris
/isim/ çoğul creases • çizgi, buruşuk

²**crease** crease • kris
/fiil/ creases, creasing, creased •

buruşturmak; buruşmak

create cre.ate • kriyeyt´
/fiil/ creates, creating, created •
1. yaratmak 2. oluşturmak, meydana getirmek: She created a new style in literature. Edebiyatta yeni bir tarz yarattı.

creative cre.a.tive • kriyey´tîv
/sıfat/ yaratıcı: He is a very creative artist. O çok yaratıcı bir sanatçı.

creature crea.ture • kri´çır
/isim/ çoğul creatures • yaratık, mahluk

credit cred.it • kred´ît
/isim/ kredi, güven
credit card kredi kartı
give credit kredi vermek
on credit veresiye

creep creep • krip
/fiil/ creeps, creeping, crept • sürünmek, emeklemek: The baby started to creep. Bebek emeklemeye başladı.

crept crept • krept
/fiil/ bkz. creep

crescent cres.cent • kres´ınt
/isim/ çoğul crescents • hilal, ayça

crew crew • kru
/isim/ tayfa, mürettebat

cried cried • krayd

→→→crouch

/fiil/ bkz. ¹cry

crime crime • kraym
/isim/ çoğul crimes • suç: minor crime küçük suç serious crime büyük suç

criminal crim.i.nal • krîm´ınıl
/isim/ çoğul criminals • suçlu: The police arrested the criminal. Polis suçluyu tutukladı.

critic crit.ic • krît´îk
/isim/ çoğul critics • eleştirmen: music critic müzik eleştirmeni

criticise crit.i.cise • krît´ısayz
/fiil/ criticises, criticising, criticised • bkz. criticize

criticism crit.i.cism • krît´ısîzım
/isim/ çoğul criticisms • 1. tenkit, kusur bulma: He is tired of his friends' criticisms. Arkadaşlarının tenkitlerinden bıktı. 2. eleştiri

criticize crit.i.cize • krît´ısayz
/fiil/ criticizes, criticizing, criticized • -i tenkit etmek, -de kusur bulmak, -in olumsuz noktaları üzerinde durmak: İnci criticized me for not visiting my parents frequently. İnci, annemle babamı sık ziyaret etmediğim için beni eleştirdi.
İng. criticise

Croatia Cro.a.tia • krowey´şı
/isim/ Hırvatistan

¹Croatian Cro.a.tian • krowey´şın
/sıfat/ 1. Hırvat 2. Hırvatça

²Croatian Cro.a.tian • krowey´şın
/isim/ 1. çoğul Croatians • Hırvat 2. Hırvatça

crocodile croc.o.dile • krak´ıdayl
/isim/ çoğul crocodiles • timsah
crocodile tears sahte gözyaşları

crop crop • krap
/isim/ çoğul crops • ürün, ekin: wheat crop buğday hasadı

¹cross cross • krôs
/isim/ çoğul crosses • çarpı işareti, çapraz işareti, artı işareti

²cross cross • krôs
/fiil/ crosses, crossing, crossed • karşıdan karşıya geçmek
cross out karalamak, üzerini çizerek geçersiz kılmak

crossing cross.ing • krôs´îng
/isim/ çoğul crossings • 1. geçiş 2. geçiş yeri, geçit 3. yaya geçidi

crossroads cross.roads • krôs´rodz
/isim/ çoğul crossroads • 1. dörtyol, kavşak: Turn left at the crossroads. Kavşaktan sola dön. 2. dönüm noktası

crosswalk cross.walk • krôs´wôk
/isim/ çoğul crosswalks • yaya geçidi
İng. pedestrian crossing

crossword cross.word • krôs´wırd
/isim/ çoğul crosswords • çapraz bulmaca
crossword puzzle bkz. crossword

crouch crouch • krauç

crow→→→ 90

/fiil/ crouches, crouching, crouched •
çömelmek: He crouched under the
tree. Ağacın altına çömeldi.

crow crow • kro
/isim/ çoğul crows • karga

crowd crowd • kraud
/isim/ çoğul crowds • kalabalık: There
were crowds of people to see him. Onu
görmek isteyen bir sürü kimse vardı.
break up the crowd kalabalığı dağıtmak
follow the crowd topluma uymak

crowded crowd.ed • krau´dıd
/sıfat/ kalabalık: a crowded bus
kalabalık bir otobüs

crown crown • kraun
/isim/ çoğul crowns • taç: He refused
the crown. Tacı reddetti.

cruel cru.el • kruw´ıl
/sıfat/ crueller, cruellest • zalim,
acımasız: cruel dictator zalim diktatör
cruel disease amansız hastalık cruel
luck kör talih

cruise cruise • kruz
/isim/ çoğul cruises • (tatil amacıyla
yapılan) deniz yolculuğu

crumb crumb • krʌm
/isim/ çoğul crumbs • kırıntı: bread
crumbs ekmek kırıntıları

crusade cru.sade • kruseyd´
/isim/ çoğul crusades • haçlı seferi,
din savaşı
the Crusades Haçlı Seferleri

crusader cru.sad.er • krusey´dır
/isim/ çoğul crusaders • Haçlı

crush crush • krʌş
/fiil/ crushes, crushing, crushed •
ezmek: Don't crush those boxes. O
kutuları ezme.

crust crust • krʌst
/isim/ çoğul crusts • 1. ekmek kabuğu
2. kabuk

crutch crutch • krʌç
/isim/ çoğul crutches • koltuk değneği:
a pair of crutches bir çift koltuk değneği

¹cry cry • kray
/fiil/ cries, crying, cried • ağlamak:
cry for joy mutluluktan ağlamak
cry with pain acıyla ağlamak The baby
is crying for his bottle. Bebek bibero-
nunu istediği için ağlıyor.

²cry cry • kray
/isim/ çoğul cries • bağırış, haykırış,
feryat: war cry savaş narası an angry
cry hiddetli bir çığlık

crystal crys.tal • krîs´tıl
/isim/ çoğul crystals • kristal

Cuba Cu.ba • kyu´bı
/isim/ Küba

¹Cuban Cu.ban • kyu´bın
/sıfat/ 1. Küba'ya özgü 2. Kübalı

²Cuban Cu.ban • kyu´bın
/isim/ çoğul Cubans • Kübalı

cube cube • kyub
/isim/ çoğul cubes • 1. (geometri) küp
2. küp (küp biçimindeki nesne):
a cube sugar bir küpşeker

cuckoo cuck.oo • ku´ku
/isim/ çoğul cuckoos • guguk, gugukkuşu

cuckoo clock guguklu saat

cucumber cu.cum.ber • kyu´kʌmbır
/isim/ çoğul cucumbers • salatalık, hıyar:
cucumber pickles salatalık turşusu

cuff cuff • kʌf
/isim/ çoğul cuffs • kol ağzı, kolluk, manşet

cultivate cul.ti.vate • kʌl´tıveyt
/fiil/ cultivates, cultivating, cultivated •
1. (tarlayı) sürmek, (toprağı) işlemek
2. yetiştirmek 3. geliştirmek
cultivate a friendship dostluk kurmaya çalışmak

culture cul.ture • kʌl´çır
/isim/ çoğul cultures • kültür: Spanish culture İspanyol kültürü
culture gap kültür farkı
culture shock kültür şoku

cunning cun.ning • kʌn´îng
/sıfat/ kurnaz, hin, uyanık: a cunning smile kurnaz bir tebessüm

cup cup • kʌp
/isim/ çoğul cups • 1. fincan, bardak, kupa: a cup of coffee bir fincan kahve She added two cups of sugar to the mixture. Karışıma iki bardak şeker ilave etti.
coffee cup kahve fincanı
2. (spor) kupa: tennis cup tenis kupası the World Cup Dünya Kupası

cupboard cup.board • kʌb´ırd
/isim/ çoğul cupboards • dolap, yüklük: kitchen cupboard mutfak dolabı

¹cure cure • kyûr
/fiil/ cures, curing, cured • iyileştirmek, tedavi etmek: Some types of cancer can be cured. Bazı kanser türleri iyileştirilebilir.

²cure cure • kyûr
/isim/ çoğul cures • tedavi; kür: cure for alcoholism alkolizm tedavisi cure for pain ağrı tedavisi

curiosity cu.ri.os.i.ty • kyûriyas´ıti
/isim/ merak
out of curiosity meraktan

curious cu.ri.ous • kyûr´ıyıs
/sıfat/ meraklı: a curious child meraklı bir çocuk Don't be so curious. Bu kadar meraklı olma.
be curious about something bir şeyi merak etmek

¹curl curl • kırl
/isim/ çoğul curls • 1. kıvrım, büklüm
2. bukle, lüle

²curl curl • kırl
/fiil/ curls, curling, curled • kıvırmak, bukle yapmak, bükmek

curly curl.y • kır´li
/sıfat/ curlier, curliest • kıvırcık, kıvır kıvır: curly hair kıvırcık saç

currency cur.ren.cy • kır´ınsi
/isim/ çoğul currencies • para, nakit, nakit para

¹current cur.rent • kır´ınt
/isim/ çoğul currents • 1. (sıvı, gaz, hava) akım, akıntı: You can't swim against

current→→→

the current for a long time. Akıntıya karşı uzun süre yüzemezsin. 2. (elektrik) akım: direct current doğru akım electric current elektrik akımı

²current cur.rent • kır´ınt
/sıfat/ şimdiki, bugünkü, güncel: current events güncel olaylar current issue son sayı

curricula cur.ric.u.la • kırîk´yılı
/isim/ bkz. curriculum

curriculum cur.ric.u.lum • kırîk´yılım
/isim/ çoğul curricula/curriculums • öğretim programı
curriculum vitae özgeçmiş

¹curse curse • kırs
/fiil/ curses, cursing, cursed • sövmek, sövüp saymak, küfretmek

²curse curse • kırs
/isim/ çoğul curses • 1. ilenme, lanet, beddua 2. sövgü, küfür

curtain cur.tain • kır´tın
/isim/ çoğul curtains • perde: draw the curtains perdeyi çekmek shower curtain duş perdesi theater curtain tiyatro perdesi

¹curve curve • kırv
/isim/ çoğul curves • 1. eğri, kavis, kıvrım 2. viraj, dönemeç

²curve curve • kırv
/fiil/ curves, curving, curved • 1. eğmek, bükmek; eğilmek, bükülmek 2. kıvırmak; kıvrılmak

cushion cush.ion • kûş´ın
/isim/ çoğul cushions • yastık, minder: cushion cover yastık kılıfı down cushion kuştüyü yastık

custom cus.tom • kʌs´tım
/isim/ çoğul customs • gelenek, âdet: Our people are still loyal to their customs. İnsanlarımız hâlâ geleneklerine sadıklar.

customer cus.tom.er • kʌs´tımır
/isim/ çoğul customers • müşteri: The customers were waiting impatiently in the queue. Müşteriler sabırsızlıkla sırada bekliyordu.

customs cus.toms • kʌs´tımz
/isim/ gümrük
customs officer gümrük memuru

¹cut cut • kʌt
/fiil/ cuts, cutting, cut • kesmek:
cut grass çimleri kesmek
cut prices fiyatları indirmek

²cut cut • kʌt
/isim/ 1. kesme, kesim 2. çoğul cuts • kesik: There was a deep cut on his finger. Parmağında derin bir kesik vardı.

cute cute • kyut
/sıfat/ cuter, cutest • şirin, sevimli

cutlery cut.ler.y • kʌt´lıri
/isim/ çatal bıçak takımı

CV CV • si vi´
/kısaltma/ curriculum vitae

93 →→→Czech

cycle cy.cle • say´kıl
/isim/ çoğul cycles • 1. dönme, dönüş,
çevrim: carbon cycle karbon döngüsü
the cycle of the seasons mevsimlerin
birbirini takip etmesi 2. bisiklet;
motosiklet
cycle lane bisiklet yolu
cycle race bisiklet yarışı

cycling cy.cling • say´klîng
/isim/ bisiklete binme: Cycling is one
of my hobbies. Bisiklete binmek hobi-
lerimden biridir.

cyclist cy.clist • say´klîst
/isim/ çoğul cyclists • 1. bisikletçi,
bisiklet sürücüsü 2. motosikletçi,
motosiklet sürücüsü

cylinder cyl.in.der • sîl´îndır
/isim/ çoğul cylinders • silindir

¹Cypriot Cyp.ri.ot • sîp´riyıt
/sıfat/ 1. Kıbrıs'a özgü 2 Kıbrıslı

²Cypriot Cyp.ri.ot • sîp´riyıt
/isim/ çoğul Cypriots • Kıbrıslı

Cyprus Cy.prus • say´prıs
/isim/ Kıbrıs

¹Czech Czech • çek
/sıfat/ 1. Çek 2. Çekçe
the Czech Republic Çek Cumhuriyeti

²Czech Czech • çek
/isim/ 1. çoğul Czechs • Çek 2. Çekçe

Dd

dad dad • däd
/isim/ 1. çoğul **dads** • baba 2. babacığım

daddy dad.dy • däd´i
/isim/ 1. çoğul **daddies** • baba 2. babacığım

¹daily dai.ly • dey´li
/sıfat/ günlük, gündelik: daily activities günlük etkinlikler daily needs günlük gereksinimler

²daily dai.ly • dey´li
/zarf/ her gün, günlük olarak: You must read his articles daily. Onun makalelerini her gün okumalısın. The exhibition hall is open daily. Sergi salonu her gün açık.

dairy dair.y • der´i
/isim/ çoğul **dairies** • mandıra: dairy cow süt ineği dairy products süt ürünleri

daisy dai.sy • dey´zi
/isim/ çoğul **daisies** • papatya

dam dam • däm
/isim/ çoğul **dams** • baraj, set, su bendi

¹damage dam.age • däm´îc
/isim/ zarar, hasar: fire damage yangın hasarı permanent damage kalıcı hasar

²damage dam.age • däm´îc
/fiil/ damages, damaging, damaged • zarar vermek, hasar vermek: damage

a car bir arabaya hasar vermek
damage his career kariyerine zarar
vermek

damages dam.ag.es • däm´îcîz
/isim/ tazminat

damp damp • dämp
/sıfat/ damper, dampest • nemli, yaş:
damp hair nemli saç

dampen damp.en • däm´pın
/fiil/ dampens, dampening, dampened •
nemlendirmek, ıslatmak

¹dance dance • däns
/isim/ çoğul dances • dans: dance music
dans müziği folk dance halk dansı

²dance dance • däns
/fiil/ dances, dancing, danced • dans
etmek: Would you like to dance? Dans
etmek ister misiniz?

dancer danc.er • dän´sır
/isim/ çoğul dancers • dansçı, dansör,
dansöz

dandruff dan.druff • dän´drıf
/isim/ kepek, konak: He uses a
special shampoo for dandruff. Kepek
için özel bir şampuan kullanıyor.

Dane Dane • deyn
/isim/ çoğul Danes • Danimarkalı

danger dan.ger • deyn´cır
/isim/ çoğul dangers • tehlike
in danger tehlikede
out of danger tehlikeyi atlatmış

dangerous dan.ger.ous • deyn´cırıs
/sıfat/ tehlikeli: a dangerous area
tehlikeli bir bölge

¹Danish Dan.ish • dey´nîş
/sıfat/ 1. Danimarka'ya özgü
2. Danimarkalı 3. Danca

²Danish Dan.ish • dey´nîş
/isim/ Danca

Dardanelles Dar.da.nelles • dardınelz´
/isim/ (the) Çanakkale Boğazı

dare dare • der
/fiil/ dares, daring, dared • cesaret
etmek, cüret etmek, kalkışmak: No
one dared ask a question. Kimse soru
sormaya cesaret edemedi.

¹dark dark • dark
/sıfat/ darker, darkest • 1. karanlık:
a dark room karanlık bir oda
get dark (hava) kararmak
2. koyu: dark blue lacivert dark green
koyu yeşil

²dark dark • dark
/isim/ karanlık: He is not afraid of the
dark. O karanlıktan korkmaz.

darken dark.en • dar´kın
/fiil/ darkens, darkening, darkened •
karartmak; kararmak

darkness dark.ness • dark´nîs
/isim/ karanlık: They returned to
camp before darkness fell. Karanlık
basmadan kampa döndüler.

darling→→→ 96

darling dar.ling • dar´lîng
/isim/ 1. sevgilim, tatlım 2. çoğul darlings •
sevgili

dart dart • dart
/isim/ çoğul darts • (dart oyununda)
küçük ok

bull's-eye → hedefin merkezi
dartboard → dart tahtası
darts → dart oyunu

data da.ta • dey´tı, dä´tı
/isim/ (çoğul/tekil) bilgi; veriler
data analysis veri analizi
data bank veri bankası
data processing bilgiişlem

¹date date • deyt
/isim/ çoğul dates • hurma
date palm hurma ağacı

²date date • deyt
/isim/ çoğul dates • tarih: Today's date is
the 7th of May. Bugünün tarihi 7 Mayıs'tır.
out of date 1. modası geçmiş 2. tarihi
geçmiş
up to date modaya uygun; çağdaş

daughter daugh.ter • dô´tır
/isim/ çoğul daughters • kız evlat, kız
çocuk, kız

daughter-in-law daugh.ter-in-law •
dô´tırînlô /isim/ çoğul daughters-in-law •
gelin

dawn dawn • dôn
/isim/ seher, tan vakti

day day • dey
/isim/ çoğul days • 1. gündüz
by day gündüzün

2. gün
all day bütün gün
day after day her gün, günlerce
day by day günden güne
day in day out her gün
the day after ertesi gün (-den bir gün
sonrası)
the day after tomorrow öbür gün
(yarından sonraki gün)
the day before yesterday evvelki gün
(dünden önceki gün)
the other day geçen gün, birkaç gün önce

¹daydream day.dream • dey´drim
/isim/ çoğul daydreams • hayal

²daydream day.dream • dey´drim
/fiil/ daydreams, daydreaming, day-
dreamed/daydreamt • hayal kurmak

daydreamt day.dreamt • dey´dremt
/fiil/ bkz. ²daydream

daylight day.light • dey´layt
/isim/ gün ışığı
daylight saving time, İng. summer time
yaz saati

daytime day.time • dey´taym
/isim/ gündüz: İlayda loves sleeping
during daytime. İlayda gündüz
uykusunu çok seviyor.

dazzle daz.zle • däz´ıl
/fiil/ dazzles, dazzling, dazzled • göz
kamaştırmak

dead dead • ded
/sıfat/ ölü, cansız: dead cell ölü hücre
dead volcano sönmüş volkan
dead end çıkmaz sokak; çıkmaz

deadly dead.ly • ded´li
/sıfat/ deadlier, deadliest • öldürücü;

97 →→→decimal

ölümcül: a deadly disease ölümcül bir hastalık

deaf deaf • def
/sıfat/ deafer, deafest • sağır, işitme engelli

¹deal deal • dil
/isim/ çoğul deals • 1. anlaşma, mukavele: They signed a two-year deal. İki yıllık bir anlaşma imzaladılar. 2. iş 3. miktar a great deal of çok, bir hayli, epey: His family had given him a great deal of support. Ailesi ona çok destek olmuştu.

²deal deal • dil
/fiil/ deals, dealing, dealt • with 1. ile ilgilenmek 2. -in üstesinden gelmek: Dealing with his dog's death was very hard for him. Köpeğinin ölümünün üstesinden gelmek onun için çok zordu.

dealer deal.er • dil´ır
/isim/ çoğul dealers • (belirli bir şeyin) ticaretini yapan kimse, tüccar, satıcı: car dealer araba tüccarı

dealt dealt • delt
/fiil/ bkz. ²deal

dear dear • dîr
/sıfat/ dearer, dearest • 1. sevgili; değerli: my dear grandma sevgili ninem 2. Sevgili, (Mektupların girişinde kullanılır.): Dear Friend, Sevgili Arkadaşım, 3. İng. pahalı

death death • deth
/isim/ çoğul deaths • ölüm
the death penalty ölüm cezası

¹debate de.bate • dîbeyt´
/isim/ çoğul debates • tartışma

²debate de.bate • dîbeyt´
/fiil/ debates, debating, debated • tartışmak

debt debt • det
/isim/ çoğul debts • borç
debt of honor namus borcu

decade dec.ade • dek´eyd
/isim/ çoğul decades • on yıl: We witnessed lots of changes during the last decade. Son on yıl boyunca pek çok değişime tanık olduk.

¹decay de.cay • dîkey´
/fiil/ decays, decaying, decayed • çürümek, bozulmak; çürütmek

²decay de.cay • dîkey´
/isim/ çürüme, bozulma

deceive de.ceive • dîsiv´
/fiil/ deceives, deceiving, deceived • aldatmak

December De.cem.ber • dîsem´bır
/isim/ aralık (ayı)

decide de.cide • dîsayd´
/fiil/ decides, deciding, decided • karar vermek, kararlaştırmak: Demir decided what to do. Demir, ne yapacağına karar verdi.
decide against something bir şeyin aleyhinde karar vermek
decide for something bir şeyin lehinde karar vermek

¹decimal dec.i.mal • des´ımıl
/sıfat/ (matematik) ondalık
decimal system ondalık sistem

²decimal dec.i.mal • des´ımıl
/isim/ çoğul decimals • (matematik)

decision→→→

1. ondalık sayı 2. ondalık kesir

decision de.ci.sion • dîsîj´ın
/isim/ çoğul **decisions** • karar
make a decision karar vermek: The competition jury made a decision in the morning. Yarışma jürisi sabahleyin bir karar verdi.

deck deck • dek
/isim/ çoğul **decks** • (gemide) güverte
deck chair şezlong

declare de.clare • dîkler´
/fiil/ **declares, declaring, declared** • bildirmek, ilan etmek: They declared the winner. Kazananı açıkladılar.

decorate dec.o.rate • dek´ıreyt
/fiil/ **decorates, decorating, decorated** • süslemek, dekore etmek: We'll decorate the room for the party. Odayı parti için süsleyeceğiz.

decoration dec.o.ra.tion • dekırey´şın
/isim/ 1. süsleme, dekorasyon: This room needs some decoration. Bu odanın biraz süslenmeye ihtiyacı var. 2. çoğul **decorations** • süs: cake decorations pasta süsleri

decorator dec.o.ra.tor • dek´ıreytır
/isim/ çoğul **decorators** • dekoratör

¹**decrease** de.crease • dîkris´
/fiil/ **decreases, decreasing, decreased** • azalmak, düşmek: Interest in soccer was decreasing. Futbola ilgi azalıyordu.

²**decrease** de.crease • dîkris´
/isim/ çoğul **decreases** • azalma, düşüş: They expect a decrease in inflation. Enflasyonda bir düşüş bekliyorlar.

dedicate ded.i.cate • ded´ıkeyt
/fiil/ **dedicates, dedicating, dedicated** • adamak, vakfetmek: He dedicated his life to the sick. Hayatını hastalara adadı.

deep deep • dip
/sıfat/ **deeper, deepest** • derin: a deep breath derin bir nefes a deep sleep derin bir uyku a deep voice derin bir ses a deep well derin bir kuyu a deep wound derin bir yara
deep in thought derin düşünceye dalmış

¹**deepfreeze** deep.freeze • dip´friz´
/isim/ çoğul **deepfreezes** • derin dondurucu, dipfriz

²**deepfreeze** deep.freeze • dip´friz´
/fiil/ **deepfreezes, deepfreezing, deepfroze, deepfrozen** • dondurup saklamak

deepfroze deep.froze • dip´froz´
/fiil/ bkz. ²**deepfreeze**

deepfrozen deep.fro.zen • dip´fro´zın
/fiil/ bkz. ²**deepfreeze**

deer deer • dir
/isim/ çoğul **deer** • geyik
fallow deer alageyik
roe deer karaca

¹**defeat** de.feat • dîfit´
/fiil/ **defeats, defeating, defeated** • yenmek, bozguna uğratmak: Can we defeat cancer? Kanseri yenebilir miyiz?

²defeat de.feat • dîfit´
/isim/ çoğul **defeats** • yenilgi, bozgun:
a heavy defeat ağır bir yenilgi
victory and defeat zafer ve yenilgi

defence de.fence • dîfens´
/isim/ bkz. **defense**

defend de.fend • dîfend´
/fiil/ defends, defending, defended •
savunmak
defend oneself kendini savunmak
defend someone against an attack
birini bir saldırıya karşı korumak

defense de.fense • dîfens´
/isim/ 1. savunma, korunma: weapons
of defense savunma silahları 2. (spor)
savunma, defans
İng. **defence**

deficiency de.fi.cien.cy • dîfîş´ınsi
/isim/ çoğul **deficiencies** • eksiklik,
noksanlık; yetersizlik

deficient de.fi.cient • dîfîş´ınt
/sıfat/ eksik, noksan; yetersiz

define de.fine • dîfayn´
/fiil/ defines, defining, defined •
tanımlamak, tarif etmek: Can you
define the new concept please? Yeni
kavramı lütfen tanımlayabilir misin?

definite def.i.nite • def´ınît
/sıfat/ 1. kesin; belirli: He wants a
definite answer by tomorrow. Yarına
kadar kesin bir yanıt istiyor. 2. (dilbil-
gisi) belirli, belgili

definitely def.i.nite.ly • def´ınîtli
/zarf/ kesinlikle

definition def.i.ni.tion • defınîş´ın
/isim/ çoğul **definitions** • tanım

degree de.gree • dîgri´
/isim/ çoğul **degrees** • 1. (fizik, geometri)
derece: an angle of 60 degrees 60 de-
recelik bir açı The boiling point of wa-
ter is 100 degrees centigrade. Suyun
kaynama noktası 100 derece santig-
rattır. 2. derece, aşama, kademe
by degrees kademeli olarak, derece
derece
3. diploma: university degree yüksek-
öğretim diploması

¹delay de.lay • dîley´
/fiil/ delays, delaying, delayed •
1. ertelemek 2. geciktirmek: The
storm delayed the bus for an hour.
Fırtına otobüsü bir saat geciktirdi.

²delay de.lay • dîley´
/isim/ çoğul **delays** • gecikme: a delay
of three hours üç saatlik bir gecikme

¹delegate del.e.gate • del´ıgît
/isim/ çoğul **delegates** • delege, temsilci:
How many delegates attended the
congress? Kongreye kaç delege katıldı?

²delegate del.e.gate • del´ıgeyt
/fiil/ delegates, delegating, delegated •
havale etmek, devretmek

delete de.lete • dîlit´
/fiil/ deletes, deleting, deleted • silmek,
çıkarmak

deliberate de.lib.er.ate • dîlîb´ırît
/sıfat/ kasıtlı, maksatlı, önceden
tasarlanmış

deliberately de.lib.er.ate.ly • dîlîb´ırîtli
/zarf/ kasten, mahsus, bile bile: He did
it deliberately. Onu kasten yaptı.

delicate del.i.cate • del´ıkît
/sıfat/ kolaylıkla kırılabilen, kırılgan, nazik: a delicate flower nazik bir çiçek

delicious de.li.cious • dılîş´ıs
/sıfat/ lezzetli, nefis: a delicious meal nefis bir öğün

¹delight de.light • dîlayt´
/fiil/ delights, delighting, delighted • sevindirmek; sevinmek
delight in -den zevk almak: He delights in mowing the lawn. Çimleri biçmekten zevk alır.

²delight de.light • dîlayt´
/isim/ çoğul delights • sevinç, zevk, keyif: the delights of swimming in the sea denizde yüzmenin tadı
Turkish delight lokum

deliver de.liv.er • dîlîv´ır
/fiil/ delivers, delivering, delivered • teslim etmek: deliver the letter mektubu teslim etmek

delivery de.liv.er.y • dîlîv´ıri
/isim/ çoğul deliveries • (gönderiyi) teslim etme, teslim; dağıtım

¹demand de.mand • dîmänd´
/isim/ çoğul demands • istem, talep
supply and demand arz ve talep

²demand de.mand • dîmänd´
/fiil/ demands, demanding, demanded • talep etmek, istemek: Women demand equal rights. Kadınlar eşit haklar talep ediyorlar.

democracy de.moc.ra.cy • dîmak´rısi
/isim/ çoğul democracies • demokrasi: parliamentary democracy parlamenter demokrasi

democrat dem.o.crat • dem´ıkrät
/isim/ çoğul democrats • demokrat

democratic dem.o.crat.ic • demıkrät´îk
/sıfat/ demokratik

demonstrate dem.on.strate • dem´ınstreyt /fiil/ demonstrates, demonstrating, demonstrated • kanıtlamak, ispat etmek: Ender demonstrated his loyalty to the firm. Ender, şirkete olan bağlılığını kanıtladı.

demonstration dem.on.stra.tion • demınstrey´şın /isim/ çoğul demonstrations • 1. kanıtlama, ispat 2. gösteri

Denmark Den.mark • den´mark
/isim/ Danimarka

dense dense • dens
/sıfat/ denser, densest • yoğun, kesif: a dense solution yoğun bir çözelti
dense smoke yoğun duman
dense traffic yoğun trafik

density den.si.ty • den´sıti
/isim/ yoğunluk, kesafet

dentist den.tist • den´tîst
/isim/ çoğul dentists • dişçi, diş hekimi
the dentist/the dentist's dişçi muayenehanesi

deny de.ny • dînay´
/fiil/ denies, denying, denied • yadsımak; yalanlamak; reddetmek: She denied the signature was hers. Kendi imzası

101 →→→design

olduğunu reddetti.

department de.part.ment • dîpart´mınt /isim/ çoğul departments • bölüm, kısım, şube: the department of English İngilizce bölümü the history department tarih bölümü the sales department satış bölümü department store büyük mağaza

departure de.par.ture • dîpar´çır /isim/ çoğul departures • hareket etme, kalkış, ayrılış departure time kalkış saati, hareket saati

depend de.pend • dîpend´ /fiil/ depends, depending, depended • on/upon 1 -e güvenmek: You can depend on her. Ona güvenebilirsin. 2. -e bağlı olmak: The future depends on what we do now. Gelecek şimdi ne yaptığımıza bağlıdır.

dependent de.pend.ent • dîpen´dınt /sıfat/ on/upon 1. -e bağlı: Our vacation plans are dependent on the weather. Tatil planlarımız hava durumuna bağlı. 2. -e bağımlı: an economy dependent on foreign aid dış yardıma bağımlı bir ekonomi

depress de.press • dîpres´ /fiil/ depresses, depressing, depressed • üzmek, canını sıkmak, moralini bozmak: Wet weather depresses her. Yağmurlu hava onun moralini bozuyor.

depression de.pres.sion • dîpreş´ın /isim/ 1. moral bozukluğu, keyifsizlik 2. depresyon

deprive de.prive • dîprayv´ /fiil/ deprives, depriving, deprived • of -den yoksun bırakmak, -den mahrum etmek: Plants will die if you deprive them of sunshine. Gün ışığından yoksun

bırakırsanız bitkiler ölür.

depth depth • depth /isim/ çoğul depths • derinlik: The average depth of the Red Sea is 490 meters. Kızıldeniz'in ortalama derinliği 490 metredir. the depth of a wound bir yaranın derinliği the depth of the well kuyunun derinliği depth of winter karakış, kışın ortası

describe de.scribe • dîskrayb´ /fiil/ describes, describing, described • tanımlamak, betimlemek, tarif etmek: Describe yourself. Kendinizi tarif edin.

description de.scrip.tion • dîskrîp´şın /isim/ betimleme, tarif: description of a scenery manzara betimlemesi

¹desert des.ert • dez´ırt /isim/ çoğul deserts • çöl: the Arabian Desert Arabistan Çölü

²desert de.sert • dîzırt´ /fiil/ deserts, deserting, deserted • terk etmek, bırakmak

deserve de.serve • dîzırv´ /fiil/ deserves, deserving, deserved • hak etmek, layık olmak: He deserves a vacation after all those exams. Tüm o sınavlardan sonra bir tatili hak ediyor.

¹design de.sign • dîzayn´ /isim/ çoğul designs • tasarım; plan, proje: design for a dress elbise tasarımı design of a garden bahçe dizaynı industrial design endüstriyel tasarım

²design de.sign • dîzayn´ /fiil/ designs, designing, designed • planlamak; tasarlamak: design a car bir araba tasarlamak

designer→→→ 102

designer de.sign.er • dîzay´nır
/isim/ çoğul **designers** • tasarımcı

desirable de.sir.a.ble • dîzayr´ıbıl
/sıfat/ arzu edilen, istek uyandıran:
desirable features arzu edilen özellikler

¹desire de.sire • dîzayr´
/isim/ çoğul **desires** • arzu, istek: **desire to change** değişim arzusu

²desire de.sire • dîzayr´
/fiil/ **desires, desiring, desired** • arzulamak, istemek: **desire happiness** mutluluk istemek

desk desk • desk
/isim/ çoğul **desks** • 1. (okulda) sıra: **Ali was sitting at his desk.** Ali sırasında oturuyordu. 2. yazı masası: **an office desk** ofis masası **an information desk** danışma masası
a desk job masa başı işi

¹desktop desk.top • desk´tap
/sıfat/ masaüstü (bilgisayar)
desktop publishing masaüstü yayımcılık

²desktop desk.top • desk´tap
/isim/ çoğul **desktops** • 1. (bilgisayar ekranında) masaüstü 2. masaüstü bilgisayar

desperate des.per.ate • des´pırît
/sıfat/ umutsuz, ümitsiz

despite de.spite • dîspayt´
/edat/ -e karşın, -e rağmen: **He was generous despite his poverty.** Yoksulluğuna karşın eli açıktı.

dessert des.sert • dîzırt´
/isim/ çoğul **desserts** • (yemek sonunda yenen) tatlı, yemiş, soğukluk: **dessert plate** tatlı tabağı **dessert tray** tatlı tepsisi
Ing. **sweet**

destination des.ti.na.tion • destıney´şın
/isim/ çoğul **destinations** • hedef, gidilecek yer: **He needs plenty of time to reach his destination.** Hedefine ulaşmak için epey zamana gereksinimi var.

destroy de.stroy • dîstroy´
/fiil/ **destroys, destroying, destroyed** • yıkmak, harap etmek, ortadan kaldırmak: **The bombers destroyed the city.** Bombardıman uçakları şehri harap etti.

detail de.tail • di´teyl
/isim/ çoğul **details** • ayrıntı, detay: **minor details** küçük ayrıntılar
in detail ayrıntılı olarak

detailed de.tailed • di´teyld
/sıfat/ ayrıntılı, detaylı: **a detailed explanation** ayrıntılı bir açıklama **detailed information** ayrıntılı bilgi

detective de.tec.tive • dîtek´tîv
/isim/ çoğul **detectives** • dedektif, hafiye
detective story dedektif romanı
private detective özel dedektif

detergent de.ter.gent • dîtır´cınt
/isim/ çoğul **detergents** • deterjan

determine de.ter.mine • dîtır´mîn
/fiil/ **determines, determining, determined** • belirlemek, saptamak: **determine a date for the meeting** toplantı

tarihini saptamak

determined de.ter.mined • dîtır´mînd
/sıfat/ azimli, kararlı: İzzet is deter-
mined to be a lawyer. İzzet, avukat
olmaya kararlı.

develop de.vel.op • dîvel´ıp
/fiil/ develops, developing, developed •
1. geliştirmek; gelişmek: develop an
idea bir fikir geliştirmek 2. genişletmek;
genişlemek: develop a business bir
firmayı genişletmek

developed de.vel.oped • dîvel´ıpt
/sıfat/ gelişmiş

developing de.vel.op.ing • dîvel´ıpîng
/sıfat/ gelişmekte olan: developing
country gelişmekte olan ülke

development de.vel.op.ment •
dîvel´ıpmınt /isim/ çoğul developments •
gelişme

device de.vice • dîvays´
/isim/ çoğul devices • alet; aygıt, cihaz:
A computer mouse is both an electrical
and a mechanical device. Bilgisayar
faresi hem elektrikli hem de mekanik
bir cihazdır.

devil dev.il • dev´ıl
/isim/ çoğul devils • şeytan

devote de.vote • dîvot´
/fiil/ devotes, devoting, devoted •
to -e adamak, -e vakfetmek: He
devoted himself to serving the poor.
Kendini yoksulların hizmetine adadı.

dew dew • du, dyu
/isim/ çiy, şebnem

diabetes di.a.be.tes • dayıbi´tîs
/isim/ şeker hastalığı, diyabet

diagnose di.ag.nose • day´ıgnos,
day´ıgnoz /fiil/ diagnoses, diagnosing,
diagnosed • teşhis etmek, tanılamak:
Smallpox is very easy to diagnose.
Çiçek hastalığını teşhis etmek çok kolay.

diagnosis di.ag.no.sis • dayıgno´sîs
/isim/ çoğul diagnoses • teşhis, tanı:
early diagnosis erken teşhis

diagram di.a.gram • day´ıgräm
/isim/ çoğul diagrams • diyagram,
çizenek

dial di.al • day´ıl
/fiil/ dials, dialing/İng. dialling,
dialed/İng. dialled • (telefon numarasını)
çevirmek: He dialed the wrong number.
Yanlış numarayı çevirdi.
dial tone, İng. dialling tone telefon sinyali,
çevir sesi

dialect di.a.lect • day´ılekt
/isim/ çoğul dialects • diyalekt, lehçe, ağız:
Azeri dialect Azeri lehçesi Turkic lan-
guages and dialects Türk dilleri ve
lehçeleri

dialog di.a.log • day´ılôg
/isim/ çoğul dialogs • diyalog, karşılıklı
konuşma: a long dialog uzun bir diyalog
İng. **dialogue**

dialogue di.a.logue • day´ılôg
/isim/ çoğul dialogues • bkz. **dialog**

dialysis di.al.y.sis • dayäl´ısîs
/isim/ çoğul dialyses • diyaliz

diameter di.am.e.ter • dayäm´ıtır
/isim/ çoğul diameters • çap: The diameter

of the hole was about two centimeters.
Deliğin çapı iki santimetre kadardı.

diamond dia.mond • day´mınd
/isim/ çoğul **diamonds** • elmas: **diamond ring** elmas yüzük

diary di.a.ry • day´ıri
/isim/ çoğul **diaries** • günlük, günce; anı defteri
keep a diary günlük tutmak

dice dice • days
/isim/ (çoğul) oyun zarları

dictionary dic.tion.ar.y • dîk´şıneri
/isim/ çoğul **dictionaries** • sözlük:
a dictionary of mathematics matematik sözlüğü **a dictionary of synonyms** eşanlamlılar sözlüğü **an English-Swedish dictionary** İngilizce-İsveççe sözlük

did did • dîd
/fiil/ bkz. **do**
didn't → did not

didn't did.n't • dîd´ınt
/kısaltma/ did not

¹**die** die • day

/fiil/ **dies, dying, died** • ölmek: **die in an accident** bir kazada ölmek **die of an illness** bir hastalıktan ölmek
die away (gürültü, ses) azalmak

²**die** die • day
/isim/ çoğul **dice** • oyun zarı

¹**diet** di.et • day´ıt
/isim/ çoğul **diets** • diyet, rejim: **vegetable diet** sebze diyeti
be on a diet diyet yapmak
go on a diet diyete başlamak

²**diet** di.et • day´ıt
/fiil/ **diets, dieting, dieted** • diyet yapmak

difference dif.fer.ence • dîf´ırıns
/isim/ çoğul **differences** • fark
It makes no difference. Fark etmez.

different dif.fer.ent • dîf´ırınt
/sıfat/ 1. (from) farklı, başka: **a different approach** farklı bir yaklaşım **completely different** çok farklı, tamamen farklı **Those twins are very different from each other.** O ikizler birbirinden çok farklı. 2. çeşitli, değişik: **different types of behavior** değişik davranış türleri

difficult dif.fi.cult • dîf´ıkılt
/sıfat/ güç, zor: **a difficult problem** zor bir problem **difficult conditions** güç şartlar

difficulty dif.fi.cul.ty • dîf´ıkılti
/isim/ çoğul **difficulties** • güçlük, zorluk:
He had difficulty walking. Yürümekte güçlük çekiyordu.

dig dig • dîg
/fiil/ **digs, digging, dug** • kazmak: **dig a hole** bir çukur kazmak

digest di.gest • dîcest´
/fiil/ **digests, digesting, digested** •

→→→direct

sindirmek, hazmetmek

digestion di.ges.tion • dîces´çın
/isim/ sindirim, hazım

digestive di.ges.tive • dîces´tîv
/sıfat/ 1. sindirimle ilgili, sindirimsel
2. sindirici, sindirimi kolaylaştıran

▬ ▬ ▬ ▬ ▬

the digestive system / sindirim sistemi
esophagus → yemek borusu
gallbladder → safra kesesi
large intestine → kalınbağırsak
liver → karaciğer
mouth → ağız
pancreas → pankreas
pharynx → yutak
small intestine → incebağırsak
stomach → mide

▬ ▬ ▬ ▬ ▬

digital dig.i.tal • dîc´ıtıl
/sıfat/ dijital, sayısal: digital watch dijital saat

dill dill • dîl
/isim/ dereotu

dim dim • dîm
/sıfat/ dimmer, dimmest • loş, donuk, sönük: He was playing the piano in a dim room. Loş bir odada piyano çalıyordu.

dime dime • daym
/isim/ çoğul dimes • Amer. on sent
dime store ucuz eşya satan dükkân

dimension di.men.sion • dîmen´şın
/isim/ çoğul dimensions • boyut

dimple dim.ple • dîm´pıl
/isim/ çoğul dimples • gamze

dine dine • dayn

/fiil/ dines, dining, dined • günün esas yemeğini yemek: We dined at this restaurant before. Daha önce de bu restoranda yemek yemiştik.
dining car, İng. restaurant car yemekli vagon, vagon restoran
dining room yemek odası

dinner din.ner • dîn´ır
/isim/ çoğul dinners • akşam yemeği: I don't eat much dinner. Akşam yemeklerinde çok yemem.
dinner jacket smokin
dinner party yemekli davet
dinner service sofra takımı

dinosaur di.no.saur • day´nısôr
/isim/ çoğul dinosaurs • dinozor

diploma di.plo.ma • dîplo´mı
/isim/ çoğul diplomas • diploma: diploma in engineering mühendislik diploması
graduation diploma mezuniyet diploması

diplomat dip.lo.mat • dîp´lımät
/isim/ çoğul diplomats • diplomat

diplomatic dip.lo.mat.ic • dîplımät´îk
/sıfat/ diplomatik: diplomatic relations diplomatik ilişkiler

¹direct di.rect • dîrekt´, dayrekt´
/sıfat/ dolaysız, doğrudan: direct answer dolaysız yanıt direct flight aktarmasız uçuş follow a direct route direkt rota izlemek

²direct di.rect • dîrekt´, dayrekt´

direction→→→ 106

/fiil/ directs, directing, directed • yönetmek, idare etmek: direct a group of workers bir işçi grubunu yönetmek

direction di.rec.tion • dîrek´şın, dayrek´şın /isim/ 1. çoğul directions • yön, taraf: He went in that direction. O yöne doğru gitti. 2. yönetim, idare under (someone's) direction (birinin) yönetiminde

▬ ▬ ▬ ▬ ▬ ▬ ▬

between → arasında
in front of → önünde
in the middle of → ortasında
on the left → solda
opposite → karşısında
straight ahead → dosdoğru
to the right → sağa

▬ ▬ ▬ ▬ ▬ ▬ ▬

directly di.rect.ly • dîrekt´li, dayrekt´li /zarf/ doğrudan doğruya; hemen: He went there directly after school. Okuldan sonra doğruca oraya gitti.

director di.rec.tor • dîrek´tır, dayrek´tır /isim/ çoğul directors • 1. yönetici: director's room yönetici odası 2. yönetmen, rejisör

directory di.rec.to.ry • dîrek´tıri, dayrek´tıri /isim/ çoğul directories • adres rehberi
telephone directory telefon rehberi

dirt dirt • dırt /isim/ 1. kir, pislik 2. toprak: dirt road toprak yol

dirty dirt.y • dır´ti /sıfat/ dirtier, dirtiest • kirli, pis: dirty hands kirli eller dirty work pis iş; tatsız iş

disability dis.a.bil.i.ty • dîsıbîl´ıti /isim/ çoğul disabilities • 1. sakatlık, engel: physical disability fiziksel engel 2. yetersizlik

disabled dis.a.bled • dîsey´bıld /sıfat/ sakat, engelli

disadvantage dis.ad.van.tage • dîsıdvän´tîc /isim/ çoğul disadvantages • sakınca, mahzur, dezavantaj, zarar: Having worn-out furnitures is one of the disadvantages of keeping a cat. Mobilyaların hırpalanması kedi sahibi olmanın dezavantajlarından biridir.

disagree dis.a.gree • dîsıgri´ /fiil/ disagrees, disagreeing, disagreed • uyuşmamak, çelişmek: He disagrees with his friends on many subjects. Birçok konuda arkadaşlarıyla uyuşamaz.

disagreement dis.a.gree.ment • dîsıgri´mınt /isim/ çoğul disagreements • anlaşmazlık, uyuşmazlık

disappear dis.ap.pear • dîsıpîr´ /fiil/ disappears, disappearing, disappeared • gözden kaybolmak, ortadan kaybolmak: The rain forests may disappear in 100 years. Yağmur ormanları 100 yıl içinde yok olabilir.

disappoint dis.ap.point • dîsıpoynt´ /fiil/ disappoints, disappointing, disappointed • düş kırıklığına uğratmak: I don't want to disappoint you. Sizi düş kırıklığına uğratmak istemem.

disappointed dis.ap.point.ed • dîsıpoyn´tîd /sıfat/ düş kırıklığına uğramış be disappointed at/about -den dolayı düş kırıklığına uğramak: They were disappointed at the result of the

107 →→→disgust

match. Maç sonucundan dolayı düş kırıklığına uğradılar.

disappointment dis.ap.point.ment • dîsıpoynt´mınt /isim/ düş kırıklığı

disaster dis.as.ter • dîzäs´tır /isim/ çoğul disasters • afet, felaket, yıkım: a flood disaster sel felaketi disaster area afet bölgesi natural disaster doğal afet

disastrous dis.as.trous • dîzäs´trıs /sıfat/ felaket getiren, feci

disc disc • dîsk /isim/ çoğul discs • bkz. **disk** disc jockey diskjokey

discipline dis.ci.pline • dîs´ıplîn /isim/ disiplin: military discipline askeri disiplin

disco dis.co • dîs´ko /isim/ çoğul discos • disko: disco dancing disko dansı

discomfort dis.com.fort • dîskʌm´fırt /isim/ rahatsızlık, sıkıntı, huzursuzluk: You can get rid of this feeling of discomfort. Bu huzursuzluk hissinden kurtulabilirsin.

disconnect dis.con.nect • dîskınekt´ /fiil/ disconnects, disconnecting, disconnected • 1. from (elektrik, su, gaz) ile bağlantısını kesmek 2. (elektrik, su, gaz, telefon v.b.´ni) kesmek

discount dis.count • dîs´kaunt /isim/ çoğul discounts • indirim, ıskonto, tenzilat: They offered us a 30% discount. Bize %30 indirim yaptılar.

discourage dis.cour.age • dîskır´îc /fiil/ discourages, discouraging, discouraged • cesaretini kırmak, hevesini kırmak, gözünü korkutmak

discover dis.cov.er • dîskʌv´ır /fiil/ discovers, discovering, discovered • keşfetmek, bulmak: Who discovered gravity? Yerçekimini kim keşfetti?

discovery dis.cov.er.y • dîskʌv´ıri /isim/ çoğul discoveries • keşif, buluş, bulgu; meydana çıkarma

discriminate dis.crim.i.nate • dîskrîm´ıneyt /fiil/ discriminates, discriminating, discriminated • fark gözetmek, ayrı tutmak, ayrım yapmak: That company discriminates on the basis of sex. O şirket cinsiyet ayrımı yapıyor.

discrimination dis.crim.i.na.tion • dîskrîmıney´şın /isim/ fark gözetme, ayrım yapma

discuss dis.cuss • dîskʌs´ /fiil/ discusses, discussing, discussed • tartışmak, görüşmek: He decided to discuss this problem with his boss. Bu sorunu patronuyla tartışmaya karar verdi.

discussion dis.cus.sion • dîskʌş´ın /isim/ çoğul discussions • tartışma, görüşme: a lively discussion canlı bir tartışma

disease dis.ease • dîziz´ /isim/ çoğul diseases • hastalık: a common disease yaygın bir hastalık heart disease kalp hastalığı

disgust dis.gust • dîsgʌst´

disgusting→→→

108

/fiil/ disgusts, disgusting, disgusted •
iğrendirmek, tiksindirmek

disgusting dis.gust.ing • dîsgʌsˈtîng
/sıfat/ tiksindirici, iğrenç: a disgusting
smell iğrenç bir koku

dish dish • dîş
/isim/ çoğul dishes • 1. tabak, çanak:
a glass dish cam bir tabak
the dishes bulaşık
wash the dishes bulaşıkları yıkamak
2. yemek: Pasta is one of my favorite
dishes. Makarna en sevdiğim yemek-
lerdendir.

dishonest dis.hon.est • dîsanˈîst
/sıfat/ dürüst olmayan, yalancı, sahtekâr:
dishonest trader sahtekâr tüccar

dishwasher dish.wash.er • dîşˈwaşır
/isim/ çoğul dishwashers • bulaşık makinesi

disk disk • dîsk
/isim/ çoğul disks • disk
disk jockey bkz. disc jockey

diskette dis.kette • dîsketˈ
/isim/ çoğul diskettes • (bilgisayar) disket

dislike dis.like • dîslaykˈ
/fiil/ dislikes, disliking, disliked •
-den hoşlanmamak, -i sevmemek:
Why do you dislike him? Neden ondan
hoşlanmıyorsun?

dismiss dis.miss • dîsmîsˈ
/fiil/ dismisses, dismissing, dismissed •
1. kovmak, işten çıkarmak, görevden
almak: dismiss workers çalışanları
işten çıkarmak 2. kayda değer bulma-
mak, üstünde durmamak: dismiss a
suggestion bir öneriyi kayda değer
bulmamak

disorder dis.or.der • dîsôrˈdır
/isim/ 1. düzensizlik 2. karışıklık,
kargaşa: The thief escaped, taking
advantage of the disorder. Hırsız
kargaşadan faydalanarak kaçtı.

dispensary dis.pen.sa.ry • dîspenˈsıri
/isim/ çoğul dispensaries • dispanser

disperse dis.perse • dîspırsˈ
/fiil/ disperses, dispersing, dispersed •
dağıtmak, yaymak; dağılmak: The
clouds dispersed by noon. Öğlene
kadar bulutlar dağıldı.

display dis.play • dîspleyˈ
/fiil/ displays, displaying, displayed •
sergilemek, göstermek

dispute dis.pute • dîspyutˈ
/isim/ çoğul disputes • tartışma, münakaşa
be open to dispute tartışmaya açık olmak

dissolve dis.solve • dîzalvˈ
/fiil/ dissolves, dissolving, dissolved •
eritmek; erimek, çözünmek: Sugar
dissolves in water. Şeker suda çözünür.

distance dis.tance • dîsˈtıns
/isim/ çoğul distances • uzaklık, mesafe,
ara: at a distance of 100 meters 100
metrelik mesafede at a distance of 20
minutes 20 dakikalık mesafede great
distance from here buradan çok uzakta
some distance from here buradan
oldukça uzakta
within walking distance yürüme
mesafesinde

distant dis.tant • dîsˈtınt
/sıfat/ uzak: a distant country uzak bir
ülke the distant past uzak geçmiş

distinction dis.tinc.tion • dîstîngkˈşın

→→→division

/isim/ çoğul distinctions • 1. ayırt etme 2. fark: a fine distinction ince bir fark

distinguish dis.tin.guish • dîstîng´gwîş
/fiil/ distinguishes, distinguishing, distinguished • ayırt etmek, ayırmak: Kenan cannot distinguish a cherry from a sour cherry. Kenan kirazla vişneyi birbirinden ayıramıyor.

distract dis.tract • dîsträkt´
/fiil/ distracts, distracting, distracted • dikkatini başka yöne çekmek, dikkatini dağıtmak: Don't distract Demet while she's working. Çalışırken Demet'in dikkatini dağıtma.

distribute dis.trib.ute • dîstrîb´yût
/fiil/ distributes, distributing, distributed • dağıtmak; yaymak: The paperboy distributes the newspapers early in the morning. Gazeteci çocuk, gazeteleri sabah erkenden dağıtır.

distribution dis.tri.bu.tion • dîstrıbyu´şın
/isim/ 1. dağıtım 2. dağılım

distributor dis.trib.u.tor • dîstrîb´yûtır
/isim/ çoğul distributors • dağıtıcı, dağıtımcı

district dis.trict • dîs´trîkt
/isim/ çoğul districts • bölge, mıntıka: district map bölge haritası rural district kırsal bölge urban district kentsel alan

disturb dis.turb • dîstırb´
/fiil/ disturbs, disturbing, disturbed • rahatsız etmek, huzurunu kaçırmak: Human noise may disturb whales. İnsan sesi balinaları huzursuz edebilir. Do Not Disturb Rahatsız Etmeyiniz

ditch ditch • dîç
/isim/ çoğul ditches • hendek: dig a

ditch hendek kazmak

dive dive • dayv
/fiil/ dives, diving, dived • suya dalmak, dalmak

diver div.er • day´vır
/isim/ çoğul divers • dalgıç, dalıcı

diverse di.verse • dîvırs´, dayvırs´
/sıfat/ çeşit çeşit, çeşitli, farklı

diversity di.ver.si.ty • dîvır´sîti, dayvır´sîti
/isim/ çeşitlilik, farklılık

divide di.vide • dîvayd´
/fiil/ divides, dividing, divided • 1. bölmek, taksim etmek: 50 divided by 10 is 5. 50 bölü 10, 5 eder. 2. up/out paylaştırmak: They decided to divide up the money. Parayı paylaştırmaya karar verdiler.

diving div.ing • day´vîng
/isim/ dalış
diving suit dalgıç elbisesi

division di.vi.sion • dîvîj´ın
/isim/ 1. bölme 2. çoğul divisions • bölüm

━━ ━━ ━━ ━━

dividend → bölünen
divisor → bölen
quotient → bölüm
remainder → kalan

━━ ━━ ━━ ━━

¹**divorce** di.vorce • dîvôrs´
/isim/ boşama; boşanma

²**divorce** di.vorce • dîvôrs´
/fiil/ divorces, divorcing, divorced • boşamak; boşanmak

DJ DJ • di´cey
/kısaltma/ disc jockey
/isim/ çoğul DJs • diskjokey

do do • du
/fiil/ does, doing, did, done • yapmak; etmek: do the homework ev ödevini yapmak
do away with -i ortadan kaldırmak
do well durumu iyi olmak
/yardımcı fiil/ does, did • (Soru cümlesi ve olumsuz cümle kurmak için başka fiillerle birlikte kullanılır.): Do you like pears? Armut sever misin? He didn't go to school. Okula gitmedi.
don't → do not

dock dock • dak
/isim/ çoğul docks • iskele, rıhtım: Wait for me at the dock. Beni iskelede bekle.

doctor doc.tor • dak´tır
/isim/ çoğul doctors • doktor: She decided to become a doctor. Doktor olmaya karar verdi.
doctor's office, İng. surgery muayenehane

document doc.u.ment • dak´yımınt
/isim/ çoğul documents • belge, doküman: legal document yasal belge

documentary doc.u.men.ta.ry • dakyımen´tıri /sıfat/ belgesel
documentary film belgesel film

does does • dʌz

/fiil, yardımcı fiil/ (**do** fiilinin üçüncü tekil kişi geniş zaman biçimi): Where does she live? Nerede oturuyor?
doesn't → does not

doesn't does.n't • dʌz´ınt
/kısaltma/ does not • bkz. **does**

dog dog • dôg
/isim/ çoğul dogs • köpek: A dog can be a great friend. Bir köpek büyük bir dost olabilir.

▬ ▬ ▬ ▬ ▬ ▬ ▬ ▬ ▬

domestic dog → evcil köpek
guide dog → rehber köpek
hunting dog, hound → av köpeği
police dog → polis köpeği
sheep dog → çoban köpeği
watchdog → bekçi köpeği

▬ ▬ ▬ ▬ ▬ ▬ ▬ ▬ ▬

doll doll • dal
/isim/ çoğul dolls • oyuncak bebek
paper doll kâğıt bebek

dollar dol.lar • dal´ır
/isim/ çoğul dollars • dolar: One dollar is equal to 100 cents. Bir dolar 100 sente eşittir.

dolphin dol.phin • dal´fîn
/isim/ çoğul dolphins • yunus, yunusbalığı: Freedom for dolphins! Yunuslara özgürlük!

dome dome • dom
/isim/ çoğul domes • kubbe

domestic do.mes.tic • dımes´tîk
/sıfat/ 1. ev ile ilgili; aile içi 2. evcil
domestic animal evcil hayvan
3. yurtiçi, iç
domestic flight yurtiçi uçuş
domestic politics iç politika

¹Dominican Do.min.i.can • dımîn´îkın
/sıfat/ 1. Dominik 2. Dominikli
the Dominican Republic Dominik
Cumhuriyeti

²Dominican Do.min.i.can • dımîn´îkın
/isim/ çoğul Dominicans • Dominikli

donate do.nate • do´neyt
/fiil/ donates, donating, donated •
bağışlamak, hibe etmek: A businessman
donated a fortune to our school. Bir
işadamı okulumuza bir servet bağışladı.

donation do.na.tion • doney´şın
/isim/ çoğul donations • bağış, hibe
blood donation kan bağışı
make a donation bağış yapmak
organ donation organ bağışı

done done • dʌn
/fiil/ bkz. do

donkey don.key • dang´ki
/isim/ çoğul donkeys • eşek

don't don't • dont
/kısaltma/ do not • bkz. do

door door • dor
/isim/ çoğul doors • kapı: the back door
arka kapı the front door ön kapı

doorbell door.bell • dor´bel
/isim/ çoğul doorbells • kapı zili

doormat door.mat • dor´mät
/isim/ çoğul doormats • paspas: A cat
was sleeping on the doormat. Paspasın
üzerinde bir kedi uyuyordu.

dormitory dor.mi.to.ry • dôr´mıtôri
/isim/ çoğul dormitories • yatakhane,
koğuş: I stayed at the dormitory when
I was in high school. Lisedeyken
yatakhanede kalıyordum.

dot dot • dat
/isim/ çoğul dots • nokta

¹double dou.ble • dʌb´ıl
/sıfat/ 1. iki kat, iki kere, iki misli 2. çift
double bed çift kişilik yatak
double digits çift haneli sayılar
3. çifte, ikili
double standard çifte standart

²double dou.ble • dʌb´ıl
/isim/ iki kat, çift, iki misli

¹doubt doubt • daut
/isim/ çoğul doubts • kuşku, şüphe
beyond doubt kuşkusuz, kesin
in doubt kuşkulu
no doubt kesinlikle
without doubt kuşkusuz

²doubt doubt • daut
/fiil/ doubts, doubting, doubted •
kuşkulanmak, şüphelenmek: I doubt
whether he'll come on time. Vaktinde
geleceğinden kuşkuluyum.

doubtful doubt.ful • daut´fıl
/sıfat/ 1. kuşkulu, kuşku duyan 2. şüpheli,
belirsiz

doubtless doubt.less • daut´lîs
/zarf/ kuşkusuz, şüphesiz, kesinlikle,
muhakkak

dough dough • do
/isim/ hamur: bread dough ekmek hamuru pasta dough makarna hamuru

dove dove • dʌv
/isim/ çoğul doves • kumru

¹down down • daun
/zarf/ aşağı, aşağıya, aşağıda: crouch down çömelmek fall down aşağıya düşmek kneel down diz çökmek sit down oturmak

²down down • daun
/edat/ -in aşağısında, -in aşağısına: down the mountain dağın aşağısına doğru

download down.load • daun´lod
/fiil/ downloads, downloading, downloaded • (İnternet üzerinden bilgisayara program) yüklemek

¹downstairs down.stairs • daun´sterz´
/zarf/ 1. merdivenlerden aşağıya 2. alt katta, aşağıda: The kitchen is downstairs. Mutfak alt kattadır. 3. alt kata, aşağıya

²downstairs down.stairs • daun´sterz´
/sıfat/ aşağıdaki, alt kattaki

³downstairs down.stairs • daun´sterz´
/isim/ alt kat

downtown down.town • daun´taun
/isim/ şehrin merkezi, çarşı

downward down.ward • daun´wırd
/zarf/ aşağıya doğru

downwards down.wards • daun´wırdz
/zarf/ bkz. downward

dozen doz.en • dʌz´ın
/isim/ düzine: two dozen roses iki düzine gül Pencils are sold by the dozen. Kalemler düzineyle satılıyor. dozens of (konuşma dili) pek çok: I've seen him dozens of times. Onu pek çok kez gördüm.

draft draft • dräft
/isim/ çoğul drafts • taslak; tasarım; müsvedde: Would you like to read the first draft of my poem? Şiirimin ilk taslağını okumak ister misin?

drag drag • dräg
/fiil/ drags, dragging, dragged • sürüklemek, çekmek

dragon drag.on • dräg´ın
/isim/ çoğul dragons • ejderha, ejder: There are a lot of dragons in Chinese mythology. Çin mitolojisinde birçok ejderha vardır.

drain drain • dreyn
/fiil/ drains, draining, drained • akıtmak, süzmek; akmak, süzülmek

drainpipe drain.pipe • dreyn´payp
/isim/ çoğul drainpipes • atık su borusu

drake drake • dreyk
/isim/ çoğul drakes • erkek ördek, suna

drama dra.ma • dra´mı
/isim/ çoğul dramas • dram, oyun, piyes: drama critic oyun eleştirmeni

drank drank • drängk
/fiil/ bkz. ¹**drink**

draw draw • drô
/fiil/ draws, drawing, drew, drawn •
1. çekmek: Draw your chair closer to the table. Sandalyeni masanın yanına çek. 2. çizmek, resmetmek: draw a picture resim çizmek

drawer draw.er • drôr
/isim/ çoğul drawers • çekmece, göz: bottom drawer alt çekmece open drawer açık çekmece
chest of drawers çekme gözlü konsol, şifoniyer

drawing draw.ing • drô´wîng
/isim/ çoğul drawings • çizim; karakalem resim
drawing board çizim tahtası
drawing pin bkz. **thumbtack**

drawn drawn • drôn
/fiil/ bkz. **draw**

¹**dream** dream • drim
/isim/ çoğul dreams • 1. düş, rüya
have a dream rüya görmek: I had a strange dream last night. Dün gece tuhaf bir rüya gördüm.
2. hayal
live in a dream world hayal âleminde yaşamak

²**dream** dream • drim
/fiil/ dreams, dreaming, dreamed/dreamt •
1. rüya görmek
dream about (something, someone) (bir şeyi, birini) rüyasında görmek
2. hayal kurmak, düş kurmak

dreamt dreamt • dremt
/fiil/ bkz. ²**dream**

¹**dress** dress • dres
/fiil/ dresses, dressing, dressed • giydirmek; giyinmek: Can you dress by yourself? Kendin giyinebiliyor musun?
dress well iyi giyinmek
dress up giyinip süslenmek
get dressed giyinmek

²**dress** dress • dres
/isim/ çoğul dresses • 1. kadın elbisesi
2. giysi, elbise: casual dress günlük giysi evening dress gece elbisesi formal dress resmi giysi

dressmaker dress.mak.er • dres´meykır
/isim/ çoğul dressmakers • kadın terzisi

drew drew • dru
/fiil/ bkz. **draw**

¹**dried** dried • drayd
/fiil/ bkz. ²**dry**

²**dried** dried • drayd
/sıfat/ kurutulmuş, kuru
dried beans kuru fasulye

¹**drill** drill • drîl
/isim/ çoğul drills • 1. matkap, delgi: a hand drill el matkabı an electric drill elektrikli matkap 2. alıştırma: daily drill günlük alıştırma fire drill yangın tatbikatı pronunciation drills telaffuz çalışmaları

²**drill** drill • drîl

drink→→→ 114

/fiil/ drills, drilling, drilled • 1. (matkapla) delmek: He drilled four holes in the wall. Duvarda dört delik açtı.
drill a tunnel tünel açmak
drill for oil petrol sondajı yapmak
2. alıştırma yapmak; alıştırma yaptırmak: You have to drill English verbs regularly. İngilizce fiilleri düzenli olarak çalışmalısın.

¹drink drink • drîngk
/fiil/ drinks, drinking, drank, drunk • içmek: He drank a glass of milk. Bir bardak süt içti.
drinking water içme suyu

²drink drink • drîngk
/isim/ çoğul drinks • içecek
soft drink karbonatlı içecek

drip drip • drîp
/fiil/ drips, dripping, dripped • damlamak; damlatmak

drive drive • drayv
/fiil/ drives, driving, drove, driven • 1. (araba) sürmek, kullanmak: When did he learn to drive? Araba kullanmayı ne zaman öğrendi? 2. araba ile götürmek: Could you drive me to work? Beni arabayla işe bırakabilir misin?

driven driv.en • drîv´ın
/fiil/ bkz. **drive**

driver driv.er • dray´vır
/isim/ çoğul drivers • sürücü, şoför: a bus driver otobüs şoförü
driver's license sürücü belgesi, ehliyet
İng. driving licence

driving driv.ing • dray´vîng
/isim/ sürüş
driving instructor sürücü kursu öğretmeni

driving licence bkz. driver's license
driving school sürücü kursu

¹drop drop • drap
/isim/ çoğul drops • 1. damla: drops of rain yağmur damlaları
a drop in a bucket devede kulak
drop by drop damla damla
2. düşüş, iniş: a ten percent drop in prices fiyatlarda yüzde onluk bir düşüş

²drop drop • drap
/fiil/ drops, dropping, dropped • düşmek; düşürmek: The book dropped off the shelf. Kitap raftan aşağı düştü. He dropped his pen. Kalemini düşürdü.

drought drought • draut
/isim/ kuraklık, susuzluk: The lake dried up due to the drought this year. Bu yıl kuraklık nedeniyle göl kurudu.

drove drove • drov
/fiil/ bkz. **drive**

drown drown • draun
/fiil/ drowns, drowning, drowned • (suda) boğulmak

drug drug • drʌg
/isim/ çoğul drugs • 1. ilaç 2. uyuşturucu madde

drugstore drug.store • drʌg´stôr
/isim/ çoğul drugstores • eczane

drum drum • drʌm
/isim/ çoğul drums • davul

¹drunk drunk • drʌngk
/fiil/ bkz. **¹drink**

²drunk drunk • drʌngk
/sıfat/ sarhoş, içkili

drunk with success başarı sevinciyle kendinden geçmiş

drunken drunk.en • drʌngˈkın
/sıfat/ sarhoş, içkili

¹dry dry • dray
/sıfat/ drier, driest • 1. kuru
dry cell kuru pil
dry cleaning kuru temizleme
dry cough kuru öksürük
dry goods manifatura, mensucat
2. kurak
dry climate kurak iklim

²dry dry • dray
/fiil/ dries, drying, dried • kurumak; kurutmak: dry clothes çamaşırları kurutmak

duck duck • dʌk
/isim/ çoğul ducks • ördek

duckling duck.ling • dʌkˈlîng
/isim/ çoğul ducklings • ördek yavrusu, palaz

dug dug • dʌg
/fiil/ bkz. dig

dull dull • dʌl
/sıfat/ duller, dullest • 1. aptal, kalın kafalı 2. kör, kesmez (bıçak, makas v.b.): a dull knife kör bir bıçak

dumb dumb • dʌm

/sıfat/ dilsiz

dungeon dun.geon • dʌnˈcın
/isim/ çoğul dungeons • zindan

durable du.ra.ble • dûrˈıbıl
/sıfat/ 1. dayanıklı 2. sürekli, kalıcı

duration du.ra.tion • dûreyˈşın
/isim/ 1. süreklilik, devam 2. süre: the duration of the flight uçuşun süresi

during dur.ing • dûrˈîng
/edat/ boyunca, süresince, esnasında: during the meeting toplantı sırasında
during the summer yaz boyunca

dust dust • dʌst
/isim/ toz: chalk dust tebeşir tozu
gold dust altın tozu

dustbin dust.bin • dʌstˈbîn
/isim/ çoğul dustbins • bkz. garbage can

dustcloth dust.cloth • dʌstˈklôth
/isim/ çoğul dustcloths • toz bezi

duster dust.er • dʌsˈtır
/isim/ çoğul dusters • toz alıcı; toz bezi; toz fırçası

dustpan dust.pan • dʌstˈpän
/isim/ çoğul dustpans • faraş

dusty dust.y • dʌsˈti
/sıfat/ dustier, dustiest • tozlu: dusty shelves tozlu raflar

¹Dutch Dutch • dʌç
/sıfat/ 1. Hollanda'ya özgü 2. Hollandalı 3. Hollandaca

²Dutch Dutch • dʌç
/isim/ Hollandaca

duty→→→ 116

the Dutch Hollandalılar

duty du.ty • du´ti
/isim/ çoğul duties • 1. görev, ödev, vazife:
His duty was to bring us safely home.
Görevi bizi güvenli bir şekilde eve
getirmekti.
off duty izinli
on duty görev başında; nöbetçi: Doğan
is on duty today. Doğan, bugün nöbetçi.
2. gümrük vergisi, gümrük

duty-free du.ty-free • du´tifri
/sıfat, zarf/ gümrüksüz

DVD DVD • dividi´
/kısaltma/ digital video disc/digital
versatile disc
/isim/çoğul DVDs • sayısal video disk

dwarf dwarf • dwôrf
/isim/ çoğul dwarfs • cüce

[1]dye dye • day
/isim/ çoğul dyes • boya, renk: natural
dyes doğal boyalar vegetable dyes
bitkisel boyalar

[2]dye dye • day
/fiil/ dyes, dyeing, dyed • boyamak; bo-
yanmak: She dyed the fabric black.
Kumaşı siyaha boyadı.

dying dy.ing • day´îng
/fiil/ bkz. [1]die

dynamite dy.na.mite • day´nımayt
/isim/ dinamit

Ee

¹**each** each • iç
/sıfat/ her, her bir: each person her bir kişi

²**each** each • iç
/zamir/ her biri, tanesi: each of the books kitapların her biri each of us her birimiz five TL each tanesi beş TL
each one her biri
each other birbirini; birbirine: They helped each other. Birbirlerine yardım ettiler.

eager ea.ger • i´gır
/sıfat/ istekli, hevesli: eager to learn öğrenmeye hevesli

eagle ea.gle • i´gıl
/isim/ çoğul eagles • kartal
eagle eye keskin göz

eagle-eyed ea.gle-eyed • i´gılayd´
/sıfat/ keskin gözlü

ear ear • îr
/isim/ çoğul ears • kulak
be all ears kulak kesilmek, dikkatle dinlemek
inner ear içkulak
middle ear ortakulak
outer ear dışkulak

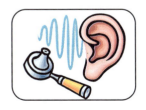

¹**early** ear.ly • ır´li
/sıfat/ earlier, earliest • erken: early morning hours sabahın erken saatleri
at an early age çocukken, erken bir yaşta
early bird erken kalkan kimse: The early

early→→→ 118

bird gets the worm. Erken kalkan tez yol alır.
early fruit turfanda meyve

²early ear.ly • ır´li
/zarf/ earlier, earliest • erken; zamansız: I usually get up early. Genellikle erken kalkarım.

earn earn • ırn
/fiil/ earns, earning, earned • kazanmak; kazandırmak: He earns his living by painting. Hayatını resim yaparak kazanıyor.

earring ear.ring • îr´rîng
/isim/ çoğul earrings • küpe: a pair of pearl earrings bir çift inci küpe

earth earth • ırth
/isim/ 1. dünya
the Earth Dünya
come down to earth gerçekçi olmak
2. toprak

earthquake earth.quake • ırth´kweyk
/isim/ çoğul earthquakes • deprem, yersarsıntısı: victims of the earthquake depremzedeler

easily eas.i.ly • i´zıli
/zarf/ kolaylıkla, kolayca, rahatça: You can climb that mountain easily. O dağa kolayca tırmanabilirsin.

¹east east • ist
/isim/ doğu: The wind is blowing from the east. Rüzgâr doğudan esiyor.
the Far East Uzakdoğu
the Middle East Ortadoğu
the Near East Yakındoğu

²east east • ist
/sıfat/ doğu: the east bank of the lake gölün doğu kıyısı

Easter East.er • is´tır
/isim/ paskalya, paskalya yortusu
Easter egg paskalya yumurtası

eastern east.ern • is´tırn
/sıfat/ doğu, doğuya ait: Eastern Anatolia Doğu Anadolu
the Eastern Hemisphere • Doğu Yarıküre

¹easy eas.y • i´zi
/sıfat/ easier, easiest • kolay, rahat: an easy exam kolay bir sınav easy chair rahat koltuk

²easy eas.y • i´zi
/zarf/ easier, easiest • kolayca, rahatça
take it easy keyfine bakmak

eat eat • it
/fiil/ eats, eating, ate, eaten • 1. yemek: What did you eat for lunch yesterday? Dün, öğle yemeğinde ne yediniz?
2. yemek yemek: They usually eat at 8 o'clock. Onlar genellikle saat sekizde yemek yerler.
eat out dışarıda (örneğin lokantada) yemek: Let's eat out. Hadi dışarıda yiyelim.

eaten eat.en • i´tın
/fiil/ bkz. eat

¹echo ech.o • ek´o
/isim/ çoğul echoes • yankı

²echo ech.o • ek´o
/fiil/ echoes, echoing, echoed • yankılanmak

eclipse e.clipse • îklîps´
/isim/ çoğul eclipses • tutulma
lunar eclipse ay tutulması
solar eclipse güneş tutulması

119 →→→effective

ecologist e.col.o.gist • îkal´ıcîst
/isim/ çoğul ecologists • çevrebilimci,
ekolojist

ecology e.col.o.gy • îkal´ıci
/isim/ çevrebilim, ekoloji

▬ ▬ ▬ ▬ ▬ ▬ ▬ ▬ ▬
acid rain → asit yağmuru
biodiversity → canlıların çeşitliliği
climate change → iklim değişikliği
deforestation → ormansızlaşma
desertification → çölleşme
endangered species → soyu
tehlikedeki türler
food chain → beslenme zinciri
global warming → küresel ısınma
greenhouse effect → sera etkisi
hazardous waste → zararlı atıklar
oil spill → petrol dökülmesi
ozone layer → ozon tabakası
pollution → kirlilik
rain forest → yağmur ormanı
▬ ▬ ▬ ▬ ▬ ▬ ▬ ▬ ▬

economic ec.o.nom.ic • ekınam´îk,
ıkınam´îk /sıfat/ ekonomik, ekonomiyle
ilgili: economic development ekonomik
gelişme economic policy ekonomi
politikası

economical ec.o.nom.i.cal • ekınam´îkıl,
ıkınam´îkıl /sıfat/ 1. tutumlu: Tufan is
very economical. Tufan çok tutumludur.
2. ekonomik: an economical car
ekonomik bir araba

economist e.con.o.mist • îkan´ımîst
/isim/ çoğul economists • iktisatçı,
ekonomist

economy e.con.o.my • îkan´ımi
/isim/ çoğul economies • ekonomi, iktisat

ecosystem ec.o.sys.tem • ek´osîstım
/isim/ çoğul ecosystems • ekosistem

Ecuador Ec.ua.dor • ek´wıdôr
/isim/ Ekvador

1Ecuadorian Ec.ua.dor.i.an • ekwıdôr´iyın
/sıfat/ 1. Ekvador'a özgü 2. Ekvadorlu

2Ecuadorian Ec.ua.dor.i.an • ekwıdôr´iyın
/isim/ çoğul Ecuadorians • Ekvadorlu

edge edge • ec
/isim/ çoğul edges • 1. kenar: the edge
of the table masanın kenarı 2. eşik:
on the edge of war savaşın eşiğinde

editor ed.i.tor • ed´îtır
/isim/ çoğul editors • editör: sports
editor spor editörü the editor of a
magazine bir derginin editörü

educate ed.u.cate • ec´ûkeyt
/fiil/ educates, educating, educated •
eğitmek; okutmak

education ed.u.ca.tion • ecûkey´şın
/isim/ eğitim: elementary education
ilköğretim preschool education okul-
öncesi eğitim secondary education
ortaöğretim

educational ed.u.ca.tion.al • ecûkey´şınıl
/sıfat/ eğitsel: an educational movie
eğitsel bir film

eel eel • il
/isim/ çoğul eels/eel • yılanbalığı

effect ef.fect • îfekt´
/isim/ çoğul effects • etki, sonuç:
magnetic effect manyetik etki

effective ef.fec.tive • îfek´tîv

/sıfat/ etkili, tesirli: This medicine is very effective for flu. Bu ilaç gribe karşı çok etkili.

efficient ef.fi.cient • îfîş´ınt
/sıfat/ hızlı ve verimli çalışan, randımanlı: The clerk was awarded for being efficient. Memur, hızlı ve verimli çalıştığı için ödüllendirildi.

effort ef.fort • ef´ırt
/isim/ çoğul **efforts** • gayret, çaba: physical effort fiziksel efor

e.g. e.g. • i ci´
/kısaltma/ exempli gratia (for example) örn. (örneğin): ... songbirds, e.g. sparrow and canary ötücü kuşlar, örn. serçe ve kanarya

egg egg • eg
/isim/ çoğul **eggs** • yumurta
hard-boiled egg lop yumurta
soft-boiled egg rafadan yumurta

eggbeater egg.beat.er • eg´bitır
/isim/ çoğul **eggbeaters** • yumurta çırpacağı

eggplant egg.plant • eg´plänt
/isim/ çoğul **eggplants** • patlıcan
İng. **aubergine**

Egypt E.gypt • i´cîpt
/isim/ Mısır

¹**Egyptian** E.gyp.tian • îcîp´şın
/sıfat/ 1. Mısır'a özgü 2. Mısırlı

²**Egyptian** E.gyp.tian • îcîp´şın
/isim/ çoğul **Egyptians** • Mısırlı

eight eight • eyt
/isim, sıfat/ sekiz

eighteen eight.een • eytin´
/isim, sıfat/ on sekiz

eighteenth eight.eenth • eytinth´
/sıfat, isim/ 1. on sekizinci 2. on sekizde bir

eighth eighth • eyt.th, eyth
/sıfat, isim/ 1. sekizinci 2. sekizde bir

eightieth eight.i.eth • ey´tiyıth
/sıfat, isim/ 1. sekseninci 2. seksende bir

eighty eight.y • ey´ti
/isim, sıfat/ seksen

¹**either** ei.ther • i´dhır, ay´dhır
/bağlaç/ either ... or ... ya ... ya ..., ya ... ya da ...: Either we study now or we fail. Ya şimdi çalışırız, ya da başarısız oluruz.

²**either** ei.ther • i´dhır, ay´dhır
/zarf/ (olumsuz cümlelerde) de, da, dahi: I don't know either. Ben de bilmiyorum.

³**either** ei.ther • i´dhır, ay´dhır
/sıfat/ her iki; ikisinden biri

⁴**either** ei.ther • i´dhır, ay´dhır
/zamir/ ikisinden biri

elastic e.las.tic • îläs´tîk
/sıfat/ esnek, elastik, elastiki: elastic shoes esnek ayakkabılar

elbow el.bow • el´bo
/isim/ çoğul **elbows** • dirsek
elbow grease (konuşma dili) alın teri, emek
elbow joint dirsek eklemi

Elbow sözcüğü 'dirsek' sözcüğünün karşıladığı birçok anlamı karşılamaktadır.
elbow → (elbise kolunda dirseği örten kısım) dirsek
elbow → (borulardaki keskin dönüş) dirsek
elbow → (nehirde, yolda keskin dönüş) dirsek

---

¹**elder** eld.er • el´dır
/sıfat/ (yaşça) büyük: **elder brother** ağabey **elder sister** abla **elder son** büyük oğul

²**elder** eld.er • el´dır
/isim/ çoğul **elders** • büyük (yaşça büyük ve deneyimli kimse): **our elders** büyüklerimiz

elect e.lect • îlekt´
/fiil/ **elects, electing, elected** • seçmek: **elect a mayor** belediye başkanı seçmek

election e.lec.tion • îlek´şın
/isim/ çoğul **elections** • seçim

electric e.lec.tric • îlek´trîk
/sıfat/ 1. elektrikle ilgili: **electric circuit** elektrik devresi **electric current** elektrik akımı **electric socket** elektrik prizi 2. elektrikli: **electric blanket** elektrikli battaniye **electric heater** elektrikli ısıtıcı

electrical e.lec.tri.cal • îlek´trîkıl
/sıfat/ 1. elektrikle ilgili: **electrical**

engineer elektrik mühendisi 2. elektrikli: **electrical appliance** elektrikli alet

electrician e.lec.tri.cian • îlektrîş´ın
/isim/ çoğul **electricians** • elektrikçi

electricity e.lec.tric.i.ty • îlektrîs´ıti
/isim/ elektrik

electron e.lec.tron • îlek´tran
/isim/ çoğul **electrons** • elektron

electronic e.lec.tron.ic • îlektran´îk
/sıfat/ elektronik: **electronic device** elektronik cihaz
electronic mail elektronik posta

elegant el.e.gant • el´ıgınt
/sıfat/ zarif; nazik, ince: **an elegant lady** zarif bir bayan

element el.e.ment • el´ımınt
/isim/ çoğul **elements** • 1. öğe 2. element

elementary el.e.men.ta.ry • elımen´tırı
/sıfat/ 1. temel 2. basit, kolay
elementary school ilköğretim okulu

elephant el.e.phant • el´ıfınt
/isim/ çoğul **elephants** • fil: **herds of elephants** fil sürüleri

---

trunk → hortum
tusk → fildişi

elevator→→→ 122

elevator el.e.va.tor • el´ıveytır
/isim/ çoğul **elevators** • asansör
İng. **lift**

eleven e.lev.en • îlev´ın
/isim, sıfat/ on bir

eleventh e.lev.enth • îlev´ınth
/sıfat, isim/ 1. on birinci 2. on birde bir

eliminate e.lim.i.nate • îlîm´ıneyt
/fiil/ eliminates, eliminating, eliminated •
gidermek, yok etmek: eliminate
mistakes yanlışları gidermek

ellipse el.lipse • îlîps´
/isim/ çoğul **ellipses** • elips

El Salvador El Sal.va.dor • el säl´vıdôr
/isim/ El Salvador

¹**El Salvadoran** El Sal.va.dor.an • el
sälvıdôr´ın /sıfat/ 1. El Salvador'a özgü
2. El Salvadorlu

²**El Salvadoran** El Sal.va.dor.an • el
sälvıdôr´ın /isim/ çoğul **El Salvadorans** •
El Salvadorlu

else else • els
/zarf/ başka: Who else was there?
Orada başka kim vardı?
or else yoksa, olmazsa: Catch the bus
or else you'll be late. Otobüse yetiş,
yoksa geç kalacaksın.

¹**e-mail** e-mail • i´meyl
/isim/ çoğul **e-mails** • e-posta, elektronik
posta: I sent her an e-mail. Ona bir
e-posta gönderdim.
e-mail address e-posta adresi

²**e-mail** e-mail • i´meyl
/fiil/ e-mails, e-mailing, e-mailed •
e-posta ile göndermek

embarrass em.bar.rass • îmbär´ıs
/fiil/ embarrasses, embarrassing,
embarrassed • utandırmak

embassy em.bas.sy • em´bısi
/isim/ çoğul **embassies** • elçilik: the
Canadian embassy in Turkey
Türkiye'deki Kanada elçiliği

embrace em.brace • îmbreys´
/fiil/ embraces, embracing, embraced •
(birine) sarılmak; (birini) kucaklamak;
kucaklaşmak: The mother embraced
her son. Anne oğluna sarıldı.

emergency e.mer.gen.cy • îmır´cınsi
/isim/ çoğul **emergencies** • acil durum
declare a state of emergency olağan-
üstü hal ilan etmek
emergency exit acil çıkış kapısı

emotion e.mo.tion • îmo´şın
/isim/ çoğul **emotions** • duygu, his; heyecan:
a strong emotion güçlü bir duygu

emotional e.mo.tion.al • îmo´şınıl
/sıfat/ duygusal, duygulu, heyecanlı:
an emotional person duygusal bir insan

emperor em.per.or • em´pırır
/isim/ çoğul **emperors** • imparator

emphasis em.pha.sis • em´fısîs
/isim/ çoğul **emphases** • 1. vurgu, vur-
gulama 2. önem

emphasise em.pha.sise • em´fısayz
/fiil/ emphasises, emphasising,
emphasised • bkz. **emphasize**

emphasize em.pha.size • em´fısayz
/fiil/ emphasizes, emphasizing,
emphasized • vurgulamak: The teacher
emphasized the importance of being
honest. Öğretmen, dürüst olmanın

önemini vurguladı.
İng. emphasise

empire em.pire • em´payr
/isim/ çoğul empires • imparatorluk
the Ottoman Empire Osmanlı İmparatorluğu

employ em.ploy • împloy´
/fiil/ employs, employing, employed •
iş vermek, işe almak; çalıştırmak: He
employed them in his factory. Onları
fabrikasında işe aldı.

employee em.ploy.ee • împloy´i, employi´
/isim/ çoğul employees • çalışan;
görevli; işçi

employer em.ploy.er • împloy´ır
/isim/ çoğul employers • işveren

employment em.ploy.ment • împloy´mınt
/isim/ iş verme
employment agency iş bulma bürosu

¹**empty** emp.ty • emp´ti
/sıfat/ emptier, emptiest • boş:
an empty box boş bir kutu an empty
house boş bir ev
empty words boş sözler

²**empty** emp.ty • emp´ti
/fiil/ empties, emptying, emptied •
boşaltmak; dökmek

enclose en.close • înkloz´
/fiil/ encloses, enclosing, enclosed •
(bir şeyi) (bir mektupla aynı zarf içine)
koymak: I am enclosing a photograph
with the letter. Mektupla birlikte bir
fotoğraf gönderiyorum.

encounter en.coun.ter • înkaun´tır
/fiil/ encounters, encountering,
encountered • (bir zorlukla)
karşılaşmak: encounter obstacles

engellerle karşılaşmak

encourage en.cour.age • înkır´îc
/fiil/ encourages, encouraging,
encouraged • 1. özendirmek: encourage
students to read öğrencileri okumaya
özendirmek 2. yüreklendirmek

encyclopaedia en.cy.clo.pae.di.a •
ensayklıpi´diyı /isim/ çoğul encyclopaedias •
bkz. encyclopedia

encyclopedia en.cy.clo.pe.di.a •
ensayklıpi´diyı /isim/ çoğul encyclopedias •
ansiklopedi: encyclopedia of philosophy
felsefe ansiklopedisi
İng. encyclopaedia

¹**end** end • end
/isim/ çoğul ends • son; uç: the end of
the road yolun sonu the end of the
story hikâyenin sonu
end table küçük masa, sehpa
in the end sonunda

²**end** end • end
/fiil/ ends, ending, ended • bitirmek, son
vermek; bitmek, sona ermek: Our trip
ends here. Yolculuğumuz burada bitiyor.

endanger en.dan.ger • îndeyn´cır
/fiil/ endangers, endangering,
endangered • tehlikeye atmak
endangered species soyu tehlikede
olan tür(ler)

ending end.ing • en´dîng
/isim/ çoğul endings • son: a happy
ending mutlu son

endless end.less • end´lîs
/sıfat/ sonsuz: endless opportunities
sonsuz fırsatlar endless patience
sonsuz sabır

enemy en.e.my • en´ımi

energetic→→→

/isim/ çoğul enemies • düşman

energetic en.er.get.ic • enırcet´îk
/sıfat/ enerjik: an energetic child
enerjik bir çocuk

energy en.er.gy • en´ırci
/isim/ çoğul energies • enerji: alternative
energy alternatif enerji energy policy
enerji politikası energy resources
enerji kaynakları solar energy güneş
enerjisi thermal energy termal enerji

engaged en.gaged • îngeycd´
/sıfat/ nişanlı

engagement en.gage.ment • îngeyc´mınt
/isim/ çoğul engagements • nişanlanma

engine en.gine • en´cın
/isim/ çoğul engines • motor: automobile
engine otomobil motoru

engineer en.gi.neer • encınîr´
/isim/ çoğul engineers • mühendis:
industrial engineer endüstri mühendisi
software engineer yazılım mühendisi

England Eng.land • îng´glınd
/isim/ İngiltere

¹English Eng.lish • îng´glîş
/sıfat/ 1. İngiliz 2. İngilizce

²English Eng.lish • îng´glîş
/isim/ İngilizce

the English İngilizler

enjoy en.joy • încoy´
/fiil/ enjoys, enjoying, enjoyed • zevk
almak, hoşlanmak: Engin enjoys
dancing. Engin, dans etmeyi sever.
enjoy oneself hoşça vakit geçirmek

enjoyable en.joy.a.ble • încoy´ıbıl
/sıfat/ hoş, tatlı, eğlenceli: an enjoyable
holiday eğlenceli bir tatil

enlarge en.large • înlarc´
/fiil/ enlarges, enlarging, enlarged •
büyütmek; genişletmek; büyümek;
genişlemek: They are planning to
enlarge the library. Kütüphaneyi
genişletmeyi tasarlıyorlar.

enormous e.nor.mous • înôr´mıs
/sıfat/ kocaman, muazzam: an enormous
tree kocaman bir ağaç

¹enough e.nough • înʌf´
/sıfat/ yeterli: enough food yeterli yiyecek
more than enough yeterinden fazla
not enough yetersiz

²enough e.nough • înʌf´
/zarf/ yeterli derecede, yeteri kadar,
yeterince: Is the bread cooked enough?
Ekmek yeterince pişti mi?
Enough's enough! Yeter artık!

enrol en.rol • înrol´
/fiil/ enrols, enrolling, enrolled •
bkz. enroll

enroll en.roll • înrol´
/fiil/ enrolls, enrolling, enrolled •
kaydını yapmak, kaydetmek; kaydolmak,
yazılmak: enroll in elementary school
ilköğretim okuluna kaydolmak
İng. enrol

enter en.ter • en´tır
/fiil/ enters, entering, entered •
girmek, (içeri) girmek: They entered
the building by the back door. Binaya
arka kapıdan girdiler.
enter a profession bir işe girmek
enter a race bir yarışa girmek
enter a school bir okula girmek
(gitmeye hak kazanmak)

entertain en.ter.tain • entırteyn´
/fiil/ entertains, entertaining, entertained •
eğlendirmek: They entertained us at
the circus. Sirkte bizi eğlendirdiler.

entertaining en.ter.tain.ing • entırtey´nîng
/sıfat/ eğlendirici, eğlenceli: entertaining
ideas eğlenceli fikirler

entertainment en.ter.tain.ment •
entırteyn´mınt /isim/ çoğul entertain-
ments • eğlence (parti, davet, ziyafet,
balo).

enthusiasm en.thu.si.asm •
înthu´ziyäzım /isim/ şevk, istek; heves

enthusiastic en.thu.si.as.tic •
înthuziyäs´tîk /sıfat/ şevkli, hararetli:
Bora is very enthusiastic about learning
Portuguese. Bora, Portekizce öğrenmeye
çok hevesli.

entire en.tire • întayr´
/sıfat/ bütün, tamam, hepsi: the entire
day bütün gün

entrance en.trance • en´trıns
/isim/ 1. çoğul entrances • giriş, giriş
yeri: We waited at the entrance to the
building. Binanın girişinde bekledik.
main entrance ana giriş
2. giriş, girme: entrance exam giriş sınavı
entrance fee giriş ücreti

entrust en.trust • întrʌst´
/fiil/ entrusts, entrusting, entrusted •
emanet etmek: I am entrusting my
books to you. Kitaplarımı sana emanet
ediyorum.

entry en.try • en´tri
/isim/1. giriş, girme
2. giriş (girme hakkı)
No Entry! Giriş Yasaktır.
3. çoğul entries • giriş, giriş yeri: He is
waiting at the entry. Girişte bekliyor.

envelope en.ve.lope • en´vılop, an´vılop
/isim/ çoğul envelopes • zarf, mektup
zarfı: front side of an envelope zarfın
ön yüzü

environment en.vi.ron.ment •
învay´rınmınt /isim/ çoğul environments •
çevre, ortam: animals in their environ-
ment yaşama ortamlarında hayvanlar
natural environment doğal ortam
environment planning çevre planlaması

environmentalist en.vi.ron.men.tal.ist •
învayrınmen´tılîst /isim/ çoğul environ-
mentalists • çevreci

environment-friendly en.vi.ron.ment
-friend.ly • învay´rınmınt.frendli /sıfat/
çevre dostu

envy en.vy • en´vi
/fiil/ envies, envying, envied • kıskan-
mak, çekememek: Koray envies me
because I have a bike. Bisikletim
olduğu için Koray beni kıskanıyor.

¹epidemic ep.i.dem.ic • epıdem´îk
/sıfat/ salgın, salgınlaşmış: Malaria
has reached epidemic proportions.
Sıtma, salgın boyutlarına ulaştı.

²epidemic ep.i.dem.ic • epıdem´îk
/isim/ çoğul epidemics • salgın: flu epidemic grip salgını

episode ep.i.sode • ep´ısod
/isim/ çoğul episodes • (edebiyat) (olaylar zincirinde) olay, epizot

¹equal e.qual • i´kwıl
/sıfat/ eşit: They are of equal weight. Aynı ağırlıktalar.
equal opportunity eşit fırsat
equal rights eşit haklar
equal sign eşit işareti (=)

²equal e.qual • i´kwıl
/isim/ çoğul equals • eşit: We are all equals. Hepimiz eşitiz.

³equal e.qual • i´kwıl
/fiil/ equals, equaling/Ing. equalling, equaled/Ing. equalled • eşit olmak: Two plus two equals four. İki artı iki dörde eşittir.

equality e.qual.i.ty • îkwal´ıti
/isim/ eşitlik: social equality sosyal eşitlik

equator e.qua.tor • ikwey´tır
/isim/ ekvator

Equatorial Guinea E.qua.to.ri.al Guin.ea • ikwıtor´iyıl gîn´i /isim/ Ekvator Ginesi

¹Equatorial Guinean E.qua.to.ri.al Guin.ean • ikwıtor´iyıl gîn´iyın
/sıfat/ 1. Ekvator Ginesi'ne özgü 2. Ekvator Gineli

²Equatorial Guinean E.qua.to.ri.al Guin.ean • ikwıtor´iyıl gîn´iyın
/isim/ çoğul Equatorial Guineans • Ekvator Gineli

equipment e.quip.ment • îkwîp´mınt
/isim/ gereçler

erase e.rase • îreys´
/fiil/ erases, erasing, erased • silmek: Please erase that note on the blackboard. Lütfen tahtadaki o notu silin.

eraser e.ras.er • îrey´sır
/isim/ çoğul erasers • silgi
Ing. rubber

Eritrea Er.i.tre.a • erıtri´yı
/isim/ Eritre

¹Eritrean Er.i.tre.an • erıtri´yın
/sıfat/ 1. Eritre'ye özgü 2. Eritreli

²Eritrean Er.i.tre.an • erıtri´yın
/isim/ çoğul Eritreans • Eritreli

erosion e.ro.sion • îro´jın
/isim/ erozyon, aşınma: soil erosion toprak aşınması

error er.ror • er´ır
/isim/ çoğul errors • hata, yanlış, yanlışlık: an error of 5 percent yüzde 5'lik bir hata human error insan hatası spelling error yazım hatası

erupt e.rupt • îrʌpt´
/fiil/ erupts, erupting, erupted • (yanardağ) püskürmek

eruption e.rup.tion • îrʌp´şın

127 →→→Eurasia

/isim/ çoğul eruptions • (yanardağ) püskürme: volcanic eruption volkanik patlama

escalator es.ca.la.tor • es´kıleytır /isim/ çoğul escalators • yürüyen merdiven: ride an escalator yürüyen merdivene binmek

escape es.cape • ıskeyp´ /fiil/ escapes, escaping, escaped • kaçmak, firar etmek: Some prisoners have escaped from jail. Bazı mahkûmlar hapishaneden kaçmışlar.

1Eskimo Es.ki.mo • es´kımo /isim/ 1. çoğul Eskimo/Eskimos • Eskimo 2. Eskimoca

2Eskimo Es.ki.mo • es´kımo /sıfat/ 1. Eskimo 2. Eskimoca

especially es.pe.cial.ly • espeş´ıli /zarf/ özellikle: He loves İstanbul, especially in the fall. İstanbul'u, özellikle sonbaharda çok sever.

essential es.sen.tial • îsen´şıl /sıfat/ temel, ana; zorunlu: What's the essential theme of the discussion? Görüşmenin ana konusu nedir? essential condition öngereklilik, önkoşul

establish es.tab.lish • îstäb´lîş /fiil/ establishes, establishing, established • kurmak: The museum was established in the last century. Müze geçen yüzyılda kuruldu.

1estimate es.ti.mate • es´tımeyt /fiil/ estimates, estimating, estimated • kestirmek, tahmin etmek: I estimate this suitcase to weigh twenty kilos. Bu bavulun yirmi kilo geleceğini tahmin

ediyorum.

2estimate es.ti.mate • es´tımît /isim/ çoğul estimates • kestirim, tahmin: a rough estimate kaba bir tahmin

estimated es.ti.mat.ed • es´tımeytîd /sıfat/ öngörülmüş, tahmin edilmiş: estimated cost tahmin edilen maliyet estimated time öngörülen süre

Estonia Es.to.ni.a • eston´yı, esto´niyı /isim/ Estonya

1Estonian Es.to.ni.an • eston´yın, esto´niyın /sıfat/ 1. Estonya'ya özgü 2. Estçe 3. Estonyalı

2Estonian Es.to.ni.an • eston´yın, esto´niyın /isim/ 1. çoğul Estonians • Estonyalı 2. Estçe

etc. etc. • et set´ırı /kısaltma/ et cetera v.s. (vesaire), v.b. (ve başkaları, ve benzeri)

et cetera et cet.er.a • et set´ırı /zarf/ v.s. (vesaire), v.b. (ve başkaları, ve benzeri)

Ethiopia E.thi.o.pi.a • ithiyo´piyı /isim/ Etiyopya

1Ethiopian E.thi.o.pi.an • ithiyo´piyın /sıfat/ 1. Etiyopya'ya özgü 2. Etiyopyalı

2Ethiopian E.thi.o.pi.an • ithiyo´piyın /isim/ çoğul Ethiopians • Etiyopyalı

EU EU • i yu´ /kısaltma/ the European Union AB (Avrupa Birliği)

Eurasia Eur.a.sia • ûrey´jı

/isim/ Avrasya

euro eu.ro • yûr´o
/isim/ çoğul euros • avro, euro (Avrupa Birliği'nin para birimi)

Europe Eu.rope • yûr´ıp
/isim/ Avrupa
the Council of Europe Avrupa Konseyi

¹European Eu.ro.pe.an • yûrıpi´yın
/sıfat/ 1. Avrupa'ya özgü 2. Avrupalı
the European Parliament Avrupa Parlamentosu
the European Union Avrupa Birliği

²European Eu.ro.pe.an • yûrıpi´yın
/isim/ çoğul Europeans • Avrupalı

evaluate e.val.u.ate • îvâl´yuweyt
/fiil/ evaluates, evaluating, evaluated • değerlendirmek: The success of the program needs to be evaluated. Programın başarısının değerlendirilmesi gerek.

evaluation e.val.u.a.tion • îvâlyuwey´şın
/isim/ çoğul evaluations • değerlendirme

evaporate e.vap.o.rate • îvâp´ıreyt
/fiil/ evaporates, evaporating, evaporated • buharlaşmak; buharlaştırmak: The water in the pond has evaporated. Göletteki su buharlaştı.

evaporation e.vap.o.ra.tion • îvâpırey´şın

/isim/ buharlaşma; buharlaştırma

¹even e.ven • i´vın
/zarf/ hatta, bile: It is cold there even in summer. Orada hava yazın bile soğuktur.
even if olsa bile
even though -e rağmen, -diği halde

²even e.ven • i´vın
/sıfat/ 1. düz, engebesiz 2. değişmez, aynı 3. eşit (miktar) 4. çift (sayı)

¹evening eve.ning • iv´nîng
/isim/ çoğul evenings • akşam: every evening her akşam this evening bu akşam tomorrow evening yarın akşam yesterday evening dün akşam

²evening eve.ning • iv´nîng
/sıfat/ akşam (yapılan, olan, giyilen, görülen v.b.)
evening dress 1. gece kıyafeti 2. tuvalet (giysi)
evening gown tuvalet (giysi)
evening star Akşamyıldızı

event e.vent • îvent´
/isim/ çoğul events • olay, vaka: The Olympic Games were the main event of that year. Olimpiyat oyunları, o yılın en önemli olayıydı.
in any event her durumda; zaten

eventually e.ven.tu.al.ly • îven´çuwıli
/zarf/ sonunda, nihayet; er geç: Eventually, we found it. Sonunda onu bulduk.

ever ev.er • ev´ır
/zarf/ hiç: Have you ever been to Kars? Hiç Kars'a gittin mi?
ever and again zaman zaman
for ever and ever ilelebet, ebediyen

evergreen ev.er.green • ev´ırgrin

→→→examination

/isim/ çoğul evergreens • yaprağını dökmeyen ağaç/çalı

---

cedar → sedir
palm → palmiye
pine → çam
spruce → ladin
yew → porsukağacı

---

every eve.ry • ev´ri
/sıfat/ her, her bir: every four days dört günde bir They go there every day. Her gün oraya giderler.
every now and then ara sıra, arada bir
every one her biri
every time her zaman

everybody eve.ry.bod.y • ev´ribadi
/zamir/ herkes

everyday eve.ry.day • ev´ridey
/sıfat/ her günkü; her günlük

everyone eve.ry.one • ev´riwʌn
/zamir/ herkes

everything eve.ry.thing • ev´ri.thîng
/zamir/ her şey

everywhere eve.ry.where • ev´ri.hwer
/zarf/ her yer; her yerde; her yere

evidence ev.i.dence • ev´ıdıns
/isim/ kanıt, delil: Is there enough evidence to prove him guilty? Suçluluğunu kanıtlayacak yeterli kanıt var mı?

evident ev.i.dent • ev´ıdınt
/sıfat/ açık, belli

evolution ev.o.lu.tion • evılu´şın
/isim/ evrim

evolve e.volve • îvalv´
/fiil/ evolves, evolving, evolved • yavaş yavaş gelişmek; yavaş yavaş geliştirmek: Hikmet's idea evolved into a project. Hikmet'in fikri zamanla gelişip bir projeye dönüştü.

exact ex.act • îgzäkt´
/sıfat/ tam, kesin; hatasız: the exact copy of the text metnin tam kopyası

exactly ex.act.ly • îgzäkt´li
/zarf/ tam, tamamen: exactly true tamamen doğru It's exactly seven o'clock. Saat tam yedi.

exaggerate ex.ag.ger.ate • îgzäc´ıreyt
/fiil/ exaggerates, exaggerating, exaggerated • abartmak: Don't exaggerate the problems. Sorunları büyütme.

exam ex.am • îgzäm´
/isim/ çoğul exams • (konuşma dili) sınav: exam results sınav sonuçları

examination ex.am.i.na.tion • îgzämıney´şın /isim/ çoğul examinations •
1. sınav: entrance examination giriş sınavı
examination paper sınav kâğıdı
fail an examination sınavdan kalmak
oral examination sözlü sınav
pass an examination sınavı geçmek
take an examination sınava girmek
written examination yazılı sınav
2. muayene

examine→→→ 130

examine ex.am.ine • îgzäm´în
/fiil/ examines, examining, examined •
1. incelemek, gözden geçirmek:
examine an evidence bir kanıtı gözden
geçirmek 2. muayene etmek

example ex.am.ple • îgzäm´pıl
/isim/ çoğul examples • örnek: typical
example tipik örnek
for example örneğin

excavate ex.ca.vate • eks´kıveyt
/fiil/ excavates, excavating, excavated •
1. kazı yapmak 2. kazı yaparak ortaya
çıkarmak

excavation ex.ca.va.tion • ekskıvey´şın
/isim/ çoğul excavations • kazı: the
excavations at Assos Assos'taki kazılar

exceed ex.ceed • îksid´
/fiil/ exceeds, exceeding, exceeded •
geçmek, aşmak: exceed the speed
limit hız sınırını geçmek

excellent ex.cel.lent • ek´sılınt
/sıfat/ üstün, mükemmel: an excellent
idea mükemmel bir fikir an excellent
meal mükemmel bir yemek

except ex.cept • îksept´
/edat/ -den başka, hariç, dışında: He
works every day except Sunday. Pazar
hariç her gün çalışır.

exception ex.cep.tion • îksep´şın
/isim/ çoğul exceptions • istisna:
There's an exception to every rule.
Her kuralın bir istisnası vardır.

¹exchange ex.change • îksçeync´
/isim/ çoğul exchanges • değiş tokuş,
değiştirme: exchange of glances
karşılıklı bakışma exchange of prisoners

esir mübadelesi exchange of views
fikir alışverişi
exchange rate döviz kuru

²exchange ex.change • îksçeync´
/fiil/ exchanges, exchanging, exchanged •
değiş tokuş etmek, değiştirmek: He
exchanged the blue shirt for a white
one. Mavi gömleği beyazıyla değiştirdi.

excite ex.cite • îksayt´
/fiil/ excites, exciting, excited •
1. heyecanlandırmak: Windsurfing
excites him. Rüzgâr sörfü onu heye-
canlandırıyor. 2. (bir duygu/tepki)
uyandırmak: excite curiosity merak
uyandırmak

excited ex.cit.ed • îksay´tîd
/sıfat/ heyecanlı

excitement ex.cite.ment • îksayt´mınt
/isim/ heyecan: Hilmi couldn't hide his
excitement. Hilmi heyecanını saklaya-
madı.

exciting ex.cit.ing • îksay´tîng
/sıfat/ heyecanlandırıcı: an exciting
story heyecanlı bir öykü

exclamation ex.cla.ma.tion •
eksklımey´şın /isim/ çoğul exclamations •
ünlem
exclamation point, İng. exclamation
mark ünlem işareti (!)

¹excuse ex.cuse • îkskyuz´
/fiil/ excuses, excusing, excused •
affetmek: Excuse me for keeping you
waiting. Sizi beklettiğim için özür dilerim.
Excuse me. Özür dilerim.

²excuse ex.cuse • îkskyus´
/isim/ çoğul excuses • özür, mazeret:

→→→expectation

There's no excuse for your rudeness. Kabalığının özrü yok.

execute ex.e.cute • ek´sıkyut /fiil/ executes, executing, executed • idam etmek

¹exercise ex.er.cise • ek´sırsayz /isim/ çoğul exercises • alıştırma, egzersiz: exercises for the piano piyano alıştırmaları vocal exercises ses çalışmaları exercise book alıştırma kitabı

²exercise ex.er.cise • ek´sırsayz /fiil/ exercises, exercising, exercised • 1. uygulamak, kullanmak: exercise one's right to remain silent susma hakkını kullanmak 2. hareket ettirmek, çalıştırmak: exercise the muscles kasları çalıştırmak 3. egzersiz yapmak, spor yapmak

exhausted ex.haust.ed • îgzôs´tîd /sıfat/ yorgun, bitkin: I'm exhausted! Bittim!/Yorgunluktan bittim!

¹exhibit ex.hib.it • îgzîb´ît /fiil/ exhibits, exhibiting, exhibited • sergilemek: The paintings were exhibited at the art gallery. Tablolar sanat galerisinde sergilendi.

²exhibit ex.hib.it • îgzîb´ît /isim/ çoğul exhibits • sergi: exhibit area sergi alanı the Picasso exhibit Picasso sergisi

exhibition ex.hi.bi.tion • eksıbîş´ın /isim/ çoğul exhibitions • sergi: exhibition hall sergi salonu

¹exile ex.ile • eg´zayl, ek´sayl /isim/ sürgün: He spent his last years in exile. Son yıllarını sürgünde geçirdi.

²exile ex.ile • eg´zayl, ek´sayl /fiil/ exiles, exiling, exiled • sürmek, sürgüne göndermek

exist ex.ist • îgzîst´ /fiil/ exists, existing, existed • var olmak: Dinosaurs no longer exist. Dinozorlar artık yok.

existence ex.is.tence • îgzîs´tıns /isim/ varlık, varoluş

exit ex.it • eg´zît, ek´sît /isim/ çoğul exits • 1. çıkış: an exit visa çıkış vizesi 2. çıkış, çıkış kapısı emergency exit acil çıkış fire exit yangın çıkışı

expand ex.pand • îkspänd´ /fiil/ expands, expanding, expanded • 1. genişlemek; genişletmek: expanding universe genişleyen evren 2. genleşmek; genleştirmek: Do metals expand when they are heated? Metaller ısıtıldığında genleşir mi?

expect ex.pect • îkspekt´ /fiil/ expects, expecting, expected • beklemek, ummak: expect rain yağmur beklemek We expect to see you soon. En kısa sürede sizi görmeyi umuyoruz.

expectation ex.pec.ta.tion • ekspektey´şın /isim/ çoğul expectations • beklenti

expedition ex.pe.di.tion • ekspıdîş´ın
/isim/ çoğul expeditions • (özel bir amaçla yapılan) uzun yolculuk

expense ex.pense • îkspens´
/isim/ çoğul expenses • masraf: expenses of a trip yol harcamaları at the expense of ... ... pahasına

expensive ex.pen.sive • îkspen´sîv
/sıfat/ pahalı, masraflı: an expensive car pahalı bir araba

experience ex.pe.ri.ence • îkspîr´iyıns
/isim/ çoğul experiences • deneyim, tecrübe: an unpleasant experience tatsız bir deneyim
learn by experience deneyerek öğrenmek

experienced ex.pe.ri.enced • îkspîr´iyınst
/sıfat/ deneyimli, tecrübeli: an experienced cook deneyimli bir aşçı

experiment ex.per.i.ment • îksper´ımınt
/isim/ çoğul experiments • deney, deneme: perform an experiment bir deney yapmak

expert ex.pert • ek´spırt
/isim/ çoğul experts • uzman; bilirkişi: a tourism expert turizm uzmanı

explain ex.plain • îkspleyn´
/fiil/ explains, explaining, explained • anlatmak, açıklamak: Could you explain what you mean? Demek istediğinizi açıklar mısınız? Let me explain. Açıklayayım.

explanation ex.pla.na.tion • ekspliney´şın
/isim/ çoğul explanations • açıklama

explode ex.plode • îksplod´
/fiil/ explodes, exploding, exploded • patlamak; patlatmak: explode a bomb bir bombayı patlatmak

explore ex.plore • îksplor´
/fiil/ explores, exploring, explored • 1. keşfe çıkmak: explore the South Pole Güney Kutbu'nu keşfe çıkmak 2. araştırmak, incelemek

explorer ex.plor.er • îksplor´ır
/isim/ çoğul explorers • (keşifte bulunmak amacıyla) (bir bölgeyi) dolaşan kimse

explosion ex.plo.sion • îksplo´jın
/isim/ çoğul explosions • patlama, infilak

explosive ex.plo.sive • îksplo´sîv
/isim/ çoğul explosives • patlayıcı: The truck was loaded with explosives. Kamyon patlayıcı yüklüydü.

[1]**export** ex.port • îkspôrt´, eks´pôrt
/fiil/ exports, exporting, exported • ihraç etmek, yurtdışına satmak

[2]**export** ex.port • eks´pôrt
/isim/ 1. ihracat, dışsatım: export license ihracat lisansı 2. çoğul exports • ihraç malı

[1]**express** ex.press • îkspres´
/sıfat/ 1. hızlı (giden), ekspres: express train ekspres tren 2. İng. hızlı (gönderilen, alınan), ekspres
express delivery bkz. special delivery

[2]**express** ex.press • îkspres´

133 →→→eyewitness

/fiil/ expresses, expressing, expressed • anlatmak; ifade etmek: express one's opinion düşüncesini ifade etmek

expression ex.pres.sion • îkspreş´ın /isim/ çoğul expressions • 1. ifade, anlatım freedom of expression ifade özgürlüğü 2. söz, deyiş

extend ex.tend • îkstend´ /fiil/ extends, extending, extended • 1. uzatmak: extend a fence parmaklığı uzatmak 2. (süresini) uzatmak

exterior ex.te.ri.or • îkstir´iyır /sıfat/ dış, harici: the exterior walls dış duvarlar

external ex.ter.nal • îkstır´nıl /sıfat/ dış: external influences dış etkiler the external world dış dünya for external use only yalnızca haricen kullanım için (krem v.b.)

extinguish ex.tin.guish • îkstîng´gwîş /fiil/ extinguishes, extinguishing, extinguished • söndürmek: extinguish the fire yangını söndürmek

extra ex.tra • eks´trı /sıfat/ fazla; çok çok: extra pay ek ödeme

extraordinary ex.traor.di.nar.y • îkstrôr´dıneri /sıfat/ olağanüstü, fevkalade: an extraordinary talent

olağanüstü bir yetenek

extreme ex.treme • îkstrim´ /sıfat/ aşırı, çok: extreme poverty aşırı yoksulluk

extremely ex.treme.ly • îkstrim´li /zarf/ aşırı derecede: extremely cold weather aşırı derecede soğuk hava

eye eye • ay /isim/ çoğul eyes • göz: have green eyes yeşil gözlü olmak be all eyes gözünü dört açmak

eyeball eye.ball • ay´bôl /isim/ çoğul eyeballs • gözyuvarı

eyebrow eye.brow • ay´brau /isim/ çoğul eyebrows • kaş

eyeglasses eye.glass.es • ay´gläsîz /isim/ (çoğul) gözlük

eyelash eye.lash • ay´läş /isim/ çoğul eyelashes • kirpik

eyelid eye.lid • ay´lîd /isim/ çoğul eyelids • gözkapağı

eyewitness eye.wit.ness • ay´wîtnîs /isim/ çoğul eyewitnesses • görgü tanığı: The lawyer questioned the eyewitnesses. Avukat görgü tanıklarını sorguladı.

fable fa.ble • fey´bıl
/isim/ çoğul fables • masal, fabl:
Aesop's fables Ezop'un masalları

fabric fab.ric • fäb´rîk
/isim/ 1. çoğul fabrics • kumaş, bez,
dokuma: Silk is a type of fabric. İpek
bir kumaş türüdür. 2. yapı, doku

fabulous fab.u.lous • fäb´yılıs
/sıfat/ harika, süper; olağanüstü: We
had a fabulous vacation. Harika bir
tatil geçirdik.

¹face face • feys
/isim/ çoğul faces • 1. yüz, surat, çehre:
He washed his face. Yüzünü yıkadı.
face to face yüz yüze
lose face rezil olmak
2. önyüz, cephe; yüz

²face face • feys
/fiil/ faces, facing, faced • 1. (bir yöne
doğru) bakmak: a balcony facing the
sea denize bakan bir balkon 2. ile
karşı karşıya olmak, karşılaşmak:
the problems faced by students
öğrencilerin karşılaştığı sorunlar
3. (gerçeklerle) yüzleşmek

facility fa.cil.i.ty • fısîl´ıti
/isim/ 1. yetenek: facility for languages
dil öğrenme yeteneği 2. kolaylık: She
played the mandolin with great facility.
Mandolini büyük bir kolaylıkla çaldı.
3. çoğul facilities • tesis: sports facilities
spor tesisleri 4. çoğul facilities • olanak,
kolaylık

fact fact • fäkt
/isim/ çoğul facts • gerçek
fact of life yaşam gerçeği (önlenemez
durum): Death is a fact of life. Ölüm
yaşamın bir gerçeğidir.

in fact aslında, gerçekten

factor fac.tor • fäk´tır
/isim/ çoğul factors • 1. faktör, etmen: Success is dependent on several factors. Başarı, birkaç etmene bağlıdır.
2. çarpan; tambölen

factory fac.to.ry • fäk´tıri
/isim/ çoğul factories • fabrika: factory price fabrika fiyatı factory workers fabrika işçileri glass factory cam fabrikası

fade fade • feyd
/fiil/ fades, fading, faded • solmak; soldurmak: The curtains have faded. Perdeler soldu.

fail fail • feyl
/fiil/ fails, failing, failed • başaramamak; (sınavda) kalmak: He passed in physics but failed in geometry. Fizikten geçti ama geometriden kaldı. He failed in his new job. Yeni işinde başarısız oldu.

failure fail.ure • feyl´yır
/isim/ çoğul failures • 1. başarısızlık: All his efforts ended in failure. Tüm çabaları başarısızlıkla sonuçlandı.
2. arıza: power failure elektrik arızası

faint faint • feynt
/fiil/ faints, fainting, fainted • bayılmak: He nearly fainted from fear. Korkudan neredeyse bayılacaktı.

¹fair fair • fer
/sıfat/ fairer, fairest • adaletli, adil; kurallara uygun: fair share adil paylaşım fair play dürüst oyun/hareket/davranış

²fair fair • fer
/isim/ çoğul fairs • fuar: book fair kitap fuarı trade fair ticaret fuarı

fairground fair.ground • fer´graund
/isim/ çoğul fairgrounds • fuar yeri, fuar meydanı

fairly fair.ly • fer´li
/zarf/ 1. adaletli/adil bir şekilde
2. oldukça: Our house is fairly big. Evimiz oldukça büyük.

fairy fair.y • fer´i
/isim/ çoğul fairies • peri
fairy tale (fairy story) peri masalı

faith faith • feyth
/isim/ 1. güven 2. inanç 3. çoğul faiths • din

faithful faith.ful • feyth´fıl
/sıfat/ sadık, vefalı
faithful to his word sözüne bağlı

fake fake • feyk
/sıfat/ uydurma, sahte: fake jewel sahte mücevher

falcon fal.con • fäl´kın
/isim/ çoğul falcons • şahin; doğan

fall→→→   136

¹fall fall • fôl
/fiil/ falls, falling, fell, fallen • düşmek:
He fell into the well. Kuyuya düştü.

²fall fall • fôl
/isim/ çoğul falls • güz, sonbahar: in the
fall of 2000 2000 sonbaharında

fallen fall.en • fô´lın
/fiil/ bkz. **¹fall**

false false • fôls
/sıfat/ 1. sahte, düzme: false coin kalp
para false documents sahte belgeler
2. sahte, yapmacık: false tears sahte
gözyaşları 3. takma, yapay: false teeth
takma diş 4. yanlış, hatalı: "A bat is a
bird. True or false?" "False." "Yarasa bir
kuştur. Doğru mu yanlış mı?" "Yanlış."

fame fame • feym
/isim/ ün, şöhret: achieve fame
şöhrete kavuşmak

familiar fa.mil.iar • fımîl´yır
/sıfat/ bildik, tanıdık
be familiar with -i iyi bilmek

family fam.i.ly • fäm´li, fäm´ıli
/isim/ çoğul families • aile: family life
aile yaşamı
family doctor aile doktoru
family name bkz. **surname**
family planning aile planlaması
family tree soyağacı

famine fam.ine • fäm´în
/isim/ çoğul famines • kıtlık, açlık

famous fa.mous • fey´mıs
/sıfat/ ünlü, meşhur, tanınmış:
famous composers ünlü besteciler
be famous for ile ünlü olmak: Birecik
is famous for its bald ibis. Birecik,
kelaynaklarıyla ünlüdür.

¹fan fan • fän
/isim/ çoğul fans • 1. yelpaze 2. vantilatör,
fan: ceiling fan tepe fanı
electric fan vantilatör
turn a fan off vantilatörü kapamak
turn a fan on vantilatörü açmak

²fan fan • fän
/isim/ çoğul fans • hayran: basketball
fan basketbol meraklısı
fan club hayran kulübü

fanatic fa.nat.ic • fınät´îk
/isim/ çoğul fanatics • fanatik, bağnaz

fancy fan.cy • fän´si
/sıfat/ fancier, fanciest • çok süslü:
fancy goods şatafatlı eşyalar
fancy dress ball kıyafet balosu

fantastic fan.tas.tic • fäntäs´tîk
/sıfat/ 1. harika, süper: a fantastic
swimmer harika bir yüzücü 2. hayali,
düş ürünü, düşsel: fantastic planet
düşsel gezegen fantastic stories tuhaf
öyküler

¹far far • far
/sıfat/ farther/further, farthest/furthest •
uzak: a far country uzak bir ülke

Farther mesafe için kullanılır:
the farther house → daha ötedeki ev
Further ise çoğunlukla miktar,
derece veya zaman bildirir:
further examples → ilave örnekler
further information → daha çok bilgi

---

²far far • far
/zarf/ farther/further, farthest/furthest •
1. -den uzak; uzakta; uzağa: They didn´t
go far. Çok uzağa gitmediler.
far away uzak, uzakta

→→→fasten

far from -den uzak: It's not too far from here. Buradan çok uzakta değil.
how far ne kadar uzak: How far is it? Ne kadar uzakta?
2. çok; fazla
by far ... kat kat daha ...
go far (bir işte) çok başarılı olmak
3. kadar
as far as kadarıyla: as far as I can see görebildiğim kadarıyla

fare fare • fer
/isim/ çoğul fares • yol parası, bilet ücreti: What is the bus fare to Trabzon? Trabzon'a otobüs bileti ne kadar?
full fare tam bilet

farewell fare.well • ferwel´
/isim/ çoğul farewells • veda: farewell dinner veda yemeği

farm farm • farm
/isim/ çoğul farms • çiftlik: farm animals çiftlik hayvanları
chicken farm tavuk çiftliği
dairy farm mandıra
truck farm bostan

farmer farm.er • far´mır
/isim/ çoğul farmers • çiftçi

farming farm.ing • far´mîng
/isim/ çiftçilik

far-off far-off • far´ôf
/sıfat/ çok uzak

farther far.ther • far´dhır
/sıfat, zarf/ bkz. ¹far, ²far

farthest far.thest • far´dhîst
/sıfat, zarf/ bkz. ¹far, ²far

fascinate fas.ci.nate • fäs´ıneyt
/fiil/ fascinates, fascinating, fascinated • (birinin) ilgisini çekmek

fascinating fas.ci.nat.ing • fäs´ıneytîng
/sıfat/ çok ilginç, çok enteresan: a fascinating story çok ilginç bir öykü

fashion fash.ion • fäş´ın
/isim/ çoğul fashions • moda: children's fashion çocuk modası fashion show moda gösterisi summer fashion yaz modası
out of fashion modası geçmiş

fashionable fash.ion.a.ble • fäş´ınıbıl
/sıfat/ moda olan, şık, revaçta olan, rağbette olan: Hande always wears fashionable clothes. Hande her zaman moda kıyafetler giyer.

¹fast fast • fäst
/sıfat/ faster, fastest • hızlı, süratli:
a fast car hızlı bir araba
be fast (saat) ileri olmak, ileri gitmek
fast food hazır yiyecekler
fast-food restaurant hazır yiyecek lokantası

²fast fast • fäst
/zarf/ faster, fastest • çabuk, tez
fast asleep derin uykuya dalmış

fasten fas.ten • fäs´ın
/fiil/ fastens, fastening, fastened • bağlamak, tutturmak: Fasten your seat belt. Emniyet kemerini bağla.

fat→→→ 138

¹fat fat • fät
/sıfat/ *fatter, fattest* • 1. şişman: a fat man şişman bir adam
get fat şişmanlamak
2. şişkin, dolgun: a fat wallet şişkin bir cüzdan

²fat fat • fät
/isim/ yağ

fatal fa.tal • fey´tıl
/sıfat/ öldürücü; ölümcül: a fatal disease ölümcül bir hastalık

fate fate • feyt
/isim/ çoğul fates • kader, yazgı: Nobody knows his fate. Kimse kaderini bilmez.

father fa.ther • fa´dhır
/isim/ çoğul fathers • baba: You are like a father to me. Benim için bir baba gibisin.
Father Christmas bkz. **Santa Claus**

father-in-law fa.ther-in-law • fa´dhırînlô
/isim/ çoğul fathers-in-law • kayınpeder

faucet fau.cet • fô´sît
/isim/ çoğul faucets • musluk: water faucet su musluğu
turn a faucet off musluğu kapamak
turn a faucet on musluğu açmak

▬ ▬ ▬ ▬ ▬ ▬ ▬
Faucet İngiliz İngilizcesinde fıçı v.b. için musluk iken Amerikan İngilizcesinde her tür musluk anlamına gelir. İngiliz İngilizcesinde her tür musluk için tap kullanılır.
▬ ▬ ▬ ▬ ▬ ▬ ▬

fault fault • fôlt
/isim/ çoğul faults • 1. kusur, noksan
2. kabahat, kusur
be at fault kabahatli olmak
find fault with -de/-e kusur bulmak:

Arzu always finds fault with her brother. Arzu hep erkek kardeşinde kusur bulur.
3. (yerbilim) kırık, fay: a fault line fay hattı

faulty fault.y • fôl´ti
/sıfat/ faultier, faultiest • 1. kusurlu, defolu 2. çürük, sağlam bir temele dayanmayan

fauna fau.na • fô´nı
/isim/ çoğul faunas/faunae • fauna, direy (bir bölgedeki hayvan türlerinin tümü): desert fauna çöl faunası

faunae fau.nae • fô´ni, fô´nay
/isim/ bkz. **fauna**

favor fa.vor • fey´vır
/isim/ çoğul favors • kayırma; iyilik; onay
ask a favor of -e ricada bulunmak
do someone a favor birine bir iyilik yapmak: Could you do me a favor? Bana bir iyilik yapar mısın?
out of favor gözden düşmüş
İng. **favour**

favorite fa.vor.ite • fey´vırît
/sıfat/ favori, gözde, en çok sevilen: Who's your favorite poet? En sevdiğin şair kim?
İng. **favourite**

favour fa.vour • fey´vır
/isim/ çoğul favours • bkz. **favor**

favourite fa.vour.ite • fey´vırît
/sıfat/ bkz. **favorite**

¹fear fear • fîr
/isim/ çoğul fears • korku: live in fear korku içinde yaşamak

²fear fear • fîr
/fiil/ fears, fearing, feared • korkmak: He fears nothing. Hiçbir şeyden korkmaz.

fearless fear.less • fîr´lîs
/sıfat/ korkusuz, gözü pek, yılmaz:
My uncle is a fearless mountaineer.
Amcam korkusuz bir dağcıdır.

fearsome fear.some • fîr´sım
/sıfat/ dehşetli, korkunç

feast feast • fist
/isim/ çoğul feasts • ziyafet: a feast of
music müzik ziyafeti wedding feast
düğün ziyafeti

feather feath.er • fedh´ır
/isim/ çoğul feathers • tüy: feather bed
kuştüyü yatak

feature fea.ture • fi´çır
/isim/ çoğul features • özellik: This
book has many useful features. Bu
kitabın birçok yararlı özelliği var.

February Feb.ru.ar.y • feb´ruweri,
İng. feb´ruwıri /isim/ şubat

fed fed • fed
/fiil/ bkz. ¹feed

fee fee • fi
/isim/ çoğul fees • ücret; giriş ücreti:
entrance fee giriş ücreti registration
fee kayıt ücreti

feeble fee.ble • fi´bıl
/sıfat/ feebler, feeblest • 1. zayıf, güçsüz:
a feeble child güçsüz bir çocuk a feeble
cry zayıf bir çığlık 2. zayıf, etkisi az
olan: a feeble argument zayıf bir iddia
a feeble evidence zayıf bir kanıt

¹feed feed • fid
/fiil/ feeds, feeding, fed • yemek ver-
mek, beslemek: Her little brother is
learning to feed himself. Küçük kardeşi
kendi kendine yemeyi öğreniyor.
feed on ile beslemek; ile beslenmek:
What does he feed his cat on? Kedisini
neyle besliyor?

²feed feed • fid
/isim/ çoğul feeds • (özellikle bebekler
ya da evcil hayvanlar için) yemek,
yiyecek

feel feel • fil
/fiil/ feels, feeling, felt • 1. hissetmek,
duymak: feel tired kendini yorgun his-
setmek feel well kendini iyi hissetmek
feel cold üşümek
feel hot terlemek, sıcak basmak
2. ... gibi gelmek: I felt that he couldn't
finish the race. Yarışı bitiremeyeceğini
hissettim.
feel at home kendini evinde gibi his-
setmek
feel like doing canı yapmak istemek

feeling feel.ing • fi´lîng
/isim/ çoğul feelings • his, duygu

feet feet • fit
/isim/ bkz. foot

fell fell • fel
/fiil/ bkz. ¹fall

fellow fel.low • fel´o
/isim/ çoğul fellows • adam, kişi; arkadaş
fellow citizen vatandaş, yurttaş

felt→→→ 140

felt felt • felt
/fiil/ bkz. **feel**

¹female fe.male • fi´meyl
/sıfat/ **dişi:** female dog dişi köpek female plants dişi bitkiler (meyveli bitkiler) female voice bayan sesi

²female fe.male • fi´meyl
/isim/ çoğul females • dişi

fence fence • fens
/isim/ çoğul fences • **parmaklık; çit:** rail fence parmaklıklı çit

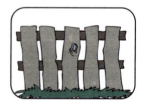

ferry fer.ry • fer´i
/isim/ çoğul ferries • **araba vapuru, feribot; vapur:** travel by ferry vapurla seyahat etmek

fertile fer.tile • fır´tıl
/sıfat/ **verimli, bereketli:** fertile soil verimli toprak

fertiliser fer.til.is.er • fır´tılayzır
/isim/ çoğul fertilisers • bkz. **fertilizer**

fertility fer.til.i.ty • fırtîl´ıti
/isim/ verimlilik

fertilizer fer.til.iz.er • fır´tılayzır
/isim/ çoğul fertilizers • **gübre:** artificial fertilizer yapay gübre
Ing. **fertiliser**

festival fes.ti.val • fes´tıvıl
/isim/ çoğul festivals • **festival, şenlik:** film festival film festivali folk music festival halk müziği festivali

fetch fetch • feç
/fiil/ fetches, fetching, fetched • **alıp getirmek, getirmek:** The dog fetched the bone. Köpek kemiği geri getirdi. Go fetch! Getir onu! (köpeklere verilen komut)

fever fe.ver • fi´vır
/isim/ **ateş, humma:** The child has a fever. Çocuğun ateşi var.

few few • fyu
/sıfat/ fewer, fewest • **az, çok az** a man of few words az konuşan adam, konuşkan olmayan kimse a few birkaç

▪ ▪ ▪ ▪ ▪ ▪ ▪ ▪ ▪ ▪
Sayılabilen isimler için a few kullanılır:
for a few days → birkaç gün için
see a few people → birkaç kişi görmek
use a few things → birkaç şey kullanmak
Sayılamayan isimlerle birlikte a little kullanılır:
drink a little water → biraz su içmek
eat a little food → biraz yemek yemek
make a little money → biraz para kazanmak
▪ ▪ ▪ ▪ ▪ ▪ ▪ ▪ ▪

fez fez • fez
/isim/ çoğul fezzes • fes

fiction fic.tion • fîk´şın
/isim/ hikâye ve roman edebiyatı

field field • fild
/isim/ çoğul fields • **1. tarla, çayır:** corn field mısır tarlası field of daisies papatya tarlası **2. alan, saha:** baseball field

beysbol sahası
field of vision görüş alanı

fierce fierce • fîrs
/sıfat/ 1. şiddetli, sert: a fierce storm
şiddetli bir fırtına 2. vahşi: Wolves are
fierce animals. Kurtlar vahşi hayvanlardır.

fifteen fif.teen • fîftin´
/isim, sıfat/ on beş

fifteenth fif.teenth • fîftinth´
/sıfat, isim/ 1. on beşinci 2. on beşte bir

fifth fifth • fîfth
/sıfat, isim/ 1. beşinci 2. beşte bir

fiftieth fif.ti.eth • fîf´tiyîth
/sıfat, isim/ 1. ellinci 2. ellide bir

fifty fif.ty • fîf´ti
/isim, sıfat/ elli

fifty-fifty fif.ty-fif.ty • fîfti.fîf´ti
/sıfat/ yarı yarıya

fig fig • fîg
/isim/ çoğul figs • incir
fig tree incir ağacı

¹**fight** fight • fayt
/isim/ 1. çoğul fights • kavga, dövüş
2. mücadele, savaşım

²**fight** fight • fayt
/fiil/ fights, fighting, fought • 1. dövüşmek,
kavga etmek 2. mücadele etmek,
savaşmak: fight against poverty
yoksullukla savaşmak 3. savaşmak,
çarpışmak

figure fig.ure • fîg´yır, Ing. fîg´ır
/isim/ çoğul figures • 1. sayı, rakam, numara
be good at figures hesabı iyi olmak
2. şekil, figür: a detailed figure ayrıntılı
bir şekil 3. kişi: a public figure tanınmış

bir sima He was an important figure
in architecture. O, mimarlıkta önemli
bir isimdi.
figure of speech mecaz
figure skating artistik patinaj

Fiji Fi.ji • fi´ci
/isim/ Fiji

¹**Fijian** Fi.ji.an • fi´ciyın
/sıfat/ 1. Fiji'ye özgü 2. Fijili

²**Fijian** Fi.ji.an • fi´ciyın
/isim/ çoğul Fijians • Fijili

¹**file** file • fayl
/isim/ çoğul files • 1. dosya; klasör: data
file veri dosyası keep a file bir dosya
tutmak open a file bir dosya açmak
2. sıra
single file (Indian file) tek sıra halinde:
walk single file tek sıra yürümek

²**file** file • fayl
/isim/ çoğul files • eğe; törpü: nail file
tırnak törpüsü

Filipino Fil.i.pi.no • fîlıpi´no
/isim/ çoğul Filipinos • Filipinli

fill fill • fîl
/fiil/ fills, filling, filled • doldurmak;
dolmak: He filled the glass with milk.
Bardağı sütle doldurdu.
be filled with ile dolu olmak

filling fill.ing • fîl´îng
/isim/ 1. doldurma 2. çoğul fillings •
(dişçilik) dolgu
filling station benzin istasyonu

film film • fîlm
/isim/ çoğul films • 1. zar, ince tabaka,
film: a film of dust toz tabakası
2. (fotoğrafçılık) film 3. Ing. (sinema) film:

Have you seen any historical films lately? Son zamanlarda hiç tarihi film izledin mi?
film set film seti
film star film yıldızı

---

types of films / film türleri
action film → aksiyon filmi
adventure film → macera filmi
cartoon → çizgi film
comedy film → komedi filmi
fantasy film → düşsel film
historical film → tarihi film
horror film → korku filmi
musical film → müzikal film
romantic comedy film → romantik komedi filmi
science fiction film → bilimkurgu filmi
spy film → casus filmi
war film → savaş filmi
Western → kovboy filmi

---

filter fil.ter • fîl´tır
/isim/ çoğul filters • filtre: filter paper filtre kâğıdı water filter su filtresi

fin fin • fîn
/isim/ çoğul fins • yüzgeç

final fi.nal • fay´nıl
/sıfat/ son, sonuncu: the final minutes son dakikalar the final scene of the film filmin son sahnesi

finally fi.nal.ly • fay´nıli
/zarf/ 1. sonunda, nihayet 2. son olarak

finance fi.nance • fînäns´, fay´näns
/isim/ maliye, finans

financial fi.nan.cial • fînän´şıl
/sıfat/ mali: financial aid mali yardım

find find • faynd
/fiil/ finds, finding, found • bulmak, keşfetmek: find a solution bir çözüm bulmak
find fault with -e kusur bulmak

¹fine fine • fayn
/sıfat/ finer, finest • 1. güzel, ince, zarif: a fine painting güzel bir tablo fine words güzel sözler 2. iyi Fine, thanks. İyiyim, sağ olun. 3. ince: a fine thread ince bir iplik fine flour ince un 4. ince, küçük: a fine distinction küçük bir fark fine details ince ayrıntılar

²fine fine • fayn
/isim/ çoğul fines • para cezası

finger fin.ger • fîng´gır
/isim/ çoğul fingers • parmak, el parmağı

---

thumb → başparmak
index finger → işaretparmağı
middle finger → ortaparmak
ring finger → yüzükparmağı
little finger → serçeparmak

---

fingernail fin.ger.nail • fîng´gırneyl
/isim/ çoğul fingernails • tırnak, parmak tırnağı

fingerprint fin.ger.print • fîng´gırprînt
/isim/ çoğul fingerprints • parmak izi

143 →→→fish

finish fin.ish • fîn´îş
/fiil/ finishes, finishing, finished • bitirmek, tamamlamak; bitmek, tamamlanmak: Have you finished your homework? Ev ödevini bitirdin mi?

Finland Fin.land • fîn´lınd
/isim/ Finlandiya

¹Finn Finn • fîn
/sıfat/ Fin

²Finn Finn • fîn
/isim/ çoğul Finns • Finli

¹Finnish Finn.ish • fîn´îş
/sıfat/ 1. Fin 2. Fince

²Finnish Finn.ish • fîn´îş
/isim/ Fince

fire fire • fayr, İng. fay´ır
/isim/ çoğul fires • 1. ateş
be on fire yanmak
catch fire tutuşmak, alev almak: The curtains caught fire. Perdeler alev aldı.
set fire to (set on fire) tutuşturmak, ateşe vermek
2. yangın
fire alarm yangın alarmı
fire department, İng. fire brigade itfaiye
fire engine itfaiye arabası
fire escape yangın merdiveni
fire extinguisher yangın söndürücü
fire station itfaiye binası, yangın istasyonu
fire tower yangın kulesi

firefighter fire.fight.er • fayr´faytır
/isim/ çoğul firefighters • itfaiyeci

firefly fire.fly • fayr´flay
/isim/ çoğul fireflies • ateşböceği

fireman fire.man • fayr´mın
/isim/ çoğul firemen • itfaiyeci

firemen fire.men • fayr´mîn
/isim/ bkz. fireman

fireplace fire.place • fayr´pleys
/isim/ çoğul fireplaces • şömine, ocak

¹firm firm • fırm
/sıfat/ firmer, firmest • 1. sert: firm cushion sert minder firm soil sert toprak 2. sağlam, sıkı: a firm foundation sağlam bir temel 3. sağlam, güvenilir, değişmez: firm decision değişmez karar firm news güvenilir haber firm opinions sağlam fikirler 4. kararlı, sağlam take firm steps sağlam adımlar atmak

²firm firm • fırm
/isim/ çoğul firms • firma: marketing firm pazarlama firması

¹first first • fırst
/sıfat/ ilk, birinci: her first baby ilk bebeği
first lady cumhurbaşkanının eşi
first name ön ad, ilk ad

²first first • fırst
/zarf/ ilkönce, ilkin: You have to finish your homework first. Önce ödevini bitirmelisin.
at first önce, evvela
first of all ilkönce, her şeyden önce

firstly first.ly • fırst´li
/zarf/ ilkin, evvela, ilkönce, önce: Firstly, we peel the tomatoes. Önce domatesleri soyuyoruz.

¹fish fish • fîş
/isim/ çoğul fish/fishes • balık
fish farm balık çiftliği
fish knife balık bıçağı
fish oil balıkyağı
freshwater fish tatlı su balığı
marine fish deniz balığı
tropical fish tropikal balık

fish→→→ 144

dorsal fin → sırt yüzgeci
fin → yüzgeç
gill → solungaç
scale → pul
tail → kuyruk

²fish fish • fîş
/fiil/ fishes, fishing, fished • balık tutmak, balık avlamak

fishbone fish.bone • fîş´bon
/isim/ çoğul fishbones • kılçık, balık kılçığı

fisherman fish.er.man • fîş´ırmın
/isim/ çoğul fishermen • balıkçı

fishermen fish.er.men • fîş´ırmîn
/isim/ bkz. **fisherman**

fishing fish.ing • fîş´îng
/isim/ balık avlama, balık avı: Hasan likes to go fishing on weekends. Hasan hafta sonları balığa gitmeyi sever.
fishing boat balıkçı teknesi
fishing line olta ipi, misina
fishing net balık ağı
fishing rod olta çubuğu

fishnet fish.net • fîş´net
/isim/ çoğul fishnets • balık ağı

fist fist • fîst
/isim/ çoğul fists • yumruk: clenched fist sıkılmış yumruk fist fight yumruk dövüşü

¹fit fit • fît
/fiil/ fits, fitting, fitted/fit • uymak, oturmak: This blouse fits her exactly. Bu bluz ona tam oluyor.

²fit fit • fît

/sıfat/ fitter, fittest • 1. uygun 2. formda olan

five five • fayv
/isim, sıfat/ beş

five-star five-star • fayv´star´
/sıfat/ beş yıldızlı, lüks: a five-star hotel beş yıldızlı bir otel

fix fix • fîks
/fiil/ fixes, fixing, fixed • 1. onarmak, tamir etmek: Can you fix this computer? Bu bilgisayarı tamir edebilir misiniz? 2. (sabitleyerek) takmak, yerleştirmek: He fixed the shelves to the wall. Rafları duvara taktı.
fix one's eyes on (something) gözünü (bir şeye) dikmek

fixed fixed • fîkst
/sıfat/ sabit, değişmeyen
fixed price sabit fiyat

flag flag • fläg
/isim/ çoğul flags • bayrak, sancak: the Olympic flag Olimpiyat bayrağı signal flag ikaz bayrağı

flame flame • fleym
/isim/ çoğul flames • alev
burst into flames tutuşmak, alev almak
in flames alevler içinde

flamenco fla.men.co • flımeng´ko
/isim/ çoğul flamencos • (bir tür İspanyol dansı ve şarkısı) flamenko: flamenco dance flamenko dansı

flamingo fla.min.go • flımîng´go
/isim/ çoğul flamingos/flamingoes • flamingo

flash flash • fläş
/isim/ 1. ani bir parıldama: I saw a flash

of light in the distance. Uzakta bir ışık parıldaması gördüm. 2. flaş haber, kısa fakat önemli bir haber

flashlight flash.light • fläş´layt
/isim/ çoğul flashlights • el feneri
İng. **torch**

flask flask • fläsk
/isim/ çoğul flasks • cep şişesi, matara

¹flat flat • flät
/sıfat/ flatter, flattest • düz, yassı: flat plate yassı tabak
flat cap kasket
flat tire patlak lastik

²flat flat • flät
/isim/ çoğul flats • bkz. **apartment**

flatter flat.ter • flät´ır
/fiil/ flatters, flattering, flattered • pohpohlamak: Derya does not like being flattered at all. Derya pohpohlanmayı hiç sevmez.

flavor fla.vor • fley´vır
/isim/ çoğul flavors • lezzet, tat: What's your favorite flavor? En sevdiğiniz tat hangisidir?
İng. **flavour**

flavour fla.vour • fley´vır
/isim/ çoğul flavours • bkz. **flavor**

flea flea • fli
/isim/ çoğul fleas • pire

flesh flesh • fleş
/isim/ et

flew flew • flu
/fiil/ bkz. **²fly**

flexible flex.i.ble • flek´sıbıl
/sıfat/ 1. esnek, elastiki: Rubber is a flexible substance. Kauçuk esnek bir maddedir. 2. esnek, koşullara göre değişebilen: flexible working hours esnek çalışma saatleri

flight flight • flayt
/isim/ çoğul flights • uçuş, uçma: international flight uluslararası uçuş
test flight deneme uçuşu
flight engineer uçuş mühendisi

flip-flop flip-flop • flîp´flap
/isim/ çoğul flip-flops • tokyo

flipper flip.per • flîp´ır
/isim/ çoğul flippers • (denizkaplumbağalarında ve yüzen memelilerde) yüzgeç

float float • flot
/fiil/ floats, floating, floated • su üzerinde durmak, suda yüzmek; havada gitmek: Wood floats on water. Odun suda yüzer.

flock flock • flak
/isim/ çoğul flocks • sürü: a flock of geese kaz sürüsü

flood flood • flʌd
/isim/ çoğul floods • sel, taşkın, su baskını: flash flood aniden gelen sel
flood insurance sel sigortası

floor floor • flôr
/isim/ çoğul floors • 1. döşeme, yer, zemin: floor board döşeme tahtası
floor lamp ayaklı lamba

flora→→→

2. (binada) **kat:** first floor birinci kat
floor plan kat planı

flora flo.ra • flor´ı
/isim/ çoğul floras/florae • flora, bitey
(bir bölgedeki bitki türlerinin tümü):
aquatic flora su florası desert flora
çöl bitkileri

florae flo.rae • flor´i, flor´ay
/isim/ bkz. flora

florist flo.rist • flôr´îst
/isim/ çoğul florists • çiçekçi

florist's flo.rist's • flôr´îsts
/isim/ çiçekçi dükkânı

flour flour • flaur, flau´wır
/isim/ un: flour mill un değirmeni
wheat flour buğday unu

flow flow • flo
/fiil/ flows, flowing, flowed • akmak:
That river flows into the sea. O nehir
denize akar.

flower flow.er • flau´wır
/isim/ çoğul flowers • çiçek: a bunch of
flowers bir demet çiçek flower show
çiçek sergisi
flower bed çiçek tarhı

▬ ▬ ▬ ▬ ▬ ▬
camellia → kamelya
chrysanthemum → kasımpatı
dahlia → yıldızçiçeği
daisy → papatya
daylily → sarızambak
honeysuckle → hanımeli
hydrangea → ortanca
jasmine → yasemin
lily → zambak
tulip → lale
▬ ▬ ▬ ▬ ▬ ▬

flowered flow.ered • flau´wırd
/sıfat/ çiçekli, çiçek desenli: flowered
dress çiçek desenli elbise

flown flown • flon
/fiil/ bkz. ²fly

flu flu • flu
/isim/ grip

fluency flu.en.cy • fluw´ınsi
/isim/ (dilde) akıcılık

fluent flu.ent • fluw´ınt
/sıfat/ akıcı (yazı, tarz): a fluent speaker
akıcı bir biçimde konuşan bir konuşmacı
be fluent in speech (bir dili) akıcı bir
biçimde konuşmak

fluently flu.ent.ly • fluw´ıntli
/zarf/ akıcı bir biçimde: He speaks
Spanish and Russian fluently. Akıcı bir
biçimde İspanyolca ve Rusça konuşuyor.

¹fluid flu.id • flu´wîd
/sıfat/ akıcı, akışkan: Mercury is a
fluid metal. Cıva akıcı bir metaldir.

²fluid flu.id • flu´wîd
/isim/ çoğul fluids • sıvı: body fluids
vücut sıvıları

flute flute • flut
/isim/ çoğul flutes • flüt

¹fly fly • flay
/isim/ çoğul flies • sinek: fruit fly

147 →→→footballer

meyve sineği

²fly fly • flay
/fiil/ flies, flying, flew, flown • 1. uçmak;
uçurmak: learn to fly uçmayı öğrenmek
2. uçmak, havayolu ile gitmek: They
flew to İzmir. İzmir'e uçtular.
fly across -i uçakla geçmek, üzerinden
uçmak
3. (bayrağı) dalgalandırmak

foam foam • fom
/isim/ köpük: shaving foam tıraş köpüğü
foam rubber sünger

foci fo.ci • fo´say, fo´kay
/isim/ bkz. focus

focus fo.cus • fo´kıs
/isim/ çoğul focuses/foci • odak

fog fog • fag
/isim/ çoğul fogs • sis: dense fog yoğun
sis

foggy fog.gy • fag´i
/sıfat/ sisli: a foggy day sisli bir gün

fold fold • fold
/fiil/ folds, folding, folded • katlamak;
katlanmak: He folds his clothes neatly
every night. Her gece giysilerini güzelce
katlar.

folder fold.er • fol´dır
/isim/ çoğul folders • dosya: I keep my
letters in this folder. Mektuplarımı bu
dosyada saklıyorum.

folding fold.ing • fol´dîng
/sıfat/ katlanır: folding chair katlanır
iskemle folding table katlanır masa

folk folk • fok
/isim/ çoğul folks • halk

folk dance halk dansı

follow fol.low • fal´o
/fiil/ follows, following, followed •
izlemek, takip etmek: Follow that jeep!
O cipi takip et!

following fol.low.ing • fal´owîng
/sıfat/ izleyen, sonraki; aşağıdaki:
the following day sonraki gün

food food • fud
/isim/ çoğul foods • yemek, yiyecek; gıda,
besin: baby food bebek maması
breakfast food kahvaltılık fresh food
taze besin health food sağlıklı yiyecek
What sort of food do you like best? En
çok ne tür yiyeceği seversin?

fool fool • ful
/isim/ çoğul fools • ahmak, budala, aptal
act the fool aptal gibi davranmak

foolish fool.ish • fu´lîş
/sıfat/ 1. ahmak, budala, aptal (kimse)
2. ahmakça, budalaca, aptalca (şey):
a foolish reply aptalca bir yanıt

foot foot • fût
/isim/ çoğul feet • ayak
on foot yaya olarak

ankle → ayak bileği
big toe → ayak başparmağı
heel → topuk
sole → taban
toe → ayak parmağı
toenail → ayak tırnağı

football foot.ball • fût´bôl
/isim/ 1. Amerikan futbolu 2. bkz. soccer
3. çoğul footballs • bkz. soccer ball

footballer foot.ball.er • fût´bôlır

footpath→→→

148

/isim/ çoğul footballers • bkz. soccer player

footpath foot.path • fût´päth
/isim/ çoğul footpaths • patika

footprint foot.print • fût´prînt
/isim/ çoğul footprints • ayak izi

footstep foot.step • fût´step
/isim/ çoğul footsteps • 1. adım 2. ayak sesi 3. ayak izi

footwear foot.wear • fût´wer
/isim/ ayakkabılar; ayağa giyilenler

▬ ▬ ▬ ▬ ▬ ▬ ▬ ▬ ▬

boot → çizme; bot
bootee → (örgü) bebek patiği
ice skate → buz pateni
overshoe → galoş
roller skate → tekerlekli paten
running shoes → koşu ayakkabıları
sandal → sandal, sandalet
shoe → ayakkabı
slipper → terlik
sock → çorap
sports shoes → spor ayakkabıları

▬ ▬ ▬ ▬ ▬ ▬ ▬ ▬ ▬

for for • fôr
/edat/ 1. için: This book is for children. Bu kitap çocuklar için. What can I do for you? Sizin için ne yapabilirim? He went there for a better career. Oraya daha iyi bir kariyer amacıyla gitti.
2. -den dolayı: She couldn't sleep for the heat. Sıcaktan dolayı uyuyamadı.
3. süresince, boyunca: for months aylarca We walked for two kilometers. İki kilometre yürüdük.

forbade for.bade • fırbäd´
/fiil/ bkz. forbid

forbid for.bid • fırbîd´
/fiil/ forbids, forbidding, forbade, forbidden • yasaklamak, yasak etmek: If you want to talk, I can't forbid you. Konuşmak istersen, sana engel olamam. God forbid! (Heaven forbid!) Allah korusun!

¹forbidden for.bid.den • fırbîd´ın
/fiil/ bkz. forbid

²forbidden for.bid.den • fırbîd´ın
/sıfat/ yasaklanmış, yasak: forbidden publications yasaklanmış yayınlar

¹force force • fôrs
/isim/ çoğul forces • güç, kuvvet: force of an explosion patlama kuvveti
by force zorla

²force force • fôrs
/fiil/ forces, forcing, forced • 1. zorlamak, mecbur etmek: He was forced to apologize. Özür dilemeye zorlandı.
2. (güç kullanarak) zorlamak: force the door kapıyı zorlamak

forecast fore.cast • for´käst
/isim/ çoğul forecasts • tahmin: weather forecast hava tahmini

forehead fore.head • fôr´îd, fôr´hed
/isim/ çoğul foreheads • alın

foreign for.eign • fôr´în
/sıfat/ yabancı: foreign language yabancı dil
foreign affairs dışişleri
foreign exchange döviz
foreign minister dışişleri bakanı
foreign trade dış ticaret
the Foreign Office bkz. the Ministry of Foreign Affairs

foreigner for.eign.er • fôr´înır
/isim/ çoğul foreigners • yabancı

→→→fortunately

forest for.est • fôr´îst
/isim/ çoğul **forests** • orman: forest animals orman hayvanları tropical forest tropikal orman

forever for.ev.er • fırev´ır
/zarf/ sonsuza dek, ebediyen

forgave for.gave • fırgeyv´
/fiil/ bkz. **forgive**

forget for.get • fırget´
/fiil/ forgets, forgetting, forgot, forgotten • unutmak: Don't forget to call me. Beni aramayı unutma.

forgive for.give • fırgîv´
/fiil/ forgives, forgiving, forgave, forgiven • affetmek, bağışlamak: I forgave you a long time ago. Seni uzun süre önce affettim.

forgiven for.giv.en • fırgîv´ın
/fiil/ bkz. **forgive**

forgot for.got • fır´gat
/fiil/ bkz. **forget**

forgotten for.got.ten • fırgat´ın
/fiil/ bkz. **forget**

fork fork • fôrk
/isim/ çoğul **forks** • çatal: salad fork salata çatalı serving fork servis çatalı table fork yemek çatalı a fork in a road yol ayrımı

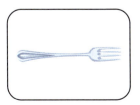

¹**form** form • fôrm
/isim/ çoğul **forms** • 1. biçim, şekil: different forms of writing yazının farklı biçimleri 2. form, (doldurulacak) belge: order form sipariş formu fill out a form bir form doldurmak

²**form** form • fôrm
/fiil/ forms, forming, formed • oluşturmak; biçimlendirmek: form a sentence bir cümle kurmak

formal for.mal • fôr´mıl
/sıfat/ resmi: a formal dinner resmi bir yemek

¹**former** for.mer • fôr´mır
/sıfat/ eski, önceki: in former times eski zamanlarda

²**former** for.mer • fôr´mır
/isim/ (the) ilk, ilk söylenen (şey/kişi/grup)

fort fort • fôrt
/isim/ çoğul **forts** • kale, hisar

forth forth • fôrth
/zarf/ ileri; dışarı
and so forth falan filan, vesaire
bring forth yaratmak, yol açmak

fortieth for.ti.eth • fôr´tiyîth
/sıfat, isim/ 1. kırkıncı 2. kırkta bir

fortnight fort.night • fôrt´nayt
/isim/ iki hafta, on beş gün: a fortnight's holiday iki haftalık bir tatil

fortunate for.tu.nate • fôr´çınît
/sıfat/ şanslı, talihli

fortunately for.tu.nate.ly • fôr´çınîtli
/zarf/ iyi ki, çok şükür

fortune for.tune • fôr´çın
/isim/ 1. kısmet, kader
tell (someone's) fortune (birinin) falına bakmak
2. şans, talih: good fortune iyi talih ill fortune kötü talih
by a stroke of good fortune şans eseri
3. servet

fortune-teller for.tune-tell.er • fôr´çıntelır /isim/ çoğul fortune-tellers • falcı

forty for.ty • fôr´ti
/isim, sıfat/ kırk

forward for.ward • fôr´wırd
/zarf/ ileri doğru, ileri: move forward ileriye doğru hareket etmek

fossil fos.sil • fas´ıl
/isim/ çoğul fossils • fosil, taşıl: We saw fossils of reptiles at the museum. Müzede sürüngen fosilleri gördük.

fought fought • fôt
/fiil/ bkz. ²fight

¹found found • faund
/fiil/ bkz. find

²found found • faund
/fiil/ founds, founding, founded • kurmak: found a research institute bir araştırma enstitüsü kurmak

foundation foun.da.tion • faundey´şın
/isim/ 1. kurma, tesis etme 2. çoğul foundations • temel 3. çoğul foundations • kurum, vakıf

founder found.er • faun´dır
/isim/ çoğul founders • kurucu: His grandfather was the founder of this company. Dedesi bu şirketin kurucusuymuş.

fountain foun.tain • faun´tın
/isim/ çoğul fountains • 1. fıskıye: water fountain su fıskıyesi 2. çeşme
fountain pen dolmakalem

four four • for
/isim, sıfat/ dört

fourteen four.teen • fôrtin´
/isim, sıfat/ on dört

fourteenth four.teenth • fôrtinth´
/sıfat, isim/ 1. on dördüncü 2. on dörtte bir

fourth fourth • fôrth
/sıfat, isim/ 1. dördüncü 2. dörtte bir

fox fox • faks
/isim/ çoğul foxes • tilki

fraction frac.tion • fräk´şın
/isim/ çoğul fractions • (matematik) kesir
common fraction bayağı kesir
decimal fraction ondalık kesir

fragile frag.ile • fräc´ıl, Ing. fräc´ayl
/sıfat/ kırılgan, kolay kırılan: fragile bones kırılgan kemikler

fragment frag.ment • fräg´mınt
/isim/ çoğul fragments • kırık parça, kırık: fragments of broken glass kırık cam parçaları

¹**frame** trame • freym
/isim/ çoğul frames • 1. çerçeve:
picture frame resim çerçevesi
2. (pencere/kapı tutturulan) kasa:
window frame pencere kasası

²**frame** frame • freym
/fiil/ frames, framing, framed •
çerçevelemek

frames frames • freymz
/isim/ gözlük çerçevesi

France France • fräns
/isim/ Fransa

frank frank • frängk
/sıfat/ franker, frankest • açıksözlü;
açıkyürekli, açıkkalpli; içten, samimi:
Thank you for being frank with me.
Bana karşı açıksözlü olduğun için
teşekkür ederim.

freckle freck.le • frek´ıl
/isim/ çoğul freckles • çil

free free • fri
/sıfat/ freer, freest • 1. özgür, hür; serbest:
You are free to go. Gidebilirsin.
free port serbest liman
free press özgür basın
free trade serbest ticaret
free will özgür irade
2. boş: I'm free tomorrow. Yarın boşum.
free time boş zaman: I like reading poetry
in my free time. Boş zamanımda şiir
okumayı severim.
3. bedava, parasız: free education
parasız eğitim free meal bedava yemek
4. from/of -siz, -sız, -süz, -suz: free
from pain ağrısız free of charge ücretsiz

freedom free.dom • fri´dım
/isim/ çoğul freedoms • özgürlük; serbestlik

freedom of speech konuşma özgürlüğü
freedom of the press basın özgürlüğü
freedom of thought düşünce özgürlüğü

freeze freeze • friz
/fiil/ freezes, freezing, froze, frozen •
1. donmak, buz tutmak; dondurmak:
Water freezes at 0° C. Su 0° C'de
donar. 2. çok üşümek, donmak: It's
too cold, I'm freezing. Çok soğuk,
donuyorum.

freezer freez.er • fri´zır
/isim/ çoğul freezers • derin dondurucu;
(buzdolabındaki) buzluk

¹**freezing** freez.ing • fri´zîng
/sıfat/ dondurucu, çok soğuk

²**freezing** freez.ing • fri´zîng
/isim/ donma noktası: The temperature
is below freezing. Isı, donma noktasının
altında.
freezing point 1. donma noktası
2. donma derecesi

¹**French** French • frenç
/sıfat/ 1. Fransız 2. Fransızca

²**French** French • frenç
/isim/ Fransızca
the French Fransızlar

French fry French fry • frenç´ fray
/isim/ çoğul French fries • kızarmış
patates, patates tava

frequent→→→ 152

¹frequent fre.quent • fri´kwɪnt
/sıfat/ sık tekrarlanan: frequent visits
sık ziyaretler

²frequent fre.quent • fri´kwɪnt, frikwent´
/fiil/ frequents, frequenting, frequented •
(bir yere) sık sık gitmek

frequently fre.quent.ly • fri´kwɪntli
/zarf/ sık sık
frequently asked questions sıkça
sorulan sorular

fresh fresh • freş
/sıfat/ fresher, freshest • 1. taze:
a fresh fruit taze bir meyve fresh air
temiz hava fresh bread taze ekmek
2. yeni: a fresh approach yeni bir yaklaşım
a fresh start yeni bir başlangıç

¹freshwater fresh.wa.ter • freş´wô´tır
/isim/ tatlı su

²freshwater fresh.wa.ter • freş´wô´tır
/sıfat/ 1. tatlı suya özgü, tatlı su:
freshwater fish tatlı su balığı 2. tuzsuz,
tatlı su: freshwater lake tatlı su gölü

Friday Fri.day • fray´di, fray´dey
/isim/ çoğul Fridays • cuma

fridge fridge • frîc
/isim/ çoğul fridges • bkz. **refrigerator**

¹fried fried • frayd
/fiil/ bkz. **fry**

²fried fried • frayd
/sıfat/ yağda pişirilmiş, kızartılmış:
fried chicken kızarmış piliç fried eggs
sahanda yumurta

friend friend • frend
/isim/ çoğul friends • arkadaş, dost: Ece

is my best friend. Ece en iyi arkadaşımdır.
be friends with ile arkadaş olmak,
(birinin) arkadaşı olmak
make friends with ile arkadaş olmak

friendly friend.ly • frend´li
/sıfat/ friendlier, friendliest • 1. cana
yakın: a friendly person samimi bir
kimse 2. arkadaşça, dostça: a friendly
smile dostça bir gülümseme

friendship friend.ship • frend´şîp
/isim/ çoğul friendships • arkadaşlık,
dostluk: We have strong ties of friendship.
Güçlü arkadaşlık bağlarımız var.

fright fright • frayt
/isim/ korku, dehşet: He trembled with
fright. Korkuyla titredi.
give someone a fright birini korkutmak

frighten fright.en • frayt´ın
/fiil/ frightens, frightening, frightened •
korkutmak: The noise of thunder
frightens him. Gök gürültüsünün sesi
onu korkutuyor.

frightened fright.ened • frayt´ınd
/sıfat/ korkmuş, ürkmüş: frightened
children korkmuş çocuklar

frightening fright.en.ing • frayt´ınîng
/sıfat/ korkutucu: a frightening
development korkutucu bir gelişme
a frightening experience korkutucu
bir deneyim

frill frill • frîl
/isim/ çoğul frills • fırfır, farbala

fringe fringe • frînc
/isim/ çoğul fringes • 1. saçak, püsküllü
saçak 2. perçem, kâkül

frog frog • frag
/isim/ çoğul frogs • kurbağa

━━━━━━━━━━━━
life cycle of a frog / kurbağanın yaşam çevrimi
egg → yumurta
tadpole → iribaş
tadpole with legs → ayaklı iribaş
froglet → genç yavru
adult → yetişkin
━━━━━━━━━━━━

from from • frʌm
/edat/ 1. -den, -dan: He jumped from the branch. Daldan atladı. I'm from Rize. Rizeliyim. İznik is 210 kilometers from here. İznik buradan 210 kilometre uzakta. The museum is open from 9:00 to 17:00 on weekdays. Müze, hafta içinde 9:00'dan 17:00'ye kadar açık. This jacket is made from leather. Bu ceket deriden üretilmiş. 2. -den itibaren: from the first of June 1 Haziran'dan itibaren
from now on şimdiden sonra, bundan sonra

¹front front • frʌnt
/sıfat/ ön, öndeki: front door ön kapı

²front front • frʌnt
/isim/ ön, ön taraf: He likes traveling in the front of the car. Arabanın önünde yolculuk etmeyi sever.
in front of önünde

frontier fron.tier • frʌntîr´
/isim/ çoğul frontiers • sınır, hudut; sınır bölgesi: They live in a village close to the frontier. Sınır bölgesine yakın bir köyde yaşıyorlar.

frost frost • frôst
/isim/ çoğul frosts • ayaz, don, kırağı: There was a frost yesterday. Dün don vardı.

frown frown • fraun
/fiil/ frowns, frowning, frowned • kaşlarını çatmak

froze froze • froz
/fiil/ bkz. **freeze**

¹frozen fro.zen • fro´zın
/fiil/ bkz. **freeze**

²frozen fro.zen • fro´zın
/sıfat/ donmuş: frozen food dondurulmuş yiyecek

fruit fruit • frut
/isim/ çoğul fruits • meyve: fruit juice meyve suyu fruit salad meyve salatası

fruitful fruit.ful • frut´fıl
/sıfat/ verimli: a fruitful discussion verimli bir görüşme

fruitless fruit.less • frut´lıs
/sıfat/ faydasız, nafile: fruitless efforts nafile çabalar

fry fry • fray
/fiil/ fries, frying, fried • tavada kızartmak; tavada kızarmak
frying pan tava

fuel fu.el • fyu´wıl
/isim/ çoğul fuels • yakıt

fuel oil fuel-oil, yağyakıt
fuel tank yakıt tankı

fuels / yakacaklar
coal → kömür
gas → gaz, havagazı
gasoline → benzin
natural gas → doğalgaz
oil, petroleum → petrol
wood → odun

fulfil ful.fil • fûlfîl´
/fiil/ fulfils, fulfilling, fulfilled • bkz. fulfill

fulfill ful.fill • fûlfîl´
/fiil/ fulfills, fulfilling, fulfilled • yerine getirmek, yapmak: You should fulfill your responsibilities. Sorumluluklarını yerine getirmelisin.
İng. fulfil

full full • fûl
/sıfat/ fuller, fullest • 1. dolu: a full glass dolu bir bardak
full of ile dolu: a bottle full of water su ile dolu bir şişe a room full of people insanlarla dolu bir oda a sky full of stars yıldızlarla dolu bir gökyüzü
2. tam: full membership tam üyelik give full attention tam dikkatini vermek give full information tam bilgi vermek
full stop bkz. period (3.)

full-time full-time • fûl´taym´
/sıfat/ fultaym, tamgün, tam zamanlı: a full-time job tam zamanlı bir iş

fumes fumes • fyumz
/isim/ (pis kokulu) gazlar/dumanlar: exhaust fumes egzoz dumanı

fun fun • fʌn
/isim/ eğlence, zevk

for fun zevk için; şakadan
have fun eğlenmek: We had lots of fun at the party. Partide çok eğlendik.
make fun of (biriyle) alay etmek

function func.tion • fʌngk´şın
/isim/ çoğul functions • iş, görev; işlev, fonksiyon: The main function of a heater is to warm us up. Sobanın temel işlevi, bizi ısıtmaktır.

fund fund • fʌnd
/isim/ çoğul funds • fon

fundamental fun.da.men.tal • fʌndımen´tıl /sıfat/ temel, esaslı, asıl: a fundamental error temelden bir hata fundamental principles temel ilkeler

funfair fun.fair • fʌn´fer
/isim/ çoğul funfairs • bkz. amusement park

funnel fun.nel • fʌn´ıl
/isim/ çoğul funnels • huni

funny fun.ny • fʌn´i
/sıfat/ funnier, funniest • komik, gülünç, güldürücü, eğlendirici: a funny story gülünç bir hikâye

fur fur • fır
/isim/ çoğul furs • kürk: fur coat kürk manto white fur beyaz kürk

furious fu.ri.ous • fyûri´yıs
/sıfat/ 1. çok öfkeli, gözü dönmüş: Kaya

155 →→→future

was furious at the decision. Kaya, karara karşı öfkeliydi. **2. şiddetli, sert, korkunç, müthiş:** a furious storm şiddetli bir fırtına furious waves azgın dalgalar

furnish fur.nish • fır´nîş /fiil/ furnishes, furnishing, furnished • **döşemek, donatmak:** furnish a house bir evi döşemek

furnished fur.nished • fır´nîşt /sıfat/ **mobilyalı; dayalı döşeli:** a furnished house dayalı döşeli bir ev

furniture fur.ni.ture • fır´nıçır /isim/ **mobilya:** bedroom furniture yatak odası mobilyası office furniture büro mobilyası

further fur.ther • fır´dhır /sıfat, zarf/ bkz. [1]far, [2]far

furthest fur.thest • fır´dhîst /sıfat, zarf/ bkz. [1]far, [2]far

[1]**future** fu.ture • fyu´çır /sıfat/ **gelecek, gelecekteki, olacak:** future events olacak olaylar his future job gelecekteki (sonraki) işi the future tense (dilbilgisi) gelecek zaman

[2]**future** fu.ture • fyu´çır /isim/ **gelecek:** Do you want to know what will happen in the future? Gelecekte ne olacağını bilmek ister misin? in the distant future uzak gelecekte in the near future yakın gelecekte

Gg

Gabon Ga.bon • gıbon´
/isim/ Gabon

¹Gabonese Ga.bon.ese • gäbıniz´
/sıfat/ 1. Gabon'a özgü 2. Gabonlu

²Gabonese Ga.bon.ese • gäbıniz´
/isim/ çoğul Gabonese • Gabonlu

gain gain • geyn
/fiil/ gains, gaining, gained • elde etmek, kazanmak: gain experience deneyim kazanmak
gain money para kazanmak: He gained 300 liras. 300 lira kazandı.
gain time 1. vakit kazanmak 2. (saat) ileri gitmek

galaxy gal.ax.y • gäl´ıksi
/isim/ çoğul galaxies • (gökbilim) galaksi, gökada: The Milky Way is only one of the galaxies in the universe. Samanyolu evrendeki galaksilerden sadece biri.

gallery gal.ler.y • gäl´ıri
/isim/ çoğul galleries • salon, galeri: art gallery sanat galerisi

Gambia Gam.bi.a • gäm´biyı
/isim/ Gambiya
the Gambia bkz. Gambia

¹Gambian Gam.bi.an • gäm´biyın
/sıfat/ 1. Gambiya'ya özgü 2. Gambiyalı

²**Gambian** Gam.bi.an • gäm´biyın
/isim/ çoğul Gambians • Gambiyalı

gamble gam.ble • gäm´bıl
/fiil/ gambles, gambling, gambled • kumar oynamak

game game • geym
/isim/ çoğul games • 1. oyun: word games sözcük oyunları 2. maç: Our team won the game. Maçı bizim takım kazandı.
the Olympic Games olimpiyat oyunları

---

children's games / çocuk oyunları
blindman's buff → körebe
hide-and-seek → saklambaç
hopscotch → seksek
jumping rope → ip atlama
leapfrog → birdirbir
marbles → misket oyunu
playing house → evcilik
puss in the corner → köşe kapmaca
tag → kovalamaca

---

gang gang • gäng
/isim/ çoğul gangs • çete: The gang members were caught red-handed. Çete üyeleri suçüstü yakalandı.

gangster gang.ster • gäng´stır
/isim/ çoğul gangsters • gangster

gap gap • gäp
/isim/ çoğul gaps • aralık, boşluk: a gap between expenses and income gelir gider farkı a gap in one's memory bellek kaybı a gap in the wall duvarda bir boşluk

garage ga.rage • gıraj´, gırac´, İng. ger´îc
/isim/ çoğul garages • (ev için) garaj

bus garage otobüs garajı

garbage gar.bage • gar´bîc
/isim/ çöp, süprüntü
garbage can, İng. dustbin çöp kutusu; çöp bidonu

garden gar.den • gar´dın
/isim/ çoğul gardens • bahçe: flower garden çiçek bahçesi garden tools bahçe aletleri
garden party gardenparti

gardener gar.den.er • gar´dınır
/isim/ çoğul gardeners • bahçıvan

gardening gar.den.ing • gar´dınîng
/isim/ bahçecilik, bahçıvanlık: gardening tools bahçecilik aletleri

garlic gar.lic • gar´lîk
/isim/ sarımsak: a clove of garlic bir diş sarımsak

garment gar.ment • gar´mınt
/isim/ çoğul garments • giysi, elbise: woolen garments yünlü giysiler

garnish gar.nish • gar´nîş

/isim/ çoğul garnishes • garnitür (asıl yemeğin yanına eklenen süsleyici veya tamamlayıcı yiyecekler): Parsley is a kind of garnish. Maydanoz bir tür garnitürdür.

gas gas • gäs
/isim/ çoğul gases/gasses • 1. gaz
gas mask gaz maskesi
2. benzin
gas station benzin istasyonu
3. doğalgaz; havagazı
gas meter doğalgaz sayacı

gasoline gas.o.line • gäsilin´
/isim/ benzin
Ing. petrol

gate gate • geyt
/isim/ çoğul gates • kapı; dış kapı; bahçe kapısı: a wooden gate tahta bir kapı

gather gath.er • gädh´ır
/fiil/ gathers, gathering, gathered • toplamak, bir araya getirmek; toplanmak, bir araya gelmek: Clouds gathered on the horizon. Bulutlar ufukta toplandı.
gather together bir araya getirmek; bir araya gelmek

gave gave • geyv
/fiil/ bkz. give

gear gear • gîr
/isim/ çoğul gears • vites, dişli

geese geese • gis
/isim/ bkz. goose

gel gel • cel
/isim/ jel, pelte

gender gen.der • cen´dır
/isim/ çoğul genders • cinsiyet

gene gene • cin
/isim/ çoğul genes • gen

¹general gen.er.al • cen´ırıl
/sıfat/ genel: general election genel seçim general rules genel kurallar
in general genel olarak, genellikle

²general gen.er.al • cen´ırıl
/isim/ çoğul generals • general
full general orgeneral

generally gen.er.al.ly • cen´ırıli
/zarf/ genellikle: Okan generally goes to school at eight o'clock. Okan, okula genellikle saat sekizde gider.

generation gen.er.a.tion • cenırey´şın
/isim/ çoğul generations • nesil, kuşak: first generation birinci kuşak second generation ikinci kuşak the new generation yeni nesil
the generation gap kuşak farkı

generator gen.er.a.tor • cen´ıreytır
/isim/ çoğul generators • jeneratör, dinamo

generous gen.er.ous • cen´ırıs
/sıfat/ cömert, eli açık: a generous donor cömert bir bağışçı

genetic ge.net.ic • cınet´îk
/sıfat/ genetik: genetic disease genetik hastalık

genius gen.ius • cin´yıs
/isim/ 1. deha 2. çoğul geniuses • dâhi
3. üstün yetenek

gentle gen.tle • cen´tıl
/sıfat/ gentler, gentlest • nazik ve
yumuşak: a gentle person ince bir kişi
a gentle voice nazik bir ses

gentleman gen.tle.man • cen´tılmın
/isim/ çoğul gentlemen • centilmen,
efendi: He is a real gentleman. O
erçek bir beyefendi.

gently gent.ly • cent´li
/zarf/ nazikçe; hafifçe: He should treat
him gently. Ona nazikçe davranmalı.

geographic ge.o.graph.ic • ciyıgräf´îk
/sıfat/ coğrafi

geography ge.og.ra.phy • ciyag´rıfi
/isim/ coğrafya: physical geography
fiziksel coğrafya

geology ge.ol.o.gy • ciyal´ıci
/isim/ jeoloji, yerbilim

geometry ge.om.e.try • ciyam´ıtri
/isim/ geometri: plane geometry
düzlem geometri

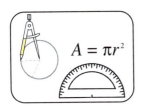

germ germ • cırm
/isim/ çoğul germs • mikrop

[1]**German** Ger.man • cır´mın
/sıfat/ 1. Alman 2. Almanca

[2]**German** Ger.man • cır´mın
/isim/ 1. çoğul Germans • Alman
2. Almanca

Germany Ger.man.y • cır´mıni
/isim/ Almanya

get get • get
/fiil/ gets, getting, got, gotten/got •
1. elde etmek, kazanmak, edinmek;
almak, satın almak: When will you get
that book for me? O kitabı bana ne
zaman alacaksın? 2. almak: She got a
letter from Melek. Melek'ten bir mek-
tup aldı. 3. getirmek; götürmek: Will
you get me my glasses? Gözlüğümü
getirir misin? 4. olmak: He's getting
older. O yaşlanıyor. It's gotten hot.
Sıcak oldu. 5. gitmek, varmak: How
long does it take you to get there?
Oraya varman ne kadar sürer?
get ahead başarılı olmak: He can't
seem to get ahead in his work. İşini
başaracak gibi görünmüyor.
get along with someone biriyle iyi
geçinmek: Seher tries to get along
with everyone. Seher, herkesle iyi
geçinmeye çalışıyor.
get away kaçmak: Get away from that
crocodile. O timsahtan uzak dur.
get back geri dönmek: When will Veli
get back home? Veli, eve ne zaman
dönecek?
get better iyileşmek: I hope you'll get
better soon. Umarım en kısa sürede
iyileşirsin.
get in (get into) 1. (-e) binmek 2. (-e)
varmak, (-e) ulaşmak
get off (otobüsten, trenden) inmek:
Where shall we get off the bus?
Otobüsten nerede ineceğiz?
get on (otobüse, trene) binmek: When

did you get on the bus? Otobüse ne zaman bindin?
get out ayrılmak, kaçmak; çıkmak: We'll get out of here on Friday. Cuma günü buradan ayrılacağız.
get over (hastalık) geçmek, (hastalığı) atlatmak: Have you gotten over your cold? Nezlen geçti mi?
get through (sınavı) geçmek; (okulu) bitirmek: How did Halil get through high school? Halil liseyi nasıl bitirdi?
get together bir araya gelmek, toplanmak: Old friends got together at the restaurant yesterday. Eski arkadaşlar dün restoranda toplandılar.
get up (yataktan) kalkmak: He usually gets up early in the morning. Genellikle sabah erken kalkar.

Ghana Gha.na • ga´nı
/isim/ Gana

¹Ghanaian Gha.na.ian • ganey´ın
/sıfat/ 1. Gana'ya özgü 2. Ganalı

²Ghanaian Gha.na.ian • ganey´ın
/isim/ çoğul Ghanaians • Ganalı

ghost ghost • gost
/isim/ çoğul ghosts • hayalet, hortlak: Do you believe in ghosts? Hayaletlere inanır mısın?

giant gi.ant • cay´ınt
/isim/ çoğul giants • dev

gift gift • gîft
/isim/ çoğul gifts • hediye, armağan: birthday gift yaş günü hediyesi gift basket hediye sepeti gift shop hediyelik eşya dükkânı

gigantic gi.gan.tic • caygän´tîk
/sıfat/ dev gibi, kocaman: a gigantic man

dev gibi bir adam a gigantic shark dev bir köpekbalığı

giggle gig.gle • gîg´ıl
/fiil/ giggles, giggling, giggled • kıkırdamak, kıkır kıkır gülmek

gill gill • gîl
/isim/ çoğul gills • solungaç

giraffe gi.raffe • cıräf´
/isim/ çoğul giraffes/giraffe • zürafa

girl girl • gırl
/isim/ çoğul girls • kız: a little girl küçük bir kız

girlfriend girl.friend • gırl´frend
/isim/ çoğul girlfriends • kız arkadaş

give give • gîv
/fiil/ gives, giving, gave, given • vermek: Would you give me that book? Şu kitabı bana verir misin? Give him my best wishes. Ona iyi dileklerimi iletin.
give away hediye etmek: She gave her cat away. Kedisini hediye etti.
give back geri vermek, iade etmek: Give my book back to me, please. Kitabımı geri verin lütfen.
give ear to -e kulak vermek: Nobody gave ear to what he said. Ne dediğine kimse kulak asmadı.
give in teslim olmak, kabullenmek: Don't give in to hate. Nefrete teslim olma.
give off (koku, gaz, buhar) yaymak,

161 →→→glossary

çıkarmak: Plants give off oxygen. Bitkiler havaya oksijen verir.
give rise to -e yol açmak: Stress gives rise to disease. Gerilim hastalığa neden oluyor.
give up vazgeçmek: He never gave up hope. Umudunu hiç kaybetmedi. He never gave up. Asla vazgeçmedi.

given giv.en • gîv´ın
/fiil/ bkz. **give**

glacier gla.cier • gley´şır
/isim/ çoğul glaciers • buzul: Glaciers are melting because of global warming. Küresel ısınma nedeniyle buzullar eriyor.

glad glad • gläd
/sıfat/ gladder, gladdest • mutlu, memnun: We are glad about your visit. Ziyaretinize memnun olduk.

gland gland • gländ
/isim/ çoğul glands • bez, beze, gudde

glass glass • gläs
/isim/ çoğul glasses • 1. cam
2. bardak

▬ ▬ ▬ ▬ ▬ ▬ ▬ ▬
goblet → kadeh
mug → kupa
tea glass → çay bardağı
tumbler → (sapsız, kısa, genişçe) bardak
water glass → su bardağı
▬ ▬ ▬ ▬ ▬ ▬ ▬ ▬

glasses glass.es • gläs´ız
/isim/ (çoğul) gözlük

▬ ▬ ▬ ▬ ▬ ▬ ▬ ▬
goggles → (gözleri koruyan) gözlük
lorgnette → opera gözlüğü
sunglasses → güneş gözlüğü
▬ ▬ ▬ ▬ ▬ ▬ ▬ ▬

glider glid.er • glay´dır
/isim/ çoğul gliders • planör

gliding glid.ing • glay´dîng
/isim/ planörcülük

global glob.al • glo´bıl
/sıfat/ küresel, global: global warming küresel ısınma

globalisation glob.al.i.sa.tion • globılızey´şın /isim/ bkz. **globalization**

globalise glob.al.ise • glo´bılayz
/fiil/ globalises, globalising, globalised • bkz. **globalize**

globalization glob.al.i.za.tion • globılızey´şın /isim/ küreselleşme, globalleşme
İng. **globalisation**

globalize glob.al.ize • glo´bılayz
/fiil/ globalizes, globalizing, globalized • küreselleşmek, globalleşmek
İng. **globalise**

globe globe • glob
/isim/ çoğul globes • küre, yuvarlak, yuvar

glorious glo.ri.ous • glor´ıyıs
/sıfat/ çok şerefli, yüceltilmeye değer: This country has a glorious past. Bu ülkenin şanlı bir geçmişi var.

glory glo.ry • glor´i
/isim/ 1. şan ve şeref 2. çoğul glories • övünç kaynağı

glossary glos.sa.ry • glas´ıri
/isim/ çoğul glossaries • kitabın sonundaki sözlük bölümü

glove glove • glʌv
/isim/ çoğul **gloves** • eldiven
a pair of gloves bir çift eldiven
fit like a glove tıpatıp uymak

baseball glove → beysbol eldiveni
boxing glove → boks eldiveni
gardening gloves → bahçe eldiveni
mitten → tek parmaklı eldiven
rubber gloves → lastik eldiven

glow glow • glo
/fiil/ **glows, glowing, glowed** • (kor) parlamak; kor gibi parlamak: The cat's eyes glowed in the dark. Kedinin gözleri karanlıkta parlıyordu.

glue glue • glu
/isim/ çoğul **glues** • zamk, tutkal: liquid glue sıvı zamk

go go • go
/fiil/ **goes, going, went, gone** • gitmek: She goes to school by bus. Okula otobüsle gider. Where is Öner going? Öner nereye gidiyor?
go after kovalamak: We went after the thief. Hırsızı kovaladık.
go against -e karşı olmak; -e karşı çıkmak: Arzu is going against her parents' wishes. Arzu, anne ve babasının isteklerine karşı çıkıyor.
go ahead 1. (of) (-den) önce gitmek; önden gitmek 2. (with) (-e) devam etmek

Go ahead! Devam et!
go along 1. devam etmek, ilerlemek 2. with (bir düşünceye, birine) katılmak 3. with ile beraber gitmek
Go along! Haydi, git!
go away gitmek, ayrılmak: Please, go away from here now. Lütfen şimdi burayı terk et.
Go away! Defol!
go back 1. dönmek 2. -e uzanmak: His story goes back to my childhood. Onun öyküsü benim çocukluğuma uzanır.
go down (düzey) düşmek: Stop and watch the sun go down. Dur ve güneşin batışını izle.
go for nothing boşa gitmek: Have all our efforts gone for nothing? Tüm çabalarımız boşa mı gitti?
go into (bir sayı) (başka bir sayıyı) tam bölmek: 5 goes into 20 four times. 20'de 5, 4 tanedir. (20 bölü 5, 4 eder.) 5 doesn't go into 19. 19, 5'e tam bölünmez.
go on devam etmek
go out (eğlence amaçlı) dışarı çıkmak
go up yükselmek, çıkmak: The price of computers is going up. Bilgisayar fiyatları yükseliyor.
be going to -ecek: Are you going to go to the theater tonight? Bu gece tiyatroya gidecek misin? It's going to be sunny tomorrow. Yarın hava güneşli olacak. How are things going? (How's it going?) Nasıl gidiyor?

goal goal • gol
/isim/ çoğul **goals** • 1. amaç, erek, hedef: pursue one's goal amacının peşinden gitmek 2. (spor) kale
goal kick kale vuruşu
goal posts kale direkleri
3. (spor) gol: Ogün scored the first goal. İlk golü Ogün attı.

goat goat • got
/isim/ çoğul **goats** • keçi: **goat's cheese** keçi peyniri **goat's milk** keçi sütü **mountain goat** dağkeçisi

God God • gad
/isim/ Allah
God forbid! Allah korusun!
God only knows! Allah bilir!
Thank God! Allaha şükür!

god god • gad
/isim/ çoğul **gods** • tanrı, ilah: **god of war** savaş tanrısı

goddess god.dess • gad´îs
/isim/ çoğul **goddesses** • tanrıça, ilahe: **goddess of victory** zafer tanrıçası

goes goes • goz
/fiil/ bkz. **go**

¹**gold** gold • gold
/isim/ altın
gold mine altın madeni

²**gold** gold • gold
/sıfat/ altın: **a gold bracelet** altın bir bilezik

golden gold.en • gol´dın
/sıfat/ 1. altın, altından: **a golden necklace** altın bir kolye 2. altın rengi **the Golden Horn** Haliç

goldfish gold.fish • gold´fîş
/isim/ çoğul **goldfish** • kırmızıbalık, havuzbalığı, altınbalık

goldsmith gold.smith • gold´smîth
/isim/ çoğul **goldsmiths** • altın kuyumcusu

golf golf • gôlf
/isim/ golf: **golf club** golf sopası **golf course** golf sahası

gondola gon.do.la • gan´dılı, gando´lı
/isim/ çoğul **gondolas** • gondol

gone gone • gôn, gan
/fiil/ bkz. **go**

good good • gûd
/sıfat/ **better, best** • iyi: **a good book** iyi bir kitap **a good person** iyi bir insan **a good player** iyi bir oyuncu **good quality** kaliteli **Mert is good at mathematics.** Mert, matematikte başarılı.
Good afternoon! İyi günler!
Good evening! İyi akşamlar!
Good luck! Bol şanslar!
Good morning! Günaydın!
Good night! İyi geceler!

good-bye good-bye • gûdbay´
/ünlem/ Allaha ısmarladık

good-looking good-look.ing • gûd´lûk´îng /sıfat/ yakışıklı

good-natured good.na.tured • gûd´ney´çırd /sıfat/ iyi huylu

goodness good.ness • gûd´nîs
/isim/ iyilik

goods goods • gûdz
/isim/ mallar, taşınabilir eşya: **cheap goods** ucuz mal **stolen goods** çalıntı eşya

goose goose • gus
/isim/ çoğul **geese** • kaz

gorgeous gor.geous • gôr´cıs
/sıfat/ çok güzel, harika: This is a
gorgeous house. Bu harika bir ev.

gorilla go.ril.la • gırîl´ı
/isim/ çoğul **gorillas** • goril

¹gossip gos.sip • gas´ıp
/isim/ dedikodu: gossip column
dedikodu sütunu

²gossip gos.sip • gas´ıp
/fiil/ gossips, gossiping, gossiped •
dedikodu yapmak: Why do some
people gossip? Bazı insanlar neden
dedikodu yapar?

got got • gat
/fiil/ bkz. **get**

gotten got.ten • gat´ın
/fiil/ bkz. **get**

govern gov.ern • gʌv´ırn
/fiil/ governs, governing, governed •
yönetmek, idare etmek

government gov.ern.ment • gʌv´ırnmınt
/isim/ çoğul governments • hükümet:
the government of Portugal Portekiz
hükümeti

governor gov.er.nor • gʌv´ırnır
/isim/ çoğul governors • vali: The
governor will visit our school this week.
Vali bu hafta okulumuzu ziyaret edecek.

grab grab • gräb
/fiil/ grabs, grabbing, grabbed • kapmak,
çabucak ve zorla elinden almak: The
bag-snatcher grabbed Demet's bag

and ran off. Kapkaççı, Demet'in çan-
tasını kapıp kaçtı.

grace grace • greys
/isim/ zarafet, incelik

graceful grace.ful • greys´fıl
/sıfat/ zarif, latif: a graceful dancer
zarif bir dansçı

grad grad • gräd
/isim/ çoğul grads • (konuşma dili) mezun,
mezun kimse

grade grade • greyd
/isim/ çoğul grades • 1. derece
2. sınıf: first grade birinci sınıf grade 8
8. sınıf
grade school bkz. elementary school
3. not, puan
4. eğim; düzey
grade crossing hemzemin geçit

gradual grad.u.al • gräc´uwıl
/sıfat/ derece derece olan, yavaş yavaş
olan, yavaş: a gradual increase
dereceli bir artış

gradually grad.u.al.ly • gräc´uwıli
/zarf/ yavaş yavaş, derece derece,
gittikçe, giderek: The patient's condition
gradually improved. Hastanın durumu
giderek düzeldi.

¹graduate grad.u.ate • gräc´uwît
/isim/ çoğul graduates • mezun, mezun
kimse: law graduate hukuk mezunu
graduate student lisansüstü öğrencisi

²graduate grad.u.ate • gräc´uweyt
/fiil/ graduates, graduating, graduated •
(from) (-den) mezun olmak; -i mezun
etmek

graduation grad.u.a.tion • gräcuwey´şın
/isim/ mezun olma: graduation ceremony
mezuniyet töreni

grain grain • greyn
/isim/ çoğul grains • (tahılda) tane:
barley grain arpa tanesi

gram gram • gräm
/isim/ çoğul grams • gram
İng. **gramme**

grammar gram.mar • gräm´ır
/isim/ çoğul grammars • dilbilgisi,
gramer: the rules of English grammar
İngilizce dilbilgisi kuralları

gramme gramme • gräm
/isim/ çoğul grammes • bkz. **gram**

grand grand • gränd
/sıfat/ grander, grandest • büyük,
muhteşem, görkemli

grandchild grand.child • gränd´çayld
/isim/ çoğul grandchildren • torun

grandchildren grand.chil.dren •
gränd´çîldrın /isim/ bkz. **grandchild**

granddad grand.dad • gränd´däd
/isim/ çoğul granddads • (konuşma dili)
dede, büyükbaba

granddaughter grand.daugh.ter •
gränd´dôtır /isim/ çoğul granddaughters •
kız torun

grandfather grand.fa.ther • gränd´fadhır
/isim/ çoğul grandfathers • büyükbaba,
dede

grandma grand.ma • gränd´ma
/isim/ çoğul grandmas • (konuşma dili)
nine, büyükanne

grandmother grand.moth.er •
gränd´mʌdhır /isim/ çoğul grandmothers •
büyükanne, nine

grandpa grand.pa • gränd´pa
/isim/ çoğul grandpas • (konuşma dili)
dede, büyükbaba

grandparent grand.par.ent • gränd´perınt
/isim/ çoğul grandparents • büyükbaba;
büyükanne

grandson grand.son • gränd´sʌn
/isim/ çoğul grandsons • erkek torun

granny gran.ny • grän´i
/isim/ çoğul grannies • (konuşma dili)
nine, büyükanne

grape grape • greyp
/isim/ çoğul grapes • üzüm: a bunch of
grapes bir salkım üzüm

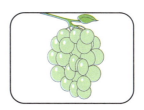

grapefruit grape.fruit • greyp´frut
/isim/ çoğul grapefruits • greyfrut:
grapefruit juice greyfrut suyu

graph graph • gräf

/isim/ çoğul graphs • grafik, çizge
graph paper kareli kâğıt

▬ ▬ ▬ ▬ ▬ ▬ ▬
area graph → alan grafiği
bar graph → çubuk grafik
line graph → çizgi grafiği
pie graph, pie chart → dilimli grafik
XY graph → XY grafiği
▬ ▬ ▬ ▬ ▬ ▬ ▬

grass grass • gräs
/isim/ çoğul grasses • çimen, çim, ot:
I mowed the grass yesterday. Çimleri
dün biçtim.

grasshopper grass.hop.per • gräs´hapır
/isim/ çoğul grasshoppers • çekirge

grate grate • greyt
/isim/ çoğul grates • 1. ızgara: street
grate yol ızgarası 2. demir parmaklık:
iron grate demir parmaklık

grateful grate.ful • greyt´fıl
/sıfat/ minnettar: I'm grateful to Nimet
for her help. Yardımı için Nimet'e
minnettarım.

grave grave • greyv
/isim/ çoğul graves • mezar

graveyard grave.yard • greyv´yard
/isim/ çoğul graveyards • mezarlık

gravity grav.i.ty • gräv´ıti
/isim/ yerçekimi

center of gravity ağırlık merkezi
specific gravity özgül ağırlık

¹gray gray • grey
/sıfat/ grayer, grayest • gri: a gray day
bulutlu bir gün gray hair kır saç
İng. grey

²gray gray • grey
/isim/ grays • gri
İng. grey

graze graze • greyz
/fiil/ grazes, grazing, grazed • otlamak;
otlatmak: The cows are grazing on
the meadow. İnekler çayırda otluyor.

great great • greyt
/sıfat/ greater, greatest • 1. büyük
(derece, miktar), çok: a great crowd
büyük bir kalabalık 2. önemli: news of
great importance çok önemli haber
Great Britain Büyük Britanya
the Great Bear (gökbilim) Büyükayı

Greece Greece • gris
/isim/ Yunanistan
ancient Greece antik Yunan

greedy greed.y • gri´di
/sıfat/ greedier, greediest • hırslı,
açgözlü: greedy salesman açgözlü satıcı
be greedy for gözünü (bir şey) hırsı
bürümek: He is greedy for money.
Gözünü para hırsı bürümüş.

¹Greek Greek • grik
/sıfat/ 1. Yunan 2. Yunanlı 3. Yunanca

²Greek Greek • grik
/isim/ 1. çoğul Greeks • Yunanlı
2. Yunanca

¹green green • grin
/sıfat/ greener, greenest • yeşil:

167 →→→**gross**

green olive yeşil zeytin
green light (trafik) yeşil ışık

^{2}**green** green • grin
/isim/ çoğul greens • yeşil

greengrocer green.gro.cer • grin´grosır
/isim/ çoğul greengrocers • İng. manav

greenhouse green.house • grin´haus
/isim/ çoğul greenhouses • sera

Greenland Green.land • grin´lınd
/isim/ Grönland

greens greens • grinz
/isim/ (çoğul) yeşillik; yeşil yapraklı
sebzeler

greet greet • grit
/fiil/ greets, greeting, greeted • selam
vermek, selamlamak: Our neighbor
greeted me this morning. Bu sabah
komşumuz bana selam verdi.

greeting greet.ing • gri´tîng
/isim/ çoğul greetings • selam
greeting card tebrik kartı

Grenada Gre.na.da • grıney´dı
/isim/ Grenada

^{1}**Grenadian** Gre.na.di.an • grıney´diyın
/sıfat/ 1. Grenada'ya özgü 2. Grenadalı

^{2}**Grenadian** Gre.na.di.an • grıney´diyın
/isim/ çoğul Grenadians • Grenadalı

grew grew • gru
/fiil/ bkz. grow

^{1}**grey** grey • grey
/sıfat/ greyer, greyest • bkz. ^{1}**gray**

^{2}**grey** grey • grey

/isim/ çoğul greys • bkz. ^{2}**gray**

grief grief • grif
/isim/ büyük üzüntü, acı, keder

grieve grieve • griv
/fiil/ grieves, grieving, grieved • büyük
bir üzüntü içinde olmak; -e büyük
üzüntü vermek, -e acı vermek: My
son's troubles grieve me. Oğlumun
sıkıntıları beni üzüyor.

grill grill • grîl
/isim/ çoğul grills • ızgara

grind grind • graynd
/fiil/ grinds, grinding, ground • (değirmen,
havan v.b.'nde) öğütmek/çekmek/dövmek:
Tuğçe prefers freshly ground black
pepper. Tuğçe, taze çekilmiş karabiber
tercih eder.

grip grip • grîp
/fiil/ grips, gripping, gripped • sıkı
tutmak, kavramak: Gizem gripped her
mother's hand firmly. Gizem, annesinin
elini sıkıca tuttu.

grocer gro.cer • gro´sır
/isim/ çoğul grocers • bakkal

groceries gro.cer.ies • gro´sıriz
/isim/ bakkaldan alınan gıda maddeleri

grocery gro.cer.y • gro´sıri
/isim/ çoğul groceries • bakkal dükkânı,
bakkal
grocery store bkz. grocery

groom groom • grum
/isim/ çoğul grooms • güvey

gross gross • gros
/sıfat/ brüt (miktar, ağırlık)
gross weight brüt ağırlık

ground→→→   168

¹ground ground • graund
/fiil/ bkz. **grind**

²ground ground • graund
/isim/ yer (yerin yüzeyi); zemin: He sat
on the ground. Yere oturdu.
ground floor zemin katı

groundnut ground.nut • graund´nʌt
/isim/ çoğul groundnuts • bkz. **peanut**

¹group group • grup
/isim/ çoğul groups • grup, küme:
a group of trees bir ağaç kümesi
group work grup çalışması

²group group • grup
/fiil/ groups, grouping, grouped •
gruplandırmak; gruplaşmak

grow grow • gro
/fiil/ grows, growing, grew, grown •
1. büyümek; gelişmek: Children grow
quickly. Çocuklar çabuk büyür.
2. (bitki/sebze/meyve) yetiştirmek;
yetişmek: Ülkü grows grapes. Ülkü,
üzüm yetiştiriyor. 3. olmak: He's grown
old. Yaşlandı. Kerem grew bored of
city life. Kerem, kent yaşamından sıkıldı.
The country gradually grew rich. Ülke
gittikçe zenginleşti. The skies had
grown dark. Gökyüzü kararmıştı.
grow up büyümek, yetişmek: He wants
to become a pilot when he grows up.
Büyüyünce pilot olmak istiyor.

grown grown • gron
/fiil/ bkz. **grow**

¹grown-up grown-up • gron´ʌp
/sıfat/ yetişkin: She has a grown-up
daughter. Yetişkin bir kızı var.

²grown-up grown-up • gron´ʌp
/isim/ çoğul grown-ups • yetişkin:
a summer camp for grown-ups
yetişkinler için bir yaz kampı

growth growth • groth
/isim/ büyüme, gelişme: growth rate
büyüme oranı

¹guarantee guar.an.tee • gerınti´
/isim/ çoğul guarantees • garanti

²guarantee guar.an.tee • gerınti´
/fiil/ guarantees, guaranteeing,
guaranteed • garanti etmek

¹guard guard • gard
/isim/ çoğul guards • 1. koruma görevlisi,
muhafız; nöbetçi
be on guard nöbet tutmak; tetikte olmak
be under guard koruma altında olmak
2. İng. (trende) biletçi

²guard guard • gard
/fiil/ guards, guarding, guarded •
korumak: The dog was guarding the
farmhouse. Köpek çiftlik evini koruyordu.

guardian guard.i.an • gar´diyın
/isim/ çoğul guardians • koruyucu

Guatemala Gua.te.ma.la • gwatıma´lı
/isim/ Guatemala

¹Guatemalan Gua.te.ma.lan • gwatıma´lın
/sıfat/ 1. Guatemala'ya özgü
2. Guatemalalı

²Guatemalan Gua.te.ma.lan • gwatıma´lın
/isim/ çoğul Guatemalans • Guatemalalı

¹guess guess • ges
/fiil/ guesses, guessing, guessed •
1. tahmin etmek: Can you guess my
age? Yaşımı tahmin edebilir misin?

2. zannetmek, sanmak: I guess we'll never know. Sanırım hiç bilemeyeceğiz.
guess right doğru tahmin etmek
guess wrong yanlış tahmin etmek

²guess guess • ges
/isim/ çoğul guesses • tahmin

guest guest • gest
/isim/ çoğul guests • konuk, misafir; davetli: an uninvited guest davetsiz bir misafir guest list davetli listesi
guest of honor onur konuğu
guest room misafir odası

¹guide guide • gayd
/fiil/ guides, guiding, guided • rehberlik etmek, yol göstermek: He guided me to my seat. Bana oturacağım yeri gösterdi.

²guide guide • gayd
/isim/ çoğul guides • rehber, kılavuz

guidebook guide.book • gayd´bûk
/isim/ çoğul guidebooks • rehber kitabı

guilt guilt • gîlt
/isim/ suçluluk: a guilt complex suçluluk kompleksi

guilty guilt.y • gîl´ti
/sıfat/ suçlu:
feel guilty kendini suçlu hissetmek

Guinea Guin.ea • gîn´i
/isim/ Gine

Guinea-Bissau Guin.ea-Bis.sau • gîn´ibîsau´ /isim/ Gine-Bisav

¹Guinea-Bissauan Guin.ea-Bis.sau.an • gîn´ibîsau´wın /sıfat/ 1. Gine-Bisav'a özgü 2. Gine-Bisavlı

²Guinea-Bissauan Guin.ea-Bis.sau.an • gîn´ibîsau´wın /isim/ çoğul Guinea-Bissauans • Gine-Bisavlı

¹Guinean Guin.ean • gîn´iyın
/sıfat/ 1. Gine'ye özgü 2. Gineli

²Guinean Guin.ean • gîn´iyın
/isim/ çoğul Guineans • Gineli

guinea pig guin.ea pig • gîn´i pîg
/isim/ çoğul guinea pigs • kobay

guitar gui.tar • gîtar´
/isim/ çoğul guitars • gitar: classical guitar klasik gitar
play the guitar gitar çalmak

gulf gulf • gʌlf
/isim/ çoğul gulfs • körfez
the Gulf Stream Golfstrim (Meksika Körfezi'nden Avrupa'ya uzanan sıcak su akıntısı)
the Persian Gulf Basra Körfezi

gull gull • gʌl
/isim/ çoğul gulls • martı

¹gum gum • gʌm
/isim/ çoğul gums • dişeti

²gum gum • gʌm
/isim/ 1. (bazı ağaçlarda oluşan) reçine, ağaç sakızı 2. çiklet, sakız

gun gun • gʌn

gunpowder→→→

/isim/ çoğul guns • ateşli silah (top, tüfek, tabanca)

gunpowder gun.pow.der • gʌnˊpaudır
/isim/ barut: Gunpowder was invented by the Chinese. Barut, Çinliler tarafından bulundu.

gutter gut.ter • gʌtˊır
/isim/ çoğul gutters • 1. oluk, çatı oluğu, yağmur oluğu 2. yol oluğu

Guyana Guy.a.na • gayänˊı
/isim/ Guyana

[1]Guyanese Guy.a.nese • gayınizˊ
/sıfat/ 1. Guyana'ya özgü 2. Guyanalı

[2]Guyanese Guy.a.nese • gayınizˊ
/isim/ çoğul Guyanese • Guyanalı

gym gym • cîm
/isim/ 1. çoğul gyms • spor salonu, jimnastik salonu 2. (okullarda) beden eğitimi
gym shoes jimnastik ayakkabıları

gymnastics gym.nas.tics • cîmnäsˊtîks
/isim/ jimnastik

habit hab.it • häb´ît
/isim/ çoğul habits • alışkanlık: bad habit kötü alışkanlık

habitat hab.i.tat • häb´îtät
/isim/ çoğul habitats • habitat (doğal yaşam ortamı): protect fish habitat balık habitatını korumak

had had • häd
/fiil/ bkz. have
hadn't → had not

hadn't had.n't • häd´ınt
/kısaltma/ had not • bkz. had

hail hail • heyl
/isim/ (yağış olarak) dolu
hail of bullets (konuşma dili) mermi yağmuru

hailstorm hail.storm • heyl´stôrm
/isim/ çoğul hailstorms • dolu fırtınası: The hailstorm did great damage to the orchard. Dolu fırtınası meyve bahçesine büyük zarar verdi.

hair hair • her
/isim/ 1. saç
hair curler bigudi
hair dryer saç kurutma makinesi
hair spray saç spreyi
2. çoğul hairs • kıl; tüy

hairbrush hair.brush • her´brʌş
/isim/ çoğul hairbrushes • saç fırçası

haircut hair.cut • her´kʌt
/isim/ çoğul haircuts • 1. saç tıraşı 2. saç kesimi

hairdresser hair.dress.er • her´dresır
/isim/ çoğul hairdressers • 1. kadın berberi 2. İng. erkek berberi

hairy hair.y • her´i

/sıfat/ hairier, hairiest • tüylü: a hairy animal tüylü bir hayvan

Haiti Hai.ti • hey´ti
/isim/ Haiti

¹Haitian Hai.tian • hey´şın
/sıfat/ 1. Haiti'ye özgü 2. Haitili

²Haitian Hai.tian • hey´şın
/isim/ çoğul Haitians • Haitili

Hajj Hajj • hac
/isim/ (the) hac

¹half half • häf
/isim/ çoğul halves • yarım, yarı: the first half of the century yüzyılın ilk yarısı Two halves make a whole. İki yarım bir bütün eder.
cut in half (cut into halves) yarıya bölmek

²half half • häf
/sıfat/ buçuk; yarı, yarım: a half page yarım sayfa half a dozen yarım düzine half a kilo yarım kilo half an hour yarım saat

half-moon half-moon • häf´mun
/isim/ yarımay

half-time half-time • häf´taym´
/sıfat/ yarım günlük, yarı zamanlı (iş, çalışma)

hall hall • hôl
/isim/ çoğul halls • 1. koridor; hol 2. salon: concert hall konser salonu

hallway hall.way • hôl´wey
/isim/ çoğul hallways • koridor; hol

halves halves • hävz
/isim/ bkz. ¹half

ham ham • häm
/isim/ çoğul hams • jambon

hamburger ham.burg.er • häm´bırgır
/isim/ çoğul hamburgers • hamburger

hammer ham.mer • häm´ır
/isim/ çoğul hammers • çekiç; tokmak
hammer throw (spor) çekiç atma

hammock ham.mock • häm´ık
/isim/ çoğul hammocks • hamak

hamster ham.ster • häm´stır
/isim/ çoğul hamsters • cırlaksıçan, hamster

¹hand hand • händ
/isim/ çoğul hands • el
by hand elle
hand in hand el ele
hand signal el işareti
Hands off! Dokunma!
Hands up! Eller yukarı!
on hand elde; hazır
on the other hand (on the one hand) diğer taraftan, öte yandan
upper hand üstünlük

²hand hand • händ
/fiil/ hands, handing, handed • (elle) vermek, uzatmak: Please hand me that newspaper. Lütfen o gazeteyi bana uzatır mısınız?

handbag hand.bag • händ´bäg
/isim/ çoğul handbags • el çantası

handball hand.ball • händ´bôl
/isim/ (spor) eltopu, hentbol

handbook hand.book • händ´bûk
/isim/ çoğul handbooks • elkitabı

handbrake hand.brake • händ´breyk
/isim/ çoğul handbrakes • el freni

¹handcuff hand.cuff • händ´kʌf
/isim/ çoğul handcuffs • kelepçe

²handcuff hand.cuff • händ´kʌf
/fiil/ handcuffs, handcuffing, handcuffed • kelepçelemek, kelepçe vurmak

handful hand.ful • händ´fûl
/isim/ çoğul handfuls • avuç dolusu, az miktar: I eat a handful of raisins everyday. Her gün bir avuç kuru üzüm yerim.

handkerchief hand.ker.chief • häng´kırçîf
/isim/ çoğul handkerchiefs/İng. handkerchieves • mendil: silk handkerchief ipek mendil

handle han.dle • hän´dıl
/isim/ çoğul handles • tutamaç, sap, kulp: door handle kapı kolu

handlebar han.dle.bar • hän´dılbar
/isim/ çoğul handlebars • (bisiklette/motosiklette) gidon

handmade hand.made • händ´meyd
/sıfat/ el işi, el yapımı: handmade products el yapımı ürünler

handsome hand.some • hän´sım

/sıfat/ yakışıklı: a handsome boy yakışıklı bir çocuk

handstand hand.stand • händ´ständ
/isim/ çoğul handstands • ellerin üzerinde durma, amuda kalkma

handwriting hand.writ.ing • händ´raytîng
/isim/ el yazısı: Can you read my handwriting? El yazımı okuyabiliyor musun?

hang hang • häng
/fiil/ hangs, hanging, hung • asmak; asılmak; sarkmak: Hang your coat up on the rack. Paltonu askılığa as.
He hung the picture on the wall. Resmi duvara astı.
hang on dayanmak, katlanmak
Hang on. Bir dakika. (Bekle.)
hang up telefonu kapamak

hanger hang.er • häng´ır
/isim/ çoğul hangers • 1. askı; askı kancası 2. çengel

hang-glider hang-glid.er • häng´glaydır
/isim/ çoğul hang-gliders • yelkenkanat, deltakanat (askılı planör)

happen hap.pen • häp´ın
/fiil/ happens, happening, happened • olmak, meydana gelmek: The accident happened at about 21:00. Kaza 21:00 civarında meydana geldi.
happen to -in başına gelmek, -e olmak: What happened to that poor cat? O zavallı kediye ne oldu?

happening hap.pen.ing • häp´ınîng
/isim/ çoğul happenings • olay, vaka

happily hap.pi.ly • häp´ili
/zarf/ mutlulukla, sevinçle: He laughed happily. Mutlu bir şekilde güldü.

happiness→→→ 174

happiness hap.pi.ness • häp´inîs
/isim/ mutluluk: Money does not bring happiness. Para mutluluk getirmez.

happy hap.py • häp´i
/sıfat/ happier, happiest • mutlu, mesut: a happy childhood mutlu bir çocukluk be happy to do (something) (bir şeyi) seve seve yapmak: I'd be happy to do that. Seve seve yaparım.
Happy birthday! Doğum günün kutlu olsun!
Happy New Year! Mutlu yıllar!

harbor har.bor • har´bır
/isim/ çoğul harbors • liman: boats in harbor limandaki kayıklar
İng. harbour

harbour har.bour • har´bır
/isim/ çoğul harbours • bkz. harbor

¹hard hard • hard
/sıfat/ harder, hardest • 1. güç, zor: a hard question zor bir soru
It's hard to decide. Karar vermesi zor.
hard luck şanssızlık
2. katı, sert: a hard apple sert bir elma
a hard mattress sert bir yatak

²hard hard • hard
/zarf/ gayretle, güçlü bir şekilde: Bülent worked hard all day. Bülent, bütün gün çok sıkı çalıştı.

hard-boiled hard-boiled • hard´boyld´ /sıfat/ lop, katı (yumurta): hard-boiled egg lop yumurta

harden hard.en • har´dın
/fiil/ hardens, hardening, hardened • sertleştirmek, katılaştırmak; sertleşmek, katılaşmak

hardly hard.ly • hard´li
/zarf/ zorla, güçlükle: He can hardly forgive offenses. Kusurları çok güç bağışlar.

hardship hard.ship • hard´şîp
/isim/ çoğul hardships • sıkıntı, darlık, güçlük: She was discouraged by the hardships of her job. İşinin güçlükleri yüzünden cesareti kırıldı.

hardware hard.ware • hard´wer
/isim/ 1. madeni eşya, hırdavat
2. (bilgisayar) donanım

hard-working hard-work.ing • hard´wır´kîng /sıfat/ çalışkan, sıkı çalışan: Çelik is a hard-working student. Çelik, çalışkan bir öğrencidir.

hare hare • her
/isim/ çoğul hares • yabantavşanı

harm harm • harm
/isim/ zarar, hasar

harmful harm.ful • harm´fıl
/sıfat/ zararlı, fena: harmful effect zararlı etki

harmless harm.less • harm´lîs
/sıfat/ zararsız: Spiders are usually harmless. Örümcekler genellikle zararsızdır.

harmony har.mo.ny • har´mıni

175 →→→hawk

/isim/ ahenk, uyum: We should live in harmony with nature. Doğa ile uyum içinde yaşamalıyız.

harness har.ness • har´nîs
/isim/ çoğul harnesses • koşum takımı: The farmer bought a new harness for his horse. Çiftçi, atı için yeni bir koşum takımı aldı.

harsh harsh • harş
/sıfat/ harsher, harshest • sert, acı: harsh measures sert önlemler the harsh realities of life hayatın acı gerçekleri

harvest har.vest • har´vîst
/isim/ çoğul harvests • hasat

has has • häz
/fiil, yardımcı fiil/ bkz. have
hasn't → has not

hasn't has.n't • häz´ınt
/kısaltma/ has not • bkz. has

haste haste • heyst
/isim/ acele
Haste makes waste. Acele işe şeytan karışır.
in haste aceleyle, telaşla
make haste acele etmek

hat hat • hät
/isim/ çoğul hats • şapka

hatch hatch • häç
/fiil/ hatches, hatching, hatched •
1. civciv çıkarmak 2. yumurtadan çıkmak: Six little chicks hatched out. Yumurtalardan altı minik civciv çıktı.

hate hate • heyt
/fiil/ hates, hating, hated • nefret etmek: He hates traffic jams. Trafik

tıkanıklığından nefret eder.

hatred ha.tred • hey´trîd
/isim/ kin, nefret, düşmanlık

haunted haunt.ed • hôn´tîd
/sıfat/ tekin olmayan, perili: Children believe that this mansion is haunted. Çocuklar bu köşkün perili olduğuna inanıyor.

have have • häv
/fiil/ have, having, had
(kuraldışı çekimleri: şimdiki zaman → I, you, we, they have; he, she, it has; geçmiş zaman → had) •
1. sahip olmak, -si olmak: Does Bilge have a bicycle? Bilge'nin bisikleti var mı? have an idea bir fikri olmak
have got sahip olmak: Have you got a pencil? Kalemin var mı?
have no time zamanı olmamak
2. yapmak, etmek
have breakfast kahvaltı etmek
have dinner akşam yemeği yemek
have lunch öğle yemeği yemek
/yardımcı fiil/ 1. (Geçmiş zaman ortacı ile birlikte kullanılır.): Have you seen Güngör? Güngör'ü gördün mü? She has finished her homework. Ev ödevini bitirdi. 2. (to mastarı ile birlikte kullanılır.) gerekmek: I have to go. Gitmeliyim./Gitmem gerek. It has to be finished on time. Zamanında bitirilmeli.
had better -se iyi olur: I had better go. Gitsem iyi olur.
haven't → have not

haven't have.n't • häv´ınt
/kısaltma/ have not • bkz. have

hawk hawk • hôk
/isim/ çoğul hawks • şahin; atmaca

hay hay • hey
/isim/ saman, kuru ot
hay fever saman nezlesi
Make hay while the sun shines.
Yağmur yağarken küpünü doldur.

hazard haz.ard • häz´ırd
/isim/ şans, tehlike, riziko

hazardous haz.ard.ous • häz´ırdıs
/sıfat/ riskli, tehlikeli: hazardous work riskli iş hazardous waste tehlikeli atıklar

¹hazel ha.zel • hey´zıl
/isim/ çoğul hazels • fındık ağacı

²hazel ha.zel • hey´zıl
/sıfat/ ela (göz)

hazelnut ha.zel.nut • hey´zılnʌt
/isim/ çoğul hazelnuts • fındık: roasted hazelnut kavrulmuş fındık

he he • hi
/zamir/ (eril) o: He is a student. O bir öğrencidir.
he'd → 1. he had 2. he would

he'll → he will, he shall
he's → 1. he is 2. he has

head head • hed
/isim/ çoğul heads • kafa, baş
from head to foot baştan aşağı, tepeden tırnağa (kadar)
Heads or tails? Yazı mı, tura mı?

headache head.ache • hed´eyk
/isim/ çoğul headaches • baş ağrısı:
I have a headache. Başım ağrıyor.

header head.er • hed´ır
/isim/ çoğul headers • sayfa başlığı

headlight head.light • hed´layt
/isim/ çoğul headlights • far: The headlights of the car were on. Otomobilin farları açıktı.

headline head.line • hed´layn
/isim/ çoğul headlines • manşet, başlık

headmaster head.mas.ter • hed´mäs´tır
/isim/ çoğul headmasters • (erkek) okul müdürü: headmaster's room müdür odası

headmistress head.mis.tress • hed´mîs´trîs /isim/ çoğul headmistresses • okul müdiresi

headphone head.phone • hed´fon
/isim/ çoğul headphones • (telefon, radyo v.b.´nde) kulaklık

headquarters head.quar.ters • hed´kwôrtırz /isim/ çoğul headquarters •
1. karargâh 2. merkez büro

heal heal • hil
/fiil/ heals, healing, healed • iyileştirmek; iyileşmek: The wound was healing fast.

Yara hızla iyileşiyordu.

health health • helth
/isim/ sağlık: enjoy good health sağlığı yerinde olmak

healthy health.y • hel´thi
/sıfat/ healthier, healthiest • sağlıklı, sağlam: a healthy child sağlıklı bir çocuk

¹heap heap • hip
/isim/ çoğul heaps • yığın, küme: heap of books kitap yığını

²heap heap • hip
/fiil/ heaps, heaping, heaped • yığmak: The old newspapers were heaped up on the table. Eski gazeteler masanın üzerine yığılmıştı.

hear hear • hîr
/fiil/ hears, hearing, heard • 1. işitmek, duymak: Can you hear me? Beni duyabiliyor musun? 2. dinlemek: Did you hear his speech on the radio? Radyodaki konuşmasını dinledin mi? Hear! Hear! Bravo!/Yaşa!
hear of (hear about) -den haberi olmak, -i duymak: We haven't heard of Hakan since then. O zamandan beri Hakan'dan haber almadık.

heard heard • hırd
/fiil/ bkz. hear

hearing hear.ing • hîr´îng
/isim/ işitme
hearing aid kulaklık, işitme cihazı

hearsay hear.say • hîr´sey
/isim/ söylenti, dedikodu: It's just hearsay! O, sadece bir söylenti!

heart heart • hart
/isim/ çoğul hearts • kalp, yürek: have heart trouble kalp rahatsızlığı olmak
by heart ezbere
heart attack kalp krizi
heart disease kalp hastalığı

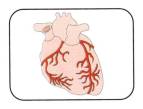

¹heat heat • hit
/isim/ sıcaklık, ısı

²heat heat • hit
/fiil/ heats, heating, heated • ısıtmak; ısınmak

heater heat.er • hi´tır
/isim/ çoğul heaters • ısıtıcı: Turn the heater off. Isıtıcıyı kapa.

heating heat.ing • hi´tîng
/isim/ ısıtma: economical heating systems ekonomik ısıtma sistemleri

heaven heav.en • hev´ın
/isim/ cennet: go to heaven cennete gitmek

heavily heav.i.ly • hev´ıli
/zarf/ 1. ağır bir şekilde: a heavily loaded ship aşırı yüklenmiş bir gemi 2. şiddetle

heavy heav.y • hev´i
/sıfat/ heavier, heaviest • 1. ağır: a heavy load ağır bir yük 2. şiddetli, kuvvetli (yağmur, rüzgâr, fırtına)

he'd he'd • hid
/kısaltma/ 1. he had 2. he would • bkz. **he**

hedgehog hedge.hog • hec´hôg
/isim/ çoğul hedgehogs • kirpi

heel heel • hil
/isim/ çoğul heels • topuk, ökçe
Achilles' heel (birinin) zayıf nokta(sı)
high heels yüksek topuklu ayakkabılar

height height • hayt
/isim/ çoğul heights • 1. yükseklik: The height of that tower is 50 meters. Şu kulenin yüksekliği 50 metre. 2. boy: Ayhan's parents are of average height. Ayhan'ın anne ve babası orta boylu.

heir heir • er
/isim/ çoğul heirs • vâris, mirasçı, kalıtçı

held held • held
/fiil/ bkz. **hold**

helicopter hel.i.cop.ter • hel´ıkaptır, hi´lıkaptır /isim/ çoğul helicopters • helikopter: We had an amazing helicopter tour in Kaş. Kaş'ta muhteşem bir helikopter turu yaptık.

hell hell • hel
/isim/ cehennem
hell on earth çok kötü durum
like hell deli gibi
raise hell karışıklık çıkarmak

he'll he'll • hil
/kısaltma/ he will, he shall • bkz. **he**

hello hel.lo • hılo´
/ünlem/ 1. merhaba: Hello, Halil! Merhaba, Halil! 2. alo: Hello, is that the police? Alo, polis mi?

helm helm • helm
/isim/ çoğul helms • (denizcilik) dümen yekesi; dümen

helmet hel.met • hel´mît
/isim/ çoğul helmets • kask: You should wear your helmet when you are riding a bicycle. Bisiklete binerken kaskını takmalısın.

¹**help** help • help
/fiil/ helps, helping, helped • yardım etmek, katkıda bulunmak: You should always help each other. Her zaman birbirinize yardım etmelisiniz. Help yourself. Başının çaresine bak.

²**help** help • help
/isim/ yardım, katkı: Thanks a lot for your help! Yardımınız için pek çok teşekkürler!

³**help** help • help
/ünlem/ imdat: Help! I'm drowning! İmdat! Boğuluyorum!

helpful help.ful • help´fıl
/sıfat/ yararlı: a helpful advice yararlı bir öğüt

helpless help.less • help´lîs
/sıfat/ âciz, savunmasız: a helpless kitten savunmasız bir yavru kedi

hemisphere hem.i.sphere • hem´îsfîr
/isim/ çoğul hemispheres • yarıküre

hen hen • hen
/isim/ çoğul hens • tavuk

→→→hi

heptagon hep.ta.gon • hep´tıgan
/isim/ çoğul **heptagons** • (geometri) yedigen

¹her her • hır
/zamir/ (dişil) onu; ona; ondan; onun: It pleased her. Onun hoşuna gitti. He loves her. Onu seviyor. He looked at her. Ona baktı. Does he hate her? Ondan nefret mi ediyor?

²her her • hır
/sıfat/ (dişil) onun; kendi: It's her pencil. Onun kalemidir.

herb herb • ırb
/isim/ çoğul **herbs** • ot; yemeklere tat vermek için kullanılan bitki

herbal herb.al • ır´bıl
/sıfat/ otlarla ilgili; otlardan elde edilen, bitkisel: This is an herbal medicine. Bu bitkisel bir ilaç.

herbivorous her.biv.or.ous • hırbîv´ırıs
/sıfat/ otçul: Sheep are herbivorous animals. Koyunlar otçul hayvanlardır.

herd herd • hırd
/isim/ çoğul **herds** • (hayvan için) sürü: a herd of deer bir geyik sürüsü

here here • hîr
/zarf/ burada; buraya; burası
here and there orada burada, şurada burada

Here goes! (zor bir işe başlarken) Haydi bakalım!
Here you are. 1. Buyur, al. 2. İşte!
Look here! Buraya bak!

hereditary he.red.i.tar.y • hıred´ıteri
/sıfat/ kalıtsal, kalıtımsal, irsi: a hereditary disease kalıtımsal bir hastalık

heredity he.red.i.ty • hıred´ıti
/isim/ kalıtım, soyaçekim

hero he.ro • hîr´o, hi´ro
/isim/ çoğul **heroes** • kahraman: Her father was her hero. Babası onun kahramanıydı.

hers hers • hırz
/zamir/ (dişil) onunki; onun: Take hers. Onunkini al. That book is hers. O kitap onun.

herself her.self • hırself´
/zamir/ (dişil) kendisi, kendi
by herself kendi başına, kendi kendine

he's he's • hiz
/kısaltma/ 1. he is 2. he has • bkz. he

hesitate hes.i.tate • hez´ıteyt
/fiil/ **hesitates, hesitating, hesitated** • tereddüt etmek, duraksamak: He hesitated before answering the question. Soruya yanıt vermeden önce duraksadı.

hexagon hex.a.gon • hek´sıgan
/isim/ çoğul **hexagons** • (geometri) altıgen

hey hey • hey
/ünlem/ Hey!/Baksana!

hi hi • hay

/ünlem/ merhaba: Hi, Hayri! Merhaba, Hayri!

hibernate hi.ber.nate • hay´bırneyt
/fiil/ hibernates, hibernating, hibernated • kış uykusuna yatmak: Bears hibernate. Ayılar kış uykusuna yatar.

hibernation hi.ber.na.tion • haybırney´şın
/isim/ kış uykusu

hiccup hic.cup • hîk´ıp
/isim/ çoğul hiccups • hıçkırık
get the hiccups (have the hiccups) hıçkırık tutmak

hid hid • hîd
/fiil/ bkz. hide

¹hidden hid.den • hîd´ın
/fiil/ bkz. hide

²hidden hid.den • hîd´ın
/sıfat/ gizli, saklı: hidden camera gizli kamera

hide hide • hayd
/fiil/ hides, hiding, hid, hidden • saklamak, gizlemek; saklanmak, gizlenmek: He hid the photographs in a drawer. Fotoğrafları bir çekmeceye gizledi.

hide-and-seek hide-and-seek • hayd´ınsik´ /isim/ saklambaç
play hide-and-seek saklambaç oynamak

hierarchy hi.er.ar.chy • hay´ırarki
/isim/ hiyerarşi, aşama sırası

high high • hay
/sıfat/ higher, highest • yüksek: high fence yüksek çit high price yüksek fiyat high jump yüksek atlama high school lise

high-heeled high-heeled • hay´hild
/sıfat/ yüksek topuklu: high-heeled shoes yüksek topuklu ayakkabılar

highlands high.lands • hay´lındz
/isim/ dağlık yer

highlight high.light • hay´layt
/fiil/ highlights, highlighting, highlighted • –i vurgulamak, -in altını çizmek, -e dikkati çekmek: The speaker highlighted the importance of recycling. Konuşmacı geri dönüşümün önemini vurguladı.

highway high.way • hay´wey
/isim/ çoğul highways • anayol

hike hike • hayk
/fiil/ hikes, hiking, hiked • uzun yürüyüş yapmak

hill hill • hîl
/isim/ çoğul hills • tepe: There was a path down the hill. Tepenin aşağısında bir patika vardı.

him him • hîm
/zamir/ (eril) onu; ona: Did you see him? Onu gördün mü? She gave him a book. Ona bir kitap verdi.

himself him.self • hîmself´
/zamir/ (eril) kendisi, kendi
by himself kendi başına, kendi kendine

hinder hin.der • hîn´dır

181 →→→hodja

/fiil/ hinders, hindering, hindered • engellemek: The snowstorm hindered the trip. Kar fırtınası yolculuğu engelledi.

¹Hindu Hin.du • hîn´du
/sıfat/ Hindu

²Hindu Hin.du • hîn´du
/isim/ çoğul Hindus • Hindu

Hinduism Hin.du.ism • hîn´duwîzım
/isim/ Hinduizm

hinge hinge • hînc
/isim/ çoğul hinges • menteşe, reze

hint hint • hînt
/isim/ çoğul hints • ima: a strong hint güçlü bir ima

hip hip • hîp
/isim/ çoğul hips • kalça: Filiz fell and broke her hip. Filiz, düşüp kalçasını kırdı.

hippo hip.po • hîp´o
/isim/ çoğul hippos • (konuşma dili) suaygırı

hippopotami hip.po.pot.a.mi • hîpıpat´ımay /isim/ bkz. hippopotamus

hippopotamus hip.po.pot.a.mus • hîpıpat´ımıs /isim/
çoğul hippopotamuses/hippopotami • suaygırı

hire hire • hayr
/fiil/ hires, hiring, hired • kiralamak: We hired a boat for five days. Beş gün için bir tekne kiraladık.

¹his his • hîz
/zamir/ (eril) onunki; onun: Take his. Onunkini al. The book is his. Kitap onundur.

²his his • hîz
/sıfat/ (eril) onun; kendi: his clothes onun giysileri

historian his.to.ri.an • hîstôr´iyın
/isim/ çoğul historians • tarihçi

historic his.tor.ic • hîstôr´îk
/sıfat/ tarihi, tarihsel: historic places in Istanbul İstanbul'daki tarihi yerler

historical his.tor.i.cal • hîstôr´îkıl
/sıfat/ tarihsel, tarihi: historical events tarihsel olaylar

history his.to.ry • hîs´tıri
/isim/ çoğul histories • tarih
go down in history tarihe geçmek

hit hit • hît
/fiil/ hits, hitting, hit • vurmak, çarpmak: Can you hit the ball harder? Topa daha hızlı vurabilir misin? The motorcycle hit the guardrail. Motosiklet bariyere çarptı.
hit the bull's-eye turnayı gözünden vurmak
hit the nail on the head taşı gediğine koymak

hitchhike hitch.hike • hîç´hayk
/fiil/ hitchhikes, hitchhiking, hitchhiked • otostop yapmak: Erdal hitchhiked from Alanya to Fethiye. Erdal, Alanya'dan Fethiye'ye otostop yaptı.

hobby hob.by • hab´i
/isim/ çoğul hobbies • hobi, özel zevk: What are your hobbies? Özel zevkleriniz nelerdir?

hodja ho.dja • ho´cı
/isim/ çoğul hodjas • hoca
Nasreddin Hodja (Hodja Nasreddin)

Nasreddin Hoca

hoist hoist • hoyst
/fiil/ hoists, hoisting, hoisted • yukarı kaldırmak, yukarı çekmek
hoist a flag bayrağı gönder çekmek

hold hold • hold
/fiil/ holds, holding, held • tutmak: Hold his hand. Elini tut.
hold on devam etmek, süregelmek Hold on! Dur!/Bekle!
hold one's breath nefesini tutmak
hold up yukarı kaldırmak: Hold up your book. Kitabını kaldır.

hole hole • hol
/isim/ çoğul holes • delik; boşluk; çukur: There was a hole in the wall. Duvarda bir delik vardı.

holiday hol.i.day • hal´ıdey
/isim/ çoğul holidays • tatil günü; tatil
be on holiday tatilde olmak: He was on holiday last week. Geçen hafta tatildeydi
go on holiday tatile çıkmak

Holland Hol.land • hal´ınd
/isim/ Hollanda

hollow hol.low • hal´o
/sıfat/ oyuk, içi boş: hollow tree oyuk ağaç

holy ho.ly • ho´li
/sıfat/ holier, holiest • kutsal, mukaddes

home home • hom
/isim/ çoğul homes • ev, yuva
at home evde
feel at home evinde gibi hissetmek
the Home Office bkz. the Ministry of Internal Affairs

homeland home.land • hom´länd
/isim/ anavatan, anayurt

homeless home.less • hom´lîs
/sıfat/ evsiz, evsiz barksız: a homeless family evsiz bir aile

homemade home.made • hom´meyd´
/sıfat/ ev yapımı, evde yapılmış: homemade cookies ev yapımı kurabiyeler

homesick home.sick • hom´sîk
/sıfat/ vatan/ev hasreti çeken

homework home.work • hom´wırk
/isim/ ödev, ev ödevi: When is the best time to do homework? Ev ödevini yapmak için en iyi zaman nedir?

¹**Honduran** Hon.du.ran • handur´ın, handyur´ın /sıfat/ 1. Honduras'a özgü 2. Honduraslı

²**Honduran** Hon.du.ran • handur´ın, handyur´ın /isim/ çoğul Hondurans • Honduraslı

Honduras Hon.du.ras • handur´ıs, handyur´ıs /isim/ Honduras

honest hon.est • an´ıst
/sıfat/ dürüst, namuslu: an honest person dürüst bir kişi

honestly hon.est.ly • an´ıstli
/zarf/ 1. gerçekten, doğrusu: Honestly, I don't know who he is. Doğrusu onun

kim olduğunu bilmiyorum. 2. dürüstçe

honesty hon.es.ty • an´ısti
/isim/ doğruluk, dürüstlük
Honesty is the best policy. Dürüstlük en iyi yoldur.

honey hon.ey • hʌn´i
/isim/ bal: honey jar bal kavanozu

honeybee hon.ey.bee • hʌn´ibi
/isim/ çoğul honeybees • balarısı

honeycomb hon.ey.comb • hʌn´ikom
/isim/ çoğul honeycombs • (ballı/balsız) petek

honeymoon hon.ey.moon • hʌn´imun
/isim/ çoğul honeymoons • balayı

honor hon.or • an´ır
/isim/ onur, şeref
İng. honour

honour hon.our • an´ır
/isim/ bkz. honor

hood hood • hûd
/isim/ çoğul hoods • kukuleta, başlık

hoof hoof • hûf
/isim/ çoğul hooves/hoofs • toynak: Horses have hooves. Atların toynakları vardır.

hook hook • hûk
/isim/ çoğul hooks • kanca, çengel: door hook kapı çengeli

crochet hook tığ
hook and eye kopça

hooves hooves • huvz
/isim/ bkz. **hoof**

hop hop • hap
/fiil/ hops, hopping, hopped • sıçramak, sekmek: The grasshopper hopped onto a leaf. Çekirge bir yaprağın üzerine sıçradı.

¹hope hope • hop
/isim/ çoğul hopes • ümit, umut: We had high hopes of success. Başarma umudumuz büyüktü.

²hope hope • hop
/fiil/ hopes, hoping, hoped • ümit etmek: I hope everything goes well. Umarım her şey yolunda gider. Hope to see you. Görüşmek ümidiyle.

hopeful hope.ful • hop´fıl
/sıfat/ ümitli, ümit verici

hopeless hope.less • hop´lıs
/sıfat/ ümitsiz, umutsuz: a hopeless case ümitsiz bir vaka

hopscotch hop.scotch • hap´skaç
/isim/ seksek oyunu

horizon ho.ri.zon • hıray´zın
/isim/ çoğul horizons • ufuk: The sun is rising over the horizon. Güneş ufuktan doğuyor.

horizontal hor.i.zon.tal • hôrızan´tıl
/sıfat/ yatay

horn horn • hôrn
/isim/ çoğul horns • 1. boynuz: Goats have horns. Keçilerin boynuzları vardır. 2. korna, klakson

French horn (müzik) korno

horoscope hor.o.scope • hôr´ıskop
/isim/ çoğul horoscopes • yıldız falı: What does your horoscope for tomorrow say? Yıldız falın yarın için ne diyor?

▬ ▬ ▬ ▬ ▬
the signs of the zodiac / burçlar
Aquarius → Kova
Aries → Koç
Cancer → Yengeç
Capricorn → Oğlak
Gemini → İkizler
Leo → Aslan
Libra → Terazi
Pisces → Balık
Sagittarius → Yay
Scorpio → Akrep
Taurus → Boğa
Virgo → Başak
▬ ▬ ▬ ▬ ▬

horrible hor.ri.ble • hôr´ıbıl
/sıfat/ korkunç, dehşetli

horrified hor.ri.fied • hôr´ıfayd
/sıfat/ korkmuş, dehşet içinde: the horrified spectators dehşet içindeki seyirciler

horrify hor.ri.fy • hôr´ıfay
/fiil/ horrify, horrifying, horrified • korkutmak, dehşete düşürmek: They were horrified by his remarks. Onun sözleri karşısında dehşete düştüler.

horrifying hor.ri.fy.ing • hôr´ıfayîng
/sıfat/ korkunç, dehşet verici: We witnessed a horrifying traffic accident. Korkunç bir trafik kazasına şahit olduk.

horror hor.ror • hôr´ır
/isim/ korku, dehşet: They watched the attack in horror. Saldırıyı dehşet içinde izlediler.

horse horse • hôrs
/isim/ çoğul horses • at: race horse yarış atı

horseshoe horse.shoe • hôrs´şu
/isim/ çoğul horseshoes • nal, at nalı

hose hose • hoz
/isim/ çoğul hoses • hortum: garden hose bahçe hortumu

hospitable hos.pi.ta.ble • has´pîtıbıl, haspît´ıbıl /sıfat/ konuksever, misafirperver: A hospitable family runs the boardinghouse. Pansiyonu, konuksever bir aile işletiyor.

hospital hos.pi.tal • has´pîtıl
/isim/ çoğul hospitals • hastane
go to the hospital hastaneye gitmek

hospitality hos.pi.tal.i.ty • haspıtäl´ıti
/isim/ konukseverlik, misafirperverlik

host host • host
/fiil/ hosts, hosting, hosted • ev sahipliği yapmak, ağırlamak, konuk etmek: Our school will host a book fair next week. Gelecek hafta okulumuz bir kitap fuarına ev sahipliği yapacak.

hostage hos.tage • has´tîc
/isim/ çoğul hostages • rehine
take (someone) hostage (birini) rehin almak: The hijacker took him hostage. Hava korsanı onu rehin aldı.

hostel hos.tel • has´tıl
/isim/ çoğul **hostels** • 1. İng. öğrenci yurdu 2. bkz. youth hostel

hostess host.ess • hos´tîs
/isim/ çoğul **hostesses** • hostes

hostile hos.tile • has´tıl, has´tayl
/sıfat/ düşmanca, saldırgan: a hostile attitude düşmanca bir tavır

hot hot • hat
/sıfat/ **hotter, hottest** • 1. sıcak: a hot day sıcak bir gün a hot drink sıcak bir içecek hot countries sıcak ülkeler hot water sıcak su hot weather sıcak hava feel hot sıcaklamak, sıcak basmak get hot 1. ısınmak 2. öfkelenmek hot chocolate sütlü kakao
hot dog (bir tür) sosisli sandviç
hot plate elektrik ocağı
hot spring kaplıca
hot-water bottle (hot-water bag) sıcak su torbası
2. acı (biber, hardal, sos v.b.)

hotel ho.tel • hotel´
/isim/ çoğul **hotels** • otel: hotel room otel odası
stay in/at a hotel bir otelde kalmak: They stayed in a five-star hotel in İzmir. İzmir'de beş yıldızlı bir otelde kaldılar.

hound hound • haund
/isim/ çoğul **hounds** • tazı, av köpeği

hour hour • aur
/isim/ çoğul **hours** • saat: There are 24 hours in a day. Bir günde 24 saat vardır. We've been waiting for hours. Saatlerdir bekliyoruz.
hour hand (saatte) akrep
on the hour saat başında

hourglass hour.glass • aur´gläs
/isim/ çoğul **hourglasses** • kum saati

house house • haus
/isim/ çoğul **houses** • ev: detached house müstakil ev

household house.hold • haus´hold
/isim/ çoğul **households** • ev halkı, hane halkı

housewife house.wife • haus´wayf
/isim/ çoğul **housewives** • ev hanımı

housework house.work • haus´wırk
/isim/ ev işi

how how • hau
/zarf/ 1. nasıl: How do you define that word? O sözcüğü nasıl tanımlarsın?
How are you? Nasılsınız?
How do you do? Nasılsınız?
How goes it? Ne âlemdesiniz?
How is it going? Nasıl gidiyor?
How nice! Ne hoş!
2. ne kadar: How far is it? Ne kadar uzak? How long does it take to go there? Oraya gidiş ne kadar sürer?
How often should I brush my teeth? Dişlerimi hangi sıklıkla fırçalamalıyım?
3. kaç: How many kilos of apples did you buy? Kaç kilo elma aldın? How much did it cost? O kaça mal oldu?
How old are you? Kaç yaşındasın?

however how.ev.er • hawev´ır

hug→→→

/zarf/ ancak, bununla birlikte, bununla beraber, ama: That encyclopedia is two hundred liras; however, it's worth it. O ansiklopedi iki yüz lira, ama buna değer.

hug hug • hʌg
/fiil/ hugs, hugging, hugged • sarılmak, kucaklamak: Her mother hugged her and cried. Annesi ona sarıldı ve ağladı.

huge huge • hyuc
/sıfat/ huger, hugest • kocaman, dev gibi: a huge elephant kocaman bir fil

human hu.man • hyu´mın
/isim/ çoğul humans • insan
human being insanoğlu, insan
human rights insan hakları

humane hu.mane • hyumeyn´
/sıfat/ insani, insanlığa yakışan, insanca: humane treatment insani muamele

humanity hu.man.i.ty • hyumän´ıti
/isim/ insanlık

humble hum.ble • hʌm´bıl
/sıfat/ humbler, humblest • alçakgönüllü, mütevazı: He is a humble person. O, alçakgönüllü bir kişi.

humid hu.mid • hyu´mîd
/sıfat/ yaş, nemli, rutubetli: humid air nemli hava humid atmosphere nemli atmosfer

humidity hu.mid.i.ty • hyumîd´ıti
/isim/ nem, rutubet

humility hu.mil.i.ty • hyumîl´ıti
/isim/ alçakgönüllülük, tevazu

humor hu.mor • hyu´mır

/isim/ komiklik, nüktedanlık
sense of humor şakadan anlama, şaka kaldırabilme
İng. **humour**

humour hu.mour • hyu´mır
/isim/ bkz. **humor**

hump hump • hʌmp
/isim/ çoğul humps • 1. kambur 2. hörgüç 3. yüksek yer, tepe

hunchback hunch.back • hʌnç´bäk
/isim/ çoğul hunchbacks • 1. kambur sırt 2. kambur kimse

hundred hun.dred • hʌn´drîd
/isim, sıfat/ yüz (100)
a/one hundred percent yüzde yüz

hundredth hun.dredth • hʌn´drîdth
/sıfat, isim/ 1. yüzüncü 2. yüzde bir

hung hung • hʌng
/fiil/ bkz. **hang**

[1]**Hungarian** Hun.gar.i.an • hʌnger´iyın
/sıfat/ 1. Macar 2. Macarca

[2]**Hungarian** Hun.gar.i.an • hʌnger´iyın
/isim/ 1. çoğul Hungarians • Macar 2. Macarca

Hungary Hun.ga.ry • hʌng´gıri
/isim/ Macaristan

hunger hun.ger • hʌng´gır
/isim/ açlık
hunger strike açlık grevi

hungry hun.gry • hʌng´gri
/sıfat/ aç, acıkmış: I'm very hungry.
Çok açım.

hunt hunt • hʌnt
/fiil/ hunts, hunting, hunted • avlanmak; avlamak

hunter hunt.er • hʌn´tır
/isim/ çoğul hunters • avcı

¹hunting hunt.ing • hʌn´tîng
/isim/ avcılık

²hunting hunt.ing • hʌn´tîng
/sıfat/ av (avda kullanılan): hunting dog av köpeği

hurrah hur.rah • hûrô´
/ünlem/ Yaşa!

hurray hur.ray • hûrey´
/ünlem/ bkz. hurrah

hurricane hur.ri.cane • hır´ıkeyn
/isim/ çoğul hurricanes • kasırga
hurricane lamp gemici feneri

¹hurry hur.ry • hır´i
/fiil/ hurries, hurrying, hurried • acele etmek; acele ettirmek
Hurry up! Çabuk ol!

²hurry hur.ry • hır´i
/isim/ acele, telaş: I'm in a hurry.
Acelem var.
in a hurry aceleyle

hurt hurt • hırt
/fiil/ hurts, hurting, hurt • zarar vermek, yaralamak, incitmek: She fell down and hurt her knee. Düşüp dizini incitti.

husband hus.band • hʌz´bınd
/isim/ çoğul husbands • koca, eş

husky husk.y • hʌs´ki
/isim/ çoğul huskies • kızak köpeği, Eskimo köpeği

hut hut • hʌt
/isim/ çoğul huts • kulübe; baraka:
a wooden hut ahşap bir kulübe

hydrogen hy.dro.gen • hay´drıcın
/isim/ hidrojen: hydrogen bomb hidrojen bombası

hygiene hy.giene • hay´cin
/isim/ hijyen, sağlık bilgisi

hyphen hy.phen • hay´fın
/isim/ çoğul hyphens • (dilbilgisi) tire, kısa çizgi

I I • ay
/zamir/ ben: I'm a photographer. Ben fotoğrafçıyım. I believe .... İnanıyorum ki .... I think .... Bence ....
I'd → 1. I had 2. I would, I should
I'll → I will, I shall
I'm → I am
I've → I have

ice ice • ays
/isim/ buz
ice cream dondurma
ice hockey buz hokeyi
ice skate buz pateni

iceberg ice.berg • ays´bırg
/isim/ çoğul **icebergs** • buzdağı, aysberg

Iceland Ice.land • ays´lınd
/isim/ İzlanda

Icelander Ice.land.er • ays´ländır
/isim/ çoğul **Icelanders** • İzlandalı

¹Icelandic Ice.lan.dic • ayslän´dîk
/sıfat/ 1. İzlanda'ya özgü 2. İzlandaca 3. İzlandalı

²Icelandic Ice.lan.dic • ayslän´dîk
/isim/ İzlandaca

icicle i.ci.cle • ay´sîkıl
/isim/ çoğul **icicles** • saçak buzu

icon i.con • ay´kan
/isim/ çoğul **icons** • 1. ikon, ikona 2. (bilgisayar) ikon, simge

icy i.cy • ay´si
/sıfat/ **icier, iciest** • 1. buz gibi, çok soğuk: **icy water** buz gibi su 2. buzlu: **icy road** buzlu yol

ID ID • ay´di´

→→→ill

/isim/ çoğul ID's • kimlik, kimlik kartı/belgesi
ID card kimlik, kimlik kartı/belgesi

I'd I'd • ayd
/kısaltma/ 1. I had 2. I would, I should • bkz. I

idea i.de.a • aydi´yı
/isim/ çoğul ideas • fikir, düşünce:
a bright idea parlak bir fikir

¹ideal i.de.al • aydi´yıl, aydil´
/sıfat/ ideal: ideal weather ideal hava koşulları

²ideal i.de.al • aydi´yıl, aydil´
/isim/ çoğul ideals • ideal, ülkü

identical i.den.ti.cal • ayden´tîkıl
/sıfat/ özdeş, aynı: Twins usually wear identical clothes. İkizler genellikle aynı elbiseleri giyiyorlar.
identical with (identical to) ile aynı: His jacket is almost identical to mine. Onun ceketi benimkiyle hemen hemen aynı.

identify i.den.ti.fy • ayden´tıfay
/fiil/ identifies, identifying, identified • tanımak; -in kim/ne/kimin olduğunu tespit etmek/söylemek: The witness identified the criminal. Tanık suçluyu tespit etti.

identity i.den.ti.ty • ayden´tıti
/isim/ çoğul identities • kimlik
identity card kimlik, kimlik kartı/belgesi

ideology i.de.ol.o.gy • aydiyal´ıci, îdiyal´ıci
/isim/ çoğul ideologies • ideoloji

idiom id.i.om • îd´iyım
/isim/ çoğul idioms • deyim, tabir

idiot id.i.ot • îd´iyıt
/isim/ çoğul idiots • geri zekâlı

idle i.dle • ay´dıl
/sıfat/ 1. işsiz, aylak 2. tembel 3. boş, asılsız: idle gossip boş dedikodu 4. boşta duran, çalışmayan (makine, fabrika v.b.)

i.e. i.e. • ay´i´
/kısaltma/ id est (that is) yani, demek ki

if if • îf
/bağlaç/ eğer, şayet, ise: If it is necessary I'll be there. Gerekirse orada olacağım. We'll go on a picnic if the weather is good. Hava iyi olursa pikniğe gideceğiz.
if not aksi takdirde, değilse, olmazsa

ignorance ig.no.rance • îg´nırıns
/isim/ cehalet, cahillik

ignorant ig.no.rant • îg´nırınt
/sıfat/ cahil, bilgisiz: an ignorant man cahil bir adam

ignore ig.nore • îgnor´
/fiil/ ignores, ignoring, ignored •
1. aldırmamak: ignore criticism eleştiriye aldırmamak 2. bilmezlikten gelmek

ill ill • îl
/sıfat/ worse, worst • 1. hasta, rahatsız: ill person hasta kimse 2. kötü, fena
ill will düşmanlık; garaz

I'll I'll • ayl
/kısaltma/ I will, I shall • bkz. I

illegal il.le.gal • îli´gıl
/sıfat/ yasadışı: illegal donations
yasadışı bağışlar illegal ivory trade
yasadışı fildişi ticareti

illiterate il.lit.er.ate • îlît´ırît
/sıfat/ okuma yazma bilmeyen

illness ill.ness • îl´nîs
/isim/ çoğul illnesses • hastalık: a long
illness uzun süren bir hastalık

illuminate il.lu.mi.nate • îlu´mıneyt
/fiil/ illuminates, illuminating, illumi-
nated • aydınlatmak, ışıklandırmak:
illuminate a house bir evi ışıklandırmak

illusion il.lu.sion • îlu´jın
/isim/ çoğul illusions • yanılsama

illustrate il.lus.trate • îl´ıstreyt
/fiil/ illustrates, illustrating, illustrated •
1. örneklemek 2. resimlemek

illustration il.lus.tra.tion • îlıstrey´şın
/isim/ çoğul illustrations • 1. örnek
2. resim: The book had lots of illus-
trations. Kitapta pek çok resim vardı.

I'm I'm • aym
/kısaltma/ I am • bkz. I

image im.age • îm´îc
/isim/ çoğul images • görüntü, imge, hayal

imaginary im.ag.i.nar.y • îmäc´ıneri
/sıfat/ hayal ürünü, imgesel: imaginary
characters hayal ürünü karakterler

imagination im.ag.i.na.tion • îmäcıney´şın
/isim/ çoğul imaginations • hayal gücü

use one's imagination hayal gücünü
kullanmak

imaginative im.ag.i.na.tive • îmäc´ınıtîv
/sıfat/ hayal gücü kuvvetli, yaratıcı:
You should try to be more imaginative
while writing stories. Öykü yazarken
daha yaratıcı olmaya çalışmalısın.

imagine im.ag.ine • îmäc´în
/fiil/ imagines, imagining, imagined •
hayal etmek: Try to imagine him as a
painter. Onu bir ressam olarak hayal
etmeye çalış.

imam i.mam • îmam´
/isim/ çoğul imams • imam

imitate im.i.tate • îm´ıteyt
/fiil/ imitates, imitating, imitated •
1. taklit etmek 2. (birini) örnek almak:
He imitates his father and grandfather.
Babasını ve büyükbabasını örnek alıyor.

immature im.ma.ture • îmıçûr´
/sıfat/ 1. olgunlaşmamış 2. ham,
olmamış

immediate im.me.di.ate • îmi´diyît
/sıfat/ 1. hemen olan, anlık: immediate
reply anlık yanıt 2. acil; şimdiki: an
immediate need acil bir gereksinim
3. yakın: immediate future yakın gelecek
4. dolaysız, doğrudan: immediate cause
dolaysız neden

191 →→→improve

immediately im.me.di.ate.ly • îmiˊdiyîtli /zarf/ hemen, derhal

immigrant im.mi.grant • îmˊıgrınt /isim/ çoğul immigrants • göçmen, muhacir: illegal immigrant yasadışı göçmen

immigrate im.mi.grate • îmˊıgreyt /fiil/ immigrates, immigrating, immigrated • göç etmek

immigration im.mi.gra.tion • îmıgreyˊşın /isim/ göç etme: immigration laws göç yasaları

immune im.mune • îmyunˊ /sıfat/ 1. to -e karşı bağışık 2. from -den muaf

immunity im.mu.ni.ty • îmyuˊnıti /isim/ 1. bağışıklık 2. (hukuk) dokunulmazlık

impartial im.par.tial • împarˊşıl /sıfat/ tarafsız, yansız: an impartial referee tarafsız bir hakem

impatient im.pa.tient • împeyˊşınt /sıfat/ sabırsız, tez canlı: an impatient driver sabırsız bir sürücü

¹imperative im.per.a.tive • împerˊıtîv /sıfat/ zorunlu

²imperative im.per.a.tive • împerˊıtîv /isim/ çoğul imperatives • 1. zorunluluk 2. emir
the imperative (dilbilgisi) emir kipi

imply im.ply • împlayˊ /fiil/ implies, implying, implied • ima etmek, -e işaret etmek: Her smile implied her approval. Gülümsemesi,

onayladığını gösteriyordu.

impolite im.po.lite • împılaytˊ /sıfat/ kaba, terbiyesiz: impolite words kaba sözcükler

¹import im.port • împôrtˊ /fiil/ imports, importing, imported • ithal etmek: import machinery makine aksamı ithal etmek

²import im.port • îmˊpôrt /isim/ 1. ithalat, dışalım: import license ithalat lisansı 2. çoğul imports • ithal malı: major imports temel ithal ürünler imports and exports ithalat ve ihracat

importance im.por.tance • împôrˊtıns /isim/ önem

important im.por.tant • împôrˊtınt /sıfat/ önemli: an important decision önemli bir karar

impossible im.pos.si.ble • împasˊıbıl /sıfat/ olanaksız, imkânsız: It's impossible to find a place to sit. Oturacak bir yer bulmak olanaksız.

impress im.press • împresˊ /fiil/ impresses, impressing, impressed • etkilemek

impression im.pres.sion • împreşˊın /isim/ çoğul impressions • 1. etki 2. izlenim: first impression ilk izlenim

impressive im.pres.sive • împresˊîv /sıfat/ duyguları etkileyen, etkileyici: He made an impressive speech. Etkileyici bir konuşma yaptı.

improve im.prove • împruvˊ /fiil/ improves, improving, improved •

improvement→→→

1. geliştirmek, ilerletmek; gelişmek, ilerlemek: He wants to improve his English. İngilizcesini geliştirmek istiyor. 2. düzeltmek; düzelmek: Asaf's health is improving. Asaf'ın sağlığı düzeliyor.

improvement im.prove.ment • împruv´mınt /isim/ çoğul improvements • 1. geliştirme, ilerletme; gelişme, ilerleme 2. düzeltme; düzelme

impulse im.pulse • îm´pʌls /isim/ çoğul impulses • ani bir istek buy on impulse düşünmeden satın almak

in in • în /edat/ 1. içinde, -de, -da: in the box kutuda in the drawer çekmecede in the garden bahçede in the kitchen mutfakta 2. içine, -e, -a: Put it in the cupboard. Onu dolaba koy. 3. ile: in delight sevinçle

inability in.a.bil.i.ty • înıbîl´ıti /isim/ yetersizlik, ehliyetsizlik, yeteneksizlik

inaccurate in.ac.cu.rate • înäk´yırît /sıfat/ yanlış, kusurlu, hatalı: inaccurate information yanlış bilgi

inch inch • înç /isim/ çoğul inches • inç, parmak by inches ağır ağır every inch tepeden tırnağa

incident in.ci.dent • în´sıdınt /isim/ çoğul incidents • olay, vaka diplomatic incident diplomatik kriz

inclination in.cli.na.tion • înklıney´şın /isim/ çoğul inclinations • eğilim

include in.clude • înklud´ /fiil/ includes, including, included • 1. kapsamak, içermek: The list includes the names of the students. Liste, öğrencilerin isimlerini içeriyor. 2. katmak, eklemek

including in.clud.ing • înklu´dîng /edat/ ile birlikte, dahil: total cost, including VAT KDV dahil toplam maliyet

income in.come • în´kʌm /isim/ çoğul incomes • gelir, kazanç: national income ulusal gelir

fee → ücret (hizmet karşılığı)
income → gelir, kazanç
pay → ücret, maaş (genel)
salary → maaş (aylık)
wages → ücret (günlük, haftalık)

incorrect in.cor.rect • înkırekt´ /sıfat/ yanlış, düzeltilmemiş: incorrect answer yanlış cevap

¹increase in.crease • înkris´ /fiil/ increases, increasing, increased • artmak, çoğalmak; artırmak, çoğaltmak: World population is increasing rapidly. Dünya nüfusu hızla artmakta.

²increase in.crease • în´kris /isim/ çoğul increases • artış, artma,

193 →→→Indonesian

çoğalma

incredible in.cred.i.ble • înkred´ıbıl /sıfat/ inanılmaz, akıl almaz: an incredible story inanılmaz bir öykü

incubate in.cu.bate • în´kyıbeyt /fiil/ incubates, incubating, incubated • kuluçkaya yatmak

indecision in.de.ci.sion • îndîsîj´ın /isim/ kararsızlık, tereddüt

indecisive in.de.ci.sive • îndîsay´sîv /sıfat/ 1. kararsız: an indecisive person kararsız bir kimse 2. kesin olmayan

indeed in.deed • îndid´ /zarf/ gerçekten, hakikaten: "Did he win?" "Indeed he did." "Kazandı mı?" "Gerçekten kazandı." Indeed! Öyle mi! No, indeed! Yok canım! Yes, indeed! Elbette!

indefinite in.def.i.nite • îndef´ınît /sıfat/ 1. belirsiz 2. (dilbilgisi) belirsiz, belgisiz

independence in.de.pen.dence • îndîpen´dıns /isim/ bağımsızlık

independent in.de.pen.dent • îndîpen´dınt /sıfat/ bağımsız: an independent company bağımsız bir şirket an independent country bağımsız bir ülke an independent opinion bağımsız bir fikir

index in.dex • în´deks /isim/ çoğul indexes, indices • dizin, indeks, fihrist cost-of-living index geçim indeksi index card fiş

index finger işaretparmağı

India In.di.a • în´diyı /isim/ Hindistan India ink çini mürekkebi India rubber doğal kauçuk

¹Indian In.di.an • în´diyın /sıfat/ 1. Hint; Hindistan'a özgü 2. Hintli 3. Kızılderili the Indian Ocean Hint Okyanusu

²Indian In.di.an • în´diyın /isim/ çoğul Indians • 1. Hintli 2. Kızılderili

indicate in.di.cate • în´dıkeyt /fiil/ indicates, indicating, indicated • işaret etmek, göstermek: This sign indicates north. Bu işaret kuzeyi gösteriyor.

indifferent in.dif.fer.ent • îndîf´ırınt /sıfat/ kaygısız, aldırmaz, umursamayan: She was indifferent to his problems. Onun sorunlarına karşı duyarsızdı.

indirect in.di.rect • îndîrekt´ /sıfat/ dolaylı: indirect criticism dolaylı eleştiri indirect speech dolaylı anlatım

¹individual in.di.vid.u.al • îndıvîc´uwıl /sıfat/ 1. bireysel, kişisel: individual effort kişisel çaba 2. tek kişilik: an individual serving tek porsiyon

²individual in.di.vid.u.al • îndıvîc´uwıl /isim/ çoğul individuals • 1. birey 2. kişi

Indonesia In.do.ne.sia • îndıni´jı /isim/ Endonezya

¹Indonesian In.do.ne.sian • îndıni´jın /sıfat/ 1. Endonezya'ya özgü

Indonesian→→→

2. Endonezyalı

²Indonesian In.do.ne.sian • îndıni´jın
/isim/ çoğul Indonesians • Endonezyalı

indoor in.door • în´dôr
/sıfat/ 1. iç mekâna uygun: indoor shoes ev ayakkabısı 2. kapalı: indoor tennis court kapalı tenis kortu

industrial in.dus.tri.al • îndʌs´triyıl
/sıfat/ endüstriyel, sınai, işleyimsel: industrial region sanayi bölgesi

industrious in.dus.tri.ous •
îndʌs´triyıs /sıfat/ çalışkan, gayretli: an industrious student çalışkan bir öğrenci

industry in.dus.try • în´dıstri
/isim/ çoğul industries • sanayi, endüstri: heavy industry ağır sanayi the steel industry çelik sanayii

ineffective in.ef.fec.tive • înîfek´tîv
/sıfat/ 1. etkisiz (çare, ilaç v.b.): ineffective methods etkisiz yöntemler 2. beceriksiz (yönetici, işçi v.b.): ineffective worker beceriksiz işçi

inefficient in.ef.fi.cient • înîfîş´ınt
/sıfat/ 1. istenilen etkiyi uyandırmayan, etkisiz: an inefficient campaign etkisiz bir kampanya 2. verimsiz, randımansız: an inefficient machine verimsiz bir makine

inequality in.e.qual.i.ty • înîkwal´ıti
/isim/ çoğul inequalities • eşitsizlik, farklılık: social inequality toplumsal eşitsizlik

inevitable in.ev.i.ta.ble • înev´ıtıbıl
/sıfat/ kaçınılmaz, çaresiz: This result was inevitable. Bu sonuç kaçınılmazdı.

inexpensive in.ex.pen.sive •
înîkspen´sîv /sıfat/ ucuz, masrafı az

inexperienced in.ex.pe.ri.enced •
înîkspîr´iyınst /sıfat/ tecrübesiz, deneyimsiz, acemi: an inexperienced driver deneyimsiz bir sürücü

infant in.fant • în´fınt
/isim/ çoğul infants • bebek, küçük çocuk: educational toys for infants küçük çocuklar için eğitsel oyuncaklar

infect in.fect • înfekt´
/fiil/ infects, infecting, infected • bulaştırmak, geçirmek

infection in.fec.tion • înfek´şın
/isim/ çoğul infections • enfeksiyon: hospital infections hastane enfeksiyonları spread an infection bir enfeksiyonu yaymak

infinite in.fin.ite • în´fınît
/sıfat/ sonsuz, sınırsız: infinite space sonsuz uzay

infinitive in.fin.i.tive • înfîn´ıtîv
/isim/ çoğul infinitives • (dilbilgisi) mastar

inflation in.fla.tion • înfley´şın
/isim/ enflasyon

¹influence in.flu.ence • în´fluwıns

/isim/ çoğul influences • etki, tesir: have a good influence iyi bir etkisi olmak

²influence in.flu.ence • în´fluwıns /fiil/ influences, influencing, influenced • etkilemek: How does the weather influence our mood? Hava, ruh durumumuzu nasıl etkiler?

influential in.flu.en.tial • înfluwen´şıl /sıfat/ etkili, sözü geçen

influenza in.flu.en.za • înfluwen´zı /isim/ grip

inform in.form • înfôrm´ /fiil/ informs, informing, informed • bilgilendirmek, haber vermek: No one informed me. Kimse bana bilgi vermedi.

informal in.for.mal • înfôr´mıl /sıfat/ resmi olmayan, teklifsiz: an informal meeting resmi olmayan bir toplantı an informal person teklifsiz bir kimse

information in.for.ma.tion • înfırmey´şın /isim/ bilgi, haber information office danışma bürosu information technology bilgi teknolojisi

informative in.form.a.tive • înfôr´mıtîv /sıfat/ bilgilendirici, aydınlatıcı, eğitici: an informative booklet bilgilendirici bir kitapçık

ingredient in.gre.di.ent • în.gri´diyınt /isim/ çoğul ingredients • karışımdaki madde, malzeme: The main ingredients of this dessert are milk and rice. Bu tatlının ana malzemeleri süt ve pirinç.

inhabit in.hab.it • înhäb´ît

/fiil/ inhabits, inhabiting, inhabited • içinde oturmak: This village is mainly inhabited by farmers. Bu köyde daha çok çiftçiler oturuyor.

inhabitant in.hab.i.tant • înhäb´ıtınt /isim/ çoğul inhabitants • bir yerde oturan kimse, sakin

inherit in.her.it • înher´ît /fiil/ inherits, inheriting, inherited • (from) -e (-den) miras kalmak: She inherited some money from her grandfather. Ona büyükbabasından bir miktar para miras kaldı.

initial in.i.tial • înîş´ıl /isim/ çoğul initials • ad veya soyadın baş harfi; bir sözcüğün ilk harfi: Do you know his initials? Onun ad ve soyadının baş harflerini biliyor musun?

inject in.ject • încekt´ /fiil/ injects, injecting, injected • şırınga etmek, enjeksiyon yapmak

injection in.jec.tion • încek´şın /isim/ iğne, enjeksiyon

injure in.jure • în´cır /fiil/ injures, injuring, injured • yaralamak, incitmek

injured in.jured • în´cırd /sıfat/ yaralı: an injured bird yaralı bir kuş

injury→→→

injury in.ju.ry • în´cırı
/isim/ çoğul **injuries** • 1. yara; incinme 2. zarar

injustice in.jus.tice • încʌs´tîs
/isim/ çoğul **injustices** • haksızlık, adaletsizlik: injustices of the system sistemdeki adaletsizlikler sense of injustice haksızlık duygusu

ink ink • îngk
/isim/ mürekkep: a bottle of ink bir şişe mürekkep written in ink mürekkeple yazılmış

inn inn • în
/isim/ çoğul **inns** • han, otel: We spent the night at an inn. Geceyi bir handa geçirdik.

inner in.ner • în´ır
/sıfat/ iç, dahili: inner courtyard iç avlu

innocence in.no.cence • în´ısıns
/isim/ masumluk, suçsuzluk: You must prove your innocence. Suçsuzluğunu kanıtlamalısın.

innocent in.no.cent • în´ısınt
/sıfat/ 1. masum, suçsuz: an innocent man suçsuz bir adam 2. zararsız innocent amusement zararsız eğlence

input in.put • în´pût
/isim/ çoğul **inputs** • girdi, giriş: an input of energy enerji girdisi

inquire in.quire • înkwayr´
/fiil/ **inquires, inquiring, inquired** • araştırmak, sorgulamak
inquire about -i sormak: inquire about a book bir kitabı sormak
inquire into ... ... hakkında soruşturma yapmak: inquire into the complaints

şikâyetleri soruşturmak
inquire of -e sormak: inquire of the teacher öğretmene sormak

insect in.sect • în´sekt
/isim/ çoğul **insects** • böcek: insect bite böcek ısırığı

insecticide in.sec.ti.cide • însek´tîsayd
/isim/ çoğul **insecticides** • böcek ilacı

insensitive in.sen.si.tive • însen´sıtîv
/sıfat/ düşüncesiz, duyarsız: insensitive to changes değişimlere karşı duyarsız

insert in.sert • însırt´
/fiil/ **inserts, inserting, inserted** • arasına koymak: Insert paper in the printer. Yazıcıya kâğıdı yerleştirin.
insert in -e sokmak

¹inside in.side • în´sayd´
/isim/ iç, iç taraf
inside out tersyüz

²inside in.side • însayd´
/edat/ içine; içinde: Emin is inside the house. Emin, evin içinde.

insight in.sight • în´sayt
/isim/ çoğul **insights** • anlayış, iç yüzünü kavrama

insignificant in.sig.nif.i.cant • însîgnîf´ıkınt
/sıfat/ önemsiz, küçük

insist in.sist • însîst´
/fiil/ insists, insisting, insisted • (on/upon)
(-de) ısrar etmek, (... için) diretmek:
She insisted on staying with her friend.
Arkadaşıyla kalmakta ısrar etti.

inspect in.spect • înspekt´
/fiil/ inspects, inspecting, inspected •
denetlemek, yoklamak, kontrol etmek:
inspect a factory bir fabrikayı denetlemek

inspiration in.spi.ra.tion •
înspırey´şın /isim/ ilham, esin: source
of inspiration ilham kaynağı

inspire in.spire • înspayr´
/fiil/ inspires, inspiring, inspired •
ilham vermek, esinlemek: This river
inspired many poets. Bu nehir pek
çok şaire ilham kaynağı olmuştur.

instal in.stal • înstôl´
/fiil/ instals, installing, installed • bkz.
install

install in.stall • înstôl´
/fiil/ installs, installing, installed •
kurmak, tesis etmek: install a system
bir sistemi kurmak
İng. **instal**

installment in.stall.ment • înstôl´mınt
/isim/ çoğul installments • taksit: Have
you paid this month's installment? Bu
ayın taksitini ödedin mi?
İng. **instalment**

instalment in.stal.ment • înstôl´mınt
/isim/ çoğul instalments • bkz. **installment**

instance in.stance • în´stıns
/isim/ çoğul instances • örnek
for instance örneğin

¹**instant** in.stant • în´stınt
/sıfat/ 1. ani, hemen olan 2. acil, ivedi
instant coffee hazır kahve
instant soup hazır çorba

²**instant** in.stant • în´stınt
/isim/ an: at that instant o anda
in an instant bir anda

instead in.stead • însted´
/zarf/ yerine
instead of -in yerine, -eceğine: You
can read a book instead of watching
television. Televizyon seyredeceğine
kitap okuyabilirsin.

instinct in.stinct • în´stîngkt
/isim/ çoğul instincts • içgüdü:
Silkworms make cocoons by instinct.
İpekböcekleri içgüdüyle koza örerler.

institute in.sti.tute • în´stıtut
/isim/ çoğul institutes • kuruluş,
müessese

institution in.sti.tu.tion • înstıtu´şın
/isim/ çoğul institutions • kurum: com-
mercial institution ticari kurum

instruct in.struct • înstrʌkt´
/fiil/ instructs, instructing, instructed •
öğretmek, eğitmek, okutmak

instruction in.struc.tion • înstrʌk´şın
/isim/ öğrenim, eğitim: understand an
instruction öğretilen bir şeyi anlamak

instructions in.struc.tions • înstrʌk´şınz
/isim/ direktif, yönerge

instrument in.stru.ment • în´strımınt
/isim/ çoğul instruments • 1. alet, araç:
medical instruments tıbbi aletler
2. enstrüman, çalgı: wind instrument

üflemeli çalgı
musical instrument müzik aleti

insufficient in.suf.fi.cient • însıfîş′ınt
/sıfat/ eksik, yetersiz: insufficient
evidence yetersiz kanıt

¹**insult** in.sult • însʌlt′
/fiil/ insults, insulting, insulted • hakaret
etmek, aşağılamak: He insulted my
friend. Arkadaşıma hakaret etti.

²**insult** in.sult • în′sʌlt
/isim/ çoğul insults • hakaret

insurance in.sur.ance • înşûr′ıns
/isim/ sigorta
fire insurance yangın sigortası
health insurance sağlık sigortası
life insurance yaşam sigortası

insure in.sure • înşûr′
/fiil/ insures, insuring, insured • emin
olmak, sağlamak
insure against -e karşı sigorta etmek
(olmak)

integrate in.te.grate • în′tıgreyt
/fiil/ integrates, integrating, integrated •
tamamlamak, bütünlemek

integration in.te.gra.tion • întıgrey′şın
/isim/ bütünleşme, birleşme,
entegrasyon: national integration milli
bütünleşme

intellectual in.tel.lec.tu.al • întılek′çuwıl
/sıfat/ akla ait, zihinsel: intellectual
capacity zihinsel kapasite

intelligence in.tel.li.gence • întel′ıcıns
/isim/ akıl, zekâ, anlayış
intelligence test zekâ testi

intelligent in.tel.li.gent • întel′ıcınt
/sıfat/ akıllı, zeki, anlayışlı: an
intelligent child zeki bir çocuk

intend in.tend • întend′
/fiil/ intends, intending, intended •
niyet etmek, niyetinde olmak, niyet-
lenmek: He intended to write a novel.
Bir roman yazmaya niyetlendi.

intense in.tense • întens′
/sıfat/ 1. şiddetli, keskin: an intense
pain şiddetli bir ağrı 2. yoğun:
intense emotions yoğun duygular

intensity in.ten.si.ty • înten′sıti
/isim/ 1. keskinlik, şiddet: the intensity
of the hurricane kasırganın şiddeti
2. yoğunluk: intensity of feeling duygu
yoğunluğu

intensive in.ten.sive • înten′sîv
/sıfat/ 1. şiddetli: an intensive dust
storm şiddetli bir kum fırtınası
2. yoğun: an intensive course in English
yoğun bir İngilizce kursu
intensive care yoğun bakım
intensive care unit yoğun bakım servisi

intention in.ten.tion • înten′şın
/isim/ çoğul intentions • niyet, amaç,
maksat: His intention was good.
Niyeti iyiydi.

interactive in.ter.ac.tive • întıräk′tîv
/sıfat/ etkileşimli: interactive teaching
etkileşimli öğretim

¹**interest** in.ter.est • în´tırîst
/isim/ 1. ilgi, merak: I have an interest in foreign languages. Yabancı dillere ilgim var. 2. çoğul interests • ilgi alanı 3. faiz

²**interest** in.ter.est • în´tırîst
/fiil/ interests, interesting, interested • ilgilendirmek: Politics doesn't interest her. Politika onu ilgilendirmiyor.
be interested in ile ilgili olmak, ile ilgilenmek, -e ilgi duymak: Ayşe is interested in sports. Ayşe spora ilgi duyuyor.

interesting in.ter.est.ing • în´tırîstîng
/sıfat/ ilginç: interesting topics ilginç konular

interfere in.ter.fere • întırfîr´
/fiil/ interferes, interfering, interfered • karışmak, araya girmek
interfere in -e karışmak, -e burnunu sokmak

interior in.te.ri.or • întîr´iyır
/sıfat/ içerideki, iç, dahili
interior decorator içmimar

interjection in.ter.jec.tion • întırcek´şın
/isim/ çoğul interjections • (dilbilgisi) ünlem

intermediate in.ter.me.di.ate • întırmi´diyît /sıfat/ ortadaki, aradaki, orta

internal in.ter.nal • întır´nıl
/sıfat/ iç, dahili
internal affairs içişleri
internal organs iç organlar

international in.ter.na.tion.al • întırnäş´ınıl /sıfat/ uluslararası:
international law uluslararası hukuk

Internet In.ter.net • în´tırnet
/isim/ (the) İnternet

interpret in.ter.pret • întır´prît
/fiil/ interprets, interpreting, interpreted • yorumlamak; çevirmek, tercüme etmek: How do you interpret this poem? Bu şiiri nasıl yorumluyorsun?

interrupt in.ter.rupt • întırʌpt´
/fiil/ interrupts, interrupting, interrupted • 1. kesmek, ara vermek 2. sözünü kesmek

intersection in.ter.sec.tion • întırsek´şın
/isim/ 1. kesişme 2. çoğul intersections • kavşak

interval in.ter.val • în´tırvıl
/isim/ çoğul intervals • aralık, ara

¹**interview** in.ter.view • în´tır.vyu
/isim/ çoğul interviews • görüşme, mülakat; röportaj

²**interview** in.ter.view • în´tır.vyu
/fiil/ interviews, interviewing, interviewed • görüşmek; röportaj yapmak

intestine in.tes.tine • întes´tîn
/isim/ çoğul intestines • bağırsak
large intestine kalınbağırsak
small intestine incebağırsak

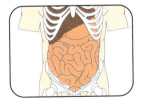

into in.to • în´tu
/edat/ içine, içeri; -e, -ye: He dived into the water. Suya daldı. Put the

intransitive→→→ 200

bowl into the refrigerator. Kâseyi buz-dolabına koy.

intransitive in.tran.si.tive • înträn´sıtîv /sıfat/ (dilbilgisi) geçişsiz, nesnesiz (fiil) **intransitive verb** geçişsiz fiil

introduce in.tro.duce • întrıdus´ /fiil/ introduces, introducing, introduced • tanıtmak, tanıştırmak: İnci introduced me to her friends. İnci beni arkadaş-larıyla tanıştırdı.

introduction in.tro.duc.tion • întrıdʌk´şın /isim/ çoğul introductions • 1. tanıştırma, takdim 2. (kitap, konuşma v.b.´nde) giriş

invade in.vade • înveyd´ /fiil/ invades, invading, invaded • 1. istila etmek 2. saldırmak, hücum etmek: Pirates invaded the port. Korsanlar limana saldırdı.

invalid in.val.id • înv(äl´îd /sıfat/ geçersiz, hükümsüz: an invalid licence geçersiz bir ehliyet an invalid ticket geçersiz bir bilet

invasion in.va.sion • învey´jın /isim/ çoğul invasions • istila, saldırı, akın

invent in.vent • învent´ /fiil/ invents, inventing, invented • icat etmek: Who invented the telephone? Telefonu kim icat etti?

invention in.ven.tion • înven´şın /isim/ çoğul inventions • buluş, icat

inventor in.ven.tor • înven´tır /isim/ çoğul inventors • mucit, buluşçu

invest in.vest • învest´ /fiil/ invests, investing, invested •

(in) -e (para) yatırmak

investigate in.ves.ti.gate • înves´tıgeyt /fiil/ investigates, investigating, inves-tigated • 1. (hakkında) soruşturma yapmak 2. araştırmak, incelemek

investment in.vest.ment • învest´mınt /isim/ çoğul investments • yatırım

invisible in.vis.i.ble • învîz´ıbıl /sıfat/ görülmez, görünmez

invitation in.vi.ta.tion • învıtey´şın /isim/ çoğul invitations • davet, çağrı **invitation card** davetiye

invite in.vite • învayt´ /fiil/ invites, inviting, invited • davet etmek, çağırmak

involve in.volve • învalv´ /fiil/ involves, involving, involved • gerektirmek, istemek: Studying medicine at university involves studying hard. Üniversitede tıp okumak çok çalışmayı gerektirir.

Iran I.ran • îran´, îrän´ /isim/ İran

¹Iranian I.ra.ni.an • îran´iyın, îrey´niyın /sıfat/ 1. İran'a özgü 2. İranlı

²Iranian I.ra.ni.an • îran´iyın, îrey´niyın /isim/ çoğul Iranians • İranlı

Iraq I.raq • îrak´, îräk´ /isim/ Irak

¹Iraqi I.raq.i • îra´ki, îrä´ki /sıfat/ 1. Irak'a özgü 2. Iraklı

²Iraqi I.raq.i • îra´ki, îrä´ki

/isim/ çoğul Iraqis • Iraklı

Ireland Ire.land • ayr´lınd
/isim/ İrlanda
the Republic of Ireland İrlanda Cumhuriyeti

¹**Irish** I.rish • ay´rîş
/sıfat/ 1. İrlanda'ya özgü 2. İrlandaca 3. İrlandalı

²**Irish** I.rish • ay´rîş
/isim/ İrlandaca, İrlanda dili
the Irish İrlandalılar

Irishman I.rish.man • ay´rîşmın
/isim/ çoğul Irishmen • İrlandalı (erkek)

Irishmen I.rish.men • ay´rîşmîn
/isim/ bkz. Irishman

Irishwoman I.rish.wom.an • ay´rîşwûmın
/isim/ çoğul Irishwomen • İrlandalı (kadın)

Irishwomen I.rish.wom.en • ay´rîşwîmîn
/isim/ bkz. Irishwoman

¹**iron** i.ron • ay´ırn
/isim/ 1. demir
the Iron Age demir devri
2. çoğul irons • ütü

²**iron** i.ron • ay´ırn
/sıfat/ demir (demirden yapılmış): iron bar demir çubuk

³**iron** i.ron • ay´ırn
/fiil/ irons, ironing, ironed • ütülemek: She ironed her father's shirt. Babasının gömleğini ütüledi.

ironing i.ron.ing • ay´ırnîng
/isim/ ütüleme
ironing board ütü masası

irregular ir.reg.u.lar • îreg´yılır
/sıfat/ düzensiz, kuralsız
irregular verbs (dilbilgisi) düzensiz fiiller, kuralsız fiiller

irrelevant ir.rel.e.vant • îrel´ıvınt
/sıfat/ konudışı

is is • îz
/fiil/ (be fiilinin üçüncü tekil kişi şimdiki zaman biçimi) -dir: He is an architect. O mimardır. She is right. O haklıdır. That is a caterpillar. O bir tırtıldır. There is a book on the table. Masanın üzerinde bir kitap var.
Is he/she/it ...? ... midir?: Is she a student? O öğrenci midir?
Is he/she from ...? -li mi?: Is he from Konya? O Konyalı mı?
isn't → is not

Islam Is.lam • îslam´
/isim/ İslam, Müslümanlık

island is.land • ay´lınd
/isim/ çoğul islands • ada

isn't is.n't • îz´ınt
/kısaltma/ is not • bkz. is

Israel Is.ra.el • îz´riyıl
/isim/ İsrail

¹**Israeli** Is.rae.li • îzrey´li
/sıfat/ 1. İsrail'e özgü 2. İsrailli

Israeli→→→

202

²Israeli Is.rae.li • îzrey´li
/isim/ çoğul Israelis • İsrailli

issue is.sue • îş´u
/isim/ çoğul issues • 1. yayımlama, yayım, basım 2. konu 3. sorun, mesele 4. sayı, nüsha: the latest issue of the magazine derginin son sayısı

IT IT • ay ti´
/kısaltma/ information technology

it it • ît
/zamir/ 1. o: Whose is it? O kimin? It is mine. O benim. 2. onu: Put it in the cupboard. Onu dolaba koy. Who wrote it? Onu kim yazdı? 3. ona: It is called a keyboard. Ona klavye denir.
it'd → 1. it had 2. it would
it'll → it will, it shall
it's → 1. it is 2. it has

¹Italian I.tal.ian • îtäl´yın
/sıfat/ 1. İtalyan 2. İtalyanca

²Italian I.tal.ian • îtäl´yın
/isim/ 1. çoğul Italians • İtalyan 2. İtalyanca

italic i.tal.ic • îtäl´îk
/sıfat/ italik (basım harfi)

Italy It.a.ly • ît´ıli
/isim/ İtalya

itch itch • îç
/fiil/ itches, itching, itched • kaşınmak: My ears are itching. Kulaklarım kaşınıyor.

it'd it'd • ît´ıd
/kısaltma/ 1. it had 2. it would • bkz. it

it'll it'll • ît´ıl
/kısaltma/ it will, it shall • bkz. it

its its • îts
/zamir/ onun

it's it's • îts
/kısaltma/ 1. it is 2. it has • bkz. it

itself it.self • îtself´
/zamir/ kendi, kendisi
by itself 1. kendi başına, kendi kendine: Our dog can open the door by itself. Köpeğimiz kapıyı kendi başına açabilir. 2. kendiliğinden: The window opened by itself. Pencere kendiliğinden açıldı.

I've I've • ayv
/kısaltma/ I have • bkz. I

ivy i.vy • ay´vi
/isim/ çoğul ivies • sarmaşık

jacket jack.et • cäk´ît
/isim/ çoğul jackets • ceket
life jacket can yeleği

jaguar jag.uar • cäg´war
/isim/ çoğul jaguars • jaguar, jagar

jail jail • ceyl
/isim/ çoğul jails • hapishane, cezaevi

¹jam jam • cäm
/isim/ çoğul jams • reçel, marmelat:
apricot jam kayısı reçeli

²jam jam • cäm
/isim/ çoğul jams • 1. tıkanıklık, sıkışıklık;
izdiham 2. bkz. traffic jam

Jamaica Ja.mai.ca • cımey´kı
/isim/ Jamaika

¹Jamaican Ja.mai.can • cımey´kın
/sıfat/ 1. Jamaika'ya özgü 2. Jamaikalı

²Jamaican Ja.mai.can • cımey´kın
/isim/ çoğul Jamaicans • Jamaikalı

janitor jan.i.tor • cän´îtır
/isim/ çoğul janitors • kapıcı; odacı

January Jan.u.ar.y • cän´yuweri
/isim/ ocak (ayı)

Japan Ja.pan • cıpän´
/isim/ Japonya

Japanese→→→

¹**Japanese** Jap.a.nese • cäpınız´
/sıfat/ 1. Japon 2. Japonca

²**Japanese** Jap.a.nese • cäpınız´
/isim/ 1. çoğul Japanese • Japon
2. Japonca

jar jar • car
/isim/ çoğul jars • kavanoz: a jar of
honey bir kavanoz bal

jaw jaw • cô
/isim/ çoğul jaws • çene
lower jaw alt çene
upper jaw üst çene

jazz jazz • cäz
/isim/ caz (müziği): modern jazz
modern caz

jealous jeal.ous • cel´ıs
/sıfat/ kıskanç: a jealous man kıskanç
bir adam

jealousy jeal.ou.sy • cel´ısi
/isim/ çoğul jealousies • kıskançlık

jean jean • cin
/isim/ kot, cin (kumaş)

jeans jeans • cinz
/isim/ çoğul jeans • blucin, kot pantolon:
He wears jeans on weekends. Hafta
sonları kot pantolon giyer.

jeep jeep • cip
/isim/ çoğul jeeps • cip

jelly jel.ly • cel´i
/isim/ çoğul jellies • jöle, pelte: straw-
berry jelly çilek jölesi

jellyfish jel.ly.fish • cel´ıfîş
/isim/ çoğul jellyfish • denizanası: Some
species of jellyfish are poisonous. Bazı
denizanası türleri zehirlidir.

jet jet • cet
/isim/ çoğul jets • jet (uçağı): jet engine
jet motoru
the jet set jet sosyete

Jew Jew • cu
/isim/ çoğul Jews • Musevi, Yahudi

jewel jew.el • cu´wıl
/isim/ çoğul jewels • mücevher, değerli
taş

jewellery jew.el.ler.y • cu´wılri
/isim/ çoğul jewellery • bkz. jewelry

jewelry jew.el.ry • cu´wılri
/isim/ çoğul jewelry • mücevherat:
jewelry box mücevher kutusu
İng. jewellery

Jewish Jew.ish • cu´wîş
/sıfat/ Musevi, Yahudi

jigsaw jig.saw • cîg´sô
/isim/ çoğul jigsaws • 1. motorlu oyma
testeresi 2. bkz. jigsaw puzzle
jigsaw puzzle yapboz

job job • cab
/isim/ çoğul jobs • iş, görev: a tempo-
rary job geçici bir iş
be out of a job işsiz olmak
look for a job iş aramak

jockey jock.ey • cak´i
/isim/ çoğul jockeys • cokey, jokey

jogging jog.ging • cag´îng
/isim/ jogging

join join • coyn
/fiil/ joins, joining, joined • 1. birleştirmek; birleşmek 2. (kulüp, parti v.b.'ne) katılmak 3. bağlamak; bağlanmak

joint joint • coynt
/isim/ çoğul joints • (anatomi) eklem, mafsal: There are three joints on each finger. Her parmakta üç eklem bulunur.

joke joke • cok
/isim/ çoğul jokes • şaka
crack a joke (make a joke) şaka yapmak
It's no joke. Şaka değil bu. (Ciddiyim.)
practical joke eşek şakası
take a joke şaka kaldırmak

jolly jol.ly • cal´i
/sıfat/ jollier, jolliest • şen, neşeli:
a jolly laugh neşeli bir kahkaha

Jordan Jor.dan • côr´dın
/isim/ Ürdün

¹Jordanian Jor.da.ni.an • côrdey´niyın
/sıfat/ 1. Ürdün'e özgü 2. Ürdünlü

²Jordanian Jor.da.ni.an • côrdey´niyın
/isim/ çoğul Jordanians • Ürdünlü

journal jour.nal • cır´nıl
/isim/ çoğul journals • 1. dergi, gazete:
scientific journal bilim dergisi
2. günlük, günce
keep a journal günlük tutmak

journalist jour.nal.ist • cır´nılîst

/isim/ çoğul journalists • gazeteci: She is a well-known journalist. O tanınmış bir gazetecidir.

journey jour.ney • cır´ni
/isim/ çoğul journeys • yolculuk, gezi, seyahat, sefer

joy joy • coy
/isim/ çoğul joys • sevinç, keyif, haz, neşe

joyful joy.ful • coy´fıl
/sıfat/ sevinçli, neşeli: a joyful day neşeli bir gün

Judaism Ju.da.ism • cu´diyîzım
/isim/ Musevilik, Musevi dini

¹judge judge • cʌc
/isim/ çoğul judges • yargıç, hâkim

²judge judge • cʌc
/fiil/ judges, judging, judged • yargılamak: judge by appearances görünüşe göre yargılamak

judgement judge.ment • cʌc´mınt
/isim/ çoğul judgements • bkz. **judgment**

judgment judg.ment • cʌc´mınt
/isim/ çoğul judgments • hüküm, karar, yargı: I trust your judgments on this matter. Bu konudaki kararlarına güveniyorum.

judo ju.do • cu´do

/isim/ judo

jug jug • cʌg
/isim/ çoğul jugs • 1. İng. (kulplu) sürahi: a jug of water bir sürahi su milk jug İng. sütlük, süt sürahisi 2. testi

juice juice • cus
/isim/ çoğul juices • sebze/meyve/et suyu: lemon juice limon suyu

juicy juic.y • cu´si
/sıfat/ juicier, juiciest • özlü, sulu: Apples are usually juicy in this season. Bu mevsimde elmalar genellikle sulu olur.

July Ju.ly • cûlay´, cılay´
/isim/ temmuz

¹jump jump • cʌmp
/fiil/ jumps, jumping, jumped • atlamak, zıplamak, sıçramak
jump over üstünden atlamak
jump rope ip atlamak

²jump jump • cʌmp
/isim/ çoğul jumps • atlama, sıçrama
high jump yüksek atlama
long jump (broad jump) uzun atlama

jumper jump.er • cʌm´pır
/isim/ çoğul jumpers • bluz/kazak üzerine giyilen kolsuz elbise

junction junc.tion • cʌngk´şın
/isim/ çoğul junctions • kavşak, birleşme yeri

June June • cun
/isim/ haziran

jungle jun.gle • cʌng´gıl
/isim/ çoğul jungles • cangıl, cengel, vahşi orman, sık ağaçlı orman

junior jun.ior • cun´yır
/sıfat/ 1. yaşça (daha) küçük 2. kıdemce aşağı, ast

junk junk • cʌngk
/isim/ 1. ıvır zıvır, pılı pırtı; atılacak eşya/şeyler 2. hurda

Jupiter Ju.pi.ter • cu´pıtır
/isim/ (gökbilim) Jüpiter

jury ju.ry • cûr´i
/isim/ çoğul juries • jüri, seçiciler kurulu

¹just just • cʌst
/sıfat/ 1. adaletli, adil 2. haklı, yerinde, doğru

²just just • cʌst
/zarf/ 1. tam: just across from us tam karşımızda
just as ... tam ... gibi: It is just as he thought. Tam düşündüğü gibi.
just like ... aynı, tıpkı: Tuna looks just like his father. Tuna tıpkı babasına benziyor.
just then ... tam o sırada; tam o anda: Just then, the bell rang. Tam o sırada zil çaldı. 2. hemen, şimdi, biraz önce: Şule has just arrived. Şule şimdi geldi. 3. ancak, yalnız, sadece: Now, there are just two people living there. Şimdi orada yaşayan yalnızca iki kişi var.

justice jus.tice • cʌs´tîs
/isim/ adalet, hak
do justice hakkını vermek

justify jus.ti.fy • cʌs´tıfay
/fiil/ justifies, justifying, justified • doğrulamak, haklı çıkarmak

juvenile ju.ve.nile • cu´vınıl, cu´vınayl
/sıfat/ genç; gençliğe özgü
juvenile court çocuk mahkemesi

kangaroo kan.ga.roo • käng.gıru´
/isim/ çoğul kangaroos • kanguru

karate ka.ra.te • kıra´ti
/isim/ karate

¹Kazakh Ka.zakh • kazak´
/sıfat/ 1. Kazak 2. Kazakça

²Kazakh Ka.zakh • kazak´
/isim/ 1. çoğul Kazakhs • Kazak
2. Kazakça

Kk

Kazakhstan Ka.zakh.stan • kazak´stan
/isim/ Kazakistan

kebab ke.bab • kıbab´
/isim/ çoğul kebabs • kebap
doner kebab döner kebap

keen keen • kin
/sıfat/ keener, keenest • keskin, sivri

keep keep • kip
/fiil/ keeps, keeping, kept • tutmak,
saklamak: Keep meat in the refrigerator. Eti buzdolabında saklayın.
keep off 1. -i uzak tutmak 2. -den uzak durmak
keep on devam etmek: They kept on working. Çalışmaya devam ettiler.
keep (someone) waiting (birini) bekletmek: Never keep him waiting. Onu asla bekletme.
keep watch nöbet tutmak

keepsake keep.sake • kip´seyk
/isim/ çoğul **keepsakes** • andaç, anmalık, hatıra: This watch is a keepsake from my uncle. Bu kol saati, amcamdan bir hatıra.

kennel ken.nel • ken´ıl
/isim/ çoğul **kennels** • köpek kulübesi

Kenya Ken.ya • ken´yı, kin´yı
/isim/ Kenya

¹Kenyan Ken.yan • ken´yın, kin´yın
/sıfat/ 1. Kenya'ya özgü 2. Kenyalı

²Kenyan Ken.yan • ken´yın, kin´yın
/isim/ çoğul **Kenyans** • Kenyalı

kept kept • kept
/fiil/ bkz. **keep**

ketchup ketch.up • keç´ıp, käç´ıp
/isim/ ketçap: homemade ketchup ev yapımı ketçap

kettle ket.tle • ket´ıl
/isim/ çoğul **kettles** • çaydanlık; su ısıtıcısı

key key • ki
/isim/ çoğul **keys** • anahtar

keyboard key.board • ki´bôrd
/isim/ çoğul **keyboards** • klavye

keyhole key.hole • ki´hol
/isim/ çoğul **keyholes** • anahtar deliği

¹kick kick • kîk
/fiil/ **kicks, kicking, kicked** • tekmelemek, tekme atmak
kick a goal (ayağıyla) gol atmak

²kick kick • kîk
/isim/ çoğul **kicks** • tekme

kid kid • kîd
/isim/ çoğul **kids** • 1. oğlak
with kid gloves tatlılıkla
2. çocuk
the kids 1. çocuklar 2. bizimkiler

kidnap kid.nap • kîd´näp
/fiil/ **kidnaps, kidnapping, kidnapped** • (fidye için) (birini) kaçırmak: The boss was kidnapped. Patron kaçırıldı.

kidney kid.ney • kîd´ni
/isim/ çoğul **kidneys** • böbrek
kidney bean (bir tür) barbunya
kidney machine diyaliz makinesi
kidney stone böbrek taşı

kill kill • kîl
/fiil/ **kills, killing, killed** • öldürmek
kill two birds with one stone bir taşla iki kuş vurmak

killer kill.er • kîl´ır
/isim/ çoğul **killers** • 1. katil, öldüren kimse 2. öldüren şey

kilo ki.lo • ki´lo
/isim/ çoğul kilos • kilo, kilogram

kilogram kil.o.gram • kîl´ıgräm
/isim/ çoğul kilograms • kilogram, kilo
İng. **kilogramme**

kilogramme kil.o.gramme • kîl´ıgräm
/isim/ çoğul kilogrammes • bkz. **kilogram**

kiloliter kil.o.li.ter • kîl´ılitır
/isim/ çoğul kiloliters • kilolitre
İng. **kilolitre**

kilolitre kil.o.li.tre • kîl´ılitır
/isim/ çoğul kilolitres • bkz. **kiloliter**

kilometer kil.o.me.ter • kîlam´ıtır
/isim/ çoğul kilometers • kilometre
İng. **kilometre**

kilometre kil.o.me.tre • kîlam´ıtır
/isim/ çoğul kilometres • bkz. **kilometer**

kilt kilt • kîlt
/isim/ çoğul kilts • fistan, İskoç erkeklerinin giydiği eteklik

¹kind kind • kaynd
/isim/ çoğul kinds • çeşit, cins, tür: various kinds of fruit çeşitli meyve türleri

²kind kind • kaynd
/sıfat/ kinder, kindest • iyi, iyiliksever; sevecen: kind person iyiliksever kişi

kindergarten kin.der.gar.ten • kîn´dırgartın /isim/ çoğul kindergartens • anaokulu: My little sister is in kindergarten. Kız kardeşim anaokulunda.

kindhearted kind.heart.ed • kaynd´har´tîd /sıfat/ iyi kalpli

kindly kind.ly • kaynd´li
/sıfat/ kindlier, kindliest • iyi niyetli: a kindly smile iyi niyetli bir tebessüm

king king • kîng
/isim/ çoğul kings • kral: King of Sweden İsveç kralı

kingdom king.dom • kîng´dım
/isim/ çoğul kingdoms • 1. krallık
2. (biyoloji) âlem: the plant kingdom bitkiler âlemi

kiosk ki.osk • ki´yask
/isim/ çoğul kiosks • kulübe: newspaper kiosk gazete kulübesi

¹kiss kiss • kîs
/fiil/ kisses, kissing, kissed • öpmek; öpüşmek: She kissed him on the cheek. Onu yanağından öptü.

²kiss kiss • kîs
/isim/ çoğul kisses • öpücük, öpüş

kit kit • kît
/isim/ çoğul kits • alet takımı: sewing kit dikiş takımı

kitchen kitch.en • kîç´ın
/isim/ çoğul kitchens • mutfak: kitchen table mutfak masası kitchen garden sebze bahçesi

kite kite • kayt
/isim/ çoğul kites • uçurtma: fly a kite uçurtma uçurmak

kitten kit.ten • kît´ın
/isim/ çoğul kittens • yavru kedi, kedi yavrusu

knee knee • ni
/isim/ çoğul knees • diz: knee joint diz eklemi

kneel kneel • nil
/fiil/ kneels, kneeling, knelt/kneeled • diz çökmek: Anıl kneeled in front of the statue. Anıl, heykelin karşısında diz çöktü.

knelt knelt • nelt
/fiil/ bkz. kneel

knew knew • nu
/fiil/ bkz. know

knife knife • nayf
/isim/ çoğul knives • bıçak: a blunt knife kör bir bıçak

knight knight • nayt
/isim/ çoğul knights • 1. şövalye 2. (satranç) at

knit knit • nît
/fiil/ knits, knitting, knitted/knit • örmek: knit a sweater bir kazak örmek

knitting knit.ting • nît´îng
/isim/ örme; örgü
knitting needle şiş, örgü şişi
knitting wool örgü yünü

knives knives • nayvz
/isim/ bkz. knife

knob knob • nab
/isim/ çoğul knobs • topuz, tokmak: door knob kapı topuzu

knock knock • nak
/fiil/ knocks, knocking, knocked • vurmak, çarpmak: knock on/at the door kapıyı çalmak
knock out vurup yıkmak

knot knot • nat
/isim/ çoğul knots • düğüm
Gordian knot kördüğüm

know know • no
/fiil/ knows, knowing, knew, known • 1. bilmek: Do you know how to swim? Yüzmeyi biliyor musun? 2. tanımak: Do you know Tarık? Tarık'ı tanıyor musunuz?

know-how know-how • no´hau
/isim/ uzmanlık

knowledge knowl.edge • nal´îc
/isim/ bilgi; haber: technical knowledge teknik bilgi

known known • non
/fiil/ bkz. know

knuckle knuck.le • nʌk´ıl
/isim/ çoğul knuckles • parmağın oynak yeri, boğum

Koran Ko.ran • korän´
/isim/ Kuran

Korea Ko.re.a • kıri´yı, kori´yı
/isim/ Kore
North Korea Kuzey Kore

211 →→→Kyrgyzstan

South Korea Güney Kore

¹Korean Ko.re.an • kırı´yın, kori´yın
/sıfat/ 1. Kore'ye özgü 2. Koreli
3. Korece

²Korean Ko.re.an • kırı´yın, kori´yın
/isim/ 1. çoğul Koreans • Koreli 2. Korece

Kurd Kurd • kûrd, kırd
/isim/ çoğul Kurds • Kürt

¹Kurdish Kurd.ish • kûr´dîş, kır´dîş
/sıfat/ 1. Kürt 2. Kürtçe

²Kurdish Kurd.ish • kûr´dîş, kır´dîş
/isim/ Kürtçe

Kuwait Ku.wait • kuweyt´
/isim/ Kuveyt

¹Kuwaiti Ku.wait.i • kuwey´ti
/sıfat/ 1. Kuveyt'e özgü 2. Kuveytli

²Kuwaiti Ku.wait.i • kuwey´ti
/isim/ çoğul Kuwaitis • Kuveytli

¹Kyrgyz Kyr.gyz • kır´gız
/sıfat/ 1. Kırgız 2. Kırgızca

²Kyrgyz Kyr.gyz • kır´gız
/isim/ 1. çoğul Kyrgyz • Kırgız 2. Kırgızca

Kyrgyzstan Kyr.gyz.stan • kır´gız.stan
/isim/ Kırgızistan

lab lab • läb
/isim/ çoğul labs • laboratuvar: physics lab fizik laboratuvarı

¹label la.bel • ley´bıl
/isim/ çoğul labels • etiket

²label la.bel • ley´bıl
/fiil/ labels, labeling/İng. labelling, labeled/İng. labelled • 1. etiketlemek 2. adlandırmak

labor la.bor • ley´bır
/isim/ 1. çalışma, iş: hand labor elle yapılan iş 2. çoğul labors • emek
İng. **labour**

laboratory lab.o.ra.to.ry • läb´rıtôri, İng. lıbar´ıtri /isim/ çoğul laboratories • laboratuvar: research laboratory araştırma laboratuvarı

labour la.bour • ley´bır
/isim/ çoğul labours • bkz. **labor**

lace lace • leys
/isim/ 1. dantel: Her dress was covered with lace. Elbisesi dantelle kaplıydı.
2. çoğul laces • (ayakkabı için) bağ, bağcık

¹lack lack • läk
/isim/ eksiklik, noksan
lack of -sizlik: lack of care özensizlik lack of confidence güvensizlik lack of money parasızlık lack of sleep uykusuzluk lack of water susuzluk

²lack lack • läk
/fiil/ lacks, lacking, lacked • -den yoksun olmak, ... eksik olmak: This salad lacks salt. Bu salatanın tuzu eksik.

ladder lad.der • läd´ır
/isim/ çoğul ladders • merdiven, portatif

merdiven

ladle la.dle • ley´dıl
/isim/ çoğul ladles • kepçe

lady la.dy • ley´di
/isim/ çoğul ladies • bayan, hanımefendi
Ladies and Gentlemen! (konuşmanın başında) Bayanlar, Baylar!

ladybird la.dy.bird • ley´dibırd
/isim/ çoğul ladybirds • bkz. ladybug

ladybug la.dy.bug • ley´dibʌg
/isim/ çoğul ladybugs • uğurböceği, hanımböceği, uçuçböceği
İng. ladybird

laid laid • leyd
/fiil/ bkz. ¹lay

lain lain • leyn
/fiil/ bkz. ³lie

lake lake • leyk
/isim/ çoğul lakes • göl

lamb lamb • läm
/isim/ çoğul lambs • kuzu
lamb's wool kuzu yünü

lamp lamp • lämp
/isim/ çoğul lamps • lamba: table lamp masa lambası

lamppost lamp.post • lämp´post
/isim/ çoğul lampposts • sokak lambası direği

¹land land • länd
/isim/ 1. kara: Cats live on land. Kediler karada yaşar.
land forces kara kuvvetleri
2. toprak, yer: dry land kurak toprak
3. çoğul lands • ülke, diyar

²land land • länd
/fiil/ lands, landing, landed • 1. karaya çıkmak 2. yere inmek: That airplane is about to land. O uçak inmek üzere.

landlady land.la.dy • länd´leydi
/isim/ çoğul landladies • evini kiraya veren mal sahibi, ev sahibi (kadın)

landlord land.lord • länd´lôrd
/isim/ çoğul landlords • evini kiraya veren mal sahibi, ev sahibi

landscape land.scape • länd´skeyp
/isim/ çoğul landscapes • peyzaj, kır manzarası

landslide land.slide • länd´slayd
/isim/ çoğul landslides • toprak kayması

lane lane • leyn
/isim/ çoğul lanes • 1. dar yol, dar geçit 2. (otoyol) şerit: four-lane motorway dört şeritli otoyol 3. (spor) kulvar: lane two ikinci kulvar

language lan.guage • läng´gwîc
/isim/ çoğul languages • dil, lisan: everyday language günlük dil
the language barrier dil engeli
language laboratory dil laboratuvarı

lantern lan.tern • län´tırn
/isim/ çoğul lanterns • fener: The campers lit the lanterns. Kampçılar

fenerleri yaktılar.

¹**Lao** Lao • lau
/sıfat/ 1. Lao 2. Laoca

²**Lao** Lao • lau
/isim/ 1. çoğul Lao/Laos • Lao 2. Laoca

Laos La.os • la´os, ley´ıs
/isim/ Laos

¹**Laotian** La.o.tian • leyo´şın
/sıfat/ 1. Laos'a özgü 2. Laoslu

²**Laotian** La.o.tian • leyo´şın
/isim/ çoğul Laotians • Laoslu

lap lap • läp
/isim/ çoğul laps • kucak

¹**laptop** lap.top • läp´tap
/sıfat/ dizüstü (bilgisayar)

²**laptop** lap.top • läp´tap
/isim/ çoğul laptops • dizüstü bilgisayar, dizüstü

large large • larc
/sıfat/ larger, largest • büyük; geniş; iri: a large watermelon büyük bir karpuz
large size büyük beden

laser la.ser • ley´zır
/isim/ çoğul lasers • (fizik) lazer
laser printer (bilgisayar) lazer yazıcı

lash lash • läş

/isim/ çoğul lashes • bkz. **eyelash**

¹**last** last • läst
/sıfat/ 1. son, sonuncu: the last page of the book kitabın son sayfası
the last train to İzmir İzmir'e son tren
last chance son şans
last name bkz. **surname**
2. geçen, önceki: last night dün gece
last week geçen hafta

²**last** last • läst
/isim/ çoğul last • (the) sonuncu, en son kişi/şey: He was the last of the great composers. Büyük bestecilerin sonuncusuydu.
at last sonunda
to the last sonuna kadar

³**last** last • läst
/fiil/ lasts, lasting, lasted • sürmek, devam etmek: His education lasted fifteen years. Eğitimi on beş yıl sürdü.

¹**late** late • leyt
/sıfat/ later, latest • 1. geç; gecikmiş: a late breakfast geç bir kahvaltı
be late gecikmek, geç kalmak: Ali was late for school. Ali okula geç kalmıştı.
2. son: the late director of the company şirketin son yöneticisi

²**late** late • leyt
/zarf/ later, latest • geç: He usually gets up late. Genellikle geç kalkar.
of late bugünlerde, son zamanlarda
too late çok geç

lately late.ly • leyt´li
/zarf/ son zamanlarda: He hasn't really been studying lately. Son zamanlarda pek ders çalışmıyor.

¹**Latin** Lat.in • lät´în
/sıfat/ 1. Latince 2. Latin
the Latin alphabet Latin alfabesi

²**Latin** Lat.in • lät´în
/isim/ 1. Latince 2. çoğul Latins • Latin

latitude lat.i.tude • lät´ıtud
/isim/ çoğul latitudes • enlem

¹**latter** lat.ter • lät´ır
/sıfat/ (ikisinden) sonuncu, sonraki, ikinci: the latter part of the 20th century 20. yüzyılın ikinci yarısı

²**latter** lat.ter • lät´ır
/isim/ çoğul latter • (the) (ikisinden) sonuncusu, sonraki, ikincisi: Of those two books, I prefer the latter. O iki kitaptan ikincisini tercih ederim.

Latvia Lat.vi.a • lät´viyı
/isim/ Letonya

¹**Latvian** Lat.vi.an • lät´viyın
/sıfat/ 1. Leton 2. Letonca 3. Letonyalı

²**Latvian** Lat.vi.an • lät´viyın
/isim/ 1. çoğul Latvians • Leton; Letonyalı 2. Letonca

¹**laugh** laugh • läf
/fiil/ laughs, laughing, laughed • gülmek, kahkaha atmak

²**laugh** laugh • läf
/isim/ çoğul laughs • gülme, gülüş, kahkaha
have the last laugh sonunda başarmak

laughter laugh.ter • läf´tır
/isim/ gülüş, kahkaha: roar with laughter kahkahayla gülmek

launch launch • lônç
/fiil/ launches, launching, launched • 1. (gemiyi) suya indirmek 2. (roket) fırlatmak: launch a rocket roket fırlatmak 3. -i başlatmak, -e girişmek

laundry laun.dry • lôn´dri
/isim/ (kirli/temiz) çamaşır: dirty laundry kirli çamaşır

lava la.va • la´vı
/isim/ lav, püskürtü

lavatory lav.a.to.ry • läv´ıtôri
/isim/ çoğul lavatories • 1. lavabo 2. tuvalet: ladies' lavatory bayanlar tuvaleti

lavender lav.en.der • läv´ındır
/isim/ lavanta

law law • lô
/isim/ 1. çoğul laws • yasa, kanun
law and order yasa ve düzen
2. hukuk: civil law medeni hukuk
law school hukuk fakültesi

lawmaker law.mak.er • lô´meykır
/isim/ çoğul lawmakers • meclis üyesi

lawn lawn • lôn
/isim/ çimenlik, çim alanı
lawn mower çim biçme makinesi

lawyer law.yer • lô´yır
/isim/ çoğul lawyers • avukat

¹**lay** lay • ley
/fiil/ lays, laying, laid • 1. yatırmak: She laid the baby in her crib. Bebeği karyolasına yatırdı. 2. koymak, yerleştirmek: She laid her hand on my shoulder. Elini omzuma koydu.

3. döşemek: lay cables kablo döşemek
4. sermek: She laid the cloth on the floor. Örtüyü yere serdi. 5. (sofrayı) kurmak: Songül laid the table. Songül sofrayı kurdu. 6. ... yumurtlamak: In general, hens lay one egg per day. Tavuklar genellikle günde bir yumurta yumurtlar.
lay eggs yumurtlamak: Sea turtles lay their eggs in the sand. Deniz kaplumbağaları kuma yumurtlarlar.

²lay lay • ley
/fiil/ bkz. ³lie

layer lay.er • ley´ır
/isim/ çoğul layers • kat, tabaka

layout lay.out • ley´aut
/isim/ çoğul layouts • düzen, plan, tasar: layout of a factory bir fabrikanın planı

lazily la.zi.ly • ley´zıli
/zarf/ tembelce: Sheep graze lazily in the meadow. Koyunlar çayırda tembel tembel otluyorlar.

lazy la.zy • ley´zi
/sıfat/ lazier, laziest • tembel: a lazy student tembel bir öğrenci

¹lead lead • lid
/fiil/ leads, leading, led • yol göstermek, rehberlik etmek, götürmek: We led him to the teacher. Onu öğretmene götürdük.

²lead lead • led
/isim/ kurşun
lead poisoning kurşun zehirlenmesi

leader lead.er • li´dır
/isim/ çoğul leaders • 1. lider, önder: party leader parti lideri 2. rehber, kılavuz

leadership lead.er.ship • li´dırşîp
/isim/ 1. liderlik, önderlik 2. rehberlik, kılavuzluk

¹leaf leaf • lif
/isim/ çoğul leaves • yaprak

²leaf leaf • lif
/fiil/ leafs, leafing, leafed • 1. yapraklanmak 2. through (kitaba) göz gezdirmek

¹leak leak • lik
/fiil/ leaks, leaking, leaked • sızdırmak; sızmak: Natural gas was leaking from the pipe. Borudan doğalgaz sızıyordu.

²leak leak • lik
/isim/ çoğul leaks • sızıntı: fix the leak sızıntıyı onarmak

¹lean lean • lin
/fiil/ leans, leaning, leaned/İng. leant • dayanmak, yaslanmak; yaslamak: Gönül leaned on the bosom of her mother. Gönül, annesinin göğsüne yaslandı.
lean against/on -e dayanmak: Doğan leaned against the wall. Doğan, duvara dayandı.
lean out of -den sarkmak: İrem leaned out of the window. İrem, pencereden sarktı.

²lean lean • lin
/sıfat/ leaner, leanest • 1. zayıf, ince 2. az yağlı; yağsız: lean meat yağsız et

217 →→→left

leant leant • lent
/fiil/ bkz. ¹**lean**

leap leap • lip
/fiil/ leaps, leaping, leaped/İng. leapt •
sıçramak, atlamak, hoplamak:
Two frogs leaped out of the water. İki
kurbağa suyun dışına sıçradı.
leap year artıkyıl

leapfrog leap.frog • lip´frag
/isim/ birdirbir (oyunu)

leapt leapt • lipt, lept
/fiil/ bkz. **leap**

learn learn • lırn
/fiil/ learns, learning, learned/İng. learnt •
öğrenmek: Where did you learn English?
İngilizceyi nerede öğrendin?
learn by heart ezberlemek

learnt learnt • lırnt
/fiil/ bkz. **learn**

¹**least** least • list
/sıfat/ en ufak, en az

²**least** least • list
/isim/ 1. en az derece 2. en az miktar
at least en azından, hiç olmazsa

³**least** least • list
/zarf/ en az (derecede): the least dan-
gerous snake en az tehlikeli yılan

¹**leather** leath.er • ledh´ır
/isim/ deri; meşin; kösele: artificial
leather yapay deri

²**leather** leath.er • ledh´ır
/sıfat/ deri; meşin; kösele: leather bag
deri çanta leather jacket deri ceket

leave leave • liv
/fiil/ leaves, leaving, left • 1. bırakmak,
terk etmek: The secretary left the
meeting. Sekreter toplantıyı terk etti.
2. ayrılmak: Erdem leaves home at
seven o'clock. Erdem, evden saat
yedide çıkar. 3. (taşıt) kalkmak: The
train leaves at ten o'clock. Tren saat
onda kalkar.
leave for (bir yere) gitmek için (bir
yerden) ayrılmak

leaves leaves • livz
/isim/ bkz. ¹**leaf**

¹**Lebanese** Leb.a.nese • lebıniz´
/sıfat/ 1. Lübnan'a özgü 2. Lübnanlı

²**Lebanese** Leb.a.nese • lebıniz´
/isim/ çoğul Lebanese • Lübnanlı

Lebanon Leb.a.non • leb´ının
/isim/ Lübnan

lecture lec.ture • lek´çır
/isim/ çoğul lectures • 1. konferans,
konuşma 2. (üniversitede) ders: give a
lecture ders vermek

led led • led
/fiil/ bkz. ¹**lead**

leek leek • lik
/isim/ çoğul leeks • pırasa

¹**left** left • left
/sıfat/ sol: left leg sol bacak
left hand 1. sol el 2. sol taraf

²**left** left • left
/zarf/ sola, sola doğru: Turn left here.
Buradan sola dön.

³**left** left • left

left →→→

/isim/ 1. sol, sol taraf: Sit on my left. Soluma otur. 2. sol el

⁴left left • left
/fiil/ bkz. leave

leg leg • leg
/isim/ çoğul legs • bacak: A spider has eight legs. Örümceğin sekiz bacağı vardır.

legal le.gal • li´gıl
/sıfat/ yasal: legal rights yasal haklar

legend leg.end • lec´ınd
/isim/ çoğul legends • efsane, söylence: the legend of Atlantis Atlantis efsanesi

legendary leg.end.ar.y • lec´ınderi
/sıfat/ efsanevi, söylencesel: Hercules is a legendary warrior. Herkül, efsanevi bir savaşçıdır.

¹leisure lei.sure • li´jır, lej´ır
/isim/ boş zaman
at leisure boş zamanlarda

²leisure lei.sure • li´jır, lej´ır
/sıfat/ 1. boş (zaman): leisure time boş zaman 2. boş zamanda yapılan/kullanılan, boş zamana özgü: leisure activities boş zaman etkinlikleri

lemon lem.on • lem´ın
/isim/ çoğul lemons • limon: lemon juice limon suyu

lemonade lem.on.ade • lemıneyd´
/isim/ limonata

lend lend • lend
/fiil/ lends, lending, lent • ödünç vermek; borç vermek: Can you lend me 20 TL? Bana 20 TL borç verir misin?

length length • lengkth, length
/isim/ çoğul lengths • 1. uzunluk, boy: five meters in length beş metre uzunluğunda the length of her hair saçının uzunluğu 2. süre, uzunluk
at length uzun uzadıya

lengthen length.en • lengk´thın, leng´thın /fiil/ lengthens, lengthening, lengthened • uzatmak; uzamak

lens lens • lenz
/isim/ çoğul lenses • 1. mercek 2. objektif 3. (anatomi) göz merceği
contact lens kontakt lens, lens

lent lent • lent
/fiil/ bkz. lend

lentil len.til • len´tıl
/isim/ çoğul lentils • mercimek: lentil soup mercimek çorbası

leopard leop.ard • lep´ırd
/isim/ çoğul leopards • leopar, pars

Lesotho Le.so.tho • lısu´tu, lıso´to
/isim/ Lesoto

¹less less • les
/sıfat/ daha ufak, daha az: We must spend less money. Daha az para harcamalıyız.

²less less • les
/zarf/ aşağı derecede, bir derece aşağı,

daha az: Eat less! Daha az ye!

lessen less.en • les´ın
/fiil/ lessens, lessening, lessened •
küçültmek, eksiltmek, azaltmak;
küçülmek, eksilmek, azalmak: The
medicine lessened the woman's pain.
İlaç, kadının acısını azalttı.

lesser less.er • les´ır
/sıfat/ daha ufak, daha az

lesser-known less.er-known • les´ır.non
/sıfat/ daha az bilinen

lesson les.son • les´ın
/isim/ çoğul lessons • ders: violin lessons keman dersleri

let let • let
/fiil/ lets, letting, let • izin vermek:
They didn't let her go to the party.
Partiye gitmesine izin vermediler.
Let it be! Bırak!/Öyle kalsın!
Let me see. Bakayım./Dur bakalım./
Düşüneyim.

lethal le.thal • li´thıl
/sıfat/ öldürücü

let's let's • lets
/kısaltma/ let us • yapalım, edelim:
Let's go. Gidelim.
let's not (let us not) yapmayalım,
etmeyelim: Let's not go there. Oraya
gitmeyelim.

letter let.ter • let´ır
/isim/ çoğul letters • 1. harf: There are
29 letters in the Turkish alphabet.
Türk alfabesinde 29 harf vardır.
to the letter harfi harfine
2. mektup: business letter iş mektubu
dead letter sahibine ulaşamayan

mektup
letter box posta kutusu

lettuce let.tuce • let´ıs
/isim/ kıvırcık salata
cos lettuce (romaine lettuce) marul

level lev.el • lev´ıl
/isim/ çoğul levels • düzey, seviye: 500
meters above sea level deniz seviyesinden 500 metre yukarıda

liar li.ar • lay´ır
/isim/ çoğul liars • yalancı
a bad liar kötü bir yalancı (kolayca
yalan söyleyemeyen kimse)

Liberia Li.ber.i.a • laybîr´iyı
/isim/ Liberya

¹Liberian Li.ber.i.an • laybîr´iyın
/sıfat/ 1. Liberya'ya özgü 2. Liberyalı

²Liberian Li.ber.i.an • laybîr´iyın
/isim/ çoğul Liberians • Liberyalı

liberty lib.er.ty • lîb´ırti
/isim/ çoğul liberties • özgürlük, hürriyet

librarian li.brar.i.an • laybrer´iyın
/isim/ çoğul librarians • kütüphaneci

library li.brar.y • lay´breri, lay´brıri
/isim/ çoğul libraries • kütüphane, kitaplık:
school library okul kütüphanesi

Libya→→→ 220

Libya Lib.y.a • lîb´iyı
/isim/ Libya

¹Libyan Lib.y.an • lîb´iyın
/sıfat/ 1. Libya'ya özgü 2. Libyalı

²Libyan Lib.y.an • lîb´iyın
/isim/ çoğul Libyans • Libyalı

lice lice • lays
/isim/ bkz. louse

licence li.cence • lay´sıns
/isim/ çoğul licences • bkz. license

license li.cense • lay´sıns
/isim/ çoğul licenses • 1. izin, ruhsat
2. izin belgesi, lisans, ruhsat
license plate plaka
İng. licence

lick lick • lîk
/fiil/ licks, licking, licked • yalamak

lid lid • lîd
/isim/ çoğul lids • kapak: box lid kutu
kapağı

¹lie lie • lay
/isim/ çoğul lies • yalan
a white lie masum bir yalan, beyaz yalan

²lie lie • lay
/fiil/ lies, lying, lied • yalan söylemek:
You're lying. Yalan söylüyorsun.

³lie lie • lay
/fiil/ lies, lying, lay, lain • yatmak,
uzanmak: lie in bed all day gün boyu
yatakta uzanmak lie on one's back
sırtüstü yatmak lie under a tree ağaç
altında uzanmak

¹Liechtenstein Liech.ten.stein •
lîk´tınştayn /isim/ Lihtenştayn

²Liechtenstein Liech.ten.stein •
lîk´tınştayn /sıfat/ Lihtenştayn'a özgü

Liechtensteiner Liech.ten.stein.er •
lîk´tınştaynır /isim/ çoğul Liechten-
steiners • Lihtenştaynlı

lieutenant lieu.ten.ant • luten´int, İng.
leften´int /isim/ çoğul lieutenants •
teğmen

life life • layf
/isim/ çoğul lives • yaşam, hayat, ömür:
life story yaşam öyküsü
life buoy cankurtaran simidi, can simidi

lifeboat life.boat • layf´bot
/isim/ çoğul lifeboats • cankurtaran
sandalı

lifelong life.long • layf´lông
/sıfat/ ömür boyu

¹lift lift • lîft
/fiil/ lifts, lifting, lifted • kaldırmak,
yükseltmek: Lift your arm. Kolunu
kaldır.

²lift lift • lîft
/isim/ çoğul lifts • bkz. elevator

¹light light • layt
/isim/ 1. ışık: a bright light parlak bir ışık
light year ışık yılı
2. çoğul lights • ışık (kaynağı), aydınlatıcı:
Turn the lights off before you leave
home. Evden çıkmadan ışıkları sön-
dürün. 3. aydınlık, gün ışığı 4. aydınlık,
anlaşılır olma
bring to light aydınlatmak, ortaya
çıkarmak

²light light • layt
/fiil/ lights, lighting, lighted/lit •
1. yakmak, tutuşturmak: light a fire

ateş yakmak 2. aydınlatmak, ışık vermek: He used his flashlight to light the room. Odayı aydınlatmak için el fenerini kullandı.

³light light • layt
/sıfat/ lighter, lightest • 1. hafif: a light bag hafif bir çanta light clothes hafif giysiler light meal hafif yemek 2. açık (renk): light blue açık mavi

lighter light.er • lay´tır
/isim/ çoğul lighters • çakmak

lighting light.ing • layt´îng
/isim/ aydınlatma, ışıklandırma

lightning light.ning • layt´nîng
/isim/ şimşek; yıldırım
lightning rod paratoner, yıldırımsavar

¹like like • layk
/edat/ gibi, -e benzer: His eyes are green like mine. Gözleri benimkiler gibi yeşil. The sea was like a mirror. Deniz ayna gibiydi.
like this bunun gibi, böyle: on a day like this böyle bir günde

²like like • layk
/fiil/ likes, liking, liked • hoşlanmak, sevmek; beğenmek: He likes playing chess. Satranç oynamayı sever.
Do you like ...? -i sever misiniz?

likelihood like.li.hood • layk´lihûd
/isim/ olasılık, ihtimal

likely like.ly • layk´li
/sıfat/ likelier, likeliest • olası, beklenen: I think he is likely to come. Sanırım gelecek.

lime lime • laym
/isim/ çoğul limes • misket limonu

¹limit lim.it • lîm´ît
/isim/ çoğul limits • sınır, limit: time limit zaman sınırı
off limits yasak bölge
That's the limit! Bu kadarı da fazla!

²limit lim.it • lîm´ît
/fiil/ limits, limiting, limited • sınırlamak, kısıtlamak

¹line line • layn
/isim/ çoğul lines • 1. çizgi 2. (sayfada) satır: There are thirty lines on that page. O sayfada otuz satır var. 3. dize, mısra: a line of poetry bir şiir dizesi 4. dizi, sıra; kuyruk: There was a long line at the store. Mağazada uzun bir kuyruk vardı.

²line line • layn
/fiil/ lines, lining, lined • astarlamak

¹linen lin.en • lîn´ın
/sıfat/ keten (dokuma)

²linen lin.en • lîn´ın
/isim/ 1. keten kumaş, keten 2. (keten/pamuklu) örtüler/çarşaflar

liner lin.er • lay´nır
/isim/ çoğul liners • 1. yolcu gemisi: luxury liner lüks yolcu gemisi 2. yolcu uçağı

linguistics lin.guis.tics • lîng.gwîs´tîks
/isim/ dilbilim

lining lin.ing • lay´nîng
/isim/ çoğul linings • astar

link link • lîngk
/isim/ çoğul links • bağ, bağlantı: commercial links between the two countries iki ülke arasındaki ticari bağlar

lion li.on • lay´ın
/isim/ çoğul lions • aslan
the lion's share aslan payı

lip lip • lîp
/isim/ çoğul lips • dudak

lipreading lip.read.ing • lîp´rîdîng
/isim/ dudak okuma

lipstick lip.stick • lîp´stîk
/isim/ çoğul lipsticks • ruj, dudak boyası

liquid liq.uid • lîk´wîd
/sıfat, isim/ sıvı

lira li.ra • lîr´ı
/isim/ çoğul liras • lira

list list • lîst
/isim/ çoğul lists • liste: shopping list alışveriş listesi

listen lis.ten • lîs´ın
/fiil/ listens, listening, listened •

1. dinlemek: She was not listening. Dinlemiyordu. 2. to -i dinlemek: Müjgân likes listening to music. Müjgân müzik dinlemeyi seviyor.

listener lis.ten.er • lîs´ınır
/isim/ çoğul listeners • dinleyici

lit lit • lît
/fiil/ bkz. ²light

liter li.ter • li´tır
/isim/ çoğul liters • litre
İng. litre

literacy lit.er.a.cy • lît´ırısi
/isim/ okuryazarlık: The rate of literacy in this country is very high. Bu ülkedeki okuryazarlık oranı çok yüksek.

literary lit.er.ar.y • lît´ıreri
/sıfat/ yazınsal, edebi

literate lit.er.ate • lît´ırît
/sıfat/ okuryazar

literature lit.er.a.ture • lît´ırıçûr, lît´ırıçır, lît´rıçır /isim/ edebiyat, yazın: Turkish literature Türk edebiyatı

Lithuania Lith.u.a.ni.a • lîthıwey´niyı
/isim/ Litvanya

¹Lithuanian Lith.u.a.ni.an • lîthıwey´niyın
/sıfat/ 1. Litvanya'ya özgü 2. Litvanca 3. Litvanyalı

²Lithuanian Lith.u.a.ni.an • lîthıwey´niyın
/isim/ 1. çoğul Lithuanians • Litvanyalı 2. Litvanya dili, Litvanca

litre li.tre • li´tır
/isim/ çoğul litres • bkz. liter

litter lit.ter • lît´ır
/isim/ (yere atılan) çöp, çerçöp
litter bag çöp torbası

¹little lit.tle • lît´ıl
/sıfat/ küçük, ufak: a little room
küçük bir oda

²little lit.tle • lît´ıl
/zarf/ less, least • az: Wait a little.
Biraz bekle.
little by little azar azar, yavaş yavaş

¹live live • lîv
/fiil/ lives, living, lived • 1. yaşamak
live and learn yaşayarak öğrenmek
live fast hızlı yaşamak
2. oturmak, ikamet etmek: How long
have you lived there? Ne zamandır
orada oturuyorsun?

²live live • layv
/sıfat/ 1. canlı, diri: a live octopus
canlı bir ahtapot 2. (radyo, TV) canlı
(yayın): live broadcast canlı yayın

livelihood live.li.hood • layv´lihûd
/isim/ çoğul livelihoods • geçim, geçinme

lively live.ly • layv´li
/sıfat/ livelier, liveliest • canlı, neşeli:
a lively child neşeli bir çocuk

liver liv.er • lîv´ır
/isim/ çoğul livers • karaciğer: Where
is the liver located? Karaciğerin yeri
neresidir?

lives lives • layvz
/isim/ bkz. life

livestock live.stock • layv´stak
/isim/ çiftlik hayvanları

lizard liz.ard • lîz´ırd
/isim/ çoğul lizards • kertenkele

¹load load • lod
/isim/ çoğul loads • yük; ağırlık

²load load • lod
/fiil/ loads, loading, loaded • yüklemek;
yükletmek: load a truck with boxes
bir kamyona kutular yüklemek

loaf loaf • lof
/isim/ çoğul loaves • somun, ekmek
somunu: a loaf of bread bir somun
ekmek

¹loan loan • lon
/isim/ çoğul loans • borç para

²loan loan • lon
/fiil/ loans, loaning, loaned • (özellikle
faiz karşılığında) ödünç (para) vermek:
The bank refused to loan him the
money he needed. Banka, ona ihtiyacı
olan parayı vermeyi reddetti.

loaves loaves • lovz
/isim/ bkz. loaf

lobster lob.ster • lab´stır
/isim/ çoğul lobsters • ıstakoz

local lo.cal • lo´kıl
/sıfat/ yerel, yöresel: local radio yerel
radyo

locate lo.cate • lo´keyt
/fiil/ locates, locating, located • (bir yere) yerleştirmek
be located in (on) -de olmak, -de bulunmak: The factory is located on a convenient site. Fabrika uygun bir bölgede bulunuyor.

location lo.ca.tion • lokey´şın
/isim/ çoğul locations • yer, mahal

¹lock lock • lak
/isim/ çoğul locks • kilit

²lock lock • lak
/fiil/ locks, locking, locked • kilitlemek; kilitlenmek

locker lock.er • lak´ır
/isim/ çoğul lockers • (soyunma odası v.b.'nde) kilitli dolap, kilitli çekmece

locksmith lock.smith • lak´smîth
/isim/ çoğul locksmiths • çilingir

locomotive lo.co.mo.tive • lokımo´tîv
/isim/ çoğul locomotives • lokomotif: electric locomotive elektrikli lokomotif

¹log log • lôg
/isim/ çoğul logs • 1. kütük log cabin kütüklerden yapılmış kulübe 2. (bilgisayar) günlük

²log log • lôg
/fiil/ logs, logging, logged • kaydetmek, not etmek
log in (bilgisayar) oturum açmak
log in/on (to) (bilgisayar) (-e) girmek
log off (bilgisayar) -i sonlandırmak
log out (bilgisayar) oturum kapamak

logic log.ic • lac´îk
/isim/ mantık

logical log.i.cal • lac´îkıl
/sıfat/ mantıksal, mantıklı, mantığa uygun

lollipop lol.li.pop • lal´ipap
/isim/ çoğul lollipops • lolipop (çubuklu şeker)

lonely lone.ly • lon´li
/sıfat/ lonelier, loneliest • 1. yalnız, kimsesiz: a lonely man yalnız bir adam lonely life kimsesiz yaşam 2. ıssız, tenha: Deserts are lonely places. Çöller tenha yerlerdir. lonely islands ıssız adalar

¹long long • lông
/sıfat/ longer, longest • uzun: a long journey uzun bir yolculuk a long list uzun bir liste long hair uzun saç

²long long • lông
/zarf/ longer, longest • çok, uzun zaman: The meeting won't last long. Toplantı uzun sürmez.
any longer daha fazla, daha: I can't stay any longer. Daha fazla kalamam.
before long yakında, çabuk, çok geçmeden: We were there before long. Çok geçmeden oradaydık.
long ago çok zaman önce: She left here long ago. Buradan çok zaman önce ayrıldı.

³long long • lông
/fiil/ longs, longing, longed • çok istemek, hasretini çekmek

long for -i özlemek: We are longing for world peace. Dünya barışını özlüyoruz.

longing long.ing • lông´îng
/isim/ özlem, hasret

longitude lon.gi.tude • lan´cıtud
/isim/ çoğul longitudes • boylam

long-term long-term • lông´tırm´
/sıfat/ uzun vadeli: What are your long-term plans? Uzun vadeli planların nedir?

look look • lûk
/fiil/ looks, looking, looked • 1. bakmak
look about etrafına bakmak, bakınmak: He raised his head and looked about. Kafasını kaldırdı ve etrafına bakındı.
look after -e bakmak, ile ilgilenmek:
look after children çocuklara bakmak
look around (for) -i araştırmak
look at -e bakmak
look back geriye/geçmişe bakmak
look for 1. -i aramak 2. -i beklemek
look forward to -i dört gözle beklemek: They look forward to seeing each other. Birbirlerini görmeyi dört gözle bekliyorlar.
Look here! Bana bak!
2. görünmek, gözükmek: He looks ill. Hasta görünüyor.
look like -e benzemek: It looks like snow. Kar yağacak gibi.

loose loose • lus
/sıfat/ looser, loosest • gevşek: a loose knot gevşek bir düğüm
get loose kurtulmak
let (someone) loose (birini) serbest bırakmak

loosen loos.en • lus´ın
/fiil/ loosens, loosening, loosened •

gevşemek; gevşetmek

lorry lor.ry • lôr´i
/isim/ çoğul lorries • bkz. **truck**

lose lose • luz
/fiil/ loses, losing, lost • 1. kaybetmek, yitirmek
lose interest in -e ilgisini yitirmek
lose oneself kendini kaybetmek
lose one's job işini kaybetmek
lose speed hız kaybetmek
2. yenilmek, kaybetmek: Our team lost the game. Bizim takım maçı kaybetti.

loss loss • lôs
/isim/ çoğul losses • zarar, ziyan; kayıp:
weight loss kilo kaybı
bear a loss zarara katlanmak

¹lost lost • lôst
/sıfat/ kayıp, yitik
get lost kaybolmak
lost property office kayıp eşya bürosu

²lost lost • lôst
/fiil/ bkz. **lose**

lot lot • lat
/isim/ çoğul lots • 1. grup, kısım: one lot of irresponsible people bir grup sorumsuz insan 2. arsa; yer, alan
a lot çok: They like her a lot. Ondan çok hoşlanıyorlar.
a lot of birçok, çok, pek çok: She bought a lot of books. Birçok kitap aldı. There is a lot of work to do. Yapılacak çok iş var.

lotion lo.tion • lo´şın
/isim/ çoğul lotions • losyon: hand lotion el losyonu

lottery lot.ter.y • lat´ıri
/isim/ çoğul lotteries • piyango: lottery

ticket piyango bileti

¹loud loud • laud
/sıfat/ louder, loudest • 1. yüksek (ses):
in a loud voice yüksek sesle 2. gürültülü:
loud music gürültülü müzik

²loud loud • laud
/zarf/ louder, loudest • 1. yüksek sesle:
talk loud yüksek sesle konuşmak
2. gürültüyle

loudly loud.ly • laud´li
/zarf/ 1. yüksek sesle 2. gürültüyle

loudspeaker loud.speak.er • laud´spikır
/isim/ çoğul loudspeakers • hoparlör

louse louse • laus
/isim/ çoğul lice • bit

¹love love • lʌv
/fiil/ loves, loving, loved • sevmek,
âşık olmak: I love my mother. Annemi
çok seviyorum.

²love love • lʌv
/isim/ çoğul loves • sevgi, sevi, aşk:
love story aşk hikâyesi
be in love with -e âşık olmak
fall in love âşık olmak

lovely love.ly • lʌv´li
/sıfat/ lovelier, loveliest • güzel, hoş,
sevimli

low low • lo
/sıfat/ lower, lowest • 1. alçak : a low
ceiling alçak bir tavan a low wall alçak
bir duvar 2. düşük: a low income düşük
bir gelir low prices düşük fiyatlar 3. alt:
the lower floor alt kat the lowest layer
en alt katman

lower low.er • lo´wır
/fiil/ lowers, lowering, lowered •
1. indirmek: lower the sails yelkenleri
indirmek 2. azaltmak, alçaltmak: lower
one's confidence güvenini azaltmak
lower one's voice sesini alçaltmak

loyal loy.al • loy´ıl
/sıfat/ sadık, vefalı: a loyal friend
sadık bir dost

loyalty loy.al.ty • loy´ılti
/isim/ sadakat, vefa, bağlılık

luck luck • lʌk
/isim/ 1. şans: bad luck kötü şans
2. uğur

lucky luck.y • lʌk´i
/sıfat/ luckier, luckiest • 1. şanslı:
lucky man şanslı adam 2. uğurlu

luggage lug.gage • lʌg´îc
/isim/ bagaj, eşya

lullaby lull.a.by • lʌl´ıbay
/isim/ çoğul lullabies • ninni

lumber lum.ber • lʌm´bır
/isim/ kereste

lump lump • lʌmp
/isim/ çoğul lumps • 1. parça, topak:
a lump of butter bir topak tereyağı
2. yumru; şiş, şişlik

lunar lu.nar • lu´nır
/sıfat/ aya ait, ayla ilgili
lunar year ay yılı

lunch lunch • lʌnç
/isim/ çoğul lunches • öğle yemeği
lunch counter büfe
lunch hour öğle tatili
lunch room yemek salonu

lunchtime lunch.time • lʌnç´taym
/isim/ çoğul lunchtimes • öğle tatili

lung lung • lʌng
/isim/ çoğul lungs • akciğer: lung cancer
akciğer kanseri

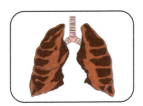

Luxembourg Lux.em.bourg • lʌk´sımbırg
/isim/ Lüksemburg

Luxembourger Lux.em.bourg.er •
lʌk´sımbırgır /isim/ çoğul Luxembourgers •
Lüksemburglu

Luxembourgian Lux.em.bourg.i.an •
lʌksımbır´giyın /sıfat/ Lüksemburg'a
özgü

luxurious lux.u.ri.ous • lʌgjûr´iyıs,
lʌkşûr´iyıs /sıfat/ lüks: a luxurious
restaurant lüks bir lokanta a person
with luxurious tastes lüks zevkleri
olan bir kimse

luxury lux.u.ry • lʌk´şıri, lʌg´jıri
/isim/ 1. lüks: live in luxury lüks içinde
yaşamak 2. çoğul luxuries • lüks şey

¹lying ly.ing • lay´îng
/isim/ yalan söyleme, yalancılık:
I cannot forgive her lying. Yalancılığını
affedemem.

²lying ly.ing • lay´îng
/fiil/ bkz. ²lie, ³lie

lymph lymph • lîmf
/isim/ (biyoloji) lenf, lenfa, akkan

macaroni mac.a.ro.ni • mäkıro´ni /isim/ makarna, düdük makarnası

Macedonia Mac.e.do.ni.a • mäsıdo´niyı /isim/ Makedonya

[1]**Macedonian** Mac.e.do.ni.an • mäsıdo´niyın /sıfat/ 1. Makedonya'ya özgü 2. Makedonca 3. Makedonyalı

[2]**Macedonian** Mac.e.do.ni.an • mäsıdo´niyın /isim/ 1. çoğul Macedonians • Makedonyalı 2. Makedonca

machine ma.chine • mışin´ /isim/ çoğul machines • makine: bread slicing machine ekmek dilimleme makinesi weaving machine dokuma makinesi

machine-made ma.chine-made • mışin´meyd /sıfat/ makine işi: machine-made rug makine işi halı

machinery ma.chin.er.y • mışi´nırı, mışin´ri /isim/ makineler: office machinery ofis makineleri

mad mad • mäd /sıfat/ madder, maddest • deli, çılgın: a mad person deli bir kimse be mad about -e bayılmak drive (someone) mad (birini) çıldırtmak get mad at -e çok kızmak go mad delirmek, çıldırmak

[1]**Madagascan** Mad.a.gas.can • mädıgäs´kın /sıfat/ 1. Madagaskar'a özgü 2. Madagaskarlı

[2]**Madagascan** Mad.a.gas.can • mädıgäs´kın /isim/ çoğul Madagascans • Madagaskarlı

Madagascar Mad.a.gas.car • mädıgäs´kır
/isim/ Madagaskar

madam mad.am • mäd´ım
/isim/ bayan, hanımefendi

¹made made • meyd
/sıfat/ yapılmış
made in ... ... yapımı: made in Turkey
Türk yapımı
made of -den yapılmış: made of wood
tahtadan yapılmış

²made made • meyd
/fiil/ bkz. make

magazine mag.a.zine • mägızin´
/isim/ çoğul magazines • dergi, magazin,
mecmua: computer magazine bilgisayar dergisi

¹magic mag.ic • mäc´îk
/isim/ sihir, büyü: the magic of art
sanatın büyüsü
black magic kötü amaçlı büyü, kara büyü

²magic mag.ic • mäc´îk
/sıfat/ sihirli, büyülü
magic wand sihirli değnek

magician ma.gi.cian • mıcîş´ın
/isim/ çoğul magicians • sihirbaz, büyücü

magma mag.ma • mäg´mı
/isim/ (yerbilim) magma

magnet mag.net • mäg´nît
/isim/ çoğul magnets • mıknatıs: bar
magnet çubuk mıknatıs

magnetic mag.net.ic • mägnet´îk
/sıfat/ manyetik: magnetic field manyetik alan

magnificent mag.nif.i.cent • mägnîf´ısınt
/sıfat/ görkemli, gösterişli: a magnificent book muhteşem bir kitap

magnify mag.ni.fy • mäg´nıfay
/fiil/ magnifies, magnifying, magnified •
büyütmek, büyük göstermek
magnifying glass büyüteç

magnolia mag.no.li.a • mägno´liyı
/isim/ çoğul magnolias • manolya

maid maid • meyd
/isim/ çoğul maids • hizmetçi, hizmetçi
bayan

maiden maid.en • meyd´ın
/isim/ çoğul maidens • evlenmemiş
genç kız
maiden name kızlık soyadı

¹mail mail • meyl
/isim/ posta: I sent the books to you
by mail. Kitapları sana postayla gönderdim.
İng. ¹post

²mail mail • meyl

mailbox→→→

/fiil/ mails, mailing, mailed • postalamak, posta ile göndermek: I have to mail a letter to Birsen. Birsen'e bir mektup postalamalıyım.
İng. ²post

mailbox mail.box • meyl´baks
/isim/ çoğul mailboxes • posta kutusu: I check my mailbox every day. Posta kutumu her gün kontrol ederim.
İng. **postbox**

mailman mail.man • meyl´män
/isim/ çoğul mailmen • postacı
İng. **postman**

mailmen mail.men • meyl´men
/isim/ bkz. **mailman**

main main • meyn
/sıfat/ asıl, esas, başlıca, ana, temel: the main building ana bina the main idea ana fikir the main problem başlıca sorun

mainly main.ly • meyn´li
/zarf/ en çok: The rain fell mainly on the southern coast of the country. Yağmur en çok ülkenin güney kıyısına yağdı.

maintain main.tain • meyn.teyn´
/fiil/ maintains, maintaining, maintained • 1. sürdürmek, devam ettirmek: maintain law and order yasa ve düzeni korumak 2. bakımını yapmak: maintain a car bir arabanın bakımını yapmak maintain a family aileye bakmak

maize maize • meyz
/isim/ İng. mısır

majestic ma.jes.tic • mıces´tîk
/sıfat/ görkemli, heybetli: majestic cities görkemli şehirler

majesty maj.es.ty • mäc´îsti
/isim/ görkem, heybet: the majesty of the Himalayas Himalayaların görkemi

major ma.jor • mey´cır
/sıfat/ büyük, önemli; başlıca, asıl: a major problem önemli bir sorun major cause başlıca neden

majority ma.jor.i.ty • mıcôr´ıti
/isim/ çoğul majorities • 1. çoğunluk: In this country, the majority of people work as farmers. Bu ülkede insanların çoğunluğu çiftçi olarak çalışır. 2. oyçokluğu

make make • meyk
/fiil/ makes, making, made • yapmak, etmek: make bread ekmek yapmak make plans for the future gelecek için planlar yapmak
make up 1. düzenlemek, hazırlamak 2. uydurmak 3. makyaj yapmak

makeup make.up • meyk´ʌp
/isim/ makyaj: His mother never wears makeup. Annesi hiç makyaj yapmaz.

malaria ma.lar.i.a • mıler´iyı
/isim/ sıtma, malarya

Malawi Ma.la.wi • mıla´wi
/isim/ Malavi

¹**Malawian** Ma.la.wi.an • mıla´wiyın
/sıfat/ 1. Malavi'ye özgü 2. Malavili

²**Malawian** Ma.la.wi.an • mıla´wiyın

→→→manner

/isim/ çoğul Malawians • Malavili

Malaysia Ma.lay.sia • mıley´jı
/isim/ Malezya

¹Malaysian Ma.lay.sian • mıley´jın
/sıfat/ 1. Malezya'ya özgü 2. Malezyalı

²Malaysian Ma.lay.sian • mıley´jın
/isim/ çoğul Malaysians • Malezyalı

Maldives Mal.dives • mäl´dayvz
/isim/ (the) Maldiv Adaları

¹Maldivian Mal.div.i.an • mäldîv´iyın
/sıfat/ 1. Maldiv Adaları'na özgü
2. Maldivli

²Maldivian Mal.div.i.an • mäldîv´iyın
/isim/ çoğul Maldivians • Maldivli

¹male male • meyl
/sıfat/ erkek: male deer erkek geyik

²male male • meyl
/isim/ çoğul males • erkek

Mali Ma.li • ma´li
/isim/ Mali

¹Malian Ma.li.an • ma´liyın
/sıfat/ 1. Mali'ye özgü 2. Malili

²Malian Ma.li.an • ma´liyın
/isim/ çoğul Malians • Malili

mall mall • môl, mal, mäl
/isim/ çoğul malls • kapalı çarşı, kapalı alışveriş merkezi: shopping mall alışveriş merkezi

Malta Mal.ta • môl´tı
/isim/ Malta

¹Maltese Mal.tese • môltiz´
/sıfat/ 1. Malta'ya özgü 2. Maltaca
3. Maltalı

²Maltese Mal.tese • môltiz´
/isim/ 1. çoğul Maltese • Maltalı
2. Maltaca

mammal mam.mal • mäm´ıl
/isim/ çoğul mammals • memeli hayvan

man man • män
/isim/ çoğul men • adam, erkek: men's jacket erkek ceketi
man and wife karı koca

manage man.age • män´îc
/fiil/ manages, managing, managed • yönetmek, idare etmek: manage a factory bir fabrikayı yönetmek

manager man.ag.er • män´îcır
/isim/ çoğul managers • yönetici, idareci: hotel manager otel yöneticisi

mandolin man.do.lin • män´dılîn
/isim/ çoğul mandolins • mandolin

mane mane • meyn
/isim/ çoğul manes • yele

mankind man.kind • män´kaynd´
/isim/ insanlık: the history of mankind insanlık tarihi

manner man.ner • män´ır

manners→→→ 232

/isim/ tavır, tarz: I don't like his manner of speech. Onun konuşma tarzını beğenmiyorum.

manners man.ners • män´ırz
/isim/ terbiye, görgü

mansion man.sion • män´şın
/isim/ çoğul mansions • konak, köşk

manufacture man.u.fac.ture • mänyıfäk´çır /fiil/ manufactures, manufacturing, manufactured • imal etmek, yapmak

manuscript man.u.script • män´yıskrîpt
/isim/ çoğul manuscripts • 1. yazma, el yazması: This collector owns some of Shakespeare's manuscripts. Bu koleksiyoncu Shakespeare'in bazı el yazmalarına sahip. 2. müsvedde

many man.y • men´i
/sıfat/ more, most • çok, bir hayli:
many people birçok kimse
a good many birçok, hayli
a great many pek çok: a great many people pek çok kimse
how many kaç tane: How many planets are there? Kaç tane gezegen var?
many times çok kez

map map • mäp
/isim/ çoğul maps • harita: a map of Turkey Türkiye haritası

marathon mar.a.thon • mer´ıthan
/isim/ çoğul marathons • maraton

marble mar.ble • mar´bıl
/isim/ 1. mermer: marble statue mermer heykel 2. çoğul marbles • misket, bilye

marbles mar.bles • mar´bılz
/isim/ misket oyunu

March March • març
/isim/ mart

march march • març
/isim/ çoğul marches • 1. (müzik) marş: wedding march düğün marşı 2. (topluca) yürüyüş

margarine mar.ga.rine • mar´cırîn
/isim/ margarin

marine ma.rine • mırin´
/sıfat/ 1. denize ait, denizle ilgili: marine plants deniz bitkileri 2. denizcilikle ilgili

¹mark mark • mark
/isim/ çoğul marks • 1. işaret, marka 2. iz 3. (derste) not

²mark mark • mark
/fiil/ marks, marking, marked • 1. işaretlemek: Prices were marked on the goods. Malların üzerinde fiyatları belirtilmişti. 2. not vermek: mark examination papers sınav kâğıtlarına not vermek

market mar.ket • mar´kît
/isim/ çoğul markets • pazar, çarşı: market place pazar yeri

marmalade mar.ma.lade • mar´mıleyd

/isim/ marmelat: orange marmalade portakal marmeladı

Marmara Mar.ma.ra • mar´mırı
/isim/ Marmara
the Sea of Marmara Marmara Denizi

marriage mar.riage • mer´îc
/isim/ çoğul marriages • evlilik; evlenme
proposal of marriage evlenme teklifi

married mar.ried • mer´id
/sıfat/ evli: a married couple evli bir çift
be married to ile evli olmak: İlknur is married to a famous writer. İlknur, ünlü bir yazar ile evli.
get married evlenmek

marry mar.ry • mer´i
/fiil/ marries, marrying, married • evlenmek; evlendirmek

Mars Mars • marz
/isim/ (gökbilim) Mars, Merih

marsh marsh • marş
/isim/ çoğul marshes • bataklık

martyr mar.tyr • mar´tır
/isim/ çoğul martyrs • şehit

marvellous mar.vel.lous • mar´vılıs
/sıfat/ bkz. **marvelous**

marvelous mar.vel.ous • mar´vılıs
/sıfat/ olağanüstü, harika: a marvelous boat harika bir tekne
İng. **marvellous**

mask mask • mäsk
/isim/ çoğul masks • maske

mass mass • mäs
/isim/ çoğul masses • kütle; kitle
mass media kitle iletişim araçları
mass production seri üretim

massage mas.sage • mısaj´
/isim/ çoğul massages • masaj

massive mas.sive • mäs´îv
/sıfat/ büyük ve ağır; kocaman: a massive rock ağır bir kaya

master mas.ter • mäs´tır, İng. mas´tır
/sıfat/ ana, temel, esas: master builder inşaat kalfası

masterpiece mas.ter.piece • mäs´tırpis, İng. mas´tırpis /isim/ çoğul masterpieces • başyapıt: a masterpiece by Picasso Picasso'nun başyapıtı

mat mat • mät
/isim/ çoğul mats • 1. hasır; paspas: bath mat banyo paspası 2. altlık

¹**match** match • mäç
/fiil/ matches, matching, matched • (birbirine) uymak; (birbirine) uydurmak; eşlemek: His jacket and tie don't match. Ceketiyle kravatı birbirine uymamış.

match→→→ 234

²match match • mäç
/isim/ 1. eş, benzer, denk 2. çoğul matches •
maç, karşılaşma: soccer match futbol
maçı

³match match • mäç
/isim/ çoğul matches • kibrit, kibrit çöpü

matchbox match.box • mäç´baks
/isim/ çoğul matchboxes • kibrit kutusu

material ma.te.ri.al • mıtîr´iyıl
/isim/ çoğul materials • 1. madde:
waste materials atık maddeler
2. malzeme: building materials inşaat
malzemesi 3. kumaş

math math • mäth
/isim/ (konuşma dili) matematik
İng. maths

mathematics math.e.mat.ics •
mäthımät´îks /isim/ matematik

maths maths • mäths
/isim/ bkz. math

¹matter mat.ter • mät´ır
/isim/ çoğul matters • 1. madde:
organic matter organik madde
2. konu, sorun, iş
as a matter of fact aslında
matter in hand gündemdeki konu
What's the matter? Ne oldu?

²matter mat.ter • mät´ır
/fiil/ matters, mattered • önemi olmak,
önem taşımak
It doesn't matter. Önemli değil.

mattress mat.tress • mät´rıs
/isim/ çoğul mattresses • yatak, döşek,
şilte: mattress cover yatak örtüsü

mature ma.ture • mıçûr´, mıtyûr´
/sıfat/ maturer, maturest • olgun,
ergin: Orhun is very mature for his
age. Orhun, yaşına göre çok olgun.

Mauritania Mau.ri.ta.ni.a • môrıtey´niyı
/isim/ Moritanya

¹Mauritanian Mau.ri.ta.ni.an •
môrıtey´niyın /sıfat/ 1. Moritanya'ya
özgü 2. Moritanyalı

²Mauritanian Mau.ri.ta.ni.an •
môrıtey´niyın /isim/ çoğul Mauritanians •
Moritanyalı

¹Mauritian Mau.ri.tian • môrîş´ın
/sıfat/ 1. Morityus'a özgü 2. Morityuslu

²Mauritian Mau.ri.tian • môrîş´ın
/isim/ çoğul Mauritians • Morityuslu

Mauritius Mau.ri.tius • môrîş´ıs
/isim/ Morityus

mausolea mau.so.le.a • môsıli´yı
/isim/ bkz. mausoleum

mausoleum mau.so.le.um • môsıli´yım
/isim/ çoğul mausoleums/mausolea •
anıtmezar
the Mausoleum of Atatürk Anıtkabir

maximum max.i.mum • mäk´sımım
/sıfat/ maksimum, en çok, en büyük,
en yüksek, azami: maximum speed
en yüksek hız

May May • mey
/isim/ mayıs
May Day 1 Mayıs

may may • mey
/yardımcı fiil/ might • -ebil-, -meli:

→→→meant

May I help you? Yardım edebilir miyim?

━━━━━━━━━

May fiili izin, olanak, olasılık belirtir.
izin:
May I go? → Gidebilir miyim?
olanak:
It may be your car. → O, senin araban olabilir.
olasılık:
He may or may not see. → Görebilir de, görmeyebilir de.
━━━━━━━━━

maybe may.be • mey´bi
/zarf/ belki, olabilir: Maybe he'll win, maybe he won't. Belki kazanır, belki de kazanamaz.

mayonnaise may.on.naise • meyıneyz´
/isim/ mayonez: homemade mayonnaise ev yapımı mayonez

mayor may.or • mey´ır
/isim/ çoğul mayors • belediye başkanı

maze maze • meyz
/isim/ çoğul mazes • labirent

me me • mi
/zamir/ beni; bana: Call me tomorrow. Beni yarın ara.

meadow mead.ow • med´o
/isim/ çoğul meadows • çayır

meal meal • mil
/isim/ çoğul meals • yemek: heavy meal ağır yemek
a square meal doyurucu bir öğün

¹mean mean • min
/fiil/ means, meaning, meant •
1. ... anlamına gelmek: What does this word mean? Bu sözcük ne anlama geliyor? 2. amaçlamak, niyet etmek; demek istemek: What do you mean? Ne demek istiyorsun?

²mean mean • min
/sıfat/ meaner, meanest • 1. adi, aşağı, bayağı; alçak: a mean trick adi bir hile
2. cimri, pinti

³mean mean • min
/sıfat/ ortalama: mean daily temperature günlük ortalama sıcaklık

⁴mean mean • min
/isim/ (the) orta, ortalama: The mean of 11, 6 and 4 is 7. 11, 6 ve 4'ün ortalaması 7'dir.

meaning mean.ing • mi´nîng
/isim/ çoğul meanings • anlam

meaningful mean.ing.ful • mi´nîngfıl
/sıfat/ anlamlı: a meaningful look anlamlı bir bakış

means means • minz
/isim/ çoğul means • araç, vasıta
by all means elbette
by any means ne pahasına olursa olsun
by means of aracılığıyla: by means of several methods çeşitli yöntemler yardımıyla
by no means asla, katiyen

meant meant • ment

/fiil/ bkz. ¹**mean**

meanwhile mean.while • min´hwayl
/zarf/ bu arada: The dog was asleep; meanwhile the burglar was trying to break in. Köpek uyuyordu; bu arada hırsız binaya girmeye çalışıyordu.

measles mea.sles • mi´zılz
/isim/ kızamık

¹**measure** meas.ure • mej´ır
/isim/ çoğul measures • 1. ölçü, miktar: measure of length uzunluk ölçüsü 2. ölçüm, ölçme
tape measure mezura, şerit metre
3. önlem
take measures önlem almak

²**measure** meas.ure • mej´ır
/fiil/ measures, measuring, measured • ölçmek; ölçüsünü almak
measuring cup ölçü kabı

measurement meas.ure.ment • mej´ırmınt /isim/ 1. çoğul measurements • ölçü: unit of measurement ölçü birimi 2. ölçüm, ölçme

meat meat • mit
/isim/ et: a piece of meat bir parça et

meatball meat.ball • mit´bôl
/isim/ çoğul meatballs • köfte

mechanic me.chan.ic • mıkän´îk
/isim/ çoğul mechanics • makinist, makine ustası

mechanical me.chan.i.cal • mıkän´îkıl
/sıfat/ 1. mekanik: a mechanical device mekanik bir cihaz 2. makineyle ilgili
mechanical engineer makine mühendisi

medal med.al • med´ıl
/isim/ çoğul medals • madalya: gold medal altın madalya

media me.di.a • mi´diyı
/isim/ araçlar, vasıtalar
the media medya, kitle iletişim araçları

medical med.i.cal • med´îkıl
/sıfat/ tıbbi: medical certificate tıp diploması medical research tıbbi araştırma medical student tıp öğrencisi medical school tıp fakültesi

medicine med.i.cine • med´ısın, İng. med´sın /isim/ 1. çoğul medicines • ilaç: take a medicine ilaç kullanmak 2. tıp, hekimlik

medieval me.di.e.val • mîdi´vıl
/sıfat/ ortaçağa ait, ortaçağa özgü: medieval music ortaçağ müziği

mediocre me.di.o.cre • midiyo´kır
/sıfat/ alelade, olağan, sıradan, ne iyi ne kötü, orta karar: a mediocre hotel alelade bir otel

¹**Mediterranean** Med.i.ter.ra.ne.an • medıtırey´niyın /sıfat/ Akdeniz, Akdeniz'e özgü
the Mediterranean Sea Akdeniz

²**Mediterranean** Med.i.ter.ra.ne.an • medıtırey´niyın /isim/ (the) Akdeniz

¹**medium** me.di.um • mi´diyım
/isim/ çoğul mediums/media • 1. orta:
the medium between extravagance and
stinginess savurganlıkla cimriliğin
ortası 2. çevre, ortam 3. araç, vasıta

²**medium** me.di.um • mi´diyım
/sıfat/ orta; ortalama: of medium
height orta boylu

meet meet • mit
/fiil/ meets, meeting, met • 1. -e rast-
lamak, ile karşılaşmak: I met him by
chance yesterday. Dün tesadüfen ona
rastladım. 2. tanışmak: They met on a
business trip. Bir iş seyahatinde
tanıştılar. 3. buluşmak: Let's meet in
front of the art gallery at ten o'clock.
Saat onda sanat galerisinin önünde
buluşalım. 4. toplanmak: The teachers
will meet in the conference room.
Öğretmenler, toplantı odasında
toplanacak.

meeting meet.ing • mi´tîng
/isim/ çoğul meetings • toplantı; miting

melody mel.o.dy • mel´ıdi
/isim/ çoğul melodies • melodi, ezgi

melon mel.on • mel´ın
/isim/ çoğul melons • kavun

melt melt • melt
/fiil/ melts, melting, melted • eritmek;
erimek

melting point erime noktası
melting pot pota, eritme kabı

member mem.ber • mem´bır
/isim/ çoğul members • üye, aza
member of parliament milletvekili

membership mem.ber.ship • mem´bırşîp
/isim/ üyelik: membership fees üyelik
aidatı

memorise mem.o.rise • mem´ırayz
/fiil/ memorises, memorising,
memorised • bkz. **memorize**

memorize mem.o.rize • mem´ırayz
/fiil/ memorizes, memorizing,
memorized • ezberlemek, ezbere
öğrenmek: memorize the alphabet
alfabeyi ezberlemek
İng. **memorise**

memory mem.o.ry • mem´ıri
/isim/ çoğul memories • 1. bellek, hafıza:
have a good memory hafızası güçlü
olmak 2. anı, hatıra: happy memories
mutlu anılar

men men • men
/isim/ bkz. **man**

mend mend • mend
/fiil/ mends, mending, mended •
onarmak, tamir etmek: mend shoes
ayakkabı onarmak

mental men.tal • men´tıl
/sıfat/ zihinsel, zihni, akıl ile ilgili

mentally men.tal.ly • men´tıli
/zarf/ aklen, zihnen

mention men.tion • men´şın
/fiil/ mentions, mentioning, mentioned •

menu→→→

anmak, sözünü etmek, -den bahsetmek Don't mention it. Bir şey değil., Rica ederim.

menu men.u • men´yu
/isim/ çoğul **menus** • menü; yemek listesi: What's on the menu today? Bugün yemekte ne var? I'd like the menu, please. Lütfen menüyü alabilir miyim?

meow me.ow • miyau´
/isim/ çoğul **meows** • miyav

merchant mer.chant • mır´çınt
/isim/ çoğul **merchants** • tüccar: coal merchant kömür tüccarı

Mercury Mer.cu.ry • mır´kyıri
/isim/ (gökbilim) Merkür

mercy mer.cy • mır´si
/isim/ merhamet: Have mercy! Merhamet edin!

mere mere • mîr
/sıfat/ katıksız, saf

merely mere.ly • mîr´li
/zarf/ yalnızca, yalnız, sadece

mermaid mer.maid • mır´meyd
/isim/ çoğul **mermaids** • denizkızı

merry mer.ry • mer´i
/sıfat/ **merrier, merriest** • şen, neşeli,

keyifli: merry children neşeli çocuklar

merry-go-round mer.ry-go-round • mer´igoraund /isim/ çoğul **merry-go-rounds** atlıkarınca
İng. ²**roundabout** (1.)

¹**mess** mess • mes
/isim/ düzensizlik, karışıklık, dağınıklık

²**mess** mess • mes
/fiil/ **messes, messing, messed** • **up** yüzüne gözüne bulaştırmak

message mes.sage • mes´îc
/isim/ çoğul **messages** • mesaj, haber: leave a message mesaj bırakmak message board (İnternette) ilan tahtası

met met • met
/fiil/ bkz. **meet**

metal met.al • met´ıl
/isim/ çoğul **metals** • metal, maden

metaphor met.a.phor • met´ıfôr
/isim/ çoğul **metaphors** • mecaz

meteorology me.te.or.ol.o.gy • mitiyıral´ıci /isim/ meteoroloji

¹**meter** me.ter • mi´tır
/isim/ çoğul **meters** • metre
İng. **metre**

²**meter** me.ter • mi´tır
/isim/ çoğul **meters** • sayaç, saat: electricity meter elektrik sayacı

method meth.od • meth´ıd
/isim/ çoğul **methods** • yöntem, yol, metot: scientific method bilimsel yöntem

metre me.tre • mi´tır
/isim/ çoğul **metres** •

238

bkz. ¹meter

metro met.ro • met´ro
/isim/ çoğul metros • (İngiltere hariç, Avrupa'da) metro

¹Mexican Mex.i.can • mek´sıkın
/sıfat/ 1. Meksika'ya özgü: Mexican food Meksika yemeği 2. Meksikalı

²Mexican Mex.i.can • mek´sıkın
/isim/ çoğul Mexicans • Meksikalı

Mexico Mex.i.co • mek´sıko
/isim/ Meksika

mice mice • mays
/isim/ bkz. mouse

microbe mi.crobe • may´krob
/isim/ çoğul microbes • mikrop: Microbes cause diseases. Mikroplar hastalıklara neden olur.

microorganism mi.cro.or.gan.ism • maykrowôr´gınîzım /isim/ çoğul micro-organisms • mikroorganizma

microphone mi.cro.phone • may´krıfon
/isim/ çoğul microphones • mikrofon

microscope mi.cro.scope • may´krıskop
/isim/ çoğul microscopes • mikroskop

microwave mi.cro.wave • may´krıweyv
/isim/ çoğul microwaves • mikrodalga

microwave oven mikrodalga fırın

midday mid.day • mîd´dey
/isim/ öğle, gün ortası

¹middle mid.dle • mîd´ıl
/sıfat/ 1. orta
middle age orta yaş
middle class orta sınıf
2. ortadaki

²middle mid.dle • mîd´ıl
/isim/ orta, orta nokta, orta yer: the middle of the room odanın ortası

middle-aged mid.dle-aged • mîd´ıleycd
/sıfat/ orta yaşlı: His father is a middle-aged man. Babası orta yaşlı bir adam.

midnight mid.night • mîd´nayt
/isim/ gece yarısı: after midnight gece yarısından sonra

midsummer mid.sum.mer • mîd´sʌmır
/isim/ yaz ortası

midwife mid.wife • mîd´wayf
/isim/ çoğul midwives • ebe

midwinter mid.win.ter • mîd´wîn´tır
/isim/ kış ortası, karakış

midwives mid.wives • mîd´wayvz
/isim/ bkz. midwife

¹might might • mayt
/yardımcı fiil/ -ebil- (Zayıf olasılık ve izin belirtir.): I might be late. Gecikebilirim. He might at least have an opportunity. En azından bir fırsatı olabilirdi.
bkz. may
mightn't → might not

might→→→ 240

²might might • mayt
/isim/ güç, kuvvet, kudret: with all his might tüm gücüyle

mightn't might.n't • may´tınt
/kısaltma/ might not • bkz. ¹might

mighty might.y • may´ti
/sıfat/ mightier, mightiest • güçlü, kuvvetli, kudretli

migrate mi.grate • may´greyt
/fiil/ migrates, migrating, migrated • göç etmek: Many birds migrate to south for the winter. Birçok kuş, kış için güneye göç eder.

migration mi.gra.tion • maygrey´şın
/isim/ çoğul migrations • göç: the migration routes of birds kuşların göç yolları

migratory mi.gra.to.ry • may´grıtôri
/sıfat/ 1. göçmen: migratory birds göçmen kuşlar 2. göçle ilgili

mild mild • mayld
/sıfat/ milder, mildest • 1. yumuşak başlı, ılımlı: a mild man ılımlı bir adam 2. ılıman (iklim): a mild climate ılıman bir iklim

mile mile • mayl
/isim/ çoğul miles • mil (uzaklık ölçü birimi): 1 mile is 1609 meters. 1 mil 1609 metredir.

military mil.i.tar.y • mîl´ıteri
/sıfat/ askeri
Military Academy Askeri Akademi
military school askeri okul

milk milk • mîlk
/isim/ süt
milk tooth sütdişi

milkman milk.man • mîlk´män
/isim/ çoğul milkmen • sütçü

milkmen milk.men • mîlk´men
/isim/ bkz. milkman

mill mill • mîl
/isim/ çoğul mills • değirmen
coffee mill kahve değirmeni
water mill su değirmeni

millennia mil.len.ni.a • mîlen´iyı
/isim/ bkz. millennium

millennium mil.len.ni.um • mîlen´iyım
/isim/ çoğul millenniums/millennia • milenyum, bin yıllık devre: the first millennium ilk bin yıl

milliard mil.liard • mîl´yard, mîl´yırd
/isim/ çoğul milliards • İng. milyar

millimeter mil.li.me.ter • mîl´ımitır
/isim/ çoğul millimeters • milimetre
İng. millimetre

millimetre mil.li.me.tre • mîl´ımitır
/isim/ çoğul millimetres •
bkz. millimeter

¹million mil.lion • mîl´yın
/isim/ çoğul millions/million • milyon

²million mil.lion • mîl´yın
/sıfat/ milyon

millionaire mil.lion.aire • mîlyıner´
/isim/ çoğul millionaires • milyoner

millionth mil.lionth • mîl´yınth
/isim, sıfat/ 1. milyonuncu 2. milyonda bir

mime mime • maym
/isim/ çoğul mimes • (tiyatro) mim

minaret min.a.ret • mînıret´
/isim/ çoğul minarets • minare

mince mince • mîns
/fiil/ minces, mincing, minced • kıymak, ince ince doğramak

¹mind mind • maynd
/isim/ çoğul minds • akıl, zihin; zekâ
bear in mind (keep in mind) -i aklında tutmak
call to mind hatırlamak; akla getirmek
come to mind akla gelmek

²mind mind • maynd
/fiil/ minds, minding, minded •
1. dikkat etmek
Mind your step! (Adımlarına) Dikkat et!
2. -e bakmak, ile meşgul olmak:
Could you mind the baby for an hour?
Bebeğe bir saat kadar bakabilir misin?
Do you mind if ...? -se olur mu?:
Do you mind if I ask you a question?
Size bir soru sorabilir miyim?
if you don't mind sakıncası yoksa
Mind your own business! Kendi işine bak!

¹mine mine • mayn
/isim/ çoğul mines • maden ocağı, maden:
gold mine altın madeni

²mine mine • mayn
/zamir/ benim; benimki: That pencil is mine. O kalem benim.

miner min.er • may´nır
/isim/ çoğul miners • madenci

¹mineral min.er.al • mîn´ırıl, mîn´rıl
/isim/ çoğul minerals • mineral

²mineral min.er.al • mîn´ırıl, mîn´rıl
/sıfat/ mineral
mineral oil mineral yağ
mineral water madensuyu

miniature min.i.a.ture • mîn´iyıçır
/isim/ çoğul miniatures • minyatür

minibus min.i.bus • mîn´ibʌs
/isim/ çoğul minibuses/minibusses • minibüs

minimum min.i.mum • mîn´ımım
/sıfat/ minimum, en az, en küçük, asgari
minimum wage asgari ücret

mining min.ing • may´nîng
/isim/ madencilik

minister min.is.ter • mîn´îstır
/isim/ çoğul ministers • bakan:
the Minister of Education Milli Eğitim Bakanı
the Minister of Foreign Affairs Dışişleri Bakanı
the Minister of Internal Affairs İçişleri Bakanı

ministry min.is.try • mîn´îstri
/isim/ çoğul ministries • bakanlık
the Ministry of Education Milli Eğitim Bakanlığı
the Ministry of Foreign Affairs, İng. the Foreign Office Dışişleri Bakanlığı
the Ministry of Internal Affairs, İng. the Home Office İçişleri Bakanlığı

minor mi.nor • may´nır

minority→→→

/sıfat/ küçük: a minor problem küçük bir sorun

minority mi.nor.i.ty • maynôr´ıti
/isim/ çoğul **minorities** • azınlık

mint mint • mînt
/isim/ nane: mint tea nane çayı

¹**minus** mi.nus • may´nıs
/sıfat/ (matematik) eksi
minus sign eksi işareti (-)

²**minus** mi.nus • may´nıs
/edat/ (matematik) ... eksi, ... çıkarsa: Ten minus three equals seven. Ondan üç çıkarsa yedi kalır./On eksi üç yedi eder.

minute min.ute • mîn´ît
/isim/ çoğul **minutes** • dakika
minute hand (saatte) yelkovan

miracle mir.a.cle • mîr´ıkıl
/isim/ çoğul **miracles** • mucize

mirror mir.ror • mîr´ır
/isim/ çoğul **mirrors** • ayna: hand mirror el aynası

miscellaneous mis.cel.la.ne.ous • mîsıley´niyıs /sıfat/ çeşitli, muhtelif: miscellaneous expenses çeşitli harcamalar

miser mi.ser • may´zır
/isim/ çoğul **misers** • cimri kimse, pinti kimse

miserable mi.ser.a.ble • mîz´ırıbıl
/sıfat/ berbat, çok kötü: I feel miserable. Kendimi çok kötü hissediyorum.

misfortune mis.for.tune • mîsfôr´çın
/isim/ talihsizlik, aksilik

Miss Miss • mîs
/isim/ (Soyadından önce gelir.) Bayan, Matmazel: Miss Jones Bayan Jones

miss miss • mîs
/fiil/ **misses, missing, missed** • 1. (fırsat, tren, otobüs v.b.´ni) kaçırmak: miss an opportunity bir fırsatı kaçırmak
miss the bus otobüsü kaçırmak
2. özlemek, aramak: We're going to miss you. Seni özleyeceğiz.

missing miss.ing • mîs´îng
/sıfat/ eksik, olmayan, kayıp: missing book kayıp kitap the missing pages eksik sayfalar

mission mis.sion • mîş´ın
/isim/ çoğul **missions** • özel görev, misyon

misspell mis.spell • mîs.spel´
/fiil/ **misspells, misspelling, misspelled/ misspelt** • (yazım kurallarına göre) yanlış yazmak/söylemek

misspelt mis.spelt • mîs.spelt´
/fiil/ bkz. **misspell**

mist mist • mîst
/isim/ sis, pus: morning mist sabah sisi

¹**mistake** mis.take • mîsteyk´
/isim/ çoğul **mistakes** • yanlış, hata, yanlışlık
by mistake yanlışlıkla
make a mistake hata yapmak

²mistake mis.take • mîsteyk´
/fiil/ mistakes, mistaking, mistook, mistaken • 1. yanlış anlamak 2. for yanlışlıkla -e benzetmek, ile karıştırmak: I mistook Berk for his brother. Berk'i erkek kardeşiyle karıştırdım.

¹mistaken mis.tak.en • mîstey´kın
/fiil/ bkz. ²mistake

²mistaken mis.tak.en • mîstey´kın
/sıfat/ yanlış, hatalı, yanılgı içeren
be mistaken yanılmak

Mister Mis.ter • mîs´tır
/isim/ (Soyadından önce gelir.) Bay: Mister Smith Bay Smith

mistook mis.took • mîstûk´
/fiil/ bkz. ²mistake

misunderstand mis.un.der.stand • mîsʌndırständ´ /fiil/ misunderstands, misunderstanding, misunderstood • yanlış anlamak: Please don't misunderstand me. Lütfen beni yanlış anlama.

misunderstanding mis.un.der.stand.ing • mîsʌndırstän´dîng /isim/ çoğul misunderstandings • 1. yanlış anlama: There was a misunderstanding. Bir yanlış anlama oldu. 2. anlaşmazlık

misunderstood mis.un.der.stood • mîsʌndırstûd´ /fiil/ bkz. misunderstand

mix mix • mîks
/fiil/ mixes, mixing, mixed • karıştırmak; karışmak: Olive oil and water don't mix. Zeytinyağı ile su karışmaz.

mixed mixed • mîkst
/sıfat/ karışık

mixer mix.er • mîk´sır
/isim/ çoğul mixers • mikser, karıştırıcı

mixture mix.ture • mîks´çır
/isim/ çoğul mixtures • karışım

mobile mo.bile • mo´bıl, İng. mo´bayl
/sıfat/ devingen, hareketli, hareket halinde olan
mobile phone bkz. cellular phone

¹model mod.el • mad´ıl
/isim/ çoğul models • model, örnek: economical model ekonomik model

²model mod.el • mad´ıl
/sıfat/ 1. model: a model airplane model uçak 2. örnek: a model student örnek bir öğrenci

modern mod.ern • mad´ırn
/sıfat/ modern, çağdaş

modest mod.est • mad´îst
/sıfat/ alçakgönüllü: a modest person alçakgönüllü bir kimse

modify mod.i.fy • mad´ıfay
/fiil/ modifies, modifying, modified • biraz değiştirmek

moist moist • moyst
/sıfat/ nemli; ıslak: moist air nemli hava moist eyes nemli gözler

moisture mois.ture • moys´çır

mold→→→ 244

/isim/ nem, rutubet

¹mold mold • mold
/isim/ çoğul molds • kalıp: They pour the melted iron into molds. Erimiş demiri kalıplara döküyorlar.
İng. **mould**

²mold mold • mold
/fiil/ molds, molding, molded • şekil vermek, biçimlendirmek: mold plastic plastiğe şekil vermek
İng. **mould**

Moldova Mol.do.va • môldo´vı
/isim/ Moldova

¹Moldovan Mol.do.van • môldo´vın
/sıfat/ 1. Moldova'ya özgü 2. Moldovalı

²Moldovan Mol.do.van • môldo´vın
/isim/ çoğul Moldovans • Moldovalı

¹mole mole • mol
/isim/ çoğul moles • ben, leke

²mole mole • mol
/isim/ çoğul moles • köstebek

molecular mo.lec.u.lar • mılek´yılır
/sıfat/ moleküler: molecular biology moleküler biyoloji molecular structure molekül yapısı

molecule mol.e.cule • mal´ıkyul
/isim/ çoğul molecules • molekül: water molecule su molekülü

mollusc mol.lusc • mal´ısk
/isim/ bkz. **mollusk**

mollusk mol.lusk • mal´ısk
/isim/ yumuşakçalar sınıfından bir hayvan, mollusk

İng. **mollusc**

mom mom • mam
/isim/ çoğul moms • (konuşma dili) anne
İng. **mum**

moment mo.ment • mo´mınt
/isim/ çoğul moments • an
at the moment şu an, şimdilik
in a moment kısa sürede
just a moment bir saniye (bekleme anlamında)

mommy mom.my • mam´i
/isim/ çoğul mommies • (konuşma dili) anne
İng. **mummy**

¹Monacan Mon.a.can • man´ıkın, mınak´ın /sıfat/ 1. Monako'ya özgü 2. Monakolu

²Monacan Mon.a.can • man´ıkın, mınak´ın /isim/ çoğul Monacans • Monakolu

Monaco Mon.a.co • man´ıko, mına´ko /isim/ Monako

Monday Mon.day • mʌn´di, mʌn´dey /isim/ çoğul Mondays • pazartesi

¹Monegasque Mon.e.gasque • manıgäsk´ /sıfat/ 1. Monako'ya özgü 2. Monakolu

²Monegasque Mon.e.gasque • manıgäsk´ /isim/ çoğul Monegasques • Monakolu

money mon.ey • mʌn´i
/isim/ para: earn money para kazanmak

Mongolia Mon.go.li.a • mang.go´liyı, mang.gol´yı /isim/ Moğolistan

¹**Mongolian** Mon.go.li.an • mang.go´liyin, mang.gol´yin /sıfat/ 1. Moğol 2. Moğolca

²**Mongolian** Mon.go.li.an • mang.go´liyin, mang.gol´yin /isim/ 1. çoğul Mongolians • Moğol, Moğolistan halkından biri 2. Moğolca

monitor mon.i.tor • man´ıtır /isim/ çoğul monitors • 1. (bilgisayar, TV) monitör 2. sınıf başkanı

monkey mon.key • mʌng´ki /isim/ çoğul monkeys • maymun monkey wrench ingilizanahtarı

monotonous mo.not.o.nous • mınat´ınıs /sıfat/ tekdüze, monoton: a monotonous job tekdüze bir iş a monotonous voice monoton bir ses

monotony mo.not.o.ny • mınat´ıni /isim/ tekdüzelik, monotonluk

monster mon.ster • man´stır /isim/ çoğul monsters • canavar

¹**Montenegrin** Mon.te.ne.grin • mantıni´grîn /sıfat/ 1. Karadağ'a özgü 2. Karadağlı

²**Montenegrin** Mon.te.ne.grin • mantıni´grîn /isim/ çoğul Montenegrins • Karadağlı

Montenegro Mon.te.ne.gro • mantıni´gro

/isim/ Karadağ

month month • mʌnth /isim/ çoğul months • ay: last month geçen ay next month gelecek ay the last six months of 2010 2010'un son altı ayı this month bu ay

━━━━━━━━

months of the year / yılın ayları
January → ocak
February → şubat
March → mart
April → nisan
May → mayıs
June → haziran
July → temmuz
August → ağustos
September → eylül
October → ekim
November → kasım
December → aralık

━━━━━━━━

monthly month.ly • mʌnth´li /sıfat/ aylık; ayda bir olan: monthly installment aylık taksit monthly magazine aylık dergi

monument mon.u.ment • man´yımınt /isim/ çoğul monuments • anıt, abide: an ancient monument antik bir anıt

¹**mood** mood • mud /isim/ çoğul moods • (dilbilgisi) kip: the imperative mood emir kipi

²**mood** mood • mud /isim/ çoğul moods • ruh durumu, hal: İlke is in a good mood. İlke'nin keyfi yerinde.

moon moon • mun /isim/ ay

moonlight→→→ 246

full moon dolunay
new moon yeniay

moonlight moon.light • mun´layt
/isim/ ay ışığı, mehtap

¹moral mor.al • môr´ıl
/sıfat/ etik, ahlaki: moral values etik
değerler

²moral mor.al • môr´ıl
/isim/ çoğul morals • ders, hisse: the
moral of the story öyküden çıkarılan
ders

¹more more • môr
/sıfat/ 1. daha çok, daha fazla: I need
more time. Daha çok süreye ihtiyacım
var. 2. daha: one more time bir kez
daha

²more more • môr
/zarf/ (than) (-den) daha; daha çok
more and more gittikçe
more or less 1. oldukça, az çok
2. aşağı yukarı
more than one birden fazla: He read
that book more than one time.
O kitabı bir defadan fazla okudu.
no more than -den fazla değil: no
more than he did before daha önce
yaptığından çok değil

moreover more.o.ver • môro´vır
/zarf/ bundan başka, ayrıca, üstelik

¹morning morn.ing • môr´nîng
/isim/ çoğul mornings • sabah: every
morning her sabah this morning bu
sabah tomorrow morning yarın sabah
yesterday morning dün sabah
in the morning sabahleyin

²morning morn.ing • môr´nîng
/sıfat/ sabah (yapılan, olan, giyilen,
görülen v.b.)
morning star Sabahyıldızı (özellikle
Venüs)

¹Moroccan Mo.roc.can • mırak´ın
/sıfat/ 1. Fas'a özgü 2. Faslı

²Moroccan Mo.roc.can • mırak´ın
/isim/ çoğul Moroccans • Faslı

Morocco Mo.roc.co • mırak´o
/isim/ Fas

mortal mor.tal • môr´tıl
/sıfat/ ölümlü, fani: All men are mortal.
Bütün insanlar ölümlüdür.

mosaic mo.sa.ic • mozey´îk
/isim/ çoğul mosaics • mozaik

mosque mosque • mask
/isim/ çoğul mosques • cami
the Süleymaniye Mosque Süleymaniye
Camii

mosquito mos.qui.to • mıski´to
/isim/ çoğul mosquitoes/mosquitos •
sivrisinek
mosquito net cibinlik

moss moss • môs
/isim/ yosun

¹most most • most
/sıfat/ 1. çoğu, pek çok: most people

çoğu kimse 2. en çok, en fazla

²**most** most • most
/zarf/ 1. en: the most important event en önemli olay 2. en çok: Which one did you like most? En çok hangisini beğendin?

motel mo.tel • motel´
/isim/ çoğul motels • motel

moth moth • môth, math
/isim/ çoğul moths • güve

mother moth.er • mʌdh´ır
/isim/ çoğul mothers • anne
Mother's Day Anneler Günü
mother tongue anadili

mother-in-law moth.er-in-law • mʌdh´ırînlô /isim/ çoğul mothers-in-law • kayınvalide

mother-of-pearl moth.er-of-pearl • mʌdh´ırıvpırl´ /isim/ sedef

motif mo.tif • motif´
/isim/ çoğul motifs • motif

motion mo.tion • mo´şın
/isim/ çoğul motions • 1. hareket, devinim in motion hareket halinde
motion picture (sinema) film
2. önerge, teklif

motionless mo.tion.less • mo´şınlîs
/sıfat/ hareketsiz

motivate mo.ti.vate • mo´tıveyt
/fiil/ motivates, motivating, motivated • harekete geçirmek, sevk etmek

motive mo.tive • mo´tîv
/isim/ çoğul motives • güdü

motor mo.tor • mo´tır
/isim/ çoğul motors • motor: electric motor elektrik motoru

motorbike mo.tor.bike • mo´tırbayk
/isim/ çoğul motorbikes • motosiklet

motorboat mo.tor.boat • mo´tırbot
/isim/ çoğul motorboats • motorbot, deniz motoru

motorcycle mo.tor.cy.cle • mo´tırsaykıl
/isim/ çoğul motorcycles • motosiklet

motorway mo.tor.way • mo´tırwey
/isim/ çoğul motorways • karayolu, otoyol

¹**mould** mould • mold
/isim/ çoğul moulds • bkz. ¹**mold**

²**mould** mould • mold
/fiil/ moulds, moulding, moulded • bkz. ²**mold**

¹**mount** mount • maunt
/isim/ çoğul mounts • dağ, tepe

Mount ya da kısaltması Mt. dağ isimleri ile birlikte kullanılır.
Mount (Mt.) Ararat → Ağrı Dağı

²**mount** mount • maunt
/fiil/ mounts, mounting, mounted •

(at, bisiklet v.b.'ne) binmek: mount a horse ata binmek

mountain moun.tain • maun´tın /isim/ çoğul mountains • dağ: mountain peak dağ zirvesi
mountain range sıradağ

mountainous moun.tain.ous • maun´tınıs /sıfat/ dağlık: a mountainous country dağlık bir ülke

mourn mourn • môrn /fiil/ mourns, mourning, mourned • yas tutmak, matem tutmak: She is mourning for her dead son. Ölen oğlunun yasını tutuyor.

mouse mouse • maus /isim/ çoğul mice • fare
field mouse tarlafaresi
white mouse beyaz fare

moustache mous.tache • mıstäş´, mʌs´täş /isim/ bkz. mustache

mouth mouth • mauth /isim/ çoğul mouths • ağız
from mouth to mouth dilden dile, ağızdan ağıza
mouth organ mızıka, armonika

[1]move move • muv /fiil/ moves, moving, moved • 1. hareket ettirmek; hareket etmek
Don't move! Kımıldama!

2. taşımak; taşınmak: They have decided to move. Taşınmaya karar verdiler. 3. (satranç, dama v.b.'nde) hamle yapmak

[2]move move • muv /isim/ çoğul moves • 1. hareket: He watches your every move. Senin her hareketini izliyor. 2. (satranç, dama v.b.'nde) hamle: possible moves olası hamleler

movement move.ment • muv´mınt /isim/ çoğul movements • hareket

movie mov.ie • mu´vi /isim/ çoğul movies • (sinema) film
movie house (movie theater) sinema, sinema salonu
movie star film yıldızı

[1]Mozambican Mo.zam.bi.can • mozämbi´kın /sıfat/ 1. Mozambik'e özgü 2. Mozambikli

[2]Mozambican Mo.zam.bi.can • mozämbi´kın /isim/ çoğul Mozambicans • Mozambikli

Mozambique Mo.zam.bique • mozämbik´ /isim/ Mozambik

Mr. Mr. • mîs´tır /isim/ (Erkeğin soyadından önce kullanılır.) Bay: Mr. Smith Bay Smith

Mrs. Mrs. • mîs´îz /isim/ (Evli bayanın soyadından önce kullanılır.) Bayan: Mrs. Smith Bayan Smith

Ms. Ms. • mîz /isim/ (Evli veya evli olmayan bayanın soyadından önce kullanılır.) Bayan: Ms. Green Bayan Green

¹much much • mʌç
/sıfat/ more, most • çok, epey, hayli:
There's much work to be done.
Yapılacak çok iş var.

²much much • mʌç
/zarf/ more, most • çok, pek, hayli:
I'm feeling much better. Kendimi çok daha iyi hissediyorum.

mud mud • mʌd
/isim/ çamur

muddy mud.dy • mʌd´i
/sıfat/ muddier, muddiest • çamurlu

mug mug • mʌg
/isim/ çoğul mugs • kulplu büyük bardak, kupa

mulberry mul.ber.ry • mʌl´beri, mʌl´bırı
/isim/ çoğul mulberries • dut: mulberry jam dut reçeli

mule mule • myul
/isim/ çoğul mules • katır

multiple mul.ti.ple • mʌl´tıpıl
/sıfat/ birçok, çok yönlü

multiplicand mul.ti.pli.cand • mʌltıplıkänd´ /isim/ çoğul multiplicands • (matematik) çarpılan

multiplication mul.ti.pli.ca.tion • mʌltıplıkey´şın /isim/ (matematik) çarpma, çarpım
multiplication sign çarpma işareti (x)
multiplication table çarpım tablosu

multiplier mul.ti.pli.er • mʌl´tıplayır
/isim/ çoğul multipliers • (matematik) çarpan

multiply mul.ti.ply • mʌl´tıplay
/fiil/ multiplies, multiplying, multiplied • 1. (matematik) çarpmak 2. artmak, çoğalmak: Germs multiply rapidly in a warm and moist environment. Mikroplar, sıcak ve nemli bir ortamda hızla çoğalırlar.

mum mum • mʌm
/isim/ çoğul mums • bkz. mom

mummy mum.my • mʌm´i
/isim/ çoğul mummies • bkz. mommy

mumps mumps • mʌmps
/isim/ kabakulak: mumps virus kabakulak virüsü

municipality mu.nic.i.pal.i.ty • myunîsipäl´ıti /isim/ çoğul municipalities • belediye

¹murder mur.der • mır´dır
/isim/ çoğul murders • cinayet, adam öldürme

²murder mur.der • mır´dır
/fiil/ murders, murdering, murdered • öldürmek; cinayet işlemek

murderer mur.der.er • mır´dırır
/isim/ çoğul murderers • katil: The police arrested the murderer. Polis katili tutukladı.

muscle mus.cle • mʌs´ıl

museum→→→

/isim/ çoğul **muscles** • kas, adale

museum mu.se.um • myuzi´yım
/isim/ çoğul **museums** • müze:
the Archaeological Museum of Ephesus
Efes Arkeoloji Müzesi

mushroom mush.room • mʌş´rum,
mʌş´rûm /isim/ çoğul **mushrooms** •
mantar: mushroom soup mantar çorbası

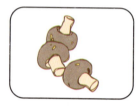

music mu.sic • myu´zîk
/isim/ müzik: chamber music oda
müziği classical music klasik müzik
instrumental music enstrümantal
müzik vocal music vokal müzik

¹**musical** mu.si.cal • myu´zîkıl
/sıfat/ müzikal, müzikle ilgili
musical instrument müzik aleti

²**musical** mu.si.cal • myu´zîkıl
/isim/ çoğul **musicals** • müzikal

musician mu.si.cian • myuzîş´ın
/isim/ çoğul **musicians** • müzisyen

¹**Muslim** Mus.lim • mʌz´lîm
/isim/ çoğul **Muslims** • Müslüman

²**Muslim** Mus.lim • mʌz´lîm
/sıfat/ Müslüman

mussel mus.sel • mʌs´ıl
/isim/ çoğul **mussels** • midye: mussel
shell midye kabuğu

must must • mʌst
/yardımcı fiil/ -meli, -malı: You must
give it to me. Onu bana vermelisin.
mustn't → must not

mustache mus.tache • mıstäş´, mʌs´täş
/isim/ bıyık
grow a mustache bıyık bırakmak
Ing. **moustache**

mustard mus.tard • mʌs´tırd
/isim/ hardal: a jar of mustard bir
kavanoz hardal

mustn't must.n't • mʌs´ınt
/kısaltma/ must not • bkz. **must**

mute mute • myut
/sıfat/ 1. dilsiz 2. sessiz

mutual mu.tu.al • myu´çuwıl
/sıfat/ karşılıklı: mutual understanding
karşılıklı anlayış

my my • may
/zamir/ benim: My father's name is
Barlas. Babamın adı Barlas.

Myanmar Myan.mar • myan´mar
/isim/ Myanmar

myself my.self • mayself´
/zamir/ kendim: I will try it myself.
Kendim deneyeceğim.

mysterious mys.te.ri.ous • mîstîr´iyıs
/sıfat/ gizemli, esrarengiz: a mysterious
event esrarengiz bir olay

mystery mys.ter.y • mîs´tıri
/isim/ çoğul **mysteries** • gizem, sır, esrar:
the mysteries of life yaşamın gizemleri

mythology my.thol.o.gy • mîthal´ıci
/isim/ çoğul **mythologies** • mitoloji

nail nail • neyl
/isim/ çoğul nails • 1. çivi 2. tırnak: cut one's nails tırnaklarını kesmek
nail polish oje
nail scissors tırnak makası

naked na.ked • ney´kîd
/sıfat/ 1. çıplak
the naked eye çıplak göz
2. yalın, açık
the naked truth salt gerçek

name name • neym
/isim/ çoğul names • ad, isim
by name adıyla, ismiyle: He called me by name. Bana ismimle hitap etti.
in the name of ... adına: war in the name of peace barış adına savaş

namely name.ly • neym´li
/zarf/ yani, şöyle ki: the five sense organs, namely the eyes, ears, nose, skin, and tongue beş duyu organı, yani gözler, kulaklar, burun, deri ve dil

Namibia Na.mib.i.a • nımîb´iyı
/isim/ Namibya

¹Namibian Na.mib.i.an • nımîb´iyın
/sıfat/ 1. Namibya'ya özgü 2. Namibyalı

²Namibian Na.mib.i.an • nımîb´iyın
/isim/ çoğul Namibians • Namibyalı

napkin nap.kin • näp´kîn
/isim/ çoğul napkins • peçete: napkin

narrow→→→ 252

holder peçete tutacağı

narrow nar.row • ner´o
/sıfat/ narrower, narrowest • 1. dar,
ensiz: a narrow road dar bir yol
2. sınırlı 3. dar darına olan: narrow
escape ucuz kurtulma, ucu ucuna
kurtulma

nasty nas.ty • näs´ti
/sıfat/ nastier, nastiest • iğrenç, kötü,
berbat: a nasty smell berbat bir koku

nation na.tion • ney´şın
/isim/ çoğul nations • ulus, millet: the
birth of a nation bir ulusun doğuşu

national na.tion.al • näş´ınıl
/sıfat/ ulusal
national bank ulusal banka
national monument ulusal anıt
national park ulusal park

nationalism na.tion.al.ism • näş´ınılîzım
/isim/ ulusçuluk, milliyetçilik

nationality na.tion.al.i.ty • näşınäl´ıti
/isim/ çoğul nationalities • milliyet,
uyrukluk: What's your nationality?
Hangi ulustansınız?

native na.tive • ney´tîv
/sıfat/ yerli; doğal; doğuştan olan
native ability Allah vergisi yetenek
native land anayurt, anavatan
native language anadili

natural nat.u.ral • näç´ırıl
/sıfat/ doğal: natural color doğal renk
natural yogurt doğal yoğurt
natural gas doğalgaz

naturally nat.u.ral.ly • näç´ırıli
/zarf/ doğal olarak: Naturally, he was
upset because of the earthquake.

Doğal olarak deprem nedeniyle üzgündü.

nature na.ture • ney´çır
/isim/ 1. doğa: love of nature doğa sevgisi
against nature doğaya aykırı
2. huy, mizaç
by nature doğuştan: intelligent by nature
doğuştan zeki

naughty naugh.ty • nô´ti
/sıfat/ naughtier, naughtiest • yaramaz,
haylaz: a naughty child yaramaz bir çocuk

Nauru Na.u.ru • nau´ru
/isim/ Nauru

[1]Nauruan Na.u.ru.an • nau´rıwın
/sıfat/ 1. Nauru'ya özgü 2. Naurulu

[2]Nauruan Na.u.ru.an • nau´rıwın
/isim/ çoğul Nauruans • Naurulu

nausea nau.se.a • nô´ziyı
/isim/ bulantı, mide bulantısı

navigate nav.i.gate • näv´ıgeyt
/fiil/ navigates, navigating, navigated •
1. (kaptanlık ederek) gemiyi/tekneyi
götürmek, dümen tutmak 2. (gemi/tekne)
seyretmek

navy na.vy • ney´vi
/isim/ çoğul navies • donanma; deniz
kuvvetleri
navy blue lacivert, koyu mavi

[1]near near • nîr
/zarf/ nearer, nearest • yakın, yakında:
He came near enough to hear them.
Onları duyacak kadar yakına geldi.

[2]near near • nîr
/edat/ nearer, nearest • -e bitişik,
-e yakın: He sat near his mother.
Annesinin yanına oturdu.

→→→neglect

nearby near.by • nîrbay´, nîr´bay
/sıfat/ yakın: Yakup went to the nearby flower shop. Yakup, yakındaki çiçekçi dükkânına gitti.

nearly near.ly • nîr´li
/zarf/ neredeyse, hemen hemen: We nearly arrived home. Neredeyse eve vardık.

neat neat • nit
/sıfat/ temiz, derli toplu, düzgün: a neat room düzenli bir oda

necessary nec.es.sar.y • nes´ıseri
/sıfat/ gerekli, zorunlu: I can learn it if necessary. Gerekiyorsa öğrenebilirim. be necessary gerekmek: It is necessary that you wear a helmet. Kask giymen gerekiyor.

necessity ne.ces.si.ty • nıses´ıti
/isim/ 1. çoğul necessities • gerekli şey 2. gereksinme, gereksinim, ihtiyaç

neck neck • nek
/isim/ çoğul necks • boyun

necklace neck.lace • nek´lîs
/isim/ çoğul necklaces • kolye, gerdanlık

necktie neck.tie • nek´tay
/isim/ çoğul neckties • kravat, boyunbağı

¹need need • nid
/isim/ 1. gereksinme, gereksinim, ihtiyaç; gereklilik: Our plants are in need of extra water in this heat. Bu sıcakta bitkilerimizin daha fazla suya ihtiyacı var.
if need be gerekirse: If need be, we can rent a motorcycle. Gerekirse motosiklet kiralarız.
2. çoğul needs • gereksinim duyulan şey, ihtiyaç: basic needs temel ihtiyaçlar

²need need • nid
/fiil/ needs, needing, needed •
1. -i gereksemek, -e ihtiyacı olmak; -e gerekmek, gerekli olmak: I need a new umbrella. Bana yeni bir şemsiye gerekiyor.
need to gerekmek: I need to leave soon. Yakında gitmem gerekiyor.
2. istemek, gerektirmek: Do you need any help? Yardım ister misin?
needn't → need not

needle nee.dle • nid´ıl
/isim/ çoğul needles • 1. iğne, dikiş iğnesi sewing needle dikiş iğnesi
2. ibre
magnetic needle pusula iğnesi

needlework nee.dle.work • nid´ılwırk
/isim/ iğne işi

needn't need.n't • ni´dınt
/kısaltma/ need not • bkz. ²need

needy need.y • ni´di
/sıfat/ needier, neediest • yoksul, fakir

negative neg.a.tive • neg´ıtîv
/sıfat/ olumsuz; aksi, ters: a negative answer olumsuz bir yanıt

neglect ne.glect • nîglekt´
/fiil/ neglects, neglecting, neglected •

neighbor→→→ 254

ihmal etmek, aldırmamak, boşlamak: neglect one's health sağlığını ihmal etmek

neighbor neigh.bor • ney´bır
/isim/ çoğul neighbors • komşu: be a good neighbor iyi bir komşu olmak
İng. **neighbour**

neighborhood neigh.bor.hood • ney´bırhûd /isim/ çoğul neighborhoods • civar, yöre, semt
İng. **neighbourhood**

neighbour neigh.bour • ney´bır
/isim/ çoğul neighbours • bkz. **neighbor**

neighbourhood neigh.bour.hood • ney´bırhûd /isim/ çoğul neighbourhoods • bkz. **neighborhood**

¹**neither** nei.ther • ni´dhır, nay´dhır
/sıfat/ ikisinden hiçbiri, ne bu ne öteki: Neither address is correct. İki adres de doğru değil.

²**neither** nei.ther • ni´dhır, nay´dhır
/bağlaç/ neither... nor... ne ... ne de ...: I bought neither apples nor oranges. Ne elma aldım ne de portakal.

³**neither** nei.ther • ni´dhır, nay´dhır
/zamir/ (ikisinden) hiçbiri

Nepal Ne.pal • nıpôl´
/isim/ Nepal

¹**Nepalese** Nep.a.lese • nepıliz´
/sıfat/ 1. Nepal'e özgü 2. Nepalli

²**Nepalese** Nep.a.lese • nepıliz´
/isim/ çoğul Nepalese • Nepalli

Nepali Ne.pal.i • nıpô´li
/isim, sıfat/ Nepalce

nephew neph.ew • nef´yu
/isim/ çoğul nephews • (erkek) yeğen

Neptune Nep.tune • nep´tun
/isim/ (gökbilim) Neptün

nerve nerve • nırv
/isim/ çoğul nerves • sinir
nerve gas sinir gazı

nervous ner.vous • nır´vıs
/sıfat/ 1. sinirli, gergin; kaygılı; heyecanlı: a nervous person sinirli bir kimse
2. sinirsel; sinirlerle ilgili
the nervous system sinir sistemi

nest nest • nest
/isim/ çoğul nests • (genellikle kuş için) yuva

net net • net
/isim/ çoğul nets • ağ: safety net güvenlik ağı volleyball net voleybol ağı

Netherlands Neth.er.lands • nedh´ırlındz
/isim/ (the) Hollanda

nettle net.tle • net´ıl
/isim/ çoğul nettles • ısırgan, ısırganotu

network net.work • net´wırk
/isim/ çoğul networks • ağ, şebeke

neutron neu.tron • nu´tran
/isim/ çoğul neutrons • nötron
neutron bomb nötron bombası

255 →→→Nigeria

never nev.er • nev´ır
/zarf/ hiç, hiçbir zaman, asla: She
never takes sugar with her tea.
Çayına asla şeker koymaz.
Never mind. Boş ver.

nevertheless nev.er.the.less •
nevırdhıles´/zarf/ yine de, bununla
birlikte, ne var ki: They ran to catch
the bus. Nevertheless they were late.
Otobüsü yakalamak için çok koştular.
Ne var ki geç kalmışlardı.

new new • nu
/sıfat/ newer, newest • 1. yeni: a new
bicycle yeni bir bisiklet new year yeni
yıl 2. taze: new information taze bilgi
new potato taze patates

news news • nuz
/isim/ haber: good news iyi haber
latest news son haberler news program
haber programı
news agency haber ajansı

newsagent news.a.gent • nuz´eycınt
/isim/ çoğul newsagents • İng. gazete
bayii

newspaper news.pa.per • nuz´peypır
/isim/ çoğul newspapers • gazete

New Zealand New Zea.land • nu zi´lınd
/isim/ Yeni Zelanda

New Zealander New Zea.land.er •
nu zi´lındır /isim/ çoğul New Zealanders •
Yeni Zelandalı

¹next next • nekst
/sıfat/ bir sonraki; ertesi; gelecek:
Next summer we'll go to Alanya.
Gelecek yaz Alanya'ya gideceğiz.
next to -in yanında, -e bitişik: Don't sit

next to the window. Pencerenin yanına
oturma.

²next next • nekst
/zarf/ sonra, ondan sonra: What will
happen next? Bundan sonra ne olacak?

next-door next-door • neks´dor´,
nekst´dor´ /sıfat/ yandaki evde oturan;
yandaki, bitişikteki: next-door neighbor
kapı komşusu

Nicaragua Nic.a.ra.gua • nîkıra´gwı
/isim/ Nikaragua

¹Nicaraguan Nic.a.ra.guan • nîkıra´gwın
/sıfat/ 1. Nikaragua'ya özgü 2. Nikaragualı

²Nicaraguan Nic.a.ra.guan • nîkıra´gwın
/isim/ çoğul Nicaraguans • Nikaragualı

nice nice • nays
/sıfat/ nicer, nicest • hoş, güzel:
a nice day güzel bir gün a nice girl
hoş bir kız
Nice to meet you. Tanıştığımıza
memnun oldum.

nickel nick.el • nîk´ıl
/isim/ nikel: nickel plating nikel kaplama

nickname nick.name • nîk´neym
/isim/ çoğul nicknames • lakap, takma
ad: Please call me by my real name
not my nickname. Lütfen gerçek
adımı kullan, takma adımı değil.

niece niece • nis
/isim/ çoğul nieces • (kız) yeğen

Niger Ni.ger • nay´cır, nijer´
/isim/ Nijer

Nigeria Ni.ge.ri.a • naycir´iyı

Nigerian→→→ 256

/isim/ Nijerya

¹**Nigerian** Ni.ge.ri.an • naycir´iyın
/sıfat/ 1. Nijerya'ya özgü 2. Nijeryalı

²**Nigerian** Ni.ge.ri.an • naycir´iyın
/isim/ çoğul Nigerians • Nijeryalı

¹**Nigerien** Ni.ger.i.en • nijeryen´
/sıfat/ 1. Nijer'e özgü 2. Nijerli

²**Nigerien** Ni.ger.i.en • nijeryen´
/isim/ çoğul Nigeriens • Nijerli

night night • nayt
/isim/ çoğul nights • gece: The air is much cooler at night. Geceleri hava çok daha serin oluyor.
all night gece boyu
at night geceleyin
during the night gece boyunca

nightgown night.gown • nayt´gaun
/isim/ çoğul nightgowns • gecelik (kadın giysisi): a comfortable nightgown rahat bir gecelik

nightingale night.in.gale • nay´tın.geyl
/isim/ çoğul nightingales • bülbül

nightmare night.mare • nayt´mer
/isim/ çoğul nightmares • kâbus, karabasan

nine nine • nayn
/isim, sıfat/ dokuz

nineteen nine.teen • nayntin´
/isim, sıfat/ on dokuz

nineteenth nine.teenth • nayntinth´
/sıfat, isim/ 1. on dokuzuncu 2. on dokuzda bir

ninetieth nine.ti.eth • nayn´tiyıth
/sıfat, isim/ 1. doksanıncı 2. doksanda bir

ninety nine.ty • nayn´ti
/isim, sıfat/ doksan

ninth ninth • naynth
/sıfat, isim/ 1. dokuzuncu 2. dokuzda bir

¹**no** no • no
/zarf/ hayır, olmaz, değil, yok: "Do you know his name?" "No, I don't." "Onun adını biliyor musun?" "Hayır, bilmiyorum."

²**no** no • no
/sıfat/ hiç, hiçbir
No comment. Yorum yok.
No entry. Giriş yasaktır.
no one hiç kimse: No one saw him smile. Gülümsediğini kimse görmedi.
No problem. Sorun değil.
No smoking. Sigara içilmez.

Noah No.ah • no´wı
/isim/ Nuh peygamber
Noah's ark Nuh'un gemisi

noble no.ble • no´bıl
/sıfat/ nobler, noblest • soylu, asil: He comes from a noble family. Soylu bir aileden geliyor.

nobody no.bod.y • no´bʌdi
/zamir/ hiç kimse: Nobody lives there anymore. Artık orada kimse oturmuyor.

nod nod • nad
/fiil/ nods, nodding, nodded • baş sallamak: He nodded to the little boy and smiled. Küçük çocuğa başını sallayarak gülümsedi.

noise noise • noyz
/isim/ çoğul noises • ses, gürültü: Did you hear the noise? Gürültüyü duydun mu? noise pollution gürültü kirliliği

noisy nois.y • noy´zi
/sıfat/ noisier, noisiest • 1. gürültülü: a noisy classroom gürültülü bir sınıf 2. gürültücü: noisy neighbors gürültücü komşular

nomad no.mad • no´mäd
/isim/ çoğul nomads • göçebe: Mongols were nomads. Moğollar göçebeydiler.

none none • nʌn
/zamir/ hiçbiri, hiç kimse
none of -in hiçbiri: None of my answers were right. Yanıtlarımın hiçbiri doğru değildi.

nonliving non.liv.ing • nanlîv´îng
/sıfat/ cansız, yaşamayan

nonsense non.sense • nan´sens
/isim/ saçma; saçmalık
talk nonsense saçma sapan konuşmak, saçmalamak: He's talking nonsense. Saçma sapan konuşuyor.

nonsmoker non.smok.er • nansmo´kır
/isim/ çoğul nonsmokers • sigara içmeyen kişi

nonstop non.stop • nan´stap´
/zarf/ duraklamadan; aralıksız, sürekli: talk nonstop kesintisiz konuşmak

noodle noo.dle • nud´ıl
/isim/ çoğul noodles • erişte, şerit halindeki makarna

noon noon • nun
/isim/ öğle: The students take a break at noon. Öğrenciler öğleyin mola veriyorlar.

nor nor • nôr
/bağlaç/ ne de, ne: His answer was neither positive nor negative. Yanıtı ne olumlu ne de olumsuzdu.

normal nor.mal • nôr´mıl
/sıfat/ normal: normal working hours normal çalışma saatleri

normally nor.mal.ly • nôr´mıli
/zarf/ normal olarak, genellikle: The journey normally takes about three hours. Yolculuk normalde yaklaşık üç saat sürüyor.

¹north north • nôrth
/isim/ kuzey: winds blowing from the north kuzeyden esen rüzgârlar

north→→→ 258

²north north • nôrth
/sıfat/ **kuzey:** north wind kuzey rüzgârı
the North Pole Kuzey Kutbu
the North Star Kutupyıldızı

northeast north.east • nôrthist´
/isim, sıfat/ kuzeydoğu

northern northern • nôr´dhırn
/sıfat/ kuzey, kuzeye ait
the Northern Hemisphere Kuzey
Yarıküre

northwest north.west • nôrthwest´
/isim, sıfat/ kuzeybatı

Norway Nor.way • nôr´wey
/isim/ Norveç

¹Norwegian Nor.we.gian • norwi´cın
/sıfat/ 1. Norveç'e özgü. 2. Norveçli
3. Norveççe

²Norwegian Nor.we.gian • norwi´cın
/isim/ 1. çoğul Norwegians • Norveçli
2. Norveççe

nose nose • noz
/isim/ çoğul noses • burun
under one's nose burnunun dibinde

not not • nat
/zarf/ değil, olmayan: Those shoes are
not mine. O ayakkabılar benim değil.
That's not a cat, it's a skunk. 0 bir
kedi değil, kokarca.

note note • not
/isim/ çoğul notes • 1. not, pusula
take notes not tutmak, not almak
2. (müzik) nota: The singer had difficulty
hitting the high notes. Şarkıcı yüksek
notalara çıkmakta zorlandı.

scale → gam
C → do
D → re
E → mi
F → fa
G → sol
A → la
B → si

notebook note.book • not´bûk
/isim/ çoğul notebooks • defter

nothing noth.ing • nʌth´îng
/isim/ hiçbir şey: Recep has nothing
in his pockets. Recep'in ceplerinde
hiçbir şey yok.
for nothing 1. parasız, bedava 2. boş
yere, boşuna
nothing else başka hiçbir şey
nothing less than tamamen
nothing like benzemez
nothing more than yalnız, sadece

¹notice no.tice • no´tîs
/isim/ 1. çoğul notices • ilan, duyuru,
bildiri: Kayhan put up a notice about
his lost dog. Kayhan, kayıp köpeği ile
ilgili bir ilan astı. 2. dikkat, önemseme
take notice of -i dikkate almak, -e
aldırmak

²notice no.tice • no´tîs
/fiil/ notices, noticing, noticed • dikkat
etmek; farkına varmak: Did you notice
her come in? Geldiğini fark ettiniz mi?

nought nought• nôt
/isim/ çoğul noughts • bkz. zero

noun noun • naun
/isim/ çoğul nouns • (dilbilgisi) isim, ad
common noun cins adı

proper noun özel ad

novel nov.el • nav´ıl
/isim/ çoğul novels • roman: historical novel tarihsel roman

November No.vem.ber • novem´bır
/isim/ kasım

now now • nau
/zarf/ şimdi: You must come inside now. Şimdi içeriye girmelisin.
now and then (now and again) ara sıra, zaman zaman

nowadays now.a.days • nau´wıdeyz
/zarf/ bugünlerde, günümüzde

nowhere no.where • no´hwer
/zarf/ hiçbir yerde; hiçbir yere: This flower is found nowhere else. Bu çiçek başka hiçbir yerde bulunmaz.

nuclear nu.cle.ar • nu´kliyır
/sıfat/ nükleer, çekirdeksel: nuclear energy nükleer enerji nuclear medicine nükleer tıp

nuisance nui.sance • nu´sıns
/isim/ çoğul nuisances • baş belası: Waiting is a real nuisance to me. Beklemek benim için tam bir baş belası.

numb numb • nʌm
/sıfat/ hissiz, duygusuz; uyuşuk

number num.ber • nʌm´bır
/isim/ çoğul numbers • 1. sayı, rakam: Add up these numbers. Bu sayıları toplayın.
cardinal numbers pozitif tamsayılar
natural numbers doğal sayılar
ordinal numbers sıra sayıları
2. numara: telephone number telefon numarası 3. miktar, sayı: the

number of pages sayfa sayısı

numerous nu.mer.ous • nu´mırıs
/sıfat/ çok, pek çok: numerous fruits çok sayıda meyve

nurse nurse • nırs
/isim/ çoğul nurses • hemşire, hastabakıcı

nursery nurs.er.y • nır´sıri
/isim/ çoğul nurseries • 1. çocuk odası 2. yuva, kreş
nursery rhyme çocuk şiiri; çocuk şarkısı
nursery school anaokulu

nut nut • nʌt
/isim/ çoğul nuts • fındık, fıstık, ceviz gibi kabuklu yemiş

▬ ▬ ▬ ▬ ▬ ▬ ▬ ▬
almond → badem
chestnut → kestane
hazelnut → fındık
peanut → yerfıstığı
walnut → ceviz
▬ ▬ ▬ ▬ ▬ ▬ ▬ ▬

nutrition nu.tri.tion • nutrîş´ın
/isim/ besi, besleme; beslenme

nutritious nu.tri.tious • nutrîş´ıs
/sıfat/ besleyici: Potatoes are very nutritious. Patates çok besleyicidir.

nylon ny.lon • nay´lan
/isim/ naylon: nylon rope naylon ip

oak oak • ok
/isim/ çoğul **oaks** • meşe

oar oar • or
/isim/ çoğul **oars** • kürek, kayık küreği

oath oath • oth
/isim/ çoğul **oaths** • yemin, ant
take an oath yemin etmek: He took an oath to protect his country. Yurdunu korumaya ant içti.

Oo

obedient o.be.di.ent • obi´diyınt
/sıfat/ itaatli, söz dinleyen: Dogs are obedient animals. Köpekler itaatli hayvanlardır.

obey o.bey • obey´
/fiil/ **obeys, obeying, obeyed** • itaat etmek; -e uymak: obey orders emirlere uymak

¹**object** ob.ject • ab´cîkt, ab´cekt
/isim/ çoğul **objects** • 1. nesne, cisim 2. amaç, erek: His object was to finish his report today. Amacı raporunu bugün tamamlamaktı. 3. (dilbilgisi) nesne
direct object nesne, dolaysız tümleç
indirect object dolaylı tümleç

²**object** ob.ject • ıbcekt´
/fiil/ **objects, objecting, objected** •
(to) (-e) itiraz etmek, (-e) karşı çıkmak:
object to a plan bir plana itiraz etmek

objection ob.jec.tion • ıbcek´şın

/isim/ 1. çoğul objections • itiraz
2. itiraz etme

obligation ob.li.ga.tion • ablıgey´şın
/isim/ çoğul obligations • zorunluluk,
zorunluk, mecburiyet

oblige o.blige • ıblayc´
/fiil/ obliges, obliging, obliged • zorla-
mak, mecbur etmek
be obliged to do something bir şeyi
yapmaya mecbur olmak

observatory ob.ser.va.to.ry • ıbzır´vıtôri
/isim/ çoğul observatories • gözlemevi,
rasathane, observatuar: We visited
the Kandilli Observatory. Kandilli
Rasathanesi'ni ziyaret ettik.

observe ob.serve • ıbzırv´
/fiil/ observes, observing, observed •
gözlemlemek, gözlemek: observe
carefully dikkatle gözlemek

obsession ob.ses.sion • ıbseş´ın
/isim/ çoğul obsessions • akla takılan
düşünce, takıntı

obstacle ob.sta.cle • ab´stıkıl
/isim/ çoğul obstacles • engel: Her hunger
was an obstacle to her doing a good job.
Açlığı işini iyi yapmasına engel oldu.

obstinate ob.sti.nate • ab´stınît
/sıfat/ inatçı, dik kafalı

obstruct ob.struct • ıbstrʌkt´
/fiil/ obstructs, obstructing, obstructed •
1. engellemek, engel olmak, mâni olmak
2. tıkamak, kapamak: The boxes
obstructed the entrance to the building.
Kutular binanın girişini kapamıştı.

obtain ob.tain • ıbteyn´

/fiil/ obtains, obtaining, obtained • elde
etmek, ele geçirmek: He obtained the
award he deserves. Hak ettiği ödülü
elde etti.

obvious ob.vi.ous • ab´viyıs
/sıfat/ belli, açık: It's obvious how much
his mother loves him. Annesinin onu
ne kadar sevdiği belli.

obviously ob.vi.ous.ly • ab´viyısli
/zarf/ açıkça

occasion oc.ca.sion • ıkey´jın
/isim/ çoğul occasions • zaman, sıra:
I wasn't there on that occasion.
O sırada orada değildim.

occasionally oc.ca.sion.al.ly • ıkey´jınili
/zarf/ ara sıra, zaman zaman

occupation oc.cu.pa.tion • akyıpey´şın
/isim/ çoğul occupations • iş, meslek

occupy oc.cu.py • ak´yıpay
/fiil/ occupies, occupying, occupied •
1. meşgul etmek, (zamanını) almak:
occupy one's mind zihnini meşgul et-
mek 2. (belirli bir yerde) bulunmak:
He is occupying my seat. Benim yerime
oturmuş.

occur oc.cur • ıkır´
/fiil/ occurs, occurring, occurred •
olmak, meydana gelmek: When did
the earthquake occur? Deprem ne
zaman oldu?

ocean o.cean • o´şın
/isim/ çoğul oceans • okyanus

o'clock o'clock • ıklak´
/zarf/ saate göre: It's ten o'clock. Saat on.

octagon oc.ta.gon • ak´tıgan
/isim/ (geometri) sekizgen

October Oc.to.ber • akto´bır
/isim/ ekim (ayı)

octopus oc.to.pus • ak´tıpıs
/isim/ çoğul octopuses • ahtapot:
octopus soup ahtapot çorbası

odd odd • ad
/sıfat/ odder, oddest • 1. garip, tuhaf:
an odd picture garip bir resim
How odd! Ne kadar garip!
2. tek
odd number tek sayı
odd or even tek mi çift mi (oyunu)

odor o.dor • o´dır
/isim/ çoğul odors • koku
Ing. **odour**

odour o.dour • o´dır
/isim/ çoğul odours • bkz. **odor**

of of • ʌv, ıv
/edat/ 1. -in: a friend of mine bir
arkadaşım 2. -li: a man of talent
yetenekli bir adam 3. -den: built
of bricks tuğladan inşa edilmiş
4. ... hakkında: speak of plans planlar
hakkında konuşmak

¹off off • ôf
/zarf/ uzağa, öteye; uzakta, ötede:
The gas station is a long way off
from here. Benzin istasyonu buradan
oldukça uzakta.
Off with you! Defol!

²off off • ôf
/edat/ 1. -den, -dan: The book fell off
the shelf. Kitap raftan düştü. 2. -den
uzak: It's ten kilometers off the main
road. Anayoldan on kilometre uzakta.

offence of.fence • ıfens´
/isim/ çoğul offences • bkz. **offense**

offend of.fend • ıfend´
/fiil/ offends, offending, offended •
gücendirmek, darıltmak, incitmek
be offended by -e gücenmek: I was
offended by his words. Sözlerine
gücendim.

offense of.fense • ıfens´
/isim/ çoğul offenses • 1. kusur, suç:
an offense against humanity insanlığa
karşı bir suç
commit an offense suç işlemek: He
committed a serious offense. Ciddi bir
suç işledi.
2. saldırı, hücum 3. gücenme, incinme
take offense at -e gücenmek, -den
incinmek
Ing. **offence**

¹offer of.fer • ô´fır
/fiil/ offers, offering, offered • 1. sunmak,
ikram etmek: offer a slice of cake bir
dilim kek sunmak 2. teklif etmek,
önermek: My friend offered to carry
my bag. Arkadaşım çantamı taşımayı
teklif etti. 3. sunmak, sağlamak: offer
an opportunity bir fırsat sunmak

²offer of.fer • ô´fır
/isim/ çoğul offers • teklif, öneri:
a generous offer cömert bir öneri

office of.fice • ô´fîs
/isim/ çoğul offices • yazıhane, ofis, işyeri: office building iş hanı office hours çalışma saatleri

officer of.fi.cer • ô´fîsır
/isim/ çoğul officers • 1. memur 2. subay

official of.fi.cial • ıfîş´ıl
/sıfat/ resmi: an official decision resmi bir karar an official visit resmi bir ziyaret

off-line off-line • ôf´layn
/sıfat/ (bilgisayar) çevrimdışı

offspring off.spring • ôf´sprîng
/isim/ çoğul offspring • 1. evlat 2. yavru

often of.ten • ô´fın
/zarf/ sık sık, çoğu kez: She visits her grandmother often. Büyükannesini sık sık ziyaret eder.
every so often ara sıra: Every so often she washes her car. Arabasını ara sıra yıkar.
how often ... hangi sıklıkta ..., hangi sıklıkla ...: How often do you go to the movies? Sinemaya hangi sıklıkla gidersiniz?

oh oh • o
/ünlem/ 1. Ay! (Korku/şaşkınlık belirtir.) 2. Ay!/Ah!/Of! (Ağrı/acı belirtir.) 3. Ah! (Pişmanlık/özlem belirtir.) 4. Oh!/O! (Beğenme/sevinç/hayranlık belirtir.) 5. Of!/Öf! (Kızgınlık/hoşnutsuzluk belirtir.)
Oh my God! Aman Allahım!
Oh, no! Olamaz!

oil oil • oyl
/isim/ 1. çoğul oils • yağ, sıvıyağ: corn oil mısıryağı
oil paint yağlıboya
2. petrol

oil field petrol sahası
oil well petrol kuyusu

oily oil.y • oy´li
/sıfat/ oilier, oiliest • yağlı: Her cooking is usually too oily. Onun yemekleri genelde çok yağlı oluyor.

¹OK OK • okey´
/ünlem/ Peki!, Olur!

²OK OK • okey´
/sıfat/ iyi
be OK iyi olmak: Are you OK? İyi misin?

¹okay o.kay • okey´
/ünlem/ bkz. ¹OK

²okay o.kay • okey´
/sıfat/ bkz. ²OK

okra o.kra • o´krı
/isim/ bamya

old old • old
/sıfat/ older, oldest • 1. eski: old clothes eski giysiler
old hat modası geçmiş
old school eski düşünce tarzı
2. yaşlı, ihtiyar: old man yaşlı adam
get old (grow old) yaşlanmak
old age yaşlılık
3. ... yaşında: Onur is ten years old. Onur, on yaşında.
4. deneyimli, tecrübeli
old hand deneyimli kimse

old-fashioned old-fash.ioned • old´fäş´ınd
/sıfat/ eski moda, modası geçmiş

olive ol.ive • al´îv
/isim/ çoğul olives • zeytin
olive branch zeytin dalı (barış sembolü)
olive oil zeytinyağı

Olympics O.lym.pics • olîm´pîks
/isim/ (the) olimpiyat oyunları, olimpiyatlar

Oman O.man • oman´
/isim/ Umman

¹Omani O.ma.ni • oma´ni
/sıfat/ 1. Umman'a özgü 2. Ummanlı

²Omani O.ma.ni • oma´ni
/isim/ çoğul Omanis • Ummanlı

omelet om.e.let • am´lît, am´ılît
/isim/ çoğul omelets • omlet: cheese omelet peynirli omlet

omelette om.e.lette • am´lît, am´ılît
/isim/ çoğul omelettes • bkz. omelet

omit o.mit • omît´
/fiil/ omits, omitting, omitted • atlamak, dışarıda bırakmak: The eyewitness omitted the most important details. Görgü tanığı en önemli ayrıntıları atladı.

¹on on • an
/edat/ 1. üzerinde, üstünde; üzerine, üstüne: on the table masanın üstünde 2. -de: on the bus otobüste on the fifth of February şubatın beşinde on the list listede 3. hakkında, konusunda: a talk on rain forests yağmur ormanları hakkında bir konuşma

²on on • an
/zarf/ 1. üstüne, üzerine; üstünde, üzerinde: He had a coat on. Üstünde bir palto vardı. 2. (Kullanımda/çalışmakta olmayı veya kullanıma/çalışmaya başlamayı belirtir.): Işıl left the lights on. Işıl, ışıkları açık bıraktı. Turn the television on. Televizyonu aç. 3. ileri, ileriye; ileride: The next bus stop is six kilometers on. Bir sonraki otobüs durağı altı kilometre ileride. 4. (Sürmekte/devam etmekte oluşu belirtir.): He worked on till sunset. Günbatımına kadar çalışmaya devam etti.
on and off kesintili
on and on aralıksız

³on on • an
/sıfat/ 1. kullanımda, çalışmakta **be on** (ışık, makine) açık olmak: All the lights are on. Bütün ışıklar açık. 2. sürmekte, devam etmekte: The parade was on. Geçit töreni devam ediyordu.

once once • wʌns
/zarf/ 1. bir kez: once a week haftada bir
all at once birden
at once hemen
once in a while ara sıra
once more bir kez daha: Repeat it once more. Bir kez daha tekrar edin.
once or twice bir iki kere
2. eskiden
once upon a time bir varmış bir yokmuş

¹one one • wʌn

/isim, sıfat/ bir
one by one birer birer
one or two bir veya iki, birkaç

²one one • wʌn
/zamir/ 1. biri: one of my friends arkadaşlarımdan biri 2. bir tane: a new one yeni bir tane 3. (Genellemelerde kullanılır.): One doesn't go there alone. Oraya tek başına gidilmez.

oneself one.self • wʌnself´
/zamir/ kendi, kendisi
by oneself kendi başına, kendi kendine

one-way one-way • wʌn´wey
/sıfat/ tek yönlü: one-way traffic tek yönlü trafik
one-way ticket gidiş bileti

ongoing on.go.ing • an´gowîng
/sıfat/ devam eden

onion on.ion • ʌn´yın
/isim/ çoğul onions • soğan
green onion yeşil soğan, taze soğan

on-line on-line • an´layn
/sıfat/ (bilgisayar) çevrimiçi

onlooker on.look.er • an´lûkır
/isim/ çoğul onlookers • seyirci:
curious onlookers meraklı seyirciler

¹only on.ly • on´li
/sıfat/ 1. bir tek, biricik 2. tek: the only novel he wrote yazdığı tek roman the only veterinarian in the village köydeki tek veteriner

²only on.ly • on´li
/zarf/ yalnız, ancak, sadece: He only likes classical music. Sadece klasik müziği sever.
if only keşke: If only I had known. Keşke bilseydim.
not only this yalnız bu değil
not only ... but also ... yalnız ... değil, aynı zamanda ...: His job is not only dangerous but also difficult. İşi yalnızca tehlikeli değil, üstelik zor da.
only a few bir iki tanecik
only a little birazcık

onto on.to • an´tu
/edat/ üstüne; -e: Place the plates onto the shelves. Tabakları raflara yerleştir.

¹open o.pen • o´pın
/sıfat/ açık: Don't leave the door open. Kapıyı açık bırakma.
open air açık hava

²open o.pen • o´pın
/fiil/ opens, opening, opened • açmak; açılmak: Open your eyes. Gözlerini aç.

opening o.pen.ing • o´pınîng
/isim/ 1. çoğul openings • açıklık, delik 2. açılış: opening day açılış günü

opera op.er.a • ap´ırı
/isim/ çoğul operas • opera: opera house opera binası
light opera operet
soap opera (radyo, TV) melodram dizisi

operate op.er.ate • ap´ıreyt
/fiil/ operates, operating, operated • işlemek, çalışmak; işletmek, çalıştırmak: Do you know how to operate that blender? O blenderi çalıştırmayı biliyor musun?

operate on -i ameliyat etmek

operation op.er.a.tion • apırey´şın
/isim/ 1. işleme, çalışma; işletme, çalıştırma 2. çoğul operations • ameliyat
have an operation ameliyat olmak

operator op.er.a.tor • ap´ıreytır
/isim/ çoğul operators • operatör; santral memuru

opinion o.pin.ion • ıpîn´yın
/isim/ çoğul opinions • görüş, fikir, düşünce: Beşir doesn't listen to other people's opinions. Beşir, başkalarının fikirlerini dinlemez.
in my opinion bana kalırsa

opponent op.po.nent • ıpo´nınt
/isim/ çoğul opponents • 1. düşman
2. rakip: Tekin was my opponent in the tennis match. Tekin, tenis maçında rakibimdi.

opportunity op.por.tu.ni.ty • apırtu´nıti
/isim/ çoğul opportunities • fırsat

oppose op.pose • ıpoz´
/fiil/ opposes, opposing, opposed • karşı koymak, karşı çıkmak, direnmek

¹opposite op.po.site • ap´ızît
/sıfat/ karşı; karşıt, zıt, ters

²opposite op.po.site • ap´ızît
/isim/ çoğul opposites • karşıt olan şey; karşıt olan kimse: Black and white are opposites. Siyah ve beyaz karşıttır.

³opposite op.po.site • ap´ızît
/zarf, edat/ karşı karşıya; karşılıklı; karşısında: The library is opposite the school. Kütüphane, okulun karşısında.

optician op.ti.cian • aptîş´ın
/isim/ çoğul opticians • gözlükçü

optimist op.ti.mist • ap´tımîst
/isim/ çoğul optimists • iyimser

optimistic op.ti.mis.tic • aptımîs´tîk
/sıfat/ iyimser: an optimistic person iyimser bir insan

option op.tion • ap´şın
/isim/ çoğul options • seçenek, şık

optional op.tion.al • ap´şınıl
/sıfat/ zorunlu olmayan, isteğe bağlı, seçmeli: Attendance to the conference is optional. Konferansa katılmak zorunlu değil.

or or • ôr
/bağlaç/ 1. veya, ya da: We can play basketball or soccer. Basketbol veya futbol oynayabiliriz. 2. yoksa: Hurry up, or you'll miss the bus. Acele et, yoksa otobüsü kaçıracaksın.

oral o.ral • ôr´ıl
/sıfat/ 1. sözlü, ağızdan söylenen: oral communication sözlü iletişim 2. ağızdan alınan (ilaç) 3. ağızla ilgili, oral
oral health ağız sağlığı

¹orange or.ange • ôr´înc
/isim/ çoğul oranges • 1. portakal:
orange juice portakal suyu
sour orange (bitter orange) turunç
2. turuncu

²orange or.ange • ôr´înc
/sıfat/ turuncu: orange paint turuncu
boya

orbit or.bit • ôr´bît
/isim/ çoğul orbits • yörünge: Mercury's
orbit Merkür'ün yörüngesi

orchard or.chard • ôr´çırd
/isim/ çoğul orchards • meyve bahçesi

orchestra or.ches.tra • ôr´kîstrı
/isim/ çoğul orchestras • orkestra

¹order or.der • ôr´dır
/isim/ 1. düzen, tertip: I need more
order in my life. Hayatımda daha çok
düzene ihtiyacım var.
in order 1. düzenli 2. uygun, yerinde
keep order düzeni korumak
out of order 1. bozuk 2. düzensiz 3. uy-
gunsuz
2. sıra, dizi: in alphabetical order alfa-
betik sırada 3. çoğul orders • emir,
buyruk 4. çoğul orders • ısmarlama,
sipariş: Can I take your order? Sipari-
şinizi alabilir miyim?
5. amaç
in order that -sin diye: in order that
he may see görsün diye
in order to için: in order to see
görmek için

²order or.der • ôr´dır
/fiil/ orders, ordering, ordered •
1. emretmek 2. ısmarlamak, sipariş
etmek: I've ordered that book. O kitabı
sipariş ettim.

ordinary or.di.nar.y • ôr´dıneri
/sıfat/ sıradan, alelade; olağan, alışılmış:
This is no ordinary bicycle. Bu sıradan
bir bisiklet değil.

organ or.gan • ôr´gın
/isim/ çoğul organs • 1. (borulu) org,
erganun 2. (elektronik) org
3. (biyoloji) organ: speech organs
konuşma organları

organic or.gan.ic • ôrgän´îk
/sıfat/ organik: organic matter
organik madde

organisation or.gan.i.sa.tion •
ôrgınızey´şın /isim/ çoğul organisations •
bkz. **organization**

organise or.gan.ise • ôr´gınayz
/fiil/ organises, organising, organised •
bkz. **organize**

organization or.gan.i.za.tion •
ôrgınızey´şın /isim/ çoğul organizations •
örgüt, kuruluş
İng. **organisation**

organize or.gan.ize • ôr´gınayz
/fiil/ organizes, organizing, organized •
1. düzenlemek: organize a trip bir gezi
düzenlemek 2. örgütlemek
İng. **organise**

Orient O.ri.ent • ôr´iyınt
/isim/ (the) Doğu (Şark)

Oriental O.ri.en.tal • ôriyen´tıl
/sıfat/ 1. Doğulu 2. Doğu'ya özgü:
Oriental rug Şark halısı

origin or.i.gin • ôr´ıcîn
/isim/ çoğul origins • 1. köken, kaynak
2. nesil, soy

original o.rig.i.nal • ırîc´ınıl
/sıfat/ 1. orijinal, özgün: an original idea
özgün bir fikir 2. ilk, asıl: the original
owner of the car arabanın ilk sahibi

ornament or.na.ment • ôr´nımınt
/isim/ çoğul **ornaments** • süs

¹orphan or.phan • ôr´fın
/isim/ çoğul **orphans** • öksüz

²orphan or.phan • ôr´fın
/sıfat/ öksüz: an orphan kitten öksüz bir kedi yavrusu

orphanage or.phan.age • ôr´fınîc
/isim/ çoğul **orphanages** • yetimhane, öksüzler yurdu

ostrich os.trich • ôs´trîç
/isim/ çoğul **ostriches** • devekuşu: The ostrich is the fastest running bird. Devekuşu, en hızlı koşan kuştur.

¹other oth.er • ʌdh´ır
/sıfat/ başka, diğer, öbür: Where did the other people go? Diğer insanlar nereye gitti?
the other day geçen gün

²other oth.er • ʌdh´ır
/zamir/ çoğul **others** • başkası, diğeri, öbürü: Some of them were sitting and others were dancing. Bazıları oturuyordu, diğerleri de dans ediyordu.

otherwise oth.er.wise • ʌdh´ırwayz
/zarf/ aksi takdirde, yoksa: Study for your test, otherwise you'll fail. Sınavına hazırlan yoksa geçemezsin.

¹Ottoman Ot.to.man • at´ımın
/sıfat/ Osmanlı
the Ottoman Empire Osmanlı İmparatorluğu

²Ottoman Ot.to.man • at´ımın
/isim/ çoğul **Ottomans** • Osmanlı

ought ought • ôt
/yardımcı fiil/ -meli, -malı (Gereklilik ve zorunluluk belirtir.): You ought to see a doctor. Doktora gitmelisin.
oughtn't → ought not

oughtn't ought.n't • ôt´ınt
/kısaltma/ ought not • bkz. **ought**

our our • aur
/sıfat/ bizim: This is our school. Bu bizim okulumuz.

ours ours • aurz
/zamir/ bizimki: Which car is ours? Hangi araba bizimki?

ourselves our.selves • aurselvz´
/zamir/ kendimiz, bizler

¹out out • aut
/zarf/ dışarı; dışarıda; dışarıya: Çetin opened the bag and took the books out. Çetin, çantayı açtı ve kitapları çıkardı.
be out dışarıda olmak: Şebnem's out at the moment. Şebnem şu an dışarıda.

²out out • aut
/edat/ (-den) dışarıya/öteye: He looked out the window. Pencereden dışarıya baktı.
out of 1. -den: Tezel took his hands out of his pockets. Tezel ellerini ceplerinden çıkardı. 2. -den uzak, dışında: It's out of range. Menzil dışında.

outcome out.come • aut´kʌm

/isim/ sonuç: The outcome was a surprise for all of us. Sonuç hepimiz için sürpriz olmuştu.

outdoor out.door • aut´dôr
/sıfat/ dışarıda yapılan: Hide-and-seek is an outdoor game. Saklambaç, dışarıda oynanan bir oyundur.

outdoors out.doors • aut´dôrz
/zarf/ dışarıya; dışarıda: We walked outdoors for fresh air. Temiz hava için dışarıda yürüdük.

outer out.er • au´tır
/sıfat/ dıştaki, dış: the outer walls of the building binanın dış duvarları

outlook out.look • aut´lûk
/isim/ görüş açısı; manzara: an optimistic outlook iyimser bir bakış

out-of-date out-of-date • autıvdeyt´
/sıfat/ 1. modası geçmiş 2. tarihi geçmiş

¹outside out.side • aut´sayd
/isim/ dış, dış taraf: the outside of the house evin dışı

²outside out.side • aut´sayd
/sıfat/ dış: the outside walls dış duvarlar

³outside out.side • aut´sayd
/zarf/ dışarıda; dışarıya: Let's sit outside. Dışarıda oturalım.

outstanding out.stand.ing • autstän´dîng
/sıfat/ üstün, seçkin

oval o.val • o´vıl
/sıfat/ oval, yumurta biçiminde

oven ov.en • ʌv´ın
/isim/ çoğul ovens • fırın: electric oven elektrikli fırın

¹over o.ver • o´vır
/zarf/ 1. -e, -e doğru: Emel ran over to the tree. Emel, ağaca doğru koştu. Birol suddenly fell over. Birol, birdenbire yere düştü. 2. -de, ötede: He lives over in Maltepe. Maltepe'de oturuyor. The post office is only two blocks over from here. Postane buradan ancak iki blok ötede. 3. üstünde, üzerinde: students who are 15 years old and over 15 yaş ve üzerinde olan öğrenciler
over again bir daha, tekrar
over and over (again) defalarca
over there orada; oraya: They decided to stay over there for a year. Orada bir yıl kalmaya karar verdiler.

²over o.ver • o´vır
/edat/ 1. üzerinde; üzerinden; üzerine: The airplane flew over the city. Uçak şehrin üzerinden uçtu. They put a quilt over the child. Çocuğun üzerine yorgan örttüler. 2. -den fazla, -den çok: over ten kilos on kilodan fazla

overall o.ver.all • o´vırôl
/sıfat/ kapsamlı, ayrıntılı

overate o.ver.ate • ovıreyt´
/fiil/ bkz. **overeat**

overcame o.ver.came • ovırkeym´
/fiil/ bkz. **overcome**

overcoat o.ver.coat • o´vırkot
/isim/ çoğul overcoats • palto

overcome o.ver.come • ovırkʌm´
/fiil/ overcomes, overcoming, overcame, overcome • üstesinden gelmek, yenmek: Can you overcome your fear? Korkunun üstesinden gelebilir misin?
be overcome with/by -den çok etkilenmek

overcrowded o.ver.crowd.ed • ovırkraud´îd /sıfat/ aşırı kalabalık: The shopping mall was overcrowded. Alışveriş merkezi aşırı kalabalıktı.

overeat o.ver.eat • ovırit´ /fiil/ overeats, overeating, overate, overeaten • tıka basa yemek, gereğinden çok yemek

overeaten o.ver.eat.en • ovırit´ın /fiil/ bkz. **overeat**

overflow o.ver.flow • ovırflo´ /fiil/ overflows, overflowing, overflowed • taşmak

overhead o.ver.head • o´vırhed /zarf/ baştan yukarı, yukarıda, üstte: Birds were flying overhead. Yukarıda kuşlar uçuşuyordu.

overhear o.ver.hear • ovırhîr´ /fiil/ overhears, overhearing, overheard • kulak misafiri olmak: I overheard their conversation. Konuşmalarına kulak misafiri oldum.

overheard o.ver.heard • ovırhırd´ /fiil/ bkz. **overhear**

overnight o.ver.night • o´vırnayt´ /zarf/ 1. geceleyin, gece: They stayed overnight at a hotel. Bir gece otelde kaldılar. 2. bir gecede

[1]**overseas** o.ver.seas • ovırsiz´ /sıfat/ denizaşırı: overseas trade denizaşırı ticaret

[2]**overseas** o.ver.seas • ovırsiz´ /zarf/ denizlerin ötesinde; denizlerin ötesine

oversleep o.ver.sleep • ovırslip´ /fiil/ oversleeps, oversleeping, overslept • fazla uyumak, uyuyakalıp gecikmek

overslept o.ver.slept • ovırslept´ /fiil/ bkz. **oversleep**

overtake o.ver.take • ovırteyk´ /fiil/ overtakes, overtaking, overtook, overtaken • İng. (taşıtı) sollamak, geçmek: overtake a car on the road yolda bir arabayı geçmek

overtaken o.ver.tak.en • ovırtey´kın /fiil/ bkz. **overtake**

overtime o.ver.time • o´vırtaym /isim/ fazla mesai: He worked overtime to finish the job. İşi bitirmek için fazla mesai yaptı.

overtook o.ver.took • ovırtûk´ /fiil/ bkz. **overtake**

overweight o.ver.weight • ovırweyt´ /sıfat/ aşırı kilolu, şişman

owe owe • o /fiil/ owes, owing, owed • borcu olmak, borçlu olmak: How much do I owe you? Sana ne kadar borcum var?
owing to nedeniyle, yüzünden, sayesinde, -den dolayı

owl owl • aul /isim/ çoğul **owls** • baykuş

¹own own • on
/sıfat/ kendine özgü, kendinin, kendi:
It was his own idea. Bu onun kendi fikriydi.

²own own • on
/fiil/ owns, owning, owned • sahip olmak, -si olmak: Who owns this boat? Bu teknenin sahibi kim?

owner own.er • o´nır
/isim/ çoğul owners • sahip: Who is the owner of the house? Evin sahibi kim?

ox ox • aks
/isim/ çoğul oxen • öküz

oxen ox.en • ak´sın
/isim/ bkz. ox

oxygen ox.y.gen • ak´sıcın
/isim/ oksijen: lack of oxygen oksijensizlik

oyster oys.ter • oys´tır
/isim/ çoğul oysters • istiridye

ozone o.zone • o´zon
/isim/ ozon
the ozone layer ozon tabakası: the hole in the ozone layer ozon tabakasındaki delik

Pp

¹**Pacific** Pa.cif.ic • pısîf´îk
/sıfat/ Büyük Okyanus'a özgü; Büyük Okyanus'ta bulunan; Büyük Okyanus'a yakın
the Pacific Ocean Büyük Okyanus

²**Pacific** Pa.cif.ic • pısîf´îk
/isim/ (the) Büyük Okyanus

¹**pack** pack • päk
/isim/ çoğul packs • 1. bohça, çıkın; denk 2. paket: a pack of balloons bir paket balon

²**pack** pack • päk
/fiil/ packs, packing, packed • 1. bohçalamak 2. paketlemek; ambalaj yapmak: We packed the books in boxes. Kitapları kutulara yerleştirdik. 3. bavul(ları) hazırlamak: I haven't packed my suitcase yet. Henüz bavulumu hazırlamadım.

package pack.age • päk´îc
/isim/ çoğul packages • 1. paket: gift package hediye paketi 2. bohça 3. ambalaj

packet pack.et • päk´ît
/isim/ çoğul packets • (küçük) paket: a packet of biscuits bir paket bisküvi

padlock pad.lock • päd´lak
/isim/ çoğul padlocks • asma kilit

¹**page** page • peyc
/isim/ çoğul pages • sayfa: The report

is ten pages long. Rapor on sayfa.
front page (gazetede) baş sayfa
turn over the page sayfayı çevirmek

²**page** page • peyc
/fiil/ pages, paging, paged • (kitap, dergi v.b.'nin) sayfalarını numaralamak
page through sayfalarını çevirmek

paid paid • peyd
/fiil/ bkz. ¹**pay**

pain pain • peyn
/isim/ çoğul pains • ağrı, sızı, acı: My mom has a back pain. Annemin sırtı ağrıyor.

▬ ▬ ▬ ▬ ▬ ▬ ▬
Pain ani ve kısa süreli ağrıları,
ache uzun ve sürekli ağrıları belirtir.
▬ ▬ ▬ ▬ ▬ ▬ ▬

painful pain.ful • peyn´fûl
/sıfat/ ağrılı: a painful arm ağrılı bir kol
painful joints ağrılı eklemler

painkiller pain.kill.er • peyn´kîlır
/isim/ çoğul painkillers • ağrı kesici

¹**paint** paint • peynt
/isim/ boya: We need to buy some paint for the house. Ev için boya almamız gerekiyor.

²**paint** paint • peynt
/fiil/ paints, painting, painted • boyamak: Kayra painted the door green. Kayra, kapıyı yeşile boyadı.

paintbrush paint.brush • peynt´brʌş
/isim/ çoğul paintbrushes • boya fırçası

painter paint.er • peyn´tır
/isim/ çoğul painters • 1. ressam: a famous painter ünlü bir ressam
2. boyacı, badanacı

painting paint.ing • peyn´tîng
/isim/ çoğul paintings • resim, tablo: a painting by Picasso Picasso'nun bir tablosu

pair pair • per
/isim/ çoğul pairs • çift: I bought a new pair of shoes. Yeni bir çift ayakkabı aldım.
a pair of glasses gözlük
a pair of pajamas pijama
a pair of pants pantolon
a pair of scissors makas
pair work ikili çalışma

pajamas pa.ja.mas • pıca´mız
/isim/ (çoğul) pijama: I cannot find my pajamas. Pijamamı bulamıyorum.
İng. **pyjamas**

Pakistan Pak.i.stan • päk´îstän
/isim/ Pakistan

¹**Pakistani** Pak.i.sta.ni • päkîstän´i

Pakistani→→→ 274

/sıfat/ 1. Pakistan'a özgü. 2. Pakistanlı

²Pakistani Pak.i.sta.ni • päkîstän´i
/isim/ çoğul Pakistanis • Pakistanlı

palace pal.ace • päl´îs
/isim/ çoğul palaces • saray: We visited the Dolmabahçe Palace. Dolmabahçe Sarayı'nı ziyaret ettik.

pale pale • peyl
/sıfat/ paler, palest • soluk, solgun, renksiz: You look very pale. Çok solgun görünüyorsun.
turn pale (go pale) rengi atmak

Palestine Pal.es.tine • päl´îstayn
/isim/ Filistin

¹Palestinian Pal.es.tin.i.an • pälîstîn´iyin
/sıfat/ 1. Filistin'e özgü 2. Filistinli

²Palestinian Pal.es.tin.i.an • pälîstîn´iyin
/isim/ çoğul Palestinians • Filistinli

palm palm • pam
/isim/ çoğul palms • 1. avuç içi, aya: the palm of my hand avucumun içi
2. palmiye
palm tree palmiye ağacı

pan pan • pän
/isim/ çoğul pans • 1. tava 2. tepsi
pan holder bkz. pot holder

Panama Pan.a.ma • pän´ıma, pän´ımô
/isim/ Panama

¹Panamanian Pan.a.ma.ni.an • pänimey´niyin /sıfat/ 1. Panama'ya özgü 2. Panamalı

²Panamanian Pan.a.ma.ni.an • pänimey´niyin /isim/ çoğul Panamanians • Panamalı

pancake pan.cake • pän´keyk
/isim/ çoğul pancakes • krep; gözleme: We made pancakes for breakfast. Kahvaltı için krep yaptık.

panda pan.da • pän´dı
/isim/ çoğul pandas • panda

pane pane • peyn
/isim/ çoğul panes • pencere camı

¹panic pan.ic • pän´îk
/isim/ panik: There was a big panic in the stadium. Stadyumda büyük bir panik yaşandı.

²panic pan.ic • pän´îk
/fiil/ panics, panicking, panicked • paniğe kapılmak, paniklemek: There's no need to panic. Paniğe kapılmaya gerek yok.
Don't panic! Paniğe kapılma!

pants pants • pänts
/isim/ (çoğul) 1. pantolon 2. İng. külot, don

pantyhose pant.y.hose • pän´tihoz
/isim/ (çoğul) külotlu çorap
İng. tights (1.)

¹paper pa.per • pey´pır
/isim/ 1. kâğıt 2. çoğul papers • gazete
3. çoğul papers • (herhangi bir) yazı, tez, bildiri

²paper pa.per • pey´pır
/sıfat/ 1. kâğıt (kâğıttan yapılmış)
paper money kâğıt para, banknot
2. kâğıtla ilgili
paper clip ataş, kâğıt maşası

¹paperback pa.per.back • pey´pırbäk
/sıfat/ karton kapaklı (kitap)

²paperback pa.per.back • pey´pırbäk
/isim/ çoğul paperbacks • karton

kapaklı kitap

paper-bag pa.per-bag • pey´pırbäg
/isim/ çoğul paper-bags • kesekâğıdı

Papua New Guinea Pap.u.a New Guin.ea •
päp´yıwı nu gîn´i /isim/ Papua Yeni Gine

¹Papua New Guinean Pap.u.a New
Guin.ean • päp´yıwı nu gîn´iyın
/sıfat/ 1. Papua Yeni Gine'ye özgü
2. Papua Yeni Gineli

²Papua New Guinean Pap.u.a New
Guin.ean • päp´yıwı nu gîn´iyın
/isim/ çoğul Papua New Guineans •
Papua Yeni Gineli

papyri pa.py.ri • pıpay´ri
/isim/ bkz. papyrus

papyrus pa.py.rus • pıpay´rıs
/isim/ çoğul papyruses/papyri • papirüs

¹parachute par.a.chute • per´ışut
/isim/ çoğul parachutes • paraşüt: His parachute failed to open. Paraşütü açılmadı.
parachute jumping paraşütle atlama

²parachute par.a.chute • per´ışut
/fiil/ parachutes, parachuting, parachuted • 1. paraşütle atlamak 2. paraşütle indirmek

parachuting par.a.chut.ing • per´ışutîng
/isim/ paraşütçülük

parade pa.rade • pıreyd´
/isim/ çoğul parades • geçit töreni
parade ground merasim alanı

paradise par.a.dise • per´ıdays
/isim/ cennet

paragliding par.a.glid.ing • per´ıglaydîng
/isim/ (spor) yamaç paraşütüyle uçma

paragraph par.a.graph • per´ıgräf
/isim/ çoğul paragraphs • paragraf
paragraph mark paragraf imi

Paraguay Par.a.guay • pär´ıgway, pär´ıgwey /isim/ Paraguay

¹Paraguayan Par.a.guay.an • pärıgway´ın, pärıgwey´ın /sıfat/ 1. Paraguay'a özgü
2. Paraguaylı

²Paraguayan Par.a.guay.an • pärıgway´ın, pärıgwey´ın /isim/ çoğul Paraguayans •
Paraguaylı

parallel par.al.lel • per´ılel
/sıfat/ paralel, koşut: Parallel lines never intersect. Paralel doğrular asla kesişmez.

paralysis pa.ral.y.sis • pıräl´ısîs
/isim/ çoğul paralyses • felç, inme

parcel par.cel • par´sıl
/isim/ çoğul parcels • paket: There was a bomb in the parcel. Paketin içinde bomba vardı.

¹pardon par.don • par´dın
/fiil/ pardons, pardoning, pardoned •
affetmek, bağışlamak: Please pardon me. Lütfen beni bağışlayın.
be pardoned affedilmek: The criminal was pardoned. Suçlu affedildi.

²pardon par.don • par´dın
/isim/ çoğul pardons • af, bağışlama

I beg your pardon. Affedersiniz.

parent par.ent • per´ınt
/isim/ çoğul parents • anne veya baba:
I need to talk to your parents. Annen ve babanla konuşmam gerekiyor.

parenthesis pa.ren.the.sis • pıren´thısîs
/isim/ çoğul parentheses • parantez, ayraç
put something in parentheses bir şeyi parantez içine almak: Put those numbers in parentheses. O rakamları parantez içine al.

¹park park • park
/isim/ çoğul parks • park: They played in the park. Parkta oynadılar.

²park park • park
/fiil/ parks, parking, parked • park etmek: I parked my car in front of the building. Arabamı binanın önüne park ettim.
parking lot otopark, park yeri
parking meter park saati, park sayacı

parliament par.lia.ment • par´lımınt
/isim/ çoğul parliaments • parlamento, millet meclisi: the Turkish parliament Türkiye parlamentosu

parliamentarian par.lia.men.tar.i.an • parlımenter´iyın /isim/ çoğul parliamentarians • parlamenter

parrot par.rot • per´ıt
/isim/ çoğul parrots • papağan

parsley pars.ley • pars´li
/isim/ maydanoz

part part • part
/isim/ çoğul parts • 1. parça, bölüm, kısım: I forgot that part of the song. Şarkının o bölümünü unuttum.
parts of speech (dilbilgisi) sözbölükleri 2. rol

partial par.tial • par´şıl
/sıfat/ kısmi; kısmen etkili

participant par.tic.i.pant • partîs´ıpınt
/isim/ çoğul participants • katılan, katılımcı: Did you meet the participants? Katılımcılarla tanıştın mı?

participate par.tic.i.pate • partîs´ıpeyt
/fiil/ participates, participating, participated • katılmak
participate in -e katılmak: Would you like to participate in the race? Yarışa katılmak ister misin?

participation par.tic.i.pa.tion • partîsıpey´şın /isim/ katılma, katılım

¹particular par.tic.u.lar • pırtîk´yılır
/sıfat/ 1. belirli, özel: a particular style of writing belirli bir yazı tarzı 2. -e özgü: his particular style ona özgü üslup
particular to -e özgü

²particular par.tic.u.lar • pırtîk´yılır
/isim/ çoğul particulars • ayrıntı
in particular özellikle

particularly par.tic.u.lar.ly • pırtîk´yılırli
/zarf/ özellikle: Fuat particularly likes soccer. Fuat özellikle futbolu seviyor.

partly part.ly • part´li
/zarf/ kısmen, bir dereceye kadar

partner part.ner • part´nır

/isim/ çoğul partners • ortak, arkadaş; partner, eş: Let me introduce you to my tennis partner. Seni tenis partnerimle tanıştırayım.

part-time part-time • part´taym /sıfat/ parttaym, yarı zamanlı: a part-time job yarı zamanlı bir iş

party par.ty • par´ti /isim/ çoğul parties • 1. parti, eğlence 2. (politika) parti
political party siyasi parti

¹pass pass • päs /fiil/ passes, passing, passed • 1. (üstünden/içinden/yanından) geçmek/geçirmek
pass through içinden geçmek: pass through a village bir köyden geçmek 2. (sınavda/testte) geçmek: Did you pass the exam on the first try? Sınavı ilk denemede geçtin mi? 3. -i geçmek, -e üstün gelmek: He passed me in the race. Yarışta beni geçti. 4. (zaman) geçmek/geçirmek
pass the time of day selamlaşıp hoşbeş etmek

²pass pass • päs /isim/ çoğul passes • 1. geçiş 2. paso; giriş kartı 3. geçit, boğaz

passage pas.sage • päs´îc /isim/ çoğul passages • 1. yol; geçit, boğaz: a passage through the mountains dağlar arasında bir geçit 2. metin parçası, okuma parçası: Erkin read a passage from the book. Erkin, kitaptan bir parça okudu.

passenger pas.sen.ger • päs´ıncır /isim/ çoğul passengers • yolcu: The passengers boarded the plane. Yolcular uçağa bindiler.

passerby pass.er.by • päs´ırbay /isim/ çoğul passersby • yoldan geçen kimse

passion pas.sion • päş´ın /isim/ çoğul passions • güçlü duygu, tutku, hırs: Cycling is my passion. Bisiklet kullanmak benim tutkum.

passionate pas.sion.ate • päş´ınît /sıfat/ 1. aşırı tutkulu: İşcan is passionate about his work. İşcan, işine tutkuyla bağlı. 2. heyecanlı

passive pas.sive • päs´îv /sıfat/ 1. pasif, eylemsiz
passive resistance pasif direniş 2. (dilbilgisi) edilgen
the passive voice (dilbilgisi) edilgen çatı

passport pass.port • päs´pôrt /isim/ çoğul passports • pasaport

password pass.word • päs´wırd /isim/ çoğul passwords • 1. parola 2. (bilgisayar) şifre

¹past past • päst /sıfat/ geçmiş, geçen, olmuş: past experience geçmişteki deneyim
the past perfect tense (dilbilgisi) -mişli geçmiş zaman
the past tense (dilbilgisi) geçmiş zaman

²past past • päst /isim/ geçmiş, mazi: a colorful past renkli bir geçmiş

in the past geçmişte
the recent past yakın geçmiş

³past past • päst
/edat/ -den ötede, -den öteye; ötesinde:
He ran past the park. Parkın ötesine
koştu.

pasta pas.ta • pas´tı
/isim/ makarna

paste paste • peyst
/fiil/ pastes, pasting, pasted • (tutkalla)
yapıştırmak: He pasted the picture
onto the door. Resmi kapıya yapıştırdı.

pastime pas.time • päs´taym
/isim/ çoğul pastimes • eğlence: Swim-
ming is my favorite pastime. Yüzme
en eğlenerek yaptığım şeydir.

pastry pas.try • peys´tri
/isim/ çoğul pastries • hamur; yufka;
hamur tatlıları
pastry shop pastane

pasture pas.ture • päs´çır
/isim/ çoğul pastures • otlak, mera:
This pasture can feed hundreds of
sheep. Bu mera yüzlerce koyunu
besleyebilir.

pat pat • pät
/fiil/ pats, patting, patted • (takdir/sevgi
belirtisi olarak) okşamak, sıvazlamak

patch patch • päç
/isim/ çoğul patches • yama: I have a
coat with patches on the elbows.
Dirsekleri yamalı bir ceketim var.

patent pat.ent • pät´ınt, İng. peyt´ınt
/isim/ çoğul patents • patent: patent
for an invention bir buluşun patenti
the Turkish Patent Institute Türk Patent
Enstitüsü

path path • päth
/isim/ çoğul paths • yol; patika: bicycle
path bisiklet yolu

patience pa.tience • pey´şıns
/isim/ sabır

¹patient pa.tient • pey´şınt
/sıfat/ sabırlı
be patient sabırlı olmak: I can't be
patient much longer. Daha fazla sabırlı
olamayacağım.

²patient pa.tient • pey´şınt
/isim/ çoğul patients • hasta: The
hospital was full of patients. Hastane
hastalarla doluydu.

patiently pa.tient.ly • pey´şıntli
/zarf/ sabırla: wait patiently sabırla
beklemek

patriot pa.tri.ot • pey´triyıt
/isim/ çoğul patriots • yurtsever,
vatansever

patriotism pa.tri.ot.ism • pey´triyıtîzım
/isim/ yurtseverlik, vatanseverlik

pattern pat.tern • pät´ırn
/isim/ çoğul patterns • örnek, model

pause pause • pôz
/fiil/ pauses, pausing, paused • durmak,

duraklamak; mola vermek: Birgül paused and thought for a moment. Birgül bir an durup düşündü.

pavement pave.ment • peyv´mınt
/isim/ çoğul pavements • bkz. **sidewalk**

paw paw • pô
/isim/ çoğul paws • (hayvanda) pençeli ayak, pati: a dog's paw bir köpeğin patisi

¹pay pay • pey
/fiil/ pays, paying, paid • ödemek: How much do I need to pay you? Sana ne kadar ödemem gerekiyor?
pay a visit to -i ziyaret etmek: We paid a visit to an old friend. Eski bir dostu ziyaret ettik.
pay (someone) back (birine) geri ödemek: I'll pay you back tomorrow. Size yarın geri öderim.
pay for bedelini ödemek: How much do we pay for it? Onun için ne ödeyeceğiz?
pay in advance peşin ödemek: Don't pay in advance for a product you haven't seen. Görmediğiniz bir ürün için peşin ödeme yapmayın.

²pay pay • pey
/isim/ ücret, maaş

payment pay.ment • pey´mınt
/isim/ 1. ödeme 2. çoğul payments • taksit 3. çoğul payments • ücret

PC /kısaltma/ personal computer

PE /kısaltma/ physical education

pea pea • pi
/isim/ çoğul peas • bezelye: pea soup bezelye çorbası
as like as two peas bir elmanın iki yarısı

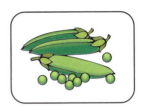

peace peace • pis
/isim/ barış; huzur: All we want is peace. Sadece barış istiyoruz.
at peace barış halinde
live in peace barış içinde yaşamak
make peace barış yapmak

peaceful peace.ful • pis´fıl
/sıfat/ 1. huzurlu, sakin: a peaceful sleep huzurlu bir uyku 2. barışçı

peacetime peace.time • pis´taym
/isim/ barış zamanı

peach peach • piç
/isim/ çoğul peaches • şeftali: peach tree şeftali ağacı

peacock pea.cock • pi´kak
/isim/ çoğul peacocks • tavus, tavuskuşu

peak peak • pik
/isim/ çoğul peaks • tepe, doruk, zirve: They climbed to the peak of the mountain. Dağın tepesine tırmandılar.

peanut pea.nut • pi´nʌt
/isim/ çoğul peanuts • yerfıstığı
İng. groundnut

pear pear • per
/isim/ çoğul pears • armut: green pear yeşil armut

¹pearl pearl • pırl
/isim/ çoğul pearls • inci

²pearl pearl • pırl
/sıfat/ 1. inci, inciden yapılmış; incilerle süslü: pearl bracelet inci bilezik pearl buttons inci düğmeler 2. inci gibi

peasant peas.ant • pez´ınt
/isim/ çoğul peasants • köylü

pebble peb.ble • peb´ıl
/isim/ çoğul pebbles • çakıl taşı, çakıl

peck peck • pek
/fiil/ pecks, pecking, pecked • gagalamak

peculiar pe.cu.liar • pîkyul´yır
/sıfat/ 1. to -e özgü: This insect is peculiar to this forest. Bu böcek bu ormana özgüdür. 2. özel 3. acayip, garip, tuhaf

pedal ped.al • ped´ıl
/isim/ çoğul pedals • (bisiklet, motorlu kara taşıtı, org, piyano v.b. için) pedal: bike pedal bisiklet pedalı

pedestrian pe.des.tri.an • pıdes´triyın
/isim/ çoğul pedestrians • yaya
pedestrian crossing bkz. crosswalk

peek peek • pik
/fiil/ peeks, peeking, peeked • gizlice bakmak, gözetlemek

¹peel peel • pil
/fiil/ peels, peeling, peeled • (meyve/sebze) kabuğunu soymak: Can you peel the potatoes? Patatesleri soyabilir misin?

²peel peel • pil
/isim/ meyve/sebze kabuğu

peg peg • peg
/isim/ çoğul pegs • 1. ağaç çivi 2. askı, kanca 3. gerekçe, bahane

pelican pel.i.can • pel´îkın
/isim/ çoğul pelicans • pelikan, kaşıkçıkuşu

pen pen • pen
/isim/ çoğul pens • dolmakalem
pen name (edebiyat) takma ad
pen pal, İng. pen friend mektup arkadaşı

penalty pen.al.ty • pen´ılti
/isim/ çoğul penalties • 1. (hukuk) ceza 2. (spor) penaltı

pence pence • pens
/isim/ bkz. penny

pencil pen.cil • pen´sıl
/isim/ çoğul pencils • kurşunkalem
pencil box kalem kutusu
pencil case kalem çantası
pencil holder kalemlik
pencil sharpener kalemtıraş

penguin pen.guin • pen´gwîn
/isim/ çoğul penguins • penguen: Most penguins live in Antarctica. Penguenlerin çoğu Antarktika'da yaşar.
Adélie penguin Adélie pengueni
emperor penguin imparator penguen

peninsula pen.in.su.la • pınîn´sılı, pınîn´syılı /isim/ çoğul peninsulas • yarımada
the Anatolian Peninsula Anadolu Yarımadası

penny pen.ny • pen´i
/isim/ 1. çoğul pennies, pence • İng. peni (sterlinin yüzde biri) 2. çoğul pennies • ABD sent
A penny for your thoughts. Ne düşünüyorsunuz?

pension pen.sion • pen´şın
/isim/ emekli aylığı: The old man lived on his pension. Yaşlı adam emekli aylığıyla geçiniyordu.

pensioner pen.sion.er • pen´şınır
/isim/ çoğul pensioners • İng. emekli kimse

pentagon pen.ta.gon • pen´tıgan
/isim/ (geometri) beşgen

people peo.ple • pi´pıl
/isim/ 1. insanlar, kişiler: How many people are there in the room? Odada kaç kişi var? 2. çoğul peoples • halk

pepper pep.per • pep´ır
/isim/ çoğul peppers • biber
banana pepper çarliston, çarliston biber
bell pepper dolmalık biber
black pepper karabiber
cayenne pepper arnavutbiberi
green pepper 1. dolmalık biber
2. (olgunlaşmamış) yeşil biber
hot pepper acı biber
red pepper kırmızıbiber
sweet pepper tatlı biber

per per • pır
/edat/ ... başına, her bir ... için: How much do you earn per hour? Bir saatte ne kazanıyorsunuz?
per night gece başına

perceive per.ceive • pırsiv´
/fiil/ perceives, perceiving, perceived •
1. algılamak: How do we perceive the world? Dünyayı nasıl algılıyoruz?
2. fark etmek, anlamak; kavramak; sezmek

¹percent per.cent • pırsent´
/sıfat/ yüzde: a five percent increase in prices fiyatlarda yüzde beş artış

²**percent** per.cent • pırsent´
/isim/ yüzde: Seventy percent of the population voted. Nüfusun yüzde yetmişi oy kullandı.

percentage per.cent.age • pırsen´tîc
/isim/ yüzde, yüzde oranı

perception per.cep.tion • pırsep´şın
/isim/ 1. algılama 2. fark etme, anlama; kavrama; sezme

¹**perch** perch • pırç
/fiil/ perches, perching, perched • on 1. -e tünemek 2. (yüksek bir yere) oturmak, tünemek

²**perch** perch • pırç
/isim/ çoğul perches • 1. tünek 2. oturulacak yüksek yer

perfect per.fect • pır´fîkt
/sıfat/ tam, mükemmel, kusursuz: Nobody's perfect. Kimse kusursuz değildir.
the perfect tense (dilbilgisi) görülen geçmiş zaman

perfectly per.fect.ly • pır´fîktli
/zarf/ 1. tamamen: perfectly happy çok mutlu 2. eksiksiz, kusursuzca

perform per.form • pırfôrm´
/fiil/ performs, performing, performed • 1. yapmak: perform an operation bir işi yapmak 2. (oyuncu, sanatçı) oynamak; (müzisyen) çalmak; söylemek:
Can you perform the role of Juliet? Juliet rolünü oynayabilir misin?

performance per.form.ance • pırfôr´mıns /isim/ çoğul performances • 1. gösteri; temsil: They watched three different performances in one show. Bir gösteride üç ayrı temsil izlediler. 2. iş, performans

perfume per.fume • pır´fyum
/isim/ çoğul perfumes • parfüm, esans: Do you wear perfume? Parfüm kullanır mısınız?

perhaps per.haps • pırhäps´
/zarf/ belki: Perhaps we could go another day. Belki başka bir gün gidebiliriz.

period pe.ri.od • pîr´iyıd
/isim/ çoğul periods • 1. devir; dönem: the Ottoman period Osmanlı devri
2. süre, müddet: for a brief period kısa bir süre için
period of time zaman dilimi
3. (dilbilgisi) nokta
İng. full stop

periodical pe.ri.od.i.cal • pîriyad´îkıl
/isim/ çoğul periodicals • süreli yayın: weekly periodical haftalık süreli yayın

permanent per.ma.nent • pır´mınınt
/sıfat/ kalıcı; sürekli: a permanent job sürekli bir iş

permanently per.ma.nent.ly • pır´mınıntli /zarf/ kalıcı bir şekilde; sürekli olarak, devamlı olarak

permission per.mis.sion • pırmîş´ın
/isim/ çoğul permissions • izin
With your permission İzninizle

→→→pharmacy

permit per.mit • pırmît´
/fiil/ permits, permitting, permitted •
izin vermek: Do you permit parking next to this building? Bu binanın yanında park etmeye izin veriyor musunuz?

persist per.sist • pırsîst´, pırzîst´
/fiil/ persists, persisting, persisted •
1. in -de ısrar etmek, -de ayak diremek, -de inat etmek: Orhan persisted in not telling them the truth. Orhan, onlara gerçeği söylememekte ısrar etti. 2. devam etmek, sürüp gitmek

person per.son • pır´sın
/isim/ çoğul people • şahıs, kimse, kişi: What kind of a person is he? Nasıl biridir?

personal per.son.al • pır´sınıl
/sıfat/ kişisel, özel
personal computer kişisel bilgisayar

personality per.son.al.i.ty • pırsınäl´ıti
/isim/ çoğul personalities • kişilik: have a strong personality güçlü bir kişiliği olmak

personnel per.son.nel • pırsınel´
/isim/ (çoğul) personel, kadro: army personnel ordu personeli

perspective per.spec.tive • pırspek´tîv
/isim/ 1. (resimde) perspektif
2. çoğul perspectives • bakış açısı, açı

persuade per.suade • pırsweyd´
/fiil/ persuades, persuading, persuaded •
ikna etmek, inandırmak, razı etmek:
I can't persuade him to come. Gelmesi için onu ikna edemiyorum.

Peru Pe.ru • pıru´
/isim/ Peru

¹**Peruvian** Pe.ru.vi.an • pıru´viyın
/sıfat/ 1. Peru'ya özgü 2. Perulu

²**Peruvian** Pe.ru.vi.an • pıru´viyın
/isim/ çoğul Peruvians • Perulu

pessimist pes.si.mist • pes´ımîst
/isim/ çoğul pessimists • karamsar, kötümser: Are you a pessimist, an optimist or a realist? Karamsar mı, iyimser mi yoksa gerçekçi misiniz?

pessimistic pes.si.mis.tic • pesımîs´tîk
/sıfat/ karamsar, kötümser

pet pet • pet
/isim/ çoğul pets • evde beslenen hayvan
pet shop evcil hayvan dükkânı

petition pe.ti.tion • pıtîş´ın
/isim/ çoğul petitions • 1. rica 2. dilek, dua 3. dilekçe: The villagers' petition was rejected. Köylülerin dilekçesi reddedildi.

petrol pet.rol • pet´rıl
/isim/ bkz. gasoline

pharmacist phar.ma.cist • far´mısîst
/isim/ çoğul pharmacists • eczacı
İng. chemist

pharmacy phar.ma.cy • far´mısi
/isim/ 1. eczacılık: faculty of pharmacy eczacılık fakültesi 2. çoğul pharmacies • eczane

phase→→→ 284

phase phase • feyz
/isim/ çoğul phases • evre, safha

Philippine Phil.ip.pine • fîl´ıpin
/sıfat/ 1. Filipinler'e özgü 2. Filipinli
the Philippine Islands Filipin Adaları

Philippines Phil.ip.pines • fîlıpinz´
/isim/ (the) Filipinler
the Republic of the Philippines Filipinler
Cumhuriyeti

philosopher phi.los.o.pher • fîlas´ıfır
/isim/ çoğul philosophers • filozof,
felsefeci

philosophy phi.los.o.phy • fîlas´ıfi
/isim/ felsefe

¹phone phone • fon
/isim/ çoğul phones • (konuşma dili)
telefon
pay phone jetonlu telefon
phone book telefon rehberi
phone booth, Ing. phone box telefon
kulübesi
phone call telefon konuşması: make a
phone call telefon konuşması yapmak
phone card telefon kartı
phone number telefon numarası

²phone phone • fon
/fiil/ phones, phoning, phoned •
(konuşma dili) telefon etmek

photo pho.to • fo´to
/isim/ çoğul photos • (konuşma dili)
fotoğraf

photocopier pho.to.cop.i.er • fo´tokapiyır
/isim/ çoğul photocopiers • fotokopi
makinesi

photocopy pho.to.cop.y • fo´tokapi
/isim/ çoğul photocopies • fotokopi,

tıpkıçekim: I need a photocopy of this
page. Bana bu sayfanın fotokopisi
gerekiyor.

photograph pho.to.graph • fo´tıgräf
/isim/ çoğul photographs • fotoğraf:
take a photograph fotoğraf çekmek

photographer pho.tog.ra.pher • fıtag´rıfır
/isim/ çoğul photographers • fotoğrafçı

photography pho.tog.ra.phy • fıtag´rıfi
/isim/ fotoğrafçılık

phrasal phras.al • frey´zıl
/sıfat/ deyimsel
phrasal verb (dilbilgisi) deyimsel fiil

■■ ■■ ■■ ■■ ■■ ■■ ■■ ■■
Deyimsel fiiller (phrasal verbs), bir
fiilin bir zarfla, bir edatla ya da ikisi
ile birlikte kullanıldığı ve fiilin asıl
anlamından oldukça farklı anlamlara
geldiği fiil kalıplarıdır.
get away with → yanına kâr kalmak:
We won't let him get away with this.
Bunu yanına bırakmayacağız.
give up → vazgeçmek: We will never
give up our right. Hakkımızdan asla
vazgeçmeyiz.
go in for → meraklısı olmak: Do you
go in for sports? Spora meraklı mısınız?
go on → devam etmek: We went on
our trip to see him. Onu görmek için
gezimize devam ettik.
hold on → beklemek: Hold on a minute.
Bir dakika bekleyin.
turn out → söndürmek: Please turn
out the lights. Lütfen ışıkları söndürün.
■■ ■■ ■■ ■■ ■■ ■■ ■■ ■■

phrase phrase • freyz
/isim/ çoğul phrases • deyim, tabir
phrase book yabancı dil kılavuzu

physical phys.i.cal • fîz´îkıl
/sıfat/ 1. fiziksel: physical therapy fizik tedavisi 2. bedensel
physical education beden eğitimi
physical examination çekap, sağlık muayenesi

physics phys.ics • fîz´îks
/isim/ fizik

pianist pi.an.ist • piyän´îst, pi´yınîst
/isim/ çoğul pianists • piyanist

piano pi.an.o • piyän´o
/isim/ çoğul pianos • piyano: play the piano piyano çalmak

pick pick • pîk
/fiil/ picks, picking, picked • 1. seçmek: Can you pick out a book for me? Benim için bir kitap seçebilir misin? 2. toplamak, koparmak: pick apples elma toplamak
pick up yerden eğilip almak: He picked the book up from the floor and put it on the table. Yerdeki kitabı kaldırıp masanın üzerine koydu.

pickle pick.le • pîk´ıl
/isim/ çoğul pickles • turşu

pickpocket pick.pock.et • pîk´pakît
/isim/ çoğul pickpockets • yankesici: The pickpocket stole the woman's purse. Yankesici kadının cüzdanını çaldı.

pickup pick.up • pîk´ʌp
/isim/ çoğul pickups • kamyonet, pikap

picnic pic.nic • pîk´nîk
/isim/ çoğul picnics • piknik: go on a picnic pikniğe gitmek

picture pic.ture • pîk´çır
/isim/ 1. çoğul pictures • resim: Draw a picture of your family. Ailenizin resmini çizin. 2. çoğul pictures • fotoğraf, resim 3. durum, genel görünüş, tablo, manzara
get the picture durumu anlamak: At last I got the picture. Sonunda durumu anladım.

pie pie • pay
/isim/ çoğul pies • turta: apple pie elmalı turta

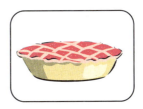

piece piece • pis
/isim/ çoğul pieces • parça, kısım, bölüm: Can I have another piece of cake? Bir parça daha kek alabilir miyim?
a piece of cake (konuşma dili) çok kolay bir iş

piecework piece.work • pis´wırk
/isim/ parça başı iş

pier pier • pîr
/isim/ çoğul piers • iskele, rıhtım

pierce pierce • pîrs
/fiil/ pierces, piercing, pierced • 1. delmek 2. delip geçmek

pig pig • pîg
/isim/ çoğul pigs • domuz

pigeon pi.geon • pîc´ın
/isim/ çoğul pigeons • güvercin

pile pile • payl
/isim/ çoğul piles • yığın, küme: pile of books kitap yığını

pilgrim pil.grim • pîl´grîm
/isim/ çoğul pilgrims • hacı

pill pill • pîl
/isim/ çoğul pills • hap: My grandfather has to take two pills a day. Büyükbabam günde iki hap yutmak zorunda.
a bitter pill acı bir reçete

pillow pil.low • pîl´o
/isim/ çoğul pillows • yastık: pillow fight yastık kavgası

pillowcase pil.low.case • pîl´okeys
/isim/ çoğul pillowcases • yastık yüzü

pilot pi.lot • pay´lıt
/isim/ çoğul pilots • pilot

pin pin • pîn
/isim/ çoğul pins • 1. topluiğne pins and needles karıncalanma, uyuşma 2. broş, iğne

[1]**pinch** pinch • pînç
/fiil/ pinches, pinching, pinched • çim-diklemek: She pinched my arm. Kolumu çimdikledi.

[2]**pinch** pinch • pînç
/isim/ çoğul pinches • 1. çimdik: give (someone) a pinch (birine) çimdik atmak 2. tutam: a pinch of salt bir tutam tuz

pine pine • payn
/isim/ çoğul pines • çam
pine nut çamfıstığı
pine tree çam ağacı

pineapple pine.ap.ple • payn´äpıl
/isim/ çoğul pineapples • ananas:
pineapple juice ananas suyu

ping-pong ping-pong • pîng´pang
/isim/ masatenisi, masatopu, pingpong:
ping-pong table masatenisi masası

[1]**pink** pink • pîngk
/sıfat/ pinker, pinkest • pembe: a pink rose pembe bir gül

[2]**pink** pink • pîngk
/isim/ çoğul pinks • pembe: Pink is Sevgi's favorite color. Sevgi'nin sevdiği renk pembedir.

pioneer pi.o.neer • payınîr´
/isim/ çoğul pioneers • öncü: a pioneer in the field of aviation havacılık alanında bir öncü

→→→plain

pipe pipe • payp
/isim/ çoğul **pipes** • 1. boru: water pipe su borusu 2. kaval, düdük: play on a pipe düdük çalmak 3. pipo

pirate pi.rate • pay´rît
/isim/ çoğul **pirates** • korsan: pirate ship korsan gemisi
pirate edition korsan baskı

pistachio pis.ta.chi.o • pîsta´şiyo, pîstäş´iyo /isim/ çoğul **pistachios** • antepfıstığı, şamfıstığı
pistachio green fıstık yeşili

pistol pis.tol • pîs´tıl
/isim/ çoğul **pistols** • tabanca: starting pistol (spor) başlangıç tabancası

¹pit pit • pît
/isim/ çoğul **pits** • 1. çukur 2. İng. maden kuyusu

²pit pit • pît
/isim/ çoğul **pits** • (şeftali gibi etli meyvelerde) çekirdek: peach pit şeftali çekirdeği
İng. **stone** (2.)

pitch pitch • pîç
/fiil/ **pitches, pitching, pitched** •
1. atmak, fırlatmak: The child pitched the ball. Çocuk topu fırlattı. 2. (çadır) kurmak

pitcher pitch.er • pîç´ır
/isim/ çoğul **pitchers** • (kulplu) sürahi

¹pity pit.y • pît´i
/isim/ çoğul **pities** • acıma, merhamet: My heart is full of pity for him. Kalbim ona karşı merhamet hissiyle dolu.
feel pity for -e acımak: Don't feel pity for me. Bana acımayın.

for pity's sake Allah aşkına: Close the door, for pity's sake! Kapıyı kapatın Allah aşkına!
What a pity! Ne yazık!

²pity pit.y • pît´i
/fiil/ **pities, pitying, pitied** • acımak, merhamet etmek: I pity that homeless man. O evsiz barksız adama acıyorum.

pizza piz.za • pit´sı
/isim/ çoğul **pizzas** • pizza: a delicious pizza nefis bir pizza two slices of pizza iki dilim pizza
pizza house pizzacı

¹place place • pleys
/isim/ çoğul **places** • yer, konum:
a rocky place kayalık bir yer
in place yerinde
out of place yersiz

²place place • pleys
/fiil/ **places, placing, placed** • koymak, yerleştirmek: Place that book on the top shelf. O kitabı üst rafa yerleştir.
place an order sipariş vermek

¹plain plain • pleyn
/sıfat/ düz; sade, basit: Wear that plain dress. O sade elbiseyi giy.
in plain words 1. açıkça 2. açıkçası

²plain plain • pleyn
/isim/ çoğul **plains** • düzlük, ova: vast plains geniş ovalar

plait→→→ 288

plait plait • pleyt
/isim/ çoğul **plaits** • örgü

¹plan plan • plän
/isim/ çoğul **plans** • 1. plan; kroki, taslak: This is the plan of the stadium. Bu, stadyumun krokisi. 2. plan, düşünce, niyet, maksat: My plan is to go to the museum tomorrow. Planım yarın müzeye gitmek.

²plan plan • plän
/fiil/ **plans, planning, planned** • plan yapmak, planlamak, tasarlamak: We are planning to visit Nepal this year. Bu yıl Nepal'i ziyaret etmeyi planlıyoruz.

¹plane plane • pleyn
/isim/ çoğul **planes** • 1. uçak: travel by plane uçak yolculuğu yapmak 2. düzlem: inclined plane eğik düzlem

²plane plane • pleyn
/isim/ çoğul **planes** • çınar
plane tree çınar ağacı

planet plan.et • plän´ît
/isim/ çoğul **planets** • gezegen: How many planets are there in the solar system? Güneş sisteminde kaç gezegen vardır?

■■ ■■ ■■ ■■ ■■ ■■ ■■ ■

Solar System / Güneş Sistemi
Mercury → Merkür
Venus → Venüs
Earth → Dünya
Mars → Mars
Jupiter → Jüpiter
Saturn → Satürn
Uranus → Uranüs
Neptune → Neptün
Pluto → Plüton
■■ ■■ ■■ ■■ ■■ ■■ ■■ ■

¹plant plant • plänt
/isim/ çoğul **plants** • 1. bitki, ot: plant cell bitki hücresi pot plant saksı bitkisi 2. fabrika: nuclear plant nükleer santral

²plant plant • plänt
/fiil/ **plants, planting, planted** • ekmek, dikmek: We planted 3,000 pine trees on a hillside. Bir dağ yamacına 3.000 çam ağacı diktik.

plaster plas.ter • pläs´tır
/isim/ 1. alçı; sıva: plaster sculpture alçı heykel
plaster cast (tıp) alçı
2. çoğul **plasters** • Ing. yara bandı, bant

¹plastic plas.tic • pläs´tîk
/sıfat/ plastik, naylon: a plastic plate plastik bir tabak

²plastic plas.tic • pläs´tîk
/isim/ çoğul **plastics** • plastik, naylon: use of plastics in industry endüstride plastik kullanımı

plate plate • pleyt
/isim/ çoğul **plates** • tabak

plateau pla.teau • pläto´
/isim/ çoğul **plateaus/plateaux** • plato

platform plat.form • plät´fôrm
/isim/ çoğul **platforms** • 1. kürsü: He gave a speech from the platform. Kürsüden bir konuşma yaptı. 2. (tren için) peron: Your train will leave from platform four. Treniniz dört numaralı perondan kalkacak.

¹play play • pley
/fiil/ **plays, playing, played** • 1. (oyun) oynamak; (oyun) oynatmak: Do you want

to play chess with me? Benimle satranç oynamak ister misin? 2. (çalgı, müzik) çalmak: play the flute flüt çalmak 3. (tiyatro) oynamak, canlandırmak play a joke on someone birine şaka yapmak

²**play** play • pley
/isim/ çoğul plays • 1. oyun: children at play oyun oynayan çocuklar 2. piyes, sahne oyunu: the main characters of the play oyunun ana karakterleri

player play.er • pley´ır
/isim/ çoğul players • oyuncu

playful play.ful • pley´fıl
/sıfat/ şen, neşeli, oyuncu

playground play.ground • pley´graund
/isim/ çoğul playgrounds • (okulda) oyun alanı, bahçe

pleasant pleas.ant • plez´ınt
/sıfat/ hoş, güzel, tatlı: This is a very pleasant picnic place. Burası çok hoş bir piknik yeri.

¹**please** please • pliz
/fiil/ pleases, pleasing, pleased • sevindirmek, hoşnut etmek be pleased hoşnut olmak: I'm pleased to meet you. Tanıştığımıza memnun oldum.

²**please** please • pliz
/zarf/ lütfen: Please sit down. Lütfen oturunuz.

pleased pleased • plizd
/sıfat/ memnun

pleasing pleas.ing • pli´zîng
/sıfat/ hoş, zevk veren

pleasure pleas.ure • plej´ır
/isim/ çoğul pleasures • zevk, neşe, haz It's a pleasure (for me). (Benim için) bir zevk.
take pleasure in -den zevk almak with pleasure memnuniyetle

plentiful plen.ti.ful • plen´tîfıl
/sıfat/ çok, bol

plenty plen.ty • plen´ti
/isim/ bolluk
plenty of bol miktarda, bol: There is plenty of food here. Burada bol yiyecek var.

pliers pli.ers • play´ırz
/isim/ kerpeten, pense, kıskaç

plug plug • plʌg
/isim/ çoğul plugs • (elektrik) fiş: put the plug in the socket fişi prize takmak

plum plum • plʌm
/isim/ çoğul plums • erik

plumber plumb.er • plʌm´ır
/isim/ çoğul plumbers • (sıhhi) tesisatçı,

plural→→→

muslukçu: We called a plumber to fix our sink. Lavabomuzu tamir etmesi için tesisatçı çağırdık.

¹plural plu.ral • plûr´ıl
/sıfat/ (dilbilgisi) çoğul: plural noun çoğul isim

²plural plu.ral • plûr´ıl
/isim/ (dilbilgisi) çoğul: 'Cats' is the plural of 'cat'. 'Kediler', 'kedi'nin çoğul halidir.

¹plus plus • plʌs
/sıfat/ (matematik) artı
plus sign artı işareti (+)

²plus plus • plʌs
/edat/ 1. (matematik) ... artı: Six plus two equals eight. Altı artı iki sekiz eder. 2. ve ayrıca: They sell cars plus they do the servicing as well. Araba satıyorlar ve ayrıca bakımını da yapıyorlar.

P.M., p.m. p.m. • pi em´
/kısaltma/ post meridiem öğleden sonra (saat 12.00-24.00 arası): 3:30 P.M. saat 15.30

poach poach • poç
/fiil/ poaches, poaching, poached • yasak bölgede avlanmak: He was caught for poaching bears. Yasak bölgede ayı avladığı için yakalandı.

poacher poach.er • po´çır
/isim/ çoğul poachers • kaçak avlanan kimse: The poachers are hunting elephants for their ivory. Yasadışı avcılar, dişleri için filleri avlıyorlar.

pocket pock.et • pak´ît
/isim/ çoğul pockets • cep
pocket money cep harçlığı

pocketknife pock.et.knife • pak´îtnayf

/isim/ çoğul pocketknives • çakı

poem po.em • po´wım
/isim/ çoğul poems • şiir: What kind of poems do you like to read? Ne tür şiirler okumayı seversiniz?

poet po.et • po´wît
/isim/ çoğul poets • şair, ozan: Birgi wants to be a poet. Birgi, bir şair olmak istiyor.

poetry po.et.ry • po´wîtri
/isim/ şiir, şiir sanatı

¹point point • poynt
/isim/ çoğul points • 1. nokta: point of intersection kesişme noktası
2. (matematik) (tamsayı ile kesiri ayıran) nokta: four point six dört nokta altı
3. (dilbilgisi) bkz. **period** 4. anlatılmak istenen şey, öz: the point of the matter meselenin özü 5. nokta, an
at that point o sırada
6. sayı, puan 7. uç, sivri uç

²point point • poynt
/fiil/ points, pointing, pointed • işaret etmek, göstermek: He pointed towards the forest. Ormanı işaret etti.
point at (point out, point to) -i işaret etmek
point (something) at (someone/something) (bir şeyi) (birine/bir şeye) doğrultmak: He pointed his finger at me and said, "Do your homework." Parmağını bana doğrulttu ve "Ödevini yap," dedi.

pointed point.ed • poyn´tîd
/sıfat/ 1. sivri uçlu 2. anlamlı

pointless point.less • poynt´lîs
/sıfat/ anlamsız: a pointless remark anlamsız bir söz

¹poison poi.son • poy´zın

/isim/ çoğul poisons • zehir: They bought poison to kill the rats. Fareleri öldürmek için zehir aldılar.
rat poison fare zehiri

²**poison** poi.son • poy´zın
/fiil/ poisons, poisoning, poisoned • zehirlemek

poisonous poi.son.ous • poy´zınıs
/sıfat/ zehirli: poisonous mushrooms zehirli mantarlar poisonous plants zehirli bitkiler poisonous snakes zehirli yılanlar

Poland Po.land • po´lınd
/isim/ Polonya

polar po.lar • po´lır
/sıfat/ kutupsal, kutup: polar bear kutup ayısı

Pole Pole • pol
/isim/ çoğul Poles • Polonyalı; Leh

pole pole • pol
/isim/ çoğul poles • 1. kutup magnetic poles manyetik kutuplar 2. kutup (birbiriyle karşıt olan şeylerden her biri): Opposite poles attract each other. Zıt kutuplar birbirini çeker.

police po.lice • pılis´
/isim/ çoğul police • polis
police dog polis köpeği
police station karakol

policeman po.lice.man • pılis´mın
/isim/ çoğul policemen • (erkek) polis

policemen po.lice.men • pılis´mîn
/isim/ bkz. **policeman**

policewoman po.lice.wom.an • pılis´wûmın /isim/ çoğul policewomen • (kadın) polis

policewomen po.lice.wom.en • pılis´wîmîn /isim/ bkz. **policewoman**

¹**policy** pol.i.cy • pal´ısi
/isim/ çoğul policies • siyaset, politika: foreign policy dış politika

²**policy** pol.i.cy • pal´ısi
/isim/ çoğul policies • poliçe: insurance policy sigorta poliçesi

¹**Polish** Po.lish • po´lîş
/sıfat/ 1. Polonya'ya özgü, Leh 2. Lehçe, Polca 3. Polonyalı; Leh

²**Polish** Po.lish • po´lîş
/isim/ Lehçe, Polca

¹**polish** pol.ish • pal´îş
/fiil/ polishes, polishing, polished • (ayakkabı) boyamak; cilalamak, parlatmak: I need to polish my shoes. Ayakkabılarımı parlatmam gerekiyor.

²**polish** pol.ish • pal´îş
/isim/ çoğul polishes • cila: shoe polish ayakkabı boyası

polite po.lite • pılayt´
/sıfat/ kibar, nazik: Be polite to our guests. Misafirlerimize karşı kibar davranın.

politely po.lite.ly • pılayt´li
/zarf/ kibarca: The waiter smiled politely.

Garson kibarca gülümsedi.

political po.lit.i.cal • pılît´îkıl
/sıfat/ 1. devlete/hükümete ait
2. politik, siyasi: political issues
politik konular

politician pol.i.ti.cian • palıtîş´ın
/isim/ çoğul politicians • politikacı,
siyasetçi: He was an honest politician.
O, dürüst bir politikacıydı.

politics pol.i.tics • pal´ıtîks
/isim/ politika, siyaset: inside politics
iç politika party politics parti politikası

poll poll • pol
/isim/ çoğul polls • anket; oylama:
public opinion poll kamuoyu anketi

pollen pol.len • pal´ın
/isim/ çiçektozu, polen

pollster poll.ster • pol´stır
/isim/ çoğul pollsters • anketçi

pollutant pol.lut.ant • pılu´tınt
/isim/ çoğul pollutants • kirletici madde

pollute pol.lute • pılut´
/fiil/ pollutes, polluting, polluted • kir-
letmek: We shouldn't pollute our rivers.
Nehirlerimizi kirletmemeliyiz.

polluted pol.lut.ed • pılu´tıd
/sıfat/ kirli, kirletilmiş
be polluted kirli olmak: The air is very
polluted. Hava çok kirli.

pollution pol.lu.tion • pılu´şın
/isim/ kirlilik: air pollution hava kirliliği

polygon pol.y.gon • pal´igan
/isim/ çoğul polygons • (geometri) çok-

gen, poligon

pomegranate pome.gran.ate •
pam´gränît /isim/ çoğul pomegranates •
nar

pompous pom.pous • pam´pıs
/sıfat/ 1. azametli, gururlu 2. gösterişli,
görkemli: They threw a pompous
party. Gösterişli bir parti verdiler.

pond pond • pand
/isim/ çoğul ponds • gölcük, gölet:
ornamental pond süs havuzu

pony po.ny • po´ni
/isim/ çoğul ponies • midilli

ponytail po.ny.tail • po´niteyl
/isim/ çoğul ponytails • atkuyruğu

pool pool • pul
/isim/ çoğul pools • 1. gölcük 2. su
birikintisi 3. havuz; yüzme havuzu

[1]**poor** poor • pûr
/sıfat/ poorer, poorest • 1. yoksul, fakir:
a poor family fakir bir aile 2. güçsüz,

zavallı 3. kötü: poor food kötü yiyecek

²poor poor • pûr
/isim/ (çoğul) (the) yoksullar

poorly poor.ly • pûr´li
/zarf/ kötü bir şekilde; başarısızlıkla

¹pop pop • pap
/sıfat/ pop, sevilen: pop concert pop konseri pop music pop müzik pop star pop yıldızı

²pop pop • pap
/isim/ pop müzik

³pop pop • pap
/fiil/ pops, popping, popped • (mısır, balon v.b.'ni) patlatmak: pop a balloon bir balonu patlatmak

popcorn pop.corn • pap´kôrn
/isim/ patlamış mısır
popcorn movie eğlendirici film

poplar pop.lar • pap´lır
/isim/ çoğul poplars • kavak
white poplar akkavak

poppy pop.py • pap´i
/isim/ çoğul poppies • gelincik: poppy field gelincik tarlası
opium poppy haşhaş

popular pop.u.lar • pap´yılır
/sıfat/ popüler, pop, herkesçe sevilen: a popular student sevilen bir öğrenci Okay is very popular at school. Okay, okulda çok popülerdir.

population pop.u.la.tion • papyıley´şın
/isim/ çoğul populations • nüfus: What is the population of this town? Bu şehrin nüfusu ne kadardır?
population density nüfus yoğunluğu
population distribution nüfus dağılımı
population explosion nüfus patlaması

populism pop.u.lism • pap´yılîzım
/isim/ popülizm, halkçılık

¹porcelain por.ce.lain • pôr´sılîn, pôrs´lîn /isim/ çoğul porcelains • porselen: antique porcelain antika porselen Chinese porcelain Çin porseleni

²porcelain por.ce.lain • pôr´sılîn, pôrs´lîn /sıfat/ porselen: porcelain vase porselen vazo

pork pork • pôrk
/isim/ domuz eti: pork chops domuz pirzolası

port port • pôrt
/isim/ çoğul ports • liman: fishing port balıkçı limanı

portable port.a.ble • pôr´tıbıl
/sıfat/ taşınabilir, portatif: portable device taşınabilir aygıt

porter→→→ 294

¹porter por.ter • pôr´tır
/isim/ çoğul **porters** • kapıcı: hotel porter otel kapı görevlisi

²porter por.ter • pôr´tır
/isim/ çoğul **porters** • hamal, taşıyıcı: railroad porter demiryolu hamalı

portion por.tion • pôr´şın
/isim/ çoğul **portions** • kısım, parça, bölüm: indoor portion of the theater tiyatronun kapalı bölümü I will paint this portion of the room. Ben odanın bu kısmını boyarım. lower portion of the wall duvarın alt kısmı

portrait por.trait • pôr´trît
/isim/ çoğul **portraits** • portre: portrait painter portre ressamı

Portugal Por.tu.gal • pôr´çıgıl
/isim/ Portekiz

¹Portuguese Por.tu.guese • pôr´çıgiz
/sıfat/ 1. Portekiz´e özgü 2. Portekizli 3. Portekizce

²Portuguese Por.tu.guese • pôr´çıgiz
/isim/ 1. çoğul **Portuguese** • Portekizli 2. Portekizce

position po.si.tion • pızîş´ın
/isim/ çoğul **positions** • 1. yer, mevki: What position do you play in soccer? Futbolda hangi mevkide oynuyorsun? 2. durum, konum: in an upright position dikey konumda What would you do in his position? Onun yerinde olsan ne yapardın?

positive pos.i.tive • paz´ıtîv
/sıfat/ olumlu, pozitif: He responded in a positive way. Olumlu bir şekilde yanıtladı.

possess pos.sess • pızes´
/fiil/ **possesses, possessing, possessed** • sahip olmak: What skills do you possess? Hangi becerilere sahipsiniz?

possessive pos.ses.sive • pızes´îv
/sıfat/ iyelik gösteren, iyelik ... possessive pronoun iyelik zamiri

possibility pos.si.bil.i.ty • pasıbîl´ıti
/isim/ çoğul **possibilities** • 1. olanak, imkân 2. olasılık, olabilirlik, ihtimal: We tried all possibilities one by one. Tüm olasılıkları tek tek denedik.

possible pos.si.ble • pas´ıbıl
/sıfat/ 1. mümkün, olanaklı: Is it possible to take a different bus? Başka bir otobüse binmek mümkün mü? 2. olası, olabilir, muhtemel

possibly pos.si.bly • pas´ıbli
/zarf/ belki, olabilir, muhtemelen: He possibly came from Italy. Muhtemelen İtalya´dan geldi.

¹post post • post
/isim/ bkz. **¹mail**
post office postane

²post post • post
/fiil/ **posts, posting, posted** • bkz. **²mail**

postbox post.box • post´baks
/isim/ çoğul **postboxes** • bkz. **mailbox**

postcard post.card • post´kard
/isim/ çoğul **postcards** • kartpostal

postcode post.code • post´kod
/isim/ çoğul **postcodes** • bkz. **zip code**

poster post.er • pos´tır
/isim/ çoğul **posters** • poster, afiş:

movie poster sinema afişi

posterity pos.ter.i.ty • paster´ıti
/isim/ 1. gelecek kuşaklar: for posterity gelecek kuşaklar için 2. bir kimsenin soyundan gelenler

postman post.man • post´mın
/isim/ çoğul postmen • bkz. **mailman**

postmen post.men • post´mîn
/isim/ bkz. **postman**

postpone post.pone • postpon´
/fiil/ postpones, postponing, postponed • ertelemek: The basketball game was postponed. Basketbol maçı ertelendi.

pot pot • pat
/isim/ çoğul pots • 1. çömlek, toprak kap 2. kap; tencere: a pot of soup bir tencere çorba
pot holder, İng. pan holder fırın eldiveni, tutacak

potato po.ta.to • pıtey´to
/isim/ çoğul potatoes • patates: potato peeler patates soyacağı
potato chips 1. cips 2. İng. kızarmış patates
potato crisps İng. cips

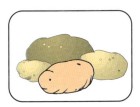

potential po.ten.tial • pıten´şıl
/sıfat/ olası, muhtemel

pottery pot.ter.y • pat´ırı

/isim/ 1. çanak çömlek 2. çömlekçilik

poultry poul.try • pol´tri
/isim/ 1. çoğul kümes hayvanları 2. kümes hayvanlarının eti

pound pound • paund
/isim/ çoğul pounds • sterlin, pound (İngiliz para birimi)

pour pour • pôr
/fiil/ pours, pouring, poured • dökmek; akmak, dökülmek: Pour the water into the bucket. Suyu kovanın içine dök.

━ ━ ━ ━ ━ ━ ━ ━
spill kazara dökülmek anlamında kullanılır:
The ink spilled onto the floor. → Mürekkep döşemeye döküldü.
pour ise genellikle bir sıvıyı aktarmak anlamındadır:
They poured milk into a cheese tub. → Sütü peynir fıçısına döktüler.
━ ━ ━ ━ ━ ━ ━ ━

poverty pov.er.ty • pav´ırti
/isim/ yoksulluk, fakirlik: global poverty küresel yoksulluk poverty of the soil toprağın fakirliği

powder pow.der • pau´dır
/isim/ 1. çoğul powders • toz: baking powder kabartma tozu various cleaning powders çeşitli temizleme tozları 2. pudra 3. barut

power pow.er • pau´wır
/isim/ çoğul powers • güç, kuvvet: electric power elektrik kuvveti physical power fiziksel güç
power plant, İng. power station enerji santralı

powerful pow.er.ful • pau´wırfıl
/sıfat/ güçlü, kuvvetli: a powerful speech güçlü bir konuşma

practical prac.ti.cal • präk´tîkıl
/sıfat/ pratik, kullanışlı, elverişli: My mother is a very practical person. Annem çok pratik birisidir. practical experience pratik deneyim

¹practice prac.tice • präk´tîs
/fiil/ practices, practicing, practiced • pratik yapmak, alıştırma yapmak: practice the piano piyano çalışmak
Ing. practise

²practice prac.tice • präk´tîs
/isim/ çoğul practices • pratik, uygulama, alıştırma: Practice will make him a good singer. Pratikle iyi bir şarkıcı olacak.

¹practise prac.tise • präk´tîs
/fiil/ practises, practising, practised • bkz. ¹practice

²practise prac.tise • präk´tîs
/isim/ çoğul practises • bkz. ²practice

praise praise • preyz
/fiil/ praises, praising, praised • 1. övmek 2. (Allaha) şükretmek

pram pram • präm
/isim/ çoğul prams • bkz. baby carriage

pray pray • prey
/fiil/ prays, praying, prayed • 1. dua etmek 2. namaz kılmak

prayer prayer • prer
/isim/ çoğul prayers • dua

precaution pre.cau.tion • prikô´şın
/isim/ çoğul precautions • önlem, tedbir: fire precautions yangın önlemleri take precaution(s) önlem almak

¹precious pre.cious • preş´ıs
/sıfat/ 1. çok değerli: Children are very precious. Çocuklar çok değerlidir. 2. çok pahalı, değerli precious metals değerli metaller precious stone değerli taş

²precious pre.cious • preş´ıs
/zarf/ çok, pek precious little (precious few) çok az, pek az

precise pre.cise • prîsays´
/sıfat/ 1. tam, kesin: precise details tüm ayrıntılar precise measurements tam ölçümler 2. titiz, çok dikkatli (kimse): a precise worker titiz bir işçi 3. titizlikle yapılmış: a precise work titizlikle yapılmış bir iş

predict pre.dict • prîdîkt´
/fiil/ predicts, predicting, predicted • önceden söylemek, kehanette bulunmak: Can we predict earthquakes? Depremleri önceden kestirebilir miyiz?

prediction pre.dic.tion • prîdîk´şın
/isim/ çoğul predictions • tahmin, kehanet: a value found by prediction tahminle bulunan bir değer prediction of storm fırtınanın tahmin edilmesi

preface pref.ace • pref´îs
/isim/ çoğul prefaces • önsöz: He skipped

the preface and read the book. Önsözü atlayıp kitabı okudu. write a preface to a book bir kitaba önsöz yazmak

prefer pre.fer • prîfır´
/fiil/ prefers, preferring, preferred • tercih etmek, yeğlemek: She prefers walking alone. Yalnız yürümeyi tercih ediyor.

preference pref.er.ence • pref´ırıns
/isim/ 1. yeğleme, tercih 2. çoğul preferences • tercih, tercih edilen şey

prefix pre.fix • pri´fîks
/isim/ çoğul prefixes • (dilbilgisi) önek

pregnant preg.nant • preg´nınt
/sıfat/ hamile, gebe

prejudice prej.u.dice • prec´ıdîs
/isim/ çoğul prejudices • önyargı: extreme prejudice aşırı önyargı

prejudiced prej.u.diced • prec´ıdîst
/sıfat/ önyargılı: Why are you prejudiced against me? Bana karşı neden önyargılısın?

prep prep • prep
/sıfat/ (konuşma dili) hazırlayıcı, hazırlık

preparatory pre.par.a.to.ry • prîper´ıtôri /sıfat/ hazırlayıcı
preparatory school Ing. hazırlık okulu (koleje hazırlayan özel okul)

prepare pre.pare • prîper´
/fiil/ prepares, preparing, prepared • hazırlamak; hazırlanmak: prepare a meal yemek hazırlamak She is preparing for the exam. Sınava hazırlanıyor.

preposition prep.o.si.tion • prepızîş´ın
/isim/ çoğul prepositions • edat, ilgeç

prescription pre.scrip.tion • priskrîp´şın
/isim/ çoğul prescriptions • reçete: You cannot buy this medicine without prescription. Bu ilacı reçetesiz alamazsınız.

presence pres.ence • prez´ıns
/isim/ hazır bulunma, varlık: His presence gave us strength. Varlığı bize güç veriyordu.

¹**present** pres.ent • prez´ınt
/sıfat/ 1. şimdiki
the present continuous tense (dilbilgisi) şimdiki zaman
the present simple tense (dilbilgisi) geniş zaman
2. mevcut: the present danger mevcut tehlike Were you present at the ceremony? Törende var mıydın?

²**present** pres.ent • prez´ınt
/isim/ şimdi; halihazır
at present şimdiki durumda, şu an; halihazırda
for the present şimdilik
the present şimdi, içinde bulunduğumuz zaman

³**present** pres.ent • prez´ınt
/isim/ çoğul presents • hediye: birthday present yaş günü hediyesi

⁴**present** pre.sent • prîzent´
/fiil/ presents, presenting, presented • 1. sunmak, takdim etmek: present a petition bir dilekçe sunmak present one's apologies özürlerini sunmak
2. takdim etmek, tanıtmak: He was

presentation→→→

presented to the queen. Kraliçeye takdim edildi. 3. -e neden olmak, -e yol açmak, çıkarmak: Mobile phones present new problems. Cep telefonları yeni sorunlar çıkarıyorlar. 4. sergilemek, göstermek: present a modern image çağdaş bir görünüm sergilemek

presentation pres.en.ta.tion • prezıntey´şın, prizıntey´şın /isim/ 1. sunuş, takdim; sunuluş 2. çoğul presentations • sunum: prepare a presentation of a project proje sunumu hazırlamak

¹preserve pre.serve • prîzırv´ /isim/ çoğul preserves • reçel

²preserve pre.serve • prîzırv´ /fiil/ preserves, preserving, preserved • 1. korumak, esirgemek: We must preserve the rain forests. Yağmur ormanlarını korumalıyız. 2. saklamak 3. sürdürmek

president pres.i.dent • prez´ıdınt /isim/ çoğul presidents • başkan; cumhurbaşkanı: the president of the United States Birleşik Devletler başkanı

¹press press • pres /isim/ 1. basın, medya: press conference basın toplantısı, basın konferansı the local press yerel basın 2. çoğul presses • basımevi, matbaa 3. çoğul presses • yayınevi 4. çoğul presses • baskı makinesi: go to press baskıya girmek 5. baskı, sıkıştırma 6. çoğul presses • sıkacak: fruit press meyve sıkacağı

²press press • pres /fiil/ presses, pressing, pressed • 1. basmak: Press that red button. O kırmızı düğmeye bas. 2. sıkmak; ezmek 3. sıkıştırmak

pressure pres.sure • preş´ır /isim/ 1. basınç: atmospheric pressure hava basıncı high pressure yüksek basınç low pressure alçak basınç 2. çoğul pressures • baskı: political pressures politik baskılar be under pressure baskı altında olmak

presume pre.sume • prizum´ /fiil/ presumes, presuming, presumed • tahmin etmek, sanmak: I presume you will stay here. Sanırım burada kalacaksın.

pretend pre.tend • prîtend´ /fiil/ pretends, pretending, pretended • rolüne girmek; yalandan yapmak, -miş gibi davranmak: He's pretending to be sick. Hasta numarası yapıyor. pretend illness yalandan hasta olmak pretend to be a scholar bilgiçlik taslamak

pretty pret.ty • prît´i /sıfat/ prettier, prettiest • sevimli, güzel, hoş: a pretty child sevimli bir çocuk

prevent pre.vent • prîvent´ /fiil/ prevents, preventing, prevented • önlemek, engellemek: We should try to prevent forest fires. Orman yangınlarını önlemeye çalışmalıyız.

previous pre.vi.ous • pri´viyıs /sıfat/ önceki, evvelki; eski: previous day evvelki gün previous issues önceki sayılar the previous owner of the bookstore kitabevinin önceki sahibi

prey prey • prey /isim/ av: The lion caught its prey. Aslan avını yakaladı.

price price • prays

/isim/ çoğul prices • fiyat; bedel: current price piyasa fiyatı price list fiyat listesi
at any price ne pahasına olursa olsun
price tag fiyat etiketi

priceless price.less • prays´lîs
/sıfat/ paha biçilmez, değer biçilemez: priceless paintings paha biçilmez tablolar

pride pride • prayd
/isim/ gurur
take pride in -den gurur duymak: Şirin takes pride in her work. Şirin, işinden gurur duyuyor.

priest priest • prist
/isim/ çoğul priests • papaz

primary pri.ma.ry • pray´meri, İng. pray´mıri /sıfat/ 1. ilk, birinci
primary school İng. ilkokul
2. başlıca, temel
primary colors ana renkler

prime prime • praym
/sıfat/ önemli; başlıca
prime meridian başlangıç meridyeni
prime minister başbakan
prime number asal sayı
prime time (TV) izleyicinin en yoğun olduğu zaman

primitive prim.i.tive • prîm´ıtîv
/sıfat/ ilkel, primitif: a primitive device ilkel bir cihaz primitive cultures ilkel kültürler

Primus Pri.mus • pray´mıs
/isim/ çoğul Primuses • gazocağı, kamineto
Primus stove bkz. Primus

prince prince • prîns
/isim/ çoğul princes • prens: the Prince of Wales Galler Prensi

princess prin.cess • prîn´sîs
/isim/ çoğul princesses • prenses

principal prin.ci.pal • prîn´sıpıl
/sıfat/ en önemli, başlıca, baş, ana

principle prin.ci.ple • prîn´sıpıl
/isim/ çoğul principles • ilke, prensip: We should live according to our principles. İlkelerimize göre yaşamalıyız.
on principle ilke olarak

¹print print • prînt
/fiil/ prints, printing, printed • 1. basmak: print a book bir kitap basmak
2. yayımlamak

²print print • prînt
/isim/ baskı, basım
out of print baskısı tükenmiş

printer print.er • prîn´tır
/isim/ çoğul printers • 1. basımcı, matbaacı 2. (bilgisayar) yazıcı

priority pri.or.i.ty • prayôr´ıti
/isim/ çoğul priorities • öncelik

prison pris.on • prîz´ın
/isim/ çoğul prisons • hapishane, cezaevi: escape from prison hapishaneden kaçmak go to prison hapse girmek

prisoner→→→ **300**

prisoner pris.on.er • prîz´ınır /isim/ çoğul prisoners • 1. tutuklu, hükümlü: political prisoner siyasi tutuklu 2. tutsak, esir: prisoner of war savaş esiri

private pri.vate • pray´vît /sıfat/ 1. özel, kişisel: private car özel araba private letter kişiye özel mektup 2. gizli: private telephone conversation gizli telefon konuşması

privilege priv.i.lege • prîv´ılîc /isim/ çoğul privileges • ayrıcalık, imtiyaz

prize prize • prayz /isim/ çoğul prizes • 1. ödül: Nobel Prize Nobel Ödülü win a prize ödül kazanmak 2. ikramiye

probability prob.a.bil.i.ty • prabıbîl´ıti /isim/ çoğul probabilities • olasılık: What's the probability of getting a head? Tura gelme olasılığı nedir? in all probability büyük bir olasılıkla

probable prob.a.ble • prab´ıbıl /sıfat/ olası, muhtemel: a probable problem olası bir sorun

probably prob.a.bly • prab´ıbli /zarf/ büyük bir olasılıkla, herhalde: I can probably come to the concert tomorrow. Büyük bir olasılıkla yarın konsere gelebilirim.

problem prob.lem • prab´lım /isim/ çoğul problems • sorun, problem: Are you having a problem? Bir sorunun mu var? create a problem sorun çıkarmak health problems sağlık sorunları mathematical problem matematik problemi social problems sosyal sorunlar solve a problem bir sorunu çözmek

procedure pro.ce.dure • prısi´cır /isim/ çoğul procedures • yol, yöntem, metot: correct procedure doğru yöntem You must follow the proper procedure. Uygun yöntemi kullanmalısın.

process proc.ess • pras´es, İng. pro´ses /isim/ çoğul processes • 1. yöntem, yol: He showed us the process for making molasses. Bize pekmez yapmanın yöntemini gösterdi. 2. süreç, proses: the peace process barış süreci

proclaim pro.claim • prokleym´ /fiil/ proclaims, proclaiming, proclaimed • ilan etmek

proclamation proc.la.ma.tion • praklımey´şın /isim/ çoğul proclamations • 1. ilan 2. bildiri

produce pro.duce • prıdus´ /fiil/ produces, producing, produced • 1. meydana getirmek; -e neden olmak: His acts produced no effects. Davranışları sonuç vermedi. 2. yapmak, üretmek: They produce tea in Rize. Rize'de çay üretiyorlar.

producer pro.duc.er • prıdu´sır /isim/ çoğul producers • üretici

product prod.uct • prad´ıkt /isim/ çoğul products • 1. ürün: Are you happy with the product? Üründen memnun musun? 2. sonuç

production pro.duc.tion • prıdʌk´şın /isim/ 1. üretim: wheat production buğday üretimi 2. ürün

→→→progress

productive pro.duc.tive • prıdʌkˈtîv
/sıfat/ verimli, bereketli; üretken:
a productive worker verimli bir işçi
I had a very productive time at the gym.
Spor salonunda çok yararlı zaman geçirdim.

profession pro.fes.sion • prıfeşˈın
/isim/ çoğul professions • meslek; işkolu:
What kind of profession is the best for you? Size göre en iyi meslek hangisidir?

professional pro.fes.sion.al • prıfeşˈınıl
/sıfat/ 1. mesleğe ait, mesleki
2. profesyonel: a professional basketball player profesyonel bir basketçi

professor pro.fes.sor • prıfesˈır
/isim/ çoğul professors • profesör

proficiency pro.fi.cien.cy • prıfîşˈınsi
/isim/ ehliyet, beceri, ustalık: He demonstrated a high level of proficiency in the area of mathematics. Matematikte yüksek yeterlik gösterdi. proficiency test yeterlik sınavı

proficient pro.fi.cient • prıfîşˈınt
/sıfat/ becerikli, usta
proficient in -de yeterli

¹profit prof.it • prafˈît
/isim/ 1. çoğul profits • kâr, kazanç: make a profit kâr etmek sell at a profit kârla satmak This year's profit was low. Bu senenin kârı düşüktü. 2. fayda, çıkar

²profit prof.it • prafˈît
/fiil/ profits, profiting, profited • by/from -den yararlanmak, -den faydalanmak

profitable prof.it.a.ble • prafˈîtıbıl
/sıfat/ kârlı, kazançlı: a profitable business kârlı bir iş

¹program pro.gram • proˈgräm
/isim/ çoğul programs • program, izlence
İng. ¹programme

²program pro.gram • proˈgräm
/isim/ çoğul programs • (bilgisayar) program

³program pro.gram • proˈgräm
/fiil/ programs, programing/programming, programed/programmed • programlamak, programa bağlamak: program a trip bir yolculuk düzenlemek
İng. ²programme

⁴program pro.gram • proˈgräm
/fiil/ programs, programing/programming, programed/programmed • (bilgisayar) programlamak: Can you program our computer? Bizim bilgisayarımızı programlayabilir misin?

¹programme pro.gramme • proˈgräm
/isim/ çoğul programmes • bkz. ¹program

²programme pro.gramme • proˈgräm
/fiil/ programmes, programming, programmed • bkz. ³program

¹progress prog.ress • pragˈres, İng. proˈgres /isim/ ilerleme, gelişme:
make slow progress yavaş ilerlemek
the work now in progress yapılmakta olan iş

progress→→→ 302

²progress prog.ress • prıgres´
/fiil/ progresses, progressing
progressed • ilerlemek, gelişmek:
During the last fifty years, humanity
has progressed in sciences and tech-
nology. Son elli yılda, insanlık bilim ve
teknolojide ilerledi.

prohibit pro.hib.it • prohîb´ît
/fiil/ prohibits, prohibiting, prohibited •
menetmek, yasaklamak, engel olmak:
They prohibited smoking in public
places. Halka açık alanlarda sigara
içmeyi yasakladılar.

project proj.ect • prac´ekt
/isim/ çoğul projects • plan, proje,
tasarı: carry out a project bir projeyi
uygulamak Ali is trying to finish his
project. Ali, projesini bitirmeye çalışı-
yor.

prolong pro.long • prılông´
/fiil/ prolongs, prolonging, prolonged •
uzatmak, sürdürmek

prominent prom.i.nent • pram´ınınt
/sıfat/ 1. ünlü, önemli 2. göze çarpan

¹promise prom.ise • pram´îs
/isim/ çoğul promises • söz, vaat
break a promise sözünden dönmek
keep one's promise sözünü tutmak
make a promise söz vermek: He made
a promise to be on time. Zamanında
geleceğine söz verdi.

²promise prom.ise • pram´îs
/fiil/ promises, promising, promised •
söz vermek, vaat etmek: I promised
my friend I'd go to her wedding. Arka-
daşıma, düğününe gideceğime söz
verdim.

promising prom.is.ing • pram´îsîng
/sıfat/ umut verici, geleceği parlak

promote pro.mote • prımot´
/fiil/ promotes, promoting, promoted •
1. terfi ettirmek: He was promoted to
chief in 2005. 2005'de şefliğe terfi etti.
2. üst sınıfa geçirmek 3. tanıtmak:
They are promoting our new product.
Yeni ürünümüzü tanıtıyorlar.

promotion pro.mo.tion • prımo´şın
/isim/ terfi: The librarian is expecting
a promotion. Kütüphaneci terfi
bekliyor.

pronoun pro.noun • pro´naun
/isim/ çoğul pronouns • (dilbilgisi)
zamir, adıl

pronounce pro.nounce • prınauns´
/fiil/ pronounces, pronouncing, pro-
nounced • telaffuz etmek, söylemek:
Most foreigners have trouble pro-
nouncing Turkish words. Yabancıların
çoğu, Türkçe sözcükleri söylemekte
zorlanıyorlar.

pronunciation pro.nun.ci.a.tion •
prınʌnsiyey´şın /isim/ çoğul pronunci-
ations • telaffuz, söyleyiş: Your Eng-
lish pronunciation is good enough. İn-
gilizce telaffuzun yeterince iyi.

proof proof • pruf
/isim/ çoğul proofs • 1. delil, kanıt: Can
you show proof of your identity? Kim-
liğinle ilgili kanıt gösterebilir misin?
2. (matematik) sağlama

propaganda prop.a.gan.da • prapıgän´dı
/isim/ propaganda

propeller pro.pel.ler • prıpel´ır

→→→proud

/isim/ çoğul propellers • pervane: How does a propeller work? Bir pervane nasıl çalışır?

proper prop.er • prap´ır
/sıfat/ uygun, yakışır: a proper job uygun bir iş a proper place uygun bir yer

properly prop.er.ly • prap´ırli
/zarf/ uygun bir şekilde; doğru bir şekilde: He cannot say it properly. Onu doğru bir şekilde söyleyemiyor.

property prop.er.ty • prap´ırti
/isim/ çoğul properties • 1. mal; mülk: That man owns property in France. O adamın Fransa'da mülkü var.
property tax emlak vergisi
public property kamu malı
2. özellik: a charming property hoş bir özellik chemical properties kimyasal özellikler

prophet proph.et • praf´ît
/isim/ çoğul prophets • peygamber

proportion pro.por.tion • prıpôr´şın
/isim/ oran, orantı: A large proportion of their income goes to charity. Gelirlerinin büyük bir kısmı hayır işine gidiyor.
out of proportion oransız, orantısız

proportions pro.por.tions • prıpôr´şınz
/isim/ çoğul • ölçüler, boyutlar: body proportions beden ölçüleri

proposal pro.pos.al • prıpo´zıl
/isim/ çoğul proposals • öneri, teklif: have a proposal bir önerisi olmak

propose pro.pose • prıpoz´
/fiil/ proposes, proposing, proposed • önermek, teklif etmek: propose a plan bir plan önermek

prose prose • proz
/isim/ düzyazı, nesir

protect pro.tect • prıtekt´
/fiil/ protects, protecting, protected • korumak, muhafaza etmek: protect the nature against man doğayı insanoğlundan korumak

protection pro.tec.tion • prıtek´şın
/isim/ koruma

protein pro.tein • pro´tin
/isim/ çoğul proteins • protein

protest pro.test • pro´test
/isim/ çoğul protests • protesto; itiraz: make protest against the war savaşa karşı protesto yapmak protest demonstration protesto gösterisi

proton pro.ton • pro´tan
/isim/ çoğul protons • proton

proud proud • praud
/sıfat/ prouder, proudest • 1. gururlu be proud of ile gurur duymak: I am

proud of my children. Çocuklarımla gurur duyuyorum. 2. kibirli

prove prove • pruv
/fiil/ proves, proving, proved, proved/proven • ispatlamak, kanıtlamak: Can you prove you are innocent? Masum olduğunu kanıtlayabilir misin?

¹proven prov.en • pruv´ın
/fiil/ bkz. **prove**

²proven prov.en • pruv´ın
/sıfat/ ispatlanmış, kanıtlanmış

proverb prov.erb • prav´ırb
/isim/ çoğul proverbs • atasözü: He started his speech with a proverb. Konuşmasına bir atasözüyle başladı.

provide pro.vide • prıvayd´
/fiil/ provides, providing, provided • sağlamak, temin etmek: He provided his nephew with a place to stay. Yeğenine kalacak bir yer buldu. provide evidence kanıt bulmak
provide against -e karşı hazırlıklı olmak
provided that koşuluyla, şartıyla

province prov.ince • prav´îns
/isim/ çoğul provinces • il, vilayet; eyalet: What province were you born in? Hangi ilde doğdun?

psychologist psy.chol.o.gist • saykal´ıcîst
/isim/ çoğul psychologists • psikolog, ruhbilimci

psychology psy.chol.o.gy • saykal´ıci
/isim/ psikoloji

puberty pu.ber.ty • pyu´bırti
/isim/ ergenlik çağı

¹public pub.lic • pʌb´lîk
/sıfat/ halka ait, umumi: public health halk sağlığı public library halk kütüphanesi
public opinion kamuoyu
public relations halkla ilişkiler

²public pub.lic • pʌb´lîk
/isim/ (the) halk: open to the public halka açık

publish pub.lish • pʌb´lîş
/fiil/ publishes, publishing, published • yayımlamak, basmak: When will your book be published? Kitabın ne zaman yayımlanacak?

publisher pub.lish.er • pʌb´lîşır
/isim/ çoğul publishers • yayınevi; yayımcı

pudding pud.ding • pûd´îng
/isim/ çoğul puddings • muhallebi, puding: chocolate pudding çikolatalı puding rice pudding (üzümlü bir tür) sütlaç

pull pull • pûl
/fiil/ pulls, pulling, pulled • çekmek: Don't pull my hair. Saçımı çekme. pull the curtains perdeleri çekmek
pull out -i çekip çıkarmak

pullover pull.o.ver • pûl´ovır
/isim/ çoğul pullovers • kazak, süveter: long-sleeve pullover uzun kollu kazak

pulse pulse • pʌls
/isim/ nabız, nabız atışı: have a low pulse nabzı düşük olmak

¹pump pump • pʌmp
/isim/ çoğul pumps • 1. pompa: bicycle pump bisiklet pompası gas pump benzin pompası hand pump el pompası 2. tulumba

²pump pump • pʌmp
/fiil/ pumps, pumping, pumped • pompalamak: pump air into the ball topa hava pompalamak
pump out (bir yerdeki suyu) boşaltmak: They had to quickly pump the water out of the boat. Teknedeki suyu çabucak dışarıya pompalamak zorundaydılar.

pumpkin pump.kin • pʌmpˊkîn
/isim/ çoğul pumpkins • balkabağı

¹punch punch • pʌnç
/isim/ çoğul punches • zımba, delgeç

²punch punch • pʌnç
/fiil/ punches, punching, punched • zımbalamak; zımba ile (delik) açmak

³punch punch • pʌnç
/isim/ çoğul punches • yumruk, yumrukla vuruş

⁴punch punch • pʌnç
/fiil/ punches, punching, punched • yumruklamak, yumruk atmak

punctual punc.tu.al • pʌngkˊçuwıl
/sıfat/ dakik, vaktinde gelen/olan/yapılan: a punctual person dakik bir kişi punctual start vaktinde başlangıç

punctuation punc.tu.a.tion • pʌngkçuweyˊşın /isim/ çoğul punctuations • (dilbilgisi) 1. noktalama 2. noktalama işareti

---
punctuation marks / noktalama işaretleri
colon → iki nokta üst üste (:)
comma → virgül (,)
exclamation point → ünlem işareti (!)
period, İng. full stop → nokta (.)
question mark → soru işareti (?)
quotation mark → tırnak işareti (' , ")
semicolon → noktalı virgül (;)
slash → eğik çizgi (/)
---

puncture punc.ture • pʌngkˊçır
/isim/ 1. delme 2. çoğul punctures • göz, ufak delik 3. çoğul punctures • patlak (patlamış yer)

punish pun.ish • pʌnˊîş
/fiil/ punishes, punishing, punished • cezalandırmak

punishment pun.ish.ment • pʌnˊîşmınt
/isim/ 1. çoğul punishments • ceza: capital punishment ölüm cezası 2. cezalandırma

¹pupil pu.pil • pyuˊpıl
/isim/ çoğul pupils • öğrenci: The school has 500 pupils. Okulun 500 öğrencisi var.

²pupil pu.pil • pyuˊpıl
/isim/ çoğul pupils • (anatomi) gözbe-

beği: Suddenly her pupils dilated and her cheeks flushed. Birden gözbebekleri büyüdü ve yanakları kızardı.

puppet pup.pet • pʌpˊît
/isim/ çoğul **puppets** • kukla
hand puppet, Ing. **glove puppet** el kuklası

puppy pup.py • pʌpˊi
/isim/ çoğul **puppies** • köpek yavrusu

purchase pur.chase • pırˊçıs
/fiil/ **purchases, purchasing, purchased** • satın almak: We purchased a new car. Yeni bir araba satın aldık.

pure pure • pyûr
/sıfat/ **purer, purest** • saf, arı; has: pure gold saf altın pure orange juice saf portakal suyu pure water saf su

¹**purple** pur.ple • pırˊpıl
/sıfat/ mor, eflatun: a purple flower mor bir çiçek

²**purple** pur.ple • pırˊpıl
/isim/ çoğul **purples** • mor, eflatun: Her favorite color is purple. Onun en sevdiği renk mor.

purpose pur.pose • pırˊpıs
/isim/ 1. çoğul **purposes** • niyet, amaç: His purpose in coming was to help. Gelmekteki amacı yardım etmekti. **purpose of life** yaşamın amacı **on purpose** bile bile, kasten 2. karar: a person of purpose kararlı bir kişi

purposeful pur.pose.ful • pırˊpısfıl
/sıfat/ 1. maksatlı: His visits were purposeful. Ziyaretleri maksatlıydı. 2. anlamlı

purse purse • pırs
/isim/ çoğul **purses** • 1. (kadınların kullandığı) el çantası 2. Ing. bozuk para çantası; para cüzdanı: leather purse deri cüzdan
change purse bozuk para çantası

pursue pur.sue • pırsuˊ
/fiil/ **pursues, pursuing, pursued** • 1. kovalamak, izlemek, takip etmek, peşine düşmek: pursue a thief bir hırsızı takip etmek 2. gerçekleştirmeye çalışmak, peşinde olmak, izlemek: Hale wants to pursue a career in law. Hale, hukukla ilgili bir kariyer izlemek istiyor.

push push • pûş
/fiil/ **pushes, pushing, pushed** • 1. itmek, dürtmek: Push the chair toward the table. İskemleyi masaya doğru it. My friend pushed me into the swimming pool. Arkadaşım beni havuza itti. 2. (düğme v.b.'ne) basmak: Push the button. Düğmeye bas.

pushchair push.chair • pûşˊçer
/isim/ çoğul **pushchairs** • bkz. **stroller**

put put • pût
/fiil/ **puts, putting, put** • koymak, yerleştirmek: Please put your cup on the counter. Lütfen bardağını tezgâhın üstüne koy.
put an end to -e son vermek: put an

end to slavery köleliğe son vermek
put away ortadan kaldırmak, saklamak
put on giymek: Put your jacket on!
Ceketini giy!
put on weight kilo almak: How do I
put on weight? Nasıl kilo alabilirim?
put out söndürmek
put together bir araya getirmek,
birleştirmek
put up inşa etmek, yapmak
put up with -e katlanmak: He puts up
with living there because of his job. İşi
nedeniyle orada yaşamaya katlanıyor.

¹**puzzle** puz.zle • pʌzˊıl
/isim/ çoğul puzzles • bilmece; bulmaca:
crossword puzzle çapraz bulmaca
jigsaw puzzle yapboz solve a puzzle
bir bilmeceyi çözmek

²**puzzle** puz.zle • pʌzˊıl
/fiil/ puzzles, puzzling, puzzled •
şaşırtmak, hayrete düşürmek

pyjamas py.ja.mas • pıcaˊmız
/isim/ (çoğul) bkz. **pajamas**

pyramid pyr.a.mid • pîrˊımîd
/isim/ çoğul pyramids • piramit:
the base of a pyramid piramidin tabanı
triangular pyramid üçgen piramit

Qq

Qatar Qa.tar • kʌtarˊ, kaˊtar
/isim/ Katar

¹Qatari Qa.tar.i • kʌtarˊi, kaˊtari
/sıfat/ 1. Katarˈa özgü 2. Katarlı

²Qatari Qa.tar.i • kʌtarˊi, kaˊtari
/isim/ çoğul Qataris • Katarlı

¹quack quack • kwäk
/fiil/ quacks, quacking, quacked •
vaklamak, ördek sesi çıkarmak

²quack quack • kwäk
/isim/ çoğul quacks • ördek sesi, vak vak

quadrangle quad.ran.gle • kwadˊräng.gıl
/isim/ çoğul quadrangles • (geometri)
dörtgen

¹quadruple quad.ru.ple • kwadˊrûpıl,
kwadruˊpıl /fiil/ quadruples, quadru-
pling, quadrupled • dört katına çık-
mak; dört katına çıkarmak: This will
quadruple the sales of the company.
Bu, şirketin satışlarını dört katına çı-
karacak.

²quadruple quad.ru.ple • kwadˊrûpıl,
kwadruˊpıl /sıfat/ dört kat: I want
quadruple this amount. Bu miktarın
dört katını istiyorum.

quadruplet quad.ru.plet •
kwadruˊplît, kwadˊrûplît /isim/ çoğul
quadruplets • 1. dördüzlerden biri
2. dörtlü

quake quake • kweyk
/fiil/ quakes, quaking, quaked •
titremek, sarsılmak

qualification qual.i.fi.ca.tion • kwalıfı-
keyˊşın /isim/ çoğul qualifications •

1. nitelik, özellik: Begüm has all the qualifications. Begüm, bütün özelliklere sahip. 2. şart

qualify qual.i.fy • kwal´ıfay
/fiil/ qualifies, qualifying, qualified • hak kazanmak; hak kazandırmak: Deren qualified for the final in the 400 meters. Deren, 400 metre yarışında finale kaldı.

quality qual.i.ty • kwal´ıti
/isim/ çoğul qualities • nitelik, kalite: high quality yüksek kalite quality control kalite kontrolü quality of life yaşam kalitesi standards of quality kalite standardı

quantity quan.ti.ty • kwan´tıti
/isim/ çoğul quantities • nicelik; miktar an unknown quantity bilinmeyen bir miktar large quantity büyük miktar

quarantine quar.an.tine • kwôr´ıntin
/isim/ karantina

¹quarrel quar.rel • kwôr´ıl
/isim/ çoğul quarrels • kavga, çekişme: Their quarrel made us uncomfortable. Onların kavgası bizi rahatsız etti.
pick a quarrel kavga çıkarmak

²quarrel quar.rel • kwôr´ıl
/fiil/ quarrels, quarreling/quarrelling, quarreled/quarrelled • kavga etmek, çekişmek: They quarreled over a pair of shoes. Bir çift ayakkabı için kavga ettiler.

quarter quar.ter • kwôr´tır
/isim/ çoğul quarters • 1. dörtte bir, çeyrek: He cut the apple into quarters. Elmayı dörde böldü. 2. çeyrek (on beş dakikalık zaman): We'll be there at a quarter to six. Altıya çeyrek kala orada olacağız.

queen queen • kwin
/isim/ çoğul queens • 1. kraliçe: carnival queen karnaval kraliçesi queen bee anaarı, arıbeyi 2. (satranç) vezir

query que.ry • kwîr´i
/isim/ çoğul queries • soru: The man was tired of the detective's queries. Adam dedektifin sorularından bıkmıştı.

¹question ques.tion • kwes´çın
/isim/ çoğul questions • soru, sual: ask a question bir soru sormak beside the question konu dışı beyond question şüphe götürmez question mark soru işareti

²question ques.tion • kwes´çın
/fiil/ questions, questioning, questioned • 1. sorular sormak 2. (eleştirel olarak) sorgulamak 3. sorguya çekmek

questionnaire ques.tion.naire • kwesçıner´ /isim/ çoğul questionnaires • anket, sormaca
fill in a questionnaire anket formu doldurmak

¹queue queue • kyu
/isim/ çoğul queues • İng. kuyruk, sıra: We've been waiting in the bank queue

for one hour. Bir saattir banka kuyruğunda bekliyoruz.

²**queue** queue • kyu
/fiil/ queues, queuing, queued • Ing. kuyruğa girmek, kuyruk olmak: You have to queue behind the line. Sıraya girmelisin.

¹**quick** quick • kwîk
/sıfat/ quicker, quickest • çabuk, hızlı: a quick decision çabuk bir karar a quick reader seri bir okuyucu quick steps hızlı adımlar

²**quick** quick • kwîk
/zarf/ quicker, quickest • çabuk, hızlı: Come quick! Tekin is on TV! Çabuk gel! Tekin televizyonda!

quickly quick.ly • kwîk´li
/zarf/ çabucak, süratle, hızla: He walked quickly away. Hızla uzaklaştı.

¹**quiet** qui.et • kway´ît
/sıfat/ quieter, quietest • 1. sessiz, sakin: quiet footsteps sessiz adımlar Why is everyone so quiet? Neden herkes bu kadar sessiz? 2. hareketsiz, dingin: quiet sea durgun deniz

²**quiet** qui.et • kway´ît
/fiil/ quiets, quieting, quieted • (down) 1. susturmak; susmak: Quiet down please! Lütfen sessiz olun! 2. yatıştırmak, sakinleşmek; yatıştırmak,

sakinleştirmek
Ing. **quieten**

quieten qui.et.en • kway´îtın
/fiil/ quietens, quietening, quietened • bkz. ²**quiet**

quietly qui.et.ly • kway´îtli
/zarf/ yavaşça, sessizce: The engine was running quietly. Makine sessizce çalışıyordu.

quilt quilt • kwîlt
/isim/ çoğul quilts • yorgan

quince quince • kwîns
/isim/ çoğul quinces • ayva: quince jam ayva reçeli

quit quit • kwît
/fiil/ quits, quitting, quit/quitted • 1. vazgeçmek, bırakmak: quit smoking sigarayı bırakmak 2. -i terk etmek; ayrılmak, bırakmak: quit the army ordudan ayrılmak She quit her job yesterday. İşini dün bıraktı.

quite quite • kwayt
/zarf/ 1. oldukça, bayağı: quite awful çok korkunç quite big bayağı büyük quite a bit (quite a lot) epeyce Quite well. Oldukça iyi.
2. tam, tamamen: It's not quite ready. Tam hazır değil.
Quite (so). Ing. Tabii.

311 →→→quote

quiz quiz • kwîz
/isim/ çoğul quizzes • küçük sınav
quiz show (quiz program) (radyo, TV)
bilgi yarışması

quotation quo.ta.tion • kwotey´şın
/isim/ çoğul quotations • alıntı

quotation mark tırnak işareti

quote quote • kwot
/fiil/ quotes, quoting, quoted • alıntı
yapmak, alıntılamak: quote from a
story bir öyküden alıntı yapmak

rabbi rab.bi • räb´ay
/isim/ çoğul rabbis • haham

rabbit rab.bit • räb´ît
/isim/ çoğul rabbits • tavşan

rabies ra.bies • rey´biz
/isim/ kuduz: Your dog must have a rabies vaccination. Köpeğiniz kuduz aşısı olmalı.

¹race race • reys
/isim/ çoğul races • yarış, koşu: horse race at yarışı
race track yarış pisti

²race race • reys
/fiil/ races, racing, raced • yarışmak; yarıştırmak

³race race • reys
/isim/ çoğul races • ırk

racial ra.cial • rey´şıl
/sıfat/ ırksal
racial discrimination ırk ayrımı

racism rac.ism • rey´sîzım
/isim/ ırkçılık

rack rack • räk
/isim/ çoğul racks • raf: towel rack havluluk

racket rack.et • räk´ît
/isim/ çoğul rackets • raket: tennis racket tenis raketi

racquet rac.quet • räk´ît
/isim/ çoğul racquets • bkz. racket

radar ra.dar • rey´dar
/isim/ radar: locate an airplane by radar uçağı radarla tespit etmek
radar trap bkz. speed trap

radiator ra.di.a.tor • rey´diyeytır
/isim/ çoğul radiators • radyatör

radical rad.i.cal • räd´îkıl
/sıfat/ köklü, esaslı, radikal: radical changes köklü değişiklikler

radii ra.di.i • rey´diyay
/isim/ bkz. radius

radio ra.di.o • rey´diyo
/isim/ çoğul radios • radyo: radio station radyo istasyonu

radius ra.di.us • rey´diyıs
/isim/ çoğul radii/radiuses • yarıçap: radius of a circle bir dairenin yarıçapı a circle with a radius of 10 cm. 10 cm. yarıçapında bir çember

raft raft • räft, Ing. raft
/isim/ çoğul rafts • sal; bot

rafting raft.ing • räf´tîng, Ing. raf´tîng
/isim/ rafting (bot sporu)

¹rage rage • reyc
/isim/ çoğul rages • öfke, hiddet

²rage rage • reyc
/fiil/ rages, raging, raged • öfkelenmek, hiddetlenmek: All customers rage about the prices. Bütün müşteriler fiyatlara öfkeleniyorlar.

raid raid • reyd
/isim/ çoğul raids • baskın; polis baskını: air raid hava bombardımanı armed raid silahlı baskın police raid polis baskını

rail rail • reyl
/isim/ çoğul rails • 1. (demiryolu) ray 2. ray: curtain rail perde rayı

railroad rail.road • reyl´rod
/isim/ çoğul railroads • demiryolu: railroad station tren istasyonu
Ing. railway

railway rail.way • reyl´wey
/isim/ çoğul railways • bkz. railroad

¹rain rain • reyn
/isim/ yağmur: It looks like rain. Yağmur yağacak gibi. summer rain yaz yağmuru
rain forest yağmur ormanı
rain or shine ne olursa olsun: I'll be there rain or shine. Ne olursa olsun orada olacağım.

²rain rain • reyn
/fiil/ rains, raining, rained • yağmur yağmak: rain hard (yağmur) şiddetli yağmak
rain cats and dogs (konuşma dili) bardaktan boşanırcasına yağmak, gök delinmek, yağmur boşanmak

rainbow rain.bow • reyn´bo
/isim/ çoğul rainbows • gökkuşağı

raincoat rain.coat • reyn´kot

/isim/ çoğul raincoats • yağmurluk

raindrop rain.drop • reyn´drap
/isim/ çoğul raindrops • yağmur damlası

rainstorm rain.storm • reyn´stôrm
/isim/ çoğul rainstorms • sağanak

rainy rain.y • rey´ni
/sıfat/ rainier, rainiest • yağmurlu: a rainy evening yağmurlu bir akşam the rainy season yağmurlu mevsim for a rainy day (konuşma dili) dar günler için

raise raise • reyz
/fiil/ raises, raising, raised • 1. (yukarı) kaldırmak: raise a hand el kaldırmak 2. yükseltmek, artırmak: raise one's voice sesini yükseltmek raise prices fiyatları artırmak

raisin rai.sin • rey´zın
/isim/ çoğul raisins • kuru üzüm

ram ram • räm
/isim/ çoğul rams • koç: Rams and sheep are sleeping on the grass. Koçlar ve koyunlar çimlerin üzerinde uyuyor.

Ramadan Ram.a.dan • rämıdan´
/isim/ Ramazan

ran ran • rän
/fiil/ bkz. **run**

random ran.dom • rän´dım
/sıfat/ rasgele, gelişigüzel: random selection rasgele seçim

rang rang • räng
/fiil/ bkz. ²**ring**

range range • reync
/isim/ çoğul ranges • 1. alan, saha: have a wide range of interests geniş bir ilgi alanı olmak 2. sıra, dizi: mountain range dağ silsilesi

rank rank • rängk
/isim/ çoğul ranks • 1. sıra, dizi, saf: Bilge was in the first rank in the parade. Bilge, geçit töreninde ilk sıradaydı. 2. (askerlik) rütbe: the highest rank en yüksek rütbe 3. derece, mertebe

rape rape • reyp
/fiil/ rapes, raping, raped • –in ırzına geçmek, -e tecavüz etmek

rapid rap.id • räp´îd
/sıfat/ çabuk, hızlı, tez: rapid increase in population nüfustaki hızlı artış rapid pulse hızlı nabız

rapidly rap.id.ly • räp´îdli
/zarf/ hızla, süratle: The pollution was growing rapidly. Kirlilik hızla artıyordu.

rare rare • rer
/sıfat/ rarer, rarest • nadir, seyrek, az bulunur: We found a rare butterfly in our yard. Bahçemizde, az rastlanan bir kelebek bulduk.

rarely rare.ly • rer´li
/zarf/ nadiren, seyrek: He rarely goes

to work on time. İşe nadiren zamanında gider.

raspberry rasp.ber.ry • räz´beri
/isim/ çoğul raspberries • ahududu, ağaççileği

rat rat • rät
/isim/ çoğul rats • sıçan (fareden iri kemirgen): get rid of rats and mice sıçan ve farelerden kurtulmak
rat poison fare zehiri
like a drowned rat sırılsıklam

rate rate • reyt
/isim/ çoğul rates • 1. oran: Its success rate is about 95 percent. Başarı oranı yaklaşık % 95. rate of interest faiz oranı 2. hız, sürat: at a slow rate düşük bir hızla
at any rate (konuşma dili) neyse, her neyse

rather rath.er • rädh´ır, İng. ra´dhır
/zarf/ 1. -mektense: I would rather go to the beach than to a pool. Havuza gitmektense denize gitmeyi yeğlerim. rather than -den çok, -den ziyade: This place is like a museum rather than a house. Burası, evden çok müzeye benziyor.
2. oldukça, epeyce: She is rather tall and thin. Oldukça uzun boylu ve zayıf.

ratio ra.tio • rey´şo, rey´şiyo
/isim/ çoğul ratios • oran, nispet

raw raw • rô
/sıfat/ 1. çiğ, pişmemiş: Burçin loves to eat raw carrots. Burçin, çiğ havuç yemeyi çok sever. 2. ham, işlenmemiş: raw data işlenmemiş (ham) veri
raw material hammadde

ray ray • rey
/isim/ çoğul rays • ışın: heat rays ısı ışınları The sun's rays shone through my window. Güneşin ışınları pencereden içeri girdi.
a ray of hope umut ışığı

razor ra.zor • rey´zır
/isim/ çoğul razors • tıraş makinesi; ustura: electric razor elektrikli tıraş makinesi razor blade jilet, tıraş bıçağı safety razor tıraş makinesi

reach reach • riç
/fiil/ reaches, reaching, reached • 1. uzanmak, (elini, kolunu) uzatmak; erişmek, -e yetişmek: Can you reach the sugar on the top shelf? Üst raftaki şekere uzanabilir misin? 2. varmak, ulaşmak: We'll reach İzmir at noon. İzmir'e öğleyin varacağız.
reach a conclusion sonuca ulaşmak

react re.act • riyäkt´
/fiil/ reacts, reacting, reacted • (to) (-e) tepki göstermek: Everyone reacted to Sezgi's words. Herkes Sezgi'nin sözlerine tepki gösterdi.

reaction re.ac.tion • riyäk´şın
/isim/ çoğul reactions • tepki, reaksiyon; tepkime: a positive reaction olumlu bir tepki chemical reaction kimyasal tepkime

¹read read • rid

read→→→

/fiil/ reads, reading, read • okumak:
read a book bir kitap okumak
read between the lines kapalı anlamı keşfetmek, satır aralarını okumak
read over baştan aşağı okumak, baştan başa okumak
read (someone's) mind (birinin) aklından geçenleri okumak

²read read • red
/fiil/ bkz. ¹read

reader read.er • ri´dır
/isim/ çoğul readers • 1. okuyucu: a slow reader ağır bir okuyucu
2. okuma kitabı

reading read.ing • ri´dîng
/isim/ 1. okuma: Oylum loves reading. Oylum, okumayı çok sever. reading matter okunacak şey(ler) 2. çoğul readings • okunan ölçüm: readings on a thermometer termometrede okunan ölçümler

ready read.y • red´i
/sıfat/ 1. hazır: We are ready to go on our trip. Geziye çıkmaya hazırız.
get ready hazırlanmak
ready money nakit; peşin para
2. istekli

ready-made read.y-made • redimeyd´
/sıfat/ hazır, önceden dikilmiş

real re.al • ril, ri´yıl

/sıfat/ 1. gerçek: real image gerçek görüntü 2. asıl: the real problem asıl sorun
real estate taşınmaz mal, gayrimenkul

realise re.al.ise • ri´yılayz
/fiil/ realises, realising, realised • bkz. realize

realistic re.al.is.tic • riyılîs´tîk
/sıfat/ gerçekçi: a realistic person gerçekçi bir kimse

reality re.al.i.ty • riyäl´ıti
/isim/ çoğul realities • gerçeklik, hakikat, realite

realize re.al.ize • ri´yılayz
/fiil/ realizes, realizing, realized •
1. farkında olmak; farkına varmak, anlamak: How did you realize your mistake? Hatanı nasıl anladın? 2. gerçekleştirmek
realize one's dream rüyasını gerçekleştirmek: He finally realized his dream. Sonunda rüyasını gerçekleştirdi.
İng. realise

really re.al.ly • ri´yılı, ri´li
/zarf/ gerçekten
Really? Öyle mi?

reason rea.son • ri´zın
/isim/ 1. çoğul reasons • neden, sebep: Give me a reason why I should trust you. Sana güvenmem için bir sebep söyle.
by reason of nedeniyle
for this reason bu sebeple
2. akıl, us, mantık

reasonable rea.son.a.ble • ri´zınıbıl
/sıfat/ makul: a reasonable period of time makul bir süre a reasonable quantity makul bir miktar

1rebel reb.el • reb´ıl
/isim/ çoğul **rebels** • isyancı, asi

2rebel reb.el • reb´ıl
/sıfat/ isyancı, asi: rebel forces isyancı
güçler

3rebel re.bel • rîbel´
/fiil/ rebels, rebelling, rebelled • isyan
etmek, ayaklanmak

rebellion re.bel.lion • rîbel´yın
/isim/ çoğul **rebellions** • isyan, ayaklanma

recall re.call • rîkôl´
/fiil/ recalls, recalling, recalled •
1. geri çağırmak 2. anımsamak; anımsatmak: I couldn't recall his name.
Onun ismini anımsayamadım.

receive re.ceive • rîsiv´
/fiil/ receives, receiving, received •
1. almak: İzel received a nice gift
from her aunt. İzel, teyzesinden güzel
bir hediye aldı. 2. kabul etmek

receiver re.ceiv.er • rîsi´vır
/isim/ çoğul **receivers** • alıcı; ahize: lift
the receiver telefonu kaldırmak

recent re.cent • ri´sınt
/sıfat/ yeni, yakında olmuş, son:
a recent event yeni bir olay

recently re.cent.ly • ri´sıntli
/zarf/ geçenlerde; yakınlarda: We
recently returned from our trip.
Geziden yeni döndük.

reception re.cep.tion • rîsep´şın
/isim/ 1. alma, kabul: reception room
bekleme odası; kabul odası 2. çoğul **receptions** • kabul töreni; resepsiyon

receptionist re.cep.tion.ist • rîsep´şınîst
/isim/ çoğul **receptionists** • resepsiyon
memuru, kabul görevlisi

rechargeable re.charge.a.ble • riçar´cıbıl
/sıfat/ yeniden şarj edilebilen

recipe rec.i.pe • res´ıpi
/isim/ çoğul **recipes** • yemek tarifi:
Would you give me the recipe for this
cake? Bu kekin tarifini verebilir misin?
recipe book yemek kitabı

reckless reck.less • rek´lîs
/sıfat/ 1. dünyayı umursamayan,
pervasız, gözü kara 2. dikkatsiz,
aldırışsız, kayıtsız: a reckless person
dikkatsiz bir kişi

recognise rec.og.nise • rek´ıgnayz
/fiil/ recognises, recognising, recognised
bkz. **recognize**

recognize rec.og.nize • rek´ıgnayz
/fiil/ recognizes, recognizing, recognized •
1. tanımak: Can you recognize me?
Beni tanıdınız mı? How many people
can you recognize here? Burada kaç
kişiyi tanıyorsun? 2. farkında olmak;
farkına varmak: How can you recognize
if you have the flu? Grip olduğunuzu
nasıl anlarsınız?
İng. **recognise**

recommend rec.om.mend • rekımend´
/fiil/ recommends, recommending,
recommended • tavsiye etmek, salık
vermek: recommend a book bir kitap
önermek

recommendation rec.om.men.da.tion •
rekımendey´şın /isim/ çoğul **recommendations** • tavsiye

record→→→

¹record re.cord • rîkôrd´
/fiil/ records, recording, recorded • yazmak; kaydetmek: She recorded her memories in her diary. Anılarını günlüğüne kaydetti.

²record rec.ord • rek´ırd
/isim/ çoğul records • 1. kayıt: criminal record sabıka kaydı daily records günlük kayıtlar 2. (müzik) plak record player pikap
3. (spor) rekor: He holds the world record for long jump. Uzun atlama dünya rekoru onun elinde. Ünver will try to break his own world record. Ünver, kendi dünya rekorunu kırmaya çalışacak.

recover re.cov.er • rîkʌv´ır
/fiil/ recovers, recovering, recovered • kendine gelmek; iyileşmek; toparlanmak: recover from the shock şoktan kurtulmak

recovery re.cov.er.y • rîkʌv´ıri
/isim/ 1. geri alma 2. yeniden bulma 3. iyileşme

rectangle rec.tan.gle • rek´täng.gıl
/isim/ çoğul rectangles • dikdörtgen

rectangular rec.tan.gu.lar • rektäng´gyılır
/sıfat/ dikdörtgen, dikdörtgen biçiminde

recycle re.cy.cle • risay´kıl
/fiil/ recycles, recycling, recycled • geri kazanmak
be recycled geri kazanılmak: Most papers can be recycled. Kâğıtların çoğu geri kazanılabilir.

recycled re.cy.cled • risay´kıld
/sıfat/ geri kazanılmış: These books are made out of recycled paper. Bu kitaplar geri kazanılmış kâğıttan yapılıyor.

recycling re.cy.cling • risay´klîng
/isim/ geri dönüşüm: recycling center geri dönüşüm merkezi the recycling of paper kâğıdın geri dönüşümü

¹red red • red
/sıfat/ redder, reddest • kırmızı, kızıl, al red light (trafik) kırmızı ışık
the Red Crescent Kızılay
the Red Cross Kızılhaç
the Red Sea Kızıldeniz

²red red • red
/isim/ çoğul reds • kırmızı, kızıl, al

reduce re.duce • rîdus´
/fiil/ reduces, reducing, reduced • azaltmak, indirmek, düşürmek: reduce costs masrafları azaltmak reduce pressure basıncı düşürmek reduce volume hacmi küçültmek They've reduced the price of books at the store this month. Bu ay dükkândaki kitapların fiyatlarını indirdiler.

reduction re.duc.tion • rîdʌk´şın
/isim/ 1. azaltma, indirme, küçültme 2. çoğul reductions • indirim, ıskonto

refer re.fer • rîfır´
/fiil/ refers, referring, referred • to 1. -e göndermek: The doctor has referred me to a dentist. Doktor beni

dişçiye gönderdi. 2. -e başvurmak: Please refer to the instructions for help. Lütfen yardım için yönergeye başvurunuz.

referee ref.er.ee • rîfıri´
/isim/ çoğul referees • hakem: act as a referee in a game bir oyunda hakemlik yapmak

refine re.fine • rîfayn´
/fiil/ refines, refining, refined • arıtmak, rafine etmek: refine sugar şekeri rafine etmek

reflect re.flect • rîflekt´
/fiil/ reflects, reflecting, reflected • yansıtmak; yansımak: His image is reflected in the water. Onun görüntüsü suya yansıyor.

reflection re.flec.tion • rîflek´şın
/isim/ çoğul reflections • yansıma

reflex re.flex • ri´fleks
/isim/ çoğul reflexes • tepke, yansı, refleks: have quick reflexes hızlı reflekslere sahip olmak reflex movement refleks hareketi

reform re.form • rîfôrm´
/isim/ çoğul reforms • reform, ıslah, düzeltme: make reforms in the judicial system yargı sisteminde reformlar yapmak social reform sosyal reform

refresh re.fresh • rîfreş´
/fiil/ refreshes, refreshing, refreshed • tazelemek: She refreshed herself with a hot bath. Bir sıcak banyo ile kendine geldi.

refrigerator re.frig.er.a.tor • rîfrîc´ıreytır /isim/ çoğul refrigerators • buzdolabı, soğutucu
İng. **fridge**

refugee ref.u.gee • ref´yûci
/isim/ çoğul refugees • mülteci, sığınmacı

refuse re.fuse • rîfyuz´
/fiil/ refuses, refusing, refused • kabul etmemek, reddetmek, geri çevirmek: refuse an invitation bir daveti geri çevirmek refuse (someone's) help (birinin) yardımını reddetmek

regard re.gard • rîgard´
/fiil/ regards, regarding, regarded • 1. saymak, ... gözüyle bakmak: I regard him as a friend. Onu bir arkadaş olarak görüyorum. 2. saygı duymak 3. dikkatle bakmak: She regarded him curiously. Onu meraklı bir şekilde süzdü.

region re.gion • ri´cın
/isim/ çoğul regions • yöre, bölge: densely populated regions nüfusu yoğun olan bölgeler the mountainous regions of the continent kıtanın dağlık bölgeleri

tropical regions tropikal bölgeler

regional re.gion.al • ri´cınıl
/sıfat/ bölgesel: regional flora bölgesel bitki örtüsü regional pain bölgesel ağrı

register reg.is.ter • rec´îstır
/fiil/ registers, registering, registered • kaydetmek; kaydolmak: register at a hotel bir otele kaydını yaptırmak register for a language course bir dil kursuna kaydolmak We registered to vote. Oy kullanmak için kaydolduk.

registration reg.is.tra.tion • recîstrey´şın
/isim/ 1. kayıt, kayda geçirme 2. çoğul registrations • ruhsat: a car registration bir araba ruhsatı

regret re.gret • rîgret´
/fiil/ regrets, regretting, regretted • pişmanlık duymak; üzgün olmak: Ask now so you won't regret later. Şimdi sor ki sonra pişman olma. I regret nothing. Hiçbir şeyden pişman değilim.

regular reg.u.lar • reg´yılır
/sıfat/ düzenli, kurallı; düzgün: a regular heartbeat düzenli bir kalp atışı at regular intervals düzenli aralıklarla Erdem has started a regular job. Erdem, düzenli bir işe başladı. have regular habits düzenli alışkanlıkları olmak regular meetings düzenli toplantılar
regular verbs (dilbilgisi) düzenli fiiller, kurallı fiiller

regularly reg.u.lar.ly • reg´yılırli
/zarf/ düzenli olarak: Demet goes to gym regularly. Demet, düzenli olarak spor salonuna gider.

rehearsal re.hears.al • rîhır´sıl
/isim/ 1. çoğul rehearsals • (tiyatro, müzik) prova 2. tekrarlama

rehearse re.hearse • rîhırs´
/fiil/ rehearses, rehearsing, rehearsed • (oyun, müzik v.b.'ni) prova etmek: Students will rehearse a play three days a week. Öğrenciler bir oyunu haftada üç gün prova edecekler.

reindeer rein.deer • reyn´dir
/isim/ çoğul reindeer • rengeyiği: a herd of reindeer rengeyiği sürüsü

reinforce re.in.force • riyînfôrs´
/fiil/ reinforces, reinforcing, reinforced • 1. desteklemek: reinforce a topic bir konuyu desteklemek reinforce one's opinion fikrini desteklemek 2. sağlamlaştırmak, güçlendirmek: reinforce a bridge bir köprüyü sağlamlaştırmak

reject re.ject • rîcekt´
/fiil/ rejects, rejecting, rejected • reddetmek, kabul etmemek: He rejected all suggestions for peace. Tüm barış önerilerini reddetti. reject a gift bir hediyeyi kabul etmemek

relate re.late • rîleyt´
/fiil/ relates, relating, related • 1. anlatmak, nakletmek: He related his story to the jury. Hikâyesini jüriye anlattı. 2. (arasında) bağlantı kurmak 3. to ile ilgili olmak, ile ilgisi olmak

4. to ile ilişki kurmak: We weren't sure how to relate to the new student. Yeni öğrenciyle nasıl ilişki kuracağımızdan emin değildik.

relation re.la.tion • rîley´şın /isim/ çoğul relations • 1. bağlantı, ilişki: have no relation ilişkisi olmamak international relations uluslararası ilişkiler linear relation doğrusal ilişki the relation between sleep and health uyku ve sağlık arasındaki ilişki in relation to 1. hakkında 2. -e göre, -e oranla 2. akraba, hısım

relationship re.la.tion.ship • rîley´şınşîp /isim/ çoğul relationships • 1. ilişki, bağlantı: the doctor-patient relationship doktor hasta ilişkisi the relationship between nutrition and health beslenme ve sağlık arasındaki ilişki 2. akrabalık

¹relative rel.a.tive • rel´ıtîv /isim/ çoğul relatives • akraba, hısım: our friends and relatives arkadaşlarımız ve akrabalarımız

²relative rel.a.tive • rel´ıtîv /sıfat/ göreli, görece, bağıl: relative value bağıl değer relative pronoun ilgi zamiri relative to ile ilgili olarak

relax re.lax • rîläks´ /fiil/ relaxes, relaxing, relaxed • gevşemek; rahatlamak: If you try to relax you'll feel better. Gevşemeye çalışırsan kendini daha iyi hissedersin.

release re.lease • rîlis´ /fiil/ releases, releasing, released • serbest bırakmak, salıvermek: release

a prisoner bir tutukluyu serbest bırakmak release the balloons balonları bırakıvermek

relevant rel.e.vant • rel´ıvınt /sıfat/ 1. to ile ilgili 2. konuyla ilgili, yerinde: What she said was not relevant at all. Söylediklerinin konuyla hiç ilgisi yoktu.

reliable re.li.a.ble • rîlay´ıbıl /sıfat/ güvenilir, emin, sağlam: a reliable witness güvenilir bir tanık

relief re.lief • rîlif´ /isim/ iç rahatlaması, ferahlama

relieve re.lieve • rîliv´ /fiil/ relieves, relieving, relieved • gönlünü ferahlatmak

religion re.li.gion • rîlîc´ın /isim/ çoğul religions • din: the Islamic religion İslam dini

religious re.li.gious • rîlîc´ıs /sıfat/ 1. dindar 2. dinsel

reluctant re.luc.tant • rîlʌk´tınt /sıfat/ gönülsüz, isteksiz

rely re.ly • rîlay´ /fiil/ relies, relying, relied • on -e güvenmek, -e bel bağlamak: I am relying on you to keep a secret. Sır tutacağına güveniyorum.

remain re.main • rîmeyn´ /fiil/ remains, remaining, remained • 1. kalmak, durmak: Everybody left but he remained. Herkes gitti fakat o kaldı. Let them remain as they are. Bırakın oldukları gibi kalsınlar. remain silent sessiz kalmak 2. artakalmak

remark→→→

remark re.mark • rîmark´
/isim/ çoğul remarks • söz, laf: in the
light of your remarks sözlerinizin
ışığında opening remarks açılış sözleri
unkind remarks kırıcı sözler
make a remark bir şey söylemek:
I will make a few remarks about the
new library. Yeni kütüphane hakkında
bir şeyler söyleyeceğim.

remarkable re.mark.a.ble • rîmar´kıbıl
/sıfat/ dikkate değer

remedy rem.e.dy • rem´ıdi
/isim/ çoğul remedies • 1. çare 2. ilaç,
deva: a remedy for flu bir grip ilacı
herbal remedy bitkisel ilaç major
remedy temel ilaç

remember re.mem.ber • rîmem´bır
/fiil/ remembers, remembering,
remembered • anımsamak, hatırlamak:
Do you remember the rules of the game?
Oyunun kurallarını hatırlıyor musun?

remind re.mind • rîmaynd´
/fiil/ reminds, reminding, reminded •
hatırlatmak, anımsatmak: He reminded
me to take off my hat. Bana şapkamı
çıkartmamı hatırlattı.
That reminds me ... Hah, iyi ki aklıma
geldi ...

remote re.mote • rîmot´
/sıfat/ remoter, remotest • uzak; sapa,
ücra: a remote village sapa bir köy
They traveled to a remote place. Uzak
bir yere yolculuk ettiler.
remote control uzaktan kumanda

remove re.move • rîmuv´
/fiil/ removes, removing, removed •
1. çıkarmak: She removed them from
the class. Onları sınıftan çıkardı.
remove one's shoes ayakkabılarını

çıkarmak 2. çıkarmak, gidermek:
Were you able to remove the stain
from your shirt? Gömleğindeki lekeyi
çıkarabildin mi?

renew re.new • rînu´
/fiil/ renews, renewing, renewed •
1. yenilemek, onarmak: We renewed
our apartment. Dairemizi yeniledik.
2. canlandırmak

¹**rent** rent • rent
/isim/ çoğul rents • kira, kira bedeli:
Rents are going up. Kiralar artıyor.
for rent kiralık

²**rent** rent • rent
/fiil/ rents, renting, rented • 1. kirala-
mak, kiraya vermek: They decided to
rent the apartment. Daireyi kiralamaya
karar verdiler. 2. kiralamak, kira ile
tutmak

repair re.pair • rîper´
/fiil/ repairs, repairing, repaired •
onarmak, tamir etmek: He is repairing
my bike. Bisikletimi tamir ediyor.

repairman re.pair.man • rîper´män
/isim/ çoğul repairmen • tamirci

repairmen re.pair.men • rîper´men
/isim/ bkz. **repairman**

repeat re.peat • rîpit´
/fiil/ repeats, repeating, repeated •
tekrarlamak, yinelemek: repeat a

323 →→→reproduce

comment bir yorumu tekrarlamak repeat a grade bir sınıfı tekrar okumak Repeat after me! Benden sonra tekrarlayın! repeat an action bir hareketi yinelemek

repeatedly re.peat.ed.ly • rîpi´tîdli /zarf/ tekrar tekrar, defalarca

repetition rep.e.ti.tion • repıtîş´ın /isim/ 1. tekrarlama, yineleme; tekrarlanma, yinelenme 2. çoğul repetitions • tekrar

repetitive re.pet.i.tive • rîpet´ıtîv /sıfat/ yinelemeli, tekrarlamalı

replace re.place • rîpleys´ /fiil/ replaces, replacing, replaced • 1. yenilemek, yenisiyle değiştirmek: replace a bathtub with a new one küveti yenisiyle değiştirmek Would you replace the light bulb? Ampulü değiştirebilir misin? 2. (with/by) ile yer değiştirmek, -in yerini almak 3. geri koymak: replace the receiver (telefon ettikten sonra) ahizeyi yerine koymak

¹reply re.ply • rîplay´ /fiil/ replies, replying, replied • -i yanıtlamak, -e cevap vermek: Did you reply to her letter? Onun mektubunu yanıtladın mı? reply to a question bir soruyu yanıtlamak reply to an invitation bir davete cevap vermek

²reply re.ply • rîplay´ /isim/ çoğul replies • yanıt, cevap, karşılık: get (receive) a reply to a letter bir mektuba bir yanıt almak

¹report re.port • rîpôrt´ /fiil/ reports, reporting, reported • bildirmek; anlatmak: He reported the

results of his survey. Araştırmasının sonuçlarını bildirdi. report an accident bir kazayı bildirmek

²report re.port • rîpôrt´ /isim/ çoğul reports • 1. rapor: a reliable report güvenilir bir rapor a report on human rights insan hakları üzerine bir rapor 2. haber: newspaper reports gazete haberleri

reporter re.port.er • rîpôr´tır /isim/ çoğul reporters • (gazete, radyo, TV) muhabir

represent rep.re.sent • reprîzent´ /fiil/ represents, representing, represented • 1. -i temsil etmek, -in temsilcisi olmak: Ülker will represent our country at the Olympics. Ülker, olimpiyatlarda ülkemizi temsil edecek. 2. göstermek, betimlemek: This painting represents a village in Anatolia. Bu tablo Anadolu'daki bir köyü betimliyor.

representation rep.re.sen.ta.tion • reprîzentey´şın /isim/ 1. temsil etme; temsil edilme: representation in Parliament Parlamentoda temsil edilme 2. gösterme, betimleme, tasvir etme: the book's representation of the war kitabın savaşı betimlemesi

¹representative rep.re.sent.a.tive • reprîzen´tıtîv /sıfat/ tipik, örnek: a representative selection örnek bir seçim

²representative rep.re.sent.a.tive • reprîzen´tıtîv /isim/ çoğul representatives • temsilci: class representative sınıf temsilcisi

reproduce re.pro.duce • riprıdus´

reproduction→→→

/fiil/ reproduces, reproducing, reproduced • 1. üremek, çoğalmak; üretmek, çoğaltmak 2. aynını/kopyasını yapmak 3. yeniden oluşturmak

reproduction re.pro.duc.tion • riprıdʌkˊşın /isim/ 1. üreme, çoğalma; üretme, çoğaltma 2. çoğul reproductions • röprodüksiyon, kopya

reptile rep.tile • repˊtayl, repˊtîl /isim/ çoğul reptiles • sürüngen

republic re.pub.lic • rîpʌbˊlîk /isim/ çoğul republics • cumhuriyet: the Republic of Turkey (the Turkish Republic) Türkiye Cumhuriyeti

republican re.pub.li.can • rîpʌbˊlîkın /isim/ çoğul republicans • cumhuriyetçi

republicanism re.pub.li.can.ism • rîpʌbˊlîkınîzım /isim/ cumhuriyetçilik

reputation rep.u.ta.tion • repyıteyˊşın /isim/ çoğul reputations • ad, ün, şöhret: He has a reputation for being honest. Dürüstlüğü ile ünlüdür.

¹request re.quest • rîkwestˊ /isim/ çoğul requests • rica, dilek, istek: a request for help bir yardım isteği grant a request bir ricayı kabul etmek on request istek üzerine We found his request to be reasonable. İsteğini makul bulduk.

²request re.quest • rîkwestˊ /fiil/ requests, requesting, requested • rica etmek, dilemek: He requested that we wouldn't smoke in his house. Evinde sigara içmememizi rica etti.

require re.quire • rîkwayrˊ /fiil/ requires, requiring, required • 1. gerektirmek: This work requires patience. Bu iş sabır ister. We are required to wear uniforms at school. Okulda üniforma giymemiz gerekiyor. 2. -e gereksinimi olmak: We require help. Yardıma ihtiyacımız var.

requirement re.quire.ment • rîkwayrˊmınt /isim/ çoğul requirements • gereksinim, ihtiyaç

¹rescue res.cue • resˊkyu /fiil/ rescues, rescuing, rescued • kurtarmak: rescue a man from fire bir adamı yangından kurtarmak

²rescue res.cue • resˊkyu /isim/ çoğul rescues • kurtarma; kurtuluş: a rescue attempt bir kurtarma girişimi a rescue operation bir kurtarma operasyonu
rescue team kurtarma ekibi

¹research re.search • rîsırçˊ, riˊsırç /isim/ çoğul researches • araştırma: According to research it is unhealthy to smoke. Araştırmalara göre sigara içmek sağlığa zararlıdır. medical

research tıbbi araştırma

2research re.search • rîsırç´, ri´sırç /fiil/ researches, researching, researched • araştırmak: They are researching organic farming techniques. Organik tarım yöntemlerini araştırıyorlar.

resemble re.sem.ble • rîzem´bıl /fiil/ resembles, resembling, resembled • benzemek: Banu resembles her father. Banu, babasına benziyor.

reservation res.er.va.tion • rezırvey´şın /isim/ çoğul reservations • yer ayırtma, rezervasyon: Did you make a reservation? Rezervasyon yaptırdınız mı?

reserve re.serve • rîzırv´ /fiil/ reserves, reserving, reserved • ayırtmak; ayırmak: Did you reserve a place for us on the bus? Otobüste bize yer ayırdınız mı? reserve a ticket bir bilet ayırtmak

reserved re.served • rîzırvd´ /sıfat/ ayrılmış, saklanmış All rights reserved. (hukuk) Tüm hakları saklıdır.

reside re.side • rîzayd´ /fiil/ resides, residing, resided • oturmak, ikamet etmek: They reside in Turkey in the summer. Yazın Türkiye'de ikamet ediyorlar.

resident res.i.dent • rez´ıdınt /isim/ çoğul residents • (bir yerde) oturan kimse, sakin: the residents of the street sokak sakinleri

resign re.sign • rîzayn´ /fiil/ resigns, resigning, resigned •

istifa etmek, (işten) ayrılmak: resign for health reasons sağlık nedenleriyle işten ayrılmak resign from a job bir işten ayrılmak resign one's post görevinden ayrılmak

resist re.sist • rîzîst´ /fiil/ resists, resisting, resisted • 1. direnmek, karşı koymak: I couldn't resist eating the last piece of cake. Son parça keki yemeden duramadım. resist a request bir isteğe karşı durmak resist an attack bir saldırıya karşı koymak 2. direnmek, dayanmak: resist disease hastalığa direnmek

resistance re.sist.ance • rîzîs´tıns /isim/ 1. direniş: armed resistance silahlı direniş 2. direnç: heat resistance ısı direnci resistance to disease hastalığa karşı direnç

resolution res.o.lu.tion • rezilu´şın /isim/ 1. kararlılık: show great resolution büyük kararlılık göstermek 2. çoğul resolutions • karar: He made a resolution to be kinder to his brother. Erkek kardeşine daha iyi davranma kararı verdi. 3. çoğul resolutions • çözüm: resolution of a problem bir problemin çözümü resolution of conflict anlaşmazlığın çözümü standard resolution standart çözüm

resolve re.solve • rîzalv´ /fiil/ resolves, resolving, resolved • 1. karar vermek: Bengi resolved to go. Bengi, gitmeye karar verdi. 2. çözmek: resolve a problem bir sorunu çözmek

resort re.sort • rîzôrt´ /isim/ çoğul resorts • 1. uğrak 2. tatil yeri: We will stay at the resort by the sea in July. Temmuzda deniz kenarın-

resource→→→ 326

daki tatil yerinde kalacağız.
vacation resort tatil yeri

resource re.source • ri´sôrs, rîsôrs´
/isim/ çoğul resources • kaynak: natu-
ral resources doğal kaynaklar

¹respect re.spect • rîspekt´
/isim/ çoğul respects • saygı, hürmet:
have a deep respect for -e derin
saygısı olmak have respect for the
feelings of others başkalarının duygu-
larına saygılı olmak They show much
respect to their grandfather. Büyük-
babalarına büyük saygı gösteriyorlar.

²respect re.spect • rîspekt´
/fiil/ respects, respecting, respected •
saygı göstermek; saygı duymak

respectable re.spect.a.ble •
rîspek´tıbıl /sıfat/ saygıdeğer; saygın

respectful re.spect.ful • rîspekt´fıl
/sıfat/ saygılı

respiration res.pi.ra.tion • respırey´şın
/isim/ nefes alma, solunum: He is
having respiration problems. Onun
solunum problemleri var.

respiratory res.pi.ra.to.ry • res´pırıtôri
/sıfat/ solunumla ilgili

▬ ▬ ▬ ▬ ▬ ▬ ▬
the respiratory system / solunum
sistemi
bronchial tubes → bronşlar
diaphragm → diyafram
larynx → gırtlak
lungs → akciğerler
nasal cavity → burun boşluğu
nose → burun
trachea → soluk borusu
▬ ▬ ▬ ▬ ▬

respond re.spond • rîspand´
/fiil/ responds, responding, responded •
1. yanıt vermek 2. (to) (-e) tepki
göstermek

response re.sponse • rîspans´
/isim/ çoğul responses • 1. yanıt: He
sent a positive response to my invita-
tion. Davetime olumlu yanıt verdi.
2. tepki: good response iyi tepki meet
with little response çok az tepkiyle
karşılaşmak meet with no response
hiç tepki almamak

responsibility re.spon.si.bil.i.ty •
rîspansıbîl´ıti /isim/ çoğul responsibili-
ties • sorumluluk: accept responsibil-
ity sorumluluğu kabullenmek assume
responsibility sorumluluğu üstlenmek
bear responsibility sorumluluğa kat-
lanmak social responsibility sosyal
sorumluluk take responsibility
sorumluluk almak

responsible re.spon.si.ble •
rîspan´sıbıl /sıfat/ sorumlu, mesul
responsible for -den sorumlu:
Parents are responsible for their
children. Anne ve baba çocuklarından
sorumludurlar.

¹rest rest • rest
/isim/ çoğul rests • dinlenme: They felt
refreshed after their rest. Dinlenince
kendilerine geldiler.
get some rest biraz dinlenmek
have a rest (take a rest) dinlenmek
rest room tuvalet

²rest rest • rest
/fiil/ rests, resting, rested • dinlenmek:
rest one's eyes gözlerini dinlendirmek
You should rest before your concert.
Konserinden önce dinlenmelisin.

³rest rest • rest
/isim/ (the) kalan miktar, geri kalan, artan: the rest of the day günün geri kalanı You can eat the rest of the pie if you like. İstiyorsan turtanın geri kalanını yiyebilirsin.
all the rest kalanların tümü

restaurant res.tau.rant • res´tırınt
/isim/ çoğul restaurants • lokanta, restoran: Italian restaurant İtalyan lokantası
restaurant car bkz. dining car

restoration res.to.ra.tion • restırey´şın
/isim/ 1. restorasyon, onarım 2. (yeniden) canlandırma, geri getirme; iyileştirme

restore re.store • rîstor´
/fiil/ restores, restoring, restored •
1. (yeniden) canlandırmak, geri getirmek; iyileştirmek: restore confidence güven tazelemek restore health sağlığı geri kazanmak 2. restore etmek, onarıp eski durumuna getirmek: They restored the ancient ruins. Eski harabeleri restore ettiler.

restrict re.strict • rîstrîkt´
/fiil/ restricts, restricting, restricted •
kısıtlamak, sınırlamak: The emergency entrance is restricted to emergency patients only. Acil girişi yalnız acil hastalara ayrılmıştır.

restricted re.strict.ed • rîstrîk´tîd
/sıfat/ kısıtlı, sınırlı
restricted area yasak bölge

restriction re.stric.tion • rîstrîk´şın
/isim/ 1. çoğul restrictions • sınırlayıcı koşul/şart 2. kısıtlama, sınırlama

¹result re.sult • rîzʌlt´
/isim/ çoğul results • sonuç: Aysu was happy with the result of her test. Aysu, sınav sonucundan memnundu. election results seçim sonuçları have good exam results sınav sonuçları iyi olmak

²result re.sult • rîzʌlt´
/fiil/ results, resulting, resulted •
1. from -den kaynaklanmak, -den meydana gelmek 2. in -e yol açmak, -e neden olmak

¹retail re.tail • ri´teyl
/isim/ perakende satış

²retail re.tail • ri´teyl
/sıfat/ perakende: retail price perakende fiyatı

retire re.tire • rîtayr´
/fiil/ retires, retiring, retired • emekli olmak, emekliye ayrılmak: retire early erken emekli olmak

retired re.tired • rîtayrd´
/sıfat/ emekli: retired worker emekli işçi

retrieve re.trieve • rîtriv´
/fiil/ retrieves, retrieving, retrieved •
1. yeniden ele geçirmek, geri almak, kurtarmak 2. bulup getirmek: The dog retrieved the stick. Köpek sopayı getirdi.

¹return re.turn • rîtırn´
/fiil/ returns, returning, returned •
1. geri dönmek: We returned from Italy by train. İtalya'dan trenle döndük. 2. geri vermek, iade etmek: She returned the book to the library. Kitabı kütüphaneye iade etti.

return→→→   328

²return re.turn • rîtırn´
/isim/ 1. dönüş: return trip dönüş yol-
culuğu We had a party to celebrate
their return. Dönüşlerini kutlamak
için bir parti verdik.
return game rövanş maçı
return ticket 1. dönüş bileti 2. İng. gidiş
dönüş bileti
2. geri verme, iade: return of the books
kitapların iadesi

reveal re.veal • rîvil´
/fiil/ reveals, revealing, revealed •
1. açıklamak, açığa vurmak: reveal the
truth gerçeği açıklamak 2. göstermek:
reveal oneself kendini göstermek

revenge re.venge • rîvenc´
/isim/ intikam, öç
take revenge on -den intikam almak

revenue rev.e.nue • rev´ınu
/isim/ çoğul revenues • 1. gelir
2. devletin geliri

reverse re.verse • rîvırs´
/sıfat/ 1. ters, aksi, arka 2. tersine
dönmüş
reverse gear geri vites

¹review re.view • rîvyu´
/fiil/ reviews, reviewing, reviewed •
1. gözden geçirmek, incelemek: She
reviewed her notes for the test. Sınav
için notlarını gözden geçirdi. 2. (kitap,
film v.b.'nin) eleştirisini yapmak: Betül
reviews books for a newspaper. Betül,
bir gazetede kitap eleştirisi yapıyor.

²review re.view • rîvyu´
/isim/ çoğul reviews • 1. inceleme, göz-
den geçirme: scientific review bilim-
sel inceleme 2. eleştiri: book review
kitap eleştirisi get excellent reviews

harika eleştiriler almak

revise re.vise • rîvayz´
/fiil/ revises, revising, revised • gözden
geçirip düzeltmek: You should revise
your homework according to these
recommendations. Ödevinizi bu öneri-
lere göre gözden geçirip düzeltmelisiniz.

revolt re.volt • rîvolt´
/fiil/ revolts, revolting, revolted •
1. (against) (-e karşı) isyan etmek,
ayaklanmak 2. tiksindirmek

revolution rev.o.lu.tion • revilu´şın
/isim/ çoğul revolutions • devrim, ihtilal:
the French Revolution Fransız Devrimi
the Industrial Revolution Sanayi Devrimi

reward re.ward • rîwôrd´
/isim/ çoğul rewards • ödül, mükâfat:
emotional reward manevi ödül finan-
cial reward para ödülü

rewrite re.write • rirayt´
/fiil/ rewrites, rewriting, rewrote,
rewritten • yeniden yazmak: He
rewrote the second act of the play.
Oyunun ikinci perdesini yeniden yazdı.
rewrite a text bir metni yeniden yazmak
rewrite the rules kuralları yeniden
yazmak

rewritten re.writ.ten • rirît´ın
/fiil/ bkz. **rewrite**

rewrote re.wrote • rirot´
/fiil/ bkz. **rewrite**

rheumatism rheu.ma.tism • ru´mıtîzım
/isim/ romatizma

rhino rhi.no • ray´no
/isim/ çoğul rhinos/rhino • (konuşma

dili) gergedan

rhinoceri rhi.noc.eri • raynas´ıray
/isim/ bkz. **rhinoceros**

rhinoceros rhi.noc.er.os • raynas´ırıs
/isim/ çoğul rhinoceroses/rhinoceros/
rhinoceri • gergedan

rhyme rhyme • raym
/isim/ çoğul rhymes • uyak, kafiye:
Aykut likes poetry with rhyme. Aykut,
uyaklı şiirleri sever. rhyming words
uyaklı sözcükler

rhythm rhythm • rîdh´ım
/isim/ çoğul rhythms • ritim

rib rib • rîb
/isim/ çoğul ribs • kaburga: One of her
ribs was broken in the accident.
Kazada kaburgalarından biri kırılmış.

ribbon rib.bon • rîb´ın
/isim/ çoğul ribbons • kurdele; şerit:
a present tied with red ribbon kırmızı
kurdeleyle bağlı bir hediye

rice rice • rays
/isim/ 1. pirinç: rice fields pirinç tar-
laları
rice pudding sütlaç
2. pilav: a bowl of rice bir tas pilav

¹**rich** rich • rîç
/sıfat/ richer, richest • 1. zengin,

varlıklı: a rich man zengin bir adam
2. zengin, verimli: rich soil zengin
toprak

²**rich** rich • rîç
/isim/ (the) (çoğul) zenginler

rid rid • rîd
/fiil/ rids, ridding, rid/ridded •
of –den kurtarmak
get rid of -i defetmek, -i savmak; -den
kurtulmak: How do we get rid of
pollution? Kirliliği nasıl ortadan
kaldırabiliriz?

ridden rid.den • rîd´ın
/fiil/ bkz. ride

ride ride • rayd
/fiil/ rides, riding, rode, ridden •
1. binmek: ride a horse bir ata binmek
ride in a car bir arabada yolculuk
etmek They rode a horse at the fair.
Fuarda ata bindiler. 2. sürmek: ride a
bike bir bisikleti sürmek

ridicule rid.i.cule • rîd´îkyul
/isim/ alay, eğlenme

ridiculous ri.dic.u.lous • rîdîk´yılıs
/sıfat/ 1. gülünç 2. tuhaf, saçma: She
is being ridiculous. Saçmalıyor.

rifle ri.fle • ray´fıl
/isim/ çoğul rifles • tüfek

¹right right • rayt
/sıfat/ 1. doğru (yanlış olmayan): My answer was right. Benim yanıtım doğruydu. 2. (ahlakça) doğru: Do what's right! Doğru olanı yap! 3. haklı: You're right. Haklısın. 4. sağ, sağdaki: my right eye sağ gözüm No left turns from the right lane. Sağ şeritten sola dönüş yoktur. 5. (geometri) dik: right angle dik açı

²right right • rayt
/zarf/ 1. tam: right here tam burada right in the middle tam ortada 2. doğru, doğru olarak: You guessed right. Doğru tahmin ettin. 3. hemen: We left right after breakfast. Kahvaltıdan hemen sonra çıktık. I'll be right back. Hemen dönerim.
right away hemen, derhal
right now 1. şimdi 2. hemen
4. doğru, doğruca, dosdoğru: She went right home. Doğru evine gitti. 5. sağa, sağa doğru: Turn right at the corner. Köşede sağa dön.

³right right • rayt
/isim/ 1. (ahlakça) doğru olan şey 2. çoğul rights • hak: equal rights eşit haklar 3. çoğul rights • yetki 4. (the) sağ taraf, sağ

rigid rig.id • rîc´îd
/sıfat/ 1. sert, katı: rigid plastics sert plastikler 2. katı, sıkı: rigid discipline katı disiplin rigid rules katı kurallar

rim rim • rîm
/isim/ çoğul rims • kenar: the rim of a circle bir çemberin kenarı

¹ring ring • rîng
/isim/ çoğul rings • 1. yüzük: a gold ring altın bir yüzük engagement ring nişan yüzüğü wedding ring alyans 2. halka, daire, çember: ring of fire ateş çemberi

²ring ring • rîng
/fiil/ rings, ringing, rang, rung • 1. (zili) çalmak: The guests rang the doorbell. Misafirler kapının zilini çaldılar. 2. (zil) çalmak/çalınmak: The bell rang twice. Zil iki kez çaldı. 3. İng. telefon etmek, (telefonla) aramak: She rang me in the morning. Beni sabah aradı.
ring off İng. telefonu kapamak
ring someone up İng. (telefonla) birini aramak: I'll ring her up now. Onu şimdi arayacağım.

rinse rinse • rîns
/fiil/ rinses, rinsing, rinsed • 1. çalkalamak, durulamak: rinse the dishes bulaşıkları durulamak 2. suyla yıkayarak temizlemek

riot ri.ot • ray´ıt
/isim/ çoğul riots • 1. kargaşa 2. ayaklanma, isyan

rip rip • rîp
/fiil/ rips, ripping, ripped • yırtmak; yırtılmak

ripe ripe • rayp
/sıfat/ riper, ripest • olmuş, olgun (meyve): Those pears are not ripe yet. O armutlar henüz olgun değil.

rise rise • rayz
/fiil/ rises, rising, rose, risen •
1. yukarı çıkmak, yükselmek: Black smoke was rising from the chimney. Bacadan kara duman yükseliyordu. 2. yükselmek, artmak: Prices are rising. Fiyatlar artıyor. 3. kalkmak, ayağa kalkmak: The students rose when the teacher entered the room. Öğretmen odaya girince öğrenciler ayağa kalktı. 4. kalkmak, yataktan kalkmak: Sema rises early. Sema, sabahları erken kalkar. 5. (güneş, ay) doğmak: The sun rises in the east and sets in the west. Güneş doğudan doğar ve batıdan batar.

risen ris.en • rîz´ın
/fiil/ bkz. rise

risk risk • rîsk
/isim/ çoğul risks • risk, tehlike
at risk risk altında, tehlikede
run a risk (take a risk) riske girmek

risky risk.y • rîs´ki
/sıfat/ riskier, riskiest • tehlikeli, riskli: a risky business tehlikeli bir iş
a risky operation riskli bir ameliyat

¹ritual rit.u.al • rîç´uwıl
/sıfat/ 1. ayine ait, ayinle ilgili, dinsel törene ait 2. âdet edinilmiş

²ritual rit.u.al • rîç´uwıl
/isim/ çoğul rituals • 1. ayin, ritüel
2. âdet, alışkı

rival ri.val • ray´vıl
/isim/ çoğul rivals • rakip: without rival rakipsiz, eşsiz

river riv.er • rîv´ır
/isim/ çoğul rivers • ırmak, nehir

road road • rod
/isim/ çoğul roads • yol
hit the road (konuşma dili) yola çıkmak
main road anayol
on the road yolda
take to the road yola koyulmak

roar roar • rôr
/fiil/ roars, roaring, roared • 1. gürlemek; gümbürdemek 2. (aslan) kükremek: The lion roared. Aslan kükredi.

¹roast roast • rost
/fiil/ roasts, roasting, roasted •
1. (fırında/ateşte) kızartmak 2. (kahve v.b.'ni) kavurmak

²roast roast • rost
/isim/ çoğul roasts • rosto (kızarmış et parçası)

rob rob • rab
/fiil/ robs, robbing, robbed • soymak: rob a bank bir banka soymak

robber rob.ber • rab´ır
/isim/ çoğul robbers • soyguncu, hırsız; haydut

robbery rob.ber.y • rab´ıri
/isim/ çoğul robberies • soygun, hırsızlık: armed robbery silahlı soygun

robot ro.bot • ro´bat, ro´bıt
/isim/ çoğul robots • robot

¹**rock** rock • rak
/isim/ çoğul **rocks** • kaya: solid as a rock kaya gibi sağlam
rock candy akide şekeri

²**rock** rock • rak
/fiil/ **rocks, rocking, rocked** • sallamak, sarsmak: rock the cradle beşiği sallamak
rocking chair salıncaklı sandalye

rocket rock.et • rak´ît
/isim/ çoğul **rockets** • 1. roket, füze 2. havai fişek

rod rod • rad
/isim/ çoğul **rods** • (demir, tahta) çubuk

rode rode • rod
/fiil/ bkz. **ride**

rodent ro.dent • rod´ınt
/isim/ çoğul **rodents** • kemirgen hayvan

role role • rol
/isim/ çoğul **roles** • rol: Rıfat will play the role of Romeo. Rıfat, Romeo rolünü oynayacak.

role-play role-play • rol´pley
/isim/ rol yapma, canlandırma: The teacher asked the students to do a role-play for a dialog. Öğretmen, öğrencilerden bir diyaloğu canlandırmalarını istedi.

roll roll • rol
/fiil/ **rolls, rolling, rolled** • yuvarlamak; yuvarlanmak: My dog loves to roll on the grass. Köpeğim çimde yuvarlanmayı çok seviyor.

roller roll.er • ro´lır
/isim/ çoğul **rollers** • oklava, merdane

roller skate tekerlekli paten

roller-skate roll.er-skate • ro´lır.skeyt
/fiil/ **roller-skates, roller-skating, roller-skated** • tekerlekli patenle kaymak: He roller-skated on the sidewalk. Kaldırımda tekerlekli patenle kaydı.

romance ro.mance • romäns´
/isim/ 1. çoğul **romances** • romantik aşk: a romance novel bir aşk romanı 2. romantiklik

Romania Ro.ma.ni.a • romey´niyı, romeyn´yı /isim/ Romanya

¹**Romanian** Ro.ma.ni.an • romey´niyın, romeyn´yın /sıfat/ 1. Rumen; Romanya'ya özgü 2. Rumence 3. Romanyalı

²**Romanian** Ro.ma.ni.an • romey´niyın, romeyn´yın /isim/ 1. çoğul **Romanians** • Rumen; Romanyalı 2. Rumence

romantic ro.man.tic • romän´tîk
/sıfat/ romantik, duygusal

roof roof • ruf, rûf
/isim/ çoğul **roofs** • dam; çatı: flat roof düz çatı
hit the roof küplere binmek, tepesi atmak

room room • rum, rûm
/isim/ çoğul **rooms** • oda: back room

arka oda room service oda servisi

roommate room.mate • rum´meyt
/isim/ çoğul roommates • oda arkadaşı

rooster roost.er • rus´tır
/isim/ çoğul roosters • horoz

root root • rut, rût
/isim/ çoğul roots • 1. kök: root of a tree
bir ağacın kökü take root kök salmak
2. köken, kaynak: root of a problem
bir sorunun kaynağı

rope rope • rop
/isim/ çoğul ropes • ip; halat

rosary ro.sa.ry • ro´zıri
/isim/ çoğul rosaries • tespih

¹**rose** rose • roz
/isim/ 1. çoğul roses • gül: a bunch of
roses bir demet gül a rose garden bir
gül bahçesi 2. açık pembe, gül rengi

²**rose** rose • roz
/fiil/ bkz. rise

rot rot • rat
/fiil/ rots, rotting, rotted • çürümek;
çürütmek: Candy will rot your teeth.
Şeker dişlerini çürütür. rotting leaves
çürüyen yapraklar

rotate ro.tate • ro´teyt
/fiil/ rotates, rotating, rotated •

1. dönmek; döndürmek 2. sırayla
çalışmak

rotten rot.ten • rat´ın
/sıfat/ çürük, bozuk, çürümüş, kokmuş

rough rough • rʌf
/sıfat/ rougher, roughest • 1. pürtüklü,
pürüzlü: rough surface pürüzlü yüzey
She put cream on her rough skin.
Pürüzlü cildine krem sürdü. 2. kaba:
a rough behavior kaba bir davranış
3. engebeli: rough road engebeli yol
4. dalgalı: rough sea dalgalı deniz
5. fırtınalı: rough weather fırtınalı hava
6. kaba, son şeklini almamış: a rough
drawing kaba bir çizim

roughly rough.ly • rʌf´li
/zarf/ 1. kabaca 2. aşağı yukarı,
yaklaşık olarak: The town is roughly
10 kilometers away. Kasaba, yaklaşık
olarak 10 kilometre uzaklıkta.

¹**round** round • raund
/sıfat/ 1. rounder, roundest • yuvarlak;
küresel: a round table yuvarlak bir
masa 2. yuvarlak, toparlak: round
number yuvarlak sayı

²**round** round • raund
/zarf/ etrafta; etrafında: The garden
has a high fence all round. Bahçenin
etrafında yüksek bir çit var.

³**round** round • raund
/edat/ -in etrafına; -in etrafında: They
were sitting round a table playing gui-
tars. Bir masanın etrafında oturmuş
gitar çalıyorlardı.

¹**roundabout** round.a.bout • ´
raund´ıbaut /sıfat/ dolambaçlı: His
answer was roundabout, not clear.

roundabout→→→

334

Yanıtı açık değil, dolambaçlıydı.

²roundabout round.a.bout • raund´ıbaut
/isim/ çoğul roundabouts • 1. bkz.
merry-go-round 2. bkz. traffic circle

¹routine rou.tine • rutin´
/sıfat/ alışılmış, her zamanki: routine
problems alışılmış sorunlar

²routine rou.tine • rutin´
/isim/ çoğul routines • 1. âdet, usul
2. alışkanlık haline gelmiş iş, rutin:
daily routines günlük uğraşılar

¹row row • ro
/isim/ çoğul rows • sıra, dizi: ducklings
lined up in a row sıraya dizilmiş yavru
ördekler line up shoes in a row
ayakkabıları dizmek

²row row • ro
/fiil/ rows, rowing, rowed • kürek çek-
mek: They rowed down the river all
day. Bütün gün, nehir boyunca kürek
çektiler.

royal roy.al • roy´ıl
/sıfat/ krala ait, krala yakışır

rub rub • rʌb
/fiil/ rubs, rubbing, rubbed • 1. ovmak,
ovalamak: He rubbed his chin thought-
fully. Düşünceli bir şekilde çenesini
ovdu. 2. silmek (kurulamak/temizlemek):
rub the glass camı silmek

rubber rub.ber • rʌb´ır
/isim/ 1. kauçuk, lastik 2. çoğul rubbers •
bkz. **eraser**

rubbish rub.bish • rʌb´îş
/isim/ 1. İng. çöp: Please throw out the
rubbish. Lütfen çöpü at. rubbish heap

çöplük, çöp yığını
rubbish bin İng. çöp kutusu
2. saçma, saçmalık: I can't believe
such rubbish. Böyle bir saçmalığa
inanamam.

rucksack ruck.sack • rʌk´säk, rûk´säk
/isim/ çoğul rucksacks • bkz. **backpack**

rude rude • rud
/sıfat/ ruder, rudest • kaba, kaba
saba; terbiyesiz, edepsiz: a rude man
kaba bir adam

rudely rude.ly • rud´li
/zarf/ kabaca: behave rudely kaba
davranmak

rug rug • rʌg
/isim/ çoğul rugs • halı; yaygı: Afghan
rug Afgan halısı

rugby rug.by • rʌg´bi
/isim/ (spor) rugbi

¹ruin ru.in • ru´wîn
/fiil/ ruins, ruining, ruined • harap
etmek, yıkmak; mahvetmek

²ruin ru.in • ru´wîn
/isim/ çoğul ruins • harabe, virane,
yıkıntı

¹rule rule • rul
/isim/ çoğul rules • 1. kural: rules of
the game oyunun kuralları We must
follow the rules. Kurallara uymalıyız.
as a rule genel olarak, genellikle
golden rule altın kural
2. yönetim, idare: the rule of a coun-
try bir ülkenin yönetimi

²rule rule • rul
/fiil/ rules, ruling, ruled • yönetmek:

rule a nation bir ulusu yönetmek

ruler rul.er • ru´lır
/isim/ çoğul rulers • 1. hükümdar
2. cetvel: Ruler scale must be visible.
Cetvel bölümlemeleri görünür
olmalıdır.

rumor ru.mor • ru´mır
/isim/ çoğul rumors • söylenti; dedikodu
İng. rumour

rumour ru.mour • ru´mır
/isim/ çoğul rumours • bkz. rumor

run run • rʌn
/fiil/ runs, running, ran, run •
1. koşmak: The bull was running towards
him. Boğa, ona doğru koşuyordu.
run across -e rastlamak: I ran across
an old friend in the street. Caddede
eski bir dosta rastladım.
run after -in peşinden koşmak: The
dogs ran after me. Köpekler beni
kovaladı.
run away kaçmak, firar etmek: Did
the burglar run away? Hırsız kaçtı mı?
run into 1. -e rastlamak, -e rast
gelmek: Guess who I ran into this
morning! Bu sabah kime rastladım,
tahmin et! 2. çarpmak: They ran into
each other at full speed. Son süratle
birbirlerine çarptılar.
run over ezmek, çiğnemek: The motor-
cycle ran over a rabbit. Motosiklet bir
tavşanı ezdi.
2. işlemek, çalışmak; işletmek, çalış-
tırmak: run a machine bir makineyi
çalıştırmak The trains run every hour.
Trenler her saat çalışıyor.
run down (kurulu saat) durmak
run (someone, something) down
(birine, bir şeye) çarpıp yere düşürmek

rung rung • rʌng
/fiil/ bkz. ²ring

runner run.ner • rʌn´ır
/isim/ çoğul runners • koşucu:
a long-distance runner bir uzun
mesafe koşucusu

rural ru.ral • rûr´ıl
/sıfat/ kırsal, köye ait: rural life köy
hayatı

¹rush rush • rʌş
/fiil/ rushes, rushing, rushed •
koşuşturmak, koşmak, acele etmek:
My dad rushes to work every morn-
ing. Babam her sabah işe gitmek için
koşuşturur.

²rush rush • rʌş
/isim/ koşuşturma, acele, telaş
rush hour (iş günü) trafiğin en yoğun
olduğu zaman

Russia Rus.sia • rʌş´ı
/isim/ Rusya

¹Russian Rus.sian • rʌş´ın
/sıfat/ 1. Rus 2. Rusça

²Russian Rus.sian • rʌş´ın
/isim/ 1. çoğul Russians • Rus 2. Rusça

¹rust rust • rʌst
/isim/ 1. pas 2. pas rengi

rust→→→ 336

²rust rust • rʌst
/fiil/ rusts, rusting, rusted • paslanmak:
Gold does not rust. Altın paslanmaz.

rusty rust.y • rʌs´ti
/sıfat/ rustier, rustiest • paslı, paslanmış

rutabaga ru.ta.ba.ga • rutıbey´gı
/isim/ çoğul rutabagas • şalgam

ruthless ruth.less • ruth´lîs
/sıfat/ merhametsiz, acımasız,

insafsız: Don't be ruthless. Acımasız
olma.

Rwanda Rwan.da • rûwan´dı
/isim/ Ruanda

¹Rwandan Rwan.dan • rûwan´dın
/sıfat/ 1. Ruanda'ya özgü 2. Ruandalı

²Rwandan Rwan.dan • rûwan´dın
/isim/ çoğul Rwandans • Ruandalı

rye rye • ray
/isim/ çavdar: rye bread çavdar ekmeği

Ss

1-'s -'s • s, z, ız
/sonek/ -in, -ın, -nin, -nın: What is your father's name? Babanın adı nedir?

2-'s -'s • s, z, ız
/kısaltma/ 1. (**is** yerine kullanılır.): It's ten o'clock. Saat on. 2. (**has** yerine kullanılır.): She's gone. O gitti. 3. (Yalnızca **let** fiilinden sonra **us** yerine kullanılır.): Let's go. Hadi gidelim. 4. (konuşma dili) (Sorularda **who**, **what**, **when** v.b.'nden sonra **does** yerine kullanılır.): What's she do? O ne yapıyor?

sack sack • säk
/isim/ çoğul sacks • torba, çuval: flour sack un çuvalı

sacred sa.cred • sey´krîd
/sıfat/ 1. kutsal: a sacred city kutsal bir şehir 2. dinsel, dini

¹sacrifice sac.ri.fice • säk´rıfays
/isim/ çoğul sacrifices • 1. kurban 2. fedakârlık, özveri

²sacrifice sac.ri.fice • säk´rıfays
/fiil/ sacrifices, sacrificing, sacrificed • 1. kurban etmek 2. feda etmek

sad sad • säd
/sıfat/ sadder, saddest • 1. kederli, üzgün: He was very sad when his dog died. Köpeği öldüğünde çok üzüldü. 2. üzücü, acıklı: sad news üzücü haber

saddle sad.dle • säd´ıl
/isim/ çoğul **saddles** • 1. eyer 2. (bisiklette) sele

safari sa.fa.ri • sıfa´ri
/isim/ çoğul **safaris** • safari: go on safari safariye çıkmak

¹**safe** safe • seyf
/sıfat/ **safer, safest** • emin, güvenli, sağlam: a safe place güvenli bir yer be in safe hands emin ellerde olmak safe and sound sağ salim, sapasağlam

²**safe** safe • seyf
/isim/ çoğul **safes** • (değerli şeylerin konulduğu) kasa

safety safe.ty • seyf´ti
/isim/ güvenlik, emniyet
safety belt emniyet kemeri
safety lamp madenci feneri
safety pin çengelliiğne
safety valve emniyet supabı

said said • sed
/fiil/ bkz. **say**

¹**sail** sail • seyl
/isim/ 1. çoğul **sails** • yelken 2. yelkenli 3. deniz yolculuğu
set sail yelken açmak

²**sail** sail • seyl
/fiil/ **sails, sailing, sailed** • yelkenli ile gitmek; gemi ile gitmek: I sailed to the islands. Yelkenli ile adalara gittim.
sail under false colors olduğundan başka türlü görünmek

sailboat sail.boat • seyl´bot
/isim/ çoğul **sailboats** • yelkenli tekne, yelkenli; yelkenli gemi
İng. sailing boat

sailing sail.ing • sey´lîng
/isim/ yelkencilik
sailing boat bkz. **sailboat**

sailor sail.or • sey´lır
/isim/ çoğul **sailors** • gemici

Saint Saint • seynt
/isim/ (Bir azizin adından önce kullanılır.) Aziz, Azize, Sen, Aya; (Aziz adları bazen yer/yapı adı olarak kullanılır.)
Saint Sophia Ayasofya

saint saint • seynt
/isim/ çoğul **saints** • aziz, evliya

sake sake • seyk
/isim/ çoğul **sakes** • hatır; uğur
for the sake of someone (for someone's sake) birinin hatırı için: She went there for Hale's sake. Oraya Hale'nin hatırı için gitti.
for the sake of something (for something's sake) bir şey uğruna: for the sake of peace barış uğruna

salad sal.ad • säl´ıd

/isim/ çoğul salads • salata: potato salad patates salatası prepare a salad salata yapmak

salami sa.la.mi • sıla´mi
/isim/ salam

salary sal.a.ry • säl´ıri
/isim/ çoğul salaries • maaş, aylık: Employees will receive regular monthly salary. Çalışanlar aylık maaşlarını düzenli olarak alacaklar.

sale sale • seyl
/isim/ çoğul sales • satış
be on sale indirimli satılmak
for sale satılık
sales clerk tezgâhtar, satış elemanı

salesgirl sales.girl • seylz´gırl
/isim/ çoğul salesgirls • bayan tezgâhtar, bayan satış elemanı

salesman sales.man • seylz´mın
/isim/ çoğul salesmen • erkek tezgâhtar, erkek satış elemanı

salesmen sales.men • seylz´mîn
/isim/ bkz. salesman

saleswoman sales.wom.an • seylz´wûmın /isim/ çoğul saleswomen • kadın tezgâhtar, kadın satış elemanı

saleswomen sales.wom.en • seylz´wîmîn /isim/ bkz. saleswoman

saliva sa.li.va • sılay´vı
/isim/ salya, tükürük

salmon salm.on • säm´ın
/isim/ çoğul salmon/salmons • sombalığı, som, somon

salt salt • sôlt
/isim/ tuz

rock salt kayatuzu
table salt sofra tuzu

saltcellar salt.cel.lar • sôlt´selır
/isim/ çoğul saltcellars • 1. tuz tabağı; tuz kabı 2. İng. (kapağı delikli) tuzluk

saltshaker salt.shak.er • sôlt´şeykır
/isim/ çoğul saltshakers • (kapağı delikli) tuzluk

salty salt.y • sôl´ti
/isim/ saltier, saltiest • tuzlu: Why are oceans salty? Okyanuslar neden tuzludur?

same same • seym
/sıfat/ 1. aynı, tıpkı: Timur speaks in the same way as his father. Timur tıpkı babası gibi konuşuyor. same place aynı yer the same thing aynı şey same as ile aynı: I live in the same building as my best friend. En iyi arkadaşımla aynı apartmanda oturuyorum. 2. eşit: the same amount eşit miktar

Samoa Sa.mo.a • sımo´wı
/isim/ Samoa

[1]Samoan Sa.mo.an • sımo´wın
/sıfat/ 1. Samoa'ya özgü 2. Samoaca 3. Samoalı

[2]Samoan Sa.mo.an • sımo´wın
/isim/ 1. çoğul Samoans • Samoalı 2. Samoaca, Samoa dili

sample sam.ple • säm´pıl
/isim/ çoğul samples • örnek, numune; model: Can you show me a sample of

your writings? Bana eserlerinden bir örnek gösterebilir misin?

sand sand • sänd
/isim/ kum: grains of sand kum taneleri

sandcastle sand.cas.tle • sänd´käsıl
/isim/ çoğul sandcastles • kumdan kale

sandpaper sand.pa.per • sänd´peypır
/isim/ zımpara kâğıdı

sandstorm sand.storm • sänd´stôrm
/isim/ çoğul sandstorms • kum fırtınası

sandwich sand.wich • sänd´wîç
/isim/ çoğul sandwiches • sandviç: a delicious sandwich lezzetli bir sandviç chicken sandwich tavuklu sandviç

sandy sand.y • sän´di
/sıfat/ sandier, sandiest • 1. kumlu 2. kum rengi

sang sang • säng
/fiil/ bkz. sing

sank sank • sängk
/fiil/ bkz. ¹sink

¹San Marinese San Mar.i.nese • sän märıniz´ /sıfat/ San Marino'ya özgü

²San Marinese San Mar.i.nese • sän märıniz´ /isim/ çoğul San Marinese/San Marinesi • San Marinolu

San Marinesi San Mar.i.ne.si • sän märıney´zi /isim/ bkz. ²San Marinese

San Marino San Ma.ri.no • sän mıri´no
/isim/ San Marino

Santa Claus San.ta Claus • sän´tı klôz
/isim/ Noel Baba
İng. Father Christmas

sat sat • sät
/fiil/ bkz. sit

satellite sat.el.lite • sät´ılayt
/isim/ çoğul satellites • uydu: The Moon is a satellite of the Earth. Ay, Dünya'nın uydusudur.
artificial satellite yapay uydu
satellite dish uydu anten, çanak anten

satisfaction sat.is.fac.tion • sätîsfäk´şın /isim/ hoşnutluk, memnuniyet; tatmin: customer satisfaction müşteri memnuniyeti

satisfactory sat.is.fac.to.ry • sätîsfäk´tıri /sıfat/ hoşnut edici; tatminkâr: a satisfactory work tatminkâr bir çalışma

satisfy sat.is.fy • sät´îsfay
/fiil/ satisfies, satisfying, satisfied • hoşnut etmek, memnun etmek; tatmin etmek: How do we satisfy the customers? Müşterileri nasıl memnun edebiliriz? satisfy clients alıcıları memnun etmek

Saturday Sat.ur.day • sät´ırdi, sät´ırdey
/isim/ çoğul Saturdays • cumartesi

sauce sauce • sôs
/isim/ çoğul sauces • salça, sos: chocolate sauce çikolatalı sos hot sauce

acı biber sosu

saucepan sauce.pan • sôs´pän
/isim/ çoğul saucepans • uzun saplı tencere

saucer sau.cer • sô´sır
/isim/ çoğul saucers • çay tabağı, fincan tabağı: glass saucer cam çay tabağı

Saudi Arabia Sa.u.di A.ra.bi.a • sawu´di ırey´biyı /isim/ Suudi Arabistan

¹Saudi Arabian Sa.u.di A.ra.bi.an • sawu´di ırey´biyın /sıfat/ 1. Suudi Arabistan'a özgü 2. Suudi Arabistanlı

²Saudi Arabian Sa.u.di A.ra.bi.an • sawu´di ırey´biyın /isim/ çoğul Saudi Arabians • Suudi Arabistanlı

sausage sau.sage • sô´sîc
/isim/ çoğul sausages • sosis; sucuk: sausage sandwich sosisli sandviç sausage spice sucuk baharatı

savage sav.age • säv´îc
/sıfat/ vahşi, yabani

save save • seyv
/fiil/ saves, saving, saved • 1. kurtarmak; korumak: The lifeguard saved him from drowning yesterday. Cankurtaran dün onu boğulmaktan kurtardı. save face görünüşü kurtarmak 2. biriktirmek: save money para biriktirmek 3. -den tasarruf etmek 4. (bilgisayar) kaydetmek: Save this file onto the computer. Bu dosyayı bilgisayara kaydet.

¹saw saw • sô
/isim/ çoğul saws • testere, bıçkı

²saw saw • sô
/fiil/ bkz. see

saxophone sax.o.phone • säk´sıfon
/isim/ çoğul saxophones • saksofon

say say • sey
/fiil/ says, saying, said • demek, söylemek: What did you say to them? Onlara ne dedin?
say to oneself düşünmek, kendi kendine demek: I said to myself, "Never again". "Bir daha asla," dedim kendime.
that is to say yani, demek ki: That is to say you should not believe everything you read. Demek ki her okuduğunuza inanmamalısınız.
You don't say! (konuşma dili) Yok canım!

saying say.ing • sey´îng
/isim/ çoğul sayings • 1. söz, laf 2. atasözü; özdeyiş

¹scale scale • skeyl
/isim/ çoğul scales • (balık, sürüngen v.b.'nde) pul

²scale scale • skeyl
/isim/ 1. çoğul scales • terazi gözü, kefe 2. bkz. scales

³**scale** scale • skeyl
/isim/ çoğul **scales** • ölçek, skala

scales scales • skeylz
/isim/ terazi, tartı

scan scan • skän
/fiil/ **scans, scanning, scanned** •
1. gözden geçirmek: scan a newspaper bir gazeteyi gözden geçirmek scan a letter from top to bottom bir mektubu baştan sona incelemek
2. (bilgisayar) taramak

scar scar • skar
/isim/ çoğul **scars** • yara izi: He has a scar on his right arm. Sağ kolunda bir yara izi var.

scarce scarce • skers
/sıfat/ **scarcer, scarcest** • seyrek, nadir; kıt: scarce resources kıt kaynaklar

scare scare • sker
/fiil/ **scares, scaring, scared** • korkutmak, ürkütmek: Did I scare you? Sizi korkuttum mu?

scarecrow scare.crow • sker´kro
/isim/ çoğul **scarecrows** • korkuluk, bostan korkuluğu

scared scared • skerd
/sıfat/ korkmuş, ürkmüş
be scared of -den korkmak: Don't be scared of the dark. Karanlıktan korkmayın.

scarf scarf • skarf
/isim/ çoğul **scarfs/scarves** • eşarp; boyun atkısı, kaşkol: Her mother knitted a scarf for her. Annesi ona bir kaşkol ördü.

scarlet scar.let • skar´lît
/isim, sıfat/ al, kırmızı
scarlet fever kızıl (hastalığı)

scary scar.y • sker´i
/sıfat/ **scarier, scariest** • korku veren, korkutucu, korkunç: a scary story korku veren bir öykü

scatter scat.ter • skät´ır
/fiil/ **scatters, scattering, scattered** • dağıtmak, yaymak; serpmek, saçmak

scene scene • sin
/isim/ çoğul **scenes** • 1. (tiyatro, sinema, TV) sahne: That scene was very funny. O sahne çok komikti. 2. manzara, görünüm: winter scene kış manzarası mountainous scene dağlık manzara 3. olay yeri: the scene of the accident kaza yeri

scenery scen.er.y • si´nıri
/isim/ 1. doğal manzara 2. (tiyatro) dekor

scent scent • sent
/isim/ çoğul **scents** • 1. koku; güzel koku 2. (hayvanın ardında bıraktığı) koku 3. parfüm

scepter scep.ter • sep´tır
/isim/ çoğul **scepters** • asa, kral asası
Ing. **sceptre**

sceptre scep.tre • sep´tır
/isim/ çoğul **sceptres** • bkz. **scepter**

schedule sched.ule • skec´ul,
Ing. şed´yul /isim/ çoğul **schedules** •

1. program: a very full schedule çok yoğun bir program ahead of schedule planlanandan önce behind schedule planlanandan geç on schedule planlandığı gibi
Ing. **timetable**
2. (tren, otobüs, uçak v.b.'ne ait) tarife: boat schedule vapur tarifesi
Ing. **timetable**
3. liste

scheme scheme • skim
/isim/ çoğul schemes • Ing. plan, proje: an imaginative scheme yaratıcı bir proje training scheme eğitim planı We came up with a brilliant scheme. Dahice bir plan bulduk.

scholar schol.ar • skal´ır
/isim/ çoğul scholars • bilgin: He is a young scholar. O genç bir bilgindir.

scholarship schol.ar.ship • skal´ırşîp
/isim/ 1. ilim, bilim 2. çoğul scholarships • burs
scholarship holder bursiyer

school school • skul
/isim/ çoğul schools • 1. okul: private school özel okul public school devlet okulu school age okul çağı 2. (üniversitede) fakülte

schoolbag school.bag • skul´bäg
/isim/ çoğul schoolbags • okul çantası

schoolboy school.boy • skul´boy
/isim/ çoğul schoolboys • erkek öğrenci

schoolgirl school.girl • skul´gırl
/isim/ çoğul schoolgirls • kız öğrenci

schoolyard school.yard • skul´yard
/isim/ çoğul schoolyards • (okulda) oyun sahası

science sci.ence • say´ıns
/isim/ 1. fen, bilim 2. çoğul sciences • bilim dalı
science fiction bilimkurgu

scientific sci.en.tif.ic • sayıntîf´îk
/sıfat/ bilimsel: a scientific research bilimsel bir araştırma

scientist sci.en.tist • say´ıntîst
/isim/ çoğul scientists • bilim adamı

scissors scis.sors • sîz´ırz
/isim/ (çoğul) (kesme aleti olarak) makas: nail scissors tırnak makası
a pair of scissors makas

scold scold • skold
/fiil/ scolds, scolding, scolded • azarlamak, paylamak: The naughty child's mother scolded him. Annesi yaramaz çocuğu azarladı.

scope scope • skop
/isim/ 1. saha, alan; faaliyet alanı 2. olanak, fırsat 3. kapsam: the scope of the project projenin kapsamı

¹**score** score • skôr

score→→→ 344

/isim/ çoğul scores • 1. (maç, oyun, yarışma, spor dalı v.b.'nde) sayı, puan, skor: final score maç sonucu high score yüksek skor keep score (puan) saymak What's the score? Kaça kaç?/ Durum nedir? 2. (sınavda) kazanılan puan, alınan not

²score score • skôr
/fiil/ scores, scoring, scored • 1. (spor, maç, oyun, yarışma v.b.'nde) sayı yapmak, puan kazanmak; gol kaydetmek 2. (sınavda) (belirli miktarda) puan tutturmak, not almak

scorpion scor.pi.on • skôr´piyın
/isim/ çoğul scorpions • akrep: scorpion's tail akrebin kuyruğu scorpion venom akrep zehiri

Scotland Scot.land • skat´lınd
/isim/ İskoçya

Scots Scots • skats
/isim/ İskoç İngilizcesi

Scotsman Scots.man • skats´mın
/isim/ çoğul Scotsmen • İskoçyalı erkek, İskoçyalı

Scotsmen Scots.men • skats´mîn
/isim/ bkz. Scotsman

Scotswoman Scots.wom.an • skats´-wûmın /isim/ çoğul Scotswomen • İskoçyalı kadın, İskoçyalı

Scotswomen Scots.wom.en • skats´-wîmîn /isim/ bkz. Scotswoman

Scottish Scot.tish • skat´îş
/sıfat/ İskoç

scout scout • skaut
/isim/ çoğul scouts • izci: boy scout erkek izci girl scout kız izci

scrap scrap • skräp
/isim/ 1. çoğul scraps • ufak parça, kırıntı,

zerre 2. atık, kırpıntı, hurda, döküntü

scrape scrape • skreyp
/fiil/ scrapes, scraping, scraped • 1. kazımak: scrape a surface bir yüzeyi kazımak 2. sıyırmak: He fell off his bike and scraped his knee. Bisikletten düştü ve dizini sıyırdı.

¹scratch scratch • skräç
/fiil/ scratches, scratching, scratched • 1. tırmalamak: That cat scratched me. O kedi beni tırmaladı. 2. kaşımak: He scratched his head and kept on thinking. Başını kaşıdı ve düşünmeye devam etti.

²scratch scratch • skräç
/isim/ çoğul scratches • çizik, sıyırık: thorn scratch diken çiziği
scratch paper karalama kâğıdı, müsvedde kâğıdı
start from scratch sıfırdan başlamak

¹scream scream • skrim
/fiil/ screams, screaming, screamed • 1. çığlık atmak: Why did he scream last night? Dün gece neden çığlık attı? 2. at -e bağırmak: His father screamed at him in anger. Babası ona kızgınlıkla bağırdı.

²scream scream • skrim
/isim/ çoğul screams • feryat, çığlık: Did you hear that scream? O çığlığı duydun mu?

screen screen • skrin
/isim/ çoğul screens • 1. ekran: computer screen bilgisayar ekranı radar screen radar ekranı
movie screen beyazperde
2. bölme, paravana

screenplay screen.play • skrin´pley
/isim/ çoğul screenplays • (sinema) senaryo

screw screw • skru
/isim/ çoğul screws • vida: screw nut
cıvata somunu screw threads vida yivleri wood screw ağaç vidası

screwdriver screw.driv.er • skru´drayvır
/isim/ çoğul screwdrivers • tornavida

script script • skrîpt
/isim/ çoğul scripts • 1. el yazısı 2. (sinema, tiyatro) senaryo: movie script
film senaryosu script editor senaryo
editörü

¹scrub scrub • skrʌb
/isim/ çalılık, fundalık, maki

²scrub scrub • skrʌb
/fiil/ scrubs, scrubbing, scrubbed •
ovmak, fırçalayarak temizlemek

scuba scu.ba • sku´bı
/isim/ çoğul scubas • sualtı oksijen tüpü
scuba diver balıkadam
scuba diving aletli dalış

sculptor sculp.tor • skʌlp´tır
/isim/ çoğul sculptors • heykeltıraş

sculpture sculp.ture • skʌlp´çır
/isim/ 1. çoğul sculptures • heykel:
bronze sculpture bronz heykel
sculpture in stone taştan heykel
sculpture of a bull bir boğa heykeli
2. heykeltıraşlık

sea sea • si
/isim/ çoğul seas • deniz
sea horse denizatı
sea urchin denizkestanesi

seafood sea.food • si´fud
/isim/ deniz ürünü

seagull sea.gull • si´gʌl
/isim/ çoğul seagulls • martı

¹seal seal • sil
/isim/ çoğul seals • fok, ayıbalığı

²seal seal • sil
/isim/ çoğul seals • mühür, damga

³seal seal • sil
/fiil/ seals, sealing, sealed • mühürlemek, damgalamak

seam seam • sim
/isim/ çoğul seams • dikiş yeri, dikiş

¹search search • sırç
/fiil/ searches, searching, searched •
araştırmak, aramak: She searched
around for a clue. Çevrede bir ipucu
aradı.

²search search • sırç
/isim/ çoğul searches • araştırma, arama
search and rescue team arama ve
kurtarma ekibi
search team arama ekibi: The search
team just left. Arama ekibi şimdi çıktı.
search warrant arama emri

seashell sea.shell • si´şel
/isim/ çoğul seashells • deniz kabuğu

seashore sea.shore • si´şor
/isim/ deniz kıyısı

seasick→→→ 346

seasick sea.sick • si´sîk
/sıfat/ deniz tutmuş

seaside sea.side • si´sayd
/isim/ deniz kenarı, sahil

season sea.son • si´zın
/isim/ çoğul seasons • 1. mevsim: Spring is my favorite season. İlkbahar, en sevdiğim mevsimdir. 2. sezon (etkinlik dönemi): soccer season futbol sezonu

seasoning sea.son.ing • si´zınîng
/isim/ çeşnilik, baharat

seat seat • sit
/isim/ çoğul seats • 1. oturacak yer, koltuk, sandalye: There weren't enough seats in the stadium. Stadyumda yeteri kadar oturacak yer yoktu.
seat belt emniyet kemeri
take a seat oturmak: Please take a seat and listen to the story. Lütfen oturun ve öyküyü dinleyin. 2. koltuk, makam, mevki, yer
lose one's seat yerini kaybetmek: Haluk lost his seat in the election. Haluk, seçimde koltuğunu kaybetti.

seaweed sea.weed • si´wid
/isim/ yosun

¹second sec.ond • sek´ınd
/sıfat/ ikinci: second floor ikinci kat

²second sec.ond • sek´ınd
/isim/ ikinci (ikinci kimse/şey): the second of the four questions dört sorudan ikincisi

³second sec.ond • sek´ınd
/isim/ çoğul seconds • saniye: second hand saniye ibresi

secondary sec.ond.ar.y • sek´ınderi
/sıfat/ ikincil, tali: secondary road tali yol secondary source ikincil kaynak

secondhand sec.ond.hand • sek´ındhänd´ /sıfat/ ikinci el, kullanılmış, elden düşme: secondhand car ikinci el araba

¹secret se.cret • si´krît
/sıfat/ gizli, saklı: secret document gizli belge
secret service gizli servis
top secret çok gizli

²secret se.cret • si´krît
/isim/ çoğul secrets • sır: the secret of success başarının sırrı
in secret gizlice: She left home in secret. Evi gizlice terk etti.
keep a secret sır tutmak, sır saklamak
open secret herkesçe bilinen sır

secretary sec.re.tar.y • sek´rıteri
/isim/ çoğul secretaries • sekreter, yazman: private secretary özel sekreter the Secretary of State (ABD) Dışişleri Bakanı

secretly se.cret.ly • si´krîtli
/zarf/ gizlice; el altından

section sec.tion • sek´şın
/isim/ çoğul sections • kısım, parça, bölüm: A section of the forest burned. Ormanın bir kısmı yandı.

secular sec.u.lar • sek´yılır
/sıfat/ laik: secular education laik eğitim

secularism sec.u.lar.ism • sek´yılırîzım
/isim/ laiklik

→→→self-confidence

secure se.cure • sîkyûr´
/sıfat/ emin, sağlam, güvenli: a secure job sağlam bir iş a secure place güvenli bir yer

security se.cu.ri.ty • sîkyûr´ıti
/isim/ güvenlik: security measures güvenlik önlemleri
security guard, security man güvenlik görevlisi

see see • si
/fiil/ sees, seeing, saw, seen • 1. görmek: I looked for you but couldn't see you anywhere. Seni aradım ama hiçbir yerde göremedim. 2. bakmak: For more information, see page 276. Daha fazla bilgi için 276'ncı sayfaya bakınız. 3. görüşmek: see the doctor doktora gitmek See you next year. Gelecek yıl görüşürüz.
See you! (konuşma dili) Görüşürüz!

seed seed • sid
/isim/ çoğul seed/seeds • 1. tohum: flower seeds çiçek tohumları 2. çekirdek: the seeds of a fruit bir meyvenin çekirdekleri

seek seek • sik
/fiil/ seeks, seeking, sought • aramak, araştırmak

seem seem • sim
/fiil/ seems, seeming, seemed • 1. görünmek, gözükmek, benzemek: seem happy mutlu gözükmek 2. gibi gelmek: It seems impossible to me. Olmaz gibi geliyor bana.

seen seen • sin
/fiil/ bkz. see

seesaw see.saw • si´sô
/isim/ çoğul seesaws • tahterevalli

segment seg.ment • seg´mınt
/isim/ çoğul segments • parça, bölüm, kısım, kesim, dilim

seize seize • siz
/fiil/ seizes, seizing, seized • tutmak, yakalamak
Seize the day! Anı yakala!

seldom sel.dom • sel´dım
/zarf/ nadiren, pek az, seyrek: I seldom see him these days. Onu bugünlerde pek az görüyorum.

select se.lect • sîlekt´
/fiil/ selects, selecting, selected • seçmek, ayırmak: You need to select your friends carefully. Arkadaşlarını dikkatle seçmelisin.

selection se.lec.tion • sîlek´şın
/isim/ 1. seçme, ayırma 2. çoğul selections • seçme, seçme parça 3. çoğul selections • seçilmiş kimse veya şey

self self • self
/isim/ 1. kendi, öz varlık 2. çoğul selves • taraf, yön: his better self onun iyi tarafı

self-confidence self-con.fi.dence • self´kan´fıdıns /isim/ özgüven, kendine güven

selfish→→→ 348

selfish self.ish • sel´fîş
/sıfat/ bencil: a selfish person bencil
bir kişi

self-service self-ser.vice • self´sır´vîs
/sıfat, isim/ selfservis

sell sell • sel
/fiil/ sells, selling, sold • satmak; sa-
tılmak: I'm trying to sell my sailboat.
Yelkenli teknemi satmaya çalışıyorum.
sell something off bir şeyi elden çı-
karmak: He sold his car off for cash.
Peşin paraya arabasını elden çıkardı.

selves selves • selvz
/isim/ bkz. self (2.)

semester se.mes.ter • sîmes´tır
/isim/ çoğul semesters • yarıyıl, dönem:
Şener's grades were good in the first
semester. İlk yarıyılda Şener'in not-
ları iyiydi.

semicolon sem.i.co.lon • sem´îkolın
/isim/ çoğul semicolons • noktalı virgül

send send • send
/fiil/ sends, sending, sent • gönder-
mek: send a letter bir mektup gön-
dermek send information bilgi gön-
dermek
send away kovmak, uzaklaştırmak:
How can I send him away? Onu nasıl
kovabilirim?
send back geri göndermek: Send it
back to where it came from. Onu gel-
diği yere gönderin.

sender send.er • sen´dır
/isim/ çoğul senders • gönderici,
gönderen

Senegal Sen.e.gal • senîgôl´

/isim/ Senegal

¹Senegalese Sen.e.gal.ese • senîgıliz´
/sıfat/ 1. Senegal'e özgü 2. Senegalli

²Senegalese Sen.e.gal.ese • senîgıliz´
/isim/ çoğul Senegalese • Senegalli

senior sen.ior • sin´yır
/sıfat/ 1. yaşça büyük: senior citizens
yaşlı vatandaşlar 2. kıdemli

sense sense • sens
/isim/ 1. çoğul senses • duyu, his: We
have five senses: sight, hearing, touch,
taste, and smell. Beş duyumuz var:
görme, işitme, dokunma, tatma ve
koklama.
sixth sense altıncı his
2. akıl, zekâ
common sense sağduyu
make sense 1. açık bir anlamı olmak,
anlaşılır olmak 2. akla uygun olmak:
That makes sense to me. Bu bana
akıllıca geliyor.

sensible sen.si.ble • sen´sıbıl
/sıfat/ mantıklı, akla uygun

sensitive sen.si.tive • sen´sıtîv
/sıfat/ duyarlı, hassas: a highly sensi-
tive person aşırı duyarlı bir kimse
sensitive skin hassas cilt
sensitive to -e duyarlı: sensitive to
criticism eleştiriye duyarlı

sensitivity sen.si.tiv.i.ty • sensîtîv´ıti
/isim/ [to] (-e) duyarlık, (-e) duyarlılık,
(-e) hassasiyet

sent sent • sent
/fiil/ bkz. send

sentence sen.tence • sen´tıns

/isim/ çoğul sentences • cümle: Every sentence begins with a capital letter. Her cümle büyük harfle başlar.

sentiment sen.ti.ment • sen´tımınt
/isim/ 1. duygu, his 2. çoğul sentiments • (duygulardan kaynaklanan) düşünce, kanı, görüş

¹separate sep.a.rate • sep´ıreyt
/fiil/ separates, separating, separated • ayırmak, bölmek; ayrılmak: separate an egg yolk from the white yumurtanın sarısını beyazından ayırmak They separated the players into two groups. Oyuncuları iki gruba ayırdılar.

²separate sep.a.rate • sep´ırît, sep´rît
/sıfat/ ayrı: separate rooms ayrı odalar This word has two separate meanings. Bu sözcüğün iki ayrı anlamı var.

separately sep.a.rate.ly • sep´ırîtli
/zarf/ ayrı ayrı, birbirinden ayrı olarak: Please wrap the gifts separately. Hediyeleri ayrı ayrı paketleyin lütfen.

September Sep.tem.ber • septem´bır
/isim/ eylül

sequence se.quence • si´kwıns
/isim/ çoğul sequences • sıra, düzen; seri, dizi

Serb Serb • sırb
/isim/ çoğul Serbs • Sırp

Serbia Ser.bi.a • sır´biyı
/isim/ Sırbistan

¹Serbian Ser.bi.an • sır´biyın
/sıfat/ 1. Sırp 2. Sırpça

²Serbian Ser.bi.an • sır´biyın
/isim/ 1. çoğul Serbians • Sırp 2. Sırpça

sergeant ser.geant • sar´cınt
/isim/ çoğul sergeants • 1. çavuş 2. komiser muavini

serial se.ri.al • sir´îyıl
/sıfat/ seri halinde olan: serial number seri numarası

series se.ries • sir´iz
/isim/ çoğul series • 1. sıra: a series of shops bir sıra dükkân 2. seri, dizi: a series of events bir dizi olay 3. (sinema, TV) dizi: There is a new TV series on channel one. Birinci kanalda yeni bir dizi var.

serious se.ri.ous • sir´îyıs
/sıfat/ 1. ciddi, ağırbaşlı: a serious person ağırbaşlı bir kimse 2. önemli, ciddi: a serious problem önemli bir sorun

seriously se.ri.ous.ly • sir´îyısli
/zarf/ ciddi biçimde, ciddi olarak: He was seriously injured. Ciddi biçimde yaralandı.

servant ser.vant • sır´vınt
/isim/ çoğul servants • hizmetçi, uşak

serve serve • sırv
/fiil/ serves, serving, served • 1. hizmet etmek, hizmet görmek: serve

service→→→ **350**

one's country ülkesine hizmet etmek
2. servis yapmak: When should I
serve the salad? Salata servisini ne
zaman yapayım?

service ser.vice • sır´vîs
/isim/ çoğul services • hizmet, görev:
public service kamu hizmeti twenty
years' service in the library kütüpha-
nede yirmi yıllık hizmet

session ses.sion • seş´ın
/isim/ çoğul sessions • oturum, birleşim,
celse; toplantı

¹set set • set
/fiil/ sets, setting, set • 1. koymak,
yerleştirmek: Set the book on the
table. Kitabı masaya koy.
set a place in order bir yeri düzene
sokmak: You should set the house
in order before leaving. Çıkmadan
önce evi toplamalısın.
2. -e yol açmak, -i sağlamak
set free serbest bırakmak: In a few
days they will set him free. Birkaç
gün içinde onu serbest bırakırlar.
3. saptamak: Have you set a date? Bir
tarih belirlediniz mi?
set a high value on -e çok değer vermek:
We set a high value on human life. İn-
san yaşamına çok değer veriyoruz.
4. (saati) ayarlamak: set a clock back
saati geriye almak set a clock forward
saati ileriye almak
5. (sofrayı) kurmak
set the table sofrayı kurmak: Set the
table for dinner. Yemek için sofrayı
hazırlayın.
6. (güneş, ay, yıldızlar) batmak

²set set • set
/isim/ çoğul sets • 1. takım, grup: tea
set çay takımı 2. (tenis, voleybol) set:

I lost the first set in our tennis match.
Tenis maçında ilk seti kaybettim.

settle set.tle • set´ıl
/fiil/ settles, settling, settled • 1. (birini)
-e yerleştirmek; (biri) -e yerleşmek:
They eventually settled in Eskişehir.
Sonunda Eskişehir'e yerleştiler. 2. (kuş)
konmak: The bird settled on a branch.
Kuş bir dala kondu. 3. yatışmak, sakin-
leşmek, durulmak; yatıştırmak, sakin-
leştirmek, düzeltmek. 4. saptamak,
kararlaştırmak 5. (bir sorunu) çözmek,
halletmek

settlement set.tle.ment • set´ılmınt
/isim/ 1. yerleştirme, iskân; yerleşme.
2. çoğul settlements • yeni yerleşim
bölgesi 3. anlaşma, uzlaşma; halletme,
çözüme bağlama, karar

seven sev.en • sev´ın
/isim, sıfat/ yedi
the Seven Wonders of the World
dünyanın yedi harikası

seventeen sev.en.teen • sevıntin´
/isim, sıfat/ on yedi

seventeenth sev.en.teenth • sevıntinth´
/sıfat, isim/ 1. on yedinci 2. on yedide bir

seventh sev.enth • sev´ınth
/sıfat, isim/ 1. yedinci 2. yedide bir

seventieth sev.en.ti.eth • sev´ıntiyıth
/sıfat, isim/ 1. yetmişinci 2. yetmişte bir

seventy sev.en.ty • sev´ınti
/isim, sıfat/ yetmiş

several sev.er.al • sev´ırıl
/sıfat/ birkaç: several hours later bir-
kaç saat sonra

severe se.vere • sîvîr´
/sıfat/ severer, severest • 1. sert, katı:
a severe look sert bir bakış a severe
punishment ağır bir ceza 2. şiddetli:
a severe headache şiddetli bir baş ağrısı
a severe storm şiddetli bir fırtına

sew sew • so
/fiil/ sews, sewing, sewed, sewn/sewed •
(dikiş) dikmek: She is learning how to
sew. Dikiş dikmeyi öğreniyor.

sewage sew.age • su´wîc
/isim/ pissu, lağım suyu

sewing sew.ing • so´wîng
/isim/ dikim, dikiş
sewing machine dikiş makinesi

sewn sewn • son
/fiil/ bkz. sew

Seychelles Sey.chelles • sey´şelz
/isim/ (the) Seyşeller

¹Seychellois Sey.chel.lois • seyşelwa´
/sıfat/ 1. Seyşeller'e özgü 2. Seyşelli

²Seychellois Sey.chel.lois • seyşelwa´
/isim/ çoğul Seychellois • Seyşelli

shabby shab.by • şäb´i
/sıfat/ shabbier, shabbiest • 1. eski
püskü, yırtık pırtık: shabby clothes
eski püskü giysiler 2. hırpani, üstü
başı eski püskü

shade shade • şeyd
/isim/ 1. gölgelik, gölge, gölgeli yer:
give shade gölge yapmak
leave/put someone/something in the
shade birini/bir şeyi gölgede bırakmak:
His performance put all the other
participants in the shade. Performansı,
diğer katılımcıları gölgede bıraktı.
2. (resimde) gölge 3. çoğul shades •
renk tonu

shadow shad.ow • şäd´o
/isim/ çoğul shadows • gölge
live in someone's shadow birinin göl-
gesinde yaşamak: I don't want to live
in his shadow anymore. Artık onun
gölgesinde yaşamak istemiyorum.
shadow play gölge oyunu

shake shake • şeyk
/fiil/ shakes, shaking, shook, shaken •
sarsmak; çalkalamak; sallamak; sil-
kelemek: Don't shake the milk bottle.
Süt şişesini çalkalama.
Shake a leg! (konuşma dili) Çabuk ol!
shake hands with ile el sıkışmak, ile
tokalaşmak

shaken shak.en • şey´kın
/fiil/ bkz. shake

shall shall • şäl
/yardımcı fiil/ should • (Gelecek zaman
kipinde kullanılır.) -ecek, -acak:
I shall go to Samsun soon. Yakında
Samsun'a gideceğim.
Shall I ...? -ebilir miyim?: Shall I help
you? Yardımcı olabilir miyim?
shan't → shall not

shallow shal.low • şäl´o
/sıfat/ shallower, shallowest • sığ:
shallow water sığ su

¹**shame** shame • şeym
/isim/ utanç
bring shame on -i rezil etmek
For shame! Ne ayıp!, Utan!
Shame on you! Utan!

²**shame** shame • şeym
/fiil/ shames, shaming, shamed • utandırmak, rezil etmek

shampoo sham.poo • şämpu´
/isim/ çoğul shampoos • şampuan

shan't shan't • şänt
/kısaltma/ shall not • bkz. shall

shape shape • şeyp
/isim/ çoğul shapes • biçim, şekil:
Draw a nine-sided shape. Dokuz kenarlı bir şekil çizin.
in the shape of ... ... şeklinde: a cake in the shape of a ladybug uğurböceği biçiminde bir pasta
take shape biçimlenmeye başlamak: The plan first took shape in their minds. Plan önce kafalarında şekillendi.

¹**share** share • şer
/fiil/ shares, sharing, shared • paylaşmak, bölüşmek: We share a long border with Iran. İran'la geniş bir sınırı paylaşıyoruz.

²**share** share • şer
/isim/ çoğul shares • pay, hisse: He lost his share of the money. O, paradaki payını kaybetti. market share pazar payı
go shares paylaşmak
have a share in -de payı olmak: All members have a share in the profit. Kârda tüm üyelerin payı var.

shark shark • şark
/isim/ çoğul sharks • köpekbalığı

sharp sharp • şarp
/sıfat/ sharper, sharpest • 1. keskin: a sharp knife keskin bir bıçak 2. sivri uçlu: a sharp needle sivri bir iğne 3. ani (yükseliş/düşüş/dönüş): a sharp drop in prices fiyatlarda ani düşüş We came to a sharp bend in the road. Yolda keskin bir viraja geldik.
look sharp şık olmak

sharpen sharp.en • şar´pın
/fiil/ sharpens, sharpening, sharpened • bilemek; sivriltmek: sharpen a pencil kalemin ucunu sivriltmek

sharp-eyed sharp-eyed • şarp´ayd´
/sıfat/ keskin gözlü

shatter shat.ter • şät´ır
/fiil/ shatters, shattering, shattered • 1. paramparça etmek: The vase was shattered. Vazo paramparça oldu. 2. mahvetmek, bozmak

shave shave • şeyv
/fiil/ shaves, shaving, shaved, shaved/shaven • 1. sakal tıraşı olmak: He shaves every morning. Her sabah sakal tıraşı oluyor. 2. tıraş etmek.
shaving brush tıraş fırçası

shaven shav.en • şey´vın
/fiil/ bkz. shave

shawl shawl • şôl
/isim/ çoğul shawls • şal, atkı

she she • şi
/zamir/ (dişil) o: She is taller than me.
O, benden uzun.
she'd → 1. she had 2. she would
she'll → she will, she shall
she's → 1. she is 2. she has

she'd she'd • şid
/kısaltma/ 1. she had 2. she would •
bkz. she

sheep sheep • şip
/isim/ çoğul sheep • koyun
black sheep ailenin yüzkarası

sheet sheet • şit
/isim/ çoğul sheets • 1. yatak çarşafı,
çarşaf 2. (kâğıt için) yaprak: sheet of
paper tabaka kâğıt
sheet metal (ince metal tabaka) sac

shelf shelf • şelf
/isim/ çoğul shelves • raf: on the top
shelf üst rafta
put up on a shelf rafa yerleştirmek:
He put all the books back up on the
shelves. Kitapları raflara geri koydu.

shell shell • şel
/isim/ çoğul shells • (sert) kabuk:
oyster shell istiridye kabuğu

she'll she'll • şil
/kısaltma/ she will, she shall • bkz. she

shelter shel.ter • şel´tır
/isim/ çoğul shelters • sığınak; korunak;
barınak: air-raid shelter hava saldırısı
sığınağı animal shelter hayvan barınağı

shelve shelve • şelv

/fiil/ shelves, shelving, shelved •
1. rafa koymak, rafa yerleştirmek
2. rafa kaldırmak, ertelemek

shelves shelves • şelvz
/isim/ bkz. shelf

shepherd shep.herd • şep´ırd
/isim/ çoğul shepherds • çoban
shepherd's pipe kaval

she's she's • şiz
/kısaltma/ 1. she is 2. she has • bkz. she

shield shield • şild
/isim/ çoğul shields • 1. kalkan 2. siper,
koruyucu şey

shift shift • şîft
/fiil/ shifts, shifting, shifted • 1. kımıl-
danmak: Don't shift in your seats. Ye-
rinizden kıpırdamayın. 2. (rüzgâr) yön
değiştirmek: The wind shifted from
the west to the south. Rüzgâr batıdan
güneye döndü. 3. -in yerini değiştirmek:
He shifted the table over to the wall.
Masayı duvara doğru çekti.

shine shine • şayn
/fiil/ 1. shines, shining, shone • parla-
mak, ışık saçmak: Her hair shone like
gold. Saçları altın gibi parlıyordu. The
statue was shining in the sun. Heykel
güneşte parlıyordu.
2. shines, shining, shined • parlatmak,
cilalamak, boyamak: He shined his

shoes. Ayakkabılarını boyadı.

shiny shin.y • şay´ni
/sıfat/ shinier, shiniest • parlak: shiny hair parlak saç shiny lights parlak ışıklar

¹ship ship • şîp
/isim/ çoğul ships • gemi, vapur: cruise ship yolcu gemisi

²ship ship • şîp
/fiil/ ships, shipping, shipped • 1. gemi ile yollamak, göndermek 2. (büyük bir eşyayı) (uzak bir yere) posta ile göndermek, postalamak

shirt shirt • şırt
/isim/ çoğul shirts • gömlek: a sport shirt spor gömlek

shish kebab shish ke.bab • şîş´ kıbab
/isim/ çoğul shish kebabs • şiş kebap

shiver shiv.er • şîv´ır
/fiil/ shivers, shivering, shivered • ürpermek, titremek: shiver with cold soğuktan ürpermek

¹shock shock • şak
/fiil/ shocks, shocking, shocked • çok şaşırtmak, sarsmak: I was shocked when I heard the news. Haberi duyunca çok şaşırdım.

²shock shock • şak
/isim/ 1. şok 2. sarsıntı 3. elektrik çarpması

shocked shocked • şakt
/sıfat/ şoke olmuş, çok şaşırmış

shocking shock.ing • şak´îng
/sıfat/ insanı çok şaşırtan, şoke eden,

sarsıcı: a shocking news sarsıcı bir haber

shoe shoe • şu
/isim/ çoğul shoes • ayakkabı
a pair of shoes bir çift ayakkabı

shoelace shoe.lace • şu´leys
/isim/ çoğul shoelaces • ayakkabı bağı, bağcık

shone shone • şon
/fiil/ bkz. **shine** (1.)

shook shook • şûk
/fiil/ bkz. **shake**

shoot shoot • şut
/fiil/ shoots, shooting, shot • 1. ateş etmek: Somebody shot at his dog. Biri onun köpeğine ateş etti. 2. (silahla) vurmak: He was shot in the leg while trying to escape. Kaçmaya çalışırken bacağından vurulmuştu.

shop shop • şap
/isim/ çoğul shops • 1. dükkân: flower shop çiçekevi, çiçekçi dükkânı 2. atölye; tamirhane: carpenter's shop marangozhane machine shop makine atölyesi
shop assistant Ing., bkz. sales clerk

shopkeeper shop.keep.er • şap´kipır
/isim/ çoğul shopkeepers • esnaf, dükkân sahibi

shoplift shop.lift • şap´lîft
/fiil/ shoplifts, shoplifting, shoplifted •
dükkândan mal aşırmak

shoplifter shop.lift.er • şap´lîftır
/isim/ çoğul shoplifters • dükkân hırsızı

shopping shop.ping • şap´îng
/isim/ alışveriş: shopping center çarşı,
alışveriş merkezi
go shopping çarşıya çıkmak, alışverişe
çıkmak

shore shore • şôr
/isim/ çoğul shores • sahil, kıyı: the
western shores of the country ülkenin
batı kıyısı

short short • şôrt
/sıfat/ shorter, shortest • kısa: a short
coat kısa bir palto a short meeting
kısa bir toplantı She is shorter than
her son. O, oğlundan daha kısa. short
distance kısa mesafe
in short kısaca, sözün kısası

shortage short.age • şôr´tîc
/isim/ çoğul shortages • kıtlık, yokluk,
darlık, sıkıntı; eksiklik: a shortage of
clean water temiz su sıkıntısı food
shortage yiyecek sıkıntısı

shortcut short.cut • şôrt´kʌt
/isim/ çoğul shortcuts • 1. kestirme,
kestirme yol 2. (bilgisayar) kısayol

shorten short.en • şôr´tın
/fiil/ shortens, shortening, shortened •
kısaltmak; kısalmak

shortly short.ly • şôrt´li
/zarf/ 1. kısa sürede, kısa bir süre
içinde, az sonra, yakında: I'll be there
shortly. Kısa sürede orada olacağım.

2. kısaca: "I don't know," Selim said
shortly. Selim kısaca "Bilmiyorum,"
dedi.

shorts shorts • şôrts
/isim/ (çoğul) şort

short-term short-term • şôrt´tırm
/sıfat/ kısa vadeli

shot shot • şat
/fiil/ bkz. **shoot**

should should • şûd
/yardımcı fiil/ 1. (Zorunluluk, yüküm-
lülük belirtir.): You should help Yalçın.
Yalçın'a yardım etmelisin. 2. (Olasılık,
beklenti belirtir.): The weather should
be nice. Hava güzel olabilir.
shouldn't → should not

shoulder shoul.der • şol´dır
/isim/ çoğul shoulders • omuz
shoulder bag omuz çantası
shoulder blade kürekkemiği
shoulder strap (kadın giysisi için)
omuz askısı
shoulder to shoulder omuz omuza:
We have to stand shoulder to shoulder
with other people. Diğer insanlarla
omuz omuza durmalıyız.

shouldn't should.n't • şûd´ınt
/kısaltma/ should not • bkz. **should**

¹**shout** shout • şaut

shout→→→   356

/fiil/ shouts, shouting, shouted • ba-
ğırmak; haykırmak: shout in pain
acıyla bağırmak
shout at someone birine bağırmak:
Why did you shout at me? Bana niçin
bağırdın?

²**shout** shout • şaut
/isim/ çoğul shouts • bağırış; haykırış

shovel shov.el • ʃʌv´ıl
/isim/ çoğul shovels • kürek

¹**show** show • şo
/fiil/ shows, showing, showed, shown •
1. göstermek: Come, I want to show
you something. Gel, sana bir şey gös-
termek istiyorum.
show off gösteriş yapmak: I think he
likes showing off a little. Bence o gös-
teriş yapmayı biraz seviyor.
2. görünmek, gözükmek: His pride
showed in his face. Gururu yüzünde
görünüyordu.

²**show** show • şo
/isim/ çoğul shows • 1. şov, program;
gösteri: Did you watch the show last
night? Dün akşam şovu izledin mi?
2. sergi: flower show çiçek sergisi

shower show.er • şau´wır
/isim/ çoğul showers • duş
take a shower duş almak, duş yapmak

shown shown • şon
/fiil/ bkz. ¹**show**

showroom show.room • şo´rum
/isim/ çoğul showrooms • galeri (bir
malın sergilendiği salon): car showroom
araba galerisi

shrank shrank • şrängk

/fiil/ bkz. **shrink**

shrink shrink • şrîngk
/fiil/ shrinks, shrinking, shrank/shrunk,
shrunk/shrunken • (kumaş) çekmek,
daralmak: Did these clothes shrink in
the wash? Bu elbiseler yıkanırken
çekti mi?

shrunk shrunk • şrʌngk
/fiil/ bkz. **shrink**

shrunken shrunk.en • şrʌng´kın
/fiil/ bkz. **shrink**

shut shut • şʌt
/fiil/ shuts, shutting, shut • kapatmak,
kapamak; kapanmak: Don't forget
to shut the door. Kapıyı kapatmayı
unutma.
shut out kapatmak, kesmek: The trees
shut out the sun. Ağaçlar güneşi kapattı.
shut up susmak: They told him to
shut up and leave the room. Susması-
nı ve odayı terk etmesini söylediler.

shutter shut.ter • şʌt´ır
/isim/ çoğul shutters • panjur; kepenk:
open the shutters panjurları açmak
put up the shutters kepenkleri indir-
mek (dükkânı akşam ya da sürekli
kapatmak)

shy shy • şay
/sıfat/ shier/shyer, shiest/shyest •
çekingen, sıkılgan, utangaç: a shy child
çekingen bir çocuk

shyness shy.ness • şay´nîs
/isim/ çekingenlik, sıkılganlık, utan-
gaçlık

sick sick • sîk
/sıfat/ sicker, sickest • hasta, rahatsız:

a sick child hasta bir çocuk
be sick hasta olmak: He didn't go to
school because he was sick. Hasta ol-
duğu için okula gitmedi.
feel sick at -e çok üzgün olmak
get sick hastalanmak, hasta olmak

sickness sick.ness • sîk´nîs
/isim/ çoğul sicknesses • hastalık:
sleeping sickness uyku hastalığı

¹side side • sayd
/isim/ çoğul sides • yan, taraf, kenar:
the four sides of a box bir kutunun
dört kenarı
side by side yan yana: They walked
side by side for a long time. Uzun süre
yan yana yürüdüler.

²side side • sayd
/sıfat/ 1. yan, yanda bulunan: side door
yan kapı side street yan sokak side
window yan pencere 2. yan, ikinci
derecede olan, ikincil
side effect yan etki

sidewalk side.walk • sayd´wôk
/isim/ çoğul sidewalks • yaya kaldırımı,
kaldırım
İng. pavement

Sierra Leone Si.er.ra Le.one • siyer´ı
liyon´, siyer´ı liyo´ni /isim/ Sierra
Leone

¹Sierra Leonean Si.er.ra Le.on.ean •
siyer´ı liyo´niyın /sıfat/ 1. Sierra
Leone'ye özgü 2. Sierra Leoneli

²Sierra Leonean Si.er.ra Le.on.ean •
siyer´ı liyo´niyın /isim/ çoğul Sierra
Leoneans • Sierra Leoneli

sieve sieve • sîv

/isim/ çoğul sieves • elek; kalbur

sift sift • sîft
/fiil/ sifts, sifting, sifted • elemek,
elekten geçirmek: Can you sift the
flour? Unu eleyebilir misin?

sigh sigh • say
/fiil/ sighs, sighing, sighed • iç çekmek,
içini çekmek, iç geçirmek, ahlamak

sight sight • sayt
/isim/ 1. görüş, görme: have good
sight görüşü iyi olmak
at first sight ilk görüşte; ilk bakışta
come into sight görünmeye başlamak:
A herd of deer came into sight in the
distance. Uzakta bir geyik sürüsü
belirdi.
in sight of görüş alanı içinde
lose sight of gözden kaybetmek: He
waited on the seashore until he lost
sight of the boat. Tekneyi gözden kay-
bedinceye kadar kıyıda bekledi.
2. görünüş, manzara: The sight of the
mountain from here is spectacular.
Dağın buradan görünüşü muhteşem.
3. çoğul sights • görmeye değer şey;
görülecek yer

sightseeing sight.see.ing • sayt´siyîng
/isim/ turistik yerleri gezme

¹sign sign • sayn
/isim/ çoğul signs • 1. işaret, gösterge,
sembol: division sign bölme işareti

2. işaret (el, yüz hareketleriyle gösterme): He gave me a sign to sit down. Oturmamı işaret etti. He made a sign for us to go. Gitmemiz için bir işaret yaptı.
sign language işaret dili
3. işaret, levha, tabela: traffic signs trafik işaretleri

²sign sign • sayn
/fiil/ signs, signing, signed • imzalamak, imza atmak: Did you sign all of the papers? Kâğıtların hepsini imzaladın mı?

signal sig.nal • sîg´nıl
/isim/ çoğul signals • işaret; sinyal: busy signal meşgul sesi turn signal sinyal lambası

signature sig.na.ture • sîg´nıçır
/isim/ çoğul signatures • imza

significant sig.nif.i.cant • sîgnîf´ıkınt
/sıfat/ önemli, dikkate değer: a significant amount önemli bir miktar

signpost sign.post • sayn´pôst
/isim/ çoğul signposts • yol gösteren levha; işaret direği: We missed the signpost. Yol işaretini geçtik.

silence si.lence • say´lıns
/isim/ sessizlik, sükût: We listened to him in silence. Sessizce onu dinledik.

silent si.lent • say´lınt

/sıfat/ sessiz: a silent house sessiz bir ev silent footsteps sessiz adımlar

silently si.lent.ly • say´lıntli
/zarf/ sessizce

silk silk • sîlk
/isim/ ipek: silk dress ipek elbise the Silk Road İpek Yolu

silkworm silk.worm • sîlk´wırm
/isim/ çoğul silkworms • ipekböceği

silly sil.ly • sîl´i
/sıfat/ sillier, silliest • 1. aptal, ahmak 2. saçma: Please don't sing that silly song. Lütfen o saçma şarkıyı söyleme. Don't be silly. Saçmalama.

¹silver sil.ver • sîl´vır
/isim/ gümüş
silver mine gümüş madeni

²silver sil.ver • sîl´vır
/sıfat/ gümüş: a silver ring gümüş bir yüzük

similar sim.i.lar • sîm´ılır
/sıfat/ benzer, benzeş: similar tastes benzer zevkler Tijen's bicycle is similar to mine. Tijen'in bisikleti benimkine benziyor.

similarity sim.i.lar.i.ty • sîmılır´ıti
/isim/ çoğul similarities • benzerlik, benzeyiş, benzeşlik

simple sim.ple • sîm´pıl
/sıfat/ simpler, simplest • 1. sade: a simple style sade bir tarz 2. basit, kolay: a simple solution basit bir çözüm

simultaneous si.mul.ta.ne.ous • saymıltey´niyıs /sıfat/ aynı zamanda olan, aynı zamanda meydana gelen, eşzamanlı

sin sin • sîn
/isim/ çoğul sins • günah

¹since since • sîns
/edat/ -den beri, -den itibaren: I haven't seen Sinem since last week. Sinem'i geçen haftadan beri görmedim.

²since since • sîns
/bağlaç/ 1. -eli, -eli beri: Where have you been since I've called you last night? Dün gece seni aradığımdan beri neredesin? 2. -diğine göre, madem; çünkü, -diği için, -den dolayı: We can eat dinner now, since he has arrived. O geldiğine göre akşam yemeğini yiyebiliriz.

³since since • sîns
/zarf/ o zamandan beri; ondan sonra: He left Saturday, and I haven't seen him since. Cumartesi gitti; o zamandan beri görmedim.

sincere sin.cere • sînsîr´
/sıfat/ sincerer/more sincere, sincerest/most sincere • içten, candan, samimi: She was sincere in her apology. Özrü samimiydi.

sincerely sin.cere.ly • sînsîr´li
/zarf/ içtenlikle, samimi olarak, samimiyetle

sing sing • sîng
/fiil/ sings, singing, sang, sung •
1. şarkı söylemek: sing a song bir şarkı söylemek 2. (kuş, böcek) ötmek: How does a bird sing? Bir kuş nasıl öter?

Singapore Sin.ga.pore • sîng´ıpor
/isim/ Singapur

¹Singaporean Sin.ga.po.re.an • sîngıpor´iyın /sıfat/ 1. Singapur'a özgü 2. Singapurlu

²Singaporean Sin.ga.po.re.an • sîngıpor´iyın /isim/ çoğul Singaporeans • Singapurlu

singer sing.er • sîng´ır
/isim/ çoğul singers • şarkıcı

singing sing.ing • sîng´îng
/isim/ 1. şarkı söyleme 2. ötme, şakıma: singing of birds kuşların şakıması

single sin.gle • sîng´gıl
/sıfat/ 1. tek: There wasn't a single tree in the garden. Bahçede tek bir ağaç yoktu.
single file tek sıra halinde
single ticket Ing., bkz. one-way ticket
2. tek kişilik: single bed tek kişilik yatak single room tek kişilik oda
3. bekâr: a single person bekâr bir kişi

singular sin.gu.lar • sîng´gyılır
/sıfat/ (dilbilgisi) tekil: singular noun tekil isim

¹sink sink • sîngk
/fiil/ sinks, sinking, sank/sunk, sunk/sunken • batmak; batırmak: I hope our boat doesn't sink. Umarım gemimiz batmaz.

²**sink** sink • sîngk
/isim/ çoğul sinks • eviye; lavabo

sir sir • sır
/isim/ bey, beyefendi: Can I help you, sir? Yardımcı olabilir miyim beyefendi?

sister sis.ter • sîs´tır
/isim/ çoğul sisters • kızkardeş: My sister's name is Ayla. Kızkardeşimin adı Ayla. older sister abla younger sister (küçük) kızkardeş

sister-in-law sis.ter-in-law • sîs´tırînlô
/isim/ çoğul sisters-in-law • görümce; yenge; baldız

sit sit • sît
/fiil/ sits, sitting, sat • oturmak: sit in an armchair bir koltuğa oturmak sit on a chair bir sandalyeye oturmak sit down (bir yere) oturmak Sit down. Oturun. (Otur.) sit down for dinner sofraya oturmak: Please sit down for dinner. Lütfen yemeğe oturun.

site site • sayt
/isim/ çoğul sites • yer, alan: archaeological site arkeolojik kazı yeri picnic site piknik yeri

situation sit.u.a.tion • sîçuwey´şın
/isim/ çoğul situations • 1. durum: a difficult situation zor bir durum an unusual situation olağandışı bir durum 2. yer, konum: geographical situation coğrafi konum

six six • sîks
/isim, sıfat/ altı

sixteen six.teen • sîkstin´
/isim, sıfat/ on altı

sixteenth six.teenth • sîkstinth´
/sıfat, isim/ 1. on altıncı 2. on altıda bir

sixth sixth • sîksth
/sıfat, isim/ 1. altıncı 2. altıda bir

sixtieth six.ti.eth • sîks´tiyîth
/sıfat, isim/ 1. altmışıncı 2. altmışta bir

sixty six.ty • sîks´ti
/isim, sıfat/ altmış

size size • sayz
/isim/ çoğul sizes • 1. büyüklük 2. boyut, ölçü; beden, numara: clothing size elbise bedeni shoe size ayakkabı numarası small size küçük beden

¹**skate** skate • skeyt
/isim/ çoğul skates • paten

²**skate** skate • skeyt
/fiil/ skates, skating, skated • patinaj yapmak, patenle kaymak

skateboard skate.board • skeyt´bôrd
/isim/ çoğul skateboards • kaykay

skating skat.ing • skey´tîng
/isim/ patinaj, patenle kayma

skeleton skel.e.ton • skel´ıtın
/isim/ çoğul skeletons • iskelet: a dinosaur skeleton bir dinozor iskeleti human skeleton insan iskeleti

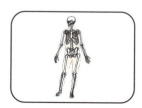

sketch sketch • skeç
/isim/ çoğul sketches • taslak, eskiz; kroki

¹ski ski • ski
/isim/ çoğul skis • kayak, ski: ski suit kayak elbisesi

²ski ski • ski
/fiil/ skis, skiing, skied • kayak yapmak: We went to the mountains to ski. Kayak yapmaya dağlara gittik.

skier ski.er • ski´yır
/isim/ çoğul skiers • kayakçı

skiing ski.ing • ski´yîng
/isim/ kayak, ski, kayak yapma; kayakçılık: Let's go skiing. Haydi kayak yapmaya gidelim.

skilful skil.ful • skîl´fıl
/sıfat/ bkz. **skillful**

skill skill • skîl
/isim/ çoğul skills • beceri, ustalık: I was surprised at his carpentry skill. Onun marangozluk becerisine şaşırdım. practical skill pratik beceri show great skill in art sanatta büyük ustalık göstermek

skillful skill.ful • skîl´fıl
/sıfat/ becerikli, usta: a skillful driver usta bir sürücü
İng. **skilful**

skin skin • skîn
/isim/ çoğul skins • 1. cilt, deri, ten: dark skin koyu ten dry skin kuru cilt skin disease cilt hastalığı smooth skin pürüzsüz cilt 2. post: leopard skin leopar postu 3. kabuk: banana skin muz kabuğu potato skin patates kabuğu

skinny skin.ny • skîn´i
/sıfat/ skinnier, skinniest • sıska: a skinny cat sıska bir kedi

skip skip • skîp
/fiil/ skips, skipping, skipped • 1. hoplaya zıplaya yürümek: The girls skipped down the street. Kızlar sokakta hoplaya zıplaya gittiler. 2. atlamak skip rope bkz. jump rope
3. bir şeyleri atlayarak (başka konuya) geçmek; okumadan geçmek: He read that book from start to finish without skipping a page. O kitabı başından sonuna sayfa atlamadan okudu.

skirt skirt • skırt
/isim/ çoğul skirts • etek: a long skirt uzun bir etek velvet skirt kadife etek

skull skull • skʌl
/isim/ çoğul skulls • kafatası

skunk skunk • skʌngk
/isim/ çoğul skunks • kokarca

sky sky • skay
/isim/ çoğul skies • gökyüzü, gök: blue sky mavi gökyüzü sky blue gök mavisi The sky is cloudy. Gökyüzü bulutlu.

skyrocket sky.rock.et • skay´rakît
/isim/ çoğul skyrockets • havai fişek

skyscraper sky.scrap.er • skay´skreypır

/isim/ çoğul skyscrapers • gökdelen

slang slang • släng
/isim/ argo: seaman's slang denizci argosu

¹slap slap • släp
/fiil/ slaps, slapping, slapped • tokat atmak; şamar atmak
slap someone in the face birinin yüzüne tokat atmak

²slap slap • släp
/isim/ çoğul slaps • tokat; şamar
slap in the face tersleme, şamar

slash slash • släş
/isim/ çoğul slashes • eğik çizgi
slash mark bkz. slash

slaughter slaugh.ter • slô´tır
/isim/ 1. (kasaplık hayvanı) kesme, kesim. 2. toptan öldürme, kıyım, kırım, katliam

slave slave • sleyv
/isim/ çoğul slaves • köle, tutsak, esir
become a slave to/of -in kölesi olmak: Don't become a slave to money. Paranın kölesi olmayın.

sled sled • sled
/isim/ çoğul sleds • kızak
İng. sledge (2.)

sledge sledge • slec
/isim/ çoğul sledges • 1. yük kızağı 2. bkz. sled

¹sleep sleep • slip
/fiil/ sleeps, sleeping, slept • uyumak: Did you sleep well last night? Dün gece iyi uyudun mu?
sleep in (uykudan) geç kalkmak

²sleep sleep • slip
/isim/ uyku: My sleep was interrupted by a dog barking. Uykum bir köpeğin havlamasıyla bölündü. sleep mask uyku maskesi
go to sleep uyumak: I'll go to sleep early. Erken uyuyacağım.
talk in one's sleep uykusunda konuşmak: Do you talk in your sleep? Uykunda konuşur musun?

sleeping sleep.ing • sli´pîng
/isim/ uyuma
sleeping bag uyku tulumu
sleeping car yataklı vagon
sleeping pill uyku hapı

sleepwalk sleep.walk • slip´wôk
/fiil/ sleepwalks, sleepwalking, sleepwalked • uykuda gezmek: He used to sleepwalk when he was a child. Çocukken uykusunda gezerdi.

sleepwalker sleep.walk.er • slip´wôkır
/isim/ çoğul sleepwalkers • uyurgezer

sleepy sleep.y • sli´pi
/sıfat/ sleepier, sleepiest • uykulu: sleepy eyes uykulu gözler

sleet sleet • slit
/isim/ sulusepken kar

sleeve sleeve • sliv
/isim/ çoğul sleeves • (giysi için) kol:

363 →→→Slovak

a dress with long sleeves uzun kollu bir elbise coat sleeve palto kolu shirt sleeve gömlek kolu

slender slen.der • slen´dır
/sıfat/ ince, narin

slept slept • slept
/fiil/ bkz. **¹sleep**

¹slice slice • slays
/isim/ çoğul slices • dilim: a slice of bread bir dilim ekmek

²slice slice • slays
/fiil/ slices, slicing, sliced • dilimlemek, dilim dilim kesmek

slid slid • slîd
/fiil/ bkz. **slide**

slide slide • slayd
/fiil/ slides, sliding, slid • kaymak; kaydırmak
sliding door sürme kapı

slight slight • slayt
/sıfat/ slighter, slightest • az; ufak, küçük; hafif, önemsiz: a slight change küçük bir değişim

slightly slight.ly • slayt´li
/zarf/ biraz, birazcık, hafifçe: I'm slightly surprised by your comments. Yorumlarınız beni biraz şaşırttı.

slim slim • slîm
/sıfat/ slimmer, slimmest • 1. ince, narin: That dress makes you look slim. O elbise seni ince gösteriyor. 2. (olasılık, umut v.b. için) zayıf, az: a slim chance zayıf bir olasılık

¹slip slip • slîp

/fiil/ slips, slipping, slipped • 1. kaymak: I slipped on the ice and fell. Buzda kayıp düştüm. 2. on (giysiyi) giyivermek, üstüne geçirivermek 3. off (giysiyi) çıkarıvermek 4. into içeri süzülüvermek 5. out of dışarı süzülüvermek, dikkati çekmeden çıkmak
slip one's mind unutmak: I can't believe the date slipped your mind. Randevuyu unuttuğuna inanamıyorum.

²slip slip • slîp
/isim/ 1. kayma, ayak kayması. 2. çoğul slips • yanlışlık, ufak yanlış
slip of the tongue dil sürçmesi
3. çoğul slips • kombinezon

³slip slip • slîp
/isim/ çoğul slips • 1. ufak kâğıt parçası: He wrote his phone number on a slip of paper. Telefon numarasını bir kâğıt parçasına yazdı. 2. (kâğıt) fiş

slipper slip.per • slîp´ır
/isim/ çoğul slippers • terlik, pantufla: My slippers are near the door. Terliklerim kapının yanında.
a pair of slippers bir çift terlik
rubber slipper lastik terlik

slippery slip.per.y • slîp´ıri
/sıfat/ kaygan

slogan slo.gan • slo´gın
/isim/ çoğul slogans • slogan

slope slope • slop
/isim/ çoğul slopes • yokuş, bayır, yamaç; rampa, eğim: We ran up a steep slope. Dik bir yokuşu koşarak çıktık.

¹Slovak Slo.vak • slo´vak, slo´väk
/sıfat/ 1. Slovak 2. Slovakça

²**Slovak** Slo.vak • slo´vak, slo´väk
/isim/ 1. çoğul Slovaks • Slovak
2. Slovakça

Slovakia Slo.vak.i.a • slova´kıyı,
slovä´kıyı /isim/ Slovakya

Slovene Slo.vene • slo´vin
/isim/ çoğul Slovenes • Sloven

Slovenia Slo.ve.ni.a • slovi´niyı, slovin´yı
/isim/ Slovenya

¹**Slovenian** Slo.ve.nian • slovi´niyın
/sıfat/ 1. Sloven 2. Slovence

²**Slovenian** Slo.ve.nian • slovi´niyın
/isim/ Slovence

¹**slow** slow • slo
/sıfat/ slower, slowest • yavaş, ağır:
a slow train yavaş giden bir tren
If you are too slow, we won't wait. Çok
yavaş olursan seni beklemeyiz.

²**slow** slow • slo
/fiil/ slows, slowing, slowed •
(down) yavaşlamak; yavaşlatmak: He
slowed his car down for a better look.
Daha iyi bakabilmek için arabasını yavaşlattı.

slowly slow.ly • slo´li
/zarf/ yavaş yavaş, ağır ağır: Could
you speak a little more slowly? Biraz
daha yavaş konuşabilir misin?

slug slug • slʌg
/isim/ çoğul slugs • sümüklüböcek

small small • smôl
/sıfat/ smaller, smallest • küçük, ufak:
a small dog küçük bir köpek a small
house küçük bir ev This place is small
but the food is excellent. Burası küçük
bir yer ama yemekler mükemmel.
small talk hoşbeş

smallpox small.pox • smôl´paks
/isim/ çiçek hastalığı

smart smart • smart
/sıfat/ smarter, smartest • zeki, akıllı:
a smart person zeki bir insan a smart
question zekice bir soru
smart aleck ukala, bilgiç

smash smash • smäş
/fiil/ smashes, smashing, smashed •
paramparça etmek; tuzla buz olmak:
The thief smashed the driver's side
window. Hırsız sürücü tarafındaki camı
parçaladı. He smashed the door in.
Kapıyı kırdı.

¹**smell** smell • smel
/fiil/ smells, smelling, smelled/smelt •
koklamak; -in kokusunu duymak, -in
kokusunu almak: I smell bread baking
in the oven. Fırında pişen ekmeğin
kokusunu alıyorum. smell good iyi
kokmak
smell like gibi kokmak

²**smell** smell • smel
/isim/ çoğul smells • koku: Orange blossoms have a lovely smell. Portakal
çiçeklerinin çok güzel bir kokusu var.

smelt smelt • smelt

/fiil/ bkz. ¹smell

¹smile smile • smayl
/fiil/ smiles, smiling, smiled • gülümsemek, tebessüm etmek: He kept on smiling. Gülümsemeye devam etti. smile at (someone) (birine) gülümsemek: I feel happy when you smile at me. Bana gülümsediğinde kendimi mutlu hissediyorum.

²smile smile • smayl
/isim/ çoğul smiles • tebessüm, gülümseme: He has a very nice smile. Onun çok güzel bir gülümsemesi var. give (someone) a happy smile (birine) tebessüm etmek

smog smog • smag
/isim/ kirli hava, kirli hava kütlesi; dumanlı sis

¹smoke smoke • smok
/isim/ duman: a cloud of black smoke siyah bir duman bulutu

²smoke smoke • smok
/fiil/ smokes, smoking, smoked •
1. sigara içmek: Has he ever smoked cigarettes in his life? Yaşamı boyunca hiç sigara içti mi?
No smoking. Sigara içilmez.
2. tütmek, duman çıkarmak

smoker smok.er • smoˈkır
/isim/ çoğul smokers • sigara/puro/pipo içen kimse

smooth smooth • smudh
/sıfat/ smoother, smoothest • 1. düzgün, pürüzsüz: smooth road düzgün yol smooth skin pürüzsüz cilt The surface of the table was very smooth. Masanın yüzeyi çok düzgündü. 2. çalkantısız: smooth sea dalgasız deniz

snack snack • snäk
/isim/ çoğul snacks • hafif yemek; (ara öğünlerde yenilen) atıştırmalık

snail snail • sneyl
/isim/ çoğul snails • salyangoz: the trail of the snail salyangozun izi

snake snake • sneyk
/isim/ çoğul snakes • yılan: snake charmer yılan oynatıcısı

sneaker sneak.er • sniˈkır
/isim/ çoğul sneakers • tenis ayakkabısı
a pair of sneakers bir çift tenis ayakkabısı
İng. trainer

sneeze sneeze • sniz
/fiil/ sneezes, sneezing, sneezed • aksırmak, hapşırmak: Black pepper makes him sneeze. Karabiber onu hapşırtıyor.

sniff sniff • snîf
/fiil/ sniffs, sniffing, sniffed • koklamak: The cat sniffed the milk. Kedi sütü kokladı.

snore snore • snôr
/fiil/ snores, snoring, snored • horlamak: Do you snore at night? Geceleri horlar mısın?

¹snow snow • sno

snow→→→

/isim/ kar: The children are playing in the snow. Çocuklar karda oynuyorlar.
snow crystal kar kristali
Snow White Pamuk Prenses

²snow snow • sno
/fiil/ snows, snowing, snowed • kar yağmak: It snowed heavily last night. Dün gece yoğun kar yağdı.

snowball snow.ball • sno´bôl
/isim/ çoğul snowballs • kar topu: The children threw snowballs at each other on their way to school. Çocuklar okul yolunda birbirlerine kar topu attılar.

snowflake snow.flake • sno´fleyk
/isim/ çoğul snowflakes • kar tanesi

snowman snow.man • sno´män
/isim/ çoğul snowmen • kardan adam: Can you make a huge snowman? Dev bir kardan adam yapabilir misin?

snowmen snow.men • sno´men
/isim/ bkz. snowman

snowstorm snow.storm • sno´stôrm
/isim/ çoğul snowstorms • kar fırtınası, tipi

snowy snow.y • sno´wi
/sıfat/ snowier, snowiest • karlı: a snowy day karlı bir gün

¹so so • so
/zarf/ 1. böyle, şöyle, öyle; böylece, şöylece, öylece: Hold the ball just so. Topu şöyle tut.
I hope so. Umarım öyle olur.
I think so. Öyle sanıyorum.
2. bu kadar, çok: I'm so glad to hear that. Bunu duyduğuma çok memnun oldum. so sad çok üzgün
so far şimdiye kadar
So long! (konuşma dili) Hoşça kal!
so many, so much belirli bir miktar
3. de, da, dahi: He is very sorry to be here today, and so am I. Bugün burada olduğuna çok üzgün, ben de.
and so on (and so forth) vesaire, ve benzerleri
So do I. Ben de.

²so so • so
/bağlaç/ bundan/ondan dolayı, bu/o nedenle, onun için: There was a snowstorm, so we couldn't go out. Tipi vardı, o nedenle dışarı çıkamadık.
So what? E?/Ne olacak?

soak soak • sok
/fiil/ soaks, soaking, soaked • 1. suya bastırmak 2. sırılsıklam etmek

soaked soaked • sokt
/sıfat/ sırılsıklam, sırsıklam
be soaked through yağmur iliklerine işlemek
get soaked sırılsıklam olmak

soap soap • sop
/isim/ çoğul soaps • sabun
soap bubble sabun köpüğü
soap opera (TV, radyo) melodram dizisi
soap powder toz sabun

soar soar • sôr
/fiil/ soars, soaring, soared • 1. hızla

yükselmek 2. havada süzülmek

sob sob • sab
/fiil/ sobs, sobbing, sobbed • hıçkırmak, hıçkırarak ağlamak: Her sobbing made us all feel sad. Onun hıçkırarak ağlaması hepimizi üzdü.

soccer soc.cer • sak´ır
/isim/ futbol, Ing. football (2.)
soccer ball futbol topu, Ing. football (3.)
soccer player futbolcu, Ing. footballer

sociable so.cia.ble • so´şıbıl
/sıfat/ girgin, sokulgan: a sociable friend girgin bir arkadaş

social so.cial • so´şıl
/sıfat/ sosyal, toplumsal: Ants are social animals. Karıncalar sosyal hayvanlardır. social classes sosyal sınıflar

society so.ci.e.ty • sısay´ıti
/isim/ 1. çoğul societies • toplum, topluluk: modern societies modern toplumlar 2. çoğul societies • dernek, cemiyet: folklore society folklor derneği 3. sosyete
high society yüksek sosyete

sock sock • sak
/isim/ çoğul socks • kısa çorap, şoset
a pair of socks bir çift çorap

soda so.da • so´dı
/isim/ 1. soda, maden sodası 2. sodyum bikarbonat

sofa so.fa • so´fı
/isim/ çoğul sofas • kanepe, sedir: lie back on the sofa kanepeye uzanmak

soft soft • sôft
/sıfat/ softer, softest • yumuşak: The rabbit's fur is soft. Tavşanın tüyleri yumuşak.

soft-boiled soft-boiled • sôft´boyld´
/sıfat/ rafadan (yumurta): soft-boiled egg rafadan yumurta

soften soft.en • sôf´ın
/fiil/ softens, softening, softened • yumuşatmak; yumuşamak

software soft.ware • sôft´wer
/isim/ (bilgisayar) yazılım

soil soil • soyl
/isim/ çoğul soils • toprak: I love to dig in the soil and plant seeds. Toprağı kazıp tohum ekmeyi çok seviyorum. organic soil organik toprak sandy soils kumlu topraklar

solar so.lar • so´lır
/sıfat/ güneşe ait, güneşle ilgili
solar year güneş yılı
the solar system güneş sistemi

sold sold • sold
/fiil/ bkz. sell

soldier sol.dier • sol´cır
/isim/ çoğul soldiers • asker

sole sole • sol
/isim/ çoğul soles • 1. (ayağa ait) taban: My soles hurt from walking. Yürümekten ayaklarımın altı acıdı. 2. (ayakkabıya ait) taban, pençe

solid→→→ 368

¹solid sol.id • sal´îd
/sıfat/ 1. katı: A rock is a solid object.
Kaya, katı bir maddedir. Ice is the solid
form of water. Buz, suyun katı halidir.
solid food katı yiyecek solid fuel katı
yakıt 2. som: solid gold som altın

²solid sol.id • sal´îd
/isim/ çoğul solids • katı madde; katı cisim

Solomon Islands Sol.o.mon Is.lands •
sal´ımın aylındz /isim/ (the) Solomon
Adaları

solution so.lu.tion • sılu´şın
/isim/ çoğul solutions • 1. çözüm, çö-
züm yolu: a peaceful solution barışçı
bir çözüm a simple solution kolay bir
çözüm find a solution to the problem
soruna bir çözüm bulmak 2. (kimya)
çözelti, eriyik: We mixed two solutions
of different temperatures. Farklı sı-
caklıktaki iki çözeltiyi karıştırdık.

solve solve • salv
/fiil/ solves, solving, solved • çözmek,
halletmek: Can you solve this prob-
lem? Bu problemi çözebilir misiniz?

¹Somali So.ma.li • soma´li
/sıfat/ 1. Somali'ye özgü. 2. Somalili
3. Somali diline özgü

²Somali So.ma.li • soma´li
/isim/ 1. çoğul Somalis • Somalili
2. Somali dili

Somalia So.ma.li.a • soma´liyı, somal´yı
/isim/ Somali

¹Somalian So.ma.li.an • soma´liyın,
somal´yın /sıfat/ bkz. ¹Somali

²Somalian So.ma.li.an • soma´liyın,

somal´yın /isim/ çoğul Somalians •
Somalili

¹some some • sʌm
/sıfat/ 1. (belirsiz) bir miktar: Would
you like some cake? Biraz kek alır
mıydınız? 2. bazı, kimi: Some roses
have no scent. Bazı güllerin kokusu
yoktur.

²some some • sʌm
/zarf/ 1. aşağı yukarı, ... kadar
2. biraz
some more tekrar, biraz daha

somebody some.bod.y • sʌm´badi,
sʌm´bıdi /zamir/ biri, birisi: Some-
body telephoned me. Biri beni aradı.

somehow some.how • sʌm´hau
/zarf/ nasılsa, her nasılsa, bir yolunu
bulup

someone some.one • sʌm´wʌn
/zamir/ biri, birisi
someone else başka biri, bir başkası

something some.thing • sʌm´thîng
/isim/ bir şey
something else başka bir şey

sometime some.time • sʌm´taym
/zarf/ bir gün; bir zaman: It was some-
time last year. Geçen yıl içinde bir gündü.

sometimes some.times • sʌm´taymz
/zarf/ bazen

somewhat some.what • sʌm´hwʌt
/zarf/ biraz: He's feeling somewhat
better. Kendini biraz daha iyi hissediyor.

somewhere some.where • sʌm´hwer
/zarf/ bir yerde; bir yere

son son • sʌn
/isim/ çoğul sons • oğul: They have a daughter and a son. Onların bir kızı, bir oğlu var.

song song • sông
/isim/ çoğul songs • şarkı: song contest şarkı yarışması They're singing my favorite song. En sevdiğim şarkıyı söylüyorlar.

son-in-law son-in-law • sʌn´înlô
/isim/ çoğul sons-in-law • damat

soon soon • sun
/zarf/ birazdan, çok geçmeden: Birgül will soon be there. Birgül birazdan orada olur. Soon your sister will start school. Yakında kız kardeşin okula başlayacak. You will soon arrive there. Birazdan oraya varırsın.
as soon as -er -mez: Please call us as soon as you arrive in Ankara. Ankara'ya varır varmaz lütfen bizi ara.
as soon as possible en kısa zamanda, bir an önce: I'll do it as soon as possible. En kısa sürede onu yapacağım.
sooner or later er geç: Sooner or later he will learn it. Er geç onu öğrenecek.

soothe soothe • sudh
/fiil/ soothes, soothing, soothed •
1. yatıştırmak, sakinleştirmek.
2. (ağrıyı) hafifletmek, dindirmek

¹sore sore • sôr
/sıfat/ sorer, sorest • ağrıyan; ağrılı; acıyan
sore throat boğaz ağrısı

²sore sore • sôr
/isim/ çoğul sores • yara

sorrow sor.row • sar´o
/isim/ çoğul sorrows • keder, acı: His sorrow is too great to express. Acısı anlatılamayacak denli büyük. joys and sorrows sevinçler ve acılar

sorry sor.ry • sar´i
/sıfat/ üzgün
be sorry üzülmek, üzgün olmak: I am sorry to have worried you. Seni merak içinde bıraktığım için üzgünüm.
Sorry! Üzgünüm!/Affedersiniz!

¹sort sort • sôrt
/isim/ çoğul sorts • çeşit, tür: What sort of books do you read? Ne tür kitaplar okuyorsun?
of sorts bir tür: It's a game of sorts. Bir tür oyun.
sort of (konuşma dili) bir yerde, bir bakıma

²sort sort • sôrt
/fiil/ sorts, sorting, sorted • ayırmak, sınıflamak: She was sorting her clothes for the laundry. Giysilerini çamaşır için gruplara ayırıyordu.

sought sought • sôt
/fiil/ bkz. seek

soul soul • sol
/isim/ çoğul souls • ruh

¹sound sound • saund
/isim/ çoğul sounds • ses: He entered the room without making a sound. Hiç

sound→→→ 370

ses çıkarmadan odaya girdi. sound of laughter kahkaha sesi sound wave ses dalgası

²**sound** sound • saund
/fiil/ sounds, sounding, sounded • 1. ses çıkarmak, çalmak: The bell sounded for lunch. Öğle yemeği zili çaldı. 2. çalmak: sound the alarm alarm zilini çalmak sound the horn korna çalmak 3. gibi gelmek, gibi görünmek: It sounds interesting to me. İlginç gibi geliyor bana.

³**sound** sound • saund
/sıfat/ sounder, soundest • 1. sağlam, sağlıklı, iyi durumda 2. sağlam, güvenilir 3. doğru, gerçeğe dayanan

soundproof sound.proof • saund´pruf
/sıfat/ ses geçirmez

soup soup • sup
/isim/ çoğul soups • çorba: fish soup balık çorbası traditional soups geleneksel çorbalar vegetable soup sebze çorbası

sour sour • saur
/sıfat/ sourer, sourest • ekşi: I put sour apples in the pie. Turtanın içine ekşi elma koydum. sour milk ekşi süt go sour 1. ekşimek 2. (işlerin) tadı kaçmak

source source • sôrs
/isim/ çoğul sources • kaynak; köken: source of information bilgi kaynağı source of light ışık kaynağı source of news haber kaynağı We looked for the source of the leak. Sızıntının kaynağını aradık.

¹**south** south • sauth

/isim/ güney: The wind is blowing from the south. Rüzgâr güneyden esiyor.

²**south** south • sauth
/sıfat/ güney: south wind güney rüzgârı the South Pole Güney Kutbu

South Africa South Af.ri.ca • sauth äf´rîkı /isim/ Güney Afrika

¹**South African** South Af.ri.can • sauth äf´rîkın /sıfat/ 1. Güney Afrika'ya özgü 2. Güney Afrikalı

²**South African** South Af.ri.can • sauth äf´rîkın /isim/ çoğul South Africans • Güney Afrikalı

southeast south.east • sauthist´
/isim, sıfat/ güneydoğu

southern south.ern • sʌdh´ırn
/sıfat/ güney, güneye ait the Southern Hemisphere Güney Yarıküre

southwest south.west • sauthwest´
/isim, sıfat/ güneybatı

souvenir sou.ve.nir • suvinîr´
/isim/ çoğul souvenirs • hatıra, andaç: souvenir shop hediyelik eşya dükkânı

space space • speys
/isim/ 1. boş yer: How much space is there on that CD? O CD'de ne kadar boş yer var? 2. çoğul spaces • yer, alan: parking space park yeri 3. uzay: space flight uzay uçuşu space station uzay istasyonu 4. çoğul spaces • boşluk, ara: the spaces between words sözcükler arasındaki boşluklar 5. çoğul spaces • mesafe: space of listening dinleme mesafesi

spacecraft space.craft • speys´kräft
/isim/ çoğul spacecraft • uzay gemisi

spaceship space.ship • speys´şîp
/isim/ çoğul spaceship • bkz. **spacecraft**

spade spade • speyd
/isim/ çoğul spades • (bahçıvanlık) bel

spaghetti spa.ghet.ti • spıget´i
/isim/ çoğul spaghetties • spagetti:
a plate of spaghetti bir tabak spagetti
spaghetti sauce spagetti sosu

Spain Spain • speyn
/isim/ İspanya

Spaniard Span.iard • spän´yırd
/isim/ çoğul Spaniards • İspanyol

¹Spanish Span.ish • spän´îş
/sıfat/ 1. İspanya'ya özgü 2. İspanyol
3. İspanyolca

²Spanish Span.ish • spän´îş
/isim/ İspanyolca
the Spanish İspanyollar

spanner span.ner • spän´ır
/isim/ çoğul spanners • bkz. **wrench**

spare spare • sper
/sıfat/ 1. yedek: spare parts yedek
parçalar 2. boş (zaman)
spare time boş zaman: What do you do
in your spare time? Boş zamanında

ne yapıyorsun?

spark spark • spark
/isim/ çoğul sparks • kıvılcım

sparkle spar.kle • spar´kıl
/fiil/ sparkles, sparkling, sparkled •
parıldamak, pırıldamak

sparrow spar.row • sper´o
/isim/ çoğul sparrows • serçe
sparrow hawk atmaca

spat spat • spät
/fiil/ bkz. **spit**

speak speak • spik
/fiil/ speaks, speaking, spoke, spoken •
1. konuşmak: Do you speak English?
İngilizce konuşabiliyor musun?
2. (gerçeği, sözü) söylemek: He always
speaks the truth. O daima doğruyu
söyler.

speaker speak.er • spi´kır
/isim/ çoğul speakers • 1. konuşmacı;
sözcü 2. spiker 3. hoparlör

speaking speak.ing • spi´kîng
/isim/ konuşma

special spe.cial • speş´ıl
/sıfat/ özel: She keeps her special belongings in a box. Özel eşyalarını bir
kutuda tutuyor.
special delivery, İng. express delivery
özel ulak, kapıya teslim

specialist spe.cial.ist • speş´ılîst
/isim/ çoğul specialists • 1. uzman:
Altan is a specialist in his field. Altan,
alanında uzmandır. 2. uzman doktor

specially spe.cial.ly • speş´ıli

/zarf/ özellikle

species spe.cies • spi´şiz
/isim/ çoğul species • (biyoloji) tür

specific spe.cif.ic • spîsîf´îk
/sıfat/ 1. belirli 2. kesin ve apaçık

spectacles spec.ta.cles • spek´tıkılz
/isim/ bkz. glasses

spectator spec.ta.tor • spek´teytır
/isim/ çoğul spectators • seyirci, izleyici: Hundreds of spectators had come to watch the runners. Yüzlerce seyirci koşucuları izlemeye gelmişti.

speech speech • spiç
/isim/ çoğul speeches • konuşma: We found his speech very interesting. Onun konuşmasını çok ilginç bulduk. give a speech bir konuşma yapmak: He gave a speech to a small crowd. Küçük bir kalabalığa konuşma yaptı.

speed speed • spid
/isim/ hız, sürat; çabukluk: at a slow speed düşük bir hızla at full speed son sürat speed limit hız sınırı, hız limiti
speed trap, İng. radar trap hız radarı

spell spell • spel
/fiil/ spells, spelling, spelled/İng. spelt •
1. (sözcüğü) yazım kurallarına göre yazmak: It is difficult to spell some English words. Bazı İngilizce sözcükleri yazmak zor. 2. (sözcüğün) harflerini söylemek, harflemek: Could you spell this word? Bu sözcüğü harf harf söyler misin?

spell-check spell-check • spel´çek
/fiil/ spell-checks, spell-checking, spell-checked • (bilgisayar programı ile) yazım kontrolü yapmak

spell-checker spell-check.er • spel´çekır /isim/ çoğul spell-checkers • (bilgisayar) yazım kontrol programı

spelling spell.ing • spel´îng
/isim/ yazım, imla

spelt spelt • spelt
/fiil/ bkz. spell

spend spend • spend
/fiil/ spends, spending, spent • harcamak, sarf etmek: How much money did you spend? Ne kadar para harcadın?

spending spend.ing • spen´dîng
/isim/ harcama
spending money bkz. pocket money

spent spent • spent
/fiil/ bkz. spend

sphere sphere • sfîr
/isim/ çoğul spheres • küre: a hollow sphere boş bir küre A sphere has no edge. Bir kürenin kenarı yoktur.

spice spice • spays
/isim/ çoğul spices • bahar, baharat

spicy spic.y • spay´si
/sıfat/ spicier, spiciest • baharatlı: spicy sauce baharatlı sos

spider spi.der • spay´dır
/isim/ çoğul spiders • örümcek: Spiders have eight legs. Örümceklerin sekiz bacağı vardır.

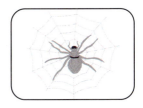

spill spill • spîl
/fiil/ spills, spilling, spilled/İng. spilt • kazara dökmek: He spilled milk on the floor. Yere kazara süt döktü.
spill the beans (konuşma dili) her şeyi ortaya dökmek; baklayı ağzından çıkarmak

spilt spilt • spîlt
/fiil/ bkz. **spill**

spin spin • spîn
/fiil/ spins, spinning, spun • 1. (yün v.b.'ni) eğirmek: Yelda is spinning the wool into wool yarn. Yelda, yünü eğirip yün ipliğe dönüştürüyor. 2. (ağ, koza) örmek: The spider spins his web and catches flies. Örümcek, ağını örer ve sinekleri yakalar. 3. (topaç v.b.) dönmek; (topaç v.b.'ni) döndürmek: Can you spin this top? Bu topacı döndürebilir misin?

spinach spin.ach • spîn´îç
/isim/ ıspanak: spinach soup ıspanak çorbası

spine spine • spayn
/isim/ çoğul spines • 1. bkz. **backbone** 2. diken

spiny spin.y • spay´ni
/sıfat/ spinier, spiniest • dikenli: a spiny cactus dikenli bir kaktüs

spiral spi.ral • spay´rıl
/sıfat/ helezoni, sarmal, spiral

spirit spir.it • spîr´ît
/isim/ çoğul spirits • ruh: Özer has a free spirit. Özer'in, özgür bir ruhu var.

spiritual spir.i.tu.al • spîr´îçuwıl
/sıfat/ 1. ruhsal, ruhi, ruhani, ruhla ilgili 2. dinsel, dini

spit spit • spît
/fiil/ spits, spitting, spit/spat • tükürmek: Don't spit on the ground. Yerlere tükürme.

spite spite • spayt
/isim/ kin, garaz; nispet
in spite of -e rağmen, -e karşın: He arrived there in spite of the storm. Fırtınaya rağmen oraya ulaştı.

splash splash • spläş
/fiil/ splashes, splashing, splashed • 1. on/with -e (su, çamur v.b.'ni) sıçratmak 2. (yüzüne) su çarpmak

splendid splen.did • splen´dîd
/sıfat/ 1. şahane, mükemmel, harika: a splendid idea harika bir fikir 2. muhteşem, görkemli

splendor splen.dor • splen´dır
/isim/ ihtişam, görkem
İng. **splendour**

splendour splen.dour • splen´dır
/isim/ bkz. **splendor**

splinter splin.ter • splîn´tır

/isim/ çoğul splinters • kıymık

split split • splît
/fiil/ splits, splitting, split • 1. kırmak; yarmak; çatlatmak; kırılmak; yarılmak; çatlamak
split hairs kılı kırk yarmak
split one's sides gülmekten katılmak, gülmekten kırılmak
2. (into) (-e) ayırmak, (-e) bölmek; (-e) ayrılmak, (-e) bölünmek: She split the chocolate into two. Çikolatayı ikiye böldü.

spoil spoil • spoyl
/fiil/ spoils, spoiling, spoiled/İng. spoilt • 1. bozmak: Bad weather spoiled their plans. Kötü hava planlarını bozdu.
2. (süt v.b.) bozulmak: The milk will spoil if you leave it out. Sütü dışarıda bırakırsan bozulur. 3. (birini) şımartmak: Don't spoil the kid so much. Çocuğu bu kadar şımartmayın.

spoilt spoilt • spoylt
/fiil/ bkz. spoil

spoke spoke • spok
/fiil/ bkz. speak

spoken spo.ken • spo´kın
/fiil/ bkz. speak

spokespeople spokes.peo.ple • spoks´pipıl /isim/ bkz. spokesperson

spokesperson spokes.per.son • spoks´pırsın /isim/ çoğul spokespersons/spokespeople • sözcü

sponge sponge • spʌnc
/isim/ çoğul sponges • sünger: bath sponge banyo süngeri
sponge cake pandispanya

sponsor spon.sor • span´sır
/isim/ çoğul sponsors • sponsor, destekleyici (kişi/kuruluş)

spontaneous spon.ta.ne.ous • spantey´niyıs /sıfat/ kendiliğinden olan, spontane: a spontaneous reaction spontane bir tepki

spoon spoon • spun
/isim/ çoğul spoons • kaşık

spoonful spoon.ful • spun´fûl
/isim/ çoğul spoonfuls/spoonsful • kaşık dolusu: a spoonful of sugar bir kaşık dolusu şeker

sport sport • spôrt
/isim/ 1. çoğul sports • spor 2. oyun; eğlence

sports sports • spôrts
/sıfat/ spor, sporla ilgili: sports car spor araba sports center spor merkezi

¹spot spot • spat
/isim/ çoğul spots • 1. benek, nokta: dark spot koyu benek 2. leke 3. yer: an ideal spot for a picnic piknik için ideal bir yer 4. İng. az bir miktar: a spot of azıcık, biraz

²spot spot • spat
/fiil/ spots, spotting, spotted • 1. görmek; seçmek; fark etmek, ayırt etmek
2. lekelemek; lekelenmek

spotted spot.ted • spat´ıd
/sıfat/ 1. benekli, noktalı 2. lekeli

sprain sprain • spreyn
/fiil/ sprains, spraining, sprained •
burkmak: sprain an ankle (ayak)
bileğini burkmak

sprang sprang • spräng
/fiil/ bkz. ¹spring

spray spray • sprey
/fiil/ sprays, spraying, sprayed •
püskürtmek, sıkmak: The elephant
sprayed us with water. Fil, üzerimize
su püskürttü.

spread spread • spred
/fiil/ spreads, spreading, spread •
1. yaymak, sermek: She spread the
cloth on the ground. Örtüyü yere
serdi. 2. (üstüne) sürmek; sürülmek:
Emel spread jam on her bread. Emel,
ekmeğine reçel sürdü. 3. yayılmak:
The news is spreading. Haber yayılıyor.

¹spring spring • sprîng
/fiil/ springs, springing, sprang/sprung,
sprung • 1. over/across bir sıçrayışta
aşmak: He sprang over the wall. Sıç-
rayıp duvarı aştı. 2. from -den kay-
naklanmak

²spring spring • sprîng
/isim/ çoğul springs • 1. ilkbahar, bahar:
spring rain bahar yağmuru spring
weather bahar havası We'll go to
Amasra in the spring. İlkbaharda
Amasra'ya gideceğiz. 2. pınar, kaynak:
spring water kaynak suyu 3. yay; zem-
berek

sprinkle sprin.kle • sprîng´kıl
/fiil/ sprinkles, sprinkling, sprinkled •

1. serpmek, serpiştirmek, ekmek
2. çiselemek

sprung sprung • sprʌng
/fiil/ bkz. ¹spring

spun spun • spʌn
/fiil/ bkz. spin

spy spy • spay
/isim/ çoğul spies • casus, ajan

¹square square • skwer
/isim/ çoğul squares • kare, dördül

²square square • skwer
/sıfat/ 1. kare, kare biçiminde:
a square box kare bir kutu a square
table kare bir masa
2. (matematik) kare
square centimeter santimetre kare
square kilometer kilometre kare
square meter metre kare
square root karekök

¹squash squash • skwaş
/fiil/ squashes, squashing, squashed •
ezmek; ezilmek: Don't squash my
flowers. Çiçeklerimi ezme.

²squash squash • skwaş
/isim/ çoğul squashes/squash • kabak

squat squat • skwat
/fiil/ squats, squatting, squatted •
çömelmek

squeeze squeeze • skwiz
/fiil/ squeezes, squeezing, squeezed •
1. (meyve, ıslak bez v.b.'ni) sıkmak: Squeeze a lemon in a glass full of water and drink it. Bir bardak suya bir limon sıkın ve için. squeeze a toothpaste tube diş macunu tüpünü sıkmak
2. into/in -e sıkıştırmak, -e tıkıştırmak, -e sokuşturmak; -e tıkışmak, -e tıkılmak: He squeezed three jackets into a small suitcase. Küçük bir bavula üç ceket tıkıştırdı.

squirrel squir.rel • skwır´ıl
/isim/ çoğul squirrels • sincap

Sri Lanka Sri Lan.ka • sri läng´kı
/isim/ Sri Lanka

¹**Sri Lankan** Sri Lan.kan • sri läng´kın
/sıfat/ 1. Sri Lanka'ya özgü 2. Sri Lankalı

²**Sri Lankan** Sri Lan.kan • sri läng´kın
/isim/ çoğul Sri Lankans • Sri Lankalı

stab stab • stäb
/fiil/ stabs, stabbing, stabbed •
1. bıçaklamak 2. batırmak, saplamak, delmek

stable sta.ble • stey´bıl
/sıfat/ stabler, stablest • 1. sağlam, kolayca sarsılmaz; güvenilir. 2. dengeli (kimse)

stadia sta.di.a • stey´diyı
/isim/ bkz. **stadium**

stadium sta.di.um • stey´diyım
/isim/ çoğul stadiums/stadia • stadyum, stat

staff staff • stäf
/isim/ 1. çoğul staffs/staves • değnek: a long staff uzun bir değnek 2. personel; kadro: office staff büro personeli The hospital staff works hard. Hastane personeli çok çalışır. the teaching staff of a school bir okulun eğitim kadrosu
staff room öğretmenler odası

stage stage • steyc
/isim/ çoğul stages • 1. sahne: She loves to perform on stage. O sahnede oynamayı çok seviyor. 2. aşama, evre: the early stages of a disease bir hastalığın başlangıç evreleri the final stage of the trip yolculuğun son aşaması

¹**stain** stain • steyn
/fiil/ stains, staining, stained • lekelemek

²**stain** stain • steyn
/isim/ çoğul stains • leke

stainless stain.less • steyn´lîs
/sıfat/ lekesiz
stainless steel paslanmaz çelik

stair stair • ster
/isim/ çoğul stairs • (merdivene ait) basamak

staircase stair.case • ster´keys
/isim/ çoğul staircases • (iki katı birbirine bağlayan) (bina içindeki) merdiven

stairs stairs • sterz

/isim/ (çoğul) merdiven

stairway stair.way • ster´wey
/isim/ çoğul stairways • (iki katı birbirine bağlayan) (bina içindeki/dışındaki) merdiven

stale stale • steyl
/sıfat/ staler, stalest • 1. bayat (taze olmayan): stale bread bayat ekmek 2. bayat (eskimiş, ilginçliğini yitirmiş): a stale joke bayat bir espri stale news bayat haber

stalk stalk • stôk
/isim/ çoğul stalks • (bitkide) sap

stall stall • stôl
/isim/ çoğul stalls • bkz. ²stand (1.)

stammer stam.mer • stäm´ır
/fiil/ stammers, stammering, stammered • pepelemek, kekelemek

¹stamp stamp • stämp
/isim/ çoğul stamps • 1. pul, posta pulu: postage stamp posta pulu stamp collector pul koleksiyoncusu 2. damga stamp pad ıstampa

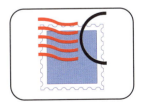

²stamp stamp • stämp
/fiil/ stamps, stamping, stamped • 1. (ayağını) hızla yere vurmak; tepinmek 2. damgalamak, damga vurmak

¹stand stand • ständ

/fiil/ stands, standing, stood • ayakta durmak; ayakta kalmak: Please don't stand, sit down. Lütfen ayakta kalmayın, oturun.
stand on one's own feet ayakları üzerinde durabilmek: You've got to learn to stand on your own feet. Ayaklarının üzerinde durabilmeyi öğrenmelisin.
stand up ayağa kalkmak: Eray stood up to ask a question. Eray, soru sormak için ayağa kalktı.
Stand up. Ayağa kalkın. (Ayağa kalk.)

²stand stand • ständ
/isim/ çoğul stands • 1. stand (sergi yeri); tezgâh 2. sehpa, ayaklık, ayak: microphone stand mikrofon ayağı music stand nota sehpası

¹standard stan.dard • stän´dırd
/isim/ çoğul standards • standart: game standards oyun standartları standard of living yaşam standardı

²standard stan.dard • stän´dırd
/sıfat/ standart: This is a standard procedure. Bu standart bir işlemdir.

stank stank • stängk
/fiil/ bkz. stink

stanza stan.za • stän´zı
/isim/ çoğul stanzas • şiir kıtası

¹staple sta.ple • stey´pıl
/isim/ çoğul staples • zımba teli

²staple sta.ple • stey´pıl
/fiil/ staples, stapling, stapled • (tel zımba ile) zımbalamak

stapler sta.pler • stey´plır
/isim/ çoğul staplers • tel zımba

star star • star
/isim/ çoğul **stars** • 1. yıldız
shooting star akanyıldız
2. yıldız, star: **opera star** opera yıldızı

starch starch • starç
/isim/ 1. nişasta 2. (çamaşırda kullanılan) kola

stare stare • ster
/fiil/ **stares, staring, stared** • (dikkatle) bakmak: **Don't stare at me.** Bana dik dik bakma.

starfish star.fish • star´fîş
/isim/ çoğul **starfish** • denizyıldızı

¹start start • start
/fiil/ **starts, starting, started** • başlamak; başlatmak: **Esat starts work at 8:30 A.M.** Esat, işe saat 8.30'da başlar. **start a new job** yeni bir işe başlamak **start to rain** (yağmur) yağmaya başlamak **When will the race start?** Yarış ne zaman başlayacak?

²start start • start
/isim/ 1. başlangıç 2. (spor) start, çıkış

starvation star.va.tion • starvey´şın
/isim/ açlık çekme

starve starve • starv
/fiil/ **starves, starving, starved** • 1. açlık çekmek: **The bird was starving in the winter.** Kuş, kışın açlık çekiyordu. 2. aç bırakmak

¹state state • steyt
/isim/ çoğul **states** • 1. durum, hal: **How is his state of health?** Onun sağlık durumu nasıl? 2. devlet; eyalet: **How many states are there in the USA?** ABD'de kaç eyalet vardır? **modern state of Turkey** modern Türkiye Devleti **the Member States of the European Union** Avrupa Birliği Üye Devletleri

²state state • steyt
/fiil/ **states, stating, stated** • söylemek, bildirmek, ifade etmek: **They stated their opinions.** Düşüncelerini bildirdiler.

statement state.ment • steyt´mınt
/isim/ çoğul **statements** • ifade; demeç

station sta.tion • stey´şın
/isim/ çoğul **stations** • 1. istasyon, gar; otogar, terminal, garaj; durak: **train station** tren istasyonu 2. (çeşitli hizmetler verilen) yer, mahal, istasyon: **pumping station** pompalama istasyonu 3. (radyo, TV) istasyon, kanal

stationery sta.tion.er.y • stey´şıneri
/isim/ kırtasiye

statistics sta.tis.tics • stıtîs´tîks
/isim/ 1. (çoğul) istatistik, sayılama 2. istatistik, sayımbilim

statue stat.ue • stäç´u
/isim/ çoğul **statues** • heykel: **the Statue of Liberty** Özgürlük Heykeli

staves staves • steyvz
/isim/ bkz. **staff** (1.)

stay stay • stey
/fiil/ stays, staying, stayed • kalmak:
stay (at) home evde kalmak stay for/to dinner akşam yemeğine kalmak stay out late geç saate kadar dışarıda kalmak Would you stay awhile? Biraz kalır mısın? You are likely to stay late at work today. Bugün geç saate kadar çalışacak gibisin.
be here to stay kalıcı olmak
stay away from -den uzak durmak

steady stead.y • sted´i
/sıfat/ steadier, steadiest • 1. sağlam; titremez, sarsılmaz 2. sabit, değişmez: He runs with a steady pace. Sabit bir hızla koşuyor. 3. sürekli, düzenli: a steady job düzenli bir iş 4. tutarlı, güvenilir

steak steak • steyk
/isim/ çoğul steaks • biftek: steak knife biftek bıçağı

steal steal • stil
/fiil/ steals, stealing, stole, stolen • çalmak, aşırmak; hırsızlık yapmak: Thieves stole Birol's bicycle. Hırsızlar Birol'un bisikletini çaldılar.

steam steam • stim
/isim/ buhar: steam engine buhar makinesi

¹steel steel • stil
/isim/ çelik: Steel consists of iron and carbon. Çelik, demir ve karbondan oluşur.

²steel steel • stil
/sıfat/ çelik (çelikten yapılmış): steel bridge çelik köprü

steep steep • stip
/sıfat/ steeper, steepest • dik, sarp: We climbed the steep hill. Dik yokuşu tırmandık.

steer steer • stîr
/fiil/ steers, steering, steered • direksiyonda olmak; direksiyon kullanmak: Can you steer the car? Direksiyonu kullanabilir misin?
steering wheel direksiyon

stem stem • stem
/isim/ çoğul stems • (bitkide) sap; gövde: Tulips have long stems. Lalelerin uzun sapları vardır.

¹step step • step
/isim/ çoğul steps • 1. adım: a baby's first steps bir bebeğin ilk adımları
step by step adım adım
watch one's step ayağını denk almak, adımlarına dikkat etmek
2. basamak

²step step • step
/fiil/ steps, stepping, stepped • adım atmak: He stepped slowly to the door. Yavaşça kapıya doğru gitti.

stepfather step.fa.ther • step´fadhır
/isim/ çoğul stepfathers • üvey baba

stepmother step.moth.er • step´mʌdhır
/isim/ çoğul stepmothers • üvey anne

¹stereo ster.e.o • ster´iyo

stereo→→→ 380

/isim/ çoğul stereos • stereo pikap;
stereo CD çalar

²stereo ster.e.o • ster´iyo
/sıfat/ stereo, stereofonik: stereo re-
cording stereo kayıt

sterling ster.ling • stır´lîng
/isim/ sterlin, İngiliz lirası

stethoscope steth.o.scope • steth´ıskop
/isim/ çoğul stethoscopes • stetoskop

¹stew stew • stu
/fiil/ stews, stewing, stewed • hafif
ateşte kaynatmak

²stew stew • stu
/isim/ çoğul stews • yahni, bastı, güveç

¹stick stick • stîk
/isim/ çoğul sticks • 1. değnek, sopa
2. bkz. walking stick

²stick stick • stîk
/fiil/ sticks, sticking, stuck •
1. in/into -e batırmak, -e saplamak;
-e batmak, -e saplanmak: A fishbone
stuck in his throat. Boğazına kılçık
battı. He stuck the needle into my
arm. İğneyi koluma batırdı.
stick one's nose into -e burnunu sok-
mak: Don't stick your nose into my
business. Burnunu benim işlerime
sokma.
2. yapıştırmak; yapışmak

sticky stick.y • stîk´i
/sıfat/ stickier, stickiest • 1. yapışkan
2. yapış yapış

stiff stiff • stîf
/sıfat/ stiffer, stiffest • 1. katı, sert (bir
şey) 2. kaskatı, gergin (kas)

have a stiff neck boynu tutulmak

¹still still • stîl
/sıfat/ stiller, stillest • 1. hareketsiz:
She can't sit still one minute. O, bir
dakika bile hareketsiz duramaz.
still life (resim) natürmort
2. rüzgârsız: a still day rüzgârsız bir gün
3. durgun: still water durgun su
4. sessiz; sakin

²still still • stîl
/zarf/ hâlâ, daha: Are you still eating?
Hâlâ yiyor musun? Is he still here? O
hâlâ burada mı? It's still raining. Hâlâ
yağıyor.

sting sting • stîng
/fiil/ stings, stinging, stung • 1. (arı
v.b.) sokmak: A bee stung him on his
arm. Bir arı onu kolundan soktu.
2. (bitki) dalamak: Nettles stung him.
Isırganotları onu daladı. 3. (biber, du-
man) yakmak: The smoke stung my
eyes. Duman gözlerimi yaktı.

stingy stin.gy • stîn´ci
/sıfat/ stingier, stingiest • cimri, eli sıkı,
pinti

stink stink • stîngk
/fiil/ stinks, stinking, stank/stunk,
stunk • pis kokmak; kokuşmak: This
room stinks. Bu oda pis kokuyor.

stir stir • stır
/fiil/ stirs, stirring, stirred • 1. karış-
tırmak: Would you stir the soup for me?
Benim için çorbayı karıştırır mısın?
2. harekete geçirmek

stock stock • stak
/isim/ çoğul stocks • stok, depodaki
mallar: Food stocks are running low.

Yiyecek stokları azalmakta.
in stock mevcut: That item is in stock.
O parça elimizde var.
out of stock elde kalmamış: That item is out of stock. O parça elimizde yok.
stock exchange (stock market) borsa

stocking stock.ing • stak´îng
/isim/ çoğul stockings • 1. (uzun) kadın çorabı: a pair of black stockings bir çift siyah çorap 2. çorap

stole stole • stol
/fiil/ bkz. steal

stolen sto.len • sto´lın
/fiil/ bkz. steal

stomach stom.ach • stʌm´ık
/isim/ çoğul stomachs • mide; karın

stomachache stom.ach.ache • stʌm´ıkeyk /isim/ çoğul stomachaches • mide ağrısı

stone stone • ston
/isim/ çoğul stones • 1. taş 2. bkz. ²pit

stood stood • stûd
/fiil/ bkz. ¹stand

stool stool • stul
/isim/ çoğul stools • tabure

¹stop stop • stap
/fiil/ stops, stopping, stopped • durmak;

durdurmak: You must stop at the red light. Kırmızı ışıkta durmalısın.
stop by (bir yere) uğramak: Yesterday we stopped by a bookstore. Dün bir kitapçıya uğradık.
stop work mola vermek; paydos etmek: Let's stop work today. Bugün mola verelim.

²stop stop • stap
/isim/ çoğul stops • 1. mola; duraklama 2. durak: Meet me at the bus stop. Benimle otobüs durağında buluş.

¹store store • stôr
/isim/ çoğul stores • 1. dükkân; mağaza: clothing store giyim mağazası 2. stok: store of fuel yakıt stoku 3. depo: military store askeri depo

²store store • stôr
/fiil/ stores, storing, stored • depolamak; (bir yerde) saklamak: They store their old bicycles in the attic. Eski bisikletlerini tavan arasında saklıyorlar.

storey sto.rey • stôr´i
/isim/ çoğul storeys • bkz. story (2.)

stork stork • stôrk
/isim/ çoğul storks • leylek

storm storm • stôrm
/isim/ 1. çoğul storms • fırtına 2. ani ve şiddetli tepki, tufan: storm of applause alkış tufanı

stormy storm.y • stôr´mi
/sıfat/ fırtınalı; sağanak yağışlı: It was a dark and stormy day. Kapalı ve fırtınalı bir gündü.

story sto.ry • stôr´i
/isim/ çoğul stories • 1. hikâye, öykü 2. (binada) kat, İng. **storey**

stove stove • stov
/isim/ çoğul stoves • 1. soba: gas stove gaz sobası 2. fırın (üstü ocak, altı fırın olan mutfak aleti), İng. **cooker**

¹straight straight • streyt
/sıfat/ straighter, straightest • 1. doğru; düz: straight angle doğru açı straight hair düz saç straight line düz çizgi straight road düz yol 2. doğru, yalan olmayan: straight answer dürüst yanıt

²straight straight • streyt
/zarf/ doğru, düz: Walk straight along this road. Bu yoldan dosdoğru yürü. go straight ahead dosdoğru gitmek

straighten straight.en • streyt´ın
/fiil/ straightens, straightening, straightened • 1. doğrultmak 2. up doğrulmak, dik duruma gelmek

strait strait • streyt
/isim/ çoğul straits • (denizde) boğaz: the Strait of Gibraltar Cebelitarık Boğazı

strange strange • streync
/sıfat/ stranger, strangest • tuhaf, acayip, garip: a strange place tuhaf bir yer He told us a strange story. Bize tuhaf bir öykü anlattı.

stranger strang.er • streyn´cır
/isim/ çoğul strangers • yabancı: They told her not to talk to strangers. Ona, yabancılarla konuşmamasını söylediler. be a stranger to -in yabancısı olmak

strap strap • sträp
/isim/ çoğul straps • 1. kayış 2. (kadın giysisini omuza tutturan) askı

strategy strat.e.gy • strät´ıci
/isim/ çoğul strategies • strateji

¹straw straw • strô
/isim/ 1. saman: straw bale saman balyası 2. çoğul straws • saman sapı 3. çoğul straws • pipet, kamış

²straw straw • strô
/sıfat/ samandan yapılmış, hasır: straw hat hasır şapka

strawberry straw.ber.ry • strô´beri
/isim/ çoğul strawberries • çilek: strawberry jam çilek reçeli

stream stream • strim
/isim/ çoğul streams • dere, çay, akarsu: A little stream runs behind the trees. Ağaçların ardında küçük bir dere akıyor. underground stream yeraltı nehri

street street • strit
/isim/ çoğul streets • cadde; sokak; yol: along the street cadde boyunca cross the street caddeyi geçmek

streetcar street.car • strit´kar

383 →→→stripe

/isim/ çoğul streetcars • tramvay
İng. tram

streetlamp street.lamp • strit´lämp
/isim/ çoğul streetlamps • bkz. street-
light

streetlight street.light • strit´layt
/isim/ çoğul streetlights • sokak lam-
bası

strength strength • strengkth
/isim/ kuvvet, güç: physical strength
bedensel güç strength of nature
doğanın gücü

strengthen strength.en • strengk´thın
/fiil/ strengthens, strengthening,
strengthened • kuvvetlendirmek,
güçlendirmek; sağlamlaştırmak;
takviye etmek

stress stress • stres
/isim/ çoğul stresses • 1. gerilim, stres
2. bkz. accent (2.)

stretch stretch • streç
/fiil/ stretches, stretching, stretched •
1. germek 2. esnetmek; esnemek
3. gerinmek

stretcher stretch.er • streç´ır
/isim/ çoğul stretchers • sedye: There
was a patient on the stretcher.
Sedyede bir hasta vardı.

stricken strick.en • strîk´ın
/fiil/ bkz. ¹strike

strict strict • strîkt
/sıfat/ stricter, strictest • 1. sert, katı,
kuralcı: I think the rules are too
strict. Bence kurallar çok katı. 2. sıkı:
strict control sıkı kontrol

stridden strid.den • strîd´ın
/fiil/ bkz. stride

stride stride • strayd
/fiil/ strides, striding, strode, stridden •
uzun adımlarla yürümek

¹strike strike • strayk
/fiil/ strikes, striking, struck,
struck/stricken • 1. vurmak; çarpmak:
He struck his fist on the table. Yum-
ruğunu masaya vurdu. 2. (yıldırım)
çarpmak: The plane was struck by
lightning. Uçağa yıldırım çarptı.
3. (kibrit) çakmak, yakmak

²strike strike • strayk
/isim/ çoğul strikes • grev: general
strike genel grev
be on strike grev yapmak
break a strike grev kırmak
go on strike greve gitmek

string string • strîng
/isim/ çoğul strings • 1. ip; sicim
string bag file
string bean çalıfasulyesi
2. (telli çalgılarda, piyanoda) tel
the strings telli çalgılar

stringed stringed • strîngd
/sıfat/ telli: stringed instrument telli
çalgı

strip strip • strîp
/fiil/ strips, stripping, stripped •
1. soymak: strip the bark off a tree
ağacın kabuğunu soymak 2. soyunmak
strip off soyunmak; (giysiyi) çıkarmak

stripe stripe • strayp
/isim/ çoğul stripes • (renkli) çizgi, yol:
a shirt with blue and white stripes
mavi beyaz çizgili bir gömlek

striped→→→ 384

Are the stripes of a zebra black or white? Zebranın çizgileri siyah mı yoksa beyaz mıdır?

striped striped • straypt
/sıfat/ çizgili

strode strode • strod
/fiil/ bkz. **stride**

stroke stroke • strok
/isim/ çoğul strokes • 1. vuruş, darbe
2. felç, inme

stroller stroll.er • stro´lır
/isim/ çoğul strollers • puset
İng. **pushchair**

strong strong • strông
/sıfat/ stronger, strongest • 1. güçlü, kuvvetli: strong muscles güçlü kaslar
2. dayanıklı, sağlam: a strong structure dayanıklı bir yapı

struck struck • strʌk
/fiil/ bkz. ¹**strike**

structure struc.ture • strʌk´çır
/isim/ çoğul structures • 1. yapı, bina: That structure was built well. O yapı iyi inşa edildi. 2. yapı: chemical structure kimyasal yapı the structure of a sentence bir cümlenin yapısı

¹**struggle** strug.gle • strʌg´ıl
/fiil/ struggles, struggling, struggled • çabalamak, uğraşmak, mücadele etmek

²**struggle** strug.gle • strʌg´ıl
/isim/ çoğul struggles • çabalama, uğraşma, mücadele: struggle against poverty yoksullukla mücadele

stubborn stub.born • stʌb´ırn
/sıfat/ 1. inatçı, dik başlı: That goat is very stubborn. O keçi çok inatçı.
2. inatçı, çetin, değiştirilmesi zor: a stubborn cough inatçı bir öksürük a stubborn resistance ısrarlı bir direniş stubborn stains inatçı lekeler

stuck stuck • stʌk
/fiil/ bkz. ²**stick**

student stu.dent • stu´dınt
/isim/ çoğul students • öğrenci: art student sanat öğrencisi

¹**study** stud.y • stʌd´i
/isim/ çoğul studies • 1. çalışma; araştırma, inceleme 2. çalışma odası

²**study** stud.y • stʌd´i
/fiil/ studies, studying, studied • 1. ders çalışmak: Did you study for your test? Sınavına çalıştın mı? 2. okumak, ... öğrenimi görmek
study at (bir yerde) eğitim görmek: He wants to study at a university in the USA. ABD'de bir üniversitede okumak istiyor.

¹**stuff** stuff • stʌf
/isim/ 1. madde: plastic stuff plastik madde 2. eşya: He has a lot of worthless stuff in his room. Odasında bir sürü değersiz eşya var.

²**stuff** stuff • stʌf
/fiil/ stuffs, stuffing, stuffed • (with) (ile) doldurmak

stung stung • stʌng
/fiil/ bkz. **sting**

stunk stunk • stʌngk
/fiil/ bkz. **stink**

stupid stu.pid • stu´pîd
/sıfat/ stupider, stupidest • 1. aptal,
ahmak, budala 2. aptalca, saçma:
I don't think it's a stupid question at all.
Bence bu hiç de aptalca bir soru değil.

style style • stayl
/isim/ çoğul styles • üslup, stil, tarz,
biçim: his style of leadership onun
liderlik tarzı She has her own style of
dress. Onun kendine özgü elbise stili
var. style of writing yazı tarzı

subject sub.ject • sʌb´cîkt
/isim/ çoğul subjects • 1. konu, mevzu:
Can we change the subject? Konuyu
değiştirebilir miyiz?
subject matter (kitap v.b. için) konu
2. (öğrenimi görülen) ders: Her favorite
subject is math. Onun en sevdiği ders
matematik. 3. (dilbilgisi) özne

submarine sub.ma.rine • sʌb´mırin
/isim/ çoğul submarines • denizaltı:
submarine base denizaltı üssü

submit sub.mit • sıbmît´
/fiil/ submits, submitting, submitted •
1. teslim olmak, boyun eğmek 2. arz
etmek, sunmak, bildirmek, vermek:
submit a petition dilekçe vermek

subscribe sub.scribe • sıbskrayb´
/fiil/ subscribes, subscribing,
subscribed • to (dergi, gazete v.b.'ne)
abone olmak: subscribe to a magazine
bir dergiye abone olmak

subsequent sub.se.quent • sʌb´sıkwınt
/sıfat/ sonraki, sonra gelen, (belirli bir
olayı) takip eden: the subsequent years
sonraki yıllar

substance sub.stance • sʌb´stıns
/isim/ 1. çoğul substances • madde: They
mixed together several substances.
Birkaç maddeyi birbirine karıştırdılar.
2. esas, asıl, öz: the substance of
speech konuşmanın özü

substantial sub.stan.tial • sıbstän´şıl
/sıfat/ 1. doyurucu, tatmin edici
2. önemli, kayda değer: a substantial
change önemli bir değişiklik

substitute sub.sti.tute • sʌb´stıtut
/fiil/ substitutes, substituting,
substituted • for 1. (geçici bir süre
için) (başkasının) yerine çalışmak;
(başkasına) vekâlet etmek: I substi-
tuted for Hasan when he was ill.
Hastalandığında Hasan'ın yerine ben
çalıştım. 2. -i (başka bir şeyin) yerine
kullanmak: You can substitute yogurt
for milk in this recipe. Bu tarifte
sütün yerine yoğurt kullanabilirsin.

subtract sub.tract • sıbträkt´
/fiil/ subtracts, subtracting,
subtracted • (matematik) 1. from (bir
sayıyı) (başka bir sayıdan) çıkarmak: 17
subtracted from 26 is 9. 26'dan 17 çı-
kınca 9 kalır. We subtracted 12 from
19 and got 7. 19'dan 12 çıkardık, 7 elde
ettik. 2. çıkarma işlemi yapmak: The
children learned how to subtract. Ço-
cuklar çıkarma işlemi yapmayı öğren-
diler.

subtraction sub.trac.tion • sıbträk´şın

suburb→→→ 386

/isim/ (matematik) çıkarma

suburb sub.urb • sʌbˊırb
/isim/ çoğul suburbs • varoş, dış mahalle:
The suburbs are more quiet than the
city center. Dış mahalleler şehir içinden
daha sakin.

subway sub.way • sʌbˊwey
/isim/ çoğul subways • 1. metro
İng. **underground**
2. bkz. **underpass** (1.)

succeed suc.ceed • sıksidˊ
/fiil/ succeeds, succeeding, succeeded •
1. başarmak, becermek, başarılı olmak:
I'm sure you will succeed if you try.
Çalışırsan başaracağından eminim.
2. izlemek, takip etmek, -den sonra
gelmek: Spring succeeded winter.
Kışı bahar izledi.

success suc.cess • sıksesˊ
/isim/ 1. başarı, başarma: What's the
secret of his success? Başarısının
sırrı nedir? 2. çoğul successes • başarı,
başarılı şey: a series of successes bir
dizi başarı

successful suc.cess.ful • sıksesˊfıl
/sıfat/ başarılı, muvaffak: a successful
actor başarılı bir aktör

such such • sʌç
/sıfat/ öyle, şöyle, böyle: I haven't heard
such music in years. Yıllardır böyle
müzik dinlemedim. It wasn't such a
hard test. O kadar zor bir sınav değildi.
I've never heard such nonsense. Böyle
saçma bir şey hiç duymadım.
such as gibi: domestic animals such
as cats and dogs kedi köpek gibi evcil
hayvanlar

suck suck • sʌk
/fiil/ sucks, sucking, sucked • emmek

Sudan Su.dan • sudänˊ
/isim/ Sudan

¹Sudanese Su.da.nese • sudınizˊ
/sıfat/ 1. Sudan'a özgü 2. Sudanlı

²Sudanese Su.da.nese • sudınizˊ
/isim/ çoğul Sudanese • Sudanlı

sudden sud.den • sʌdˊın
/sıfat/ ani: a sudden change ani bir
değişiklik a sudden impact ani bir etki
a sudden movement ani bir hareket
all of a sudden aniden, birdenbire,
ansızın: All of a sudden he began to run.
Aniden koşmaya başladı.

suddenly sud.den.ly • sʌdˊınli
/zarf/ aniden, birdenbire, ansızın:
Suddenly we heard a scream. Aniden
bir çığlık duyduk.

suffer suf.fer • sʌfˊır
/fiil/ suffers, suffering, suffered •
1. acı çekmek: He suffers from head-
aches. Baş ağrısı çekiyor. 2. (kötü bir
şeye) uğramak: Their company suffered
big losses. Şirketleri büyük zarara uğ-
radı.

sufficient suf.fi.cient • sıfîşˊınt
/sıfat/ yeterli, kâfi: sufficient evidence
yeterli kanıt sufficient information
yeterli bilgi sufficient time yeterli süre

suffix suf.fix • sʌfˊîks
/isim/ çoğul suffixes • (dilbilgisi) sonek

suffocation suf.fo.ca.tion • sʌfıkeyˊşın
/isim/ boğma; boğulma

sugar sug.ar • şûg´ır
/isim/ şeker
brown sugar esmer şeker
cube sugar, lump sugar kesmeşeker; küpşeker
granulated sugar tozşeker
powdered sugar, Ing. caster sugar, castor sugar pudraşeker, pudraşekeri
sugar beet şekerpancarı
sugar bowl, Ing. sugar basin şekerlik
sugar refinery şeker fabrikası

sugarcane sug.ar.cane • şûg´ırkeyn
/isim/ şekerkamışı

suggest sug.gest • sıgcest´, sıcest´
/fiil/ suggests, suggesting, suggested • önermek, (fikir) ileri sürmek: He suggested we travel by train. Trenle yolculuk etmemizi önerdi.

suggestion sug.ges.tion • sıgces´çın, sıces´çın /isim/ çoğul suggestions • öneri
at one's suggestion önerisiyle: At his suggestion, we planted a pine tree in our garden. Onun önerisiyle bahçemize bir çam ağacı diktik.
be open to new suggestions yeni önerilere açık olmak
make a suggestion (offer a suggestion) bir öneride bulunmak

suicide su.i.cide • su´wısayd
/isim/ çoğul suicides • intihar

¹suit suit • sut

/isim/ çoğul suits • (erkek için) takım elbise; (bayan için) döpiyes

²suit suit • sut
/fiil/ suits, suiting, suited • 1. uymak, uygun gelmek, (birine) göre olmak: What time would suit you? Size ne zaman uygun?
Suit yourself! Nasıl istersen!
2. -e yakışmak: That dress didn't suit her. O elbise ona yakışmadı.

suitable suit.a.ble • su´tıbıl
/sıfat/ uygun, elverişli: a suitable date uygun bir tarih suitable for children çocuklar için uygun

suitcase suit.case • sut´keys
/isim/ çoğul suitcases • bavul

sulk sulk • sʌlk
/fiil/ sulks, sulking, sulked • somurtmak, surat asmak

sultan sul.tan • sʌl´tın
/isim/ çoğul sultans • sultan (erkek hükümdar)

sum sum • sʌm
/isim/ çoğul sums • toplam; tutar: The sum of 7 and 2 is 9. 7 ve 2'nin toplamı 9'dur.
in sum sözün kısası, kısaca: In sum, I'm glad I saw him. Kısacası onu gördüğüme memnunum.
the sum total of -in toplamı: the sum

summarise→→→

total of his debt borçlarının toplamı

summarise sum.ma.rise • sʌmˈırayz
/fiil/ summarises, summarising, summarised • bkz. **summarize**

summarize sum.ma.rize • sʌmˈırayz
/fiil/ summarizes, summarizing, summarized • özetlemek: Özer summarized the story for us. Özer, öyküyü bize özetledi.
İng. **summarise**

summary sum.ma.ry • sʌmˈıri
/isim/ çoğul summaries • özet: a brief summary kısa bir özet

summer sum.mer • sʌmˈır
/isim/ çoğul summers • yaz, yaz mevsimi: summer holiday yaz tatili summer house yazlık, sayfiye
summer time bkz. daylight saving time

summit sum.mit • sʌmˈît
/isim/ çoğul summits • 1. zirve, doruk 2. zirve, zirve toplantısı
summit meeting zirve toplantısı

sun sun • sʌn
/isim/ güneş
the Sun (gökbilim) Güneş

sunbathe sun.bathe • sʌnˈbeydh
/fiil/ sunbathes, sunbathing, sunbathed • güneş banyosu yapmak

Sunday Sun.day • sʌnˈdi, sʌnˈdey
/isim/ çoğul Sundays • pazar günü, pazar: next Sunday gelecek pazar

sunflower sun.flow.er • sʌnˈflauwır
/isim/ çoğul sunflowers • ayçiçeği, günebakan

sung sung • sʌng
/fiil/ bkz. **sing**

sunglasses sun.glass.es • sʌnˈgläsîz
/isim/ (çoğul) güneş gözlüğü

sunk sunk • sʌngk
/fiil/ bkz. ¹**sink**

sunken sunk.en • sʌngˈkın
/fiil/ bkz. ¹**sink**

sunlight sun.light • sʌnˈlayt
/isim/ güneş ışığı

sunny sun.ny • sʌnˈi
/sıfat/ sunnier, sunniest • güneşli: a sunny day güneşli bir gün

sunrise sun.rise • sʌnˈrayz
/isim/ güneşin doğuşu

sunset sun.set • sʌnˈset
/isim/ çoğul sunsets • günbatımı

sunshine sun.shine • sʌnˈşayn
/isim/ güneş ışığı

sunstroke sun.stroke • sʌnˈstrok
/isim/ güneş çarpması

super su.per • suˈpır
/sıfat/ (konuşma dili) harika, çok güzel, süper

superficial su.per.fi.cial • supırfîşˈıl

/sıfat/ derin olmayan, yüzeysel

superlative su.per.la.tive • sıpır´lıtîv, sûpır´lıtîv /sıfat/ en iyi, mükemmel the superlative (degree) (dilbilgisi) enüstünlük derecesi

supermarket su.per.mar.ket • su´pır-markît /isim/ çoğul supermarkets • süpermarket

supernatural su.per.nat.u.ral • supırnäç´ırıl /sıfat/ doğaüstü, tabiat-üstü

superstition su.per.sti.tion • supırstîş´ın /isim/ çoğul superstitions • boş inanç, batıl inanç, hurafe

superstitious su.per.sti.tious • supırstîş´ıs /sıfat/ 1. boş inançtan kaynaklanan 2. boş inançlara inanan: Are you superstitious? Batıl inançların var mıdır?

supper sup.per • sʌp´ır /isim/ çoğul suppers • akşam yemeği: She usually helps her mother make supper. Genelde annesine akşam yemeği yapmakta yardım eder.

supplement sup.ple.ment • sʌp´lımınt /isim/ çoğul supplements • ilave, ek: the sports supplement of the newspaper gazetenin spor eki

¹supply sup.ply • sıplay´ /fiil/ supplies, supplying, supplied • (with) sağlamak, (gereksinimi) karşı-lamak: Their employer supplied them with uniforms. Patronları onların üni-formalarını sağladı.

²supply sup.ply • sıplay´

/isim/ çoğul supplies • (kullanıma hazır) stok, miktar supply and demand arz ve talep

¹support sup.port • sıpôrt´ /fiil/ supports, supporting, supported • desteklemek: That column is supporting the building. O kolon binayı destekliyor.

²support sup.port • sıpôrt´ /isim/ destek, destekleme

suppose sup.pose • sıpoz´ /fiil/ supposes, supposing, supposed • 1. zannetmek, sanmak: I suppose it will rain. Sanırım (yağmur) yağacak. I suppose so. Öyle sanıyorum. 2. farz etmek, varsaymak: Suppose you are a clown. Palyaço olduğunu farz et.

supreme su.preme • sıprim´, sûprim /sıfat/ 1. en büyük, üstün; üstün dere-cedeki 2. en yüksek rütbeli

¹sure sure • şûr /sıfat/ surer, surest • 1. emin: Are you sure you want to come with us? Bizimle gelmek istediğinden emin misin? be sure of oneself kendinden emin olmak make sure emin olmak için gerekeni yapmak 2. kesin

²sure sure • şûr /zarf/ tabii, elbette

¹surf surf • sırf /isim/ kıyıya çarpıp çatlayan dalgalar

²surf surf • sırf /fiil/ surfs, surfing, surfed • 1. (spor) sörf yapmak: Haluk goes surfing

surface→→→ 390

when the weather is nice. Haluk, hava güzel olunca sörf yapar. 2. (bilgisayar) (İnternet üzerinde) sörf yapmak

surface sur.face • sır´fîs
/isim/ çoğul surfaces • yüzey: A cube has six surfaces. Bir kübün altı yüzü vardır. the surface of the Earth Dünya'nın yüzeyi The surface of the water appeared calm. Denizin yüzeyi sakin görünüyordu.

surfing surf.ing • sırf´îng
/isim/ 1. (spor) sörf 2. (bilgisayar) (İnternet üzerinde) sörf yapma

surgeon sur.geon • sır´cın
/isim/ çoğul surgeons • cerrah, operatör

surgery sur.ger.y • sır´cıri
/isim/ 1. cerrahlık, cerrahi 2. ameliyathane 3. ameliyat, operasyon 4. çoğul surgeries • bkz. doctor's office

Surinam Su.ri.nam • sûr´ınäm
/isim/ bkz. Suriname

Suriname Su.ri.na.me • sûrına´mı
/isim/ Surinam

Surinamer Su.ri.nam.er • sûr´ınamır
/isim/ çoğul Surinamers • Surinamlı

¹Surinamese Su.ri.nam.ese • sûrınımız´
/sıfat/ 1. Surinam'a özgü 2. Surinamlı

²Surinamese Su.ri.nam.ese • sûrınımız´
/isim/ çoğul Surinamese • bkz. Surinamer

surname sur.name • sır´neym
/isim/ çoğul surnames • soyadı

¹surprise sur.prise • sırprayz´
/isim/ 1. çoğul surprises • sürpriz: They gave her a surprise party on her birthday. Yaş gününde ona sürpriz bir parti yaptılar. 2. şaşkınlık, hayret

²surprise sur.prise • sırprayz´
/fiil/ surprises, surprising, surprised • sürpriz yapmak; şaşırtmak: Did I surprise you? Seni şaşırttım mı? I'm surprised at you. Sana şaşıyorum.

surprised sur.prised • sırprayzd´
/sıfat/ şaşkın, şaşırmış: She had a surprised expression on her face. Yüzünde şaşkın bir ifade vardı.

surprising sur.pris.ing • sırpray´zîng
/sıfat/ şaşırtıcı: a surprising guess şaşırtıcı bir tahmin

surrender sur.ren.der • sıren´dır
/fiil/ surrenders, surrendering, surrendered • 1. teslim etmek; teslim olmak: The terrorists finally surrendered to the police. Teröristler sonunda polise teslim oldu. 2. -den feragat etmek; vermek, bırakmak

surround sur.round • sıraund´
/fiil/ surrounds, surrounding, surrounded • 1. çevrelemek, çevirmek: The garden is surrounded by trees. Bahçe ağaçlarla çevrili. 2. kuşatmak: The tanks surrounded the city. Tanklar şehri kuşattı.

¹survey sur.vey • sırvey´

391 →→→sweat

/fiil/ surveys, surveying, surveyed •
1. bütünüyle ele almak, incelemek,
gözden geçirmek 2. göz gezdirmek,
şöyle bir bakmak 3. (bir yerin) ölçümünü
yapıp haritasını çıkarmak 4. anket
sorusu sormak

²survey sur.vey • sırvey´
/isim/ 1. çoğul surveys • inceleme, araş-
tırma; genel bakış 2. (bir yerin) ölçümünü
yapıp haritasını çıkarma 3. çoğul surveys •
anket: Would you participate in my
survey? Anketime katılır mısın?

survive sur.vive • sırvayv´
/fiil/ survives, surviving, survived •
sağ kalmak; ayakta kalmak: All of the
passengers survived the ship wreck.
Yolcuların hepsi gemi kazasında sağ
kaldılar. Only the driver survived the
accident. Kazadan yalnızca sürücü
kurtuldu.

¹suspect sus.pect • sıspekt´
/fiil/ suspects, suspecting, suspected •
kuşku duymak, şüphe etmek

²suspect sus.pect • sʌs´pekt
/isim/ çoğul suspects • sanık

suspicion sus.pi.cion • sıspîş´ın
/isim/ çoğul suspicions • şüphe, kuşku;
vehim: on suspicion of murder cinayet
şüphesiyle under suspicion şüphe
altında

suspicious sus.pi.cious • sıspîş´ıs
/sıfat/ kuşku dolu; şüphe içinde;
kuşku duyan

¹swallow swal.low • swal´o
/fiil/ swallows, swallowing, swallowed •
yutmak: Did you swallow your gum?
Sakızını yuttun mu?

²swallow swal.low • swal´o
/isim/ çoğul swallows • kırlangıç

swam swam • swäm
/fiil/ bkz. ¹swim

swamp swamp • swamp
/isim/ çoğul swamps • bataklık

swan swan • swan
/isim/ çoğul swans • kuğu

¹Swazi Swa.zi • swa´zi
/sıfat/ 1. Swazi, Svazi, Swazi halkına
özgü 2. Swazice, Svazice

²Swazi Swa.zi • swa´zi
/isim/ 1. çoğul Swazi/Swazis • Swazi,
Svazi 2. Swazice, Svazice

Swaziland Swa.zi.land • swa´ziländ
/isim/ Swaziland, Svaziland

swear swear • swer
/fiil/ swears, swearing, swore, sworn •
1. sövmek, küfretmek: I never heard
him swear. Onun küfrettiğini hiç duy-
madım.
swear at (birine) küfretmek
2. yemin etmek, ant içmek: They all
swore not to say anything. Hiçbir şey
söylememeye yemin ettiler.
I swear ... Yemin ederim ki ...
swear by -e çok güvenmek

¹sweat sweat • swet
/isim/ ter
sweat suit eşofman, İng. tracksuit
It's no sweat! (konuşma dili) Problem
değil!

²sweat sweat • swet
/fiil/ sweats, sweating, sweat/sweated •
terlemek

sweater→→→

sweater sweat.er • swet´ır
/isim/ çoğul **sweaters** • kazak, hırka, süveter

sweatshirt sweat.shirt • swet´şırt
/isim/ çoğul **sweatshirts** • eşofman üstü; kalın, pamuklu süveter

Swede Swede • swid
/isim/ çoğul **Swedes** • İsveçli

Sweden Swe.den • swid´ın
/isim/ İsveç

¹Swedish Swed.ish • swi´dîş
/sıfat/ 1. İsveç'e özgü 2. İsveççe

²Swedish Swed.ish • swi´dîş
/isim/ İsveççe

sweep sweep • swip
/fiil/ **sweeps, sweeping, swept** • süpürmek: **sweep the floors** yerleri süpürmek

¹sweet sweet • swit
/sıfat/ **sweeter, sweetest** • 1. tatlı; şekerli: **sweet strawberries** tatlı çilekler 2. tatlı, hoş; sevimli: **a sweet smile** tatlı bir tebessüm Did you see the sweet baby rabbit? Sevimli tavşan yavrusunu gördün mü?

²sweet sweet • swit
/isim/ çoğul **sweets** • 1. bkz. **dessert** 2. bkz. **candy**

sweets sweets • swits
/isim/ (çoğul) şekerli yiyecekler

swell swell • swel
/fiil/ **swells, swelling, swelled, swelled/swollen** • şişmek, kabarmak; şişirmek

swelling swell.ing • swel´îng
/isim/ çoğul **swellings** • şiş, şişlik, şişkinlik, şişmiş yer

swept swept • swept
/fiil/ bkz. **sweep**

swift swift • swîft
/sıfat/ **swifter, swiftest** • çabuk, hızlı, süratli

¹swim swim • swîm
/fiil/ **swims, swimming, swam, swum** • yüzmek: He watched his daughter swim in the race. Kızını yarışta yüzerken izledi. They swam along the coast for a while. Sahil boyunca bir süre yüzdüler.

²swim swim • swîm
/isim/ yüzme
go for a swim yüzmeye gitmek

swimmer swim.mer • swîm´ır
/isim/ çoğul **swimmers** • yüzücü

swimming swim.ming • swîm´îng
/isim/ yüzme
go swimming yüzmeye gitmek
swimming pool yüzme havuzu
swimming trunks (erkekler için) mayo

swimsuit swim.suit • swîm´sut
/isim/ çoğul **swimsuits** • mayo

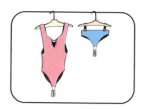

¹swing swing • swîng
/fiil/ **swings, swinging, swung** • (sarkaç

gibi) sallanmak; sallamak: They took turns swinging at the playground. Parkta sırayla sallandılar.
swinging door çarpma kapı

²swing swing • swîng
/isim/ çoğul swings • salıncak
ride on a swing salıncağa binmek: He rode on the swing at the park for the first time. Parkta ilk kez salıncağa bindi.

¹Swiss Swiss • swîs
/sıfat/ 1. İsviçre'ye özgü 2. İsviçreli

²Swiss Swiss • swîs
/isim/ çoğul Swiss • İsviçreli

¹switch switch • swîç
/isim/ çoğul switches • elektrik anahtarı, elektrik düğmesi, anahtar, düğme; şalter: Please turn the switch off before you leave. Lütfen çıkmadan önce şalteri kapatın.

²switch switch • swîç
/fiil/ switches, switching, switched • 1. değiştirmek; değişmek: Let's switch places. Seninle yer değiştirelim. 2. elektrik düğmesini çevirmek
switch off (elektrik düğmesini çevirerek) kapamak
switch on (elektrik düğmesini çevirerek) açmak

switchboard switch.board • swîç´bôrd
/isim/ çoğul switchboards • telefon santralı

Switzerland Swit.zer.land • swît´sırlınd
/isim/ İsviçre

¹swollen swol.len • swo´lın
/fiil/ bkz. swell

²swollen swol.len • swo´lın
/sıfat/ şişmiş, şiş

sword sword • sôrd
/isim/ çoğul swords • kılıç

swore swore • swôr
/fiil/ bkz. swear

sworn sworn • swôrn
/fiil/ bkz. swear

swum swum • swʌm
/fiil/ bkz. ¹swim

swung swung • swʌng
/fiil/ bkz. ¹swing

syllable syl.la.ble • sîl´ıbıl
/isim/ çoğul syllables • hece: 'Istanbul' is a word of three syllables. 'İstanbul' üç heceli bir sözcüktür.

symbol sym.bol • sîm´bıl
/isim/ çoğul symbols • sembol, simge: 'Cu' is the chemical symbol for copper. 'Cu', bakırın kimyasal simgesidir.

symmetrical sym.met.ri.cal • sîmet´rîkıl /sıfat/ simetrik, simetrili

symmetry sym.me.try • sîm´ıtri
/isim/ simetri, bakışım: perfect symmetry tam simetri

sympathetic sym.pa.thet.ic • sîmpıthet´îk

sympathy→→→ 394

/sıfat/ 1. anlayışlı: a sympathetic glance anlayışlı bir bakış a sympathetic smile anlayışlı bir tebessüm sympathetic words düşünceli sözler 2. sempatik, sıcakkanlı: a sympathetic person sempatik bir kişi

sympathy sym.pa.thy • sîm´pıthi /isim/ anlayış: Don't look for any sympathy from her! Ondan hiç anlayış bekleme!

symphony sym.pho.ny • sîm´fıni /isim/ çoğul symphonies • (müzik) senfoni symphony orchestra senfoni orkestrası

symptom symp.tom • sîmp´tım /isim/ çoğul symptoms • 1. (tıp) semptom, bulgu, belirti: What are the symptoms of smallpox? Çiçek hastalığının belirtileri nelerdir? 2. işaret, alamet, belirti

synagogue syn.a.gogue • sîn´ıgag /isim/ çoğul synagogues • sinagog, havra

synonym syn.o.nym • sîn´ınîm /isim/ çoğul synonyms • eşanlamlı, eşanlamlı sözcük: The words 'big' and 'large' are synonyms. 'Big' ve 'large' sözcükleri eşanlamlıdır.

Syria Syr.i.a • sîr´iyı /isim/ Suriye

¹Syrian Syr.i.an • sîr´iyın /sıfat/ 1. Suriye'ye özgü 2. Suriyeli

²Syrian Syr.i.an • sîr´iyın /isim/ çoğul Syrians • Suriyeli

syrup syr.up • sır´ıp, sîr´ıp /isim/ 1. pekmez kıvamındaki tatlı sıvı, şurup 2. (ilaç olarak) şurup

system sys.tem • sîs´tım /isim/ çoğul systems • 1. sistem, dizge: the immune system bağışıklık sistemi 2. sistem, tertibat, düzen: computer system bilgisayar sistemi heating system ısıtma sistemi

Tt

table ta.ble • tey´bıl
/isim/ çoğul tables • 1. masa: dining table yemek masası operating table ameliyat masası
table tennis masa tenisi
2. çizelge, tablo: periodic table elementler çizelgesi

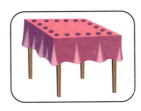

tablecloth ta.ble.cloth • tey´bıklôth
/isim/ çoğul tablecloths • masa örtüsü

tablespoon ta.ble.spoon • tey´bılspun
/isim/ çoğul tablespoons • çorba kaşığı

tablet tab.let • täb´lît
/isim/ çoğul tablets • 1. bloknot 2. tablet, hap: vitamin tablets vitamin tabletleri

tack tack • täk
/isim/ çoğul tacks • ufak çivi, raptiye

tackle tack.le • täk´ıl
/fiil/ tackles, tackling, tackled • (bir problemi) ele almak, çözmeye çalışmak: How are we going to tackle this problem? Bu problemi nasıl çözeceğiz?

tactic tac.tic • täk´tîk
/isim/ çoğul tactics • taktik, başvurulan yol ve yöntem

tadpole tad.pole • täd´pol
/isim/ çoğul tadpoles • (zooloji) iribaş

tag tag • täg

tail→→→ 396

/isim/ 1. çoğul tags • etiket, yafta: iden-tification tag künye name tag isim kartı 2. kovalamaca oyunu

tail tail • teyl
/isim/ çoğul tails • kuyruk: a lizard's tail bir kertenkelenin kuyruğu the tail of a kite bir uçurtmanın kuyruğu
tail lamp bkz. **taillight**

taillight tail.light • teyl´layt
/isim/ çoğul taillights • (otomobil) stop lambası, arka lamba

tailor tai.lor • tey´lır
/isim/ çoğul tailors • terzi

Taiwan Tai.wan • tay´wan´
/isim/ Tayvan

¹Taiwanese Tai.wan.ese • taywaniz´
/sıfat/ 1. Tayvan'a özgü 2. Tayvanlı

²Taiwanese Tai.wan.ese • taywaniz´
/isim/ çoğul Taiwanese • Tayvanlı

¹Tajik Ta.jik • tacîk´
/sıfat/ 1. Tacik 2. Tacikçe

²Tajik Ta.jik • tacîk´
/isim/ 1. çoğul Tajik/Tajiks • Tacik 2. Tacikçe

Tajikistan Ta.jik.i.stan • tacîkîstän´
/isim/ Tacikistan

take take • teyk
/fiil/ takes, taking, took, taken •
1. almak: Take the glasses from the cupboard. Bardakları dolaptan alın.
2. götürmek: You can take these books home. Bu kitapları eve götürebilirsin.
3. binmek, ile gitmek: take a bus oto-büsle gitmek 4. sürmek: How long does

the flight take? Uçuş ne kadar sürer?
take a look at -e bir göz atmak, -e bir bakmak
take a picture (take a photo) fotoğraf çekmek
Take care of yourself. Kendine iyi bak.
take off 1. (giysi, ayakkabı v.b.'ni) çı-karmak 2. (uçak, kuş) havalanmak
take place olmak, meydana gelmek: The accident took place at 11:00 P.M. Kaza saat 23.00'de oldu.

taken tak.en • tey´kın
/fiil/ bkz. **take**

tale tale • teyl
/isim/ çoğul tales • masal: That tale scared everyone. O masal herkesi korkuttu.

talent tal.ent • täl´ınt
/isim/ çoğul talents • yetenek; hüner: Pınar has a talent for problem solving. Pınar, problem çözme yeteneğine sa-hiptir.

talented tal.ent.ed • täl´ıntıd
/sıfat/ yetenekli; hünerli: a talented player yetenekli bir oyuncu

¹talk talk • tôk
/fiil/ talks, talking, talked • konuşmak: Everyone stopped talking when he en-tered the room. O, odaya girince her-kes konuşmayı kesti. talk in English İngilizce konuşmak
talk about -den bahsetmek: Let's talk about dogs. Köpekler hakkında konu-şalım.
talk big büyük konuşmak
talk on the phone telefonla konuşmak
talk to ile konuşmak: I need to talk to you. Seninle konuşmam gerek.

²**talk** talk • tôk
/isim/ çoğul talks • 1. konuşma: a long talk uzun bir konuşma 2. sohbet, söyleşi talk show (radyo, TV) sohbet programı

talkative talk.a.tive • tô´kıtîv
/sıfat/ konuşkan, çeneli: a talkative salesman konuşkan bir satıcı

tall tall • tôl
/sıfat/ taller, tallest • 1. uzun boylu, uzun: a tall boy uzun boylu bir çocuk 2. yüksek: a tall building yüksek bir bina a tall tree yüksek bir ağaç

¹**tame** tame • teym
/sıfat/ tamer, tamest • evcil, evcilleştirilmiş

²**tame** tame • teym
/fiil/ tames, taming, tamed • evcilleştirmek

tangerine tan.ger.ine • täncırin´
/isim/ çoğul tangerines • mandalina

tank tank • tängk
/isim/ çoğul tanks • 1. depo, tank: gas tank benzin deposu water tank su deposu 2. (askeri) tank

Tanzania Tan.za.ni.a • tänzıni´yı
/isim/ Tanzanya

¹**Tanzanian** Tan.za.ni.an • tänzıni´yın
/sıfat/ 1. Tanzanya'ya özgü 2. Tanzanyalı

²**Tanzanian** Tan.za.ni.an • tänzıni´yın
/isim/ çoğul Tanzanians • Tanzanyalı

¹**tap** tap • täp
/isim/ çoğul taps • bkz. faucet

²**tap** tap • täp

/fiil/ taps, tapping, tapped • (on) 1. -e hafifçe vurmak: He tapped me on my shoulder when he saw me. Beni gördüğünde omzuma hafifçe dokundu. 2. -i tıkırdatmak, -i tıklatmak: She tapped on the door. Kapıyı tıklattı.

tape tape • teyp
/isim/ 1. bant: magnetic tape manyetik bant 2. çoğul tapes • teyp bandı, bant tape recorder teyp

tar tar • tar
/isim/ katran

target tar.get • tar´gît
/isim/ çoğul targets • 1. hedef, nişan: miss the target hedefi ıskalamak 2. hedef, amaç, gaye: They set up a new target. Yeni bir hedef belirlediler.

tart tart • tart
/isim/ çoğul tarts • tart: strawberry tart çilekli tart

task task • täsk
/isim/ çoğul tasks • iş, görev, ödev: I was assigned to a simple task. Basit bir göreve atandım. task list görev listesi

¹**taste** taste • teyst
/fiil/ tastes, tasting, tasted • tatmak, tadına bakmak
taste like tadında olmak: It looks like a plum and tastes like an apricot. O, eriğe benziyor ve kayısı tadında.

²**taste** taste • teyst
/isim/ 1. çoğul tastes • tat, lezzet: He didn't like the taste of the soup. Çorbanın tadını beğenmedi. 2. zevk, beğeni 3. çoğul tastes • zevk, merak: İnci doesn't have expensive tastes. İnci'nin pahalı zevkleri yoktur.

tasteless taste.less • teyst´lîs
/sıfat/ 1. tatsız, yavan: a tasteless food tatsız bir yiyecek 2. zevksiz

tasty tast.y • teys´ti
/sıfat/ tastier, tastiest • tadı güzel, lezzetli

tattoo tat.too • tätu´
/isim/ çoğul tattoos • dövme

taught taught • tôt
/fiil/ bkz. **teach**

tax tax • täks
/isim/ çoğul taxes • vergi: We have to pay too much tax. Fazla vergi ödemek zorundayız.
direct tax dolaysız vergi
income tax gelir vergisi
indirect tax dolaylı vergi

tax-free tax-free • täks´fri´
/sıfat/ vergisiz, vergiden muaf

taxi tax.i • täk´si
/isim/ çoğul taxis/taxies • taksi: taxi driver taksi şoförü
taxi stand, İng. taxi rank taksi durağı

tea tea • ti
/isim/ çoğul teas • a cup of tea bir bardak çay tea glass çay bardağı Two teas, please. İki çay, lütfen.

teach teach • tiç
/fiil/ teaches, teaching, taught •
1. öğretmek: She taught us to ski. Bize kayak yapmayı öğretti. teach English İngilizce öğretmek 2. ders vermek: He has been teaching for seven years. Yedi yıldır ders veriyor.

teacher teach.er • ti´çır
/isim/ çoğul teachers • öğretmen: history teacher tarih öğretmeni teacher's room öğretmenler odası

teacup tea.cup • ti´kʌp
/isim/ çoğul teacups • çay fincanı

team team • tim
/isim/ çoğul teams • takım, ekip, tim: His team won the game last night. Onun takımı dün gece karşılaşmayı kazandı. sales team satış ekibi team spirit takım ruhu

teamwork team.work • tim´wırk
/isim/ takım çalışması, ekip çalışması: He underlined the importance of teamwork. Ekip çalışmasının öneminin altını çizdi.

teapot tea.pot • ti´pat
/isim/ çoğul teapots • demlik, çaydanlık

¹**tear** tear • ter
/fiil/ tears, tearing, tore, torn • yırtmak; yırtılmak: Tunç tore up the letter he wrote. Tunç, yazdığı mektubu yırttı.
tear down yıkmak: tear down the wall duvarı yıkmak
tear one's hair saçını başını yolmak

tear someone up birini çok üzmek

²tear tear • tîr
/isim/ çoğul tears • gözyaşı: Tears were streaming down her cheeks. Gözyaşları, yanaklarından aşağı akıyordu.
burst into tears gözyaşlarına boğulmak: She burst into tears when she heard the news. Haberi duyunca gözyaşlarına boğuldu.

tease tease • tiz
/fiil/ teases, teasing, teased • şaka yollu takılmak; kızdırmak

teaspoon tea.spoon • ti´spun
/isim/ çoğul teaspoons • çay kaşığı

technical tech.ni.cal • tek´nîkıl
/sıfat/ teknik

technique tech.nique • teknik´
/isim/ çoğul techniques • teknik, yöntem: modern techniques modern yöntemler

technology tech.nol.o.gy • teknal´ıci
/isim/ çoğul technologies • teknoloji: computer technology bilgisayar teknolojisi medical technology tıbbi teknoloji modern technology modern teknoloji

teddy ted.dy • ted´i
/isim/ çoğul teddies • bkz. teddy bear

teddy bear ted.dy bear • ted´i ber
/isim/ çoğul teddy bears • oyuncak ayı

teenager teen.ag.er • tin´eycır
/isim/ çoğul teenagers • on üç ile on dokuz yaşları arasındaki kimse, genç, ergen: His daughter is almost a teenager. Kızı neredeyse ergenlik çağında.

teeth teeth • tith
/isim/ bkz. tooth

telecommunication tel.e.com.mu.ni.ca.tion • tel´ıkımyunıkey´şın /isim/ telekomünikasyon

telegram tel.e.gram • tel´ıgräm
/isim/ çoğul telegrams • telgraf, telgraf mesajı

telegraph tel.e.graph • tel´ıgräf
/isim/ 1. çoğul telegraphs • telgraf, telgraf aygıtı 2. telgraf, telgraf sistemi: Telegraph used to be the fastest way of communication. Telgraf eskiden en hızlı iletişim yoluydu.

¹telephone tel.e.phone • tel´ıfon
/isim/ çoğul telephones • telefon
be on the telephone telefonda olmak: When I arrived she was on the telephone. Geldiğimde o telefondaydı.
pay telephone jetonlu telefon
telephone booth, İng. telephone box telefon kulübesi
telephone directory telefon rehberi

²telephone tel.e.phone • tel´ıfon
/fiil/ telephones, telephoning, telephoned • telefon etmek: Please telephone us before you come. Gelmeden önce lütfen bize telefon edin.

telescope tel.e.scope • tel´ıskop
/isim/ çoğul telescopes • teleskop

television tel.e.vi.sion • tel´ıvîjın
/isim/ çoğul televisions • televizyon:
television screen televizyon ekranı
television set televizyon alıcısı
watch television televizyon izlemek

tell tell • tel
/fiil/ tells, telling, told • söylemek;
anlatmak: Don't tell my secret to anyone. Sırrımı kimseye söyleme.
tell a lie yalan söylemek
tell the time saati anlamak: You can tell the time in different ways. Saati farklı yollarla bilebilirsiniz.
tell the truth doğruyu söylemek

telly tel.ly • tel´i
/isim/ çoğul tellies • Ing. (konuşma dili) televizyon

temper tem.per • tem´pır
/isim/ huy, mizaç
be in a temper öfkesi burnunda olmak
keep one's temper öfkesini yenmek: He can't keep his temper. Öfkesine hâkim olamıyor.
lose one's temper öfkeye kapılmak

temperature tem.per.a.ture • tem´pırıçır, tem´prıçır /isim/
1. çoğul temperatures • ısı derecesi, ısı, sıcaklık: low temperature düşük sıcaklık room temperature oda sıcaklığı

2. ateş, vücut ısısı
have a temperature ateşi olmak

¹temple tem.ple • tem´pıl
/isim/ çoğul temples • tapınak, mabet, ibadethane

²temple tem.ple • tem´pıl
/isim/ çoğul temples • şakak

tempo tem.po • tem´po
/isim/ çoğul tempos • tempo

temporary tem.po.rar.y • tem´pıreri
/sıfat/ geçici: a temporary solution geçici bir çözüm

tempt tempt • tempt
/fiil/ tempts, tempting, tempted • (birini) ayartmaya çalışmak, doğru yoldan saptırmaya çalışmak

ten ten • ten
/isim, sıfat/ on: ten thousand on bin

tenant ten.ant • ten´ınt
/isim/ çoğul tenants • kiracı

tend tend • tend
/fiil/ tends, tending, tended • eğiliminde olmak: He tends to exaggerate everything. Onda, her şeyi abartma eğilimi var.

tendency ten.den.cy • ten´dınsi
/isim/ çoğul tendencies • eğilim

tender ten.der • ten´dır
/sıfat/ 1. yumuşak, sevecen, nazik
2. kolayca incinen, hassas, duyarlı
3. yumuşak, sert olmayan (et, sebze, meyve v.b.)

tennis ten.nis • ten´îs

/isim/ **tenis:** tennis court tenis kortu
tennis player tenisçi

¹tense tense • tens
/isim/ çoğul tenses • (dilbilgisi) fiil zamanı, zaman: What is the future tense of the verb 'go'? 'Go' fiilinin gelecek zamanı nedir? Write a sentence in past tense. Bir geçmiş zaman cümlesi yazın.

²tense tense • tens
/sıfat/ tenser, tensest • 1. gergin, gerilmiş: tense muscles gergin kaslar 2. gergin; endişeli: She was tense about her job interview. İş görüşmesi nedeniyle gergindi.

tension ten.sion • ten´şın
/isim/ gerilim: The tension was building. Gerilim tırmanıyordu.

tent tent • tent
/isim/ çoğul tents • çadır: tent pole çadır direği

tenth tenth • tenth
/sıfat, isim/ 1. onuncu 2. onda bir

term term • tırm
/isim/ çoğul terms • 1. dönem, devre: the summer term yaz dönemi
We finished our first term at school. Okulda ilk dönemimizi bitirdik.
term paper dönem ödevi
2. terim: a legal term bir hukuk terimi

a scientific term bilimsel bir terim

terminal ter.mi.nal • tır´mınıl
/isim/ çoğul terminals • terminal

terrible ter.ri.ble • ter´ıbıl
/sıfat/ korkunç; çok kötü, berbat:
a terrible accident korkunç bir kaza
I have a terrible headache. Çok kötü bir baş ağrım var. The weather was terrible. Hava berbattı.

terribly ter.ri.bly • ter´ıbli
/zarf/ 1. çok fena, çok kötü: She played terribly. Çok kötü oynadı. 2. çok, son derece: He was terribly nervous. Aşırı sinirliydi. She was terribly happy for me. Benim adıma son derece mutlu olmuştu.

terror ter.ror • ter´ır
/isim/ çoğul terrors • terör; dehşet:
We don't like terror films. Biz dehşet filmlerini sevmiyoruz.

terrorism ter.ror.ism • ter´ırîzım
/isim/ terörizm

terrorist ter.ror.ist • ter´ırîst
/isim/ çoğul terrorists • terörist

¹test test • test
/isim/ çoğul tests • 1. sınav, test, imtihan: Tomorrow I have a math test. Yarın matematik sınavım var. 2. deneme, deney: test flight deneme uçuşu test tube deney tüpü 3. test, tahlil: blood test kan tahlili

²test test • test
/fiil/ tests, testing, tested • 1. denemek 2. sınamak, sınavdan geçirmek: They tested my swimming ability. Yüzme yeteneğimi sınadılar.

text text • tekst
/isim/ çoğul texts • metin, tekst: Would you read the text aloud? Metni sesli olarak okur musun?

textbook text.book • tekst´bûk
/isim/ çoğul textbooks • ders kitabı

textile tex.tile • teks´tayl, teks´tîl
/isim/ çoğul textiles • dokuma, tekstil: textile industry dokuma endüstrisi

¹Thai Thai • tay
/sıfat/ 1. Tay 2. Tayca

²Thai Thai • tay
/isim/ 1. çoğul Thai/Thais • Tay 2. Tayca

Thailand Thai.land • tay´länd
/isim/ Tayland

than than • dhän, dhın
/bağlaç/ -den: She is older than me. O, yaşça benden daha büyük.

thank thank • thängk
/fiil/ thanks, thanking, thanked • teşekkür etmek
Thank you very much. Çok teşekkür ederim.

thanks thanks • thängks
/isim/ (çoğul)
Thanks! Teşekkürler!
Thanks a lot! Çok teşekkür!
thanks to sayesinde: Thanks to you we've gotten this done. Sayende bunu bitirdik.

¹that that • dhät, dhıt
/zamir/ çoğul those • 1. o, şu: Did you see that? Şunu gördün mü? Look at that! Şuna bak! That was a sunny day. O, güneşli bir gündü. Who's that? O kimdir? 2. ki: He's a man that stands behind what he says. Dediğinin arkasında duran bir adamdır.
that is to say yani, demek ki: That's to say you don't have my phone number. Yani diyorsun ki telefon numaram sende yok.
That's right! Doğru!

²that that • dhät, dhıt
/bağlaç/ ki: I learned that he was a pilot. Öğrendim ki o bir pilotmuş.

³that that • dhät, dhıt
/sıfat/ çoğul those • o: Where's that cat? O kedi nerede?

the the • (ünsüzlerden önce) dhı, (ünlülerden önce) dhi /belirli tanımlık/
(Belirli durumlarda isimden önce kullanılır.): The book was very funny. (O) kitap çok komikti. The mail hasn't come yet. Posta henüz gelmedi. The phone rang. Telefon çaldı. Where's the school? Okul nerede?

theater the.a.ter • thi´yıtır
/isim/ çoğul theaters • tiyatro: We go to the theater every Friday night. Her cuma akşamı tiyatroya gideriz.
İng. **theatre**

theatre the.a.tre • thi´yıtır
/isim/ çoğul theatres • bkz. **theater**

theft theft • theft

403 →→→thermometer

/isim/ çoğul thefts • hırsızlık, çalma: auto theft oto hırsızlığı

their their • dher
/sıfat/ onların: Their house is for sale. Onların evi satılık.

theirs theirs • dherz
/zamir/ onlarınki: Theirs is the most beautiful garden. Onlarınki en güzel bahçe.

them them • dhem, dhım
/zamir/ onları; onlara: We wrote a letter to them. Onlara bir mektup yazdık.

theme theme • thim
/isim/ çoğul themes • tema, konu

themselves them.selves • dhemselvz´, dhımselvz´ /zamir/ (çoğul) kendileri; kendilerini; kendilerine: They talk about themselves often. Kendileri hakkında sık sık konuşurlar.

then then • dhen
/zarf/ 1. o zaman: We were students then. O zamanlar öğrenciydik. 2. ondan sonra, sonra: We ate breakfast, then went to the beach. Kahvaltı ettik, sonra denize gittik.

theology the.ol.o.gy • thiyal´ıci
/isim/ ilahiyat, Tanrıbilim, teoloji

theoretical the.o.ret.i.cal • thiyıret´îkıl
/sıfat/ teorik, kuramsal

theory the.o.ry • thi´yıri, thîr´i
/isim/ çoğul theories • teori, kuram: theory of evolution evrim kuramı have a theory about ... ... hakkında bir teorisi olmak: He has a theory about life on the planet. Gezegendeki yaşam

hakkında bir teorisi var.

therapy ther.a.py • ther´ıpi
/isim/ tedavi, terapi, sağaltım: speech therapy konuşma tedavisi

¹there there • dher
/zarf/ orada; oraya: He lives over there. O, orada yaşıyor. Put the vase there. Vazoyu oraya koy.

²there there • dher
/zamir/ (Öznesi fiilden sonra gelen cümlenin başında ve genellikle be, seem ve appear fiilleri ile birlikte kullanılır.) (Bir şeyin/kimsenin varlığını veya bir şeyin meydana geldiğini belirtir.) There is/are .... var(dır).: There is a hedgehog in the garden. Bahçede bir kirpi var. There is a problem with the ozone layer. Ozon tabakasıyla ilgili bir sorun var. There are a lot of books in his bag. Çantasında birçok kitap var. There are no winners or losers in this game. Bu oyunda kazanan ve kaybeden yok.
(Soru cümlesinde fiilden sonra kullanılır.)
Is (Are) there ...? ... var mı(dır)?: Is there some way to predict the future? Geleceği bilmenin bir yolu var mı? Are there any fruit trees in your garden? Bahçenizde hiç meyve ağacı var mı? How many species are there on Earth? Yeryüzünde kaç tane tür var?

therefore there.fore • dher´fôr
/zarf/ o yüzden, o nedenle: He forgot the password and therefore couldn't get access to the computer. Şifreyi unuttuğu için bilgisayara giremedi.

thermometer ther.mom.e.ter • thırmam´ıtır /isim/ çoğul thermometers •

termometre, sıcaklıkölçer

thesaurus the.sau.rus • thısôr´ıs
/isim/ çoğul thesauruses • eşanlamlılar sözlüğü

¹these these • dhiz
/zamir/ (çoğul) bunlar: These are not mine. Bunlar benim değil.

²these these • dhiz
/sıfat/ (çoğul) bu: Are these shoes for men or women? Bu ayakkabılar erkekler için mi, bayanlar için mi?

they they • dhey
/zamir/ (çoğul) onlar: They are my friends. Onlar arkadaşlarımdır.
they'd → 1. they had 2. they would
they'll → they will, they shall
they're → they are
they've → they have

they'd they'd • dheyd
/kısaltma/ 1. they had 2. they would • bkz. **they**

they'll they'll • dheyl
/kısaltma/ they will, they shall • bkz. **they**

they're they're • dher
/kısaltma/ they are • bkz. **they**

they've they've • dheyv
/kısaltma/ they have • bkz. **they**

thick thick • thîk
/sıfat/ thicker, thickest • 1. kalın: a thick line kalın bir çizgi He wears a thick coat in the winter. Kışın kalın bir palto giyer. 2. koyu, yoğun: thick soup koyu bir çorba a thick fog yoğun bir sis 3. sık: thick hair sık saç

thief thief • thif
/isim/ çoğul thieves • hırsız

thieves thieves • thivz
/isim/ bkz. **thief**

thigh thigh • thay
/isim/ çoğul thighs • but, uyluk

thin thin • thîn
/sıfat/ thinner, thinnest • 1. ince: a thin book ince bir kitap thin rope ince ip thin slices of bread ince ekmek dilimleri 2. zayıf, sıska: Rıza is thin and tall. Rıza zayıf ve uzun boyludur. 3. sulu, hafif: thin soup sulu çorba 4. seyrek: thin hair seyrek saç 5. hafif, yoğunluğu az: thin fog hafif sis

thing thing • thîng
/isim/ çoğul things • şey (nesne, olay, konu, kişi, giysi, soyut varlık): What is the name of that thing? O şeyin adı ne?

think think • thîngk
/fiil/ thinks, thinking, thought •
1. düşünmek
think about -i düşünmek: What are you thinking about? Neyi düşünüyorsun?
think of aklına gelmek, -i tasarlamak: They're thinking of moving there. Oraya taşınmayı düşünüyorlar.
2. zannetmek, sanmak; ummak: I think he'll come back. Sanırım dönecek.

third third • thırd

/sıfat, isim/ 1. üçüncü 2. üçte bir

thirst thirst • thırst
/isim/ susuzluk: The lemonade quenched our thirst. Limonata susuzluğumuzu giderdi.

thirstily thirst.i.ly • thırs´tıli
/zarf/ kana kana

thirsty thirst.y • thırs´ti
/sıfat/ thirstier, thirstiest • susuz, susamış
be thirsty susamak: I am very thirsty. Çok susadım.
be thirsty for -i çok istemek, -e susamak:
be thirsty for knowledge bilgiye susamak
make someone thirsty birini susatmak: The sound of running water made me thirsty. Akan suyun sesi beni susattı.

thirteen thir.teen • thırtin´
/isim, sıfat/ on üç

thirteenth thir.teenth • thırtinth´
/sıfat, isim/ 1. on üçüncü 2. on üçte bir

thirtieth thir.ti.eth • thır´tiyıth
/sıfat, isim/ 1. otuzuncu 2. otuzda bir

thirty thir.ty • thır´ti
/isim, sıfat/ otuz

¹this this • dhîs
/zamir/ çoğul these • bu: This is not mine. Bu benim değil.

²this this • dhîs
/sıfat/ çoğul these • bu: This book is not mine. Bu kitap benim değil.

thorn thorn • thôrn
/isim/ çoğul thorns • diken: thorn of the rose gülün dikeni

thorny thorn.y • thôr´ni
/sıfat/ thornier, thorniest • dikenli

thorough thor.ough • thır´o
/sıfat/ tam, esaslı: a thorough analysis esaslı bir analiz

¹those those • dhoz
/zamir/ (çoğul) onlar, şunlar: Those are mine. Onlar benim.

²those those • dhoz
/sıfat/ (çoğul) o, şu: Those books are mine. O kitaplar benim.

though though • dho
/bağlaç/ -diği halde, ise de; -e rağmen: Though it was raining, we went for a walk. Yağmur yağdığı halde yürüyüşe çıktık.

¹thought thought • thôt
/fiil/ bkz. think

²thought thought • thôt
/isim/ çoğul thoughts • düşünce, fikir: positive thoughts olumlu düşünceler

thoughtful thought.ful • thôt´fıl
/sıfat/ 1. düşünceli: a thoughtful person düşünceli bir kimse 2. dikkatli: a thoughtful expression dikkatli bir ifade

thousand thou.sand • thau´zınd
/isim, sıfat/ bin (1000)

thousandth thou.sandth • thau´zınth
/sıfat, isim/ 1. bininci 2. binde bir

Thrace Thrace • threys
/isim/ Trakya

¹Thracian Thra.cian • threy´şın
/sıfat/ 1. Trakya'ya özgü 2. Trakyalı

²Thracian Thra.cian • threy´şın
/isim/ çoğul Thracians • Trakyalı

thread thread • thred
/isim/ çoğul threads • iplik

threat threat • thret
/isim/ çoğul threats • tehdit, gözdağı

threaten threat.en • thret´ın
/fiil/ threatens, threatening, threatened • tehdit etmek, gözdağı vermek: Global warming threatens our lives. Küresel ısınma yaşamımızı tehdit ediyor.

three three • thri
/isim, sıfat/ üç

three-dimensional three-di.men.sion.al • thri´dîmen´şınıl /sıfat/ üç boyutlu

threw threw • thru
/fiil/ bkz. **throw**

¹thrill thrill • thrîl
/fiil/ thrills, thrilling, thrilled • çok heyecanlandırmak; büyük heyecan duymak

²thrill thrill • thrîl
/isim/ çoğul thrills • büyük heyecan

thriller thrill.er • thrîl´ır
/isim/ çoğul thrillers • heyecanlı eser (piyes, kitap, film)

throat throat • throt
/isim/ çoğul throats • boğaz, gırtlak

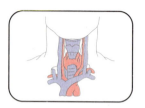

throne throne • thron
/isim/ çoğul thrones • taht: This prince is the heir to the throne. Bu prens, tahtın vârisi.

through through • thru
/edat/ 1. -den, içinden: She walked through the building. Binanın içinden yürüdü. 2. arasından: Can you see the moon through the fog? Sisin arasından ayı görebiliyor musun? 3. aracılığıyla 4. yüzünden; sayesinde: It was through no fault of yours. Sizin yüzünüzden değildi.

throughout through.out • thruwaut´
/edat/ baştan başa; boyunca: throughout the night gece boyunca

throw throw • thro
/fiil/ throws, throwing, threw, thrown • atmak, fırlatmak: How far can you throw the ball? Topu nereye kadar atabilirsin? throw dice zar atmak
throw away israf etmek: the things we throw away attığımız şeyler
throw off -den kurtulmak: It's hard to throw off a cold or flu. Nezle ya da gripten kurtulmak zordur.
throw up (konuşma dili) kusmak

thrown thrown • thron
/fiil/ bkz. **throw**

thumb thumb • thʌm
/isim/ çoğul thumbs • başparmak

thumbtack thumb.tack • thʌm´täk
/isim/ çoğul thumbtacks • raptiye
İng. drawing pin

thunder thun.der • thʌn´dır
/isim/ 1. gök gürültüsü: The thunder frightened the small child. Gök gürültüsü küçük çocuğu korkuttu. 2. gümbürtü

Thursday Thurs.day • thırz´di, thırz´dey
/isim/ çoğul Thursdays • perşembe

thus thus • dhʌs
/zarf/ 1. böyle, böylece, bu şekilde: Place the napkins thus. Peçeteleri böyle yerleştirin. 2. bu yüzden: Thus you must rest before leaving. Bu yüzden gitmeden önce dinlenmelisin.

¹tick tick • tîk
/isim/ çoğul ticks • bkz. ¹check (4.)

²tick tick • tîk
/fiil/ ticks, ticking, ticked • bkz. ²check (2.)

³tick tick • tîk
/isim/ çoğul ticks • kene

ticket tick.et • tîk´ît
/isim/ çoğul tickets • 1. bilet: a theater ticket bir tiyatro bileti ticket office bilet satış gişesi 2. fiyat etiketi

tide tide • tayd
/isim/ çoğul tides • gelgit, met ve cezir: The tide's coming in. Deniz kabarıyor. The tide's going out. Deniz alçalıyor. high tide met (kabarma) zamanı low tide cezir (alçalma) zamanı

tidy ti.dy • tay´di
/sıfat/ tidier, tidiest • düzenli, derli toplu: Oylum keeps her room neat and tidy. Oylum, odasını temiz ve düzenli tutar.

¹tie tie • tay
/fiil/ ties, tying, tied • bağlamak: Tie this rope to the tree. Bu ipi ağaca bağla. be tied to -e bağlı olmak: Interest rates are tied to the rate of inflation. Faiz oranları enflasyon oranına bağlıdır. tie up 1. (trafiği) aksatmak 2. (telefonu) meşgul etmek: Don't tie up the line. Lütfen hattı meşgul etmeyin.

²tie tie • tay
/isim/ çoğul ties • 1. kravat, boyunbağı: wear a tie kravat takmak 2. bağ, ilişki: family ties aile bağları

tiger ti.ger • tay´gır
/isim/ çoğul tigers • kaplan

tight tight • tayt
/sıfat/ tighter, tightest • 1. sıkışmış: The top of the soda bottle was too tight. Soda şişesinin kapağı çok sıkıydı. 2. dar, sıkı: a tight dress dar bir elbise a tight knot sıkı bir düğüm

tighten tight.en • tayt´ın
/fiil/ tightens, tightening, tightened • (vida v.b.'ni) sıkıştırmak; (kemer v.b.'ni) sıkmak; (adale, ip v.b.'ni) germek; gerilmek, gerginleşmek

tights tights • tayts
/isim/ (çoğul) 1. bkz. **pantyhose** 2. tayt

tile tile • tayl
/isim/ çoğul tiles • 1. kiremit 2. karo; fayans; çini

till till • tîl
/edat, bağlaç/ -e kadar: till Saturday cumartesiye kadar

time time • taym
/isim/ çoğul times • zaman, vakit
ahead of time erken: One day, his father came ahead of time and found him watching TV. Bir gün babası vaktinden önce geldi ve onu televizyon izlerken buldu.
all the time her zaman, daima, hep: I used to play basketball all the time. Hep basketbol oynardım.
at the same time aynı zamanda: He called the police and the fire department at the same time. Polisi ve itfaiyeyi aynı anda aradı.
have a good time iyi vakit geçirmek
in time vaktinde, zamanında: I'll be there in time to help you. Sana yardım için zamanında orada olurum.
pass the time vakit geçirmek
right on time tam zamanında: The train arrived right on time. Tren tam zamanında vardı.
take time vakit almak; vakit istemek
time after time (time and again) defalarca, tekrar tekrar
Time is money. Vakit nakittir.
Time's up! Süre doldu!

times times • taymz
/edat/ kere, çarpı: Four times five equals twenty. Dört kere beş yirmi eder.

timetable time.ta.ble • taym'teybıl

/isim/ çoğul timetables • bkz. **schedule** (1.), (2.)

timid tim.id • tîm´îd
/sıfat/ timider, timidest • ürkek, korkak: a timid animal ürkek bir hayvan

timing tim.ing • tay´mîng
/isim/ zamanlama, (bir şeyi) en uygun zamanda yapma

¹Timorese Ti.mor.ese • timôriz´
/sıfat/ 1. Doğu Timor'a özgü 2. Doğu Timorlu

²Timorese Ti.mor.ese • timôriz´
/isim/ çoğul Timorese • Doğu Timorlu

Timor-Leste Ti.mor-Leste • ti´môr lest´
/isim/ Doğu Timor

tin tin • tîn
/isim/ 1. kalay 2. teneke 3. çoğul tins • bkz. **²can**
tin opener bkz. **can opener**

tiny ti.ny • tay´ni
/sıfat/ tinier, tiniest • ufacık, küçücük, minicik: a tiny bug ufacık bir böcek a tiny room minicik bir oda

¹tip tip • tîp
/isim/ çoğul tips • 1. uç: the tip of my thumb başparmağımın ucu
be on the tip of one's tongue dilinin ucunda olmak
2. (bir şeyin ucuna takılan) başlık; uç:

He put a rubber tip on his walking stick. Bastonunun ucuna lastik taktı.

²**tip** tip • tîp
/isim/ çoğul tips • bahşiş

³**tip** tip • tîp
/fiil/ tips, tipping, tipped • bahşiş vermek

¹**tiptoe** tip.toe • tîp´to
/fiil/ tiptoes, tiptoeing, tiptoed • ayaklarının ucuna basarak ilerlemek

²**tiptoe** tip.toe • tîp´to
/isim/ çoğul tiptoes • on tiptoe (on tiptoes) ayaklarının ucuna basarak

¹**tire** tire • tayr
/fiil/ tires, tiring, tired • yormak; yorulmak: Erkin never tires of reading. Erkin kitap okumaktan hiç yorulmaz.

²**tire** tire • tayr
/isim/ çoğul tires • lastik, dış lastik: tire chain lastik zinciri
İng. **tyre**

tired tired • tayrd
/sıfat/ yorgun
be tired of -den bıkmak, -den usanmak, -den sıkılmak: I'm tired of waiting. Beklemekten sıkıldım. I'm tired of your excuses. Özürlerinden usandım.

tiresome tire.some • tayr´sım
/sıfat/ sıkıcı, yorucu, bıktırıcı

tissue tis.sue • tîş´u
/isim/ 1. (biyoloji) doku 2. çoğul tissues • kâğıt mendil

title ti.tle • tayt´ıl
/isim/ çoğul titles • 1. (kitap, piyes, film v.b.'ne ait) isim, ad: What is the title of that book? O kitabın adı ne? 2. (bir yazı, kitap bölümü v.b. için) başlık
title page başlık sayfası

to to • tu
/edat/ 1. -e; -e doğru; -e kadar: Aysun walked to the shopping center. Aysun, alışveriş merkezine yürüdü. 2. -e göre 3. (zamanla ilgili) -e kala; -e: It's five to four. Saat dörde beş var. 4. (Fiilden önce kullanılır. Mastarın bir öğesidir.) -mek, -mak: to go gitmek to read okumak to run koşmak

toast toast • tost
/isim/ kızarmış ekmek

tobacco to.bac.co • tıbäk´o
/isim/ 1. çoğul tobaccos/tobaccoes • (bitkibilim) tütün 2. tütün (kurutulmuş tütün yaprakları)

¹**today** to.day • tıdey´
/zarf/ bugün: We'll go surfing today. Bugün sörf yapmaya gideceğiz.

²**today** to.day • tıdey´
/isim/ bugün: Today is Doğa's birthday. Bugün Doğa'nın yaş günü.
the world of today bugünün dünyası

toe toe • to
/isim/ çoğul toes • ayak parmağı

toenail toe.nail • to´neyl
/isim/ çoğul toenails • ayak tırnağı

together→→→

together to.geth.er • tûgedh´ır, tıgedh´ır /zarf/ beraber, birlikte: Let's go for a walk together. Birlikte bir yürüyüşe çıkalım.

Togo To.go • to´go /isim/ Togo

¹Togolese To.go.lese • togıliz´ /sıfat/ 1. Togo'ya özgü 2. Togolu

²Togolese To.go.lese • togıliz´ /isim/ çoğul Togolese • Togolu

toilet toi.let • toy´lît /isim/ çoğul toilets • 1. klozet 2. bkz. bathroom (2.) toilet paper tuvalet kâğıdı

told told • told /fiil/ bkz. tell

tolerance tol.er.ance • tal´ırıns /isim/ hoşgörü, tolerans

tomato to.ma.to • tımey´to /isim/ çoğul tomatoes • domates: tomato soup domates çorbası

tomb tomb • tum /isim/ çoğul tombs • 1. lahit; türbe: Did you see the ancient Greek tombs? Antik Yunan lahitlerini gördün mü? 2. mezar, kabir

¹tomorrow to.mor.row • tımar´o

/zarf/ yarın: Schools open tomorrow. Okullar yarın açılıyor.

²tomorrow to.mor.row • tımar´o /isim/ yarın: Tomorrow is Thursday. Yarın perşembe.

ton ton • tʌn /isim/ çoğul tons • ton (1000 kg.)

Tonga Ton.ga • tang´gı /isim/ Tonga

¹Tongan Ton.gan • tang´gın /sıfat/ 1. Tonga'ya özgü 2. Tongalı 3. Tongaca

²Tongan Ton.gan • tang´gın /isim/ 1. çoğul Tongans • Tongalı 2. Tongaca

tongs tongs • tôngz, tangz /isim/ (çoğul) maşa a pair of tongs bkz. tongs

tongue tongue • tʌng /isim/ çoğul tongues • dil tongue twister tekerleme (hızlı söylenmesi zor sözcük/söz)

¹tonight to.night • tınayt´ /zarf/ bu gece: It's cold tonight. Bu gece hava soğuk.

²tonight to.night • tınayt´ /isim/ bu gece: tonight's TV news bu geceki televizyon haberleri

too too • tu /zarf/ 1. fazla; gereğinden çok too much çok fazla: I gained too much weight. Çok fazla kilo aldım. 2. de, da: My friend shouted, "Me too!". Arkadaşım "Ben de!" diye bağırdı.

took took • tûk
/fiil/ bkz. take

tool tool • tul
/isim/ çoğul tools • 1. alet, el aleti: garden tools bahçe aletleri 2. araç, vasıta

tooth tooth • tuth
/isim/ çoğul teeth • diş
show one's teeth dişlerini göstermek, tehdit etmek

toothache tooth.ache • tuth´eyk
/isim/ diş ağrısı

toothbrush tooth.brush • tuth´brʌş
/isim/ çoğul toothbrushes • diş fırçası

toothpaste tooth.paste • tuth´peyst
/isim/ diş macunu

toothpick tooth.pick • tuth´pîk
/isim/ çoğul toothpicks • kürdan

¹top top • tap
/isim/ çoğul tops • 1. en üst bölüm, tepe, baş, üst: on the top of the hill tepenin zirvesinde 2. kapak: a plastic top plastik bir kapak

²top top • tap
/sıfat/ 1. en üst: the top floor en üst kat 2. en iyi: Suat was among the top ten students in his class. Suat, sınıfının en iyi on öğrencisinden biriydi. 3. en büyük, en önemli, başta gelen: the top universities of the country ülkenin başta gelen üniversiteleri 4. en yüksek, en büyük: at top speed en yüksek hızda

³top top • tap
/isim/ çoğul tops • topaç

topic top.ic • tap´îk
/isim/ çoğul topics • konu, mevzu: topic of debate tartışma konusu

torch torch • tôrç
/isim/ çoğul torches • 1. meşale 2. bkz. flashlight

tore tore • tôr
/fiil/ bkz. ¹tear

torn torn • tôrn
/fiil/ bkz. ¹tear

tornado tor.na.do • tôrney´do
/isim/ çoğul tornadoes/tornados • tornado

tortoise tor.toise • tôr´tıs
/isim/ çoğul tortoises • kaplumbağa, kara-kaplumbağası

¹torture tor.ture • tôr´çır
/isim/ işkence

² torture tor.ture • tôr´çır
/fiil/ tortures, torturing, tortured • işkence etmek, işkence yapmak: Don't torture the poor little bug! Zavallı küçük böceğe işkence etme!

¹total to.tal • tot´ıl
/sıfat/ tam, eksiksiz; ilgili olan her şeyi içeren: the total cost toplam maliyet total harmony tam bir uyum

²total to.tal • tot´ıl

totally→→→

/isim/ toplam; bütün; tutar
in total toplam olarak

totally to.tal.ly • tot´ıli
/zarf/ tamamen

¹touch touch • tʌç
/fiil/ touches, touching, touched •
dokunmak; değmek: Please don't touch
the window. Lütfen cama dokunmayın.

²touch touch • tʌç
/isim/ 1. dokunma; dokunuş 2. temas,
görüşme
be in touch temasta olmak, görüşmek
3. az bir miktar: a touch of salt azıcık
tuz

tough tough • tʌf
/sıfat/ tougher, toughest • 1. dayanıklı
2. sert, kart, kayış gibi: tough meat
kayış gibi et 3. sert; ödün vermeyen
4. çetin, zor, güç

tour tour • tûr
/isim/ çoğul tours • tur; turne: tour
guide tur rehberi We joined a tour of
the city. Şehir turuna katıldık.

tourism tour.ism • tûr´îzım
/isim/ turizm

tourist tour.ist • tûr´îst
/isim/ çoğul tourists • turist

toward to.ward • tôrd

/edat/ 1. -e doğru, ... yönüne: They ran
toward the finish line. Bitiş çizgisine
doğru koştular. toward the river nehre
doğru 2. -e doğru, -e yakın: toward
noon öğleye doğru

towards to.wards • tôrdz
/edat/ bkz. toward

towel tow.el • tau´wıl
/isim/ çoğul towels • havlu: paper towel
kâğıt havlu

tower tow.er • tau´wır
/isim/ çoğul towers • kule: bell tower
çan kulesi

town town • taun
/isim/ çoğul towns • kasaba; şehir, kent:
town center şehir merkezi
be in town şehirde olmak

toxic tox.ic • tak´sîk
/sıfat/ zehirli, toksik

toxin tox.in • tak´sîn
/isim/ çoğul toxins • toksin

toy toy • toy
/isim/ çoğul toys • oyuncak: toy car
oyuncak araba toy shop oyuncak dükkânı

trace trace • treys
/isim/ çoğul traces • iz, işaret, belirti,
eser

track track • träk
/isim/ çoğul tracks • 1. iz 2. (spor) pist: track events pist yarışları

tracksuit track.suit • träk´sut
/isim/ çoğul tracksuits • bkz. sweat suit

tractor trac.tor • träk´tır
/isim/ çoğul tractors • traktör

trade trade • treyd
/isim/ ticaret

trademark trade.mark • treyd´mark
/isim/ çoğul trademarks • ticari marka

tradition tra.di.tion • trıdîş´ın
/isim/ çoğul traditions • gelenek, anane: These people are very loyal to their traditions. Bu insanlar geleneklerine çok sadıktır.

traditional tra.di.tion.al • trıdîş´ınıl
/sıfat/ geleneksel, ananevi

traffic traf.fic • träf´îk
/isim/ trafik: heavy traffic yoğun trafik traffic circle tek yönlü göbekli kavşak, İng. ²roundabout (2.)
traffic jam trafik tıkanıklığı
traffic light (traffic signal) trafik ışığı, trafik lambası
traffic police trafik polisi

tragedy trag.e.dy • träc´ıdi
/isim/ çoğul tragedies • trajedi

trail trail • treyl
/isim/ 1. çoğul trails • keçiyolu, patika 2. (birinin/bir hayvanın/bir şeyin) ardında bıraktığı izler

trailer trail.er • trey´lır
/isim/ çoğul trailers • römork; treyler

¹train train • treyn
/isim/ çoğul trains • tren: train station tren istasyonu

²train train • treyn
/fiil/ trains, training, trained • eğitmek, terbiye etmek: We need to train our kids in science. Çocuklarımızı bilim alanında eğitmemiz gerekiyor.

trainer train.er • trey´nır
/isim/ çoğul trainers • 1. antrenör 2. bkz. sneaker

training train.ing • trey´nîng
/isim/ 1. eğitim: sports training spor eğitimi technical training teknik eğitim 2. idman, antrenman

tram tram • träm
/isim/ çoğul trams • bkz. streetcar

transfer trans.fer • tränsfır´
/fiil/ transfers, transferring, transferred • -i nakletmek; -i (bir yerden) (başka bir yere) geçirmek/tayin etmek: They transferred the prisoner to another jail. Mahkûmu başka bir hapishaneye naklettiler.

transform trans.form • tränsfôrm´
/fiil/ transforms, transforming, transformed • 1. (biçimini) değiştirmek 2. into (bir şeyi) (başka bir şeye) dönüştürmek

transformation trans.for.ma.tion • tränsfırmey´şın /isim/ değişim, transformasyon

transit tran.sit • trän´sît, trän´zît /isim/ 1. ulaşım, aktarma 2. transit, geçiş transit lounge (havaalanında) transit yolcu salonu

transition tran.si.tion • tränzîş´ın /isim/ geçiş, geçme; değişim transition period geçiş dönemi

transitive tran.si.tive • trän´sıtîv /sıfat/ (dilbilgisi) geçişli (fiil) transitive verb geçişli fiil

translate trans.late • tränsleyt´, tränzleyt´, träns´leyt, tränz´leyt /fiil/ translates, translating, translated • (into) (-e) çevirmek, (-e) tercüme etmek: We translated the sentences into Italian. Cümleleri İtalyancaya çevirdik.

translation trans.la.tion • tränsley´şın /isim/ 1. çevirme, tercüme etme 2. çoğul translations • çeviri, tercüme: the Turkish translation of War and Peace Savaş ve Barış'ın Türkçe çevirisi

transparent trans.par.ent • tränsper´ınt /sıfat/ 1. şeffaf, saydam 2. açık, belli

¹**transplant** trans.plant • tränsplänt´ /fiil/ transplants, transplanting, transplanted • 1. (bitkiyi) yerinden çıkarıp başka bir yere dikmek 2. (doku, organ) nakletmek

²**transplant** trans.plant • träns´plänt /isim/ çoğul transplants • 1. (doku, organ) nakil ameliyatı, nakil; organaktarımı, organ nakli, transplantasyon: heart transplant kalp nakli 2. nakledilen organ veya doku

transplantation trans.plan.ta.tion • tränspläntey´şın /isim/ organaktarımı,

organ nakli, transplantasyon: liver transplantation karaciğer nakli

¹**transport** trans.port • tränspôrt´ /fiil/ transports, transporting, transported • taşımak, nakletmek: transport passengers yolcu taşımak

²**transport** trans.port • träns´pôrt /isim/ bkz. transportation

transportation trans.por.ta.tion • tränspırtey´şın /isim/ taşıma, nakliye; taşınma, nakledilme; taşımacılık, nakliyat: public transportation toplu taşıma transportation system taşıma sistemi
İng. **transport**

trap trap • träp /isim/ çoğul traps • tuzak, kapan

trapeze tra.peze • träpiz´, trıpiz´ /isim/ çoğul trapezes • trapez

trash trash • träş /isim/ çöp trash can çöp kutusu; çöp bidonu

¹**travel** trav.el • träv´ıl /fiil/ travels, traveling/travelling, traveled/travelled • yolculuk yapmak, seyahat etmek: He traveled around the world. Dünya yolculuğu yaptı.

²**travel** trav.el • träv´ıl

/isim/ çoğul travels • yolculuk, seyahat
travel agency seyahat acentesi

traveler trav.el.er • träv´ılır, träv´lır
/isim/ çoğul travelers • yolcu, gezgin
traveler's check seyahat çeki
İng. traveller

traveller trav.el.ler • träv´ılır, träv´lır
/isim/ çoğul travellers • bkz. traveler

tray tray • trey
/isim/ çoğul trays • tepsi

treasure treas.ure • trej´ır
/isim/ çoğul treasures • hazine; define:
treasure map define haritası
treasure hunt hazine avı (saklanmış
bir şeyi bulma oyunu)

treat treat • trit
/fiil/ treats, treating, treated • 1. davranmak, muamele etmek: treat someone generously birine cömert davranmak 2. (konuyu) ele almak, işlemek 3. tedavi etmek

treatment treat.ment • trit´mınt
/isim/ 1. davranış, muamele: equal treatment for men and women erkek ve kadınlara eşit muamele 2. çoğul treatments • (konuyu) ele alma (biçimi), işleme (biçimi) 3. çoğul treatments • tedavi: an effective treatment etkili bir tedavi

treaty trea.ty • tri´ti
/isim/ çoğul treaties • antlaşma: peace treaty barış antlaşması

tree tree • tri
/isim/ çoğul trees • ağaç

tremble trem.ble • trem´bıl
/fiil/ trembles, trembling, trembled • titremek: The kitten was trembling with fear. Kedi yavrusu korkudan titriyordu.

trial tri.al • tray´ıl
/isim/ çoğul trials • 1. duruşma, yargılama: The trial begins tomorrow. Duruşma yarın başlıyor. 2. deneme: trial period deneme süresi
trial and error deneme yanılma yöntemi

triangle tri.an.gle • tray´äng.gıl
/isim/ çoğul triangles • üçgen

triangular tri.an.gu.lar • trayäng´gyılır
/sıfat/ üçgen, üçgen biçiminde

tribe tribe • trayb
/isim/ çoğul tribes • kabile, boy; aşiret, oymak

trick trick • trîk
/isim/ çoğul tricks • 1. hile, oyun, numara
play a trick on someone birine oyun oynamak: Arkın played a trick on his friend. Arkın, arkadaşına bir oyun oynadı.

tricky→→→ 416

2. sır, püf noktası; marifet, ustalık, hüner
trick of the trade meslek sırrı

tricky trick.y • trîk´i
/sıfat/ **trickier, trickiest** • 1. güç, zor,
nazik 2. düzenbaz, hilekâr

¹tried tried • trayd
/fiil/ bkz. **try**

²tried tried • trayd
/sıfat/ denenmiş; güvenilir: a tried
method denenmiş bir yöntem

Trinidad and Tobago Trin.i.dad and
To.ba.go • trî´nıdäd änd tıbey´go
/isim/ Trinidad ve Tobago

trip trip • trîp
/isim/ çoğul **trips** • gezi, yolculuk:
school trip okul gezisi

triple tri.ple • trîp´ıl
/sıfat/ üç kat, üç misli

triplet trip.let • trîp´lît
/isim/ çoğul **triplets** • 1. üçlü (üç şeyden
oluşan takım) 2. üçüzlerden biri

tripod tri.pod • tray´pad
/isim/ çoğul **tripods** • üç ayaklı sehpa,
üç ayak
camera tripod kamera sehpası,
fotoğraf sehpası, üç ayak

triumph tri.umph • tray´ımf
/isim/ çoğul **triumphs** • zafer, utku,
yengi, başarı

trolley trol.ley • tral´i
/isim/ çoğul **trolleys** • 1. bkz. **streetcar**
trolley car bkz. **streetcar**
2. bkz. **cart** (2.)

trolleybus trol.ley.bus • tral´ibʌs
/isim/ çoğul **trolleybuses** • troleybüs

¹trouble trou.ble • trʌ´bıl
/isim/ çoğul **troubles** • sıkıntı, üzüntü;
dert, bela: He had trouble tying his
shoe. Ayakkabısını bağlamakta sıkıntı
çekti.
be in trouble başı belada olmak: He is
in trouble with his boss. Patronuyla
başı dertte.

²trouble trou.ble • trʌ´bıl
/fiil/ **troubles, troubling, troubled** •
rahatsız etmek, tedirgin etmek: What
troubles you? Seni rahatsız eden nedir?
Sorry to trouble you. Size zahmet oldu.

trousers trou.sers • trau´zırz
/isim/ (çoğul) pantolon
a pair of trousers pantolon

truck truck • trʌk
/isim/ çoğul **trucks** • kamyon
İng. **lorry**

true true • tru
/sıfat/ 1. doğru, gerçek: a true story
gerçek bir öykü Is it true that you will
visit us? Bizi ziyaret edeceğin doğru mu?
2. gerçek, yapay olmayan: a true friend
gerçek bir arkadaş true feelings gerçek
duygular

truly tru.ly • tru´li
/zarf/ gerçekten, hakikaten
Yours truly, Saygılarımla, (Mektubun
sonunda kullanılır.)

trunk trunk • trʌngk
/isim/ çoğul **trunks** • 1. gövde, ağaç
gövdesi: dead tree trunk ölü ağaç
gövdesi 2. (zooloji) hortum: There are
no bones in an elephant's trunk. Filin
hortumunda kemik yoktur. 3. (seyahatte

kullanılan) sandık

trunks trunks • trʌngks
/isim/ (çoğul) erkek mayosu, şort

¹trust trust • trʌst
/isim/ güven, itimat

²trust trust • trʌst
/fiil/ trusts, trusting, trusted • güvenmek; inanmak: She trusted the weather forecast to be correct. Hava tahmininin doğru olduğuna güvendi.

truth truth • truth
/isim/ 1. gerçek, doğru, hakikat: What she said is the truth. Onun söylediği doğrudur. 2. gerçeklik, doğruluk: Truth is relative. Doğruluk görelidir.

try try • tray
/fiil/ tries, trying, tried • 1. çalışmak, uğraşmak: Özlem is trying to finish her homework. Özlem, ödevini bitirmeye çalışıyor. 2. denemek, sınamak: Did you try to shoot a basket? Basket atmayı denedin mi?
try on prova etmek, giyip denemek: Try on those shoes. Şu ayakkabıları bir dene.

T-shirt T-shirt • ti´şırt
/isim/ çoğul T-shirts • tişört

tsunami tsu.na.mi • tsuna´mi
/isim/ çoğul tsunami/tsunamis • tsunami

tube tube • tub
/isim/ çoğul tubes • 1. ince boru 2. tüp: a tube of toothpaste bir tüp diş macunu
the Tube Ing. (Londra'da) metro

Tuesday Tues.day • tuz´di, tuz´dey, tyuz´di /isim/ salı

tulip tu.lip • tu´lîp
/isim/ çoğul tulips • lale

tummy tum.my • tʌm´i
/isim/ çoğul tummies • (konuşma dili) karın, mide

tumor tu.mor • tu´mır
/isim/ çoğul tumors • tümör, ur
Ing. **tumour**

tumour tu.mour • tu´mır
/isim/ çoğul tumours • bkz. **tumor**

tuna tu.na • tu´nı
/isim/ 1. çoğul tuna/tunas • (zooloji) tonbalığı, orkinos 2. (konserve) tonbalığı
tuna fish (konserve) tonbalığı

¹tune tune • tun, tyun
/isim/ çoğul tunes • melodi, ezgi

²tune tune • tun, tyun
/fiil/ tunes, tuning, tuned • (çalgıyı) akort etmek

tuning tun.ing • tu´nîng
/isim/ akort

Tunisia→→→ 418

tuning fork diyapazon

Tunisia Tu.ni.sia • tuni´jı /isim/ Tunus

¹Tunisian Tu.ni.sian • tuni´jın /sıfat/ 1. Tunus'a özgü 2. Tunuslu

²Tunisian Tu.ni.sian • tuni´jın /isim/ çoğul Tunisians • Tunuslu

tunnel tun.nel • tʌn´ıl /isim/ çoğul tunnels • tünel

Turk Turk • tırk /isim/ çoğul Turks • Türk

Turkey Tur.key • tır´ki /isim/ Türkiye the Grand National Assembly of Turkey Türkiye Büyük Millet Meclisi the Republic of Turkey Türkiye Cumhuriyeti

turkey tur.key • tır´ki /isim/ çoğul turkeys • hindi

¹Turkish Turk.ish • tır´kîş /sıfat/ 1. Türk: Turkish carpet Türk halısı the Turkish national anthem İstiklal Marşı the Turkish War of Independence Kurtuluş Savaşı Turkish Republic of Northern Cyprus Kuzey Kıbrıs Türk Cumhuriyeti 2. Türkçe: a Turkish dictionary Türkçe bir sözlük

²Turkish Turk.ish • tır´kîş /isim/ Türkçe

¹Turkmen Turk.men • tırk´mın /sıfat/ 1. Türkmen 2. Türkmence

²Turkmen Turk.men • tırk´mın /isim/ 1. çoğul Turkmen/Turkmens • Türkmen 2. Türkmence

Turkmenistan Turk.men.i.stan • tırkmenîstän´ /isim/ Türkmenistan

¹turn turn • tırn /fiil/ turns, turning, turned • dönmek; döndürmek, çevirmek: He turned and looked at me. Dönüp bana baktı. turn around öbür tarafa dönmek: He stopped the car and turned around. Arabasını durdurdu ve öbür tarafa döndü. turn back 1. geri çevirmek 2. geri dönmek: When it started to rain we decided to turn back. Yağmur yağmaya başlayınca geri dönmeye karar verdik. turn bad (hava) bozmak: The weather suddenly turned bad. Hava aniden bozdu. turn into -e dönüşmek: The snow turned into rain. Kar, yağmura dönüştü. turn off (ışık, musluk, cihaz v.b.'ni) kapamak turn on (ışık, musluk, cihaz v.b.'ni) açmak turn over altüst olmak, devrilmek: The car turned over and sank into the water. Araba tersyüz oldu ve suya battı.

²turn turn • tırn /isim/ çoğul turns • 1. dönüş, devir, dönme: take a turn to -e doğru dönüş yapmak 2. viraj, dönemeç; kıvrım: a sharp turn keskin bir dönemeç 3. sıra; nöbet, değişim: It's your turn. Sıra sende. When will it be my turn? Sıra ne zaman bende olacak? in turn sırasıyla, nöbetleşe

turning turn.ing • tır´nîng

419 →→→two

/isim/ çoğul turnings • dönüş, dönme; dönemeç
turning point dönüm noktası

turnip tur.nip • tır´nîp
/isim/ çoğul turnips • şalgam

¹turquoise tur.quoise • tır´koyz, tır´kwoyz
/isim/ 1. firuze, turkuvaz 2. turkuvaz (yeşile çalan mavi renk)

²turquoise tur.quoise • tır´koyz, tır´kwoyz
/sıfat/ turkuvaz: a turquoise dress turkuvaz bir elbise

turtle tur.tle • tır´tıl
/isim/ çoğul turtles • kaplumbağa

turtledove tur.tle.dove • tır´tıldʌv
/isim/ çoğul turtledoves • kumru

tusk tusk • tʌsk
/isim/ çoğul tusks • 1. fildişi 2. (mors veya yabandomuzunun) uzun azıdişi

Tuvalu Tu.va.lu • tuva´lu
/isim/ Tuvalu

¹Tuvaluan Tu.va.lu.an • tuva´luwın
/sıfat/ 1. Tuvalulu 2. Tuvaluca

²Tuvaluan Tu.va.lu.an • tuva´luwın
/isim/ 1. çoğul Tuvaluans • Tuvalulu
2. Tuvaluca

TV TV • tivi´
/isim/ televizyon, TV
TV program televizyon programı
TV set televizyon seti (ses sistemi, anten v.b. ile birlikte)

twelfth twelfth • twelfth
/sıfat, isim/ 1. on ikinci 2. on ikide bir

twelve twelve • twelv
/isim, sıfat/ on iki

twentieth twen.ti.eth • twen´tiyîth
/sıfat, isim/ 1. yirminci 2. yirmide bir

twenty twen.ty • twen´ti
/isim, sıfat/ yirmi

twice twice • tways
/zarf/ 1. iki kez, iki kere: twice a day günde iki kez 2. iki kat, iki misli

twig twig • twîg
/isim/ çoğul twigs • ince dal, sürgün

twilight twi.light • tway´layt
/isim/ alacakaranlık

¹twin twin • twîn
/isim/ çoğul twins • ikiz: identical twins tek yumurta ikizi

²twin twin • twîn
/sıfat/ ikiz: twin brother, twin sister ikiz kardeş

twinkle twin.kle • twîng´kıl
/fiil/ twinkles, twinkling, twinkled •
1. pırıldamak, ışıldamak 2. (gözler) parıldamak, ışıldamak

twist twist • twîst
/fiil/ twists, twisting, twisted • bükmek, burmak: Can you twist the rope like this? Halatı böyle bükebilir misin?

¹two two • tu
/isim/ çoğul twos • iki
by twos ikişer ikişer
in two iki kısma, ikiye (ayırmak/bölmek): He cut the cake in two. Pastayı ikiye böldü.

²**two** two • tu
/sıfat/ 1. iki 2. çift

two-dimensional two-di.men.sion.al •
tu´dîmen´şınıl /sıfat/ iki boyutlu

tying ty.ing • tay´îng
/fiil/ bkz. ¹**tie**

¹**type** type • tayp
/isim/ çoğul types • çeşit, tür, cins, tip:
What type of food do you like? Ne çeşit
yemek seversin?

²**type** type • tayp
/fiil/ types, typing, typed • daktilo et-
mek; daktiloda yazmak; bilgisayarda
yazmak: He typed the letter very quick-
ly. Mektubu çok çabuk daktilo etti.

typewriter type.writ.er • tayp´raytır
/isim/ çoğul typewriters • daktilo

typical typ.i.cal • tîp´îkıl
/sıfat/ tipik: a typical medieval city
tipik bir ortaçağ şehri

typist typ.ist • tay´pîst
/isim/ çoğul typists • daktilograf

tyre tyre • tayr
/isim/ çoğul tyres • bkz. ²**tire**

Uu

UFO UFO • yu ef o´
/kısaltma/ unidentified flying object
UFO (uçan daire)

Uganda U.gan.da • yugän´dı
/isim/ Uganda

¹Ugandan U.gan.dan • yugän´dın
/sıfat/ 1. Uganda'ya özgü 2. Ugandalı

²Ugandan U.gan.dan • yugän´dın
/isim/ çoğul Ugandans • Ugandalı

ugly ug.ly • ʌg´li
/sıfat/ uglier, ugliest • çirkin: an ugly
building çirkin bir bina an ugly rumor
çirkin bir söylenti

UK, U.K. UK, U.K. • yu key´
/kısaltma/ the United Kingdom (of
Great Britain and Northern Ireland)
Birleşik Krallık (Büyük Britanya ve
Kuzey İrlanda Birleşik Krallığı)

Ukraine U.kraine • yukreyn´
/isim/ Ukrayna

¹Ukrainian U.krai.ni.an • yukrey´niyın
/sıfat/ 1. Ukrayna'ya özgü 2. Ukraynaca
3. Ukraynalı

²Ukrainian U.krai.ni.an • yukrey´niyın
/isim/ 1. çoğul Ukrainians • Ukraynalı
2. Ukraynaca

ultimate ul.ti.mate • ʌl´tımît
/sıfat/ 1. son, nihai, en son: the ultimate
decision son karar 2. esas, başlıca,
temel: ultimate principles temel ilkeler
3. en büyük, en yüksek: the ultimate
good en büyük iyilik

ultimately ul.ti.mate.ly • ʌl´tımîtli
/zarf/ en sonunda, eninde sonunda

umbrella um.brel.la • ʌmbrelˈı
/isim/ çoğul **umbrellas** • şemsiye

UN, U.N. UN, U.N. • yu enˈ
/kısaltma/ the United Nations BM
(Birleşmiş Milletler)

unable un.a.ble • ʌneyˈbıl
/sıfat/ yapamaz, elinden gelmez, yetersiz
be unable to -ememek: She was unable to come. Gelemedi.

unbelievable un.be.liev.a.ble • ʌnbî-liˈvıbıl /sıfat/ inanılmaz, akıl almaz

unbutton un.but.ton • ʌnbʌtˈın
/fiil/ **unbuttons, unbuttoning, unbuttoned** • düğmelerini çözmek: She unbuttoned her shirt. Gömleğinin düğmelerini çözdü.

uncertain un.cer.tain • ʌnsırˈtın
/sıfat/ 1. belirsiz, şüpheli 2. kararsız: an uncertain smile kararsız bir gülümseme I'm still uncertain about coming. Gelme konusunda hâlâ kararsızım.

uncertainty un.cer.tain.ty • ʌnsırˈtıntı
/isim/ çoğul **uncertainties** • belirsizlik: the uncertainty principle belirsizlik ilkesi

uncle un.cle • ʌngˈkıl
/isim/ çoğul **uncles** • 1. amca: Uncle Aydın is my father's brother. Aydın Amca babamın erkek kardeşidir. 2. dayı: Uncle Ferda is my mother's brother. Ferda Dayı annemin erkek kardeşidir. 3. enişte: Uncle Erden is my aunt's husband. Erden Enişte halamın kocasıdır.

uncomfortable un.com.fort.a.ble • ʌnkʌmˈfırtıbıl, ʌnkʌmfˈtıbıl /sıfat/ rahatsız: an uncomfortable mattress rahatsız bir yatak uncomfortable shoes rahatsız ayakkabılar

uncommon un.com.mon • ʌnkamˈın
/sıfat/ nadir, seyrek

unconscious un.con.scious • ʌnkanˈşıs
/sıfat/ baygın: The patient is unconscious. Hasta baygın.

uncountable un.count.a.ble • ʌnkaunˈtıbıl
/sıfat/ sayılamayan, sayılamaz
uncountable quantity sayılamayan çokluk

¹**under** un.der • ʌnˈdır
/edat/ 1. altına; altında; altından: Did you look under the carpet? Halının altına baktınız mı? 2. -den aşağı, -den az, -in altında: He can run that distance in under fifty seconds. O mesafeyi elli saniyeden az bir zamanda koşabilir. 3. -den küçük, -in altında: Children under 7 should not cross roads on their own. 7 yaşın altındaki çocuklar kendi kendine yolun karşısına geçmemeli. 4. (belirli bir) durumda, ... halinde: **under construction** inşa halinde **under these circumstances** bu şartlarda: It's impossible to play under these circumstances. Bu şartlarda oynamak imkânsız.

²**under** un.der • ʌnˈdır
/zarf/ 1. altına; altında 2. daha aşağı,

altında: prices of fifty liras and under elli lira ve altındaki fiyatlar 3. daha küçük, altında: This school is for children who are five years old and under. Bu okul beş yaş ve altındaki çocuklar için.

underdeveloped un.der.de.vel.oped • ʌndırdîvel´ıpt /sıfat/ azgelişmiş

1underground un.der.ground • ʌn´dırgraund /sıfat/ yeraltı: an underground tunnel bir yeraltı tüneli

2underground un.der.ground • ʌn´dırgraund /isim/ çoğul undergrounds • bkz. **subway** (1.)
the Underground İng. (Londra´da) metro

underline un.der.line • ʌn´dırlayn /fiil/ underlines, underlining, underlined • altını çizmek: Please underline all the adjectives. Lütfen bütün sıfatların altını çizin.

1underneath un.der.neath • ʌndırnith´ /edat/ altına; altında: The children hid underneath the bed. Çocuklar yatağın altına saklandı.

2underneath un.der.neath • ʌndırnith´ /zarf/ altına; altında: They lifted the rock and looked underneath. Kayayı kaldırıp altına baktılar.

underpants un.der.pants • ʌn´dırpänts /isim/ (çoğul) don, külot

underpass un.der.pass • ʌn´dırpäs /isim/ çoğul underpasses •
1. (yayalar için) altgeçit
İng. **subway** (2.)
2. (taşıtlar için) altgeçit

understand un.der.stand • ʌndırständ´ /fiil/ understands, understanding, understood • anlamak, kavramak: Do you understand what he means? Onun ne demek istediğini anlıyor musun? understand children çocukları anlamak understand each other birbirini anlamak

understandable un.der.stand.a.ble • ʌndırständ´ıbıl /sıfat/ anlaşılır, anlaşılması mümkün, kavranılır: an understandable excuse anlaşılır bir mazeret

1understanding un.der.stand.ing • ʌndırstän´dîng /isim/ 1. anlayış, anlama, kavrayış 2. anlayış, halden anlama 3. anlaşma: We have come to an understanding. Bir anlaşmaya vardık.

2understanding un.der.stand.ing • ʌndırstän´dîng /sıfat/ anlayışlı, düşünceli, halden anlar

1understood un.der.stood • ʌndırstûd´ /fiil/ bkz. **understand**

2understood un.der.stood • ʌndırstûd´ /sıfat/ söylenilmeden anlaşılan, farz edilen

undertake un.der.take • ʌndırteyk´ /fiil/ undertakes, undertaking, undertook, undertaken • üzerine almak, üstlenmek

undertaken un.der.tak.en • ʌndırtey´kın /fiil/ bkz. **undertake**

undertook un.der.took • ʌndırtûk´ /fiil/ bkz. **undertake**

1underwater un.der.wa.ter • ʌndırwô´tır /sıfat/ su altında olan/kullanılan, sualtı:

underwater camera sualtı kamerası

²**underwater** un.der.wa.ter • ʌndırwô´tır /zarf/ su altında: We swam underwater looking at the fish. Su altında yüzüp balıklara baktık.

underwear un.der.wear • ʌn´dırwer /isim/ iç çamaşırı

undesirable un.de.sir.a.ble • ʌndîzayr´ıbıl /sıfat/ istenilmeyen: undesirable results istenilmeyen sonuçlar

undeveloped un.de.vel.oped • ʌndîvel´ıpt /sıfat/ gelişmemiş

undid un.did • ʌndîd´ /fiil/ bkz. undo

undo un.do • ʌndu´ /fiil/ undoes, undoing, undid, undone • çözmek, açmak: undo a knot bir düğümü çözmek

undoes un.does • ʌndʌz´ /fiil/ bkz. undo

¹**undone** un.done • ʌndʌn´ /fiil/ bkz. undo

²**undone** un.done • ʌndʌn´ /sıfat/ 1. yapılmamış 2. açılmış, çözülmüş

uneasy un.eas.y • ʌni´zi /sıfat/ uneasier, uneasiest • 1. huzursuz,

tedirgin: Hülya seems uneasy. Hülya, huzursuz görünüyor. 2. endişeli, kaygılı

uneducated un.ed.u.cat.ed • ʌnec´ûkeytîd /sıfat/ eğitimsiz, okumamış, tahsil görmemiş

¹**unemployed** un.em.ployed • ʌnîmployd´ /sıfat/ işsiz, boşta

²**unemployed** un.em.ployed • ʌnîmployd´ /isim/ (the) işsizler

unemployment un.em.ploy.ment • ʌnîmploy´mınt /isim/ işsizlik: What is the current unemployment rate? Şimdiki işsizlik oranı ne?

unexpected un.ex.pect.ed • ʌnîkspek´tîd /sıfat/ beklenmedik, umulmadık: unexpected changes beklenmedik değişimler

unexpectedly un.ex.pect.ed.ly • ʌnîkspek´tîdli /zarf/ beklenmedik bir biçimde, umulmadık bir biçimde

unfair un.fair • ʌnfer´ /sıfat/ haksız, adaletsiz

unfasten un.fas.ten • ʌnfäs´ın /fiil/ unfastens, unfastening, unfastened • çözmek, gevşetmek: He unfastened the child's seat belt. Çocuğun emniyet kemerini çözdü.

unforgettable un.for.get.ta.ble • ʌnfırget´ıbıl /sıfat/ unutulmaz: an unforgettable holiday unutulmaz bir tatil

unfortunate un.for.tu.nate • ʌnfôr´çınît /sıfat/ şanssız, talihsiz, bedbaht; zavallı

unfortunately un.for.tu.nate.ly • ʌnfôr´çınîtli /zarf/ ne yazık ki, maalesef: Unfortunately we lost the match in three sets. Ne yazık ki maçı üç sette kaybettik.

unfriendly un.friend.ly • ʌnfrend´li /sıfat/ unfriendlier, unfriendliest • dostça olmayan, düşmanca: an unfriendly approach düşmanca bir yaklaşım

unhappy un.hap.py • ʌnhäp´i /sıfat/ unhappier, unhappiest • mutsuz: an unhappy life mutsuz bir yaşam

unhealthy un.health.y • ʌnhel´thi /sıfat/ unhealthier, unhealthiest • 1. sağlıksız, sağlığı bozuk: an unhealthy man sağlıksız bir adam 2. sağlıksız, sağlığa zararlı: an unhealthy diet sağlıksız bir diyet

unidentified un.i.den.ti.fied • ʌnayden´tîfayd /sıfat/ 1. kimliği bilinmeyen 2. ne olduğu saptanamamış unidentified flying object uçan daire (UFO)

¹uniform u.ni.form • yu´nıfôrm /isim/ çoğul uniforms • üniforma: We all wore identical school uniforms. Hepimiz aynı tip okul üniformaları giydik.

²uniform u.ni.form • yu´nıfôrm /sıfat/ 1. bir örnek, aynı biçimde olan, aynı: All the boxes are of a uniform size. Bütün kutular aynı büyüklükte.

2. değişmez, aynı

unimportant un.im.por.tant • ʌnîmpôr´tınt /sıfat/ önemsiz

uninteresting un.in.ter.est.ing • ʌnîn´tırıstîng /sıfat/ ilginç olmayan, çekici olmayan: The conference was a bit uninteresting. Konferans pek ilginç değildi.

union un.ion • yun´yın /isim/ 1. birleşme; birleştirme 2. birlik, beraberlik 3. çoğul unions • birlik, dernek 4. çoğul unions • sendika

unique u.nique • yunik´ /sıfat/ 1. tek, yegâne 2. eşsiz, benzersiz

unisex u.ni.sex • yu´nıseks /sıfat/ üniseks; hem kadınlar, hem de erkekler tarafından kullanılabilen

unit u.nit • yu´nît /isim/ çoğul units • 1. birim: temperature unit sıcaklık birimi unit of time zaman birimi 2. ünite: heating unit ısıtma ünitesi

unite u.nite • yunayt´ /fiil/ unites, uniting, united • birleştirmek; birleşmek: He tried to unite his team against their rivals. Takımını rakiplerine karşı birleştirmeye çalıştı.

united u.nit.ed • yunay´tîd /sıfat/ birleşmiş, birleşik
the United Arab Emirates Birleşik Arap Emirlikleri
the United Kingdom Birleşik Krallık
the United Kingdom of Great Britain and Northern Ireland Büyük Britanya ve Kuzey İrlanda Birleşik Krallığı
the United Nations Birleşmiş Milletler

the United States Amerika Birleşik Devletleri
the United States of America Amerika Birleşik Devletleri

unity u.ni.ty • yu´nıti
/isim/ birlik

universal u.ni.ver.sal • yunıvır´sıl
/sıfat/ evrensel

universe u.ni.verse • yu´nıvırs
/isim/ evren, kâinat: Scientists still don't know the size of the universe. Bilim adamları evrenin büyüklüğünü hâlâ bilmiyor.

university u.ni.ver.si.ty • yunıvır´sıti
/isim/ çoğul universities • üniversite: a university student bir üniversite öğrencisi He is studying physics at the university. Üniversitede fizik okuyor.

unknown un.known • ʌn.non´
/sıfat/ bilinmeyen, meçhul, yabancı: unknown cities bilinmeyen şehirler

unless un.less • ʌnles´
/bağlaç/ -mezse, -medikçe: We cannot go unless he comes. Gelmezse gidemeyiz.

unlike un.like • ʌnlayk´
/sıfat/ benzemeyen, farklı: She is unlike me in every way. O benden her yönüyle farklı.

unlikely un.like.ly • ʌnlayk´li
/sıfat/ umulmayan, beklenmeyen, olası olmayan: an unlikely outcome olası olmayan bir sonuç It appears unlikely to be successful. Başarılı olacağa benzemiyor.

unload un.load • ʌnlod´
/fiil/ unloads, unloading, unloaded • yükünü boşaltmak; (yük) boşaltmak: The workers unloaded the truck. İşçiler, kamyondaki yükü boşalttılar.

unlock un.lock • ʌnlak´
/fiil/ unlocks, unlocking, unlocked • kilidini açmak: She unlocked the door. Kapının kilidini açtı.

unluckily un.luck.i.ly • ʌnlʌk´ili
/zarf/ şanssızlık eseri

unlucky un.luck.y • ʌnlʌk´i
/sıfat/ unluckier, unluckiest • şanssız, talihsiz: an unlucky day talihsiz bir gün an unlucky person şanssız bir kişi

unnatural un.nat.u.ral • ʌn.näç´ırıl
/sıfat/ doğal olmayan, doğaya aykırı, anormal

unnecessary un.nec.es.sar.y • ʌn.nes´ıseri /sıfat/ gereksiz: unnecessary expenses gereksiz masraflar unnecessary folders gereksiz dosyalar

unpleasant un.pleas.ant • ʌnplez´ınt
/sıfat/ nahoş, hoşa gitmeyen, tatsız

unreal un.re.al • ʌnril´, ʌnri´yıl
/sıfat/ gerçekdışı, hayali

unreasonable un.rea.son.a.ble • ʌnri´zınıbıl /sıfat/ mantıksız, makul

olmayan

unreliable un.re.li.a.ble • ʌnrîlay´ıbıl
/sıfat/ güvenilmez

unsafe un.safe • ʌnseyf´
/sıfat/ unsafer, unsafest • tehlikeli, riskli: It is unsafe to walk alone here at night. Burada geceleyin yalnız dolaşmak tehlikeli.

unsuccessful un.suc.cess.ful • ʌnsıkses´fıl /sıfat/ başarısız: He was an unsuccessful student. Başarısız bir öğrenciydi.

untidy un.ti.dy • ʌntay´di
/sıfat/ untidier, untidiest • düzensiz, dağınık: an untidy office düzensiz bir büro an untidy room düzensiz bir oda untidy hair dağınık saç

¹until un.til • ʌntîl´
/edat/ -e kadar, -e değin, -e dek: He didn't call until five o'clock. Saat beşe kadar aramadı.

²until un.til • ʌntîl´
/bağlaç/ -e kadar, -e değin, -e dek: He ran until it got dark. Hava kararana kadar koştu.

unusual un.u.su.al • ʌnyu´juwıl
/sıfat/ alışılmamış, olağandışı, görülmedik: an unusual show alışılmamış bir gösteri

unwanted un.want.ed • ʌnwʌn´tîd
/sıfat/ istenilmeyen

unwell un.well • ʌnwel´
/sıfat/ rahatsız, hasta: I feel unwell today. Kendimi bugün iyi hissetmiyorum.

¹up up • ʌp
/zarf/ 1. yukarı, yukarıya; yukarıda: Hold your hand up. Elini yukarıda tut. 2. dik, dik durumda: Hold your head up. Başını dik tut. 3. sonuna kadar, tamamen: Don't use up all the water! Suyun hepsini kullanma! Fill it up! Tamamen doldur!

²up up • ʌp
/edat/ yukarısına; yukarısında: He was climbing up the tree. Ağaca tırmanıyordu. They went up the hill. Tepeye çıktılar.

uphill up.hill • ʌp´hîl´
/zarf/ yokuş yukarı

upon up.on • ıpan´
/edat/ bkz. ¹on (1.)

upper up.per • ʌp´ır
/sıfat/ üst, üstteki, yukarıdaki: upper deck üst güverte We live on one of the upper floors of the building. Binanın üst katlarından birinde oturuyoruz.

upright up.right • ʌp´rayt
/sıfat/ dikey, dik

¹upset up.set • ʌpset´
/fiil/ upsets, upsetting, upset • 1. üzmek; sinirlendirmek: Your decision upset me. Kararın beni üzdü. 2. devirmek: Don't upset the soup on the stove. Ocaktaki çorbayı devirmeyin. upset a

upset→→→   428

vase vazoyu devirmek 3. bozmak, altüst etmek: upset a plan bir planı bozmak 4. (mideyi) bozmak

²upset up.set • ʌpsetˊ /sıfat/ 1. üzgün; sinirli be upset üzgün olmak, üzülmek: He was upset about losing the game. Oyunu kaybettiği için üzgündü. 2. devrilmiş 3. altüst olmuş, bozulmuş 4. bozulmuş, bozuk (mide)

upside down up.side down • ʌpˊsayd daunˊ /zarf/ tepetaklak, baş aşağı: Bats sleep hanging upside down. Yarasalar baş aşağı sarkarak uyur.

upside-down up.side-down • ʌpˊsayd-daunˊ /sıfat/ tepetaklak duran, baş aşağı duran

¹upstairs up.stairs • ʌpˊsterzˊ /zarf/ 1. merdivenlerden yukarıya: I ran upstairs to get the phone. Telefonu almak için merdivenlerden yukarıya koştum. 2. üst katta, yukarıda 3. üst kata, yukarıya

²upstairs up.stairs • ʌpˊsterzˊ /sıfat/ yukarıdaki, üst kattaki: They live in the apartment upstairs. Yukarıdaki dairede oturuyorlar.

³upstairs up.stairs • ʌpˊsterzˊ /isim/ üst kat

up-to-date up-to-date • ʌpˊtıdeytˊ /sıfat/ 1. çağdaş, modern 2. güncel, en son bilgileri içeren

upward up.ward • ʌpˊwırd /zarf/ yukarıya doğru

upwards up.wards • ʌpˊwırdz /zarf/ bkz. **upward**

urban ur.ban • ırˊbın /sıfat/ kentsel, kente ait

urge urge • ırc /fiil/ urges, urging, urged • (sözlerle) (birine/bir hayvana) (bir şey) yaptırmaya çalışmak: He urged them not to go to Guinea. Onları Gine'ye gitmekten vazgeçirmeye çalıştı.

urgent ur.gent • ırˊcınt /sıfat/ acil, ivedi: Is this phone call urgent? Bu telefon görüşmesi acil mi?

Uruguay U.ru.guay • ûrˊıgway, yûrˊıgway /isim/ Uruguay

¹Uruguayan U.ru.guay.an • ûrıgwayˊın, yûrıgwayˊın /sıfat/ 1. Uruguay'a özgü 2. Uruguaylı

²Uruguayan U.ru.guay.an • ûrıgwayˊın, yûrıgwayˊın /isim/ çoğul Uruguayans • Uruguaylı

us us • ʌs /zamir/ bize; bizi: Birdal brought us some fruit. Birdal bize biraz meyve getirdi. Did Ediz see us? Ediz bizi gördü mü? Would you come with us? Bizimle gelir misin?

U.S., US U.S., US • yu esˊ /kısaltma/ the United States ABD (Amerika Birleşik Devletleri)

USA, U.S.A. USA, U.S.A. • yu es eyˊ /kısaltma/ the United States of America ABD (Amerika Birleşik Devletleri)

usage us.age • yuˊsîc /isim/ 1. kullanım, kullanış: This medicine is for external usage. Bu ilaç haricen kullanım için. 2. çoğul usages •

(sözcük v.b. için) kullanım, kullanma biçimi: common usage genel kullanım

¹use use • yuz
/fiil/ uses, using, used • kullanmak: She uses a lot of mint in her cooking. Yemeklerinde bol nane kullanıyor.

²use use • yus
/isim/ 1. kullanma; kullanılma
in use kullanılmakta olan; kullanımda, geçerli
out of use artık kullanılmayan; kullanımdan kalkmış, kullanım dışı
2. çoğul uses • kullanım, kullanma amacı/nedeni 3. yarar, fayda
be of use yardım etmek
be of use to -e yaramak; -e yararlı olmak

¹used used • yuzd
/sıfat/ kullanılmış: used clothes kullanılmış giysiler

²used used • yust
/sıfat/ to -e alışık, -e alışkın: I'm used to it. Ona alışığım.

useful use.ful • yus´fıl
/sıfat/ yararlı, faydalı: a useful book yararlı bir kitap

useless use.less • yus´lîs
/sıfat/ yararsız, faydasız: a useless attempt yararsız bir girişim

user us.er • yu´zır
/isim/ çoğul users • kullanıcı

user-friendly us.er-friend.ly • yu´zır-frend´li /sıfat/ kullanıcı dostu, kullanılması kolay

usual u.su.al • yu´juwıl
/sıfat/ alışılmış; olağan, her zamanki:

Let's meet at the usual place. Her zamanki yerde buluşalım.
as usual her zamanki gibi: He was asleep as usual at 10:00 P.M. Her zamanki gibi gece saat 10.00'da uyudu.

usually u.su.al.ly • yu´juwıli
/zarf/ genellikle: He usually gets up late in the morning. Sabahları genellikle geç kalkar.

utensil u.ten.sil • yuten´sıl, yu´tensıl
/isim/ çoğul utensils • (evde/mutfakta kullanılan) kap; alet

¹utter ut.ter • ʌt´ır
/sıfat/ tam; kesin, mutlak: utter chaos tam bir kargaşa

²utter ut.ter • ʌt´ır
/fiil/ utters, uttering, uttered • söylemek, dile getirmek: Why did you utter those words? Neden o sözleri söyledin?

U-turn U-turn • yu´tırn
/isim/ çoğul U-turns • 1. U dönüşü 2. (konuşma dili) geriye dönüş, çark, tornistan

¹Uzbek Uz.bek • ûz´bek
/sıfat/ 1. Özbek 2. Özbekçe

²Uzbek Uz.bek • ûz´bek
/isim/ 1. çoğul Uzbeks • Özbek 2. Özbekçe

Uzbekistan Uz.bek.i.stan • ûzbekîstän´
/isim/ Özbekistan

Vv

vacant va.cant • vey´kınt
/sıfat/ 1. boş: a vacant apartment boş
bir daire Is this seat vacant? Bu kol-
tuk boş mu? vacant hours boş saatler
2. açık (iş)

vacation va.ca.tion • veykey´şın
/isim/ çoğul vacations • tatil: summer
vacation yaz tatili They agreed that I
need a vacation. Tatile ihtiyacım oldu-
ğunu kabul ettiler.
be on vacation tatilde olmak: We were
on vacation when you visited us. Bizi
ziyaret ettiğinde tatildeydik.
take a vacation tatil yapmak: He wants
to take a vacation with his family.
Ailesiyle tatil yapmak istiyor.

vaccinate vac.ci.nate • väk´sıneyt
/fiil/ vaccinates, vaccinating, vaccinated •
aşılamak, aşı yapmak: The children in
the remote village were vaccinated.
Uzak köydeki çocuklara aşı yapıldı.

vaccine vac.cine • väk´sîn, väksin´
/isim/ çoğul vaccines • aşı

vacua vac.u.a • väk´yuwı
/isim/ bkz. **vacuum**

vacuum vac.u.um • väk´yum, väk´yu-
wım /isim/ çoğul vacuums/vacua • boş-
luk, vakum
vacuum bottle, İng. vacuum flask termos
vacuum cleaner elektrik süpürgesi

vague vague • veyg
/sıfat/ vaguer, vaguest • 1. belli belirsiz
2. belirsiz, anlaşılmaz

vain vain • veyn
/sıfat/ 1. kibirli, kendini beğenmiş 2. boş,
yararsız, sonuçsuz: vain hope boş umut
in vain boş yere, boşuna, boşu boşuna

valentine val.en.tine • väl´ıntayn /isim/ çoğul **valentines** • 1. on dört şubatta kendisine kart gönderilen veya hediye verilen sevgili 2. on dört şubatta sevgiliye gönderilen kart/hediye **Valentine's Day (St. Valentine's Day)** (on dört şubata rastlayan) Sevgililer Günü

valid val.id • väl´îd /sıfat/ 1. geçerli: **Is this money still valid? Bu para hâlâ geçerli mi?** valid passport geçerli pasaport 2. doğru, sağlam: valid evidence sağlam kanıt

valley val.ley • väl´i /isim/ çoğul **valleys** • vadi: There is a lake in that valley. O vadide bir göl var.

valuable val.u.a.ble • väl´yıbıl, väl´yuwıbıl /sıfat/ değerli, kıymetli: a valuable experience değerli bir deneyim

value val.ue • väl´yu /isim/ 1. çoğul **values** • değer: What is the value of this ring? Bu yüzüğün değeri ne?
go up in value değeri artmak: Our house went up in value quite a bit. Evimizin değeri hayli arttı. 2. önem

value-added tax val.ue-add.ed tax • väl´yu.ädîd täks /isim/ Ing. katma değer vergisi

values val.ues • väl´yuz /isim/ (çoğul) değerler: traditional values geleneksel değerler

valve valve • välv /isim/ çoğul **valves** • 1. vana, valf; supap; klape 2. (anatomi) kapakçık, kapacık

van van • vän

/isim/ çoğul **vans** • 1. minibüs: They rented a van for a week. Onlar bir haftalığına minibüs kiraladılar. 2. karavan

¹**vanilla** va.nil.la • vınîl´ı /isim/ vanilya

²**vanilla** va.nil.la • vınîl´ı /sıfat/ vanilyalı: vanilla ice cream vanilyalı dondurma

vanish van.ish • vän´îş /fiil/ **vanishes, vanishing, vanished** • ortadan kaybolmak, kayıplara karışmak: The child vanished. Çocuk ortadan kayboldu.
vanish from sight gözden kaybolmak

Vanuatu Van.u.a.tu • vänwatu´, vanwatu´ /isim/ Vanuatu

vapor va.por • vey´pır /isim/ buhar, buğu; duman
Ing. **vapour**

vapour va.pour • vey´pır /isim/ bkz. **vapor**

variety va.ri.e.ty • vıray´ıti /isim/ 1. değişiklik, farklılık 2. çoğul **varieties** • çeşit, tür: varieties of ice cream dondurma çeşitleri

various var.i.ous • ver´iyıs /sıfat/ farklı, çeşitli: at various times çeşitli zamanlarda for various reasons çeşitli nedenlerden dolayı

vary var.y • ver´i
/fiil/ varies, varying, varied • değişmek; değiştirmek: The numbers may vary between 1 and 10. Rakamlar 1 ve 10 arasında değişebilir.

vase vase • veys, veyz, İng. vaz
/isim/ çoğul vases • vazo

vast vast • väst
/sıfat/ çok geniş; çok büyük, muazzam: a vast crowd muazzam bir kalabalık

VAT VAT • vi ey ti´, vät
/kısaltma/ value-added tax KDV (katma değer vergisi)

¹vegetable veg.e.ta.ble • vec´ıtıbıl, vec´tıbıl /isim/ çoğul vegetables • sebze

²vegetable veg.e.ta.ble • vec´ıtıbıl, vec´tıbıl /sıfat/ bitkisel: vegetable oil bitkisel yağ

vegetarian veg.e.tar.i.an • vecıter´iyın /isim/ çoğul vegetarians • vejetaryen, etyemez

vehicle ve.hi.cle • vi´yıkıl
/isim/ çoğul vehicles • araç, taşıt

veil veil • veyl
/isim/ çoğul veils • peçe, örtü: raise one's veil peçesini kaldırmak

vein vein • veyn
/isim/ çoğul veins • damar, toplardamar: Blood runs through veins and arteries. Kan toplardamar ve atardamarlarda akar.

¹velvet vel.vet • vel´vît
/isim/ kadife

²velvet vel.vet • vel´vît
/sıfat/ 1. kadife; kadife kaplı 2. kadife gibi, kadifemsi

Venezuela Ven.e.zu.e.la • venızwey´lı
/isim/ Venezuela

¹Venezuelan Ven.e.zu.e.lan • venızwey´lın /sıfat/ 1. Venezuela'ya özgü 2. Venezuelalı

²Venezuelan Ven.e.zu.e.lan • venızwey´lın /isim/ çoğul Venezuelans • Venezuelalı

vengeance ven.geance • ven´cıns
/isim/ öç, intikam
take vengeance on -den öç almak

venom ven.om • ven´ım
/isim/ (yılan, akrep, arı v.b.'ne özgü) zehir, ağı

¹vent vent • vent
/isim/ çoğul vents • (gaz/sıvı giriş çıkışı

→→→vibrate

için) delik; menfez, ağız

²vent vent • vent
/fiil/ vents, venting, vented • 1. (gaz/sıvı girişi çıkışı için) delik açmak: We need to open another air vent. Bir tane daha hava deliği açmamız gerekiyor. 2. (on) (öfke, hınç v.b.'ni) (-den) çıkarmak: He vented his anger on me. Öfkesini benden çıkardı.

ventilate ven.ti.late • ven´tıleyt
/fiil/ ventilates, ventilating, ventilated • havalandırmak

ventilation ven.ti.la.tion • ventıley´şın
/isim/ havalandırma

ventilator ven.ti.la.tor • ven´tıleytır
/isim/ çoğul ventilators • vantilatör, havalandırma aygıtı

verb verb • vırb
/isim/ çoğul verbs • (dilbilgisi) fiil, eylem

verify ver.i.fy • ver´ıfay
/fiil/ verifies, verifying, verified • doğrulamak, gerçeklemek: Can you verify this signature? Bu imzayı doğrulayabilir misin?

verse verse • vırs
/isim/ çoğul verses • dize, mısra: Can you read that verse again? O dizeyi bir daha okuyabilir misin?

version ver.sion • vır´jın, vır´şın
/isim/ çoğul versions • versiyon, sürüm

vertebrate ver.te.brate • vır´tıbrît, vır´tıbreyt /isim/ çoğul vertebrates • omurgalı hayvan

vertical ver.ti.cal • vır´tîkıl

/sıfat/ dikey, düşey: Draw a vertical line. Dikey bir çizgi çizin.

very ver.y • ver´i
/zarf/ çok, pek: That was a very bad movie. O çok kötü bir filmdi. He speaks English very well. İngilizceyi çok güzel konuşuyor.
Very good! Çok iyi!

vessel ves.sel • ves´ıl
/isim/ çoğul vessels • 1. tekne, gemi 2. (anatomi) damar: blood vessel kan damarı lymph vessel lenf damarı

vest vest • vest
/isim/ çoğul vests • 1. yelek, İng. waistcoat 2. İng. atlet fanilası

vet vet • vet
/isim/ çoğul vets • İng. (konuşma dili) veteriner: I took my dog to the vet. Köpeğimi veterinere götürdüm.

veterinarian vet.er.i.nar.i.an • vetırıner´iyın /isim/ çoğul veterinarians • veteriner, baytar

¹veto ve.to • vi´to
/isim/ çoğul vetoes • veto

²veto ve.to • vi´to
/fiil/ vetoes, vetoing, vetoed • veto etmek

vibrate vi.brate • vay´breyt

/fiil/ vibrates, vibrating, vibrated • titremek; titretmek

vibration vi.bra.tion • vaybrey´şın /isim/ 1. titreme 2. çoğul vibrations • titreşim

victim vic.tim • vîk´tîm /isim/ çoğul victims • kurban: earthquake victims deprem kurbanları

victory vic.to.ry • vîk´tıri /isim/ çoğul victories • zafer, yengi

video vid.e.o • vîd´iyo /isim/ çoğul videos • video: video camera video kamera
video jockey video jokey (televizyonda, müzik videolarının gösterildiği bir programı sunan kimse)

videotape vid.e.o.tape • vîd´iyoteyp /isim/ çoğul videotapes • videoteyp

Vietnam Vi.et.nam • viyetnam´, viyetnäm´ /isim/ Vietnam

¹Vietnamese Vi.et.nam.ese • viyetnımiz´ /sıfat/ 1. Vietnam'a özgü 2. Vietnamlı 3. Vietnamca

²Vietnamese Vi.et.nam.ese • viyetnımiz´ /isim/ 1. çoğul Vietnamese • Vietnamlı 2. Vietnamca

view view • vyu /isim/ çoğul views • 1. bakış point of view bakış açısı 2. görüş, fikir 3. görünüm, manzara: This house has a wonderful view of the Bosporus. Bu evin harika bir Boğaz manzarası var.

viewpoint view.point • vyu´poynt

/isim/ çoğul viewpoints • bakış açısı, görüş açısı

villa vil.la • vîl´ı /isim/ çoğul villas • yazlık, köşk, villa: They think of renting a villa in Kaş. Kaş'ta bir villa kiralamayı düşünüyorlar.

village vil.lage • vîl´îc /isim/ çoğul villages • köy: a fishing village bir balıkçı köyü a mountain village bir dağ köyü

villager vil.lag.er • vîl´îcır /isim/ çoğul villagers • köylü

vine vine • vayn /isim/ çoğul vines • asma, üzüm asması: They planted a grape vine in their garden. Bahçelerine bir üzüm asması diktiler.

vinegar vin.e.gar • vîn´îgır /isim/ sirke: You put too much vinegar in the salad. Salatanın içine fazla sirke koydun.

vineyard vine.yard • vîn´yırd /isim/ çoğul vineyards • bağ, üzüm bağı

viola vi.o.la • viyo´lı /isim/ çoğul violas • viyola

violence vi.o.lence • vay´ılıns /isim/ zor, şiddet

violent vi.o.lent • vay´ılınt
/sıfat/ şiddetli, sert, zorlu

¹violet vi.o.let • vay´ılît
/isim/ 1. çoğul violets • (botanik) menekşe
2. menekşe rengi

²violet vi.o.let • vay´ılît
/sıfat/ menekşe renkli, menekşe rengi, menekşe: violet eyes menekşe gözler

violin vi.o.lin • vayılîn´
/isim/ çoğul violins • keman

virtual vir.tu.al • vır´çuwıl
/sıfat/ sanal: virtual reality sanal gerçeklik

virtually vir.tu.al.ly • vır´çuwıli
/zarf/ hemen hemen, neredeyse

virtue vir.tue • vır´çu
/isim/ 1. erdem, fazilet 2. çoğul virtues • meziyet

virus vi.rus • vay´rıs
/isim/ çoğul viruses • virüs

visa vi.sa • vi´zı
/isim/ çoğul visas • vize: tourist visa turist vizesi
apply for a visa vize için başvurmak

visible vis.i.ble • vîz´ıbıl
/sıfat/ 1. görünür, görülebilir, gözle görülür: Nothing was visible because of the thick fog. Yoğun sisten dolayı hiçbir şey görülemiyordu. 2. açık, belli

vision vi.sion • vîj´ın
/isim/ 1. görüş, görme: double vision çift görme vision loss görme kaybı
2. öngörü; önsezi 3. çoğul visions • hayal, düş, rüya

¹visit vis.it • vîz´ît
/fiil/ visits, visiting, visited • -i ziyaret etmek, -i görmeye gitmek: We visited our friends last week. Geçen hafta arkadaşlarımızı ziyaret ettik.

²visit vis.it • vîz´ît
/isim/ çoğul visits • ziyaret; misafirlik: a short visit kısa bir ziyaret
pay someone a visit birini ziyaret etmek

visiting vis.it.ing • vîz´îtîng
/sıfat/ 1. ziyaret eden, konuk olan
visiting professor konuk profesör
2. ziyaret için kullanılan/ayrılan
visiting card kartvizit, ziyaretçi kartı
visiting day kabul günü; ziyaret günü
visiting hours ziyaret saatleri

visitor vis.i.tor • vîz´îtır
/isim/ çoğul visitors • ziyaretçi, misafir

visual vis.u.al • vîj´uwıl
/sıfat/ 1. görsel: visual arts görsel sanatlar 2. görerek elde edilen: visual education görerek eğitim

vital vi.tal • vay´tıl
/sıfat/ 1. çok önemli, hayati 2. yaşamsal, hayati

vitamin vi.ta.min • vay´tımîn
/isim/ çoğul vitamins • vitamin: Did you take your vitamins this morning? Bu sabah vitaminlerini aldın mı? vitamin

deficiency vitamin eksikliği

VJ VJ • vi´cey
/kısaltma/ video jockey
/isim/ çoğul VJs • video jokey

vocabulary vo.cab.u.lar.y • vokäb´yıleri
/isim/ çoğul vocabularies • 1. sözcük dağarcığı, sözcük hazinesi: He has a very wide vocabulary. Onun çok geniş bir sözcük dağarcığı var. 2. (bir dilde bulunan) tüm sözcükler 3. ek sözlük, lügatçe

¹vocal vo.cal • vo´kıl
/sıfat/ 1. insan sesine ait
vocal cords ses telleri
2. (müzik) vokal: vocal music vokal müzik

²vocal vo.cal • vo´kıl
/isim/ çoğul vocals • (müzik) şarkı sözü

voice voice • voys
/isim/ çoğul voices • 1. ses: human voice insan sesi Lower your voice please. Lütfen sesini alçalt. 2. (dilbilgisi) çatı: active and passive voices etken ve edilgen çatılar

volcano vol.ca.no • valkey´no
/isim/ çoğul volcanoes/volcanos • yanardağ, volkan

volleyball vol.ley.ball • val´ibôl
/isim/ voleybol

volt volt • volt
/isim/ çoğul volts • volt

volume vol.ume • val´yum
/isim/ 1. çoğul volumes • hacim, oylum 2. ses, ses gücü: turn the volume down sesi kısmak 3. çoğul volumes • cilt, kitap: the second volume of the encyclopedia ansiklopedinin ikinci cildi

voluntary vol.un.tar.y • val´ınteri
/sıfat/ isteyerek yapılan, isteğe bağlı; gönüllü: Giving blood is voluntary. Kan vermek gönüllü yapılan bir şeydir. voluntary service gönüllü hizmet

¹volunteer vol.un.teer • valıntîr´
/isim/ çoğul volunteers • gönüllü, bir işi gönüllü olarak üstlenen kimse

²volunteer vol.un.teer • valıntîr´
/fiil/ volunteers, volunteering, volunteered • (to/for) (-e) gönüllü olmak, (-i yapmaya) istekli olmak

¹vomit vom.it • vam´ît
/fiil/ vomits, vomiting, vomited • kusmak, çıkarmak: This medicine will help you stop vomiting. Bu ilaç kusmanı kesmeye yardımcı olacak.

²vomit vom.it • vam´ît
/isim/ kusmuk

¹vote vote • vot
/isim/ çoğul votes • oy, rey: We are going to count the votes. Oyları sayacağız. take a vote oylama yapmak
vote of confidence güvenoyu

²vote vote • vot
/fiil/ votes, voting, voted • oy vermek: Everyone has to vote next year. Seneye herkes oy vermek zorunda.

vote against -in aleyhinde oy vermek
vote for -in lehinde oy vermek

voter vot.er • vo´tır
/isim/ çoğul voters • seçmen

vowel vow.el • vau´wıl
/isim/ çoğul vowels • (dilbilgisi) ünlü, sesli
vowel harmony ünlü uyumu

voyage voy.age • voy´îc
/isim/ çoğul voyages • deniz yolculuğu;
sefer, seyahat: They left on a world
voyage. Onlar dünya seferine çıktılar.

vulture vul.ture • vʌl´çır
/isim/ çoğul vultures • (zooloji) akbaba

waddle wad.dle • wad´ıl
/fiil/ waddles, waddling, waddled •
badi badi yürümek, paytak paytak yürümek

wade wade • weyd
/fiil/ wades, wading, waded • sığ suda/çamurda yürümek
wade through 1. (sığ su/çamur) içinden yürüyerek geçmek 2. (uzun, sıkıcı bir şeyi) güçbela bitirmek

waffle waf.fle • waf´ıl
/isim/ çoğul waffles • gofre (kabartılı bir ızgarada yapılan bir tür gözleme)

¹wage wage • weyc
/isim/ çoğul wages • ücret: weekly wage haftalık ücret

²wage wage • weyc
/fiil/ wages, waging, waged • 1. sürdürmek 2. (savaş v.b.'ni) açmak: Spain waged a war on England. İspanya, İngiltere'ye savaş açtı.

wagon wag.on • wäg´ın
/isim/ çoğul wagons • 1. (dört tekerlekli) yük arabası 2. dört tekerlekli, üstü açık oyuncak araba

waist waist • weyst
/isim/ çoğul waists • bel: He wears a belt round his waist. Beline kemer takıyor.

waistcoat waist.coat • weyst´kot, wes´kıt /isim/ çoğul waistcoats • bkz. **vest** (1.)

wait wait • weyt
/fiil/ waits, waiting, waited • 1. beklemek: Can you wait a minute? Bir dakika bekleyebilir misin? How long

have you been waiting? Ne zamandır bekliyorsun? 2. for -i beklemek: Arda is waiting for his friend. Arda, arkadaşını bekliyor.
Wait a minute, please! Bir dakika, lütfen!
Wait a moment! Bir saniye!

waiter wait.er • wey´tır
/isim/ çoğul waiters • garson: The waiter spilled water on me. Garson üstüme su döktü.

waiting wait.ing • wey´tîng
/isim/ bekleme
waiting list bekleme listesi
waiting room bekleme odası/salonu

waitress wait.ress • weyt´rîs
/isim/ çoğul waitresses • bayan garson

wake wake • weyk
/fiil/ wakes, waking, woke/waked, waked/woken • (up) 1. uyanmak: The baby woke up and started to cry. Bebek uyandı ve ağlamaya başladı. 2. -i uyandırmak

¹**walk** walk • wôk
/fiil/ walks, walking, walked • yürümek, yürüyerek gitmek
walk in içeri girmek: I walked in with him. Onunla birlikte içeri girdim.
Walk in. İçeri buyrun.
walk off çekip gitmek: He turned and quickly walked off. Döndü ve hızla çe-

kip gitti.

²**walk** walk • wôk
/isim/ çoğul walks • yürüyüş, gezinti: Let's go for a walk this evening. Bu akşam yürüyüşe çıkalım.
take a walk yürüyüş yapmak: Do you like taking walks by yourself? Kendi başınıza yürüyüş yapmayı sever misiniz?

¹**walking** walk.ing • wô´kîng
/isim/ gezme, yürüme

²**walking** walk.ing • wô´kîng
/sıfat/ 1. yürümek için kullanılan
walking stick baston
2. canlı, ayaklı
walking dictionary canlı sözlük

Walkman® Walk.man • wôk´mın, wôk´män /isim/ çoğul Walkmans/Walkmen • volkmen

Walkmen Walk.men • wôk´mîn, wôk´men /isim/ bkz. Walkman

wall wall • wôl
/isim/ çoğul walls • duvar: garden wall bahçe duvarı

wallet wal.let • wal´ît
/isim/ çoğul wallets • cüzdan, para cüzdanı

wallpaper wall.pa.per • wôl´peypır

/isim/ duvar kâğıdı

walnut wal.nut • wôl´nʌt
/isim/ çoğul **walnuts** • 1. ceviz 2. ceviz ağacı

walrus wal.rus • wôl´rıs
/isim/ çoğul **walrus/walruses** • (zooloji) mors

wander wan.der • wan´dır
/fiil/ **wanders, wandering, wandered** • 1. dolaşmak, gezinmek: We wandered around the park. Parkta dolaştık. 2. from -den ayrılmak

want want • want, wônt
/fiil/ **wants, wanting, wanted** • 1. istemek: I really want that computer. O bilgisayarı çok istiyorum. What do you want? Ne istiyorsunuz? 2. gerekmek: This work wants to be done with care. Bu işin özenle yapılması gerekiyor. **want for** -e gereksinim duymak: He didn't want for help from his friends. Arkadaşlarının yardımına gerek duymadı.

war war • wôr
/isim/ çoğul **wars** • savaş, harp: world war dünya savaşı
be at war savaş halinde olmak: Britain and France were at war with Germany. İngiltere ve Fransa, Almanya ile savaş halindeydi.
declare war on -e savaş açmak, -e savaş ilan etmek
the First World War Birinci Dünya Savaşı
the Second World War İkinci Dünya Savaşı
war crime savaş suçu
war criminal savaş suçlusu

wardrobe ward.robe • wôrd´rob
/isim/ çoğul **wardrobes** • 1. gardırop, giysi dolabı 2. bir kimsenin tüm giysileri, gardırop

warehouse ware.house • wer´haus
/isim/ çoğul **warehouses** • depo, ambar

¹warm warm • wôrm
/sıfat/ **warmer, warmest** • 1. ılık: The water in the pool was warm. Havuz suyu ılıktı. 2. sıcak (hava): The weather was warm and cloudy. Hava sıcak ve bulutluydu. 3. candan, hararetli, sıcak: a warm smile sıcak bir gülümseme

²warm warm • wôrm
/fiil/ **warms, warming, warmed** • (up) 1. ısıtmak: She warmed the sandwich a bit more. Sandviçi biraz daha ısıttı. 2. ısınmak: The weather is warming up. Hava ısınıyor.

warm-blooded warm-blood.ed • wôrm´blʌd´îd /sıfat/ 1. (biyoloji) sıcakkanlı 2. enerjik 3. tutkulu

warmhearted warm.heart.ed • wôrm´har´tîd /sıfat/ 1. yüreği sıcak, sevgi dolu 2. sıcak, dostça

warmth warmth • wôrmth
/isim/ 1. sıcaklık, ılıklık 2. hararet, coşkunluk 3. içtenlik, samimiyet

warn warn • wôrn

441 →→→watch

/fiil/ warns, warning, warned • uyar-mak, ikaz etmek: I warned you not to use my computer. Seni, bilgisayarımı kullanmaman konusunda uyarmıştım.

warning warn.ing • wôr´nîng /isim/ 1. uyarma, ikaz 2. çoğul warnings • uyarı
early warning system erken uyarı sistemi

warrior war.ri.or • wôr´iyır /isim/ çoğul warriors • savaşçı: women warriors throughout history tarih boyunca kadın savaşçılar

was was • wʌz, waz, wız /fiil, yardımcı fiil/ (be fiilinin birinci ve üçüncü tekil kişi geçmiş zaman biçimi): I was born in Adana. Adana'da doğdum. She was smart and funny. Zeki ve eğlenceli biriydi.
wasn't → was not

wash wash • waş /fiil/ washes, washing, washed • yıkamak; yıkanmak: It's time to wash your hands for dinner. Yemek için ellerini yıkama zamanı.
wash one's dirty linen in public kirli çamaşırlarını ortaya dökmek
wash the dishes bkz. dish
wash up 1. elini yüzünü yıkamak 2. İng. bulaşıkları yıkamak

washbasin wash.ba.sin • waş´beysın /isim/ çoğul washbasins • lavabo

washing wash.ing • waş´îng /isim/ 1. yıkama; yıkanma 2. (kirli/ yıkanmış) çamaşır
washing machine çamaşır makinesi

wasn't was.n't • wʌz´ınt

/kısaltma/ was not • bkz. **was**

wasp wasp • wasp /isim/ çoğul wasps • eşekarısı, yabanarısı

¹waste waste • weyst /isim/ 1. ziyan etme; ziyan; boşa harcama; israf, çarçur
go to waste ziyan olmak, boşa gitmek 2. çoğul wastes • atık madde, atık: industrial wastes sanayi atıkları
nuclear waste nükleer atık

²waste waste • weyst /fiil/ wastes, wasting, wasted • ziyan etmek; boşa harcamak; israf etmek, çarçur etmek: He has wasted the money. Parayı çarçur etti.

³waste waste • weyst /sıfat/ atık; kullanılmış: waste water atık su
waste bin İng. çöp kutusu

wastebasket waste.bas.ket • weyst´-bäskît /isim/ çoğul wastebaskets • çöp sepeti
İng. wastepaper basket

wasteful waste.ful • weyst´fıl /sıfat/ 1. savurgan, tutumsuz; boşuna ziyan eden, ziyankâr 2. müsrifçe kullanılan; ziyan edilen

wastepaper waste.pa.per • weyst´-peypır /isim/ atık kâğıt
wastepaper basket bkz. **wastebasket**

¹watch watch • waç /isim/ çoğul watches • kol saati; cep saati
pocket watch cep saati
set a watch saati ayarlamak

²watch watch • waç

/fiil/ watches, watching, watched •
bakmak, izlemek, seyretmek: Did you
watch the movie last night? Dün akşam
filmi izledin mi?
watch for -i beklemek

watchdog watch.dog • waç´dôg
/isim/ çoğul watchdogs • bekçi köpeği

watchful watch.ful • waç´fıl
/sıfat/ tetikte, uyanık, dikkatli

¹water wa.ter • wô´tır
/isim/ su
in deep water başı dertte, zor durumda
water closet tuvalet, lavabo
water ski su kayağı

²water wa.ter • wô´tır
/fiil/ waters, watering, watered •
1. sulamak: Don't forget to water the
plants. Bitkileri sulamayı unutma.
2. (gözler) sulanmak, yaşarmak

watercolor wa.ter.col.or • wô´tırkʌlır
/isim/ çoğul watercolors • 1. suluboya
2. suluboya resim
İng. watercolour

watercolour wa.ter.col.our • wô´tırkʌlır
/isim/ çoğul watercolours • bkz. watercolor

waterfall wa.ter.fall • wô´tırfôl
/isim/ çoğul waterfalls • çağlayan,
şelale

waterfront wa.ter.front • wô´tır.frʌnt
/isim/ çoğul waterfronts • şehrin liman
bölgesi; yalı boyu, kıyı

watering wa.ter.ing • wô´tırîng
/isim/ sulama
watering can (watering pot) süzgeçli
kova

watermelon wa.ter.mel.on • wô´tır-
melın /isim/ çoğul watermelons • kar-
puz

waterproof wa.ter.proof • wô´tırpruf
/sıfat/ sugeçirmez

waterway wa.ter.way • wô´tırwey
/isim/ çoğul waterways • su yolu

¹wave wave • weyv
/isim/ çoğul waves • 1. dalga: huge waves
koca dalgalar The waves hit the boat.
Dalgalar gemiye vurdu.
cold wave soğuk dalgası
heat wave sıcak dalgası
radio wave radyo dalgası
2. saç dalgası

²wave wave • weyv
/fiil/ waves, waving, waved • 1. el sal-
lamak
wave one's hand el sallamak: She
waved her hands to the people inside
the bus. Otobüstekilere el salladı.
2. dalgalanmak; dalgalandırmak: The
flag was waving in the wind. Bayrak
rüzgârda dalgalanıyordu. 3. (saçı) dal-

443 →→→weather

ga dalga yapmak, dalgalandırmak

wavy wav.y • wey´vi
/sıfat/ wavier, waviest • dalgalı, dalga
dalga: a wavy sea dalgalı bir deniz
wavy hair dalgalı saç

wax wax • wäks
/isim/ balmumu: The wax began to
melt. Balmumu erimeye başladı.
wax paper parafinli kâğıt

way way • wey
/isim/ çoğul ways • 1. yol: This is the
shortest way from home to school.
Bu, evden okula en kısa yol. 2. yön, ta-
raf: Which way do I turn now? Şimdi
hangi yöne dönüyorum? 3. tarz, biçim,
yöntem: It's not my way to race. Yarış-
mak benim tarzım değildir.
by the way sırası gelmişken: What did
you think, by the way? Sırası gelmiş-
ken, siz ne düşünüyorsunuz?

WC WC • dʌb´ılyu si´
/kısaltma/ water closet

we we • wi
/zamir/ biz: We drank orange juice at
breakfast. Kahvaltıda portakal suyu
içtik. We'll have a picnic this weekend.
Bu hafta sonu piknik yapacağız.
we'd → 1. we had 2. we would, we should
we'll → we will, we shall
we're → we are
we've → we have

weak weak • wik
/sıfat/ weaker, weakest • 1. zayıf, güç-
süz: weak nerves zayıf sinirler 2. daya-
nıksız, sağlam olmayan: a weak struc-
ture dayanıksız bir yapı 3. yetersiz,
zayıf: His German is weak. Almancası
zayıf. 4. açık (çay/kahve) 5. sulu, yavan
(çorba v.b.)

weakness weak.ness • wik´nîs
/isim/ 1. çoğul weaknesses • zayıflık,
güçsüzlük 2. zaaf; düşkünlük

wealth wealth • welth
/isim/ 1. zenginlik, servet, varlık: lose
one's wealth servetini kaybetmek nat-
ural wealth doğal zenginlik 2. bolluk

wealthy wealth.y • wel´thi
/sıfat/ wealthier, wealthiest • zengin,
varlıklı: wealthy people varlıklı insan-
lar

weapon weap.on • wep´ın
/isim/ çoğul weapons • silah: heavy
weapon ağır silah

wear wear • wer
/fiil/ wears, wearing, wore, worn •
1. giymek: What will you wear tomor-
row night? Yarın akşam ne giyeceksin?
2. (gözlük, kolye v.b.'ni) takmak: People
wear glasses for several reasons. İn-
sanlar çeşitli nedenlerle gözlük ta-
karlar. wear a watch (bir) saat takmak
wear away 1. aşınmak, yıpranmak
2. aşındırmak, yıpratmak
wear out 1. eskimek 2. eskitmek: I wore
out two pairs of socks in a month. Bir
ayda iki çift çorap eskittim.

weary wea.ry • wîr´i
/sıfat/ wearier, weariest • çok yorgun,
bitkin
be weary of -den bıkmış olmak, -den
usanmış olmak

weather weath.er • wedh´ır
/isim/ hava, hava durumu: The weath-
er is nice today. Bugün hava güzel.
weather forecast hava tahmini

weather report hava raporu
weather station meteoroloji istasyonu

weave weave • wiv
/fiil/ weaves, weaving, wove, woven •
1. dokumak: weave a carpet bir halı dokumak 2. örmek: weave a basket bir sepet örmek

web web • web
/isim/ çoğul webs • ağ; örümcek ağı: a spider's web bir örümceğin ağı

Web Web • web
/isim/ • (the) bkz. World Wide Web
Web site (bilgisayar) Web sitesi

we'd we'd • wid
/kısaltma/ 1. we had 2. we would, we should • bkz. we

wedding wed.ding • wed´îng
/isim/ çoğul weddings • nikâh, düğün
wedding anniversary evlilik yıldönümü
wedding cake düğün pastası
wedding dress gelinlik
wedding ring alyans

Wednesday Wednes.day • wenz´di, wenz´dey /isim/ çoğul Wednesdays • çarşamba

weed weed • wid
/isim/ çoğul weeds • yabani ot; (istenmeyen) yabani bitki

week week • wik
/isim/ çoğul weeks • hafta: last week geçen hafta next week gelecek hafta What's your plan for this week? Bu hafta için planın ne?

weekday week.day • wik´dey
/isim/ çoğul weekdays • işgünü, hafta içindeki gün: That store is open only on weekdays. O mağaza yalnızca hafta içinde açıktır.

weekend week.end • wik´end
/isim/ çoğul weekends • hafta sonu: a weekend visit bir hafta sonu ziyareti He spent the weekend at the beach. Hafta sonunu plajda geçirdi.

[1]weekly week.ly • wik´li
/zarf/ haftada bir; her hafta: be published weekly haftada bir yayımlanmak

[2]weekly week.ly • wik´li
/sıfat/ haftalık: a weekly magazine haftalık bir dergi

weep weep • wip
/fiil/ weeps, weeping, wept • ağlamak, gözyaşı dökmek: He wept when he heard the news. Haberi duyduğunda ağladı.
weep for joy sevinçten ağlamak

weigh weigh • wey
/fiil/ weighs, weighing, weighed •
1. tartmak: I weighed myself on the

445 →→→well-known

scales at the gym. Jimnastik salonun-daki tartıda tartıldım. weighing machine kantar; baskül; tartı 2. (belirli bir) ağırlıkta olmak, ... ağırlığında olmak, ... gelmek: The cat weighed five kilos. Kedi beş kilo geldi.

weight weight • weyt
/isim/ 1. ağırlık, sıklet: What is the weight of that elephant? O filin ağırlığı ne kadar?
gain weight kilo almak, şişmanlamak
lose weight kilo vermek, zayıflamak
2. çoğul weights • ağırlık, yük
weight lifter halterci
weight lifting halter, halter sporu

¹welcome wel.come • wel´kım
/fiil/ welcomes, welcoming, welcomed • hoş karşılamak, memnuniyetle karşı-lamak: The guests were welcomed with flowers. Konuklar çiçeklerle karşılandı.

²welcome wel.come • wel´kım
/ünlem/ (Konuk veya yeni gelen birini karşılamak için kullanılır.): Welcome to İstanbul! İstanbul'a hoşgeldiniz! Welcome! Hoşgeldiniz!

³welcome wel.come • wel´kım
/sıfat/ 1. hoş karşılanan: He is welcome to come and go at his pleasure. İstediği zaman gelip gidebilir. 2. hoşa giden: a welcome change hoş bir değişiklik You're welcome. Bir şey değil. (Rica ederim.)

⁴welcome wel.come • wel´kım
/isim/ hoş karşılama: a warm welcome sıcak bir karşılama

welfare wel.fare • wel´fer
/isim/ 1. refah, rahatlık 2. sosyal yardım

¹well well • wel
/isim/ çoğul wells • 1. kuyu 2. kaynak, pınar, memba

²well well • wel
/zarf/ better, best • iyi; yolunda: Everything went well at school. Okulda her şey yolunda gitti. as well de, da, dahi: She likes to sing as well. Şarkı söylemeyi de sever. Well done! Aferin!

³well well • wel
/sıfat/ better, best • 1. sağlıklı, sağlığı yerinde, iyi: I don't feel well. Kendimi iyi hissetmiyorum. Is she alive and well? Sağ ve sağlıklı mı? 2. iyi, yolunda giden: All is well. Her şey yolunda.

⁴well well • wel
/ünlem/ 1. Ya! Hayret! Olur şey değil! (Şaşkınlık belirtir.): Well, so Faruk won the prize. Ya, demek ödülü Faruk kazandı. 2. Evet! Ha! (Söze devam edildiğini belirtir.): Well, as I was say-ing ... Ha, diyordum ki ... 3. Ne yapalım, ... (Kabullenme belirtir.): Well, it can't be helped. Ne yapalım, yapacak bir şey yok. 4. Şey! (Belirsiz-liğe işaret eder.): Well, I'm not sure. Şey, emin değilim.

we'll we'll • wil
/kısaltma/ we will, we shall • bkz. we

well-done well-done • wel´dʌn´
/sıfat/ 1. başarılı, iyi yapılmış 2. iyi pişirilmiş: a well-done steak iyi pişi-rilmiş bir biftek

well-known well-known • wel´non´
/sıfat/ ünlü, tanınmış: a well-known actor tanınmış bir aktör

well-read→→→   446

well-read well-read • wel´red´
/sıfat/ çok okumuş, çok bilgili

went went • went
/fiil/ bkz. **go**

wept wept • wept
/fiil/ bkz. **weep**

were were • wır
/fiil/ (**be** fiilinin birinci ve üçüncü çoğul
kişi geçmiş zaman biçimi): They were
not at home. Onlar evde değildi. We
were in the garden. Bahçedeydik.
weren't → were not

we're we're • wîr
/kısaltma/ we are • bkz. **we**

weren't were.n't • wır´ınt, wırnt
/kısaltma/ were not • bkz. **were**

¹west west • west
/isim/ batı: They traveled to the west.
Batıya doğru yolculuk ettiler.

²west west • west
/sıfat/ batı: I really like the west coast
of Turkey. Türkiye'nin batı sahillerini
çok seviyorum.

western west.ern • wes´tırn
/sıfat/ batı, batıya ait: the western
regions of Turkey Türkiye'nin batı
bölgeleri
the Western Hemisphere • Batı Yarıküre

wet wet • wet
/sıfat/ wetter, wettest • 1. yaş, ıslak:
Be careful, the floor is wet. Dikkat et,
yerler ıslak.
get wet ıslanmak
2. yağmurlu: a wet day yağmurlu bir
gün

we've we've • wiv
/kısaltma/ we have • bkz. **we**

whale whale • hweyl
/isim/ çoğul whale/whales • balina
have a whale of a time çok iyi vakit
geçirmek: We had a whale of a time
at the concert. Konserde harika vakit
geçirdik.

¹what what • hwʌt, hwat
/zamir/ ne: What can I do for you? Si-
zin için ne yapabilirim? What do you
do? Ne iş yapıyorsunuz? What's the
matter? Sorun nedir? (Ne oldu?)
What's this? Bu nedir? What's your
name? Adınız nedir?
What about you? Ya siz?
what else başka: What else can be
done? Başka ne yapılabilir?
What for? Niye?
What's up? Ne var? (Ne oluyor?)
What's with him? Nesi var?
what's → 1. what is 2. what has
3. what does

²what what • hwʌt, hwat
/sıfat/ 1. ne; hangi: What books have
you read this summer? Bu yaz hangi
kitapları okudun? 2. ne; ne kadar çok;
ne kadar büyük: What a beautiful view
it was! O, ne güzel bir manzaraydı!

¹whatever what.ev.er • hwʌtev´ır
/zamir/ her ne, ne: Take whatever you
want. Ne istersen al.

²whatever what.ev.er • hwʌtev´ır
/sıfat/ ne; hangi: Take whatever docu-
ments you want. Belgelerden hangisini
istersen al.

what's what's • hwʌts, hwats
/kısaltma/ 1. what is 2. what has
3. what does • bkz. **¹what**

→→→whichever

wheat wheat • hwit
/isim/ buğday

wheel wheel • hwil
/isim/ çoğul **wheels** • 1. tekerlek 2. direksiyon

wheelchair wheel.chair • hwil´çer
/isim/ çoğul **wheelchairs** • tekerlekli sandalye/koltuk

¹**when** when • hwen
/zarf/ ne zaman: When will they return? Ne zaman dönecekler?

²**when** when • hwen
/bağlaç/ 1. -diğinde, -ince, -diği (gün, saat v.b.): I hope you like it too when you read it. Umarım okuyunca sen de seversin. 2. iken, -ken: They read those books when they were young. O kitapları gençken okudular.

whenever when.ev.er • hwenev´ır
/bağlaç/ ne zaman ... ise: Whenever I go there, I feel like home. Oraya ne zaman gitsem kendimi evimde gibi hissediyorum.

¹**where** where • hwer
/zarf/ nerede; nereye; nereden: Where are you from? Neredensiniz? Where are you going? Nereye gidiyorsunuz? Where do you come from? Nereden geldiniz? Where do you live? Nerede oturuyorsunuz? Where is it? Nerede?

²**where** where • hwer
/bağlaç/ -diği yer; -diği yerde; -diği yere: I have to go where she goes. Onun gittiği yere gitmeliyim. Put it back where you found it. Onu, bulduğun yere bırak. That's where he sits. Oturduğu yer orasıdır.

whereas where.as • hweräz´
/bağlaç/ 1. oysa; iken, -ken: Ali plays basketball, whereas Ayla prefers tennis. Ali basketbol oynar, oysa Ayla tenisi tercih eder. 2. –diği için; -diğine göre

wherever wher.ev.er • hwerev´ır
/bağlaç/ her nereye; her nerede; her neresi: Go wherever you like. Nereye istersen git.

whether wheth.er • hweth´ır
/bağlaç/ 1. -ip -(me)diğini; -ip -(meye)ceğini: She couldn't decide whether to sign or not. İmza atıp atmayacağına karar veremedi. 2. -se de -(me)se de: I'm going, whether you come or not. Gelsen de gelmesen de gidiyorum. 3. ya da, ... olsun ... (olsun), ... ister ... (ister): I'll get it done, whether in the library or at home. Kütüphanede olsun, evde olsun, bunu bitireceğim.

¹**which** which • hwîç
/sıfat/ hangi: Which book do you want? Hangi kitabı istiyorsun?

²**which** which • hwîç
/zamir/ hangi: Which of you wants tea? Hanginiz çay istiyor?

whichever which.ev.er • hwîçev´ır
/zamir/ hangisi ... ise: He generally buys whichever is cheaper. Genelde daha ucuz olanı satın alır.

while→→→ 448

¹while while • hwayl
/isim/ müddet, süre: I waited for them for a while. Bir süre onları bekledim.

²while while • hwayl
/bağlaç/ iken, -ken: While running in the park I saw two squirrels. Parkta koşarken iki sincap gördüm.

¹whip whip • hwîp
/isim/ çoğul whips • kamçı, kırbaç

²whip whip • hwîp
/fiil/ whips, whipping, whipped • 1. kamçılamak, kırbaçlamak 2. (yumurta, krema v.b.'ni) çırpmak

whirl whirl • hwırl
/fiil/ whirls, whirling, whirled • fırıl fırıl dönmek; fırıl fırıl döndürmek

whisker whisk.er • hwîs´kır
/isim/ çoğul whiskers • 1. sakal teli 2. (kedi v.b. hayvanlara ait) bıyık teli

whiskers whisk.ers • hwîs´kırz
/isim/ (çoğul) 1. sakal 2. (kedi v.b. hayvanlara ait) bıyık

¹whisper whis.per • hwîs´pır
/fiil/ whispers, whispering, whispered • fısıldamak; fısıldaşmak: Fuat whispered something in her ear. Fuat onun kulağına bir şey fısıldadı.

²whisper whis.per • hwîs´pır

/isim/ çoğul whispers • fısıltı

¹whistle whis.tle • hwîs´ıl
/isim/ çoğul whistles • 1. düdük: referee's whistle hakem düdüğü 2. ıslık

²whistle whis.tle • hwîs´ıl
/fiil/ whistles, whistling, whistled • 1. düdük çalmak 2. ıslık çalmak: İrem taught me how to whistle. İrem bana ıslık çalmayı öğretti. Rıfat whistled to his dog to come back. Rıfat ıslık çalarak köpeğini geri çağırdı.

¹white white • hwayt
/sıfat/ whiter, whitest • beyaz, ak
the White House Beyaz Saray
white goods beyaz eşya

²white white • hwayt
/isim/ 1. beyaz, ak 2. çoğul whites • beyaz kısım
egg white (the white of an egg) yumurta akı
the white of the eye gözakı

who who • hu
/zamir/ 1. kim; kimler: Who are you? Kimsiniz? Who lives there? Orada kim oturuyor? Who's got a pencil? Kimin kalemi var? Who went to the party? Partiye kimler gitti? 2. ki o; ki onlar: Ali, who is from Ankara, wants to be a doctor. Ankaralı olan Ali doktor olmak istiyor.
who'd → 1. who had 2. who would

who'll → who will, who shall
who're → who are
who's → 1. who is 2. who has

who'd who'd • hud
/kısaltma/ 1. who had 2. who would • bkz. **who**

whoever who.ev.er • huwev´ır
/zamir/ kim (her kim) ... ise: Whoever goes first in this game wins. Bu oyunda ilk giden kazanıyor.

¹whole whole • hol
/sıfat/ tam; bütün, tüm: She stayed there the whole week. Tüm hafta boyunca orada kaldı.

²whole whole • hol
/isim/ bütün: Two halves make a whole. İki yarım bir bütün eder.
as a whole bir bütün olarak, bütünüyle
on the whole 1. her şeyi göz önüne alırsak, her şey hesaba katılırsa 2. genel olarak, genellikle

¹wholesale whole.sale • hol´seyl
/isim/ toptan satış

²wholesale whole.sale • hol´seyl
/zarf/ toptan, toptan olarak: They sell the books wholesale. Kitapları toptan satıyorlar.

³wholesale whole.sale • hol´seyl
/sıfat/ toptan: a wholesale fish market toptan balık pazarı wholesale price toptan fiyat

⁴wholesale whole.sale • hol´seyl
/fiil/ wholesales, wholesaling, wholesaled • toptan satmak

who'll who'll • hul
/kısaltma/ who will, who shall • bkz. **who**

whom whom • hum
/zamir/ 1. kimi; kime: Whom did you give it to? Onu kime verdin? Whom do you mean? Kimi kastediyorsun? 2. ki o; ki onu; ki ona: Do you know the man to whom I talked? Konuştuğum adamı tanıyor musun?

who're who're • hu´wır, hur
/kısaltma/ who are • bkz. **who**

who's who's • huz
/kısaltma/ 1. who is 2. who has • bkz. **who**

¹whose whose • huz
/zamir/ 1. kimin: Whose is this? Bu kimin? Whose is this jacket? Bu ceket kimin? 2. ki kimin, ki kimlerin: Tell me whose it is. O kimin bana söyle.

²whose whose • huz
/sıfat/ kimin; neyin: a cat whose eyes are blue gözleri mavi olan bir kedi

why why • hway
/zarf/ 1. niçin, niye: Why did you say that? Onu niçin söyledin? 2. ki niçin, ki niye: I don't know why she said it. Onu niye söylediğini bilmiyorum.
Why not? Neden olmasın?

wide wide • wayd
/sıfat/ wider, widest • 1. geniş: a wide road geniş bir yol This table is too wide. Bu masa çok geniş. 2. ardına kadar açık; fal taşı gibi açık: She looked at the snake, her eyes wide with fear. Korkudan fal taşı gibi açılmış gözlerle yılana baktı. 3. geniş, engin, kapsamlı: a wide experience engin bir deneyim

widely wide.ly • wayd´li
/zarf/ 1. yaygın biçimde; geniş bir alanda: Betül has traveled widely.

Betül birçok değişik yere seyahat etti. Bilge has read widely. Bilge birçok türde kitap okudu. 2. geniş çapta, büyük ölçüde: Prices vary widely from city to city. Fiyatlar şehirden şehire büyük ölçüde değişiyor.

widespread wide.spread • wayd´spred´ /sıfat/ yaygın: a widespread problem yaygın bir sorun

widow wid.ow • wîd´o /isim/ çoğul widows • dul kadın, dul

widower wid.ow.er • wîd´owır /isim/ çoğul widowers • dul erkek

width width • wîdth /isim/ çoğul widths • genişlik, en: What is the width of this cloth? Bu kumaşın eni nedir?

wife wife • wayf /isim/ çoğul wives • karı, eş: His wife went to get the kids. Karısı çocukları almaya gitti. Sema is a good wife and mother. Sema, iyi bir eş ve annedir.

wig wig • wîg /isim/ çoğul wigs • peruk

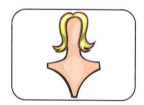

wild wild • wayld /sıfat/ wilder, wildest • vahşi; yabani, yabanıl, yaban: a wild animal vahşi bir hayvan wild roses yaban gülleri

wildcat wild.cat • wayld´kät /isim/ çoğul wildcats • yabankedisi

¹will will • wîl /yardımcı fiil/ would • -ecek, -acak: I will go there right away. Oraya hemen gideceğim. I won't go. Gitmeyeceğim. They will leave tomorrow. Yarın gidecekler. Will you be there? Orada olacak mısın?
won't → will not

²will will • wîl /isim/ 1. irade, istenç 2. çoğul wills • vasiyetname, vasiyet

willing will.ing • wîl´îng /sıfat/ 1. istekli, gönüllü, hevesli: a willing helper gönüllü bir yardımcı 2. (bir şey yapmaya) hazır, razı: Alper is willing to help. Alper, yardım etmeye hazır. 3. isteyerek yapılan, gönülden gelen

win win • wîn /fiil/ wins, winning, won • kazanmak, yenmek: I'm sure that our team will win. Bizim takımın kazanacağından eminim. Who won the contest? Yarışmayı kim kazandı?

¹wind wind • wînd /isim/ çoğul winds • rüzgâr: Bits of paper were flying in the wind. Kâğıt parçaları rüzgârda uçuşuyordu. high wind şiddetli rüzgâr wind energy rüzgâr enerjisi

²wind wind • waynd /fiil/ winds, winding, wound • 1. (up) (zemberek v.b.'ni çevirerek) (saati v.b.'ni) kurmak 2. sarmak

windmill wind.mill • wînd´mîl

/isim/ çoğul windmills • yel değirmeni

window win.dow • wînˊdo
/isim/ çoğul windows • 1. pencere: close the window (shut the window) pencereyi kapatmak open the window pencereyi açmak 2. (bilgisayar) pencere

windscreen wind.screen • wîndˊskrin
/isim/ çoğul windscreens • bkz. **windshield**

windshield wind.shield • wîndˊşild
/isim/ çoğul windshields • (otomobil) ön cam, İng. windscreen
windshield wiper (otomobil) silecek

windsurfing wind.surf.ing • wîndˊsırfîng
/isim/ (spor) rüzgâr sörfü

windy wind.y • wînˊdi
/sıfat/ windier, windiest • rüzgârlı: a windy day rüzgârlı bir gün

wine wine • wayn
/isim/ çoğul wines • şarap

wing wing • wîng
/isim/ çoğul wings • kanat
take wing kanatlanmak, uçmaya başlamak: Suddenly, the flock took wing. Sürü aniden kanatlandı.

wink wink • wîngk
/fiil/ winks, winking, winked • at -e göz kırpmak; -e göz kırparak işaret etmek: The child winked at his friend. Çocuk, arkadaşına göz kırptı.

winner win.ner • wînˊır
/isim/ çoğul winners • galip, kazanan: They announced the winners. Kazananları ilan ettiler.

winter win.ter • wînˊtır
/isim/ çoğul winters • kış
winter sports kış sporları

wipe wipe • wayp
/fiil/ wipes, wiping, wiped • silmek: He wiped the table after the meal. Yemekten sonra masayı sildi. Wipe your nose! Burnunu sil!

wiper wip.er • wayˊpır
/isim/ çoğul wipers • bkz. **windshield wiper**

wire wire • wayr
/isim/ çoğul wires • 1. tel: telephone wire telefon teli They are fixing the electric wires. Elektrik kablolarını tamir ediyorlar. 2. telgraf

¹wireless wire.less • wayrˊlîs
/isim/ telsiz; telsiz telefon

²wireless wire.less • wayrˊlîs
/sıfat/ 1. telsiz, kablosuz 2. (bilgisayar) kablosuz: wireless Internet connection kablosuz İnternet bağlantısı

wisdom wis.dom • wîzˊdım
/isim/ 1. bilgelik; hikmet 2. ilim, irfan

wise wise • wayz
/sıfat/ wiser, wisest • 1. akıllı, bilge: My grandfather is a wise person. Büyükbabam bilge birisi. 2. akıllıca, bilgece: a wise decision akıllıca bir

karar
wise guy (konuşma dili) ukala

¹wish wish • wîş
/fiil/ wishes, wishing, wished • istemek, arzu etmek; dilemek

²wish wish • wîş
/isim/ çoğul wishes • istek, arzu; dilek: Make a wish. Bir dilek tut.

wit wit • wît
/isim/ 1. nüktecilik, nüktedanlık, espritüellik 2. çoğul wits • nükteci kimse 3. nükte, espri

witch witch • wîç
/isim/ çoğul witches • büyücü kadın; cadı

with with • wîth, wîdh
/edat/ ile, ile birlikte: Belgin lives with her grandmother. Belgin, büyükannesiyle birlikte yaşıyor. We went to the beach with my friend's family. Arkadaşımın ailesiyle birlikte denize gittik.

withdraw with.draw • wîdh.drô´, wîth.drô´ /fiil/ withdraws, withdrawing, withdrew, withdrawn • 1. geri çekmek, çekmek 2. from (parayı) (hesaptan/bankadan) çekmek: Baran withdrew all his money from the bank to pay his debts. Baran borçlarını ödemek için bankadaki tüm parasını çekti.

withdrawn with.drawn • wîdh.drôn´, wîth.drôn´ /fiil/ bkz. withdraw

withdrew with.drew • wîdh.dru´, wîth.dru´ /fiil/ bkz. withdraw

within with.in • wîdhîn´
/edat/ içinde: Adnan will come back within ten days. Adnan on gün içinde döner. Almost nobody lives within this region. Bu bölgede neredeyse kimse oturmuyor.

without with.out • wîdhaut´
/edat/ 1. -siz, -sız: I would rather go without you. Sensiz gitmeyi tercih ederim. 2. -meden: Don't act without thinking. Düşünmeden hareket etme.

¹witness wit.ness • wît´nîs
/isim/ çoğul witnesses • tanık, şahit: Will you be my witness in the case? Davada benim şahidim olur musun?

²witness wit.ness • wît´nîs
/fiil/ witnesses, witnessing, witnessed • 1. tanık olmak: I witnessed the robbery. Soyguna tanık oldum. 2. to -e tanıklık etmek

wits wits • wîts
/isim/ (çoğul) akıl, zekâ; düşünce gücü

wives wives • wayvz
/isim/ bkz. wife

wizard wiz.ard • wîz´ırd
/isim/ çoğul wizards • büyücü, sihirbaz: wizard's hat büyücü şapkası

woke woke • wok
/fiil/ bkz. wake

woken wok.en • wo´kın

/fiil/ bkz. **wake**

wolf wolf • wûlf
/isim/ çoğul **wolves** • kurt
a wolf in sheep's clothing kuzu postuna bürünmüş bir kurt (dost görünümlü düşman kimse)

wolves wolves • wûlvz
/isim/ bkz. **wolf**

woman wom.an • wûm´ın
/isim/ çoğul **women** • kadın: woman's rights (women's rights) kadın hakları

women wom.en • wîm´în
/isim/ bkz. **woman**

won won • wʌn
/fiil/ bkz. **win**

¹**wonder** won.der • wʌn´dır
/fiil/ wonders, wondering, wondered • 1. (at) (-e) hayret etmek, şaşırmak 2. (about, if) (-i) merak etmek, öğrenmek istemek: I wonder what will happen if I do this. Merak ediyorum, bunu yaparsam ne olur? 3. (about, if/whether) (-den) şüphe etmek: I wonder about the truth of the news. Haberin doğruluğundan kuşkuluyum. 4. (if/whether) (Ricada bulunurken kullanılır.): I wonder if I might have some more milk? Acaba biraz daha süt alabilir miyim? I wonder whether you could pass me the black pepper. Acaba karabiberi bana geçirebilir misiniz?

²**wonder** won.der • wʌn´dır
/isim/ 1. hayret, şaşkınlık 2. çoğul **wonders** • harika; mucize

wonderful won.der.ful • wʌn´dırfıl
/sıfat/ çok iyi, harika: a wonderful life

harika bir yaşam The view was wonderful. Manzara harikaydı.

won't won't • wont
/kısaltma/ will not • bkz. ¹**will**

wood wood • wûd
/isim/ çoğul **woods** • 1. odun: He put some wood on the fire. Ateşe biraz odun attı. 2. koru: a walk in the woods koruda bir yürüyüş woods and forests korular ve ormanlar

wooden wood.en • wûd´ın
/sıfat/ ahşap, tahta, ağaç: wooden furniture ahşap mobilya wooden spoon tahta kaşık

wool wool • wûl
/isim/ yün: My mother knitted a wool sweater for me. Annem bana bir yün kazak ördü.

¹**woolen** wool.en • wûl´ın
/sıfat/ yünlü, yünden yapılmış: a woolen blanket yünlü bir battaniye
İng. ¹**woollen**

²**woolen** wool.en • wûl´ın
/isim/ çoğul **woolens** • yünlü, yünlü giysi; yün kumaş
İng. ²**woollen**

¹**woollen** wool.len • wûl´ın
/sıfat/ bkz. ¹**woolen**

woollen→→→

²**woollen** wool.len • wûl´ın
/isim/ çoğul **woollens** • bkz. ²**woolen**

word word • wırd
/isim/ çoğul **words** • 1. sözcük, kelime: How many words are there on this page? Bu sayfada kaç sözcük var? in a word sözün kısası; tek kelimeyle in other words yani; demek oluyor ki word for word kelimesi kelimesine: We cannot translate it word for word. Biz onu kelimesi kelimesine çeviremeyiz. 2. söz, laf: I don't know how to put my feelings into words. Duygularımı nasıl söze dökebileceğimi bilmiyorum.

wore wore • wôr
/fiil/ bkz. **wear**

¹**work** work • wırk
/isim/ 1. iş: Do you like your work? İşini seviyor musun? 2. iş, işyeri: His father went to work. Babası işe gitti. She goes to work by train. İşe trenle gider. 3. emek: She's put a lot of work into this. Buna çok emek harcadı. 4. çoğul **works** • yapıt, eser: the works of Bedri Rahmi Eyüboğlu Bedri Rahmi Eyüboğlu'nun eserleri

²**work** work • wırk
/fiil/ **works, working, worked** • 1. çalışmak; çalıştırmak: He works hard. Çok çalışıyor. 2. (makine, aygıt, işleyen parçalar v.b.) işlemek, çalışmak: The phone isn't working. Telefon çalışmıyor. 3. (plan, fikir) başarılı olmak, iyi sonuç vermek: This plan won't work. Bu plan yürümez.

workaholic work.a.hol.ic • wırkıhô´lîk
/isim/ çoğul **workaholics** • (konuşma dili) işkolik

workbook work.book • wırk´bûk
/isim/ çoğul **workbooks** • alıştırma kitabı

worker work.er • wır´kır
/isim/ çoğul **workers** • işçi, emekçi; amele: health workers sağlık işçileri industrial workers sanayi işçileri

workman work.man • wırk´mın
/isim/ çoğul **workmen** • işçi, çalışan

workmen work.men • wırk´mîn
/isim/ bkz. **workman**

workshop work.shop • wırk´şap
/isim/ çoğul **workshops** • 1. atölye, işlik 2. seminer, topluçalışım

world world • wırld
/isim/ çoğul **worlds** • dünya: We want peace in the world. Biz dünyada barış istiyoruz.
the World Bank Dünya Bankası
world view dünya görüşü

worldwide world.wide • wırld´wayd´
/sıfat/ dünya çapında olan

World Wide Web World Wide Web • wırld´ wayd´ web (the) (bilgisayar) genelağ

worm worm • wırm
/isim/ çoğul **worms** • solucan, kurt

worn worn • wôrn

455 →→→wound

/fiil/ bkz. **wear**

worried wor.ried • wır´id
/sıfat/ üzgün, kaygılı, endişeli
be worried sick çok endişeli olmak

worry wor.ry • wır´i
/fiil/ worries, worrying, worried •
1. üzülmek, endişelenmek, kaygılan-
mak: Don't worry, everything will be
fine. Endişelenme, her şey yolunda
gidecek. She is worried about her
daughter. Kızı için endişe ediyor.
Don't worry! Üzülme!, Endişelenme!,
Merak etme!
2. üzmek, endişelendirmek, kaygılan-
dırmak: What's worrying you? Seni
kaygılandıran ne?

worse worse • wırs
/sıfat/ 1. (**bad**'in üstünlük derecesi)
daha kötü, daha fena: This road is
worse than the first one we took. Bu
yol, ilk gittiğimiz yoldan daha kötü.
2. (**ill**'in üstünlük derecesi) daha hasta,
kötüleşmiş durumda: He's worse today.
Durumu bugün daha kötü.

worship wor.ship • wır´şîp
/fiil/ worships, worshiping/İng. wor-
shipping, worshiped/İng. worshipped •
tapmak, ibadet etmek: The tribe wor-
shiped the sun. Kabile güneşe tapıyordu.

worst worst • wırst
/sıfat/ (**bad** ve **ill** sözcüklerinin enüs-
tünlük derecesi) en kötü, en fena:
This was the worst day of my life. Bu,
hayatımın en kötü günüydü.

¹worth worth • wırth
/isim/ değer, kıymet: The estimated
worth of that building is 2,000,000 TL.
O binanın tahmini değeri 2.000.000 TL.

²worth worth • wırth
/edat/ ... değerinde
be worth 1. ... değerinde olmak: That
bicycle is worth 200,000 TL. O bisiklet
200.000 TL değerinde. 2. -e değmek:
It's worth seeing. Görülmeye değer.

worthless worth.less • wırth´lîs
/sıfat/ 1. değersiz, kıymetsiz: a worth-
less imitation değersiz bir taklit
2. işe yaramaz

worthy wor.thy • wır´dhi
/sıfat/ değerli, kıymetli
be worthy of -e değmek, -e layık olmak:
They were not worthy of the prize.
Ödülü hak etmediler.

would would • wûd
/yardımcı fiil/ 1. -ecekti (Geçmişteki bir
gelecek zamanı belirtir.): He would
learn the truth much later. Gerçeği
çok sonra öğrenecekti. 2. ... misiniz?
(Soru biçiminde istek/rica bildirir.):
Would you please give me that book?
Şu kitabı lütfen verir misiniz?
would like (kibarca) istemek: I would
like to know it's price. Onun fiyatını
öğrenmek istiyorum.
would you like ... ? (kibarca teklif) ...
ister misin?: What would you like to
do today? Bugün ne yapmak istersin?
3. (Niyet belirtir.): He decided he'd do it.
Onu yapmaya karar verdi.
wouldn't → would not

wouldn't would.n't • wûd´ınt
/kısaltma/ would not • bkz. **would**

¹wound wound • wund
/isim/ çoğul wounds • yara: His wound
is healing quickly. Yarası çabucak iyi-
leşiyor.

²**wound** wound • waund
/fiil/ bkz. ²**wind**

¹**wounded** wound.ed • wun´dıd
/sıfat/ yaralı: a wounded soldier yaralı bir asker

²**wounded** wound.ed • wun´dıd
/isim/ (çoğul) (the) yaralılar: There were children among the wounded. Yaralılar arasında çocuklar vardı.

wove wove • wov
/fiil/ bkz. **weave**

woven wo.ven • wo´vın
/fiil/ bkz. **weave**

wow wow • wau
/ünlem/ 1. Oh!, O! (Hayranlık belirtir.) 2. Vay! (Hayret belirtir.): Wow, you are serious! Vay, sen ciddisin!

wrap wrap • räp
/fiil/ wraps, wrapping, wrapped • (paket v.b.'ni) sarmak: They wrapped the bowls in paper. Kâseleri kâğıda sardılar.

wreck wreck • rek
/isim/ çoğul wrecks • 1. gemi kazası 2. gemi enkazı: Did you see the wreck of Titanic? Titanik'in enkazını gördün mü? 3. trafik kazası

wrench wrench • renç
/isim/ çoğul wrenches • somun anahtarı
İng. **spanner**

wrestle wres.tle • res´ıl
/fiil/ wrestles, wrestling, wrestled • güreşmek, güreş etmek: My friend and I like to wrestle. Arkadaşım ve ben güreş etmeyi seviyoruz.

wrestler wres.tler • res´lır
/isim/ çoğul wrestlers • güreşçi

wrestling wres.tling • res´lîng
/isim/ güreş: Wrestling is our national sport. Güreş bizim ulusal sporumuzdur.

wrinkle wrin.kle • rîng´kıl
/isim/ çoğul wrinkles • buruşukluk, kırışıklık, kırışık: the wrinkles on my grandma's hands büyükannemin ellerindeki kırışıklıklar

wrist wrist • rîst
/isim/ çoğul wrists • bilek, el bileği: wrist bone bilek kemiği

wristwatch wrist.watch • rîst´waç
/isim/ çoğul wristwatches • kol saati

write write • rayt
/fiil/ writes, writing, wrote, written • yazmak: Can you write your name? İsmini yazabilir misin?
write down kâğıda dökmek, yazmak: She wrote down my address on a piece of paper. Adresimi bir kâğıt parçasına yazdı.

writer writ.er • ray´tır
/isim/ çoğul writers • 1. yazar, müellif: story writer öykü yazarı 2. yazan kişi: the writer of this letter bu mektubu yazan kişi

writing writ.ing • ray´tîng
/isim/ 1. yazı, yazı yazma
writing materials yazı malzemeleri
2. yazı, el yazısı 3. yazı, yazılı eser

¹written writ.ten • rît´ın
/fiil/ bkz. **write**

²written writ.ten • rît´ın
/sıfat/ yazılı, yazılmış: written instructions yazılı yönerge

wrong wrong • rông
/sıfat/ 1. yanlış: He gave the wrong answer. Yanlış yanıt verdi. I've dialed the wrong number. Yanlış numara çevirdim. 2. sorun veya güçlük yaratan; durumu bozuk: Is anything wrong? Bir sorun mu var?

wrote wrote • rot
/fiil/ bkz. **write**

WWW WWW • dʌbılyu dʌbılyu dʌb´ılyu
/kısaltma/ **World Wide Web**

Xmas Xmas • krîs´mıs, eks´mıs
/isim/ **Noel** (Yazıda kullanılır.)

[1]**X-ray** X-ray • eks´rey
/isim/ çoğul X-rays • **X ışını, röntgen ışını**: X-rays can be harmful. X ışınları zararlı olabilir.

[2]**X-ray** X-ray • eks´rey
/fiil/ X-rays, X-raying, X-rayed • **-in röntgenini çekmek**: They X-rayed my chin. Çenemin röntgenini çektiler.

xylophone xy.lo.phone • zay´lıfon
/isim/ çoğul xylophones • **ksilofon**

yacht yacht • yat
/isim/ çoğul yachts • yat, gezinti gemisi: yacht race yat yarışı

¹yard yard • yard
/isim/ çoğul yards • yarda: Our boat is seven yards long. Teknemiz yedi yarda uzunluğunda.

²yard yard • yard
/isim/ çoğul yards • 1. (binaya ait) bahçe: The children were playing in the yard. Çocuklar bahçede oynuyorlardı. 2. Ing. avlu

Yy

yarn yarn • yarn
/isim/ 1. yün ipliği: My grandma has a basket of yarn. Anneannemin bir sepet yün ipliği var. 2. iplik

yawn yawn • yôn
/fiil/ yawns, yawning, yawned • esnemek: Sırma yawned in class. Sırma, sınıfta esnedi.

yeah yeah • ye´ı
/zarf/ (konuşma dili) evet

year year • yîr
/isim/ çoğul years • yıl, sene: It's been a long year. Uzun bir sene oldu.

━ ━ ━ ━ ━ ━ ━ ━
calendar year → takvim yılı
leap year → artıkyıl
light year → ışık yılı
solar year → güneş yılı
━ ━ ━ ━ ━ ━ ━ ━

yearly year.ly • yîr´li
/sıfat/ yılda bir olan, yıllık, senelik:
yearly meeting yıllık toplantı

yearn yearn • yırn
/fiil/ yearns, yearning, yearned • çok arzu etmek, arzulamak: The child yearned to go outside. Çocuk dışarı çıkmayı çok arzu ediyordu.

yeast yeast • yist
/isim/ maya

yell yell • yel
/fiil/ yells, yelling, yelled • (öfke, acı veya heyecanla) bağırmak: You shouldn't yell at your friends. Arkadaşlarınıza bağırmamalısınız.
yell out in ... ... ile bağırmak: The child yelled out in pain. Çocuk acıyla bağırdı.

¹**yellow** yel.low • yel´o
/sıfat/ yellower, yellowest • sarı

²**yellow** yel.low • yel´o
/isim/ çoğul yellows • sarı: Yellow is her favorite color. Sarı onun en sevdiği renk.

Yemen Yem.en • yem´ın
/isim/ Yemen

¹**Yemeni** Yem.e.ni • yem´ıni
/sıfat/ 1. Yemen'e özgü 2. Yemenli

²**Yemeni** Yem.e.ni • yem´ıni
/isim/ çoğul Yemenis • Yemenli

¹**yes** yes • yes
/zarf/ evet: Yes, I would like to come with you. Evet, seninle gelmek isterim.

²**yes** yes • yes
/isim/ çoğul yeses, yesses • 1. olumlu cevap 2. olumlu oy, evet

¹**yesterday** yes.ter.day • yes´tırdi, yes´tırdey /zarf/ dün: yesterday morning dün sabah Yesterday, we went swimming. Dün yüzmeye gittik.

²**yesterday** yes.ter.day • yes´tırdi, yes´tırdey /isim/ dün: yesterday's newspaper dünkü gazete
the day before yesterday evvelki gün

yet yet • yet
/zarf/ daha; henüz; hâlâ: Haven't you finished your homework yet? Ev ödevini henüz bitirmedin mi? They haven't come yet. Henüz gelmediler.

yoghurt yo.ghurt • yo´gırt
/isim/ bkz. yogurt

yogurt yo.gurt • yo´gırt
/isim/ yoğurt: homemade yogurt ev yapımı yoğurt strawberry yogurt çilekli yoğurt

yoke yoke • yok
/isim/ çoğul yokes • boyunduruk

yolk yolk • yok
/isim/ çoğul yolks • yumurta sarısı: She whipped the yolks and sugar together. Yumurta sarıları ile şekeri birlikte çırptı.
double-yolked egg çift sarılı yumurta
single-yolked egg tek sarılı yumurta

461 →→→you've

you you • yu
/zamir/ 1. sen; siz; sizler: You are a teacher. Siz bir öğretmensiniz.
2. seni; sizi; sana; size: Can I see you tomorrow? Seni yarın görebilir miyim? You're right. Haklısın.
you'd → 1. you had 2. you would
you'll → you will, you shall
you're → you are
you've → you have

you'd you'd • yud
/kısaltma/ 1. you had 2. you would • bkz. **you**

you'll you'll • yul
/kısaltma/ you will, you shall • bkz. **you**

young young • yʌng
/sıfat/ younger, youngest • genç:
a young girl genç bir kız

your your • yûr, yôr
/sıfat/ senin; sizin; sizlerin: Is it your fault? Sizin hatanız mı? Is this your umbrella? Bu senin şemsiyen mi? This is your room. Bu senin odan.

you're you're • yûr
/kısaltma/ you are • bkz. **you**

yours yours • yûrz, yôrz
/zamir/ seninki; sizinki; sizlerinki: Is this yours? Bu seninki mi?
Yours (truly), Saygılarımla, (Mektubun sonunda kullanılır.)

yourself your.self • yûrself´, yôrself´
/zamir/ çoğul yourselves • kendin; kendiniz: Are you proud of yourself? Kendinle gurur duyuyor musun? Do it yourself! Onu kendin yap!
by yourself kendi kendine; kendi kendinize

yourselves your.selves • yûrselvz´, yôrselvz´ /zamir/ (çoğul) kendiniz: Be yourselves. Kendiniz olun.

youth youth • yuth
/isim/ 1. gençlik: Gencay was slim in his youth. Gencay, gençliğinde inceydi.
2. çoğul youths • delikanlı, genç, genç adam: The youth learned by doing. Genç adam yaparak öğrendi. 3. gençlik, gençler: the youth of today bugünün gençliği
youth hostel gençlik yurdu

you've you've • yuv
/kısaltma/ you have • bkz. **you**

Zambia Zam.bi.a • zäm´biyı
/isim/ Zambiya

¹Zambian Zam.bi.an • zäm´biyın
/sıfat/ 1. Zambiya'ya özgü 2. Zambiyalı

²Zambian Zam.bi.an • zäm´biyın
/isim/ çoğul Zambians • Zambiyalı

zebra ze.bra • zi´brı
/isim/ çoğul zebra/zebras • zebra
zebra crossing Ing. (çizgili) yaya geçidi

Zz

zero ze.ro • zir´o
/isim/ çoğul zeros/zeroes • sıfır
Ing. nought

¹zigzag zig.zag • zîg´zäg
/isim/ çoğul zigzags • zikzak: Kâmil
drew a zigzag on the paper. Kâmil,
kâğıda bir zikzak çizdi.

²zigzag zig.zag • zîg´zäg
/sıfat/ zikzaklı

³zigzag zig.zag • zîg´zäg
/fiil/ zigzags, zigzagged, zigzagging •
zikzak yapmak

Zimbabwe Zim.bab.we • zîmbab´wey
/isim/ Zimbabve

¹Zimbabwean Zim.bab.we.an • zîmbab´weyın /sıfat/ 1. Zimbabve'ye özgü
2. Zimbabveli

→→→zucchini

²**Zimbabwean** Zim.bab.we.an • zîm-bab´weyın /isim/ çoğul Zimbabweans • Zimbabveli

¹**zinc** zinc • zîngk
/isim/ çinko: They make the electric wires out of zinc. Elektrik tellerini çinkodan yapıyorlar.

²**zinc** zinc • zîngk
/sıfat/ çinko (çinkodan yapılmış): zinc roof çinko çatı

¹**zip** zip • zîp
/isim/ çoğul zips • bkz. **zipper**
zip fastener bkz. **zipper**

²**zip** zip • zîp
/isim/ çoğul zips • (konuşma dili) posta kodu
zip code posta kodu

³**zip** zip • zîp
/fiil/ zips, zipping, zipped •
1. fermuarını kapamak/açmak
zip something open bir şeyin fermuarını açmak
zip something up bir şeyin fermuarını kapamak: Zip your jacket up. Ceketinin fermuarını kapa.
2. (bilgisayar) (dosyayı) sıkıştırmak
zip file (bilgisayar) sıkıştırılmış dosya

zipper zip.per • zîp´ır
/isim/ çoğul zippers • fermuar
İng. ¹**zip**, zip fastener

zodiac zo.di.ac • zo´diyäk
/isim/ çoğul zodiacs • (the) burçlar kuşağı, zodyak
the signs of the zodiac burçlar

zone zone • zon
/isim/ çoğul zones • 1. bölge, mıntıka: security zone güvenlik bölgesi This is a very dangerous zone. Burası çok tehlikeli bir bölgedir. time zone saat dilimi 2. (coğrafya) kuşak (iklim kuşağı)

---

frigid zone → kutup kuşağı
temperate zone → ılıman kuşak
torrid zone → sıcak kuşak

---

zoo zoo • zu
/isim/ çoğul zoos • hayvanat bahçesi

zoology zo.ol.o.gy • zowal´ıci
/isim/ zooloji, hayvanbilim: Üner is studying zoology at university. Üner, üniversitede hayvanbilim okuyor.

zoom zoom • zum
/fiil/ zooms, zoomed, zooming • zum yapmak, zumlamak

zucchini zuc.chi.ni • zûki´ni
/isim/ çoğul zucchini/zucchinis • bir tür sakızkabağı
İng. **courgette**